Nikolas Pravda

Die MODERNE MUSIK-VERSCHWÖRUNG

Popstars, Hits und Videoclips – für die perfekte Gehirnwäsche

Neue Enthüllungen von PRAVDA TV

Apricus Ltd
1st Floor Dekk House
Zippora Street, Providence Industrial Estate
Mahe
Seychelles
Druck:
Apricus Ltd
Satz und Layout:
Nikolas Pravda
Umschlaggestaltung:
Nikolas Pravda

ISBN 978-1638483663

Inhaltsverzeichnis

Vorwort

Willst du ein freier Mann sein oder willst du ein Sklave sein?
(Eric Clapton feat. Van Morrison „Stand And Deliver“)

In diesem Werk zeige ich die schockierenden Details auf, die zeigen, dass das Gros der Mainstream-Popstars mit gewöhnlichen oder erfundenen Namen im Grunde verfaulte Idole von Millionen von Fans vom Kindesalter bis zum Erwachsenen sind. Sie pumpen ihren akustischen Müll in die Gehirne der Menschen, während sie sich ebenso wie die Massenmedien sie als Vorbilder präsentieren, zu denen man aufschaut, von denen man lernt und die man gar imitiert – fast schon in einen Gott-ähnlichen Status erhebt.

Der Inhalt ist wie folgt gegliedert. Zunächst erkläre ich wie die Gehirnwäsche funktioniert, gefolgt von drei Beispielen eines Models, einer Unschuldigen und einer Künstlerin, die verdeutlichen, dass MKULTRA durchaus real ist und die zeigen, wie Programme der Persönlichkeitsveränderung benutzt werden, ohne dass die betroffene Person sich darüber im Klaren ist und vor allem nicht, welche Auswirkungen es auf ihr Umfeld hat.

Hier setzt nun das 2. Kapitel an. Anhand von Beispielen etlicher Popstars, ihren Darbietungen, Liedtexten und Videos sehen wir eine durchgehende Agenda, die darauf schließen lässt, dass hier keineswegs nur individuelle Kreativität am Werk ist, sondern planmäßig Verstand und Geist infiziert werden soll.

Apropos Infizierung: Im 3. Kapitel decke ich auf, wie die dystopische Vision einer von der Elite vorgezeichneten Zukunft bereits in der Gegenwart sichtbar ist, während als Vehikel die Corona-Pandemie genutzt wird. Doch neben den Schattenseiten (wie bei den Bands„ Die Toten Hosen“ „Die Ärzte“) gibt es einige Lichtblicke (wie die Sängerin Nena oder Eric Clapton) im Musik-Business, die darauf hinweisen, dass nicht alle Künstler mit ihrer Arbeit korrumpiert sind – lassen Sie sich im Fazit positiv überraschen!

Dennoch, es gibt immer das Problem der elterlichen Kontrolle, um die Inhalte zu prüfen, denen Kinder ausgesetzt sind. Wie Sie wissen, werden die meisten Künstler fälschlicherweise als kinderfreundlich beworben oder ändern später ihr Image und ihre Botschaft in etwas Heftiges, teilweise Satanisches, nachdem sie einen gewissen Mainstream-Erfolg erzielt haben oder ein oder zwei Top-Ten-Alben rausbrachten. Viele der Künstler in diesem Buch sind Ihnen vielleicht bekannt oder Sie sind sogar ein Fan von ihnen. Sie haben ihre Songs wahrscheinlich hunderte und aberhunderte Male gehört, aber Sie werden sie danach genauer betrachten, und ich bin sicher, Sie werden sie nie wieder so sehen wie zuvor.

Die meisten Künstler schreiben keine eigenen Songs, obwohl das oft anders kommuniziert wird. Sie sind im Wesentlichen nur Schauspieler, die von ihren Studios produzierte Songs aufführen, mit dem Ziel, das Publikum mit lyrischen Inhalten zu unterhalten, die bei den Massen Anklang finden. Das Duo Milli Vanilli aus den 1990er Jahren ist ein klassisches Beispiel dafür, wie Künstler von Studios gecastet und erschaffen werden. Sie sind keine Gruppe talentierter Kinder, die befreundet sind und sich leidenschaftlich für Musik interessieren und organisch entwickeln, sondern wurden von Branchenprofis erfunden, die wissen, wie man professionell erschaffene Superstars formt, die dann in die ganze Welt verkauft werden.

Lou Pearlman gründete verschiedene supererfolgreiche Boybands wie 'N Sync und die Backstreet Boys. Er wurde später ins Gefängnis gesteckt, nachdem er wegen Betrugs verurteilt worden war, weil er Menschen um geschätzte 300 Millionen Dollar betrogen hatte. Der Mann hatte keine Erfahrung in der Musikindustrie, aber aufgrund seines aalglatten, betrügerischen Geistes war er in der Lage, diese verschiedenen Boybands aufzubauen und sie zu Stars zu machen, welche Millionen von Teenagern obsessiv anhimmelten.

Es ist mir wichtig deutlich zu machen, dass die Musikindustrie Künstler, deren Musik sozial destruktive Botschaften predigt, finanziell unterstützt und sie zu Vorbildern aufbaut, die die hirntote, Mainstream-Musik liebende, geistig versklavte Masse als Idole anbeten. Dass viele Musiker große Erfolge erzielen, liegt nicht unbedingt daran, dass sie extrem talentiert sind, sondern daran, dass sie von einer Plattenfirma ausgewählt wurden, weil ihre Songs zu gewalttätigem, unmoralischem und sozialzerstörerischem Verhalten aufrufen. Ihre Musik wird buchstäblich dazu benutzt, die Zuhörer durch soziale Konditionierung einer Gehirnwäsche zu unterziehen. Ich sage nicht, dass alle erfolgreichen Mainstream-Künstler schlecht sind, aber eine erschreckend große Anzahl von ihnen ist einfach purer Abfall.

Die Illuminati-Symbolik in Musikvideos ist in den letzten Jahren so offensichtlich geworden, dass sogar einige Mainstream-Nachrichtenagenturen über die Gerüchte um verschiedene Künstler und entsprechende Anschuldigungen berichtet haben. In den vergangenen Jahren hatten Verschwörungstheorien Werke wie Dan Browns Bestseller „Illuminaten" und sogar einige populäre Filme wie „Tomb Raider" mit Angelina Jolie ausgelöst, in denen sich die Handlung um ihren Kampf gegen die Illuminaten dreht (mehr dazu im Buch „Der Hollywood-Code").

Einige Menschen glauben, dass diese Symbolik so offensichtlich geworden ist, liegt daran, dass die Illuminaten selbst an der „Offenbarung der Methode" arbeiten und offen ihre Macht zeigen, um damit zu prahlen. Sie bereiten sich angeblich darauf vor, die Hierarchie zu ändern und schließlich ihre Anwesenheit in der Welt zu verkünden, als die angeblichen göttlichen Hüter des „königlichen Geheimnisses", die den Planeten auf die Ankunft des Messias vorbereiten – oder genauer gesagt des Antichristen.

Andere betrachten das Phänomen als eine Möglichkeit, dass Wissen um die Iluminati herum zu trüben, um ihre politischen und Bankaktivitäten zu vertuschen, indem sie die Gesellschaft mit Desinformationen überfluten. Die Menschen sollen ihrer Meinung nach davon überzeugt werden, dass die Illuminati nur eine Art fiktiver Mythos sind, an dem Rapper und Popstars beteiligt sind. Die echte Illuminaten könnten dadurch ohne Unterbrechung weiter konspirieren, ohne dass Menschen ihre Existenz und Aktivitäten ernsthaft untersuchen.

Unabhängige Künstler, die vor den Illuminaten gewarnt und versucht haben die Agenda der Eliten aufzudecken, sind in der Minorität oder wurden bereits getötet (Michael Jackson, Tupac und andere). Auf der anderen Seite sehen wir die wachsende Liste der Mainstream-Künstler, die offen oder subtil das Geheimnis der Illuminati bzw. Elite angenommen haben, als etwas, von dem sie ihre Zuhörer glauben machen wollen, dass sie in irgendeiner Weise Teil davon oder mit ihnen verbunden sind. Und wie ich schon sagte, die meisten dieser Künstler sind reiner Trash oder das, was ich „satanische Schwachköpfe" nenne, in jedem Fall aber Teil des Mainstream-Musikgeschäfts.

Schon vor Tausenden von Jahren wussten Philosophen wie Platon, Aristoteles und Sokrates, welchen enormen Einfluss Musik auf ihre Zuhörer hatte. Aristoteles erkannte, dass Musik Emotionen vermittelt und sogar den Charakter von Menschen prägen kann. Er warnte: Wer die falsche Musik hört, wird zum falschen Menschen. Aristoteles „Politik Band 1", 8, 5 – 7, behandelt die Musik (musische Kunst), ihren Einfluß auf die Menschen und ihre Bedeutung in der Erziehung. Das Aristoteles-Zitat ist weniger im Wortlaut zu verstehen als zum einen eine ungefähre Wiedergabe, zum anderen eine zugespitzte Interpretation (durch falsche Art von Musik zu einer falschen Art von Person werden) eines inhaltlich enthaltenen Gedankens im ganzen Abschnitt über Musik. „Musik widerspiegelt genau die Begierden oder Zustände der Seele: Freundlichkeit, Ärger, Mut, Mässigung" steht ungefähr bei Aristoteles.[(1)]

Platon sagte, dass Musik einst rein war und nur positive Gedanken und Emotionen in den Zuhörern vermittelte, aber später wurde „eine unmusikalische Anarchie von Dichtern angeführt", die „ursprüngliche Klugheit und einen Geist des Gesetzesbruchs" förderten. (Quelle: Platon „Gesetze 700-701c", zitiert in Wellesz)„sie waren geniale Männer, aber sie hatten keine Vorstellung davon, was in der Musik gerecht und erlaubt war … Und indem sie zügellose Werke komponierten (ohne gesetzliche oder moralische Beschränkungen)", „haben sie die Menge mit Gesetzlosigkeit und Kühnheit inspiriert."[(2)]

Sokrates, eine weitere bedeutende Figur der antiken griechischen Philosophie, sagte: „Die Erziehung zur Musik ist von höchster Bedeutung, weil Rhythmus und Harmonie am tiefsten in das Innere der Seele eindringen und sie am stärksten ergreifen. Sie macht die Seele eines recht Gebildeten anmutig oder eines Ungebildeten unanmutig."[3]

Der christliche Philosoph Boethuis schrieb im sechsten Jahrhundert, dass „Musik ein Teil von uns ist und unser Verhalten entweder adelt oder erniedrigt."[4]

In einem alten chinesische Philosophietext, dem „Shu Ching", heißt es: „Um die Sitten und Gebräuche der Menschen zu ändern, gibt es nichts Besseres als Musik."[5]

Es ist töricht, die Macht von Musik und Musikern zu leugnen oder zu verneinen, dass Lieder und Musikvideos oft sehr überzeugende Propagandastücke sind. Musiker beeinflussen die Mode, setzen neue Trends und kreieren sogar neue Wörter und Schlagworte. Es ist unbestreitbar, dass Musik Menschen Freude bereiten oder sie inspirieren kann – warum leugnen manche, dass sie auch genau das Gegenteil bewirken kann? Die Wahrheit ist, dass die meisten Künstler, Plattenfirmen und Studios die Macht ihrer Musik kennen, ob gut oder schlecht, aber niemals das Geheimnis ihres Erfolgs verraten werden.

Wenn Menschen sagen „hab einen schönen Tag" oder „Fahr sicher", ermutigen sie diese Gedanken, deinen Geist zu durchdringen. Es fühlt sich gut an, positive und aufbauende Worte der Ermutigung zu hören. Umgekehrt, wenn Ihnen jemand sagt „Sie sind ein Idiot" oder Sie anderweitig verbal beleidigt, fühlen Sie sich buchstäblich schlecht, wütend oder ängstlich. Es kann Ihre Gefühle und Ihren Geisteszustand leicht beeinflussen, wenn Sie nur ein paar Worte hören. Wenn aber das Hören von ein paar kleinen Wörtern Ihre Denkmuster, Emotionen und Handlungen beeinflussen kann, was glauben Sie dann, was ganze Songs, die zu einer Melodie oder einem Beat komponiert sind, mit dem Geist machen!? (mehr dazu im Buch „Der Music-Code")

Jedem mit gesundem Menschenverstand sollte klar sein, dass Musik die Denkmuster von Menschen motivieren oder lenken und als Katalysator für Verhaltensweisen und Handlungen wirken kann, und es wäre naiv zu glauben, dass bestimmte machthungrige Menschen in Unternehmen, Regierungen oder sogar in Geheimgesellschaften diese Macht nicht für ihre eigenen

Ziele nutzen, indem sie Musik und Berühmtheiten als Schachfiguren in ihrem Propagandaspiel einsetzen.

1 Wie die Musikindustrie uns einer Gehirnwäsche unterzieht

Half the country fell asleep but they scream woke
We're distracted by vaccines and TV shows
Politics, celebrity, gossip, popular neat quotes
Black lives, white lives, which lives mean most?

Das halbe Land ist eingeschlafen, aber sie schreien woke („erwacht")
Wir werden von Impfstoffen und Fernsehsendungen abgelenkt
Politik, Berühmtheiten, Klatsch, beliebte nette Zitate
Schwarze Leben, weiße Leben, welches Leben bedeutet am meisten?
(Tom MacDonald – „Brainwashed")

Die Überschrift könnte und sollte wie folgt erweitert werden: Wie die Musikindustrie Sie einer Gehirnwäsche unterzieht, um schlechte Popsongs zu mögen.

Auch dies ist eine ziemlich kühne Aussage. Gehirnwäsche ist schließlich eine mentale Manipulation von unwilligen Personen. Es scheint verrückt, aber die Forschung weist genau darauf hin. Hier erfahren Sie, warum:

1) Spielen Sie es erneut (und erneut)

Eine im Jahre 2011 von den Wissenschaftlern Pereira, J. Teixeira, P. Figueiredo, J. Xavier, S. L. Castro und E. Brattico an der John Hopkins School of Medicine durchgeführte und im Journal „PLoS ONE" herausgegebene Forschungsstudie [(6)] zeigte, dass die wiederholte Exposition eines Liedes dazu führte, dass emotionale Zentren des Gehirns (einschließlich derjenigen, in denen Glücksgefühle entstehen) reagierten, wenn Probanden ein Lied hörten, das zuvor gespielt wurde, selbst wenn es ein Lied war, von dem die Person sagt, dass sie es nicht mag. Tatsächlich wird Ihr hinterhältiges Gehirn Freude daran haben, ein Lied zu hören, das es nicht mag, aber zuvor intensiv gehört hat, als wenn es ein brandneues Lied hört, das Sie aufgrund Ihrer Vorlieben mögen. Fragen Sie sich doch einmal: Welche Songs habe ich total gehasst, als ich sie das erste, zweite, dritte Mal hörte ... und jetzt singe ich sie mit?

2) Gruppenzwang

Neben dem Gehirn, dass Ihnen neuronale Signale von „mag ich" sendet, selbst wenn Sie den Track überhaupt nicht mögen, ist aber mehr am Werk. Die Aufgabe von Künstlermanagern, PR-Firmen und Werbetreibenden ist es, sicherzustellen, dass so viele Menschen wie möglich über einen Track sprechen und ihn spielen. Sie senden es an Mailinglisten von Hunderten von Medien. Und je mehr es veröffentlicht wird, weil es neu ist (nicht unbedingt, weil es gut ist), desto mehr Leute werden annehmen, dass es beliebt ist.

Und ein Lied, das beliebt ist, ist das zweitwichtigste, um Sie zu manipulieren - wegen des menschlichen Drangs, sich anzupassen. Wir beobachten, dass ein Lied sehr beliebt zu sein scheint (und die Leute müssen es mögen, weil es die ganze Zeit läuft, oder?!).

Wir haben das Gefühl, dass es falsch ist, wenn wir es nicht mögen. Während manche Menschen davon leben, konträr zu sein, tendieren die meisten Menschen dazu, die gleichen Dinge zu mögen, die alle anderen mögen. Die Vorstellung, dass das Lied sehr beliebt sein muss, wird durch die Tatsache verstärkt, dass soziale Medien, Radiosender, das Internetradio und Musikblogs das Lied auf Sie übertragen. Und dann wird es immer und immer wieder gespielt. Und hier landen wir wieder bei zu Punkt 1.

3) Die Stimmung

Die letzte Methode, wie die Musikindustrie Sie dazu bringt, ihren Mist zu lieben, besteht darin, die Stimmung zu beeinflussen, in der Sie waren, als Sie ihn so oft wie möglich hörten. Wenn Sie glücklich oder ein wenig beschwipst sind, sind Sie ein bevorzugtes Ziel, wenn es darum geht, Ihnen

Musik schmackhaft zu machen, die nicht wirklich gut ist. Vor allem, wenn Sie es mehrmals mit Freunden hören. Das menschliche Gedächtnis ist eine sehr komplizierte Sache, aber die wichtigsten Faktoren sind, dass Klang, Geschmack und Empfindung im Sinne von Berührung einem Gedächtnis Lebendigkeit und Widerstandsfähigkeit verleihen. Deshalb wollen Menschen, die etwas essen und dann einen schlechten Tag haben, dieses Essen nicht wieder zu sich nehmen.

Ein perfekter Ort, um zum ersten Mal Songs zu hören, ist ein Festival. Deshalb bauen so viele DJs ihre Fangemeinde auf und veröffentlichen dort ncuc Tracks. Fakt ist, dass Sie das gleiche Lied oder Versionen davon hören, die immer wieder gespielt werden. Sie sind mit Freunden zusammen, die die gleichen Sounds hören wie Sie (und ungefähr 100.000 Fremden, was sicherlich den Eindruck erweckt, dass das Lied wirklich beliebt sein muss). Sie haben Kameradschaft und Alkohol und einen wunderschönen Sonnenuntergang und möglicherweise auch ein paar Drogen. Grundsätzlich wird Ihnen das Lied garantiert gefallen. Ihr Gehirn wird schreien „Ich liebe dieses Lied".

Es ist wahrscheinlich unmöglich, sich nach dieser Nacht daran zu erinnern, dass Sie diesen Song und den DJ, der ihn spielte, immer gehasst haben. Wenn ein Song zu oft gespielt wird, erreicht er natürlich einen Sättigungspunkt - wo schon die ersten Noten dazu führen, dass Sie die Welt in Brand setzen möchten. Man fragt sich allerdings, ob einem das jemals wirklich gefallen hat oder sein Geist irgendwie manipuliert wurde. Checken Sie das mal![(7)]

Im Jahr 2020 war es „Yummy" von Justin Bieber, 2019 war es „All Good Girls Go To Hell" von Billie Eilish und 2017 „Framed" von Eminem. Jedes Jahr gibt es ein neues Lied, das wir alle hassen, bis wir es nicht mehr tun. Und es stellt sich heraus, dass wir einer Gehirnwäsche unterzogen wurden, um sie zu mögen.

Untersuchungen legen nahe, dass wiederholte Wahrnehmung eine viel sicherere Möglichkeit ist, die breite Öffentlichkeit dazu zu bringen, einen Song zu mögen, als einen Song zu schreiben, der ihrem Geschmack entspricht. Basierend auf der oben erwähnten Studie aus dem Jahr 2011 wissen wir inzwischen, dass die emotionalen Zentren des Gehirns - einschließlich der Belohnungszentren - aktiver sind, wenn der Mensch Songs hört, die er zuvor selbst abgespielt hat. Tatsächlich sind diese Gehirnbereiche aktiver, als wenn der Mensch unbekannte Songs hört, die weitaus besser zu seinem Musikgeschmack passen.

Dies passiert öfter als Sie vielleicht denken. Nach ein paar Dutzend unbeabsichtigten Hörversuchen ändern viele von uns möglicherweise ihre anfängliche Meinung zu einem Song - und geben schließlich zu, dass Katy Perrys „Dark Horse“ wirklich nicht so schrecklich ist, wie es sich anhört. Mike Rugnetta von *PBS Idea Channel* erklärt[(8)], dass es einem musikalischen „Stockholm-Syndrom“ ähnelt, ein Begriff, der ursprünglich vom Kriminologen Nils Bejerot verwendet wurde, um ein Phänomen zu beschreiben, bei dem Opfer von Entführungen im Laufe der Zeit anfangen, mit ihren Entführern zu sympathisieren.

Die meisten Leute gehen davon aus, dass sie ein Lied überall hören, weil es beliebt ist. Das ist nicht der Fall - ein Lied ist beliebt, weil es überall gespielt wird. Es ist technisch illegal, dass große Labels Radiosender direkt bezahlen, um bestimmte Songs abzuspielen, aber das bedeutet nicht, dass dies nicht der Fall ist.

Das Phänomen heißt „Payola“ (ein Kompositum des Wortes „Pay“ und der Reduktion des Markennamens „Victrola“) und war in den 1960er bis 1980er Jahren weit verbreitet. Es steht für die Praxis des „Pay for play“, bei der bezahlt wird, wer den Song spielt. Die Musikindustrie wurde buchstäblich von einer Mafia geführt. Das passiert heute noch, obwohl es nicht so offensichtlich ist. Die Labels bezahlen unabhängige Promoter, um Radiosender zum Abspielen ihrer Musik zu „motivieren“, oder erstellen Programmvorgaben, um sicherzustellen, dass ein Song genügend Wiedergaben erhält, um seine Wirkung zu entfalten. Hinter der Strategie steckt echte Neurowissenschaft: Wenn Sie etwas genug hören, wird es Ihnen gefallen.

Dieses „Stockholm-Syndrom“ kommt auch in der Kultur vor. Der wissenschaftliche Begriff für dieses Phänomen ist der „bloße Belichtungseffekt“, der in den 60er Jahren von Robert Zajonc entdeckt wurde und auf alles angewendet werden kann - Bilder, Formen, Lieder oder Menschen. In seiner

Studie gaben die Teilnehmer an, dass sie Songs beim zweiten und dritten Mal, da sie ihnen ausgesetzt waren, mehr mochten. Dieselbe Reaktion trat auch dann auf, wenn den Teilnehmern keine vorherige Exposition bekannt war. Es scheint so, als ob man die Fähigkeit, einen Song zu identifizieren und zu verstehen, leicht mit der Fähigkeit, ihn zu mögen, verwechseln kann.. Wenn sich ein Lied also erst einmal in Ihrem Kopf festgesetzt hat, kann es schnell von lästig zu beliebt werden. Ein gutes Beispiel dafür ist die unerklärliche Popularität von Ohrwürmern wie dem wirklich abscheulichen „I Gotta Feeling“ von den Black Eyed Peas.

Letztendlich haben wir kaum eine Vorstellung davon, warum wir die Dinge mögen, die wir tun. Zahlreiche soziale und kognitive Faktoren machen es der Popmusikindustrie sehr leicht, ein Publikum für Künstler zu gewinnen, von denen sie glauben, dass sie es wert sind, gefördert zu werden, und wenn wir erst einmal mit diesen Künstlern vertraut sind, gibt es kein Zurück mehr. Die Industrie weiß das genau und manipuliert uns ständig.

Aber selbst inmitten all dieser wissenschaftlichen und geschäftlichen Manöver gibt es eine Wahrheit: Wenn Sie ein wirklich schlechtes Lied zu viel spielen, werden die Leute es immer noch selbst herausfinden.[(9)]

Anhand der drei folgenden Fälle erfahren Sie lieber Leser, wie die Gehirnwäsche und Manipulation bei Menschen eingesetzt werden: Eine Frau die nach dem Trauma künstlerisch die Erfahrungen auf Leinwände malt oder ein Model das unter MKULTRA-Kontrolle geheime Missionen ausführt bis hin zu einem Opfer welches zufällig in die Fänge der CIA-finanzierten Experimente gerät.

Dies ist die Basis um zu verstehen, wie die Musikindustrie, bestehend aus Künstlern, Labels, Produzenten, den Videoregisseuren, Promotern und MKULTRA-Handlern funktioniert, die Alter-Personas (alternative Persönlichkeiten) kreieren, welche dem Popstar hinzugefügt werden, damit nicht nur der eigentliche Star im Vordergrund steht, sondern es mannigfaltige Variationen von ihm gibt. Genau dieses Spiel soll den Zuhörer und Zuseher verwirren und gehirnwaschen, nur damit er tumb den Songs und Stars folgt, musikalisch, stylisch, bis ans Ende der Welt, in die Neuen Weltordnung.

1.1 Wie ein führendes amerikanisches Model zu einem CIA-Mind-Control-Experiment wurde

„Die Offenlegung einiger Aspekte der MKULTRA-Aktivität in der Öffentlichkeit könnte schwerwiegende Nebenwirkungen in der öffentlichen Meinung der USA hervorrufen…“
(CIA-Generalinspektor, Buch: „Mind Manipulators“)

Candy Jones, ursprünglich bekannt als Jessica Arline Wilcox (31. Dezember 1925 - 18. Januar 1990), war ein amerikanisches Model, Schriftstellerin und Moderatorin einer Radio-Talkshow. In den 1940er und 1950er Jahren war sie ein führendes Model und Pin-up-Girl. Danach gründete sie eine Model-Schule und schrieb mehrere Bücher über Modeling und Mode. 1972 heiratete Jones den beliebten Moderator der Radiosendung Long John Nebel. Er war ihr zweiter Ehemann. Sie wurde Co-Moderator seiner nächtlichen Talkshow bei WMCA in New York City. Die Show befasste sich mit paranormalen, UFO- und Verschwörungstheorie-Behauptungen. Jones behauptete in den 1960er Jahren Opfer des Projekts MKULTRA, des CIA-Programms zur Gedankenkontrolle, geworden zu sein.[10]

Ein Artikel der „Fortean Times“ aus dem Jahr 2001 beschreibt den berüchtigten Fall von Candy Jones, einem Model, das Opfer von MKULTRA wurde. Es ist einer der am besten dokumentierten Fälle der Modewelt, in denen sich Gedankenkontrolle mit Gehirnwäsche vermischt:

„Für die Welt war sie eines der erfolgreichsten amerikanischen Models der 1940er Jahre - aber sie führte während des Kalten Krieges ein geheimes Leben als Agentin im Stil einer mandschurischen Kandidatin für die US-Geheimdienste. Die Journalisten Colin Bennett und Bob Rickard analysieren diese Geschichte von multipler Persönlichkeit, Verschwörung, hypnotischer Gedankenkontrolle und Fantasieleben.

Am 31. Dezember 1972 heiratete der bekannte 61-jährige Radiomoderator Long John Nebel in der großzügigen Apartment-Suite eines befreundeten New Yorker Anwalts Candy Jones, 47, ein international bekanntes Model. Die

Gäste hatten bei dieser freudigen Angelegenheit sicherlich viel zu erzählen. Fünf Männer, die im vergangenen Sommer in das Hauptquartier des Demokratischen Nationalkomitees im Bürogebäude Watergate in Washington DC eingebrochen waren, wurden wegen Einbruch, Verschwörung und Abhören angeklagt. Es gab bereits Gerüchte, dass diese Angelegenheit bis ins Weiße Haus reichen könnte. Obwohl die Gäste zweifellos glücklich waren, hatte die Vietnam-Kampagne noch zwei Jahre Zeit, und fast alle Amerikaner wussten, was das Ergebnis sein würde.

Nebel war die Koryphäe seiner Zeit, und seine nächtliche Radiosendung hatte ein Publikum von mehreren Millionen, aber in dieser Nacht dachte er nicht an Watergate oder Vietnam. Er hatte gerade eine Frau geheiratet, deren Gesicht 1943 in einem einzigen Monat die Titelseiten von 11 großen nationalen Magazinen zierte. Während der Pazifikkampagne im Zweiten Weltkrieg schmückten Fotos von Candy in einem weißen gepunkteten Badeanzug die Innenräume von Schiffen. Panzern und Schützengräben.

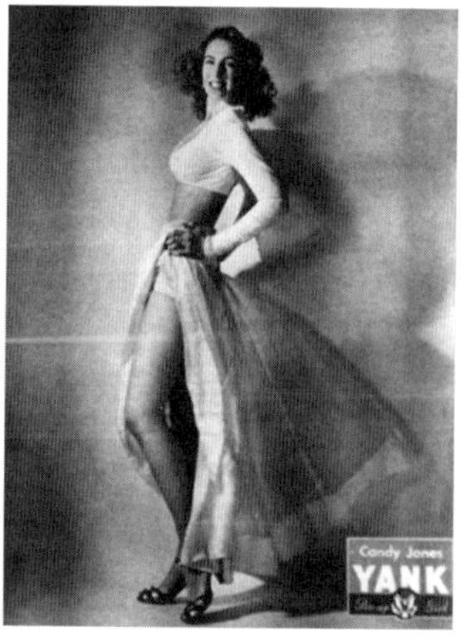

Abb. 1: Pin-up-Foto von Candy Jones für die Ausgabe vom 30. November 1945 von Yank, der Army Weekly, einer wöchentlichen Zeitschrift der US Army

Es war eine kurzentschlossene Bekanntschaft gewesen - kaum 28 Tage -, sie hatten sich Jahrzehnte vorher zwar kennengelernt, als Neben noch Fotograf war, aber Nebel kannte seine Frau offenbar nicht besonders gut. Schon während des Empfangs bemerkte er eine merkwürdige Veränderung an ihr; innerhalb

kürzester Zeit verlor sie all ihren natürlichen Charme und Überschwang. Ihre Stimme änderte sich vollständig zu der einer anderen Frau und ihre normalerweise flüssige Haltung versteifte sich. Nebel, der später am Abend im chinesischen Restaurant Ho Ho mit ihr speiste, bemerkte die Veränderung erneut. Es war, als würde sie sich mit dem chinesischen Dekor, den Wandspiegeln und den Kerzen unwohl fühlen.

Während sie sich auf das Bett vorbereitete, begann Candy wieder mit der Stimme zu sprechen, die Nebel zuvor gehört hatte. Noch alarmierender war, dass diese seltsame Persönlichkeit in Candy eine völlig andere Einstellung zu ihm hatte; ‚sie' klang grausam, spöttisch und kalt. Als Nebel sie danach fragte, war Candy erstaunt; sie selbst hatte das Auftauchen einer anderen Stimme oder Persönlichkeit nicht bemerkt.

Einige Wochen nach ihrer Heirat teilte sie Nebel jedoch mit, dass sie einige Zeit für das FBI gearbeitet habe, und fügte mysteriöser Weise hinzu, dass sie gelegentlich ohne Angabe von Gründen die Stadt verlassen müsse. Der Radiomoderator mußte sich fragen, ob es einen Zusammenhang zwischen der ‚anderen' Persönlichkeit in Candy und den seltsamen Reisen gab, die sie für das FBI zu unternehmen hatte.

Candy wurde 1925 in Atlantic City, New Jersey, als Jessica Arline Wilcox geboren. Sie wuchs zu einer auffälligen Blondine mit einer Körpergröße von 1,93 m heran. Ihr klassisches amerikanisches Gesicht der Eiskönigin war groß in Mode, bevor die zugänglicheren Gesichter von Grace Kelly, Jayne Mansfield und Marilyn Monroe aufkamen. Obwohl sie in einer ziemlich wohlhabenden Umgebung aufgewachsen war, missbrauchten ihr Vater und ihre manisch depressive Mutter sie körperlich, wenn nicht sogar sexuell. Einmal drückte ihr geschiedener Vater bei einem Hausbesuch ihre Finger in eine Muskatreibe, und ihre bösartige Mutter schlug sie so heftig auf die Beine, dass Candy dicke Strümpfe tragen musste, um die Striemen zu verbergen. Sie durfte sich nicht mit anderen Kindern anfreunden und wurde oft von ihrer Mutter in abgedunkelten Räumen eingeschlossen. In solchen Räumen entwickelte die sehr junge, panische Candy eine Familie von Fantasiefiguren, um ihr Selbst aufrechtzuerhalten.

In ihrer Gefängnisdunkelheit stellte sie sich Figuren vor, die in den

Dämmerungsreflexionen eines großen Wandspiegels auftauchten. Der Name einer dieser magischen Freundinnen war Arlene, und sie sollte in Candys späterem Leben eine entscheidende Rolle spielen. Im Gegensatz zu den anderen Figuren dieser imaginären Welt verblasste Arlene nicht mit Candys Kindheit. Als sekundäre Persönlichkeit wuchs sie auf und reifte mit Candy. Arlenes Persönlichkeit war eine Art Spiegelumkehrung von Candys Persönlichkeit. Sie hatte einige Eigenschaften von Candys Mutter: Sie war hart und rücksichtslos, sarkastisch und grausam, mit einer krächzenden leisen Stimme, ganz anders als Candys eigene.

Dies war die Stimme, die Nebel an seinem Hochzeitstag zum ersten Mal hörte. Solange sie im eigenen Selbst war, war Candy die liebevollste, geselligste und charmanteste Frau; sobald sie Arlene war, konnte sie gefährlich bösartig werden und sogar eines Nachts versuchen, ihren neuen Ehemann auf professionelle militärische Weise zu erwürgen. Nebel kam keineswegs abwegig zu dem Schluss, dass der Geist seiner neuen Frau grob gestört war. Candy schien Todesangst vor allem Chinesischen zu haben. Sie hatte auch Angst vor Ärzten, Psychiatern und Zahnärzten, die alle Drogen der einen oder anderen Art verabreichten. Drogen waren das, wovor Candy vor allem Angst hatte. Wann immer Drogen erwähnt wurden, erschien in irgendeiner Weise Candys ‚Beschützerin'' Arlene, um vehement zu verhindern, dass solche Mittel jemals in ‚ihren' (Candys) Körper eindringen sollten.

Nebel entdeckte, dass die Veränderungen innerhalb von Candy eine lange Geschichte hatten und ihre Spur direkt in das Zentrum der Organisation führte, über die viele seiner Telefonanrufer seit Jahren gesprochen hatten, der Central Intelligence Agency (CIA) der Vereinigten Staaten von Amerika. Nebel ging dann ein ernstes Risiko ein: Seit vielen Jahren war er ein Amateurhypnotiseur und so er beschloss, Candy in eine leichte Trance zu versetzen, ein paar einfache Fragen zu stellen und die Ergebnisse aufzuzeichnen. Es begann eine der erstaunlichsten Geschichten unserer Zeit, die in Donald Bains Buch ‚The Control of Candy Jones' erzählt wird.[11]

Alan Scheflin und Edward Opton schreiben in dem Buch ‚Mind Manipulators ‚Das Konzept war, dass der Hypnotiseur diesen Kindheitskern von zurückgewiesenen, blockierten Merkmalen und Impulsen in den Kern eines unbewussten Isolats verwandeln würde. Wenn mehr als ein Spielkamerad aus Kindertagen zur Auswahl stand, wurde die Trennung in die härteste und gemeinste umgewandelt. Bowart erzählte Scheflin und Opton, dass alle militärisch hypnoprogrammierten Personen, die er gefunden und interviewt hatte, „von einem ihrer Eltern geschlagen oder misshandelt wurden, als sie jung waren. Um zu entkommen, haben sie imaginäre Persönlichkeiten geschaffen, die ein kluger Hypnotiseur dann gegen sie einsetzte.‘(12)

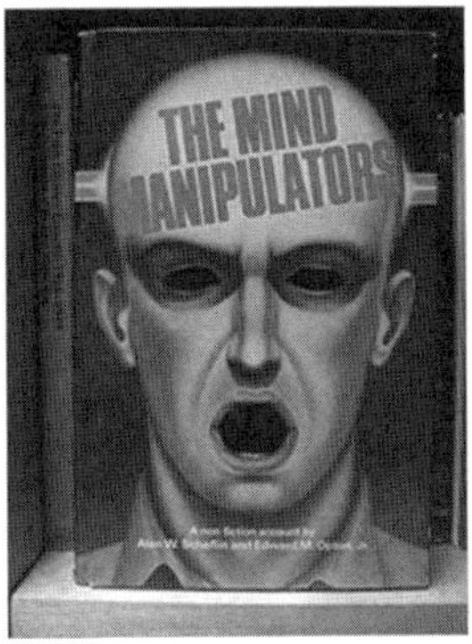

Abb. 2: „Mind Manipulators“ von Alan Scheflin

Während einer Tournee durch Militärstützpunkte im Jahr 1945 wurde Candy auf den Philippinen krank und ins Krankenhaus in Leyte Gulf eingeliefert. Dort traf sie Dr. Gilbert Jensen, einen jungen Arzt, der ihr Vitaminiinjektionen verabreichte, die ihr wahrscheinlich das Leben oder zumindest ihr Aussehen retteten. Jensen gab ihr seine Visitenkarte und sagte, er hoffe, sie würde ihm schreiben. Viele Jahre nach diesem Ereignis sollte sie Jensen wieder treffen, mit fast katastrophalen Folgen.

1946 ging sie eine ziemlich lieblose Ehe mit dem durchtriebenen (und bisexuellen) Modezaren Harry Conover ein, der schließlich wegen Betrugs inhaftiert wurde. Die Ehe endete 1959 mit der Scheidung, bei der sie das Sorgerecht für ihre drei Söhne und ihr eigenes Modegeschäft mit Büro in New York zugesprochen bekam. Im Laufe des Jahres 1960 kam ein alter Bekannter, ein pensionierter Armeegeneral, in dieses Büro und fragte Candy, ob sie dem FBI erlauben würde, ihr Büro als Postabwurf zu nutzen. Sie stimmte zu und erklärte sich auch bereit, Post für das FBI zu liefern, wenn sie geschäftlich unterwegs war, da sie diese Vereinbarung zu dieser Zeit als eine einfache patriotische Aktivität ansah. Sie hatte keine Ahnung, worauf sie sich einließ.

Eine ihrer ersten Aufgaben für diesen (namenlosen) General war es, einem Mann in San Francisco einen Brief zu überbringen, während sie dort geschäftlich tätig war. Der Mann war Dr. Gilbert Jensen, an den sie sich vage erinnerte. Sie aß am 16. November 1960 mit Jensen in San Francisco zu Abend, ein Tag, der den Rest ihres Lebens verändern sollte. Jensen sagte, dass er jetzt für die CIA arbeitete und ein Büro in Oakland auf der anderen Seite der Bay Bridge hatte.

Er sagte, wenn Candy wolle, könne sie viel tiefer in das Geschäft mit den Geheimdiensten einsteigen und fügte hinzu, dass es sich für sie als lukrativ erweisen könnte. Mit drei Söhnen an Privatschulen hatte Candy finanzielle Probleme und akzeptierte das Angebot.

Das erste, was Jensen tat, war Candy zu hypnotisieren. Dabei fand er Arlene und entwickelte sie mit hypnotischen Techniken und intravenösen Injektionen hochexperimenteller Medikamente. Es gelang ihm, Arlene in Candys Gedanken voranzubringen, so dass sie Candy fast vollständig übernehmen konnte. Nachdem dies erledigt war, konnte er Candy (mit Arlenes Stimme und Art) auf verschiedene experimentelle Missionen im In- und Ausland schicken. Candy würde sich vollkommen in Arlene verwandeln, eine Perücke tragen und einen anderen Make-up-Stil verwenden. Jensen wollte eine „perfekte Botin" schaffen, die selbst unter Folter weder etwas über die Botschaft preisgeben konnte, die sie transportierte, noch woher sie kam oder wer sie geschickt hatte.

Diese Operation war umfangreich und hoch organisiert. Candy - als Arlene, der fleischgewordene Zombie - besuchte Trainingslager, Militärbasen und geheime medizinische Einrichtungen in ganz Amerika. Sie wurde in allen Aspekten verdeckter Aktionen studiert und geschult, einschließlich Sprengstoff, Nahkampf mit improvisierten Waffen, Verkleidung und Kommunikation. Sie lernte, wie man mit bloßen Händen tötet; konditioniert, um Schmerzen zu widerstehen, und lernte, wie man Befragungstechniken entgegenwirkt. Sie wurde mehrfach von einem stolzen Jensen dem Militär als Beispiel für einen narkohypnotischen Erfolg vorgeführt: der perfekte Krieger. Jensens Arbeit bestand darin, zu demonstrieren, dass seine Konditionierung so tief war, dass Arlene sich auf Befehl umbringen würde. Eine Vorstellung von den moralischen Werten der hier beteiligten Personen wird dadurch veranschaulicht, dass Jensen eine brennende Kerze in Candys offene Vagina steckt, ohne dass sie Schmerzen oder Angst registriert. Er demonstrierte dies vor 24 Ärzten in einem Auditorium im CIA-Hauptquartier in Langley, Virginia.

Candy wurde als Arlene mindestens zweimal zu Testmissionen nach Taiwan geschickt und lieferte Briefumschläge. Dort wurde sie mit elektrischen Schocks gefoltert, um zu sehen, ob sie Candy knacken würden; sie schafften es nicht. Tief perverse Sexualität scheint ein implizites Element der verdeckten

Agenda gewesen zu sein. Sie wurde häufig von verschiedenen Parteien, darunter amerikanischen Ureinwohnern auf amerikanischem Boden, ausgezogen, ins Bett gebracht, unter Drogen gesetzt, hypnotisiert und gefoltert. Sie wurde auf ärztliche Untersuchungstische gelegt, unter Gestapo-ähnlichen Verhören und von Frauen gegen ihren Willen sexuell ausgenutzt.. Selbst von Jensen wurden sexuelle Ansätze unter Hypnose gemacht, aber Candy scheint ihn abgewehrt zu haben.

Natürlich ging es dabei nicht darum, den Kommunismus zu bekämpfen. Es war eher ein Beispiel für das, was Churchill als ‚perverse Wissenschaft' bezeichnete, die in einem Geheimdienstregime alten Stils operierte. Die Hypnotisierung von Candy hatte eine Spielerei-Struktur wie der ‚Spin' in den Medien, der das taktische und strategische Versagen der USA in Vietnam vertuschen sollte: Die berüchtigte Anzahl der Toten, das ‚Befriedungs'-Programm von Dörfern, das nutzlose Bomben und der Einsatz von Entlaubungsmitteln. Die Amerikaner hätten den Vietnamesen besser kostenlos japanische Fernsehgeräte geben sollen und sie auf diese einfache Weise einschläfern lassen. Aber vielleicht haben wir es hier mit etwas Unheimlicherem zu tun, als mit einem gescheiterten Waffensystem des Kalten Krieges. Das System mag gegen die Kommunisten gescheitert sein, aber vielleicht ist es erst gescheitert, als es sich gegen den amerikanischen Staat selbst wandte? Mark Chapman (der Mörder von John Lennon), Sirhan Sirhan (wegen des Attentats auf US-Senator Robert F. Kennedy vom 5. Juni 1968 als Mörder verurteilt), John Hinckley (Attentat auf US-Präsident Ronald Reagan), James Earl Ray (Mörder von Martin Luther King) und Lee Harvey Oswald (angeblicher Mörder von John F. Kennedy) sollen Beweise dafür sein, dass in Amerika andere „Jensens" am Werk waren.

Jensen wusste, dass er schreckliche Risiken einging; Er konnte sich nicht sicher sein, dass Arlene zu keinem Zeitpunkt in Candys Alltag ungeplant auftreten würde. Trotz seiner Vorsichtsmaßnahmen geschah dies natürlich, sonst wäre nichts über sie bekannt geworden; Candy hatte keine Ahnung, dass sie woanders gewesen war oder etwas anderes als ihre normale Runde gemacht hatte, abgesehen von ihren Besuchen bei Jensen und der Zustellung von Post. Das war alles was sie wusste; der Rest war leer. Nachdem ihre Abenteuer und Prüfungen vorbei waren, brachte Jensen sie aus der Trance und ihr bewusstes Leben wurde wieder zu einem nahtlosen Gewand.

Wir kennen diese Geschichte nur von den Tonbändern, auf denen Candy unter Hypnose spricht und von Nebel befragt wird. Als Candy selbst diese Bänder hörte, konnte sie nicht glauben, dass sie selbst die von Arlene beschriebenen Erfahrungen gemacht hatte. Aus vielen Bändern über mehrere Jahre hinweg konstruierte der Autor Donald Bain gekonnt eine komplexe Interaktion mit vier Charakteren. Arlene ist eine Abstraktion im Kopf von Candy; Nebel ist Substanz und Jensen ist eine Schattenfigur.

Dieses Drama wurde zunehmend durch externe Beweise verstärkt, dass Jensen tatsächlich existierte und sicherlich mit der Art von Aktivität beschäftigt war, die Candy beschrieb. Mitte der 70er Jahre hatte Nebel Krebs im Endstadium und war bestürzt über Candys schreckliche Viktimisierun. Er argwöhnte, dass Candy Jensen seit ihrer Heirat mehrmals heimlich getroffen hatte und dachte an Rache. Er sagte Bain, dass er Jensen töten würde, aber Bain schaffte es, ihn davon abzubringen.

Als Prototyp für spätere Bücher wie Cathy O'Briens ‚Die TranceFormation Amerikas: Die wahre Lebensgeschichte einer CIA-Sklavin unter Mind-Control' und Annie McKennas ‚Paperclip Dolls' ist Bains Buch eine brillante Leistung. Er verachtete als Autor rein kommerzielle Werke und verbrachte viel Zeit damit, Candy Jones' Geschichte aus Hunderten von Kassetten zu extrahieren. Sein Ansatz war es, die abstrakte Welt in Candys Kopf John Nebels drängenden Fragen gegenüberzustellen, die sich auf die Schattenfigur von Jensen beziehen.

Die Geschichte führte viele Jahre zurück, aber es fehlte die Stimme von Jensen selbst; Informationen über ihn und seine Absichten konnten nur von einer Seite des Dialogs rekonstruiert werden. Obwohl Jensen als Schattenperson fungierte, war Nebel überzeugt, dass es genügend externe Beweise gab, dass er substanzieller war als Arlene.

Ein schwierigeres Problem war die Entfernung der vielen Blöcke, die Jensen wie Schichten alten Mauerwerks in Candys Kopf gelegt hatte. Nebel versuchte sich als Jensen auszugeben, als er seine verzauberte Frau befragte. Arlene bemerkte diese Taktik jedoch oft und warnte Nebel, dass sie wüsste, dass er Candy austrickste. Arlene mochte Jensen, Candy nicht. Nebel erging es besser, als er vorgab, ihr Alter Ego zu sein, Arlene. Candy fühlte sich viel wohler, wenn sie auf diese Weise mit sich selbst sprach, und enthüllte viele Informationen über Jensens Aktivitäten.

Donald Bain vermutet, dass Candy als Arlene viel mehr experimentelle Missionen für Jensen durchgeführt hat, als jemals zuvor entdeckt wurden. Er überprüfte ihre Bürozeiten in den 1960er Jahren mit ihrem Geschäftsführer. Über einen Zeitraum von 10 Jahren war sie häufig unter dem Deckmantel von Geschäftsreisen abwesend, auf denen anscheinend keine Geschäfte getätigt wurden. Fragmente dieser Reisen tauchten unter Hypnose auf, beispielsweise einmal, als sie sagte, sie habe eine Waffe für Jensen überbracht.

Bain beendet sein Buch mit einem Cliffhanger. Obwohl Candy endlich die Behandlung von praktizierenden Ärzten akzeptiert, vermisst sie ihren Jensen-Fixpunkt und wird zu einem geheimen Junkie für ihre Arlene-Transformationen. Sie versucht, ihre Versuche, Jensen und die CIA zu kontaktieren, vor Nebel zu verbergen. Was Nebel jedoch vor seinem Tod noch mehr beunruhigte, waren die Versuche der CIA und von Jensen, Candy zu kontaktieren. Ihre Abenteuer fanden anscheinend zwischen 1960 und 1971 statt, aber Bain erklärte, er könne nicht ganz sicher sein, ob sie beendet waren.

Der mutige Nebel starb kurz nach Veröffentlichung von Bains Buch an Krebs, immer noch ohne die Antworten, die er über das geheime Leben seiner Frau suchte. Er tröstete sich damit, dass er für einen kurzen historischen Moment den verborgenen Kontrolleuren Amerikas die Maske herunter gerissen hatte. Ähnlich wie andere glamouröse Figuren trat Candy Jones unabsichtlich in dieses Mysterium der Macht ein, dass die scheinbar allen bewusste sozialdemokratische Sicht auf Natur und Gesellschaft für immer widerlegt.

Während Jane Mansfield den Kräften des Konsums zum Opfer fiel und Marilyn Monroe Opfer einer hohen staatlichen Intrige wurde, war Candy Jones sicherlich ein Opfer der Schnittstelle zwischen dem amerikanischen Geheimdienst und ultrarechten medizinischen bzw. psychiatrischen Einrichtungen.

Beide nationalen Sektoren waren ein wesentlicher Bestandteil des aufkeimenden amerikanischen militärisch-industriellen Komplexes, der in den 1950er und 1960er Jahren seine neu entdeckten Muskeln anspannte.

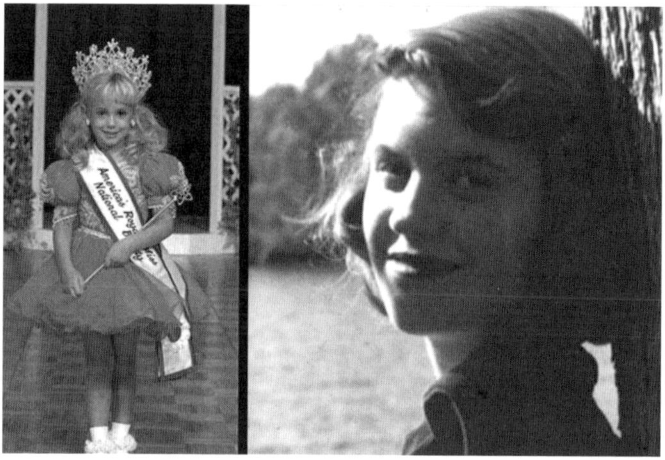

Abb. 3: JonBenét Ramsey (links) und Sylvia Plath (rechts). JonBenét Patricia Ramsey (6. August 1990 - 25. Dezember 1996) war eine amerikanische Schönheitskönigin, die im Alter von sechs Jahren im Haus ihrer Familie in Boulder, Colorado, getötet wurde. Das Verbrechen ist immer noch ungelöst und bleibt eine offene Untersuchung beim Boulder Police Department. Der 11. Februar ist der Jahrestag von Sylvia Plaths (27. Oktober 1932 - 11. Februar 1963) Selbstmord im Jahr 1963. Plath war die meiste Zeit ihres Erwachsenenlebens klinisch depressiv und wurde mehrfach mit Elektrokrampftherapie (ECT) behandelt. Für Fans und Anhänger ist ihr Tod geheimnisvoller als je zuvor

Selbst im Erwachsenenalter bleiben so hochkarätige Frauen wie Candy Jones feenhafte Kinder, wie das Junior-Mannequin JonBenét Ramsey oder Sylvia Plath. Candy wurde höchstwahrscheinlich nicht nur ausgewählt, weil sie sehr leicht hypnotisiert werden konnte, sondern auch, weil sie eine der frühen Prototypen von Medienpuppen war. Amerika brachte diese Brut zum ersten Mal zur Welt, und alle ihre Marionetten haben ähnliche Eigenschaften. Die amerikanische Kultur ist nach wie vor der Hauptgenerator für die Steuerung und das Design der Traummaschine der Welt, und ihre Konsumgüter wie das Fernsehen oder Internet sind Puppenhausmöbel. Als Puppen sind solche Charaktere mehr Systemtiere als Menschen, und alle Arten von experimentellen Prozessen und Veränderungen finden in der Grauzone dieser Persönlichkeiten statt, wodurch die Halbtrance zu ihrem natürlichen Zustand wird.

Es könnte gut sein, dass Jensen im Rahmen des aufkommenden MKULTRA-Programms die ersten Experimente in mythologischer Technik durchführte. Candys erster Ehemann hatte sie bereits zu einer Superpuppe gemacht, an der Jensen weiterarbeiten konnte. Bains Schlussfolgerung ist, dass Jensens Arbeit innerhalb und für den Geheimdienstsektor war, aber Jensen hatte vielleicht eine ausgefeilte Agenda. Wenn Candy die unschuldige Vorstellungskraft repräsentiert, die irgendwo zwischen den Welten von Jules Verne und George Adamski schwebt, repräsentiert Jensen die böse Seite der Wissenschaft. Dies ist die dunkle Welt von Auschwitz, die bekanntlich von Wissenschaftlern, Ärzten und Industriellen als Aktiengesellschaft geführt wurde.

Die künstliche Erzeugung und Manipulation von Mediensirenen mag sein Hauptziel gewesen sein. Wie Merilyn Monroe könnte Candy daher Teil der frühen mittleren Entwicklung dessen gewesen sein, was die amerikanischen Streitkräfte heute als ‚nicht tödliche Waffen' bezeichnen. Vielleicht ist Big Brother wie der Bergmann zu einem industriellen Relikt geworden; und vielleicht hatte Orwell Unrecht und Huxley hatte Recht. Grenzenloses billiges Vergnügen, nicht Schmerz oder Leiden, soll die ultimative Waffe sein, um den Willen einer Bevölkerung zu brechen, ohne dass ein Blutstropfen vergossen wird.

Donald Bain zeigt, dass, wenn Sex und Glamour mit Verschwörung und Wissenschaft vermischt werden (in diesem Fall experimentelle Narkotechnologie), eine ‚Realität' über allem thront, die wie ein Cover aus der Art von Science-Fiction-Magazin aussieht, das sowohl Jensen als auch Nebel in ihrer Jugend gelesen haben werden. Auf diesen Covern sind schöne weibliche Körper eingefangen und mit Drähten, Konsolen und Antennen verbunden, gut aussehende Mädchen in zerrissenen Blusen, die wie zerbrechliche Cyberklone laufen oder eidechsenähnliche Figuren mit Injektionsnadeln darstellen.

Long John Nebel muss sich irgendwann gefragt haben, wie echt sein Leben mit Candy trotz der vielen Enthüllungen gewesen ist. Viele Jahre lang hatten schlaflose New Yorker gehört, wie Nebels nächtliche Anrufer über genau die Dinge schimpften, die die verzauberte Candy beschrieb. Sobald Nebel die Stimme von Arlene hörte, betrat er die Welt des Trance-Staates Amerika. Es ist eine Welt, in der Austrittswunden zu Eintrittswunden werden und in der Jack Rubys letzte Stunden als freier Mann so rätselhaft bleiben wie die letzten

Telefonanrufe von Marilyn Monroe... oder die mysteriösen Reisen von Candy Jones."[(13)]

1.2 Die kanadische Regierung entschädigt stillschweigend Opfer von Gehirnwäscheexperimenten

„Als wir dort ankamen, war der Ort wie eine Szene aus ‚Einer flog über das Kuckucksnest', sagte sie. „Es gab Leute, die mit dem Kopf gegen die Wände schlugen und dröhnten, und meine Mutter saß völlig unter Drogen da. Und schon als Kind wusste ich, dass sie nicht Recht hatte."

(Zitat einer Augenzeugin im „CBC"-Artikel)

Das Opfer wurde wochenlang in einem chemisch induzierten Schlaf gehalten und Elektroschocks, experimentellen Drogen und auf Band aufgezeichneten Nachrichten ausgesetzt, die ohne Unterbrechung abgespielt wurden.

„CBC News" [(14)] berichtete am 26. Oktober 2017 das die kanadische Regierung mit Allison Steel, der Tochter von Jean Steel, einer Frau, die schrecklichen Gehirnwäscheexperimenten unterzogen wurde, die von der CIA finanziert wurden, eine außergerichtliche Einigung von 100.000 US-Dollar erzielt hatte.

Die Einigung wurde stillschweigend erzielt, als Gegenleistung für die im September 2015 von Allison Steel eingeleiteten rechtlichen Schritte. Die Einigung enthält eine Geheimhaltungsvereinbarung, die Steel verbietet, über die Einigung selbst zu sprechen. Das Bestehen des Vergleichs und sein Gesamtbetrag wurden jedoch in den von der Bundesregierung im Oktober veröffentlichten öffentlichen Konten ausgewiesen.

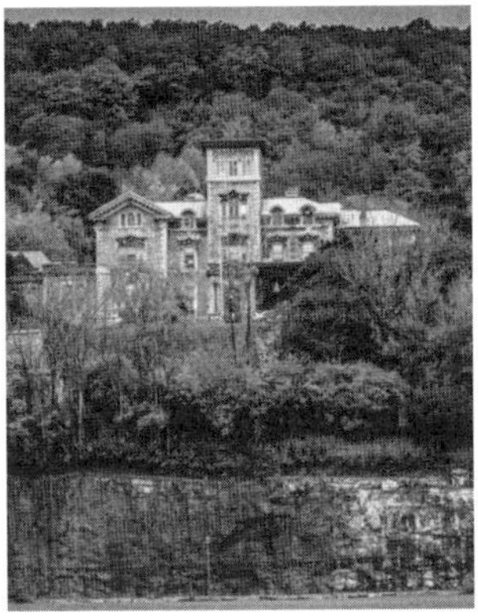

Abb. 4: Das Allan Memorial Institute in Montreal, Kanada

CIA-finanzierte Folter: Jean Steel's Tortur begann 1957 im Alter von 33 Jahren. Sie wurde am Allan Memorial Institute in Montreal aufgenommen, nachdem bei ihr „manische Depression und Wahnvorstellungen" diagnostiziert worden waren. In den folgenden Monaten wurde Steel Opfer von CIA-finanzierten MKULTRA-Experimenten, die von Dr. Ewen Cameron durchgeführt wurden.

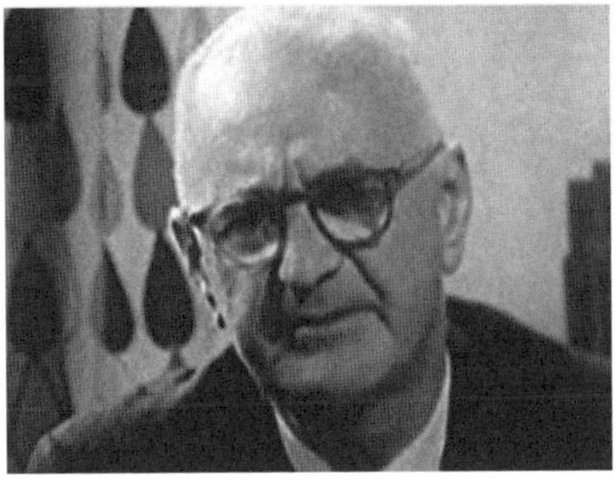

Abb. 5: Dr. Donald Ewen Cameron war ein in Schottland geborener Psychiater, der Präsident der American Psychiatric Association (1952–1953), der Canadian Psychiatric Association (1958–1959), der American Psychopathological Association (1963), der Society of Biological Psychiatry (1965) und der World Psychiatric Association (1961-1966). In den 1950er und 1960 wurde er von der CIA finanziert, um Experimente für das MKULTRA-Mind-Control-Programm durchzuführen

Camerons Experimente zielten darauf ab, den Geist des Opfers durch ein intensives Trauma zu „entmustern“, um ihn anschließend „neu zu strukturieren“. Mit anderen Worten, er erforschte die Grundlagen der Monarch-Programmierung - des Mind-Control-Programms aka Gehirnwäsche.(15)

„Cameron glaubte, dass eine Kombination aus wochenlangem, chemisch induziertem Schlaf, massiven Elektroschockbehandlungen, experimentellen halluzinogenen Medikamenten wie LSD und Techniken wie ‚psychischem Fahren‘ durch wiederholtes Abspielen von aufgezeichneten Nachrichten den Geist ‚entmustern‘ und den Geist zerstören könnte, sowie Gehirnbahnen erschaffen und die Auslöschung von Symptomen psychischer Erkrankungen wie Schizophrenie initiieren könnte. Ärzte könnten Patienten ‚neu strukturieren‘.

Die Entmusterung löschte jedoch auch das Gedächtnis des Patienten und ließ ihn in einem kindlichen Zustand zurück. In einigen Fällen vergaßen erwachsene Probanden grundlegende Fähigkeiten wie das Benutzen sanitärer Einrichtungen, das Anziehen oder das Binden ihrer Schuhe.“ Das schreibt „CBC News“ über die Experimente.(16)

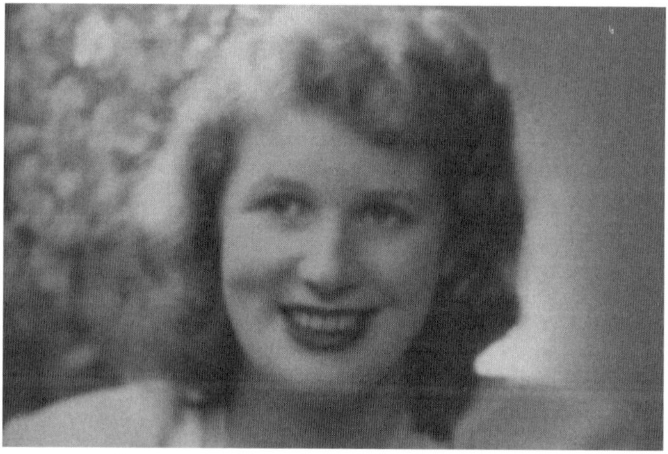

Abb. 6: Jean Steel

Hunderte von Seiten beschreiben die schrecklichen Experimente, denen Jean Steel unterzogen wurde. „CBC News" berichtet weiter:

„Laut einem Bericht von Cameron wurde Steel wochenlang in einem chemisch induzierten Schlaf gehalten. Eine Serie dauerte 29 Tage. Die Schlaftherapie wurde von einer Reihe von Elektroschocks begleitet. ‚Sie war extrem verwirrt und desorientiert, aber viel kooperativer', schrieb Cameron in seinem Bericht.

Die Notizen der Krankenschwestern auf ihren Krankenblättern beschreiben die wiederholte Verabreichung von Natriumamytal und wie Steel durch den Flur lief und sich wie eine Gefangene fühlte: ‚Es ist, als wäre man lebendig begraben. Kann jemand bitte etwas tun? Das alles wurde schreiend gegenüber der Krankenschwester und dem Arzt geäußert', heißt es in einer Notiz."[(17)]

Jean Steel zeigte dann bizarres Verhalten. Ihre Tochter erzählt:

‚Wenn du mit ihr über etwas Emotionales reden wolltest ... konnte sie es einfach nicht', sagte Steel. ‚Ihre Gefühle wurden gestrippt. Es hat ihr die Seele genommen.'

Ihre Mutter saß allein im Dunkeln und schrieb Codes und Zahlen an die Wände.

‚Einmal kam ich nach Hause und die Decke war mit roten Strudeln übersprüht", sagte Steel. „Sie würde Tapeten nehmen und kleine Teile davon ausschneiden und sie würde sie an den ganzen Raum heften."[(18)]

„CBC" berichtet ebenso über einen weiteren Fall:

„Diane McIntoshs Mutter Helene verbrachte zwei Jahre im Allan Memorial und in seiner Umgebung. Sie litt nach der Geburt ihres zweiten Kindes an einer postpartalen Depression und war im Allgemeinen depressiv, weil ihre Ehe nicht funktionierte.

‚Ich finde es unglaublich, dass sie sich das Recht geben, jemandes Leben auf diese Weise zu beeinflussen', sagte McIntosh, die jetzt in British Columbia lebt.

‚Sie müssen gewusst haben, dass diese extremen Experimente dauerhafte Auswirkungen haben würden. Sie haben nicht nur vier Jahre ihres Lebens

verändert, sie haben ihr ganzes Leben verändert.'

McIntosh wundert sich auch, warum die Regierung nicht alle Betroffenen entschädigt hat - einschließlich der kleinen Kinder, deren Eltern nach den Gehirnwäscheexperimenten nie mehr dieselben waren.

'Ich denke, man könnte wirklich gute Argumente vorbringen. Es ergibt einfach keinen Sinn, dass man eine Mutter von ihren Kindern trennen und ihr Leben ruinieren kann, ohne dass andere Menschen davon betroffen sind.'

McIntosh sagte, sie werde den Tag nie vergessen, an dem sie als Fünfjährige ihre Mutter im Krankenhaus besuchte.

'Als wir dort ankamen, war der Ort wie eine Szene aus 'Einer flog über das Kuckucksnest', sagte sie. 'Es gab Leute, die mit dem Kopf gegen die Wände schlugen und lallten, und meine Mutter saß völlig zugedröhnt da. Und schon als Kind wusste ich, dass sie nicht in Ordnung war.'"[19]

Während MKULTRA von den Massenmedien als „beschämende Episode der Vergangenheit" angesehen wird, ist es auch ein prägender Teil unserer Gegenwart. Das Gehirnwäsche-Programm existiert noch in einer viel verfeinerten Version unter dem Namen Monarch-Programmierung.[20]

Auf Youtube findet sich unter dem Link https://www.youtube.com/watch?v=990k-5Jm5aA eine interessante Dokumentation von 1980 über MKULTRA-Experimente in Kanada, die von „CBC" produziert wurde: https://www.youtube.com/watch?v=990k-5Jm5aA

1.3 Kim Noble: Die Welt der Gedankenkontrolle mit den Augen eines Künstlers mit dreizehn Alter Personas

„Heute Morgen hat Spirit of the Water gebadet. Und einer von ihnen hat gemalt - es könnte Abi gewesen sein. Und dann das Staubsaugen, das hat eine andere Person gemacht…"
(Kim Noble, The Guardian „Kim Noble: The woman with 100 personalities")

Die britische Künstlerin Kim Noble (geb. 1960) ist ein seltenes Exemplar: eine Überlebende der traumabasierten Gedankenkontrolle mit über dreizehn inneren Persönlichkeiten, die sich nicht kennen, aber alle malen. Sie hat den größten Teil ihres Lebens an DIS (dissoziative Identitätsstörung) und MPS (multiple Persönlichkeitsstörung) infolge einer extrem traumatischen Kindheit gelitten. Jede „Künstlerin" von ihr verwendet die Farben mit einem persönlichen und unverwechselbaren Stil, aber alle haben eines gemeinsam: Sie enthüllen die dunkle Welt der Mind-Control-Programmierung, von ihren schrecklichen Techniken bis zu ihrer Symbolik. Wir werden uns die Werke dieser einzigartigen Künstlerin ansehen, die eine Welt offenbart, die der Allgemeinheit völlig verborgen ist.

Viele Aussagen in diesem Buch weisen auf das Vorhandensein von Mind-Control-Symbolen in der Populärkultur hin. Fotoshootings, Musikvideos und Filme verherrlichen und trivialisieren häufig die Gedankenkontrolle und ihre Symbolik, indem sie sie mit berühmten Stars und trendigen Ereignissen in Verbindung bringen.

Es bleibt jedoch ein Faktum, dass diese Referenzen eine der abscheulichsten Praktiken zelebrieren, die dem Menschen bekannt sind: traumabasierte Gedankenkontrolle, auch Monarch-Programmierung genannt. Aus dem geheimen CIA-Projekt MKULTRA hervorgegangen, unterwirft die Monarch-Programmierung ihre Opfer sadistischsten Folterungen und tiefgehenden Gehirnwäschen, wie man sie sich kaum vorstellen kann.

Die Werke von Kim Noble dokumentieren anschaulich das Leben eines Sklaven der Gedankenkontrolle mit den Augen von dreizehn verschiedenen

Persönlichkeiten. Während einige dieser Alter-Personas friedliche Landschaften und Naturszenen malen, zeigen die meisten schreckliche Aspekte der Gedankenkontrolle wie körperliche Folter, Elektroschocks, gewaltsamen Missbrauch, Entmenschlichung und dunkle, okkulte Rituale. Die Geschichten, die von diesen Gemälden erzählt werden, sind fast zu viel, um sie zu ertragen, aber sie sind wahrscheinlich tatsächlich Kim Noble passiert, da sie genau die Berichte anderer Monarch-Überlebenden widerspiegeln. Ein Blick auf die Werke von Kim Noble enthüllt nicht nur grobe Details einer abscheulichen Praxis, die von „Elite" -Organisationen betrieben wird, sondern auch die Symbolik, die uns täglich durch gesteuerte Massenmedien ins Gesicht geworfen wird. Schauen wir uns das Leben und Werk von Kim Noble an.[21]

Wer ist Kim Noble? Ich habe das Gefühl, dass Kim Noble selbst Probleme haben würde, diese Frage zu beantworten. Hier ist die Biografie auf ihrer offiziellen Website:

„Kim Noble ist eine Frau, die ab dem Alter von 14 Jahren 20 Jahre im und außerhalb des Krankenhauses verbracht hat, bis sie Kontakt zu Dr. Valerie Sinason und Dr. Rob Hale in den Kliniken ‚Tavistock' und ‚Portman' aufgenommen hat. 1995 begann sie mit der Therapie und wurde mit einer dissoziativen Identitätsstörung (ursprünglich als multiple Persönlichkeitsstörung bezeichnet) diagnostiziert. DIS ist ein kreativer Weg, um mit unerträglichen Schmerzen umzugehen. Die Hauptpersönlichkeit teilt sich in mehrere Teile mit dissoziativen oder amnesischen Barrieren zwischen ihnen. Es ist eine umstrittene Störung, aber Kim hat über 2 Jahre umfangreiche Tests durch den führenden Psychologieprofessor an der UCL, John Morton, durchführen lassen, der festgestellt hat, dass es keine Erinnerung zwischen den Persönlichkeiten gibt und dass sie das Unglück hat, den ‚britischen Goldstandard' über echte Dissoziation zu repräsentieren.

Obwohl Kim und dreizehn ihrer Persönlichkeiten keine formale Kunstausbildung hatten, interessierten sie sich 2004 für Malerei, nachdem sie eine kurze Zeit bei einem Kunsttherapeuten verbracht hatten. Diese Künstler haben jeweils ihren eigenen Stil, ihre eigenen Farben und Themen, von einsamen Wüstenszenen über Seeszenen bis hin zu abstrakter Malerei, Collagen und Gemälden mit traumatischem Inhalt. Viele Alter-Personas sind sich nicht

bewusst, dass sie einen Körper mit anderen Künstlern teilen.
Für alle bemerkenswert ist sowohl die Qualität ihrer Arbeit als auch die Geschwindigkeit ihres Fortschritts. Innerhalb von fünf Jahren nach Beginn des Malens hatten sie bereits siebzehn erfolgreiche Einzelausstellungen und nahmen an einer gleichen Anzahl von Gruppenausstellungen teil. Kim war auch die erste Künstlerin am Springfield University Hospital in Tooting im Südwesten Londons."[22]

Trotz der Tatsache, dass sie mit dreizehn anderen Personen leben muss, die zufällig die Kontrolle über ihren Körper übernehmen, hat Kim Noble das Glück, gegenwärtig ein relativ normales Leben zu führen. Die Tatsache, dass die Programmierung in jungen Jahren eingestellt wurde, hat ihr geholfen, sich „gut anzupassen". Sie hat eine Tochter im Teenageralter namens Aimee, die größtenteils von der mütterlichen Alter Persona namens Bonny aufgezogen wurde. Die Zeitung „The Guardian" berichtet:

„*Die Seltsamkeit von Kims Geschichte und etwas von dem, was sie ertragen hat, zeigt sich in ihrer Autobiografie ‚All Of Me'. Das von Jeff Hudson geschriebene Buch ist eine schreckliche Geschichte. Kim wurde 1960 geboren. Ihre Eltern, die in einer unglücklichen Ehe steckten, waren Fabrikarbeiter, und die Pflege ihrer Tochter wurde an Freunde und lokale Bekannte vergeben. Die Details dessen, was passiert ist, sind verschwommen, aber es scheint, dass Kim von klein auf - irgendwo zwischen eins und drei - extremen und wiederholten Missbrauch erlitten hat. Und zu diesem Zeitpunkt zerbrach ihr Geist, da er unerträglich traumatisiert war, in Fragmente und bildete unzählige getrennte Identitäten. Die Brüche waren sauber: Die meisten der Hauptpersönlichkeiten hatten keine Erinnerungen an den Missbrauch und keine Flashbacks. So war sie vor dem Geschehenen geschützt.*"[23]

In den letzten Jahren war Kim Noble im Mainstream bekannt und wurde in nationalen Zeitungen wie „The Telegraph", „The Guardian", „The Independent" und mehreren anderen vorgestellt. Sie trat sogar bei der „Oprah Show" auf, wo sie während des Interwievs die Personas wechselte. Wie Sie es von den Mainstream-Medien erwarten können, war die Berichterstattung über Nobles Zustand äußerst oberflächlich und konzentrierte sich darauf, den „Freak"-Aspekt ihres Zustands für den Schockwert auszunutzen. Die wahre Ursache ihres Zustands, die traumabasierte Gedankenkontrolle, die in ihren Arbeiten ausführlich beschrieben wird, wird fast nie erwähnt.

Obwohl die meisten Artikel und Interviews über Noble, ihren Mut und so weiter „applaudierten", wagte keiner von ihnen, die Kernbotschaft ihrer Arbeit und das darin beschriebene System zu diskutieren. Viele von Nobles Gemälden zeigen schreckliche Szenen von organisierter, institutionalisierter und systematischer Gewalt, Folter und Kindesmisshandlung in Kombination mit ausgefeilter okkulter Symbolik.

Es ist offensichtlich, dass das Trauma, das Noble durchgemacht hat, nicht von einem einzigen sadistischen Vater verursacht wurde, sondern von einer organisierten Einheit, die viele Kinder hatte. Für die meisten Zeitungen ist Nobles Werk jedoch nichts anderes als ein Beispiel für „Outsider Art" (ein Begriff, der von trendigen Schwachköpfen der Kunstwelt populär gemacht wird, um Kunst zu identifizieren, die von Menschen mit psychischen Problemen geschaffen wurde). Die meisten Beobachter sind fasziniert von der Tatsache, dass jeder von Nobles Personas mit einem unverwechselbaren Stil malt.[24]

Die „echte" Kim Noble erinnert sich nicht an den Missbrauch, den sie erlitten hat - einige ihrer Alter-Personas tun dies jedoch, und sie drücken dies alles in ihren Gemälden aus. Die Zeitung „The Independent" berichtet:

„In jeder Hinsicht ist jede Persönlichkeit von Kim eine Künstlerin für sich: Patricia malt die einsamen Wüstenlandschaften, Bonnys Bilder zeigen oft Robotertanzfiguren oder „Frieze People", Suzy malt wiederholt eine kniende Mutter, Judys Leinwände sind groß, konzeptuelle Stücke, während Rias Arbeit zutiefst traumatische Ereignisse mit Kindern enthüllt.

Diese verstörenden Bilder sind die Wurzel von Kims außergewöhnlichem Zustand; DIS ist eine kreative mentale Überlebensstrategie, bei der sich die Persönlichkeit in jungen Jahren aufgrund eines schweren und chronischen Traumas spaltet. Die Anzahl der existierenden Persönlichkeiten hängt oft davon ab, wie lange das Trauma andauert. Aber Kim selbst hat keine Erinnerung daran, als Kind missbraucht worden zu sein. Sie wurde im Laufe der Jahre von ihren Personas beschützt.

‚Mir wurde gesagt, dass ich missbraucht wurde und für mich ist es in diesem Moment zu viel. Es geht in ein Ohr hinein und aus dem anderen heraus. Es ist

nicht gut, mich zu retraumatisieren und mir etwas zu sagen, das ich nicht wissen möchte - auf jeden Fall würde es einen Wechsel geben.'

Kim hat guten Grund zu befürchten, etwas über ihre Vergangenheit zu erfahren, da es möglich ist, dass sie, wenn sie zu viele Informationen erhält, nicht damit fertig wird und ‚verschwindet'. Das ist schon zweimal passiert.

Hier wird es wirklich komisch - denn Kim ist überhaupt nicht Kim. Die Persönlichkeit, die ich interviewe, ist Patricia und sie ist es, die ihr und Aimees Leben verwaltet, aber Patricia war nicht immer die dominierende Persönlichkeit. Bevor Patricia übernahm, hielt Bonny das Zepter und zwei Jahre vor Bonny war es Hayley.

Kim beobachtet mich genau, als sie erklärt: ‚Sie sehen, Kim ist nur das Haus, der Körper. Es gibt überhaupt keine 'Kim' - sie hat sich komplett getrennt. Also reagieren wir auf den Namen Kim, aber ich bin wirklich Patricia. Wenn die Leute uns 'Kim' nennen, nehmen viele von uns an, dass es ein Spitzname ist, aber wenn die Leute dich kennen, verwenden sie deinen Namen nicht sehr oft im Gespräch.'

Von den rund 20 Persönlichkeiten, die „Kim" teilen, sind einige leicht zu identifizieren: Es gibt die 15-jährige Judy, die magersüchtig und bulimisch ist, die mütterliche Bonny, die religiöse Salome, den depressiven Ken, die sensiblen Hayley, Dawn, Patricia und die Stumme MJ. Es gibt auch eine Handvoll Kinder, die in der Zeit ‚eingefroren' sind. Einige der Anderen kennen die DIS, aber viele wissen es nicht - oder lehnen es ab, sie zu akzeptieren.

‚Judy glaubt nicht an die DIS', erklärt Kim. ‚Sie ist erst ein Teenager und nennt unsere Therapeutin einen Spinner, wenn sie versucht, es ihr zu erklären. Sie ist so jung, dass sie nicht einmal glaubt, Aimee sei ihre Tochter. Sie weiß von mir und sie denkt, dass ich eine schreckliche Mutter bin, weil ich Aimee immer verlasse. Für sie ist es völlig normal, immer wieder zu kommen und zu gehen. Sie denkt wahrscheinlich, dass du auch kommst und gehst.'

Es gibt bestimmte ‚Auslöser', die eine Änderung erzwingen können und nach und nach hat Kim gelernt, sie zu vermeiden - aber es hindert sie nicht daran, bis zu drei- oder viermal am Tag zu wechseln."[25]

Schauen wir uns einige der Werke an, die von einigen von Kim Nobles Alter-Personas geschaffen wurden, da sie jeweils einen anderen Blick auf die zwielichtige Welt der Monarch-Programmierung werfen.

Bonny

Bonny, die einige Jahre Kims „dominanter“ Alter Ego war, ist eine warme und mütterliche Figur. Die meisten ihrer Bilder zeigen Menschen als mechanische Roboter - eine der Möglichkeiten, wie man einen Sklaven der Gedankenkontrolle beschreiben kann. Andere Stücke sind direkter mit der Monarch-Programmierung verbunden, wie dieses mit dem treffenden Titel „Ich bin nur eine andere Persönlichkeit“.

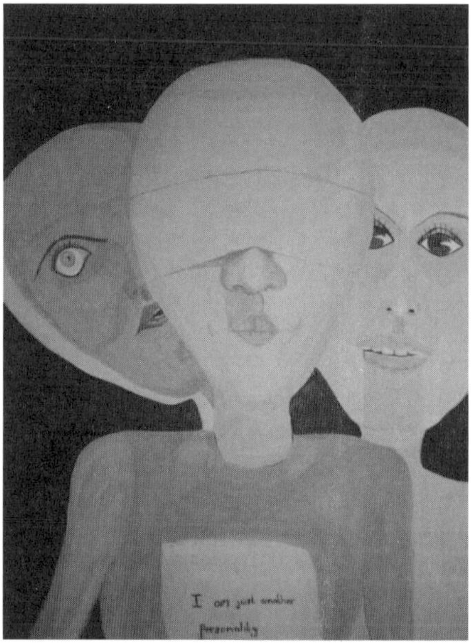

Abb. 7: „Ich bin nur eine andere Persönlichkeit“ repräsentiert visuell die Aufteilung des Themas in mehrere Alternativen. Die zentrale Figur oder die Kernpersönlichkeit ist einfach „eine andere Persönlichkeit“ geworden. Es hat die Augen verbunden und repräsentiert die totale Blindheit der Opfer für ihren Zustand

Diese Art von Bildern findet man manchmal in der Populärkultur durch Acts, die Bilder der Gedankenkontrolle benutzen.

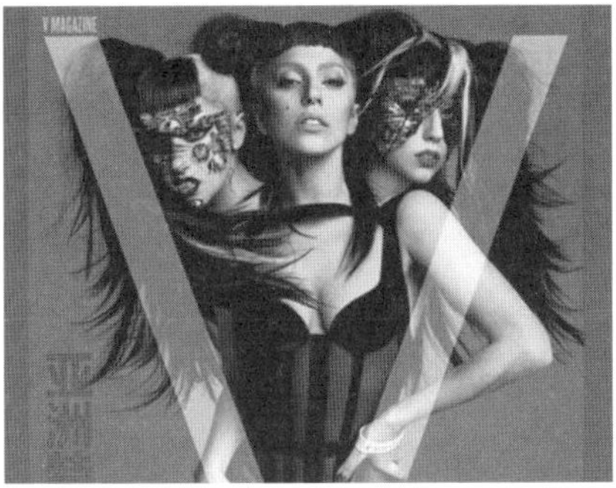

Abb. 8: Lady Gaga auf dem Cover von „V“ mit zwei Alter Personas

Eine weitere Arbeit von Bonny, ironischerweise „I-Test“ („Ich-Test“) genannt, zeigt symbolisch die Realität eines Sklaven der Gedankenkontrolle.

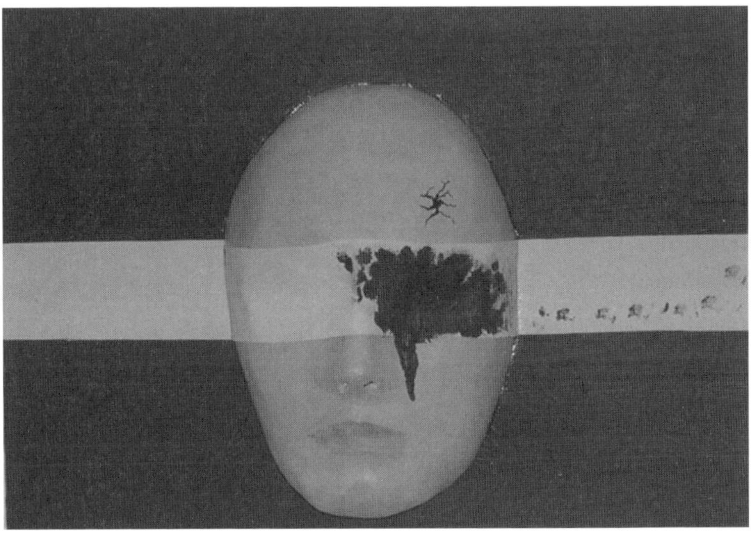

Abb. 9: „I-Test“ zeigt ein leeres, emotionsloses Gesicht mit verbundenen Augen. Der Schädel ist rissig und repräsentiert den Bruch der Psyche. Eines der Augen ist blutig und wir können davon ausgehen, dass es herausgestochen wurde. Das Symbol des fehlenden / verborgenen Auges ist in der Welt der Gedankenkontrolle der Monarchen äußerst wichtig. Es stellt symbolisch den Verlust der Hälfte der Weltanschauung des Opfers dar - die andere Hälfte wird von den Handlern „herausgenommen“ und kontrolliert. In der okkulten Symbolik kann sich die Betonung eines Auges auf das Auge des Horus beziehen, das allsehende Auge, ein Symbol der okkulten Elite

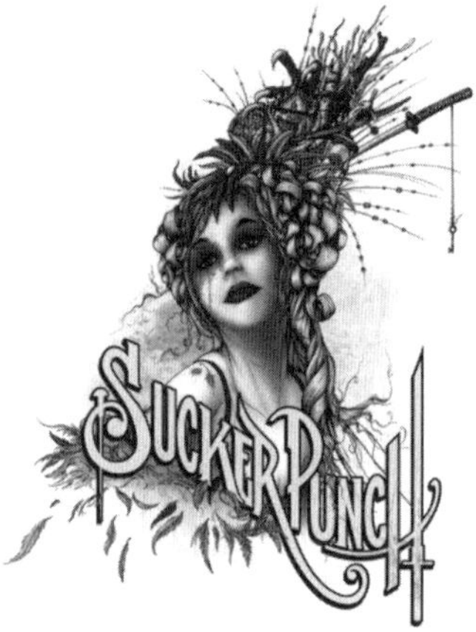

Abb. 10: Ein Werbe-T-Shirt des Films *Sucker Punch* (in dem es um Monarch-Programmierung ging) mit einem blutigen Auge

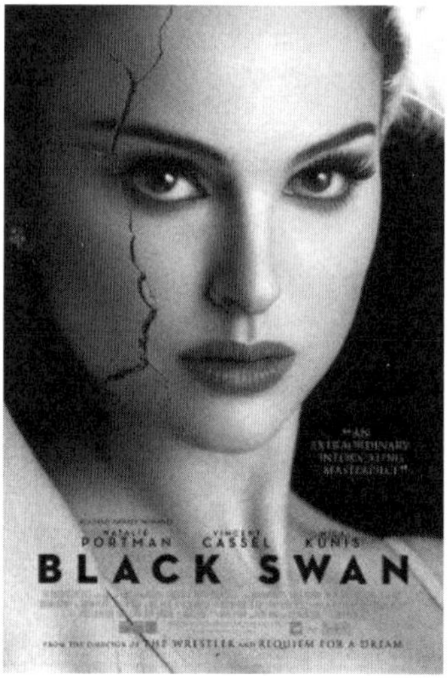

Abb. 11: Ein rissiges Gesicht auf einem Werbeplakat von Black Swan - ein weiterer Film mit schweren Elementen der Gedankenkontrolle

Goldene Morgenröte oder Golden Dawn

Golden Dawn ist die Alter Persona, von der ihre Tochter Aimee geboren wurde. Dawn glaubt jedoch, dass Aimee noch ein Baby ist und erkennt das Teenager-Mädchen, das bei ihr lebt, nicht. Der Name „Golden Dawn" hat eine starke okkulte Konnotation, da es der Name einer wichtigen und mächtigen Geheimgesellschaft ist, die ihren Eingeweihten Hermetische Kabbala, Astrologie, okkultes Tarot, Geomantie und Alchemie lehrte. Es hielt in seinen Reihen prominente Okkultisten wie Arthur Edward Waite und Aleister Crowley. Der Prozess der Gedankenkontrolle der Monarchen kombiniert modernste „Wissenschaft" (wenn man Folter und Gehirnwäsche als „Wissenschaft" bezeichnen kann) mit altem Okkultismus, sei es in hermetischen Theorien, kabbalistischer Symbolik oder Anrufungsritualen. Es ist daher keine Überraschung, dass sie diesen okkulten Namen erhielt.

Ihr Werk mit dem Titel „The Naming" zeigt visuell den Prozess der Erstellung und Benennung einer neuen Alter Persona.

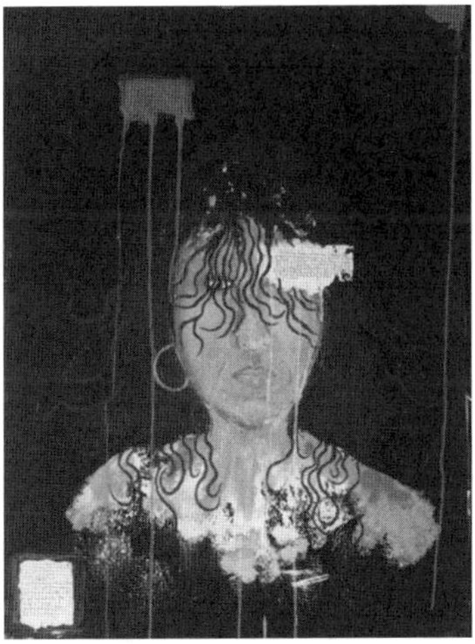

Abb. 12: „The Naming" („die Namensnennung") ist ein Autoporträt von Kim mit einem Auge, das aus dem Gesicht entfernt und blutig über ihr platziert wurde, was die Gewalttätigkeit des Prozesses vermittelt. Wieder einmal wird Gedankenkontrolle durch den Verlust eines Auges symbolisiert, das anscheinend durch einen Text / ein Gedicht ersetzt wurde, mit dem sie wahrscheinlich programmiert wurde

Die meisten anderen Gemälde von Dawn zeigen schlaffe, schaufensterpuppenartige Figuren, die verschiedenen Foltermethoden ausgesetzt sind.

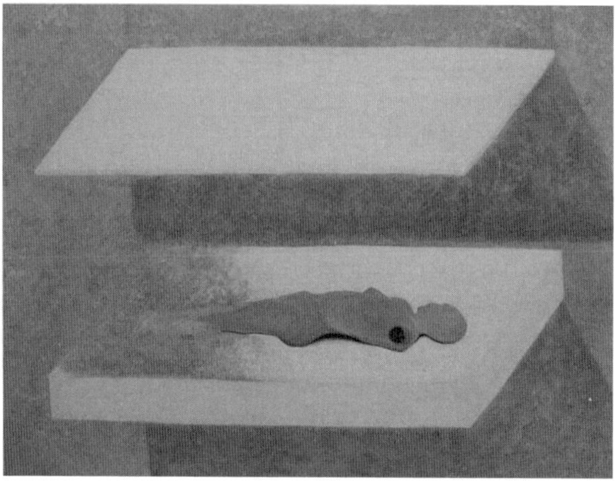

Abb. 13: „Armless Goddess" porträtiert eine hoffnungslos machtlose Figur, die ironischerweise als „armlose Göttin" bezeichnet wird

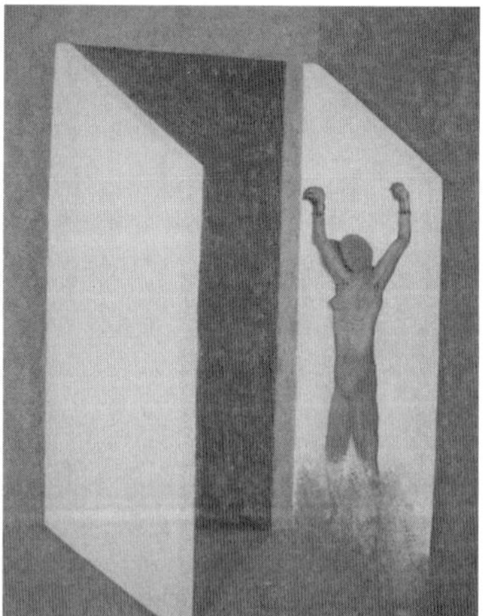

Abb. 14: „Armed Goddess" zeigt eine weitere traumatische Folterszene mit einer gefesselten Person

„Key“ / „Schlüssel“

Die Alter Persona „Schlüssel“ scheint ein tiefes Verständnis für den Prozess der Gedankenkontrolle und den zugrunde liegenden okkulten Aspekt zu haben. Der Name „Schlüssel“ könnte sich auf Begriffe wie „Schlüssel der Mysterien“ oder „Salomos Schlüssel“ beziehen, da sie so programmiert zu sein schien, dass sie einige der okkulten Konzepte versteht, die in der Gedankenkontrolle verwendet werden.

Die meisten Werke dieser Alter Persona beschreiben den Programmierprozess als ein kabbalistisches „großes Werk“, wobei der Baum des Lebens (das Hauptsymbol der Kaballah) im Mittelpunkt steht.

„It Happens“ ist eine äußerst detaillierte Arbeit, die die verschiedenen Programmierebenen beschreibt, die erforderlich sind, um ein Opfer der Gedankenkontrolle zu traumatisieren und zu programmieren. Der Titel „Es passiert“ ist eine missbilligende Art zu sagen, dass… all dies wirklich passiert ist.

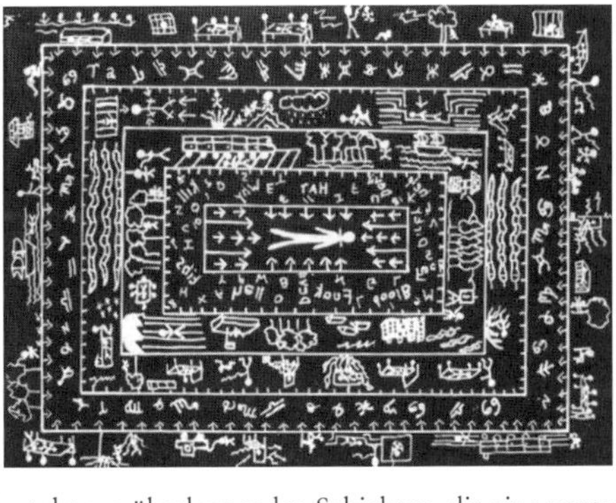

Abb. 15: „Es passiert“ besteht aus überlappenden Schichten, die eine zentrale Figur umgeben: eine hilflose Person, die an einem Bett festgeschnallt ist. Der Kopf wird symbolisch durch eine Linie vom Körper „enthauptet“, die das Konzept der Dissoziation darstellt. Jede der überlappenden Schichten enthält eine Reihe von Piktogrammen, die entweder traumatische Ereignisse oder okkulte Symbolik darstellen. Die äußere Schicht zeigt Szenen von Opfern, die elektroschockiert, an einen Baum gehängt, eingesperrt, vergewaltigt (manchmal mit Tieren), eingesperrt, lebendig begraben und vieles mehr werden. Von dieser äußeren Schicht zeigen Pfeile auf die zweite Schicht, die Sternzeichen enthält. Laut dem Autor Fritz Springmeier werden Sternzeichen als Code zum Zuweisen und Ablegen von Körperprogrammen verwendet. Die das Opfer umgebende Mittelschicht enthält Wörter wie „Hölle“, „Teufel“, „Blut“ und „Töten“, die Schockwörter sind, mit denen das Opfer weiter traumatisiert wird

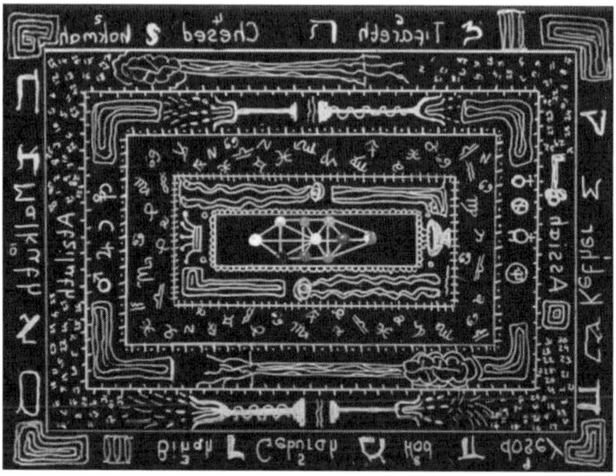

Abb. 16: Diese mit dem Titel „Goldene Kaballah" verwendet das gleiche Grundlayout wie das vorherige Bild, ersetzt jedoch Trauma-Szenen durch okkulte Symbole und die zentrale Figur durch den kabbalistischen Baum des Lebens. Jede der farbenfrohen Sphären des Baumes des Lebens, Sephiroth genannt, wird in der Gedankenkontrolle der Monarchen als „Fächer" verwendet, um andere Personen zu speichern. Die äußere Schicht des Werkes enthält den Namen jeder der zehn Sphären des Baumes des Lebens mit dem dazugehörigen hebräischen Buchstaben

Indem wir das in „Es passiert" dargestellte Trauma mit okkulten Aspekten der „Goldenen Kabballah" überlappen, erhalten wir eine vollständige Vorstellung vom Prozess der Gedankenkontrolle sowie Gehirnwäsche. Sie schematisieren mit nahezu mathematischer Präzision einen Prozess, der von Autoren der Gedankenkontrolle wie Fritz Springmeier beschrieben wird:

„Die Kabballah ist ein Synonym für Hermetik oder hermetische Magie. Die Kabballah war jüdisch-babylonische Magie. Die jüdischen schwarzen Magier brachten es nach Europa. Nach der Aufklärungszeit wurde es in Europa allgemein bekannt. Die Große Pyramide ist nach dem Okkultismus ein Symbol des kabbalistischen Baumes des Lebens - die Zweige des Baumes bilden die vier Ströme oder Linien zur Basis der Pyramide. Da die Kabballah die Grundlage ihrer hermetischen Magie ist, werden Illuminati-Systeme in Bezug auf den inneren Baum des Lebens und den Baum des Bösen eines Sklaven ziemlich konsistent sein. (...)

Die Räume des Lebensbaumes haben Namen. Im Wesentlichen hat jedes Opfer der Illuminati-Hierarchie den kabbalistischen Lebensbaum in sich. Dieser Baum liegt unter den anderen Bäumen. Die Kreise, aus denen der innere kabbalistische Baum des Lebens besteht, werden von den verschiedenen

Überlebenden als Räume oder Quads bezeichnet. Eine Alter Persona kann den internen Baum des Lebens verwenden, um intern mit Magie zu wirken. Es erinnert auch an tiefere Veränderungen, an die Kultkontrolle. Die Kreise des Baumes sind Räume, die betreten werden können. Mt. Quabballah ist ein bildlicher Berg in der Kabballa."[26]

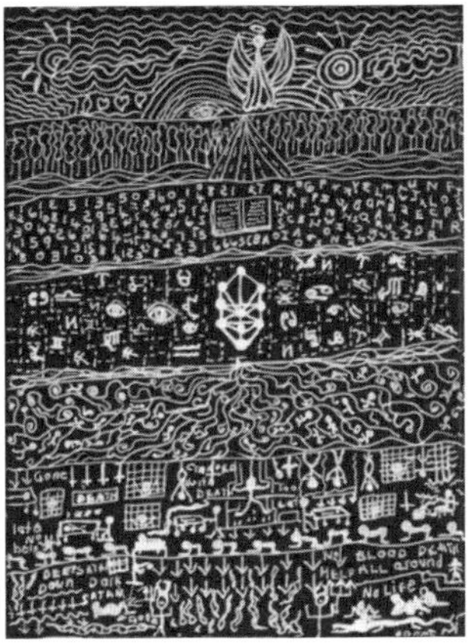

Abb. 17: Dieses nächste Werk mit dem Titel „Sieben Ebenen“ ist eine weitere sehr detaillierte Darstellung des Dissoziationsprozesses

Diese aus mehreren Schichten bestehende Arbeit zeigt von unten nach oben die „Entwicklung“ eines Sklaven von der Hölle des Traumas zum „himmlischen“ Gefühl der Dissoziation. Die beiden unteren Schichten zeigen mehrere schreckliche Trauma-Szenen. Zum Beispiel sehen wir in der unteren linken Ecke eine schwangere Frau, die ein totes Kind in einer Blutlache zur Welt bringt, unter störenden Ausdrücken wie „Kein Leben“, „Tod“ und „Blut-Tod überall“. Es gibt auch mehrere eingesperrte Kinder, andere sind elektroschockiert und andere hängen kopfüber. Um diese beiden unteren Schichten herum befinden sich umgekehrte Kreuze, die uns daran erinnern, dass es sich bei diesen traumatischen Ereignissen um satanischen rituellen Missbrauch (SRA) handelt.

All dieses Trauma, dieser Schmerz und dieses Leiden scheinen in Richtung der darüber liegenden Schichten „kanalisiert“ zu sein, die aus einer Vielzahl okkulter Symbole wie dem Baum des Lebens, den Tierkreiszeichen und den allsehenden Augen bestehen. Auf dieser okkulten Ebene findet die

Transformation statt.

Die oberste Schicht repräsentiert die (einzige) Flucht vor all diesem Trauma: die Dissoziation. Es wird durch eine Engelsfigur dargestellt, die sich zum Himmel erhebt. Bei genauem Hinsehen sehen wir jedoch ein allsehendes Auge am Himmel, das uns daran erinnert, dass diese Flucht keine wahre Freiheit ist, sondern ein kontrollierter Zustand, der von den Handlern induziert wurde.

Judy

Diese Alter Persona ist ein junges Mädchen, das magersüchtig ist. Die meisten ihrer Bilder legen großen Wert auf das Konzept der Dualität - eines der grundlegendsten okkulten Konzepte, die von Ritualen zur Gedankenkontrolle ausgenutzt werden. Dualität ist ein altes hermetisches Konzept, das traditionell durch das Nebeneinander der Farben Schwarz und Weiß dargestellt wird, wie beim freimaurerischen Schachbrettmuster oder dem Symbol des Ying Yang.

Judys Werke geben dem freimaurerischen Schachbrettboden, der Oberfläche, auf der okkulte Rituale und Zeremonien in Geheimgesellschaften stattfinden, oft einen herausragenden Platz. Sie war wahrscheinlich stark dem Konzept der Dualität ausgesetzt (gutes Mädchen gegen böses Mädchen - etwas, das auch in der Populärkultur zu finden ist), und das Symbol des karierten Bodens wurde wahrscheinlich während der Programmierung physisch verwendet.

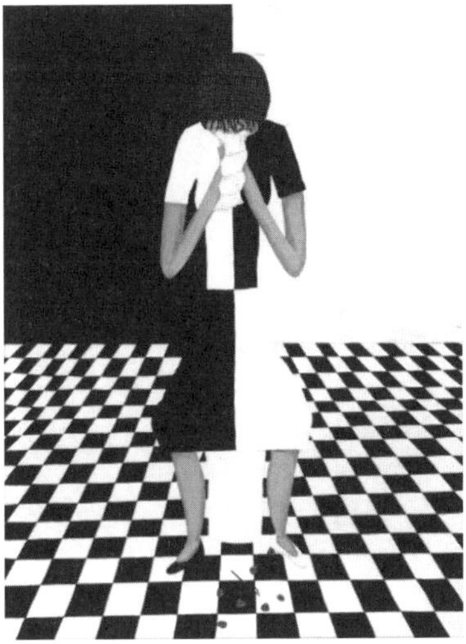

Abb.18: „Crying Rose" („Weinende Rose") nutzt das Thema der Dualität, das bei Opfern der Gedankenkontrolle verwendet wird voll aus, um eine „Spaltung der Persönlichkeit" zu schaffen. Das weinende Mädchen, das ein kariertes Kleid trägt, reflektiert den Schachbrettmusterboden und unterstellt damit, dass Dualität in ihr auftritt

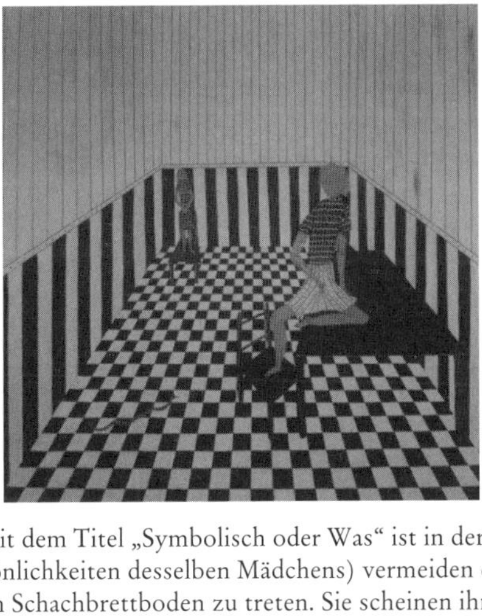

Abb. 19: Dieses Stück mit dem Titel „Symbolisch oder Was" ist in der Tat... symbolisch. Zwei Mädchen (oder zwei Persönlichkeiten desselben Mädchens) vermeiden es, aufgrund der Anwesenheit einer Schlange auf den Schachbrettboden zu treten. Sie scheinen ihre Genitalien zu bedecken, was bedeutet, dass die Schlange ein phallisches Symbol ist. Das Gemälde zeugt auch von der großen psychischen Kraft des Schachbrettmusters bei Opfern, eine Eigenschaft, die wahrscheinlich Teil der Programmierung war

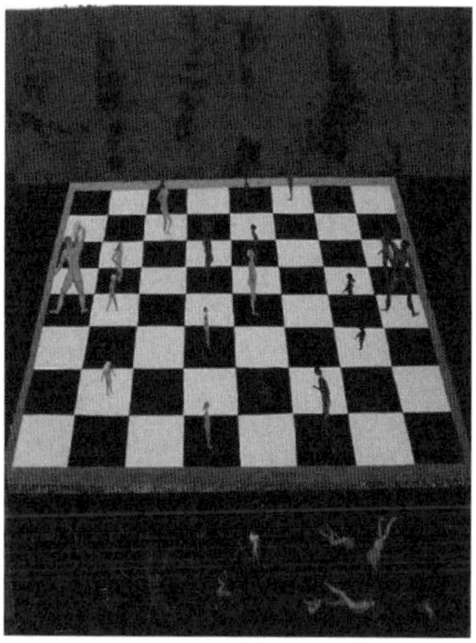

Abb. 20: Dieses Gemälde zeigt Monarchen-Sklaven als buchstäbliche Bauern auf einem Schachbrett, mit denen „gespielt“ wird, um dann von ihren Handlern entsorgt zu werden

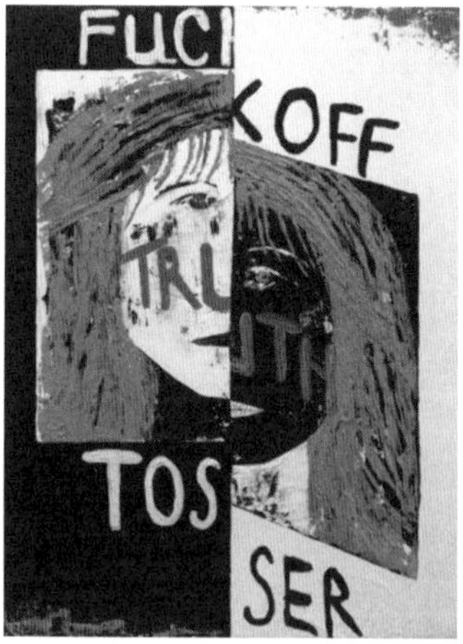

Abb. 21: Dieses Selbstporträt zeigt Judy als eine Person, die in entgegengesetzte Einheiten unterteilt ist. Das Konzept der Dualität ist daher sehr präsent und wird durch das Nebeneinander der Farben Schwarz und Weiß dargestellt. Die Schockworte und Beleidigungen auf dem Bild erinnern an den gewalttätigen und missbräuchlichen Prozess, der zur Fragmentierung der Persönlichkeit führt.

Ria Pratt

Die Gemälde von Ria Pratt sind die anschaulichsten und verstörendsten, aber auch die aufschlussreichsten. Die Alter Persona glaubt, dass sie ein 12-jähriges Mädchen ist und hat lebhafte Erinnerungen an das Trauma, dem sie ausgesetzt war, sei es physisch oder entmenschlichend. Das bloße Anschauen dieser Bilder ist eine schwierige Erfahrung - es ist noch entmutigender zu erkennen, dass sie diese Situationen tatsächlich gelebt hat.

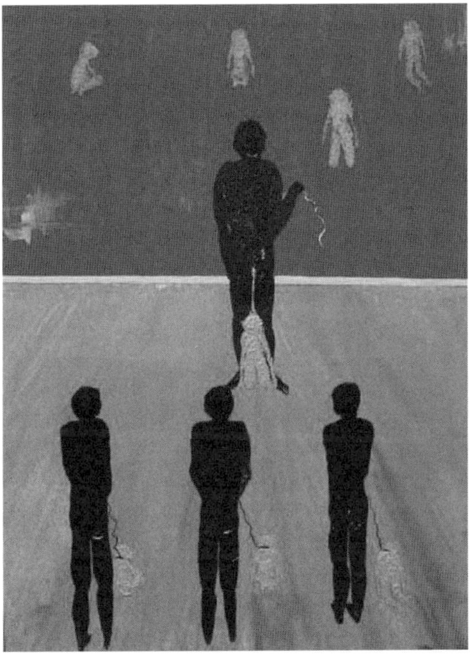

Abb. 22: „Es ist das Leben eines Hundes" zeigt Opfer der Gedankenkontrolle, die wie Hunde an der Leine gehalten werden - eine Technik, um die Opfer zu demütigen und zu entmenschlichen. Beachten Sie die „transparente" Version der Kinder, die in der Luft schweben und ihre dissoziierte Alter-Persönlichkeit darstellen. Eine Inschrift an der Wand sagt „Pratt war hier", was die Tatsache unterstreicht, dass sie diese Dinge aus erster Hand gesehen und gelebt hat.

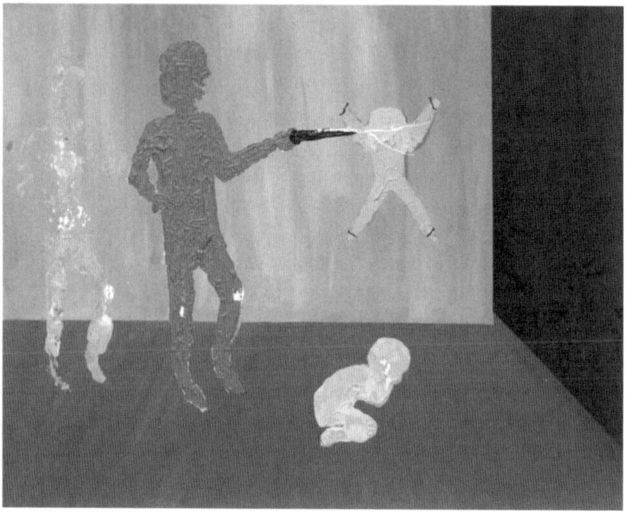

Abb. 23: Das Gemälde mit dem Titel „Too Much“ zeigt ein Opfer, das von einem Handler mit einem kranken Lächeln elektroschockiert wird. Der Schmerz ist „zu viel“, was zur Dissoziation des Opfers führt

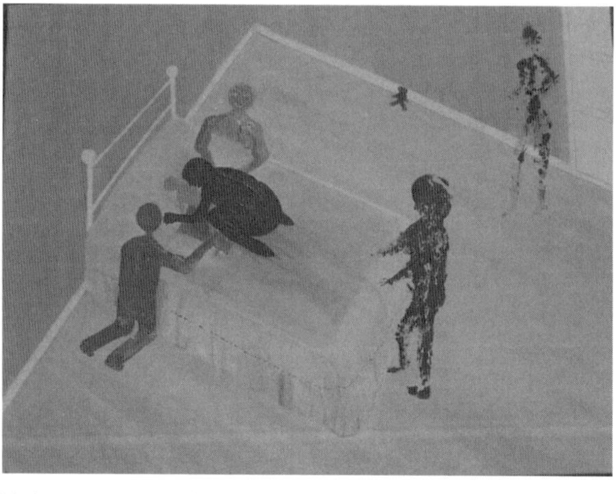

Abb. 24: „What Ted Saw“ („Was Ted sah“) zeigt den Missbrauch eines kleinen Kindes durch seine Handler. „Ted“ ist der kleine Teddybär, der auf dem Boden sitzt. Junge Opfer der Gedankenkontrolle erhalten häufig Teddybären von ihren Handlern, damit sie eine emotionale Bindung zu ihnen entwickeln. Diese Bindung wird dann von den Handlern ausgenutzt, um ein emotionales Trauma zu erzeugen

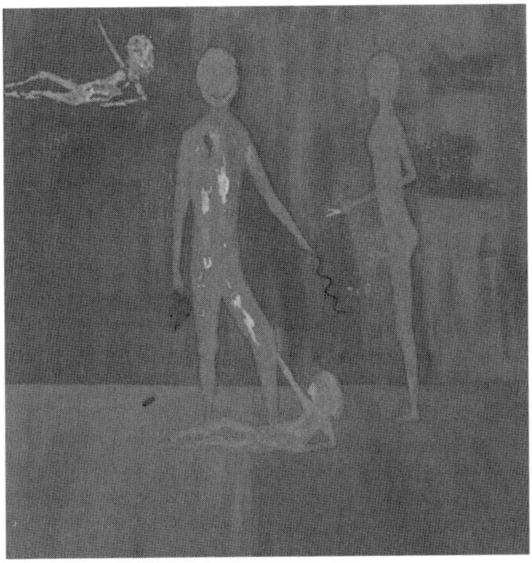

Abb. 25: In „Ted's Legless" reißt Rias Handler eines der Beine ihrer besten Freundin ab, während er sie gewaltsam auf dem Boden hält. Das Trauma verursacht eine Dissoziation, die durch die transparente Version des Mädchens dargestellt wird. An der Wand stehen quälende Worte: „Hilf mir bitte" und „Pratt war hier"

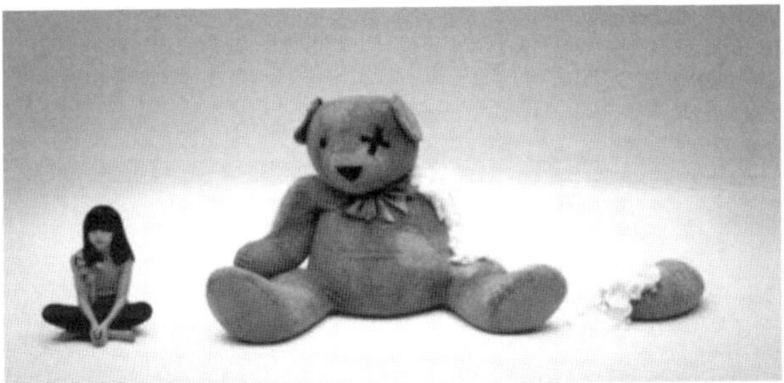

Abb. 26: Das Symbol eines zerrissenen Teddybären, das manchmal von Massenmedien in Werken verwendet wird, die versteckte Hinweise auf Gedankenkontrolle und Gehirnwäsche enthalten. Diese Szene stammt aus dem Musikvideo „Price Tag" („Preisschild") der Popsängerin Jessie J, das mehrere Verweise auf die Monarch-Programmierung enthält

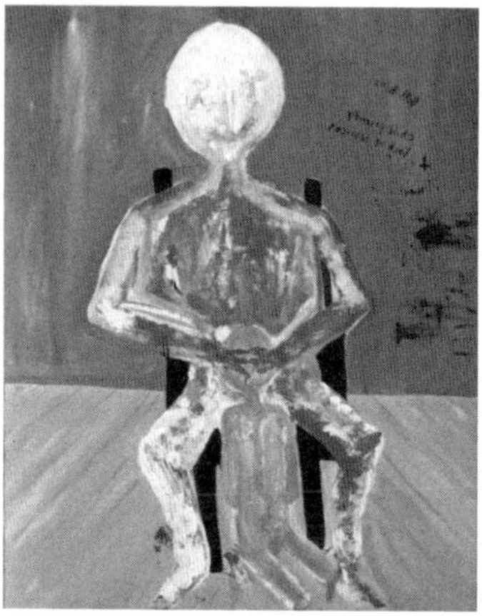

Abb. 27: „Unaussprechlich“ zeigt das Unaussprechliche: den Missbrauch kleiner Kinder durch ihre Handler. Seltsame Sätze, die zusammen mit einem umgekehrten Kreuz an die Wand geschrieben sind, ein Symbol, das fest in den Gehirnen der Monarch-Sklaven verankert zu sein scheint

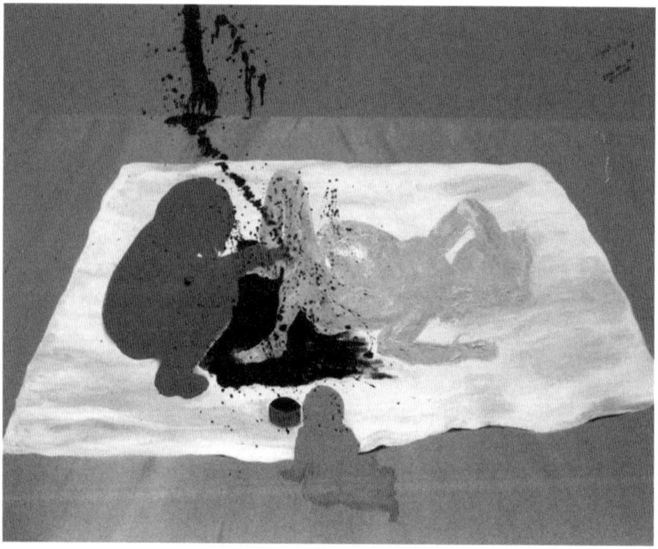

Abb. 28: „Nein, nein!“ zeigt eine Zwangsabtreibung oder Frühgeburt. Die blutige Operation wird von Ria bezeugt, wahrscheinlich um sie zu traumatisieren. Laut der Traumatherapeutin Dr. Ellen P. Lacter werden Föten entweder in Ritualen geopfert oder als Sklaven benutzt

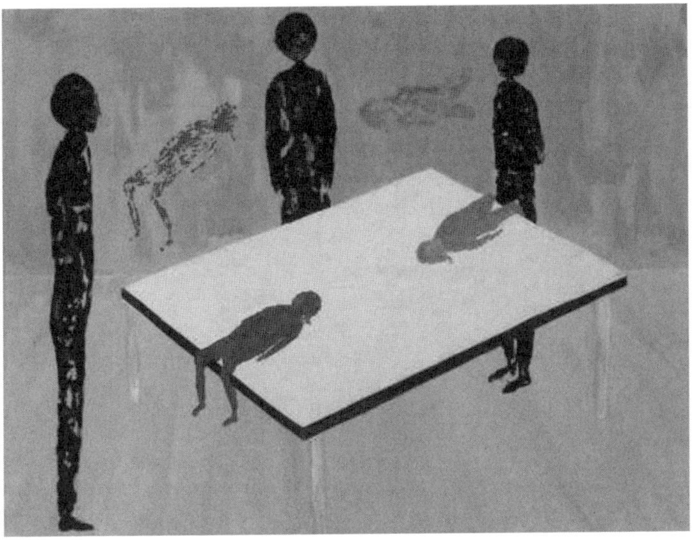

Abb. 29: Ein weiterer Hinweis für Missbrauch von Kindern, bei denen sich die Persönlichkeiten getrennt haben (transparente Körper die schweben)

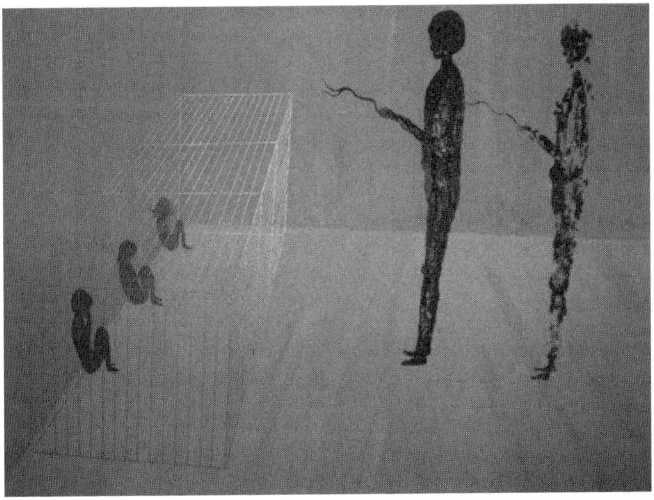

Abb. 30: Kinder eingesperrt wie Tiere, die von einem Handler gefoltert werden sollen (der sich ebenfalls getrennt zu haben scheint)

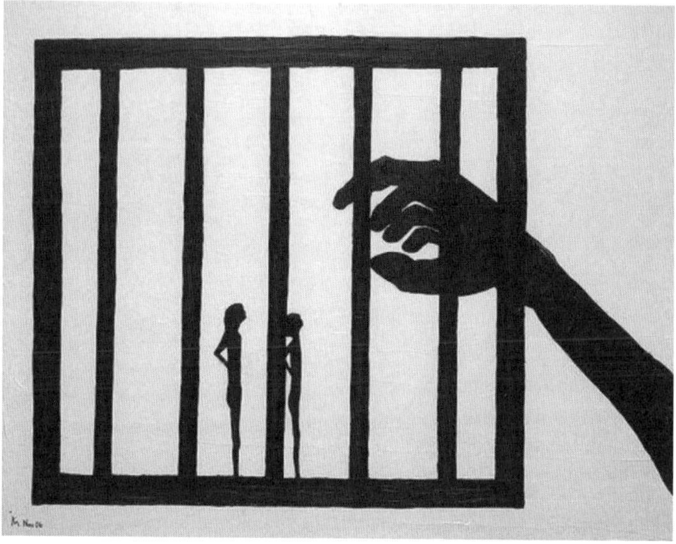

Abb. 31: Dies fasst das Leben eines Monarchen-Sklaven zusammen

Obwohl Kim Noble eine gewisse Mainstream-Präsenz genoss, ist die wahre Quelle des Zustands der Künstlerin - die Monarch-Programmierung - in den Massenmedien nirgends zu finden. In seiner Gesamtheit analysiert, beschreibt Nobles Werk ein hoch organisiertes und komplexes System, das offenbar große Mengen an Wissen - okkult und wissenschaftlich - sowie materielle Ressourcen zur Verfügung hat.

Dieses System scheint auch buchstäblich Menschen zu besitzen, hauptsächlich Kinder, die missbraucht und traumatisiert werden, um in ihnen programmierbare Alter-Personas zu schaffen. Die Tatsache, dass keine Zeitung es wagte, irgendetwas im Zusammenhang mit MKUltra zu untersuchen (ja, nicht einmal zu erwähnen), einem Programm, das nachweislich genau die in den Gemälden beschriebenen Techniken verwendet, spricht Bände über die Macht derjenigen, die es praktizieren.

Die seelenlosen Handler, die in Nobles Gemälden abgebildet sind, sind keine einsamen Psychopathen, eher hochrangige Beamte des Illuminati-Systems, die Medienimmunität genießen. Tatsächlich sind sie manchmal Teil der Medien, da die Welten des Unterhaltungsgeschäfts und der Monarch-Programme häufig superponieren.

Unter anderem aus diesem Grund hat sich die Symbolik, die während der Monarch-Programmierung verwendet wurde, auf das Mainstream-Unterhaltungsgeschäft ausgeweitet. Einige der größten Stars der Welt sind Produkte der Gedankenkontrolle. Die gleichen Symbole, die bei der Programmierung von Monarch-Sklaven verwendet werden, werden über Massenmedien in die Welt geschickt.

Hochrangige Mind-Control-Handler und -Sklaven (diejenigen, die auf den verschiedenen Programmierebenen „erfolgreich" waren) sind im Showbusiness tätig. Einige unserer Lieblingsunterhalter sind nichts anderes als Puppen, deren Fäden von unsichtbaren Handlern gezogen werden. Diese Handler sind für die meisten „unsichtbar", aber sie lassen sich durch die in den Medien platzierte Symbolik „sehen".

Viele in diesem Buch beschriebenen Symbole stammen direkt aus der schattigen Welt der Monarch-Programmierung, die ein komplexes System okkulter Bilder und mächtiger Auslöser verwendet. Obwohl die meisten von uns das Glück haben, die Hölle dieser MK-Sklaven nicht zu erleben, unterliegen wir immer noch einer Form der Programmierung mit Filmen, Fernsehen, Internet, Musik und allen anderen Formen von Massenmedien.

Diejenigen, die hinter den Kulissen agieren, versuchen langsam zu erreichen, dass ihre Existenz und ihr verdorbenes Verhalten als normal angesehen wird. Leider ist die Realität kranker als Fiktion.[(27)]

2 Dieses Musikvideo entlarvt die okkulte Musikindustrie

Im Video „Le Prix à Payer"[(28)] des französischen Künstlers Maître Gims ist er dabei zu sehen, wie er einen Vertrag mit seinem Blut unterzeichnet und ihn der okkulten Geheimgesellschaft, die die Musikindustrie beherrscht, übergibt. Es zeigt anschaulich fast alles, was seit Jahren von warnenden Beobachtern erörtert wurde.

Maître Gims, in den USA kaum bekannt, ist in Europa eine große Nummer. Seine letzten beiden Alben erreichten in Frankreich und Belgien Nummer eins und landeten in verschiedenen europäischen Ländern wie Dänemark, Italien und der Schweiz unter den Top 40.

Im Jahr 2018 machte ihn seine Hitsingle La Même zum meistgespielten Künstler im französischen Radio und Fernsehen, während er auf Deezer zum siebtmeisten gespielten Künstler weltweit wurde.

Diese Bekanntheit ermöglichte es Gims mit mehreren internationalen Künstlern wie Sia, Pitbull, Lil Wayne, J. Balvin, Maluma, Sting, Stromae und anderen zusammenzuarbeiten. Gims besitzt jetzt sein eigenes Plattenlabel (MMC), das mit Universal Music France verbunden ist.

Hat all dieser Erfolg etwas gekostet? Laut seinem Video „Le Prix à Payer"(was „Der zu zahlende Preis" bedeutet), ja und zwar nicht zu knapp. In der Tat zeigt das Video auf höchst symbolische Weise den Preis, der zu zahlen ist, um in der Musikindustrie erfolgreich zu sein. Und es geht darum, zu Schweigen und den okkulten Kräften, die sie beherrschen, zu gehorchen.

Sehen Sie sich das Kunstwerk an!

Der zu zahlende Preis

Das Video beginnt damit, dass Gims mit ähnlich gekleideten Männern in einem Warteraum sitzt. Eine mysteriöse, in Schwarz und Rot (die Lieblingsfarben der okkulten Elite) gekleidete Frau geht zu ihm.

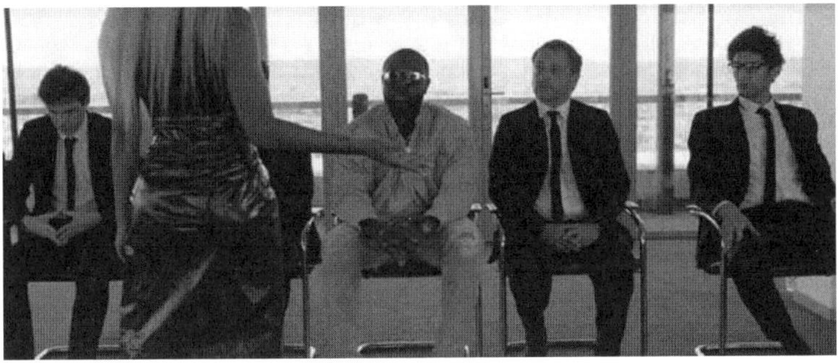

Abb. 32: Die Frau weist Gims an, ihr zu folgen. Er wurde ausgewählt

Die Frau nimmt Gims in einen Sitzungssaal mit, der einige ziemlich symbolische Elemente enthält.

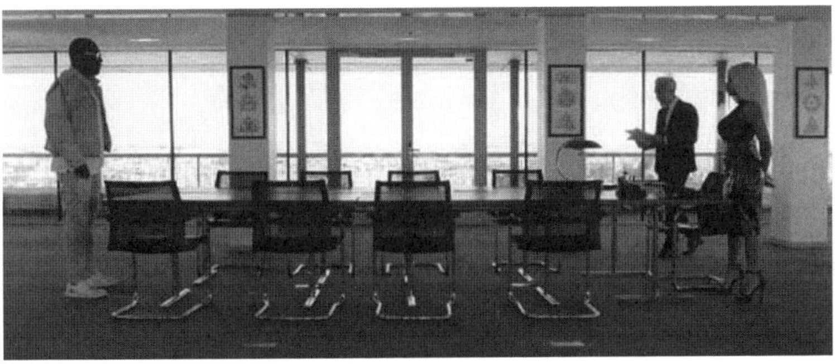

Abb. 33: Gims steht vor der Frau und einer Führungskraft der Plattenfirma. Dazwischen sehen wir Bilderrahmen mit Variationen des bekanntesten Symbols der okkulten Elite: das allsehende Auge in einem Dreieck

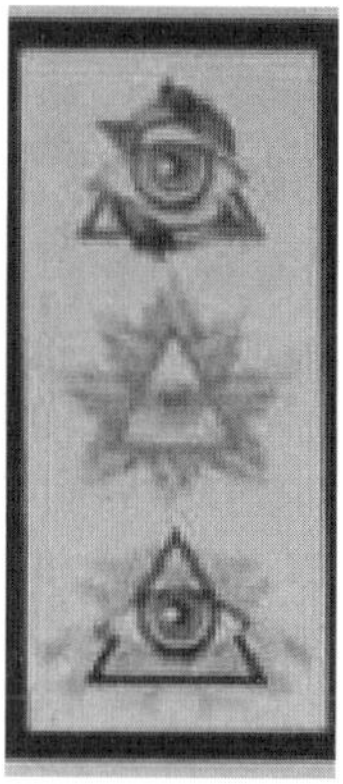

Abb. 34: Eine Nahaufnahme der in diesem Raum dargestellten Symbole

Um die Symbolik der Szene zu unterstreichen, sind diese Bilderrahmen an die Säulen der Räume gehängt - ein Symbol dafür, dass die okkulte Elite das „Gewicht" dieser Branche trägt.

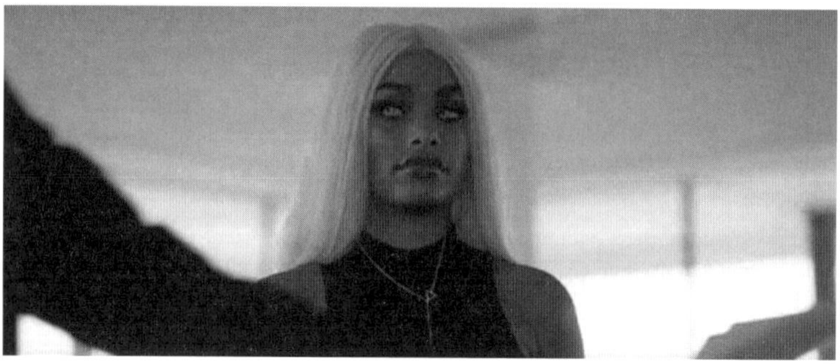

Abb. 35: Obwohl die Frau verführerisch ist, deuten ihre Augen darauf hin, dass sie etwas "Übernatürliches" an sich hat. Ist sie eine Art Dämon? Oder Satan?

Die Plattenfirma übergibt Gims dann seinen Plattenvertrag. Um diese Papiere zu unterschreiben, wird Gims kein Stift angeboten ... sondern ein Messer.

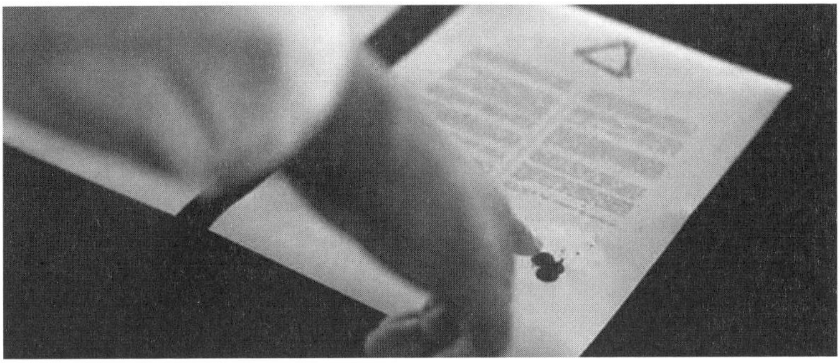

Abb. 36: Gims schneidet sich mit dem Messer und unterschreibt den Vertrag mit seinem Blut

Dies ist kein einfacher Geschäftsvertrag. Es ist ein Blutschwur. In okkulten Kreisen ist es ein Grundnahrungsmittel und es ist ein schrecklicher Preis zu zahlen, wenn der Eid gebrochen wird.

Der erste Vers des Liedes beschreibt treffend Gims' Situation. Hier ist eine grobe Übersetzung:

Wir tun Dinge, die wir wirklich bereuen
Nach einiger Zeit leistete ich einen Eid
Ich habe es aufrichtig getan
Wir vergessen, dass ich von einem Leben träume
bei dem ich ruhig schlafen gehen kann

Nachdem Gims den Vertrag mit Blut unterschrieben hat, beginnt sein neues Leben.

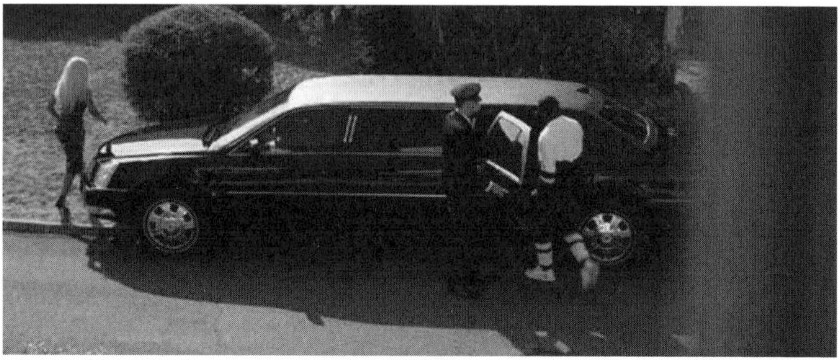

Abb. 37: Die mysteriöse Frau (die immer noch ihr rot-schwarzes Outfit trägt) holt Gims in einer Limousine vor seinem Haus ab

In dieser Szene verlässt Gims symbolisch seine Familie, um in die verrückte Welt der Elite einzutreten. Und auf den ersten Blick scheint es wirklich großartig zu sein.

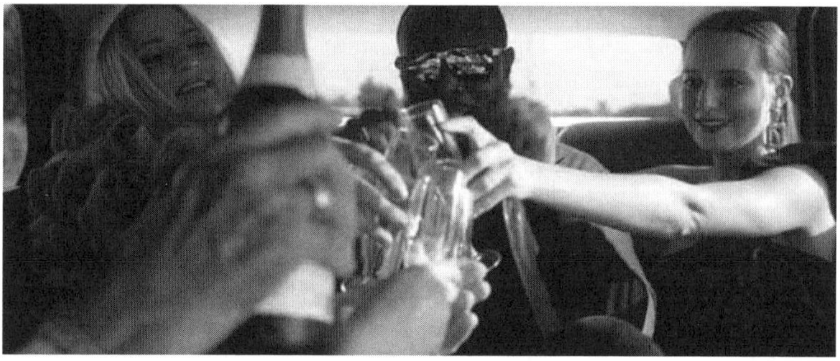

Abb. 38: In der Limousine: Models und Champagner. Er genießt wirklich das Leben. Oder etwa nicht?

Als jüngster Rekrut der Elite nimmt Gims Karriere eine plötzliche Wendung zum Besten. Wir stellen auch fest, dass Gims keinerlei Einfluss auf sein Image oder seine Karriere hat. Er ist eine Schachfigur geworden.

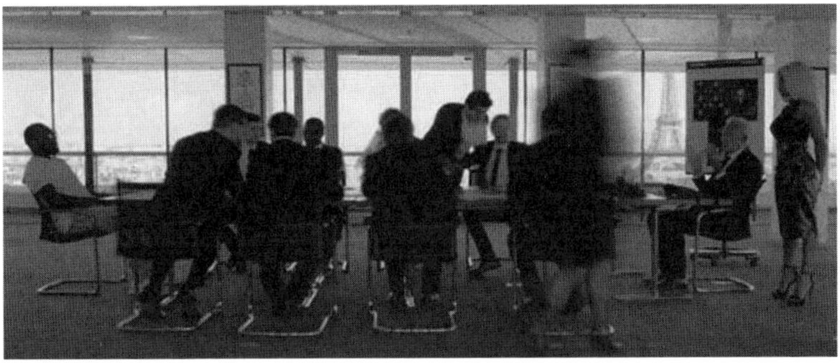

Abb. 39: Zurück im Sitzungssaal arbeitet ein Team an Gims' Album, während er dort sitzt, ohne etwas zu sagen. Währenddessen geht das mysteriöse Mädchen zurück und wacht über alles

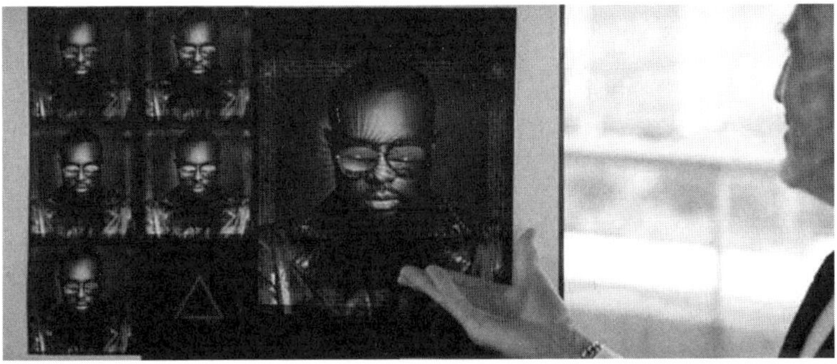

Abb. 40: Die Plattenfirma präsentiert Gims' neues Albumcover. Es enthält das Dreieckszeichen der Geheimgesellschaft und es sind "Sonnenstrahlen" um eines von Gims' Augen, die... natürlich... das Ein-Auge-Zeichen darstellen

Wie alle Handlanger der Unterhaltungsindustrie muss Gims an jedem einzelnen für ihn geplanten Werbegags teilnehmen.

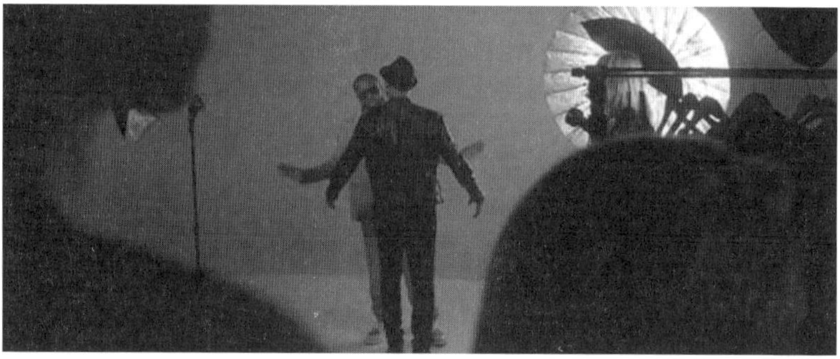

Abb. 41: Ein Fotograf bittet Gims, auf eine bestimmte Weise zu posieren, und Gims lehnt ab. Dann wird der Fotograf wirklich aufdringlich. Das mysteriöse Mädchen (das sich im Hintergrund aufhält) lässt es zu

In der Artikelserie „Symbolic Pics of the Month von Vigilant Citizen" [29] sind häufig Fotoshootings von Künstlern zu sehen, die sich mit Angelegenheiten der okkulten Elite beschäftigen (d.h. dem Ein-Auge-Zeichen). Die Leser fragen oft, wer diesen Künstlern sagt, dass sie diese Sachen weiterhin tun sollen. Die Antwort: Von der Industrie ausgewählte Fotografen spielen eine wichtige Rolle.

Als der Fotograf etwas zu aufdringlich wird, fordert ihn Gims' Fahrer der Limousine auf, zurückzugehen.

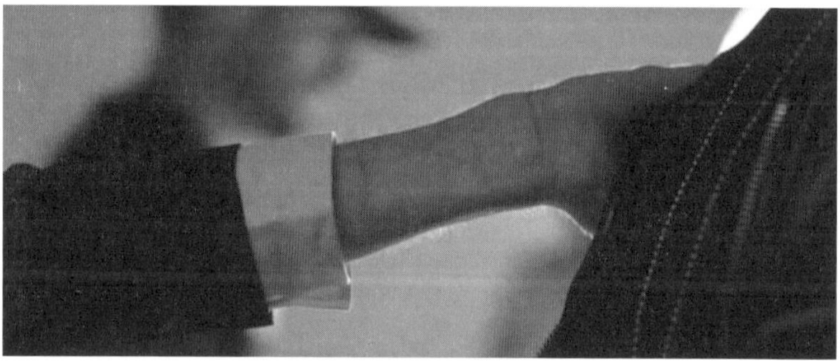

Abb. 42: Narben am Unterarm des Fahrers deuten darauf hin, dass er Teil der Geheimgesellschaft ist

Nach all diesen Emotionen braucht Gims eine Pause. Und der Fahrer der Limousine hat genau das, was er braucht.

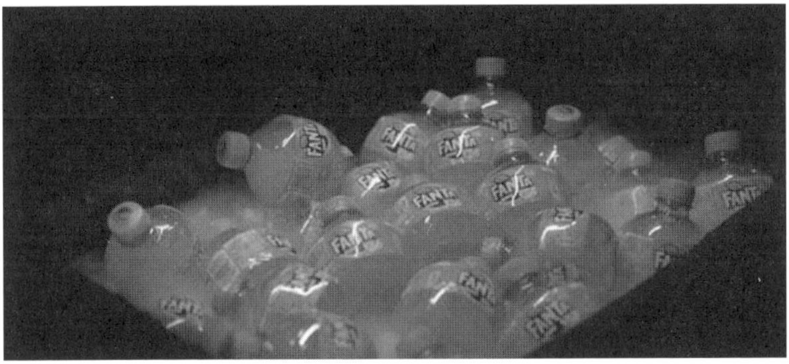

Abb. 43: Der Limousinenfahrer öffnet den Kofferraum und holte eine Kiste eiskalter Fanta heraus

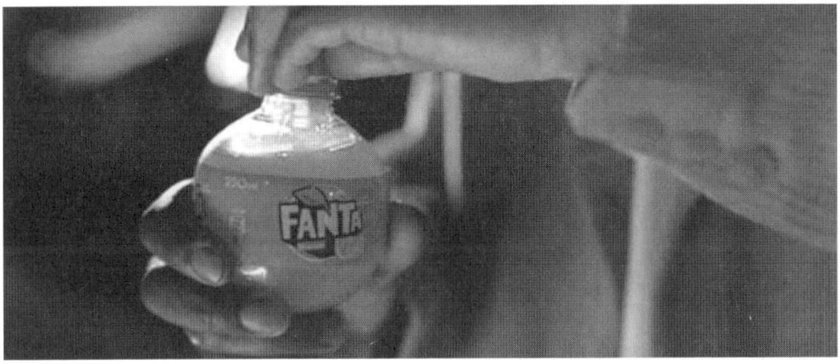

Abb. 44: Gims schraubt eine Fanta auf und trinkt sie mit einem zufriedenen Gesichtsausdruck. Oh ja, es gibt nichts Schöneres als eine 250 ml Flasche Fanta, um nach einem anstrengenden Tag im Kampf gegen die Illuminati seinen Durst zu stillen

Dies ist also offensichtlich Schleichwerbung. Es ist nicht satirisch und es ist kein „Kommentar" zum Thema Ruhm. Es ist echte Schleichwerbung, die von der *Coca-Cola Company* an die *Universal Music Group* bezahlt wird. Und Gims musste diese Flasche halten und trinken. Kurz gesagt, diese seltsame Szene bestätigt im Grunde genommen, dass Gims nicht wirklich gegen irgendetwas "rebelliert". Er ist immer noch Teil dieses Systems.

Nach dieser erfrischenden Fanta-Pause setzt Gims seinen kometenhaften Aufstieg zum Erfolg fort.

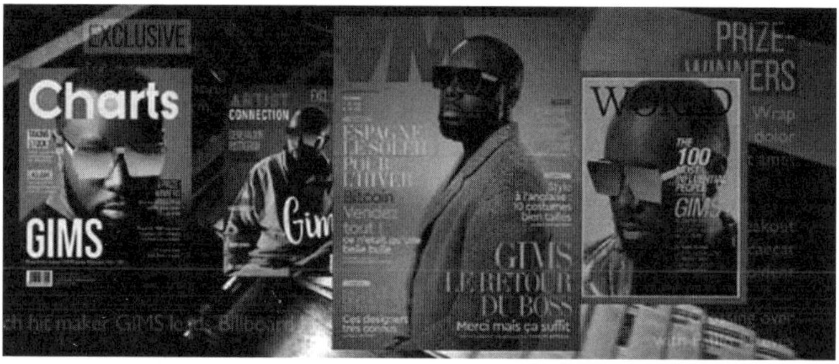

Abb. 45: Gims ist weltweit auf den Titelseiten von Magazinen

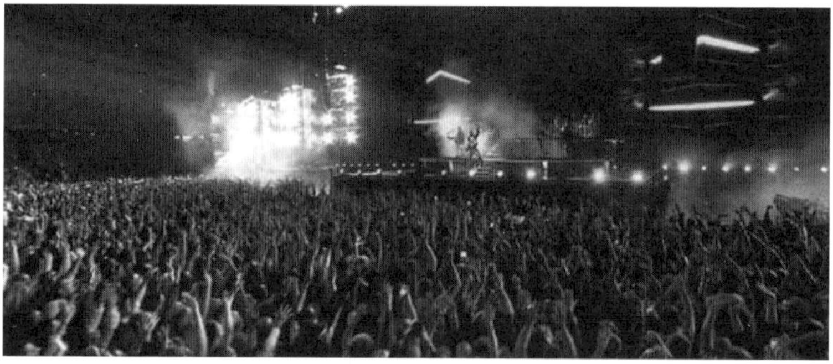

Abb. 46: Er bereist die ganze Welt und tritt in überfüllten Stadien auf

Obwohl Gims den Traum zu leben scheint, ist er es nicht.

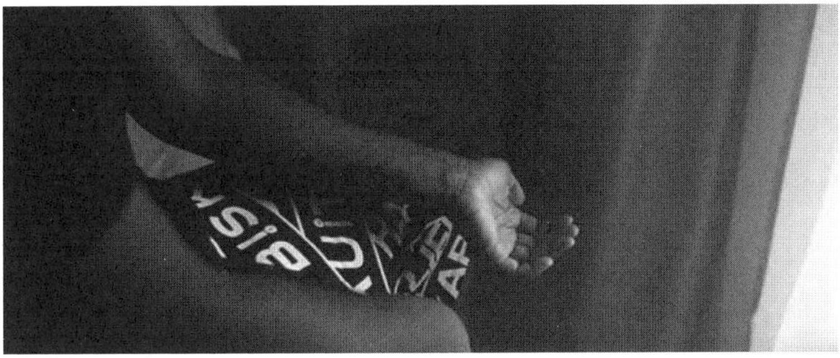

Abb. 47: Gims merkt, dass der Blutschwur eine scheußliche Narbe hinterlässt

Die Narbe ist eine Darstellung der niemals heilenden „Wunde", die mit dem Verkauf der eigenen Seele einhergeht. Und Gims erkennt, dass es auch seine Schattenseiten hat, eine Berühmtheit zu sein. Diejenigen, die ihn kontrollieren, kümmern sich eigentlich nicht um ihn und benutzen ihn so, wie es ihnen gerade passt.

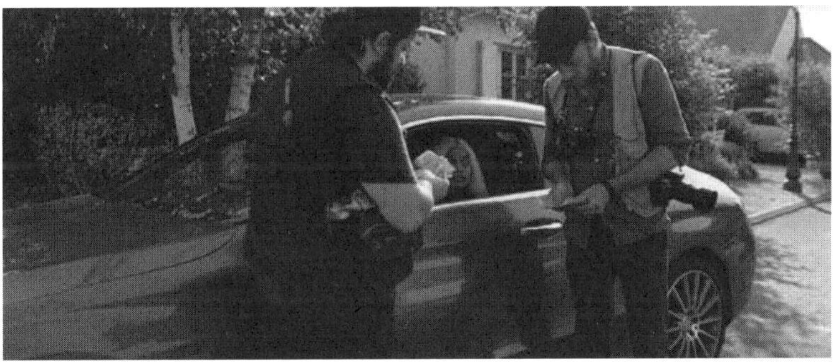

Abb. 48: Die mysteriöse Frau bezahlt Fotografen, um Gims zu schikanieren

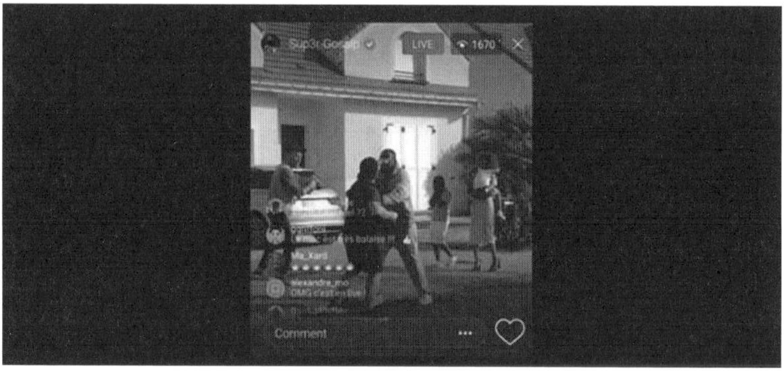

Abb. 49: Dieses vorgetäuschte, künstlich geschaffene Ereignis wird von der mysteriösen Frau festgehalten, die es in den sozialen Medien veröffentlicht, um eine virale Aufregung zu erzeugen

Nach all dem Schwindel werden die Dinge real.

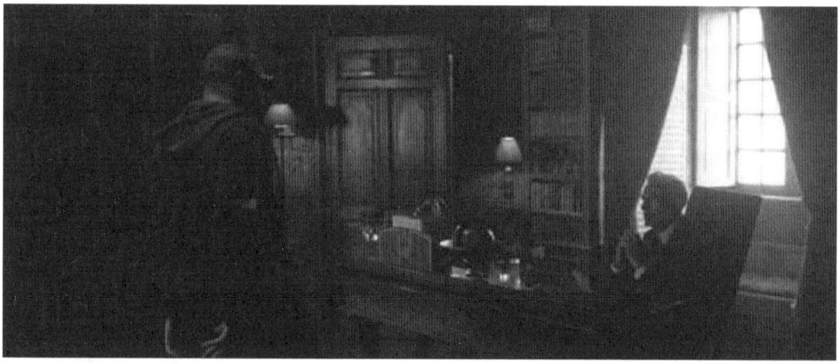

Abb. 50: Gims befindet sich in diesem riesigen Schloss mit seinen Elite-Herren

Gims sagt der Plattenfirma, dass er diesen Mist satt hat, während er auf seine Narbe zeigt. Dann stürmt er aus dem Raum.

Man kann der Branche jedoch nicht einfach ohne Konsequenzen den Rücken zukehren. Es gibt ein Nachspiel.

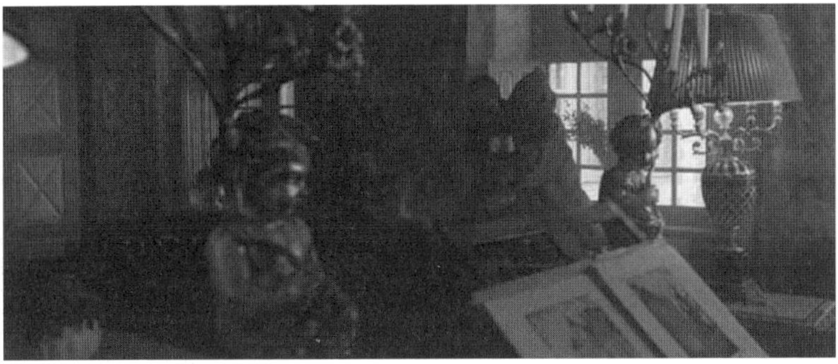

Abb. 60: Zwei Gestalten mit Kapuze packen Gims und entführen ihn

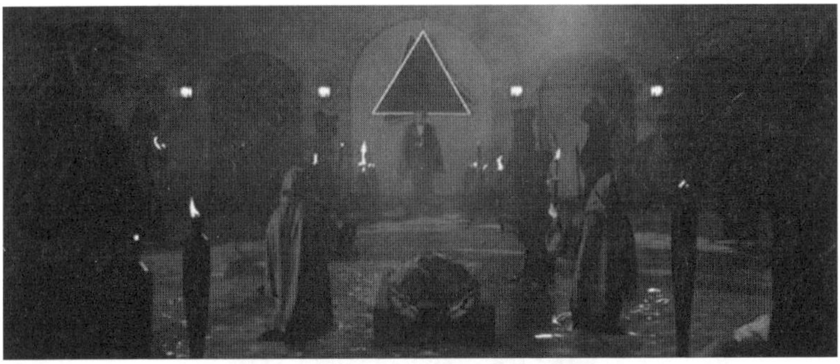

Abb. 61: Gims befindet sich dann im Zentrum eines okkulten Rituals, das von der Führungskraft der Plattenfirma geleitet wird

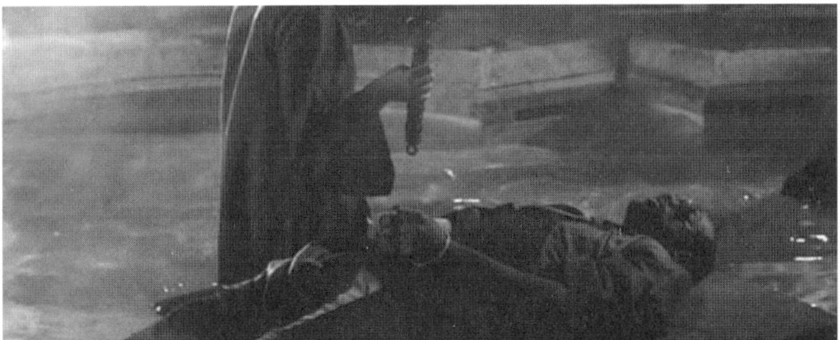

Abb. 62: Gims liegt auf dem Rücken und seine Hände sind gefesselt. Wird er rituell geopfert?

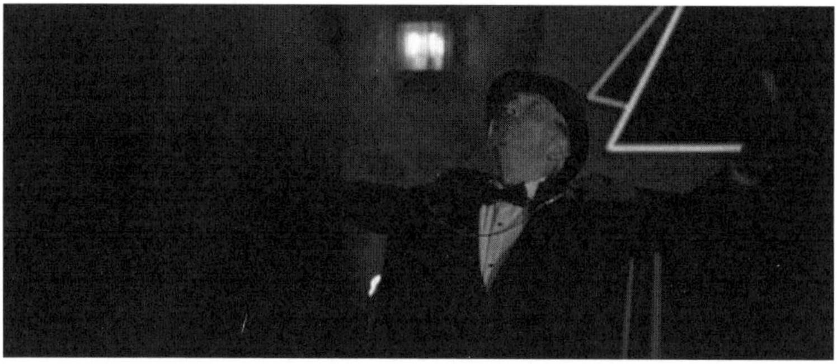

Abb. 63: Die Führungskraft der Plattenfirma ruft eine höhere Kraft an. Wahrscheinlich Satan. Seine Kleidung ähnelt auffallend der traditionellen Kleidung der freimaurerischen Meister vom Stuhl

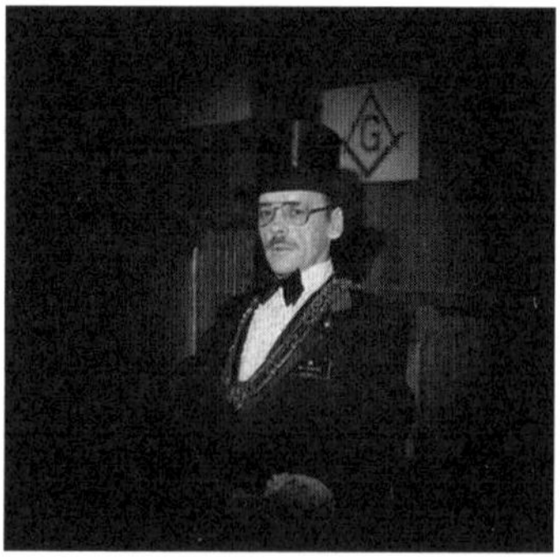

Abb. 64: Ein echter freimaurerischer Meister vom Stuhl. Das Tragen eines Zylinderhutes ist ein Privileg hochrangiger Mitglieder

Zum Glück für Gims gibt ihm einer der Männer mit Kapuze ein Messer, damit er sich befreien und davonlaufen kann. Dies bedeutet jedoch wahrscheinlich, dass seine Musikkarriere vorbei ist. Im wirklichen Leben ist seine eigentliche Musikkarriere jedoch noch in vollem Gange. Was hat das zu bedeuten?

Le Prix à Payer ist eine der offenkundigsten Entlarvungen der Musikindustrie und ihrer dunklen Seite, die je geschaffen wurde. Es zeigt einige Elemente, die jahrelang von uns recherchiert wurden, wie den bei der Unterzeichnung eines Plattenvertrags geforderten Eid, die mangelnde Kontrolle der Künstler über ihre Karriere und ihr Image, die Verbreitung des Ein-Auge-Zeichens und die überragende Bedeutung von okkulten Ritualen und Opferungen.

Den Kommentaren zu diesem Video auf YouTube nach zu urteilen, glauben viele, dass dieses Video tatsächlich ein Hilferuf ist. In der Tat vermitteln die Songtexte Bedauern und Ohnmacht, während das Video einen widerstrebenden Künstler zeigt, der die Entwicklung eines Handlangers der Industrie durchläuft.

Während das Video den klaren Wunsch zeigt, sich von allem zu befreien, enthält es auch Elemente, die darauf hinweisen, dass dies nicht tatsächlich geschieht. Zum Beispiel reibt diese seltsame Fanta-Schleichwerbung allen unter die Nase: „Dieses Video wurde von der Coca-Cola Company gesponsert."

Die meisten Künstler hassen es, wenn ihre Arbeit durch solch unverschämte Werbung beeinträchtigt wird, und sie wird ihnen oft von der Plattenfirma aufgezwungen. Auf der anderen Seite könnte man sagen: Hut ab dafür, von der Branche bezahlt zu werden, während man sie gleichzeitig bloßstellt.

Wenn das Video tatsächlich die Musikindustrie enthüllt, warum wurde es dann überhaupt von diesem großen Elite-Label zugelassen? Zunächst einmal ist das Video so sehr überzeichnet, dass es das gesamte Thema fiktionalisiert. Zweitens möchte die Elite den Massen einen Teil von sich preisgeben.

Und wir sollen wissen, dass man, wenn man zu weit geht, einen Preis dafür zu bezahlen hat. [30]

2.1 Madonna

„Das allsehende Auge schaut heute Abend zu. Das ist es: Wahrheit im Licht. Das allsehende Auge schaut heute Abend zu, nichts zu verbergen, Geheimnisse in Sicht.“
(Madonna, Lied: „Illuminati“)

Die Illuminati-Marionette Madonna wurde am 16. August 1958 in Bay City (Michigan) als Madonna Louise Ciccone geboren, seit ihrer Firmung 1967 heißt sie Madonna Louise Veronica Ciccone. Sie ist eine US-amerikanische Sängerin, Songschreiberin, Schauspielerin, Autorin, Regisseurin, Produzentin und Designerin.

Madonna stieg in den 1980er Jahren mit Hits wie „Like a Virgin“ (1984), „Material Girl“ (1985), „La Isla Bonita“ (1987) und „Like a Prayer“ (1989) zum Megastar auf. Weitere Welthits wie „Vogue“ (1990), „Frozen“ (1998), „Music“ (2000), „Hung Up“ (2005), „4 Minutes“ (2008) und „Give Me All Your Luvin‘“ (2012), mit denen sie sich über Jahrzehnte hinweg an der Spitze der weltweiten Charts behauptete, festigten ihren Ruf als globale Pop-Ikone. Sie verkaufte zwischen 300 und 350 Millionen Tonträger weltweit.

Sie ist die erfolgreichste Solokünstlerin in der Geschichte der US Billboard Hot 100 Charts und hält den Rekord für die meisten Nummer-Eins-Singles einer Künstlerin in Australien, Kanada, Italien, Spanien und Großbritannien. Mit einem Umsatz von 1,5 Milliarden US-Dollar aus ihren Konzerttickets bleibt sie die umsatzstärkste Solo-Tournee-Künstlerin aller Zeiten. Madonna wurde in die Rock and Roll Hall of Fame im Jahr 2008, ihrem ersten Jahr der Berechtigung aufgenommen. Sie wurde von VH1 als die beste Frau in der Musik und von MTV und Billboard als die beste Musikvideokünstlerin aller Zeiten eingestuft. Der „Rolling Stone“ listete Madonna auch unter den 100 größten Künstlern aller Zeiten und den 100 größten Songwritern aller Zeiten.

Damit ist sie die kommerziell erfolgreichste Sängerin der Welt und auf Platz 4 der erfolgreichsten Interpreten aller Zeiten. Das „Guinness-Buch der Rekorde“ kürte sie im Laufe ihrer Karriere mehrfach zur erfolgreichsten Musikerin der Welt sowie zur Sängerin mit den meisten verkauften

Tonträgern aller Zeiten.

In der Geschichte der amerikanischen Billboard-Charts ist sie der erfolgreichste Solo-Künstler aller Zeiten und rangiert hinter den Beatles auf Platz 2. Mit 50 Songs an der Spitze einer singulären Sparte der Billboard-Charts ist sie der erste und bislang einzige Künstler, dem es gelang, so viele Nummer-eins-Hits in fünf verschiedenen Jahrzehnten zu erzielen.

Ihre „Sticky & Sweet Tour“ (2008) und ihre „MDNA Tour“ (2012) belegen die Plätze eins und drei der erfolgreichsten Welttourneen einer Sängerin.

Die Musikfachzeitschrift „Rolling Stone“ nennt ihre „Blond Ambition Tour“ (1990) „die großartigste Konzerttour der 90er-Jahre“; die kontroverse Welttournee gilt in der modernen Musikgeschichte als Vorreiter heutiger Popkonzerte.

Während ihr Musikvideo zu „Like a Prayer“ (1989) vom Musiksender „MTV“ zum popkulturell bahnbrechendsten Musikvideo aller Zeiten gewählt wurde, gilt ihr Album „Erotica“ (1992) als das kontroverseste Pop-Album der 1990er-Jahre.

Der US-amerikanische Fernsehsender „VH1“ kürte sie 2012 zur „Greatest Woman in Music“, auch steht sie im Billboard-Ranking der erfolgreichsten weiblichen Künstlerinnen aller Zeiten auf Platz 1. Aufgrund ihrer Erfolge und ihres Einflusses auf andere Künstler gilt Madonna bei Musikwissenschaftlern und vielen Medien (u.a. „World Music Awards“ und „MTV“) auch als einflussreichste Sängerin aller Zeiten.

Sie wird von den Medien und ihren Fans auch als „Queen of Pop“ bezeichnet. Zudem gilt sie als erste Frau im Musikbusiness, die jeden Schritt ihrer Karriere kontrollierte und stets volle Verantwortung für ihr Image in der Öffentlichkeit trug. Gemeinsam mit Michael Jackson und Prince gehört Madonna zu den drei wichtigsten Vertretern der modernen Popmusik.

Angesichts ihres großen kulturellen Einflusses gehört Madonna laut dem „Time“-Magazin zu den 25 einflussreichsten Frauen des vergangenen Jahrhunderts.

Neben sieben Grammys (u.a. 1998 für „Ray of Light“) erhielt sie auch zwei Golden Globes (1997 für ihre Darstellung in der Musicalverfilmung *Evita* und 2012 für ihren Filmsong „Masterpiece“ aus dem Film *W.E.*, bei dem sie auch Regie führte).

Außerdem schrieb sie einige Kinderbücher („Die englischen Rosen“,

2003) und wurde 2008 in die „Rock and Roll Hall of Fame" aufgenommen. Sie ist mit einem geschätzten Vermögen von über 1 Milliarde US-Dollar eine der reichsten Personen im Musikgeschäft.[31]

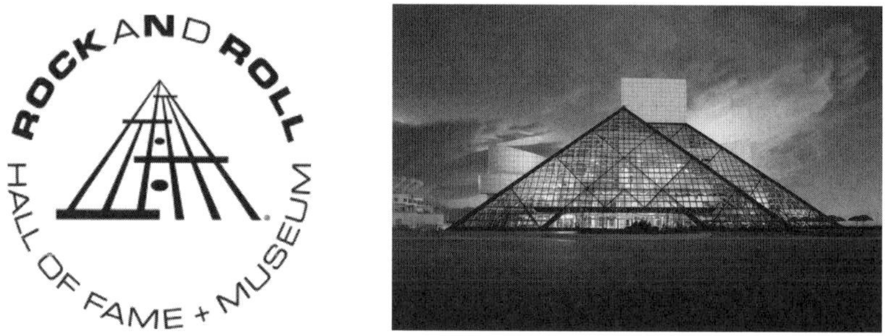

Abb. 65: Logo und Gebäude der „Rock and Roll Hall of Fame" in Pyramidenform als Illuminati-Symbol

Die Madonna aus der „Material Girl"-Zeit trat in den 1980er Jahren mit ihren blonden Haaren und gewagten Liedern mit sexuellen Themen auf den Plan und sicherte sich auf Lebenszeit eine Position im Rampenlicht der Ruhmeshalle der Unterhaltungsindustrie. In den 1980er, 1990er und darauffolgenden Jahren bekam Madonna durch neuere, jüngere Stars wie Britney Spears, Christina Aguilera und Lady Gaga Konkurrenz, aber Madonna war nie wirklich weg von der Bildfläche, setzte gelegentlich ihren alternden Kopf in Szene und wird von den Medien immer wieder ebenso angepriesen, wie sie Unterstützung ihrer ergebenen Fans erfährt.

Im Laufe der Jahrzehnte sorgte sie wegen verschiedener Kontroversen für Schlagzeilen, angefangen vom Bashing des Christentums bis hin zu ihrer Beschäftigung mit der Kabbala, einer Form jüdischer Mystik, die oft mit den Illuminati in Verbindung gebracht wird und in späteren Jahren, als sie Mitte 50 war, tänzelte sie immer noch gekleidet wie eine 20-jährige auf der Bühne herum, zog sogar ihre Hose herunter und zeigte dem Publikum ihren Oma-Hintern, ohne zu bemerken, dass die damaligen Zeiten längst vorbei waren.

Mittlerweile sucht Madonna, während sie weiter altert, offenbar verzweifelt nach dem Jungbrunnen um das Image zu bewahren, auf dem sie ihre gesamte Karriere aufgebaut hat. Es wurde sogar behauptet, dass sie ihren Körper beim Schlafen mit Anti-Falten-Creme bedeckt und einen

Ganzkörperanzug aus Plastik trägt, um zu verhindern, dass die Creme ihre Bettwäsche verschmutzt, angeblich in der Hoffnung, Falten zu verhindern.

Wenn man weiß, wie weit viele Prominente gehen, um ihre vergangene Schönheit zu bewahren, sollte einen nicht mehr überraschen, wozu diese Narzissten bereit sind.

2012: Madonnas Super Bowl-Halbzeitshow: Eine Feier der Hohepriesterin der Musikindustrie

Als bekannt wurde, dass Madonna – die Hohepriesterin der Musikindustrie – 2012 bei der Super Bowl-Halbzeitshow auftreten würde, sollte Folgendes klar gewesen sein: Das sollte interessant werden. Und das wurde es.

Während die meisten darüber erstaunt waren, dass eine Frau in ihren Fünfzigern mit LMFAO herumtanzte, und andere sich über ihr Playback ärgerten, interessierte den geneigten Beobachter etwas anderes: Die Flut der Symbolik, die vor Milliarden von Zuschauern weltweit aufblitzte.

Was als unterhaltsame Einlage zum wichtigsten Football-Spiel des Jahres betrachtet werden sollte, kam für diejenigen, die mit Symbolkompetenz gesegnet sind, wahrscheinlich eher ein großes Fest der Illuminati-Industrie und ihrer Hohepriesterin, Madonna rüber.

Eine Woche vor dem Super Bowl beschrieb Madonna dem Journalisten Anderson Cooper, die spirituelle Bedeutung, die sie ihrer Halbzeitshow beimaß.

„Der Super Bowl ist wie das Allerheiligste in Amerika. Ich werde eine teilweise „kirchliche Erfahrung" bieten und eine Predigt halten müssen. Es muss sehr wirkungsvoll sein." (32)

Es ist ziemlich angemessen, dass diese Kabbala-Eingeweihte den Super Bowl als „Allerheiligstes" bezeichnete, da es der Name des heiligsten Ortes im Tempel Salomos war. Niemand außer dem Hohepriester durfte jemals das Allerheiligste betreten. Und selbst dieses Privileg wurde nur am Versöhnungstag gewährt, um das Blut des Opfers und den Weihrauch vor dem Gnadenstuhl darzubringen. Madonnas Analogie war daher ein Hinweis auf die Denkweise hinter ihrer Darbietung. Schauen wir uns die Hauptbestandteile ihrer Show an.

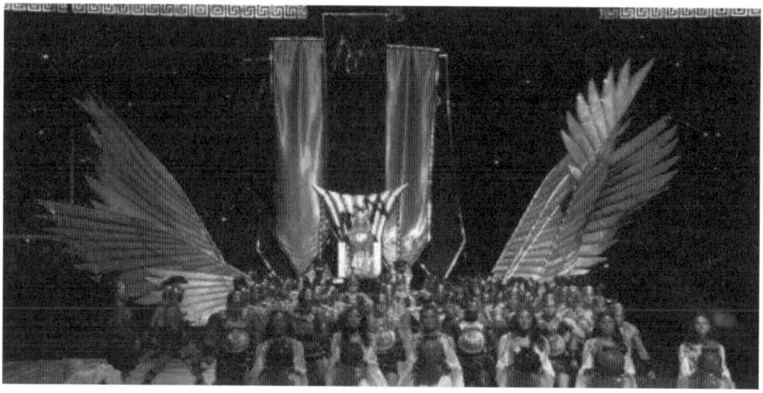

Abb. 66: Madonnas prächtiger Auftritt, der von Hunderten römischer Soldaten gesäumt und von Hunderten von Frauen begrüßt wird, spiegelt ihren Status in der Unterhaltungswelt wider

„Vogue" oder der Auftritt der Priesterin

Der Auftritt Madonnas ist eine aufwändige Prozession, die für eine Hohepriesterin oder sogar eine Göttin geeignet ist.

Ihre erste Darbietung war stark vom alten Ägypten/Sumer/Babylon beeinflusst und Madonnas Kostüm erinnert an eine alte babylonische Göttin.

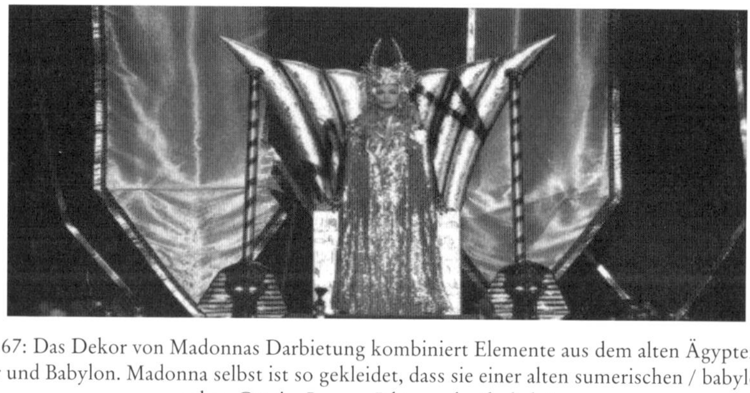

Abb. 67: Das Dekor von Madonnas Darbietung kombiniert Elemente aus dem alten Ägypten, Sumer und Babylon. Madonna selbst ist so gekleidet, dass sie einer alten sumerischen / babylonischen Göttin, Inanna-Ishtar, sehr ähnlich ist

Ishtar war eine mächtige und selbstbewusste Göttin, deren Kontroll- und Einflussbereiche Krieg, Liebe, Sexualität, Wohlstand, Fruchtbarkeit und Prostitution umfassten. Sie strebte die gleiche Existenz wie Männer an, genoss den Ruhm des Kampfes und suchte nach sexuellen Erfahrungen.

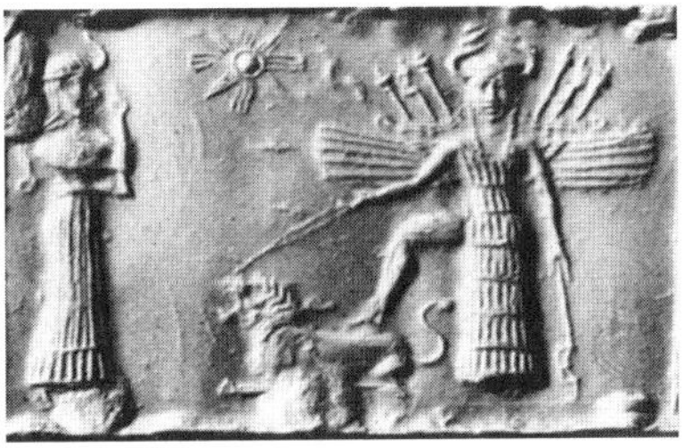

Abb. 68: Ishtar mit dem Fuß auf einem brüllenden Löwen und einem unverwechselbaren Kopfschmuck, der Madonnas gehörnter Krone ähnelt. Ishtar wird oft mit Flügeln dargestellt, ein Merkmal, das an Madonnas „Wagen" erinnert.

Madonnas Darstellung als Ishtar ist daher sehr interessant, da man argumentieren kann, dass die Popsängerin während ihrer gesamten Karriere die gleichen durchsetzungsfähigen und dennoch in hohem Maße sexuellen Eigenschaften von Ishtar verkörpert hat und sogar eine Machtposition in der Musikindustrie erreicht hat, der normalerweise Männern vorbehalten ist. Auf esoterischer Ebene ist Ishtar mit dem Planeten Venus verbunden, der als Morgenstern oder Abendstern bekannt ist.

In diesem mythologisch aufgeladenen Umfeld bot Madonna „Vogue" dar. Während der Darbietung wurde die Titelseite des „Vogue"-Magazins gezeigt, einer Publikation, die an der Spitze der Illuminati-Symbolik in der Mode steht.

Das Lied „Vogue" endet mit einem Symbol, das mit dem ägyptisch-babylonischen Thema der Darbietung übereinstimmt, welches auch in okkulten Geheimgesellschaften wie Freimaurern, Rosenkreuzern und Illuminati von höchster Bedeutung ist: die geflügelte Sonnenscheibe.

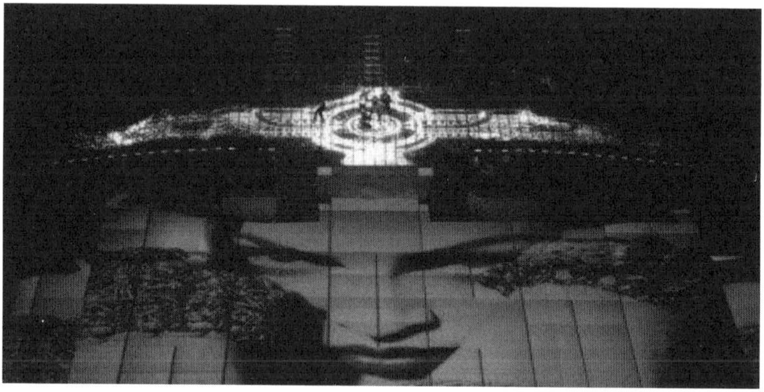

Abb. 69: Das Lied endet mit der Darstellung der geflügelten Sonnenscheibe. Die Flügelsonne war ein Sonnensymbol im Alten Orient und war im Alten Ägypten, Mesopotamien und in Anatolien bekannt

„Ägyptische Mystiker nutzten die geflügelte Sonne für rituelle Magie und Anrufungen: „Dies ist ein Symbol für das Element Luft und besteht aus einem Kreis oder einer Sonnenscheibe, die von einem Flügelpaar umgeben ist. In der rituellen Magie wird sie in östlicher Richtung über dem Altar aufgehängt und verwendet, um den Schutz und die Zusammenarbeit der Sylphen in Anspruch zu nehmen."[33]

Die geflügelte Sonne wird noch heute von Gruppen wie den Freimaurern, Theosophen und Rosenkreuzern genutzt.

„Der ‚geflügelte Globus' ist vor allem ein rosenkreuzerisches Symbol, obwohl die Illuminati Anspruch darauf erheben können und es kann eingeräumt werden, dass er ägyptischen Ursprungs ist. Der ‚geflügelte Globus' ist das Symbol der perfektionierten Seele, die zurück zur Quelle ihrer Erschaffung fliegt, in die himmlischen Felder und darüber hinaus."[34]

Die Darstellung dieses Symbols ist zwar scheinbar trivial und ästhetisch, betont jedoch die okkulte spirituelle Dimension, die Madonnas gesamter Darbietung zugrunde liegt.

Später in der Show spielte Madonna ihre neue Single „Give Me All Your Luvin'". Der Song enthält zwei neue Branchenfavoriten: Nikki Minaj und M.I.A. Im Musikvideo des Songs und während der Super Bowl-Darbietung werden diese beiden Rapperinnen auf eine bestimmte Art und Weise dargestellt: Statt als vollwertige Künstler präsentiert zu werden, die zu Madonnas Song beitragen, sind sie dargestellt als ihre „Lakaien", die die Hohepriesterin der Branche anfeuern.

Diese „Beziehung", in der Madonna an der Macht ist - und damit die Strippenzieherin -, ist von Mind Control-Symbolen durchdrungen, insbesondere der Beta-Programmierung, bekannt auch als die Sex-Kitten-Programmierung.

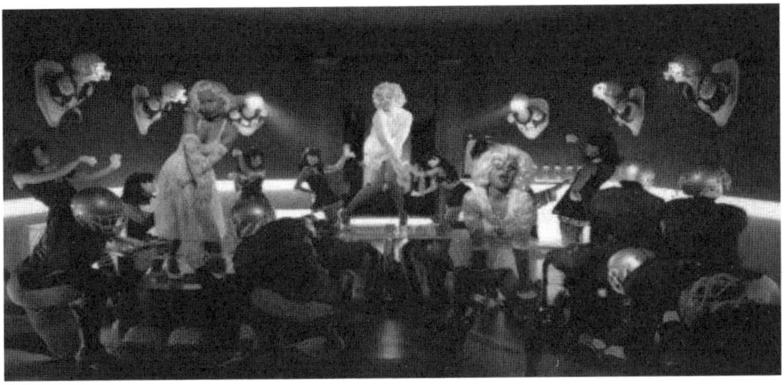

Abb. 70: In dem Video zu „Give me Your Luvin'" sind Madonna, Nikki Minaj und M.I.A. als Marilyn Monroe verkleidet, der ultimative Prototyp der Sex-Kitten-Programmierung

Ein weiteres Symbol für die Programmierung von Sex-Kitten sind Kleidung und Textilien mit Katzenmotiven. Die gesamte Halbzeitshow war eine Extravaganz mit Tiermotiven.

„Die dunklen Okkultisten, die die Unterhaltungsindustrie leiten, nutzen Mode als Mittel der okkulten Kommunikation mit anderen „Eingeweihten", wobei sie durch die Symbolik signalisieren, dass sie die Individuen als buchstäbliche „Sexsklaven" unter ihrer Kontrolle haben. Diese Kommunikationsmethode verwendet Tiermotivdruck- oder Tierfell-Kleidung. Dies symbolisiert die ungehemmten oder „wilden" Instinkte, die im Sklaven mit der Beta- oder „Sex Kitten"-Programmierung von Project Monarch hervorgebracht werden. Wenn sie ausgelöst wird, führt der Sklave alle vom Programmierer geforderten Aktionen (oder sexuellen Handlungen) aus.

Beta wird als „sexuelle" Programmierung (Sklave) bezeichnet. Diese Programmierung beseitigt alle erlernten moralischen Überzeugungen und stimuliert den primitiven Instinkt ohne Hemmungen.

Bekannt als Kitten-Programmierung, ist sie die sichtbarste Art der Programmierung, der einige weibliche Prominente, Models, Schauspielerinnen und Sängerinnen ausgesetzt sind. In der Popkultur wird häufig Kleidung mit Katzenabdrücken verwendet (Kitten = Kätzchen). Beta, dies ist der zweite griechische Buchstabe und repräsentiert die sexuellen Modelle und sexuellen Alter Egos, die die Programmierer schaffen. Der primitive Teil des Gehirns ist an dieser Art der Programmierung beteiligt. Ein frühes sexuelles Missbrauchsereignis wird verwendet, um diese Programmierung zu verankern. Diese Sexsklaven werden sexuelle Fähigkeiten entwickeln, die weit über das hinausgehen, was nach dem Kenntnisstand der Öffentlichkeit überhaupt möglich ist. Sie erfahren auch die schlimmste Art von Missbrauch, die weit über die Vorstellungskraft der Menschen hinausgeht. Beta-Alter-Egos sehen sich im Allgemeinen als Katzen.(35)

„Like a Prayer" oder die abschließende Predigt: Madonna beendete die Halbzeitshow mit einem ihrer größten Hits: „Like a Prayer". Das Video zu diesem Lied war immer umstritten, da es religiöse Themen mit Sexualität vermischte. Zu Beginn des Liedes nimmt die Show eine sehr feierliche und spirituelle Atmosphäre an, als Madonna und Cee-Lo Green die Bühne betreten, um die abschließende Predigt zu halten. Religiöse Figuren sind normalerweise weiß gekleidet, um Reinheit und Frömmigkeit darzustellen. Die beiden Sänger waren in schwarze Gewänder gekleidet und schwarze Gewänder werden normalerweise ... in schwarzen Massen verwendet.

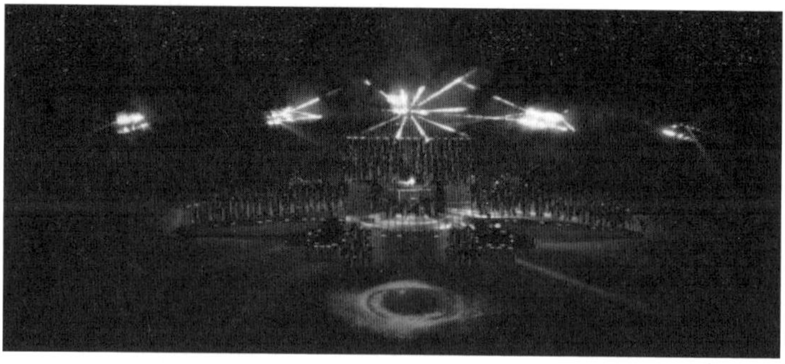

Abb. 71: Zu Beginn des Liedes wird vor der Bühne eine riesige Pupille gezeigt, die auf den Illuminati-Einfluss dieser spirituellen Darbietung hinweist

Madonnas Halbzeitshow endet auf dramatische und signifikante Weise:

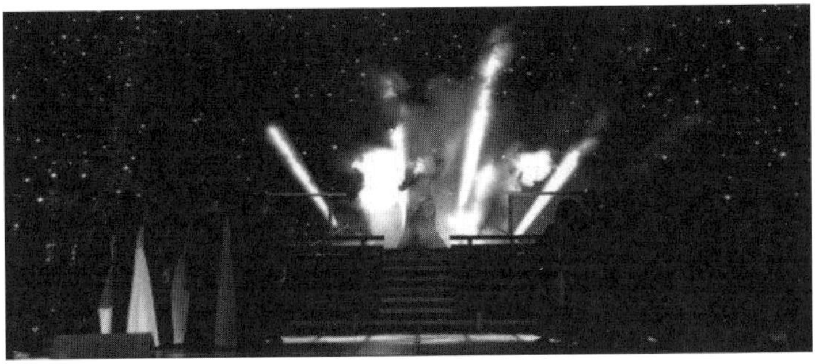

Abb. 72: Am Ende ihrer Darbietung öffnet sich der Boden unter Madonnas Füßen und sie verschwindet in der Versenkung

Während Madonna in die scheinbare „Unterwelt" eingeht, singt Madonna: „I hear you call my name, And it feels like home / Ich höre, wie du meinen Namen rufst, und es fühlt sich wie zu Hause an." Dies ist eine weitere Umkehrung der konventionellen religiösen Symbolik, da „zu Hause" im Himmel sein sollte. In Madonnas Fall geht es offensichtlich nicht in diese Richtung.

Die Show endet mit einer Nachricht, der niemand widersprechen kann:

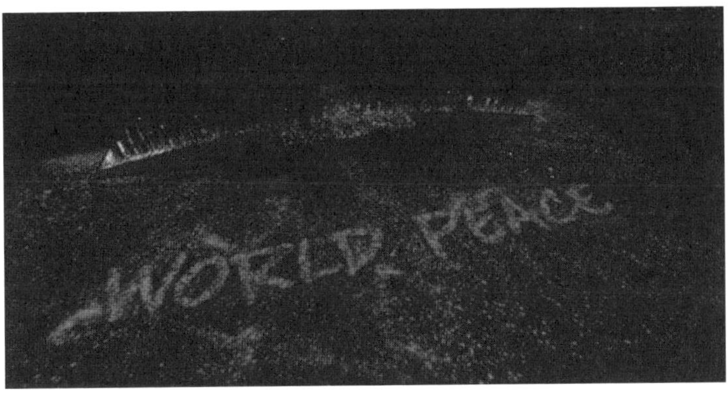

Abb. 73: Die Worte „Weltfrieden" erscheinen auf der Bühne, ein PR-freundlicher Slogan, der von denjenigen verwendet wird, die sich für eine Neue Weltordnung einsetzen, die von einer Eine-Welt-Regierung geführt wird

Einzeln betrachtet, können die oben beschriebenen Symbole einfach als „cool aussehend" angesehen werden, und die meisten Super Bowl-Zuschauer haben ihnen nicht viel Aufmerksamkeit geschenkt. Das Verpacken all dieser Zeichen und Symbole in einer umfassenden dreizehnminütigen Darbietung kann jedoch nicht als „zufällige Bilderfolge" abgetan werden.

Ganz im Gegenteil, die Kombination all dieser Symbole bildet ein Ganzes und definiert mit großem Tiefgang die zugrunde liegende Philosophie und Agenda der Machthaber – der Illuminati.

Madonnas besondere Affinität zur in diesem Buch diskutierten Illuminati-Symbolik fällt mit ihrer Unterschrift bei *Interscope Records* zusammen, einem der Hauptlieferanten der Illuminati-Symbolik in der Musikindustrie. Ihre Halbzeitshow kann daher als „Start" ihrer drei Alben (und 40 Millionen Dollar) umfassenden Beziehung mit dem bekannten Label angesehen werden.

Madonnas Halbzeitdarbietung war ein gewaltiges Illuminati-Ritual, das von Millionen von Zuschauern miterlebt wurde. An diesem Super Bowl-Versöhnungstag trat Madonna, die Hohepriesterin der Illuminati-Industrie, in das Allerheiligste von Amerika ein und hielt eine dreizehnminütige Predigt, die von allen gehört … aber von wenigen verstanden wurde.[36]

2012: Madonnas MDNA-Tour ist von der Illuminati-Agenda durchzogen

Die Hohepriesterin der Musikindustrie war 2012 wieder auf Tour und begann damit am 1. Juni in Tel Aviv (Israel). Wie wir in dem Kapitel über die Super Bowl-Halbzeitshow 2012 erwähnt haben, unterzeichnete Madonna einen mehrjährigen Vertrag bei *Interscope Records*, und seitdem tangieren ihre neuen Werke die gleiche Illuminati-Agenda wie der Rest der Musikindustrie. Da es sich jedoch um Madonna handelt, werden die Dinge auf eine andere Ebene gehoben. Die Menschen erwarten Kontroversen von Madonna, aber dies ist nicht einfach eine Kontroverse wie in den 90ern. Nein, dies ist eine symbolische und kalkulierte Kontroverse, die alle Botschaften der Illuminati enthält. Hier ist ein kurzer Artikel aus der britischen Zeitung „Telegraph"[37], der ihre Show zusammenfasst:

„Madonna sagt zu Israel: Du kannst nicht gleichzeitig ein Fan von mir sein und keinen Weltfrieden wollen.

Madonna, deren Bekehrung zur esoterischen jüdischen Kabbala-Sekte einen unwahrscheinlichen Trend in Hollywood auslöste, startete gestern Abend ihre Welttournee in Tel Aviv mit einem Plädoyer für Frieden im Nahen Osten.

Die amerikanische Sängerin begrüßte 30.000 israelische Fans im Ramat Gan Stadium in Tel Aviv mit der Erklärung: ‚Du kannst nicht gleichzeitig ein Fan von mir sein und keinen Frieden in der Welt wollen'. Ihr Management hatte Hunderte von Freikarten verteilt.

‚Wir bluten alle in der gleichen Farbe', sagte Madonna zu ihrer begeisterten Menge, die vor dem Hintergrund eines riesigen beleuchteten Kruzifixes und satanischer Symbole stand. ‚Wenn wir uns alle über unser Ego und unsere Titel und die Namen unserer Länder und unserer Religionen erheben und alle um uns herum mit Würde und Respekt behandeln können, dann sind wir auf dem Weg zum Frieden. Wenn es hier im Nahen Osten Frieden gibt, kann es Frieden auf der ganzen Welt geben.'

Die Diva spielte dann ihr Lied ‚Gang Bang', begleitet von Bildern von Blutflecken, Videoclips, in denen die Sängerin Kugeln sowohl aus einer Handfeuerwaffe als auch aus einem Maschinengewehr abfeuerte, und schloss mit der Phrase ‚die, b --- h!' (Übersetzung: „stirb Schlampe!")

Israels ultraorthodoxe Gemeinde war jedoch empört darüber, dass die Sängerin ‚Like A Virgin' im jüdischen Staat sang. Ein Bericht in der religiösen Zeitschrift ‚HaEda' beschrieb die Tour als ‚schändlich' und verbreitete Gerüchte, dass ein Besuch der ‚berühmten nicht-jüdischen Sängerin' religiöser Stätten im Norden des Landes ‚Schmerz und Wut in der gottesfürchtigen Gemeinschaft' erspart hätte.

Berichten zufolge hat Madonna eine geplante Tour durch Galiläa nach Protesten der örtlichen Religionsgemeinschaft verschoben.

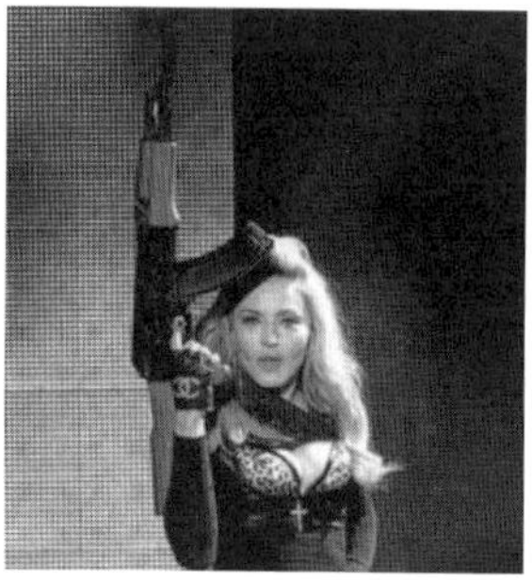

Abb. 74: Der Traum eines weiblichen Madonna-Fans, eine AK-47

So begann die Show damit, dass Madonna für „Weltfrieden" plädierte – ein Slogan der Neuen Weltordnung. Einige Minuten später tanzt sie mit Maschinengewehren, Revolvern und einer AK-47 – einer Waffe, die in Kriegen auf der ganzen Welt, einschließlich in Israel, weit verbreitet ist.

Die kognitive Dissonanz zwischen dem, was Madonna sagt („Wenn es hier im Nahen Osten Frieden gibt, kann es Frieden auf der ganzen Welt geben") und dem, was sie tut (erschießen und töten von blutüberströmten Menschen, ist typisch für die Doppelzüngigkeit der Illuminati.

Oder wie Orwell vor einigen Jahrzehnten schrieb: Krieg ist Frieden, Freiheit ist Sklaverei und Ignoranz ist Stärke.

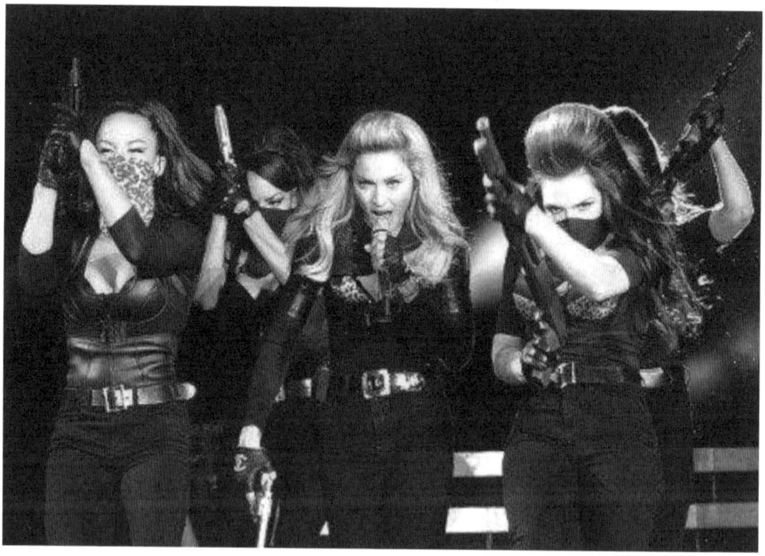

Abb. 75: Verherrlichung von Tod, Gewalt und Unterdrückung. Leopardenmuster repräsentieren die Sex-Kitten-Programmierung, was darauf hindeutet, dass diese Frauen dafür „programmiert" wurden

Auf heuchlerischen Doppel-Neusprech in Bezug auf Krieg folgt auch scheinheiliger Doppel-Neusprech in Bezug auf Spiritualität. Nach ihrer moralisierenden Rede über „Respekt" sagt sie: „Wenn wir uns alle über unser Ego und unsere Titel sowie die Namen unserer Länder und Religionen erheben und alle um uns herum mit Würde und Respekt behandeln können, sind wir auf dem Weg zum Frieden."

So verwandelt sich die Show in eine große schwarze Messe, welche die Menschlichkeit beleidigt und das Christentum erniedrigt.

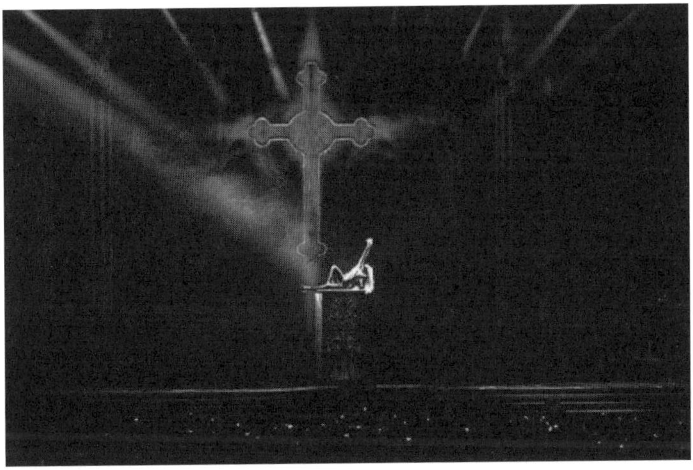

Abb. 76: Die Show beginnt mit einem rot (blutig) beleuchteten Kruzifix mit den Buchstaben MDNA - ein Akronym, das auf seltsame Weise MDMA ähnelt, einem anderen Namen für Ecstasy – eine Droge, die auf Tanzflächen auf der ganzen Welt sehr beliebt ist

Madonnas schwarze Messe führte Mönche vor, die sich in männliche Stripperinnen verwandelten, sowie Eingeweide, Gewehre und satanische Symbole, die an den Wänden aufblitzten. Dinge, die so viele Popstars in den letzten Jahren übernommen haben. Hier geht es nicht um Kunst, sondern um eindringliche Propaganda.

Kurz gesagt, Madonnas MDNA-Tour zeigt, wie die Illuminati die Welt mit ihrem Doppel-Neusprech verwirren. Er wiegt die Welt mit Beratungen über „Weltfrieden" in Sicherheit und verherrlicht gleichzeitig den Tod, das Blutvergießen und die Unterdrückung der Massen.

Er moralisiert Menschen in Bezug auf „religiöse Toleranz", während er systematisch alle Glaubensrichtungen angreift und zerstört, die nicht Teil des Glaubenssystems der Weltelite sind – was übrigens eine bastardisierte Version der Kabbala beinhaltet, wie sie von Madonna, der Hohepriesterin des Illuminati-Musikgeschäfts, praktiziert wird.(38)

Madonna verbreitet Desinformation mit neuem „Illuminati"-Lied

Madonnas Lied namens „Illuminati" von 2015 macht sich über Verschwörungstheorien im Internet lustig. Sie macht tatsächlich genau das, was die Massenmedien seit Jahren tun: Fakten verzerren, um sich dann über sie lustig zu machen. Kurzum: Desinformation.

Madonna veröffentlichte sechs Songs von ihrem Album „Rebel Heart", weil sie online durchgesickert waren – etwas, das sie in einem Interview mit „The Guardian" (39) als „eine Form des Terrorismus" beschrieb. Wirklich, Madonna? Eine Form des Terrorismus? Daran kann man sehen, dass sie eine Medienfigur der Massen ist, die hart daran arbeitet, das Wort „Terrorismus" zu verwässern.

Wie auch immer, einer dieser Songs heißt „Illuminati" und ist eindeutig von den online zirkulierenden „Verschwörungstheorien" über die Illuminati inspiriert. Als Hohepriesterin des Musikgeschäfts und Marionette der Elite muss sie zu den laufenden Desinformationsbemühungen beitragen. Sie ist die perfekte Figur, um „Gerüchte anzusprechen" und der Welt zu sagen, was sie wissen müsse. Warum sollte einer von uns umfangreiche Nachforschungen anstellen und Bücher lesen, wenn Madonna uns plump die Wahrheit über komplexe Themen wie okkulte Geheimbünde darbieten kann?

Hier sind die Textzeilen des Liedes:

„Es sind nicht Jay-Z und Beyoncé; Es ist nicht Nicki oder Lil Wayne; Es sind nicht Oprah und Obama, der Papst und Rihanna; Königin Elizabeth oder Kanye.	*(It's not Jay-Z and Beyoncé; It's not Nicki or Lil Wayne; It's not Oprah and Obama, the Pope and Rihanna; Queen Elizabeth, or Kanye.)*
Es sind keine Pentagramme oder Hexerei; Es sind keine Dreiecke oder Stapel	*(It's not pentagrams or witchcraft; It's not triangles or stacks*

aus Bargeld;
Schwarze Magie oder Gaga, Gucci
oder Prada
Reiten auf dem goldenen Kalb.

Das allsehende Auge schaut heute
Abend zu.
Das ist es, was es ist: Wahrheit im
Licht.
Das allsehende Auge schaut heute
Abend zu,
nichts zu verbergen, Geheimnisse in
Sicht.

Es ist, als ob jeder auf dieser Party
wie Illuminati glänzt. (Oh-wo-oh-
oh-wo-oh-oh ...)

Es ist, als ob jeder auf dieser Party
wie Illuminaten glänzt. (Oh-wo-oh-
oh-wo-oh-oh ...)

Es ist die Aufklärung, die alles be-
gann;
Die Gründerväter haben es an eine
Wand geschrieben,
und jetzt führen uns die Medien alle
in die Irre:
„Wende dich zum Richtigen und da-
mit zum Falschen."

Es ist Zeit zu tanzen und diese Dun-
kelheit in etwas zu verwandeln;
Also lass das Feuer brennen, diese
Musik treibt an.
Wir werden für immer leben, Liebe

of cash;
Black magic or Gaga, Gucci
or Prada
Riding on the Golden Calf.)

(The all-seeing eye is watching to-
night,
That's what it is: Truth in the
Light.
The all-seeing eye is watching to-
night,
Nothing to hide, secrets in
sight.)

(It's like everybody in this party's
Shining like Illuminati. (Oh-wo-oh-
oh-wo-oh-oh...))

It's like everybody in this party's
Shining like Illuminati. (Oh-wo-oh-
oh-wo-oh-oh...))

(It's the Enlightenment that started it
all;
The Founding Fathers wrote it down
on a wall,
And now the Media's misleading us
all:
„Turn right, and
turn wrong.")

(It's time to dance and turn this dark
into somethin';
So let the fire burn, this
music is bumpin'.
We're gonna live forever, love

stirbt nie,
es beginnt heute Abend ...

never dies,
It starts tonight…)

Rihanna kennt die Neue Weltordnung nicht;
Es ist kein Platinum-verschlüsselter Handel;
Es ist nicht Isis oder der Phönix;
Die Pyramiden Ägyptens;

(Rihanna don't know the New World Order;
It's not platinum-encrypted commerce;
It's not Isis or the Phoenix;
The Pyramids of Egypt;)

Mach es nicht zu etwas Schäbigem.

(Don't make it into something so did.)

Es ist nicht Steve Jobs oder Bill Gates;
Es ist nicht das Google der Vereinigten Staaten;
Es ist nicht Bieber oder Lebron,
Clinton oder eine Bombe;
Oder jemand, den du gerne hasst.

(It's not Steve Jobs or Bill Gates;
It's not the Google of United States;
It's not Bieber or Lebron,
Clinton, or a bomb;
Or anyone you love to hate.)

Das allsehende Auge schaut heute Abend zu.
Das ist es, was es ist: Wahrheit im Licht.
Das allsehende Auge schaut heute Abend zu,
nichts zu verbergen, Geheimnisse in Sicht.

(The all-seeing eye is watching tonight,
That's what it is: Truth in the Light.
The all-seeing eye is watching tonight,
Nothing to hide, secrets in sight.)

Es ist, als ob jeder auf dieser Party wie Illuminaten glänzt. (Oh-wo-oh-oh-wo-oh-oh ...)
Es ist, als ob jeder auf dieser Party wie Illuminaten glänzt. (Oh-wo-oh-oh-wo-oh-oh ...)

(It's like everybody in this party's Shining like Illuminati. (Oh-wo-oh-oh-wo-oh-oh…))
(It's like everybody in this party's Shining like Illuminati. (Oh-wo-oh-oh-wo-oh-oh…))

Du weißt, dass nicht alles, was glänzt, Gold ist; *Lass dich von der Musik außer Kontrolle bringen.* *Es ist Zeit, sie in deinem Körper und deiner Seele zu spüren:* *Komm, lass uns gehen ...*	*(You know that everything that glitters ain't gold;* *So let the music take you out of control,* *It's time to feel it in your body and soul:* *Come on, let's go...)*
Wir werden tanzen und die Dunkelheit in etwas verwandeln; *Also lass das Feuer brennen, diese Musik treibt an.* *Wir werden für immer leben, Liebe stirbt nie,* *es beginnt heute Abend ...*"	*(We're gonna dance and turn the dark into somethin';* *So let the fire burn, this music is bumpin'.* *We're gonna live forever, love never dies,* *It starts tonight...)*

Das Lied beginnt also mit den Zeilen:
„*Es sind nicht Jay Z und Beyoncé. Es ist nicht Nicki oder Lil Wayne*"

Dies bedeutet, dass Jay-Z, Beyoncé, Nicki Minaj und Lil Wayne nicht zu den Illuminati gehören, und dass „Verschwörungstheoretiker" Idioten sind, wenn sie dies glauben. Das ist eine klassische Verzerrung, die verwendet wird, um diejenigen zu diskreditieren, die versuchen, die wahre Funktion der Massenmedien zu erklären.

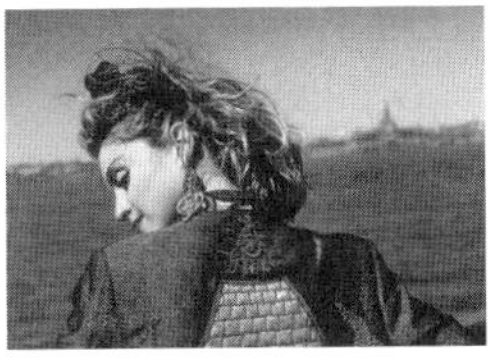

Abb. 77: Madonnna im Film *Susan... verzweifelt gesucht*, mit eindeutiger Illuminaten-Symbolik

Hier ist ein Auszug aus einem Interview von Madonna über dieses Lied:

„*In der Popmusik wird gerade viel über Leute gesprochen, die sagen: ‚Oh, diese Person ist ein Mitglied der ‚Illuminati' oder sie sind ‚Illuminati', und die Idee der Leute, dass es eine Gruppe von Entertainern gibt oder sehr reiche Leute, die als ‚Illuminati' bezeichnet werden, und sie arbeiten hinter den Kulissen und sie kontrollieren Dinge und sie sind sehr mächtig, und es gibt möglicherweise einen Hinweis auf etwas*

Dunkles oder schwarze Magie oder so etwas. Und ich muss sagen, dass ich über all diese Dinge lache. Ich habe nicht gesagt: ‚Hey, hier ist meine Musik und sie ist fertig. Es war Diebstahl.'"[40]

Natürlich gehört Nicki Minaj nicht zu den Illuminati. Das zeigt sich schon durch ihre vermutlich nicht programmierten Äußerungen in Bezug auf Folgen der mRNA-Spritzen. Impfungen führten zu Impotenz und geschwollenen Hoden, twitterte die Rapperin Nicki Minaj.[41] Darsteller wie sie sind Puppen und Marionetten, die von der Elite verwendet werden, um eine Agenda und bestimmte Botschaften voranzutreiben. Und Madonna ist ein Teil von ihnen. Niemand glaubt tatsächlich, dass Nicki Minaj in einem Sitzungssaal sitzt und Lil Wayne globale Richtlinien plant. Zu implizieren, dass „Verschwörungstheoretiker" das glauben, ist auf lächerliche Weise herablassend. Aber so „diskreditieren" die Massenmedien diejenigen, die nach der Wahrheit suchen.

Madonna „lacht" dann über das okkulte Element der schwarzen Magie, das mit den Illuminati verbunden ist. Das ist seltsam, weil Madonna seit Jahren eine begeisterte Praktizierende der Kabbala ist, die heute das esoterische Judentum und die Grundlage der meisten okkulten Schulen darstellt.

„Die Theorien des Kabbalismus sind untrennbar mit den Grundsätzen der Alchemie, des Hermetismus, des Rosenkreuzertums und der Freimaurerei verwoben."[42]

„Alle wahrhaft dogmatischen Religionen sind aus der Kabbala hervorgegangen und kehren zu ihr zurück: Alles, was in den religiösen Träumen aller Illuminati, Jacob Böhmes, Swedenborgs, Saint-Martins und anderer wissenschaftlich und großartig ist, ist der Kabbala entlehnt; alle freimaurerischen Vereinigungen verdanken ihr ihre Geheimnisse und ihre Symbole."[43]

Die Kabbala gilt als Quelle „wahrer Magie" und ist die Wurzel aller okkulten Geheimgesellschaften - in denen die Weltelite initiiert ist. Madonna weiß das sehr gut, aber sie macht sich in ihrem Lied darüber lustig.

Die nächsten Zeilen des Liedes verhöhnen Pentagramme.

„Es sind keine Pentagramme oder Hexerei"

Wirklich, Madonna? Das Pentagramm ist ein „erhabenes" Zeichen in der Kabbala und wird häufig in ritueller Magie, Geisterbeschwörungen und allen Arten anderer magischer Handlungen verwendet.

Das Pentagramm wird in der Kabbala das Zeichen des Mikrokosmos genannt, dieses Zeichen, das Goethe im schönen Faust-Monolog so erhöht hat.

„Paracelsus, dieser Innovator der Magie, der alle anderen Eingeweihten in seinem praktischen Erfolg ohne fremde Hilfe übertroffen hat, bestätigt, dass jede magische Figur und jedes kabbalistische Zeichen der Pentakel, die die Geister zwingen, auf zwei reduziert werden kann, die die Synthese aller anderen sind; dies sind das Zeichen des Makrokosmos oder des Siegels Salomos, dessen Form wir bereits festgelegt haben, und das des Mikrokosmos, das noch wirksamer ist als das erste – es heißt das Pentagramm, von dem er in seiner okkulten Philosophie eine äußerst genaue Beschreibung liefert.“[44]

Als wahre Illuminati-Marionette singt Madonna dann im Chor die Lobeshymne des allsehenden Auges. Sie assoziiert die Illuminati auch seltsamerweise mit einer „Party“. Weil junge Leute Partys lieben. Also sagte Madonna in derselben Zeile „Illuminati und Party“. Das ist die Art von lächerlicher Assoziation, die die Massen in ihren Köpfen herstellen sollen.

Das allsehende Auge schaut heute Abend zu.
Das ist es, was es ist: Wahrheit im Licht.
Das allsehende Auge schaut heute Abend zu,
nichts zu verbergen, Geheimnisse in Sicht.

Es ist, als ob jeder auf dieser Party
wie Illuminati glänzt. (Oh-wo-oh-oh-wo-oh-oh ...)
Es ist, als ob jeder auf dieser Party
wie Illuminaten glänzt. (Oh-wo-oh-oh-wo-oh-oh ...)

Dann erzählt Madonna uns, dem niederen Volk, was die Illuminati wirklich sind – engagierte aufgeklärte Wissenschaftler aus dem Zeitalter der Aufklärung.

Es ist die Aufklärung, die alles begann;
Die Gründerväter haben es an eine Wand geschrieben,
und jetzt führen uns die Medien alle in die Irre:
„Wende dich zum Richtigen und damit zum Falschen.“

In ihrem Interview mit „The Guardian" erklärt sie diese Idee: *„Ich denke, es gibt einige Leute, denen es nichts ausmacht, als solche bezeichnet zu werden, aber ich weiß, wer die wirklichen Illuminati sind und woher dieses Wort kommt. Die Wurzel des Wortes ist ‚erleuchten', und das bedeutet ‚die Erleuchteten', und es stammt aus dem Zeitalter der Aufklärung, als viel Kunst und Kreativität aufblühten, von Shakespeare über Isaac Newton bis hin zu Leonardo Da Vinci und Michelangelo. Die Philosophen, Künstler und Wissenschaftler waren durch ihre Arbeit alle mit einer Art hohem Bewusstsein verbunden und erleuchteten und inspirierten Menschen auf der ganzen Welt. Und das sind die wahren Illuminati. Der Zweck für das Schreiben dieses Songs war also in gewisser Weise: ‚Wenn ihr also glaubt, ich gehöre zu den Illuminati, dann vielen Dank, ein Kompliment, denn ich möchte sehr gerne Teil dieser Gruppe sein, den echten Illuminati und das ist es, was es nicht ist.'"*[45]

Dies ist dieselbe verzerrte, massenmedienfreundliche Definition der Illuminati, die wir in Desinformationsbüchern wie Dan Browns „Illuminati" finden - die Illuminati sind das Produkt des Zeitalters der Aufklärung. Alle glaubwürdigen Forscher der bayerischen Illuminaten geben jedoch an, dass ihre Wurzeln bei den Tempelrittern liegen, die ihr Wissen durch ägyptische Magie und die Kabbala gesichert haben.

„Sicherlich gab es unter der Oberfläche des Illuminismus eine Unterströmung von esoterischen Dingen im mystischsten Sinne des Wortes. In dieser Hinsicht trat der Orden genau in die Fußstapfen der Tempelritter. Die Templer kehrten nach den Kreuzzügen nach Europa zurück und brachten eine Reihe ausgewählter Fragmente orientalischer okkulter Überlieferungen mit, von denen einige von den Drusen des Libanon und einige von den Schülern des Hasan-i Sabbah stammen, dem alten Zauberer vom Berg Alamut.

Wenn unter der Oberfläche des Illuminismus eine tiefe mystische Strömung floss, ist es sicher, dass Weishaupt nicht die Kastalische Quelle war. Vielleicht stammen die Lilien der Illuminati und die Rosen der Rosenkreuzer durch ein Wunder der Natur aus derselben Quelle. Die alte Symbolik würde dies nahelegen, und es ist nicht immer ratsam, alte Wahrzeichen zu ignorieren. Es gibt nur eine Erklärung, die den offensichtlichen und natürlichen Anforderungen der bekannten Tatsachen entspricht. Die Illuminati waren Teil einer esoterischen

Tradition, die aus der fernen Antike stammte und sich für kurze Zeit unter den Humanisten Ingolstadts gezeigt hatte. Eine der Blüten der „Himmelspflanze“ war dort, aber die Wurzeln waren weit entfernt in besserem Boden.“[(46)]

In dem Artikel mit dem Titel „Der Orden der Illuminat: seine Ursprünge, seine Methoden und sein Einfluss auf die Weltereignisse“ („The Order of the Illuminati: Its Origins, Its Methods and Its Influence on the World Events“) erklärt die Website *vigiliancitizen.com* [(47)] wie die bayerischen Illuminaten dann Freimaurerlogen in ganz Europa infiltrierten und Revolutionen auf der ganzen Welt anzettelten:

„Spirituelle Bruderschaften sind der Weisheit verpflichtet und führen die Menschheit in das Reich des Unendlichen. Politische Bruderschaften bestehen aus Machtsuchenden, die ihre manipulative Agenda in Dunkelheit hüllen. (…)

Alle Geheimbünde teilen bestimmte grundlegende Themen. Die Mitgliedschaft ist auf diejenigen beschränkt, die ein dauerhaftes Interesse an dem Thema haben. Auf diese Weise wird eine spirituelle Gruppe Menschen anziehen, die mehr Wissen über einen bestimmten Lehrer oder eine bestimmte Art von Praxis suchen. Der Schüler kennt das Thema im Voraus und wird sich an die Gruppe wenden, um weitere Anweisungen zu erhalten. Seltener kann ein Individuum von der Gruppe aufgrund einer wahrgenommenen Affinität zu seinem Zweck ‚angezapft‘ werden.

In einer politischen Geheimgesellschaft ist die Mitgliedschaft auf diejenigen beschränkt, die eine ideologische Affinität zu den Zielen der Gruppe teilen. Am äußersten Ende des politischen Spektrums wird die Mission die Revolution sein. Eine solche Gesellschaft wird große Anstrengungen unternehmen, um sich zu verteidigen. (…)

Die Illuminaten werden von vielen als die Kluft zwischen der spirituellen und der politischen Geheimgesellschaft überbrückend wahrgenommen. Die Illuminati, die oft für die Beeinflussung der Französischen Revolution im Jahr 1787 verantwortlich gemacht (oder beschuldigt) wurden, lehrten eine Doktrin der sozialen und politischen Befreiung, die von der Gleichheit des Menschen, der Akzeptanz des Rationalismus und der Verweigerung von Krone und Kirche als legitime Institutionen für die USA abhing, sowie der Regulierung sozialer und moralischer Werte. (…) Während die Ansichten der Illuminaten für die damalige Zeit ziemlich weit fortgeschritten klingen mögen, degenerierten die europäischen Revolutionen, von denen angenommen wird, dass sie sie gefördert haben, zu brutalen Blutbädern, deren einzigartiger Mangel an moralischem Kompass entsetzlich war.“[48]

Nein, die Illuminati können nicht einfach als „sehr kluge Leute“ zusammengefasst werden. Es ist eine komplexe Gruppe, die seit Jahrhunderten geheim gehalten wird. Manly P. Hall erklärt, dass sie einen starken Einfluss auf die Welt hatte und dass sie absichtlich aus der Öffentlichkeit „verschwunden“ ist – um ihre Ziele besser zu erreichen.

Kurz gesagt, in Madonnas Lied geht es darum, Fakten zu verdrehen, um sie lächerlich zu machen. Sie empfiehlt dann ihren Zuhörern, nicht weiter über solche Dinge nachzudenken und gedankenlos auf der Party tanzen.[49]

„*Es ist Zeit zu tanzen und diese Dunkelheit in etwas zu verwandeln*“

OK Madonna.

Die Bedeutung von Madonnas „Madame X“-Persona und des „Medellín“-Videos

Madonna stellte ihren Fans eine neue Person namens Madame X vor – eine „Geheimagentin, die die Identität ändert“. Wir werden uns die Bilder um Madame X und die okkulte Bedeutung des Videos Medellín ansehen.

In den vorherigen Kapiteln nannten wir Madonna die „Hohepriesterin der Musikindustrie“. Heute können wir mit Fug und Recht sagen, dass Madonna diesem Titel gerecht wurde. In der Tat haben Madonnas Auftritte im Laufe der Jahre immer wieder ihre Machtposition in der Musikindustrie unter Beweis gestellt und sie fungiert häufig als „Patin“ für neue weibliche Superstars.

Um diese Tatsache zu veranschaulichen, sind die meisten ihrer öffentlichen Auftritte von einer rituellen und zeremoniellen Dimension durchdrungen.

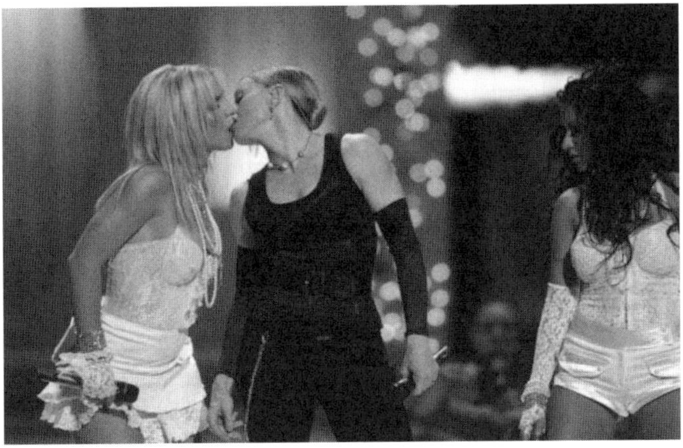

Abb. 78: In diesem „ikonischen" Moment der „Video Music Awards" 2003 spielt Madonna die Rolle der Zeremonienmeisterin bei einer symbolischen „Hochzeit" zwischen Britney Spears und Christina Aguilera. Es war ihre „Einweihung" in die höheren Ränge der Musikindustrie. Wie wir später sehen werden, enthält Madonnas Video zu „Medellín" auch eine symbolische Hochzeit

Madonna ist sich der rituellen Bedeutung ihrer Darbietungen bewusst. Vor ihrem Auftritt in der Super Bowl-Halbzeitshow 2012 sagte Madonna zu Anderson Cooper in seiner Fernsehshow:

„Das Super Bowl ist wie das Allerheiligste in Amerika. Ich komme mit halbwegs ‚kirchlicher Erfahrung' daher und muss eine Predigt halten. Es muss sehr wirkungsvoll sein."[(50)] Und ja, diese Leistung war „beeindruckend".

Im Jahr 2020, mit 61 Jahren, ist Madonna immer noch dabei. Während ihre Fans gerne darüber schwärmen, wie Madonna sich immer wieder neu erfindet, ist ihre Darbietung tatsächlich ziemlich konsequent: Sie basiert zu Hundert Prozent auf der aktuellen Agenda der okkulten Elite, kombiniert mit dem Versuch, durch die Zusammenarbeit mit jungen und populären Künstlern relevant zu bleiben.

Typischer Fall: Ihr Album „Madame X" (2019). In der Tat entspricht alles an diesem Album der reinen okkulten Agenda der Elite, da es sich eindeutig um die dunkle Welt der Monarch-Programmierung dreht.

Szenenwechsel: Um relevant zu bleiben, rekrutierte Madonna den kolumbianischen Reggaeton-Star Maluma, damit er um sie herumtanzt.

Hier ist ein Blick auf die Symbolik, die ihr neuestes Album umgibt:

Madonnas neues Alter Ego Madame X wird als „Geheimagentin, die die Identität ändert" beschrieben. Und es überrascht nicht, dass es hier nur um MKULTRA geht. Der Name selbst bezieht sich auf das Fehlen einer Kernpersönlichkeit.

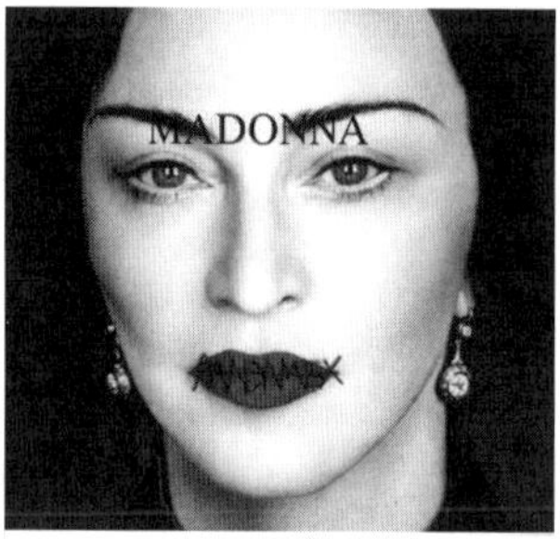

Abb. 79: Auf dem Albumcover ist der Name „Madame X" auf Madonnas Lippen eingraviert, als wären sie zusammengenäht: Ein Symbol für den MK-Sklaven, der von der Alter-Persona „zum Schweigen gebracht wird

Um ihren Fans ihr neues Alter Ego vorzustellen, veröffentlichte Madonna ein kurzes Video mit dem Titel „Willkommen in der Welt von Madame X" („Welcome to the World of Madame X"). Dieses 59 Sekunden lange Video hat es geschafft, eine Menge offensichtlicher MKULTRA-Symbolik zu verpacken. Das Video beginnt damit, dass Madonna sagt:

„Madame X ist eine Geheimagentin, die um die Welt reist, ihre Identität ändert, für die Freiheit kämpft und Licht an dunkle Orte bringt."[51]

Es sollte beachtet werden, dass eines der eigentlichen Ziele des Projekts MKULTRA darin bestand, Spione und Geheimagenten zu schaffen, die ihre Identität durch bestimmte Auslöser veränderten. „Für die Freiheit kämpfen und Licht an dunkle Orte bringen" ist im Grunde ein Code dafür, „nach der Pfeife der okkulten Elite zu tanzen." Madonna listet dann ihre verschiedenen „Identitäten" auf:

„Madame X ist Tänzerin, Professorin, Staatsoberhaupt, Haushälterin, Reiterin, Gefangene, Studentin, Mutter, Kind, Lehrerin, Nonne, Sängerin, Heilige, Frau."

Hier spielt Madonna auf verschiedene Arten der Programmierung an, einschließlich der Beta-Kitten-Programmierung.

Während sie diese Worte sagt, werden die Betrachter mit verschiedenen Bildern behandelt, die direkt auf die Monarch-Programmierung verweisen.

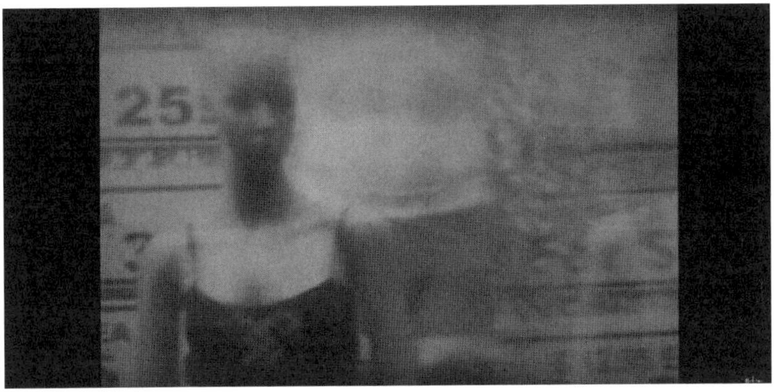

Abb. 80: Eine Schaufensterpuppe ohne Perücke - ein klassisches Symbol für einen MKULTRA-Sklaven

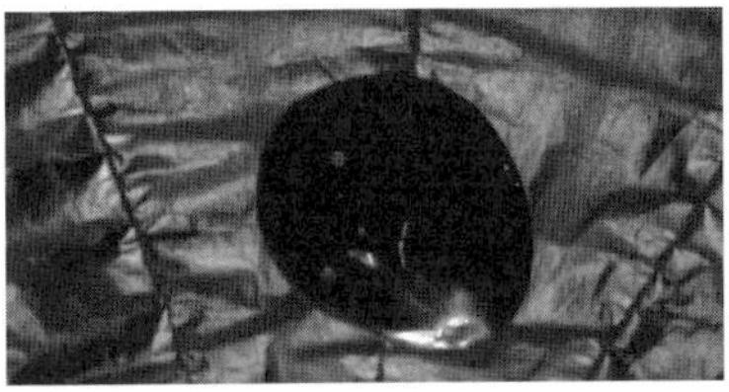

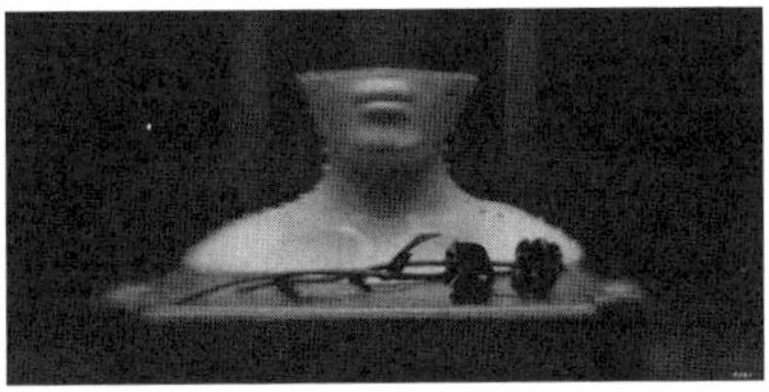

Abb. links 81: Eine Maske schwebt einige Sekunden in der Luft. Masken repräsentieren die austauschbaren Alter Egos von MKULTRA-Sklaven. Abb. rechts 82: Keine Augen und kein Gehirn. Eine andere Art, einen MKULTRA-Sklaven darzustellen

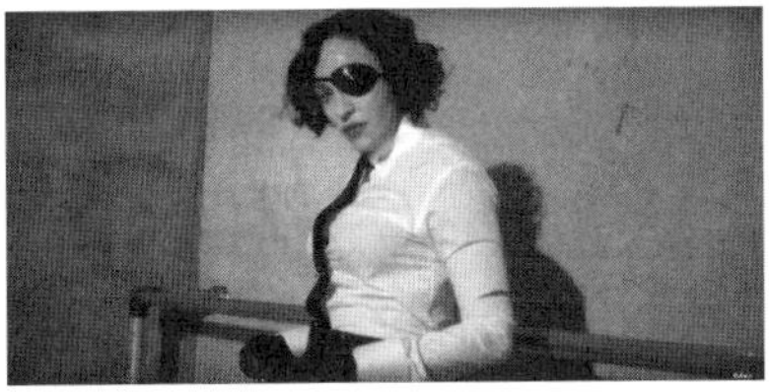

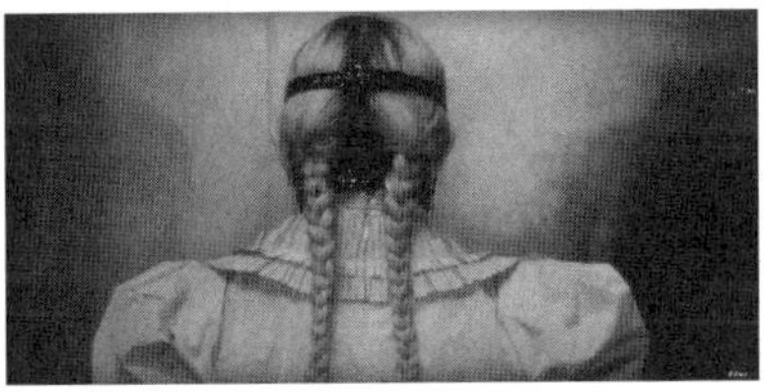

Abb. links 83: Madame X trägt ständig eine Augenklappe - eine bequeme Möglichkeit, dauernd das Ein-Auge-Zeichen anzuzeigen. Abb. rechts 84: Hier hängt etwas an Madonnas Hinterkopf. Ein Haltesystem für Folterzwecke?

All diese offensichtlichen Bilder bereiten die Bühne für die Singleauskopplung „Medellín“ aus „Madame X“. Im Lied und im Video kommt Maluma, einem Reggaeton-Künstler aus Kolumbien, der bei jungen Leuten sehr beliebt ist, eine wichtige Rolle zu. Mit anderen Worten, er ist ein perfekter Rekrut für die Hohepriesterin der Branche.

„Medellín"

Das Cover der Single „Medellín" (2019) fasst den Kern des Videos zusammen: Madonna, die eine dominierende Position einnimmt, hält Maluma mit einem symbolischen roten Handschuh fest.

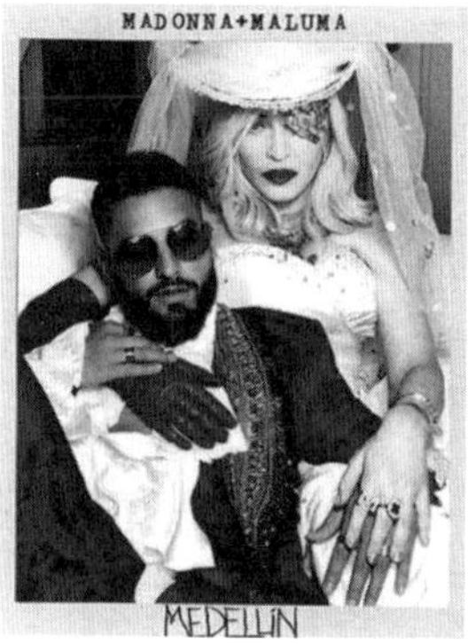

Abb. 85: Die Domina und ihr Schosshund

Natürlich ist ihr Auge durch eine Augenklappe verborgen, was die Tatsache darstellt, dass sie eine „Agentin" der okkulten Elite ist.

Das Video beginnt mit einem Gebet, bei dem es um die Monarch-Gedankenkontrolle geht. Das Video beginnt mit Madonnas Gebet. Sie sagt:

„Lieber Gott, wie kann ich jemandem nach Jahren der Enttäuschung und des Verrats vertrauen? Wie konnte ich nicht weglaufen wollen? Immer wieder ... Flucht ... Ich werde niemals das sein, was die Gesellschaft von mir erwartet ... Ich habe zu viel gesehen ... Ich kann nicht umkehren ... Ich wurde entführt, gefoltert, gedemütigt und missbraucht."

(Dear God, How can I trust anyone after years of disappointment and betrayal? How could I not want to run away? Again and again ... Escape ... I will never be what society expects me to be ... I've seen too much ... I cannot turn back ... I have been kidnapped, tortured, humiliated and abused.)

Dieser letzte Satz fasst die Trauma-basierte Gedankenkontrolle zusammen - die Grundlage der Monarch-Programmierung. Sklaven werden entführt, um dann gefoltert, gedemütigt und missbraucht zu werden, um die Dissoziation zu erzwingen.

In der nächsten Szene ist Madame X eine Tanzlehrerin, die Reitkleidung und eine Pferdepeitsche trägt.

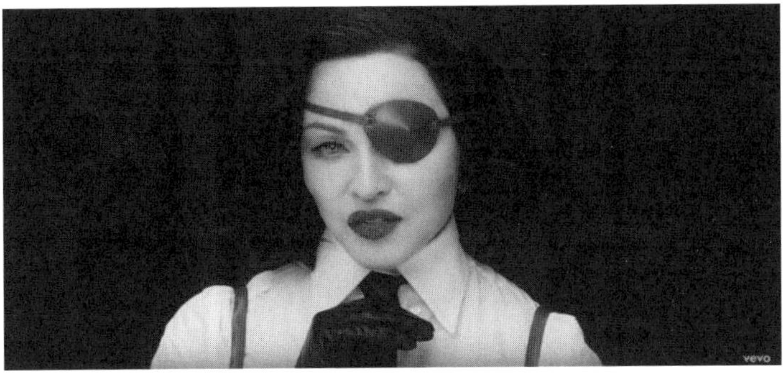

Abb. 86: Madame X ist in den Farben der okkulten Elite gekleidet:
Rot (Augenklappe, Hosenträger), Weiß (Hemd) und Schwarz (Handschuhe, Krawatte)

Der Text des ersten Verses beschreibt einen MKULTRA-Sklaven, der unter Drogen gesetzt und dissoziiert wird ... während Maluma exemplarische spanische Wörter sagt.

„Ich nahm eine Pille und hatte einen Traum (Ich auch)
Ich ging zurück in mein 17. Lebensjahr
Erlaubte mir, naiv zu sein (Sag mir)
Um jemand zu sein, der ich noch nie war (Ich liebe es)
Ich nahm einen Schluck und hatte einen Traum
Und ich erwachte oben in Medellín (Magst du es?)
Die Sonne streichelte meine Haut (Sag mir)
Ein anderes Ich konnte jetzt beginnen (Umwerben)

(I took a pill and had a dream (Yo también)
I went back to my 17th year
Allowed myself to be naive (Dime)
To be someone I've never been (Me encanta)
I took a sip and had a dream
And I woke up in Medellín (¿Te gusta?)
The sun was caressing my skin (Dime)
Another me could now begin (Woo))

Also nahm Madonna eine Pille und wurde „jemand, der sie noch nie war." Sie „nahm einen Schluck" und „ein anderes Ich konnte nun beginnen." Dies sind Hinweise auf ein Alter Ego, das nach dem Drogenkonsum ausgelöst wird (Drogen werden in der MKULTRA-Programmierung verwendet, um die Dissoziation zu erleichtern).

Dann sagt Madonna im Video zu Maluma, er solle zu ihr kommen, und es wird sexuell ... und unangenehm.

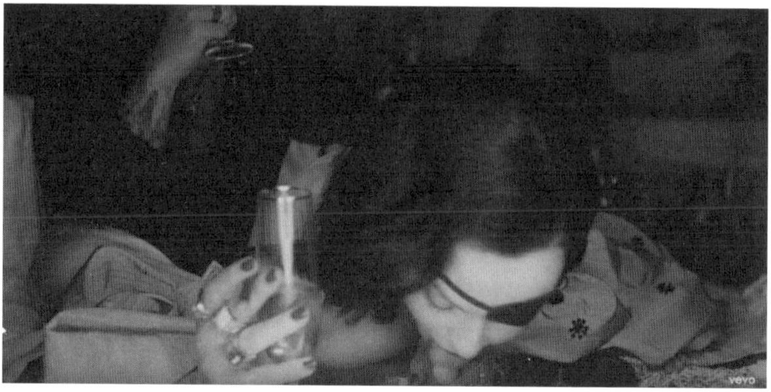

Abb. 87: Eine 60-jährige Frau saugt am großen Zeh eines 25-jährigen Mannes. Warum?

Nach einigen Küssen, Klapsen und anderen Dingen, die den Gesichtsausdruck allmählich von „genervt" in „entsetzt" verwandeln, wird es rituell: Madame X und Maluma heiraten.

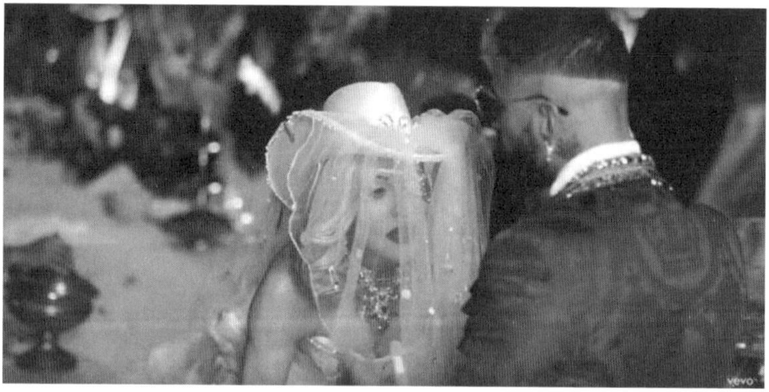

Abb. 88: Obwohl Madonna mit ziemlicher Sicherheit keine Jungfrau ist, trägt sie ein weißes Kleid und einen Schleier – Symbole der Reinheit. Maluma ist rot gekleidet – die Farbe des Opfers und der Einweihung

Dies ist keine Hochzeit zwischen zwei Liebenden: Es ist eine Einweihung. Maluma, ein aufstrebender Star im Musikgeschäft, heiratet Madame X – eine Vertreterin des MKULTRA-Systems der okkulten Elite.

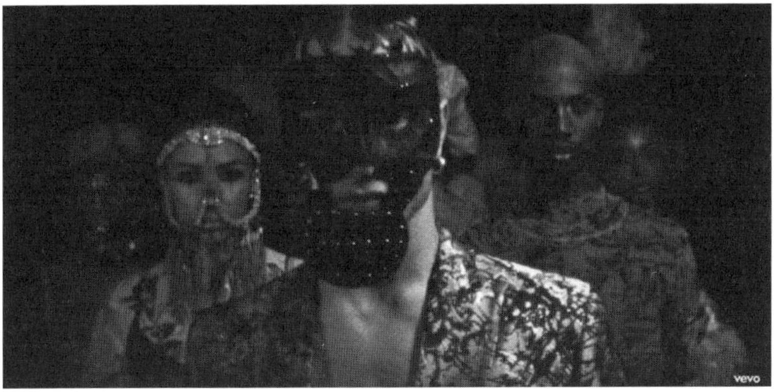

Abb. 89: Die Tatsache, dass die Hochzeit von Sonderlingen (und nicht von Freunden und Familie) besucht wird, ist ein weiterer Hinweis, dass dies tatsächlich ein Ritual der Musikindustrie ist

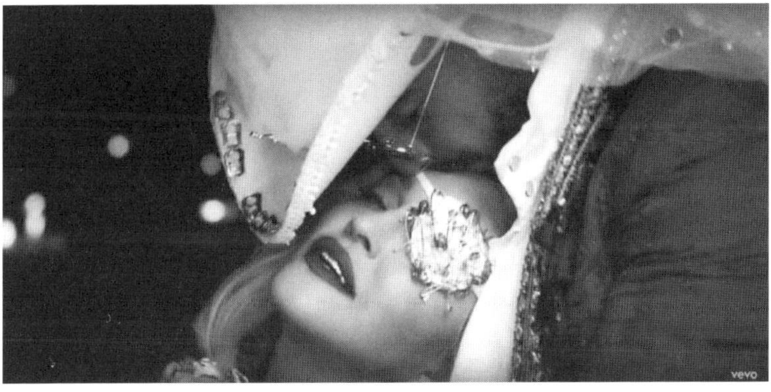

Abb. 90: Das Video endet damit, dass Maluma den Schleier von Madame X trägt und sie auf die Stirn küsst. Initiierung abgeschlossen.

Wenn Sie die bisherigen Kapitel gelesen haben, haben Sie wahrscheinlich festgestellt, dass alles, was mit „Madame X" zu tun hat, perfekt mit der umfassenderen Agenda übereinstimmt, die der gesamten Unterhaltungsbranche auferlegt wird. In der Tat bietet „Madame X" die gesamte MKULTRA-

Symbolik, die okkulten Farbcodes und die rituellen Elemente, die wir in den weiteren Kapiteln von Britney Spears, Lady Gaga, Rihanna, Beyoncé und vielen anderen sehen werden.

Während Kritiker gerne sagen, dass jüngere Künstler von Madonna „beeinflusst" werden, geht hier etwas Tiefgreifenderes vor: Alle diese Künstler sind gezwungen, eine bestimmte Reihe von Symbolen und Narrativen in ihrem Schaffen zu zeigen. Sogar Madonna. Warum? Weil es eine offensichtliche Anstrengung gibt, die globale Popkultur zu „hegemonisieren", um sie vollständig mit der Agenda der okkulten Elite in Einklang zu bringen.

Und im Alter von über 60 Jahren muss Madonna immer noch dieses MKULTRA-Ein-Auge-Zeug machen. Warum? Nun, lassen wir einen von Madonnas eigenen Instagram-Posts diese Frage beantworten.

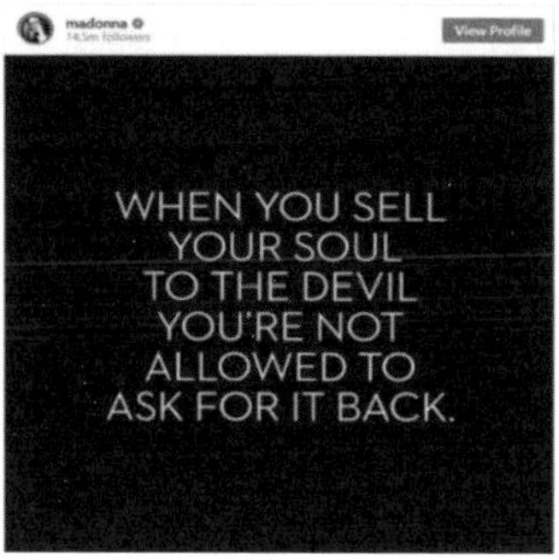

Abb. 91:„Wenn Du Deine Seele an den Teufel verkaufst, ist es nicht gestattet sie zurück zu fordern."

Eurovision Song Contest: Madonna als Antichrist und Anspielungen auf den Bau des Dritten Tempels?

Der „Eurovision Song Contest" ist ein jährlicher internationaler Liedwettbewerb mit Teilnehmern aus hauptsächlich europäischen Ländern. Die Show wird seit 1956 jedes Jahr ausgestrahlt und ist eines der meistgesehenen nicht-sportlichen Ereignisse der Welt, mit einem durchschnittlichen Publikum von 300 Millionen Zuschauern.

Unnötig zu erwähnen, dass der „Eurovision Song Contest" über die Jahrzehnte hinweg unglaublich einflussreich war und dazu beigetragen hat, die Karrieren unzähliger Künstler in Gang zu bringen. Gibt es dennoch eine Chance, dass die Elite die Reichweite der Show nutzen könnte, um ihre Botschaften und Symbolik zu verbreiten? Darauf können Sie wetten. Und die Ausgabe des Jahres 2019 war besonders offensichtlich. Die Show fand in Israel statt und gipfelte sogar in einer aufwändigen, aber schrecklichen Darbietung der Hohepriesterin der Musikindustrie selbst: Madonna.

Denn ihr Auftritt beim „Eurovision Song Contest" 2019 war ein riesiges okkultes Ritual – sehr wahrscheinlich als Ankündigung für den Bau des Dritten Tempels.

In Bezug auf die Veranstaltung kann man sagen, dass alles absolut abstoßend ist. Überspitzt könnte man sagen, dass fast jeder, der dort auftritt, entweder transsexuell oder mindestens homosexuell zu sein scheint. Anscheinend gibt es in dieser Parallelwelt gar keine normalen Menschen mehr, also so etwas wie verheiratete heterosexuelle Europäer.

Vor sechs Jahren war Conchita Wurst noch kontrovers, aber jetzt scheint es beim „Eurovision Song Contest" eigentlich nur noch Conchita Wursts zu geben (einschließlich des Originals, das ebenfalls wieder auftrat).

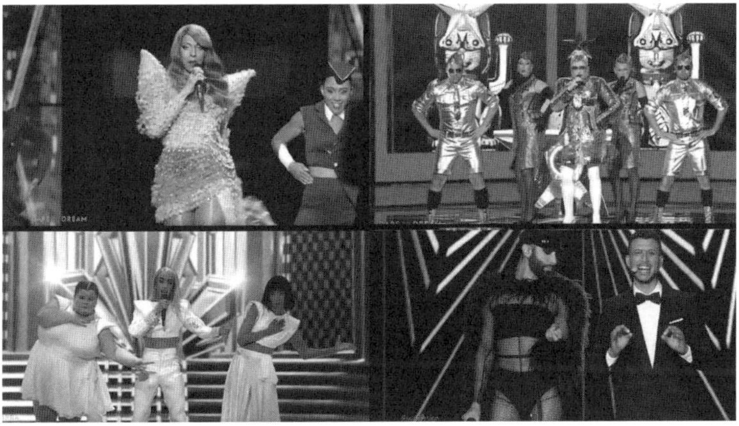

Abb. 92: Links oben: Die israelische Transgender-Sängerin Dana International trat zu Beginn des Finales auf. Rechts oben: Die ukrainische Drag Queen Verka Serduchka trat ebenfalls auf. Links unten: Der französische Vertreter Bilal Hassani war im Grunde genommen als Frau verkleidet. Rechts unten: Die österreichische Drag Queen Conchita Wurst, Gewinner des Eurovision Song Contest 2014, trat während des Finales auf

Die Veranstaltung fand dieses Mal in Israel statt, d.h. im Zentrum der Kabbalisten, und alles drehte sich offenbar um die Pläne der Kabbalisten: den Untergang der alten, katholischen Ordnung und den Bau des Dritten Tempels in Jerusalem.

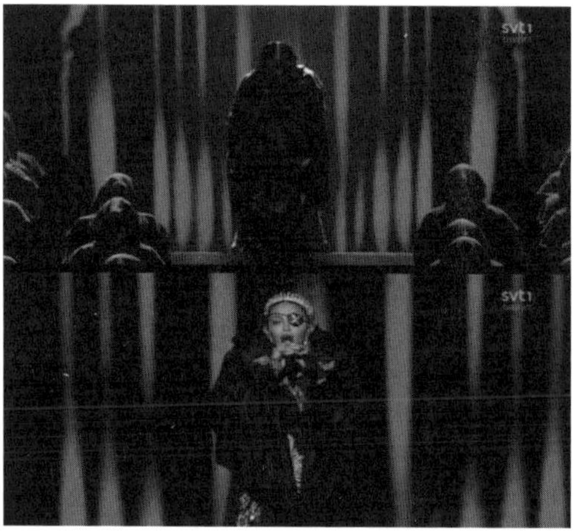

Abb. 93 oben: Nach dem Singen ihres Namens erscheint die Großpriesterin oben auf der Treppe, gekleidet, als ob sie an einem dunklen okkulten Ritual teilnehmen würde.
Abb. 94 unten: Dann offenbart sich Madonna. Sie trägt eine Krone (Großpriesterin) und eine Augenklappe mit dem Buchstaben X darauf

Normalerweise wird dieser „Eurovision Song Contest" in Amerika ja nicht so viel beachtet, aber gerade jetzt trat Madonna auf, die in den USA ein absoluter Megastar ist, warum wohl? Weil sie eigenen Angaben zufolge die Kabbala praktiziert.

Mit all den Mönchs-Darstellern in ihren Kutten wirkt die ganze Szenerie wie Blasphemie, indem der Untergang der alten Ordnung zelebriert wird, denn Madonna verkörpert sehr offensichtlich den Antichristen, da sie alle entsprechenden Symbole aufweist: die Krone des Antichristen und das „X", das sie gleich zweimal trägt, nämlich auf ihrem Umhang und auf ihrer Augenklappe, um gleichzeitig die typische Ein-Augen-Symbolik darzustellen.

Gleichzeitig ist auf ihrem Umhang eine Schlange zu sehen sowie ein weiteres Symbol, bei dem es sich um das Ouroboros-Zeichen handeln könnte.

Das ganze Bühnenbild des „Eurovision Song Contest" stellt offenbar eine Pyramide dar, und dann werden bei Madonnas Auftritt die zwei Säulen Jachin und Boas dieses Dritten Tempels bzw. des Tempels Salomos präsentiert, um die sich in der Freimaurerei ja auch alles dreht. Allerdings hat dieser Tempel einen Bogen an der Spitze, der sehr an den Baal-Torbogen erinnert (oder an einen Regenbogen).

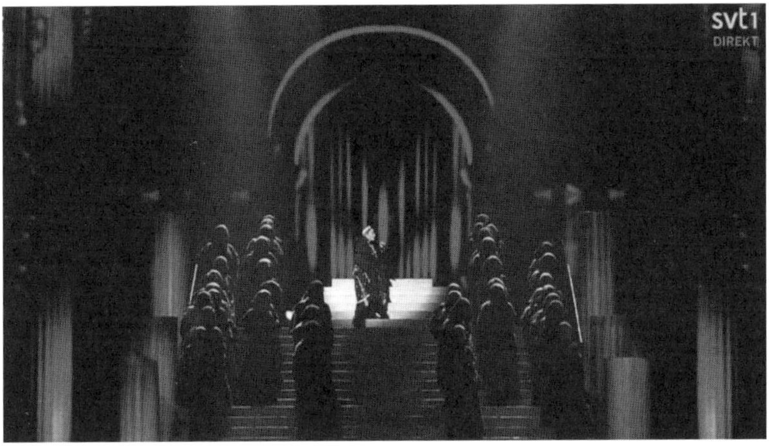

Abb. 95: Dann geht Madonna langsam die Treppe hinunter. Beachten Sie das umgekehrte Kreuz auf ihrer Robe (Symbol des Satanismus)

Die Einstellung ist äußerst symbolisch. Die Kombination der Treppen zwischen den Säulen ist vollkommen freimaurerisch.

Zu Beginn der Darbietung stand Madonna oben auf der Treppe und stellte die höchste Stufe der „Erleuchtung“ dar. Indem Madonna die Treppe hinuntergeht, senkt sie sich symbolisch auf das Niveau der Massen. Dabei zeigt sie ein umgekehrtes Kreuz, weil die Massen daran glauben sollen.

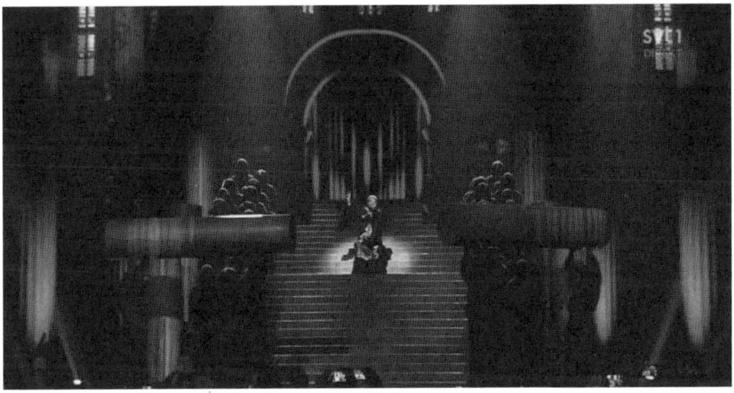

Abb. 96: Hier bringen Gestalten mit Kapuzen Säulen mit, um sie an jeder Seite Madonnas zu platzieren. Warum bauen sie Sachen auf, während Madonna singt?

Die folgende Szene ist ein klarer Hinweis auf den Wiederaufbau des salomonischen Tempels, der ein wesentlicher Bestandteil der freimaurerischen Lehren ist. Der Wiederaufbau soll eine neue Ära einleiten – eine Neue Weltordnung.

Der Standort des Tempels Salomos liegt in Israel und es gab ständig Gerüchte, dass die Elite versucht, die Kontrolle über den Tempelberg zu übernehmen, um den Tempel Salomos wieder aufzubauen. Kurz gesagt, Madonna bezieht sich im Wesentlichen auf den Beginn einer neuen Ära, die von der Elite regiert wird.

Dann wird es noch seltsamer. Madonna hält eine bizarre Rede, die eine Gruppe von Menschen zu bedrohen scheint:

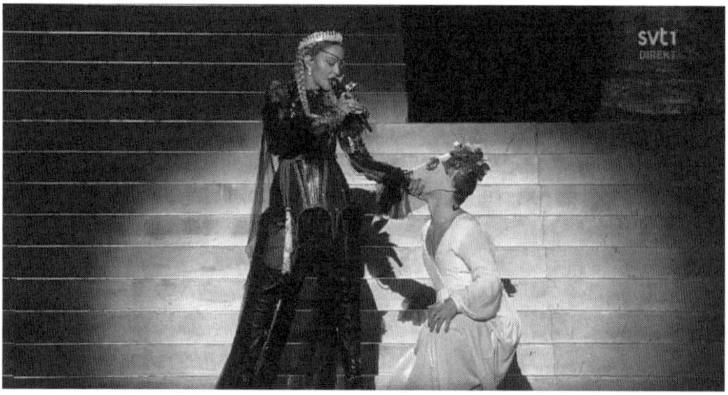

(Abb. 97: Leute, die Gasmasken und Roben tragen, gehen zu Madonna. Sie erzählt ihnen etwas und tötet sie dann, indem sie ihnen den Hals bricht. Stellen diese Leute die Massen dar, die von der Elite runtergemacht und getötet werden?)

„Sie sind so naiv. Sie denken, wir sind uns ihrer Verbrechen nicht bewusst. Wir wissen, dass wir noch nicht bereit sind zu handeln. Der Sturm liegt nicht in der Luft. Er ist in uns. Ich möchte dir von Liebe und Einsamkeit erzählen. Aber jetzt wird es spät. Kannst du nicht den Wind hören, der außerhalb deiner Kapuze anfängt zu heulen?"

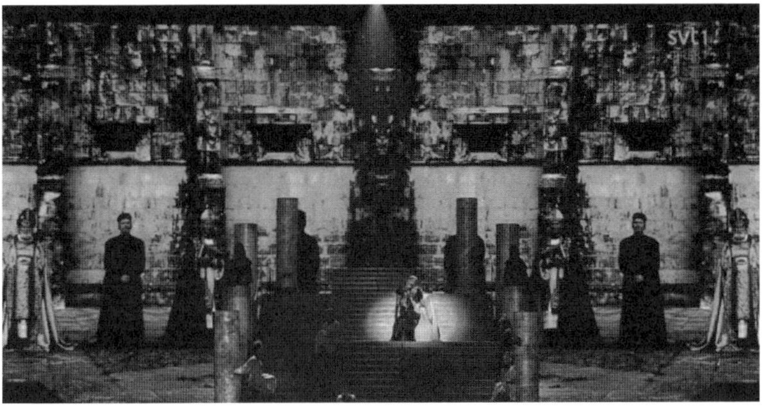

Abb. 98: Während Madonna diese Worte sagt, sehen wir verschiedene christliche Figuren. Ihr neues Zeitalter ist geprägt von der Zerstörung des Christentums

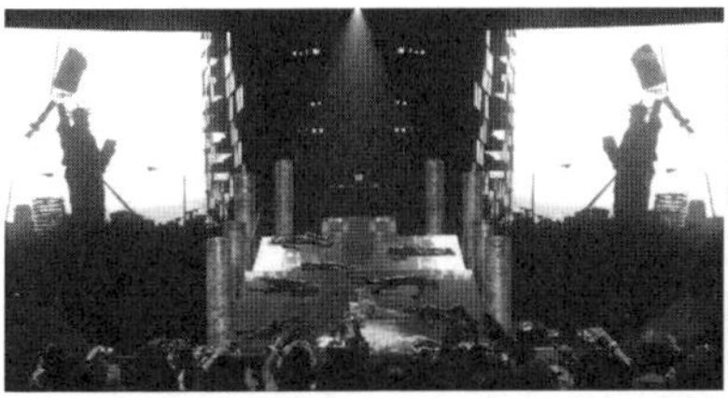

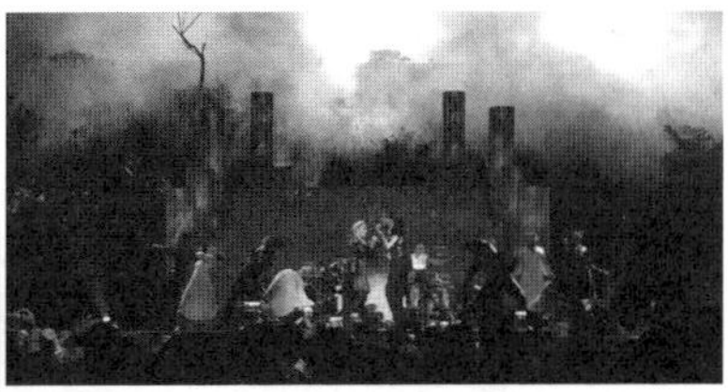

Abb. 99 links: Dann haucht Madonna einen Wind des Todes auf die maskierten Menschen (die die Massen repräsentieren) und jeder stirbt. Auch im Hintergrund ist die Freiheitsstatue kaputt
Abb. 100 rechts: Während Madonna mit dem US-amerikanischen Rapper Quavo ihr neues Lied „Future" aufführt , steht die Welt buchstäblich in Flammen

In den Texten dieses Liedes geht es um die Elite, die den Massen sagt, dass die Zukunft nicht für sie bestimmt ist.

„Nicht jeder kommt in die Zukunft
Nicht jeder lernt aus der Vergangenheit
Nicht jeder kann in die Zukunft kommen
Nicht jeder, der hier ist, wird überdauern"

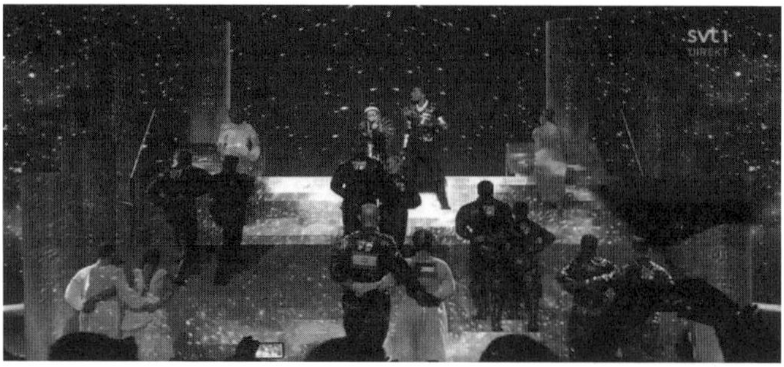

Abb. 101: Dann gehen Madonna, Quavo und andere Leute die Treppe hinauf. Sind sie auf dem Weg der Erleuchtung? Nicht wirklich

Trotz aller Symbolik, die wir gerade gesehen haben, konzentrierten sich 99% der Nachrichtenmedien auf die Tatsache, dass neben einer israelischen Flagge eine palästinensische Flagge stand und die Menschen beleidigt waren. Sie haben das Gesamtbild völlig übersehen: Jeder ist im Begriff, zu sterben.

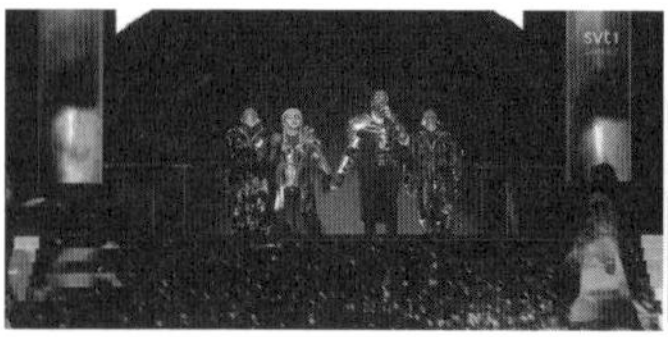

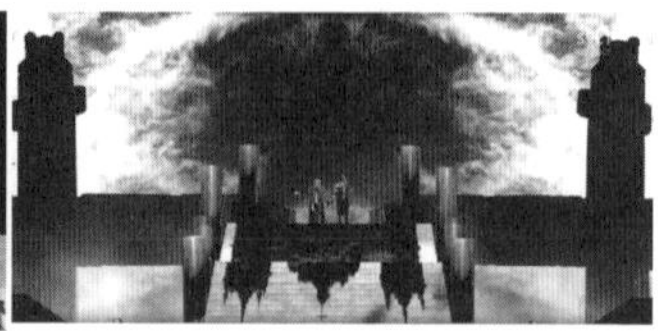

Abb. 102 links: Oben auf der Treppe drehen sich die Leute um und springen in den Tod, was wie ein Selbstmord aussieht. Eine weitere schöne Botschaft für die Millionen junger Leute, die zuschauen. Abb. 103 rechts: An einer Stelle sehen wir das Spiegelbild einer Kirche auf der Treppe. Eine weitere Möglichkeit, ein umgekehrtes Kreuz zu zeigen

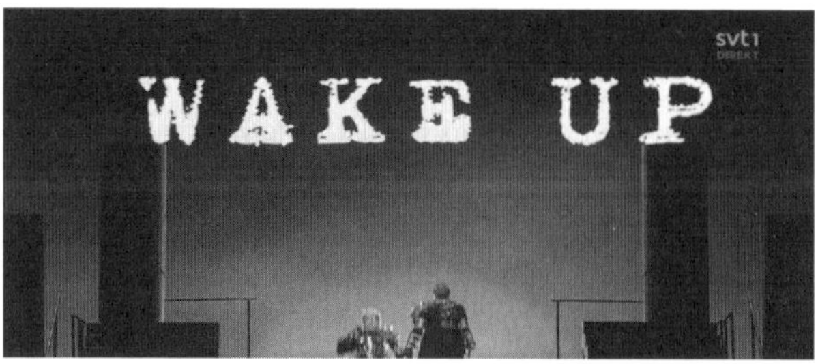

Abb. 104: Dann erscheinen die Worte WACHT AUF im Hintergrund, als Madonna und Quavo in den Tod springen

Daraufhin fängt die Menge an zu toben. Haben sie überhaupt etwas von dem verstanden, was gerade passiert ist? Wahrscheinlich nicht.

Der „Eurovision Song Contest 2019“ war ein Schaulaufen der Elite-Marionetten und der Elite-Agenda. Es ging um MKULTRA-Symbolik, okkulte Symbolik und die momentan unvermeidliche Agenda zur Verwischung der Geschlechter.

Passenderweise endete die Show mit einer äußerst symbolischen und rituellen Darbietung Madonnas, die die gesamte Philosophie der Elite zusammenfasste. Sie vermittelte auch ihren abgrundtiefen Hass und ihre Verachtung gegenüber den Massen und feierte sogar ihren Tod in der „Zukunft“.

Es ist alles da, es ist alles schonungslos und es ist offensichtlicher als je zuvor. Wenn Sie es nicht sehen, beachten Sie den Hinweis von Madonna und WACHEN SIE AUF!

Das alles ist so offensichtlich, dass man einfach die immer wiederkehrenden Muster erkennen muss, und da ist es auch zweitrangig, dass Madonna offenbar nicht mehr richtig singen kann.[52]

2.2 Britney Spears

„Weil du dich wie im Paradies fühlst, brauche ich heute Abend Urlaub“
(Britney Spears, Lied: „Hold it Against Me“)

Britney Jean Spears (2. Dezember 1981 in McComb, Mississippi) ist eine US-amerikanische Popsängerin, Songwriterin, Tänzerin und Schauspielerin. Insbesondere ihre ersten beiden Alben „...Baby One More Time“ (1999) und „Oops!... I Did It Again“ (2000) waren große internationale Erfolge. Nach der Veröffentlichung ihres achten Albums begann Spears 2013 ihre Dauershow „Britney: Piece of Me“ in Las Vegas bis 2015. 2016 erfolgte die Veröffentlichung des Albums „Glory“.

Spears erhielt im Laufe ihrer Karriere zahlreiche Preise, darunter einen „Grammy“, einen „Echo“, acht „Billboard Music Awards“, sechs „MTV Video Music Awards“, acht „MTV Europe Music Awards“, drei „World Music

Awards“ und einen Stern auf dem „Hollywood Walk of Fame“. Außerdem wurde sie im Alter von 29 Jahren bei den „MTV Video Music Awards“ 2011 mit dem Video „Vanguard Award“ und fünf Jahre später bei den „Billboard Music Awards“ 2016 mit dem „Billboard Millennium Award“ jeweils für ihr Lebenswerk geehrt.

Spears gilt als die erfolgreichste Musikerin der 2000er-Jahre und gehört mit mehr als 100 Millionen verkauften Tonträgern zu den erfolgreichsten Künstlern aller Zeiten. In den USA rangiert sie in der Rangliste der weiblichen Interpreten mit den meisten Albumverkäufen auf Platz acht. Auch in Deutschland ist sie eine der erfolgreichsten Sängerinnen. Ihre zertifizierten Verkäufe belaufen sich auf 5,05 Millionen Einheiten, damit liegt sie auf Platz 8 der weiblichen Musiker mit den meistverkauften Einheiten in Deutschland. Mit 34 Singles hielt sie sich insgesamt 435 Wochen, und mit 10 Alben 256 Wochen in den offiziellen deutschen Charts. 2012 betrug ihr Jahreseinkommen 58 Millionen US-Dollar, womit sie die bestbezahlte Frau im Musikgeschäft war.

Spears wurde von Billboard als der achtgrößte Künstler des Jahrzehnts der 2000er Jahre eingestuft. In den Vereinigten Staaten ist sie die viertbeste Album-Künstlerin der Nielsen Sound-Scan-Ära sowie die meistverkaufte Album-Künstlerin der 2000er Jahre. Im Jahr 2004 startete Spears eine Parfümmarke mit der *Elizabeth Arden, Inc.*; 2012 überstieg der Umsatz 1,5 Milliarden US- Dollar. Das „Time Magazine“ kürte sie 2021 zu einer der 100 einflussreichsten Menschen der Welt. „Forbes“ hat Spears als bestbezahlte Musikerin der Jahre 2002 und 2012 gemeldet. Bis 2012 führte sie in zwölf Jahren sieben Mal die Yahoo-Liste der meistgesuchten Prominenten an.

Im Jahr 2019 kam der Rechtsstreit von Spears um ihre Vormundschaft ans Licht, der zur Gründung der #FreeBritney-Bewegung führte.

Im Jahr 2021 enthüllte ihre öffentliche Aussage, dass sie ihr Managementteam und ihre Familie des Missbrauchs beschuldigte und den Wunsch äußerte, die Vereinbarung zu beenden.[(53)]

Britney Spears und Illuminati-Gedankenkontrolle

Britney Spears ist eine Pop-Ikone, die gleichzeitig den Glamour und die destruktive Seite des Ruhms verkörpert. Sie hat die Höhen eines Superstars und die Tiefs der Demütigung durch den Boulevard durchgemacht. Ihr unberechenbares Verhalten führte zu zahlreichen Fragen bezüglich ihrer geistigen Stabilität, aber die meisten sind sich der wichtigsten Tatsache nicht bewusst: Sie ist ein Produkt der MKULTRA-Mind-Control-Technik der Illuminati. Tatsächlich zeigt das Video zu „Hold it Against Me" (2011) symbolisch die Manipulation und Gedankenkontrolle, die sie durchläuft. Dieses Kapitel befasst sich mit wichtigen Ereignissen im Leben von Britney Spears und der verborgenen Bedeutung des Videos „Hold it Against Me".

Britney Spears ist der Prototyp des modernen Popstars: jung, hübsch, kontrovers und vollständig von der Unterhaltungsindustrie manipuliert. Sie wurde seit ihrer Kindheit von Führungskräften aus der Industrie buchstäblich aufgepäppelt, um ein Popstar zu werden. Spears trat bereits mit 10 Jahren am Broadway und mit 11 Jahren im „Mickey Mouse Club" auf und wurde mit 17 Jahren ein weltbekannter Popstar.

Sie ist ein wahres „Showbiz-Kind". Heute sind sich die meisten darüber einig, dass sie den Status eines Pop-Symbols erreicht hat. Das „Rolling Stone"-Magazin schrieb, dass Spears „eine der umstrittensten und erfolgreichsten Sängerinnen des 21. Jahrhunderts" ist und „den Aufstieg des Post-Millennial Teen Pop anführte".

Trotz ihrer sieben Hit-Alben und ihres Kultstatus werden sich die meisten an Britney Spears nicht wegen ihrer Musik erinnern, sondern wegen des Dramas, das ihr persönliches Leben begleitet. Sie war in der Tat in eine lange Liste von Kontroversen und Gerüchten über ihr Liebesleben, ihre Blässe, ihren Drogenkonsum, ihre geistige Stabilität und sogar ihre Erziehungsfähigkeiten verwickelt. Während einige glauben, dass Spears diese öffentliche Demütigung verdient, weil sie „talentfrei" oder „Abschaum" sei und einen dekadenten Lebensstil führe, sehen andere in Britney die klassischen Symptome einer jungen Darstellerin, die die verheerende Gedankenkontroll-Maschinerie der Unterhaltungsindustrie durchläuft. Britney weist in der Tat viele klassische Symptome eines Opfers der Monarch-Programmierung auf.

Des Weiteren beinhaltet das Video zu „Hold it Against Me" visuelle Hinweise, die auf Britneys geistiges Gefängnis hindeuten. Wir werden uns zuerst einige wichtige Ereignisse in Britneys Leben ansehen und wie sie mit traumabasierter Gedankenkontrolle zusammenhängen. Dann werden wir uns die okkulte Bedeutung des Videos zu „Hold it Against Me" genauer ansehen.

Obwohl es schwierig ist festzustellen, welche Prominente tatsächlich eine traumabasierte Gedankenkontroll-Programmierung durchlaufen haben, zeigt Britney Spears die offensichtlichsten Symptome. Sie wuchs im ländlichen Louisiana in einer Familie auf, die von Drogenmissbrauch und Gewalt geplagt war, was sie zu einer idealen Kandidatin für die Übergabe an die Industrie machte.

Im Alter von acht Jahren reisten Britney und ihre Mutter Lynne zu einem Vorsprechen nach Atlanta, um in den 1990er Jahren den „Mickey Mouse Club" wiederzubeleben. Der Besetzungschef Matt Cassella lehnte sie aufgrund ihres jungen Alters ab, verwies sie aber dennoch an die Talent-Agentin Nancy Carson. Britney wurde dann in das eingeführt, was Fritz Springmeier „Das Netzwerk" nennt. Anschließend zog sie mit ihrer Mutter nach New York und besuchte die „Professional Performing Arts School". Bald darauf bekam sie einen Job als Zweitbesetzung im Broadway-Musical „Ruthless!", zusammen mit einem anderen Kind aus der Unterhaltungsindustrie, der Hollywood-Schauspielerin Natalie Portman.

Im Alter von 13 Jahren wurde Britney schließlich im „Mickey Mouse Club" besetzt und trat in *Disneys* Illuminati-Gedankenkontroll-System ein.

Laut dem ehemaligen Illuminati-Ausbilder Svali werden viele Popsänger von den Illuminati verwendet, um ihre Botschaften zu verbreiten und die Idee der Gedankenkontrolle aufrechtzuerhalten. In einem Interview werden Britney Spears und der „Mickey Mouse Club" ausdrücklich erwähnt:

„Ich glaube, dass Brittany [sic!] Spears und andere von ihnen benutzt werden, um Texte zu singen, die sie mögen. (...) Tatsächlich haben viele der Top-Popsänger ein Praktikum beim „Mickey Mouse Club" (yep, im Imperium des guten alten Walt, des Illuminaten,) gemacht, und ich glaube, dass ihnen im Austausch für Treue oder Gedankenkontrolle Berühmtheit angeboten wird."(54)

1998 unterschrieb Spears bei *Jive Records* und veröffentlichte ihr erstes Soloalbum „... Baby One More Time". Wie bei fast allen *Disney*-Stars im Teenageralter konzentrierte sich Britneys Image auf eine Mischung aus kindlicher Unschuld und Sexualität – die Sexualisierung der Kindheit ist heute ein wiederkehrendes Thema in der Popkultur.

Es ist auch das Angebot der Illuminati-Kittens (derjenigen, die sich einer „Kätzchen"-Beta-Programmierung unterzogen haben), in den Medien als Teenager-Idole dargestellt zu werden. In ihrem ersten Video ist Britney als katholisches Schulmädchen verkleidet und singt Texte wie „Schlag mich noch einmal, Baby“. Einige ihrer frühen Fotoshootings nutzten das gleiche Thema und sorgten für Kontroversen.

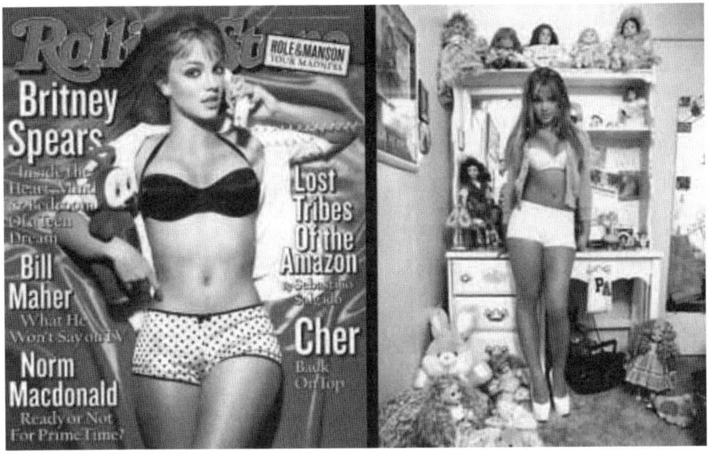

Abb. 105: Über das obige Bild behauptete Britney (die damals 16 Jahre alt war), der homosexuelle Star-Fotograf David LaChapelle habe sie zu einem sexy Shooting verleitet

„Der sexy Superstar Britney Spears mag die Fotos, die David LaChapelle für das „Rolling-Stone“-Magazin von ihr gemacht hat – aber sie beharrt darauf, dass der legendäre Fotograf sie reingelegt hat. Die jugendliche Schönheit war erst 16 Jahre alt, als LaChapelle sie in ihrem von Puppen umgebenen Schlafzimmer knipste und das fertige Produkt die Leser auf der ganzen Welt schockierte.

Aber Britney – die jetzt stolz auf die Bilder ist – beharrt darauf, dass sie keine Ahnung hatte, dass sie sich als so frech herausstellen würden.

Sie sagt: „Er ist reingekommen, hat die Fotos gemacht und mich total reingelegt. Sie waren wirklich cool, aber ich wusste nicht wirklich, was zum Teufel ich tat. Und um ganz ehrlich zu sein, als ich 16 war, habe ich es wirklich nicht getan. Ich war wieder in meinem Schlafzimmer und hatte meinen kleinen Pullover an und er sagte: ‚Mach deinen Pullover ein bisschen mehr auf.‘ Das Ganze drehte sich um Puppen, und in meinem naiven Verstand sagte ich: ‚Hier sind meine Puppen!‘

„Und jetzt schaue ich zurück und frage: ‚Oh mein Gott, was zur Hölle?‘ Aber er hat mich sehr gut so dargestellt.“(55)

Tätowierungen sind in der Monarch-Programmierung oft von immenser Bedeutung. Eines der ersten Tattoos von Britney Spears – ein Schmetterling (vielleicht ein Monarchfalter) über einer Rebe – symbolisiert den Sklaven, der aus dem Blutliniensystem der Elite hervorgeht. Tätowierungen sind die bevorzugte Methode der Illuminati, um Monarch-Sklaven zu identifizieren (siehe das erste Tattoo des ehemaligen *Disney*-Kinderstars Vanessa Hudgens).

„Es sollte angemerkt werden, dass die amerikanischen Geheimdienste auf einige ihrer Sklaven zu Identifikationszwecken blaue Monarchfalter, Bluebirds oder Rosen tätowiert haben", so ein Zitat aus „The Illuminati Formula to Create an Undetectable Total Mind Control Slave" von Fritz Springmeier.(56)

Nach ein paar Alben, auf denen sie von „Ich bin nicht so unschuldig" zu „Ich bin ein Sklave für dich" sang, wurde Spears eine erwachsene Frau und eine Branchenveteranin. Ihre „Einweihung" in die Illuminati-Industrie wurde, wie bereits erwähnt, von Madonna in einer symbolischen Aufführung während der „Video Music Awards" 2003 zusammen mit dem Kätzchen Christina Aguilera gefeiert.

Es wurde beobachtet, dass jahrelange Monarch-Programme häufig dazu führen, dass das Thema um das 30. Lebensjahr zusammenbricht. Der unerträgliche Missbrauch, den diese Sklaven durchleben müssen, kann nicht über Jahrzehnte aufrechterhalten werden, insbesondere wenn man einer ständigen öffentlichen Kontrolle unterliegt. Prominente, die so ein Leben durchmachen, erliegen fast unweigerlich Drogenmissbrauch und selbstzerstörerischem Verhalten. Wenn ihre Programmierung fehlschlägt, sterben sie oft unter mysteriösen Umständen. Schauen Sie sich das Leben von Monarch-Sklaven wie Marilyn Monroe, Judy Garland und Anna Nicole Smith an, und sehen Sie, ob Sie Ähnlichkeiten feststellen! Hoffentlich passiert das Spears nicht.

In den letzten Jahren führten zahlreiche Ereignisse rund um Britney Spears dazu, dass ihre geistige Stabilität in Frage gestellt wurde. Viele seltsame Episoden, die von verschiedenen Quellen dokumentiert wurden, zeigen, dass Spears oft Symptome eines Monarch-Sklaven aufweist. Eines davon ist die Existenz mehrerer alternativer Persönlichkeiten.

Monarchen-Sklaven sind darauf trainiert, sich zu distanzieren und andere Persönlichkeiten anzunehmen, von denen jede ihre eigenen Eigenschaften und sogar unterschiedliche Akzente hat. Menschen in Spears' Umfeld haben genau diese Symptome beschrieben:

„Informanten zeichnen jetzt ein sehr beunruhigendes Bild von Britney Spears oder wer auch immer sie gerade ist. Uns wurde die Angelegenheit mit dem britischen Akzent erzählt – allerdings ist es mehr als ein Akzent. Britney hat mehrere Persönlichkeiten, darunter, wie ihr nahestehende Menschen es nennen ‚das britische Mädchen'. Uns wurde gesagt, dass Spears, nachdem sie die britische Persönlichkeit verliess, absolut keine Ahnung hatte, was sie während der Zeit getan hatte, in der sie diese Persönlichkeit angenommen hatte.

Informanten sagen, dass Brit eine Reihe anderer Identitäten hat, in denen sie ‚das weinerliche Mädchen', ‚die Diva', ‚das inkohärente Mädchen' wird und so weiter und so fort.

Informanten sagen, Britney sei an dem Tag, an dem sie nicht für ihre eidesstattliche Aussage erschienen ist, das ‚britische Mädchen' geworden und hätte keine Erinnerung daran", berichtet das Online-Klatsch-Magazin TMZ.[57]

Die britische Zeitung „Daily Mail" berichtet folgendermaßen:

„Das bizarre Verhalten von Britney Spears in der Vergangenheit kann auf eine multiple Persönlichkeitsstörung zurückzuführen sein. Die Lieblingsidentität der besorgten Sängerin scheint darin zu bestehen, mit britischem Akzent zu sprechen, inspiriert von ihrem damaligen Freund, dem in Birmingham geborenen Paparazzo-Freund Adnan Ghalib. Quellen behaupten, die 26-jährige Sängerin leide an einer dissoziativen Identitätsstörung, die die Betroffenen dazu veranlasst, verschiedene Persönlichkeiten anzunehmen, um sie von der Realität zu trennen."[58]

Während ihrer turbulenten Zeit mit Kevin Federline tauchten viele Berichte über ihre Selbstmordtendenzen und ihre angebliche Bi-Orientierung auf – weitere Merkmale eines Monarch-Kätzchens.

Der wahrscheinlich berüchtigtste Moment in Britneys öffentlichem Leben ist der Vorfall, als sie sich den Kopf rasierte. Es ereignete sich am Tag nach ihrer Aufnahme in die Reha – „Reha" ist oft ein Codewort für „Programmierung". Ein genauerer Blick auf die Details dieses bizarren Geschehens offenbart alle Anzeichen eines Sklaven der Gedankenkontrolle, der versucht, sich der Kontrolle seines Programmierers zu entziehen.

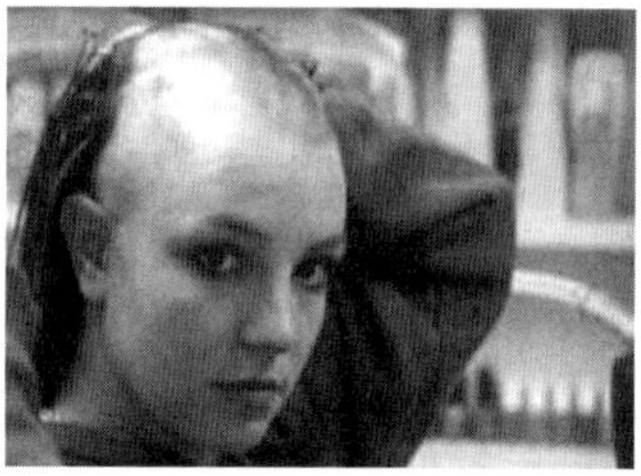

Abb. 106: Bildbeispiel: Ein MKULTRA-Opfer

So sagte Spears, dass sie es satt habe, Dinge daran (an ihren Kopf) anzuschließen, und nicht wolle, dass jemand sie berühre. Bezieht sie sich auf den Missbrauch durch ihre Programmierer der Gedankenkontrolle? Spears' radikaler Akt, sich den Kopf zu rasieren, könnte ein verzweifelter Versuch sein, „ihr altes Selbst loszuwerden" und neu anzufangen. Worauf bezog sich Spears, als sie „Dinge, die in ihrem Kopf stecken" erwähnte? Einer der wenigen Fälle, in denen etwas auf den Kopf einer Person aufgelegt wird, ist die Elektroschocktherapie – eine der Grundtechniken der Monarch-Programmierung. Fritz Springmeier schreibt dazu:

„Elektroschocks werden verwendet, um die Dissoziation vom Trauma während der Programmierung zu erzeugen und später, um Erinnerungen zu entfernen, nachdem der Sklave eine Mission ausgeführt hat, oder um einem widerstrebenden Sklaven Angst und Gehorsam einzuflößen. Sklaven tragen im Allgemeinen schreckliche Körpererinnerungen an einen qualvollen Elektroschock auf ihrem gesamten Körper. Wenn die Sklaven einen therapeutischen Deprogrammierungsprozess beginnen, werden diese schrecklichen Erinnerungen wiederkehren, ganz zu schweigen von vielen anderen schmerzhaften Erinnerungen."[(59)]

Trotz Britneys mehrfacher Versuche, sich zu befreien, ist sie immer noch unter der Kontrolle der Illuminati. Ein Beweis für die Treue eines Prominenten findet sich oft im Werk des Sklaven. Prominente werden in der Tat verwendet, um die Symbolik der Gedankenkontrolle zu verbreiten und den Modus Operandi der Illuminati zu verbergen.

„Hold it Against Me" ist ein weiteres eklatantes Beispiel für diese Agenda, da das Video symbolisch Britneys Gedankenkontrolle durch die Branche darstellt. „Hold it Against Me" wurde von Jonas Åkerlund inszeniert, dem Regisseur, der immer wieder Gedankenkontrolle bzw. okkulte Bilder einsetzt, wie im späteren Kapitel über Lady Gagas Song „Telephon" nachzulesen ist.

Das Video „Hold it Against Me" hat absolut nichts mit den Texten des Songs zu tun. Während es in dem Song anscheinend darum geht, es mit einem Fremden aus einem Club zu machen (die Förderung der Promiskuität bei Teenagern ist immer Teil der Agenda), gibt es im Video keinen Mann, keinen Club und kein „es machen". Wir sehen nur Spears, gefangen in einem riesigen zylindrischen Alptraum der Moderne, die an intravenösen Leitungen angeschlossen ist und ein Hochzeitskleid trägt. Das Video gibt dem Song eine andere Bedeutung: Es geht um Britneys Gedankenkontrolle und ihre Alter Egos. Es ist die klassische Geschichte der Illuminati-Industrie über das „gute Mädchen, das verdorben wurde", und alle in vorherigen und folgenden Kapiteln beschriebenen rituellen Symbole und Farbcodes, die offensichtlich sind.

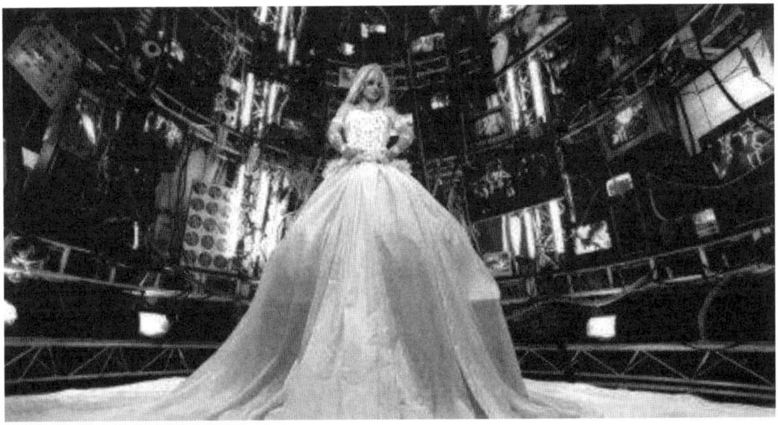

Abb. 107: Spears im jungfräulichen, weißen Hochzeitskleid

Zu Beginn des Videos wird Spears in einem riesigen Zylinder gezeigt, der aus Fernsehmonitoren und Videokameras besteht. Dieser Raum symbolisiert Britneys „Mediengefängnis". Wie Sklaven der Gedankenkontrolle wird sie ständig von ihren Hintermännern mithilfe von Kameras überwacht. Sie wird auch „programmiert", da auf Monitoren ständig Aufnahmen von Spears' früheren Videos gezeigt werden. Sie ist von der Außenwelt isoliert und kann nur Bilder sehen, die ihr zugeführt werden und die sie selbst in der Art darstellen, wie sie von den Programmierern veröffentlicht werden soll.

Spears trägt ein weißes Hochzeitskleid, das auf den rituellen Aspekt des Videos hinweist. Das weiße Kleid symbolisiert Spears' Reinheit und Unschuld zu Beginn des Prozesses. Dies wird sich natürlich ändern. Um Spears' Gedankenkontrolle weiter zu betonen, wird sie an intravenöse (IV) Leitungen angeschlossen gezeigt.

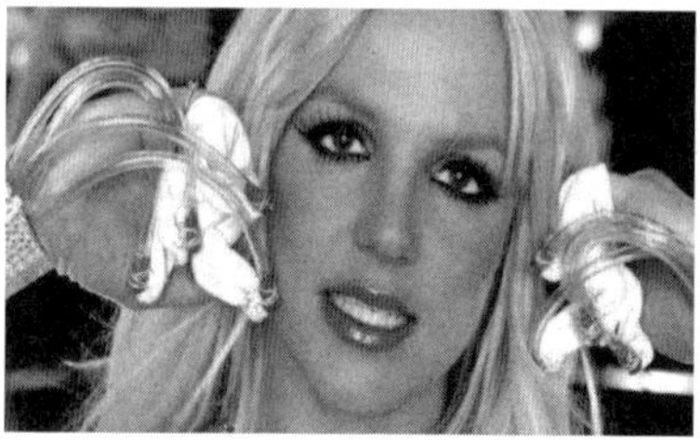

Abb. 108: Der leere Blick eines MKULTRA-Opfers während der Behandlung

Unter einer IV-Therapie versteht man die Abgabe von Substanzen direkt in eine Vene. Sie wird in Krankenhäusern verwendet, um Medikamente, Bluttransfusionen oder tödliche Injektionen abzugeben. Sie wird auch in der Monarch-Programmierung verwendet, so die zugelassene klinische Psychologin Ellen P. Lacter, registrierte Spieltherapeutin, Ehe- und Familientherapeutin sowie ehemalige Präsidentin der „California Association for Play Therapy". Dr. Lacter verfügt über 30 Jahre klinische Erfahrung und ist auf die Behandlung von missbrauchten Kindern, Jugendlichen und Erwachsenen, die als Kinder missbraucht wurden, spezialisiert:

„Das Folgende ist eine unvollständige Liste dieser Formen von (traumabasierter Gedankenkontrolle): (…)

16. Medikamente, die Illusionen, Verwirrung und Amnesie hervorrufen, oft durch Injektion oder intravenös verabreicht.

17. Verschlucken oder intravenöse toxische Chemikalien, um Schmerzen oder Krankheiten zu verursachen, einschließlich Chemotherapeutika."

„Wenn ein Alter Ego beim Zugriff nicht kooperativ ist, können sie mental fixiert und rasch mit einem schnell wirkenden Hypnose induzierenden Medikament behandelt werden. Ein Medikament, das für die Programmierung beliebt war, ist Demerol. Es wurde intravenös (also i.v.) verabreicht. Es dauert ungefähr 5-7 Minuten, bis die volle Wirkung nach der Injektion erreicht ist. Die Dosierung kann so bemessen werden, dass die Wirkung bis zum Ende der Programmiersitzung erhalten bleibt."[(60)]

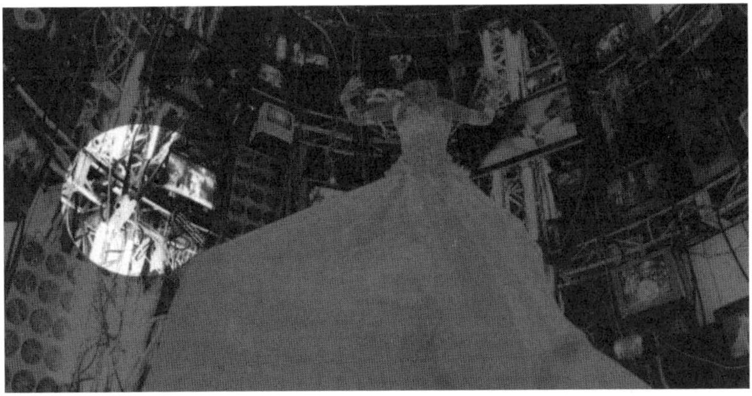

Abb. 109: Während des Refrains des Liedes levitiert Spears auf magische Weise, links im Bild ist ein Tierkopf mit zwei Hörnern

Im Video ist der Chor der Moment, in dem Spears sich distanziert und daher symbolisch schwebt. In der tatsächlichen Gedankenkontrolle bekommt der dissoziative Sklave ein Gefühl der Benommenheit, als ob er schwebt. Die Texte des Chors betonen das Konzept, der Realität zu entkommen, mit anderen Worten, sich abzuspalten:

Wenn ich sagen würde, dass mein Herz laut schlägt
Wenn wir der Menge irgendwie entkommen könnten
Wenn ich sagen würde, ich will deinen Körper jetzt
Würdest du es mir übelnehmen?
Weil du dich wie im Paradies fühlst
Brauche ich heute Abend Urlaub
Wenn ich also sagen würde, ich will deinen Körper jetzt
Würdest du es mir übelnehmen?

(If I said my heart was beating loud
If we could escape the crowd somehow
If I said I want your body now
Would you hold it against me
Cause you feel like paradise
I need a vacation tonight
So if I said I want your body now
Would you hold it against me)

Aufgrund des Schmerzes und der Qual, die das Opfer der Gedankenkontrolle erlebt, fühlt sich die Abspaltung tatsächlich wie ein Paradies an, da der Sklave aufhört, körperlichen Schmerz zu fühlen. Sie werden von ihren Hintermännern ermutigt, an ihren „glücklichen Ort" zu fliehen. Mit anderen Worten, sie brauchen „Urlaub".

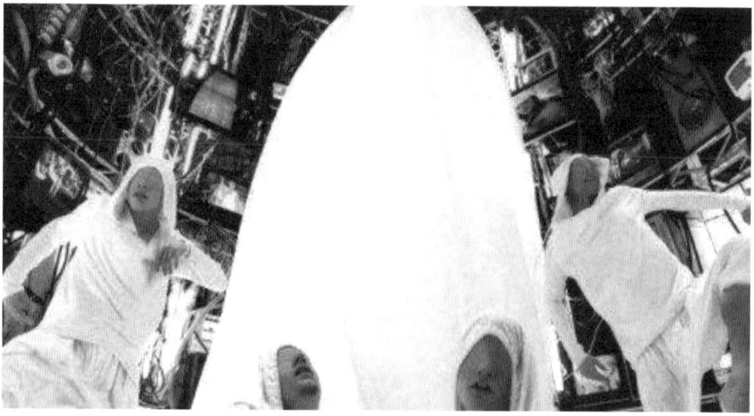

Abb. 110: Während Britney schwebt, tauchen unter ihrem Kleid seltsame augenlose Tänzer auf

Das Fehlen der Augen dieser Tänzer verleiht ihnen eine nichtmenschliche Qualität. Stellen sie die Geister / Dämonen dar, die Sklaven zur Gedankenkontrolle während der okkulten Rituale zugewiesen wurden, die von ihren Programmierern durchgeführt wurden?

Nach der Dissoziationsszene wird der nächste Schritt der Monarch-Programmierung symbolisch dargestellt: die Schaffung des Alter Egos. Dies geschieht in einem großen, chaotischen Ritual, bei dem die jungfräuliche in weiß gekleidete Spears beschmutzt und verzehrt wird. Währenddessen zeigt eine andere Szene zwei kämpfende Britneys – eine visuelle Darstellung dessen, was in der Psyche des Sklaven passiert: der Kampf zwischen zwei Persönlichkeiten.

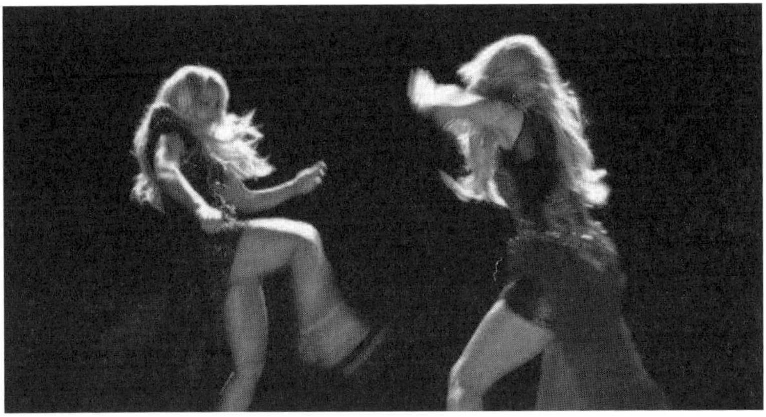

Abb. 111: Britney vs. Britney, ein Kampf der Persönlichkeiten?

Am Ende der Schlacht taucht eine neue Britney aus dem Prozess auf. Aus der reinen und unschuldigen Britney in einem weißen Hochzeitskleid entsteht eine verdorbene Kitten-Version von Spears, die in schwarzem Leder im BDSM-Stil gekleidet und von Männern mit Masken umgeben ist.

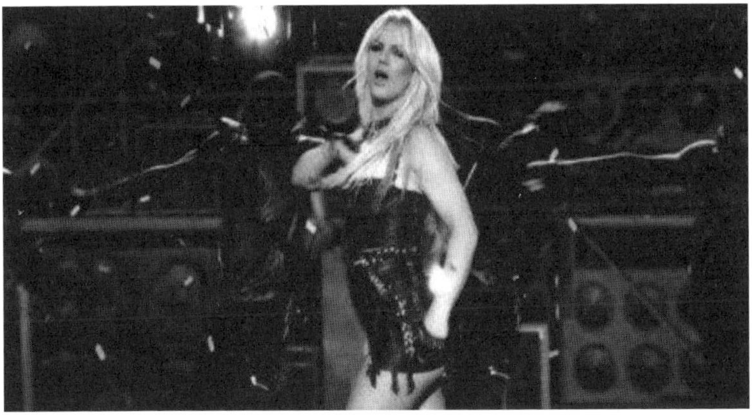

Abb. 112: Britney in Lack- und Leder-Dessous

Spears' Transformation ist in einem weiteren Video abgeschlossen, in dem das Thema „gutes Mädchen durch Gedankenkontrolle verdorben" ausgenutzt wird – ein Thema, das anscheinend alle weiblichen Popstars durchlaufen müssen. Die rituelle Metamorphose von rein zu promiskuitiv, wie sie von anderen Stars wie Rihanna („Umbrella"), Lady Gaga („Bad Romance"), Christina Aguilera („Not Myself Tonight"), Mariah Carey („It's Like That") und vielen anderen dargestellt wird, hat erneut stattgefunden. Junge Zuschauer erleben ein weiteres Ritual, das unterschwellig in Symbolen und Farbcodes verborgen ist.

Spears ist ohne Zweifel eine moderne Pop-Ikone, die sowohl die inspirierende als auch die abstoßende Seite des Ruhms verkörpert. Sie hat ihren Lebenstraum verwirklicht, eine erfolgreiche Sängerin zu werden, doch für diesen Erfolg musste sie Teil eines dunklen, manipulativen und missbräuchlichen Systems werden. Von den vielen Popstars, die für die Illuminati-Agenda zur Gedankenkontrolle werben, ist Spears einer der offensichtlichsten Fälle eines tatsächlichen Monarch-Sklaven. Wir haben uns einige Ereignisse angesehen, bei denen Spears typische Symptome eines Sklaven der Gedankenkontrolle aufwies, aber viele andere Fälle hätten hinzugefügt werden können. Während es leicht ist, sich über das Verhalten und die Arbeit von Popstars lustig zu machen, haben die meisten Menschen absolut keine Ahnung von den Schmerzen und dem Trauma, das diese Menschen erleiden müssen, um im Rampenlicht zu stehen. Der Grund, warum einige Stars beliebt bleiben und ihre Musik gespielt wird, ist, dass sie Teil des Systems sind. Spears ist ein Teil davon, und zu diesem Zeitpunkt ist nicht davon auszugehen, dass sie eine Wahl hat. Wie andere Marionetten der Unterhaltungsindustrie ist sie sogar gezwungen, ihre eigene Gedankenkontrolle in ihren Arbeiten darzustellen.

Das von Jonas Åkerlund gedrehte Video „Hold it Against Me" zeigt symbolisch den Prozess der Gedankenkontrolle und der okkulten Transformation auf halb unterschwellige Weise. Die ständige Verwendung dieses Konzepts in der Popkultur hat viele Ziele, darunter die Betäubung der Zuschauer für die Symbolik und das Motiv des Systems, die Verpflichtung der Darsteller, Mega-Rituale zu durchlaufen, die von Millionen von Zuschauern bezeugt werden, und das Verstecken der wahren Natur der Branche. Nach der okkulten Philosophie der Illuminati ist es ihre karmische Pflicht, ihre Handlungen zu offenbaren (ob in einer unterschwelligen, kodierten Angelegenheit oder nicht): Verbergen und enthüllen ist das Spiel, das sie spielen.

Kritiker des Videos „Hold it Against Me“ sagten, „Britney schien nicht in das Video involviert zu sein und schien keinen Spaß zu haben“. Hätten Sie etwa Spaß daran, wenn Sie gezwungen wären, ein Trauma nachzustellen, das Sie Ihr ganzes Leben lang erlebt haben?[(61)]

Britische Zeitung beschreibt Britney Spears als „Zombie“ und „Marionette“

Im vorherigen Kapitel haben wir uns die vielen Symptome und Ereignisse angesehen, die darauf hinweisen, dass Britney Spears möglicherweise unter Gedankenkontrolle steht. Am 04. April 2016 erschienen in den Mainstream-Medien aussagekräftigere Fakten, in denen Spears von Insidern als geistesabwesend, roboterhaft, zombieartig und höchst instabil beschrieben wird. In Bezug auf ihre Musikkarriere soll sie „eine Marionette sein, der gesagt wird, was zu tun ist“, so die britische Zeitung „The Sun“.[(62)]

Der Artikel von „The Sun“ beschreibt Spears’ roboterartiges Verhalten und den völligen Mangel an Kontrolle über ihre Karriere. Er sagt so ziemlich alles, ohne es direkt anzusprechen: Spears steht unter Gedankenkontrolle und wird von ihren Programmierern vollständig manipuliert. Sie ist nicht die einzige Berühmtheit in dieser Lage. Spears wird mit 30 einfach transparenter, dem Alter, in dem Monarch-Sklaven normalerweise „Zusammenbrüche“ erleben.

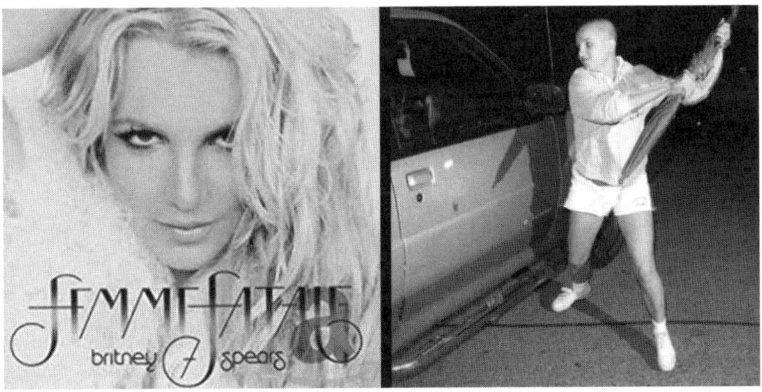

Abb.113: Links im Bild das Cover von „Femme Fatale“, rechts im Bild die Regenschirm-Attacke gegen Paparazzi im Jahre 2007

Auszug aus dem Artikel in „The Sun“:

„‚Zombie‘ Britney Spears ist immer noch am Rande des Abgrunds, sagen Freunde.
Oberflächlich betrachtet scheint Britney Spears zurück – und in ihrer bisher besten Form zu sein, um ihre Haut zu zeigen.

Die 29-jährige Sängerin ist mit der Veröffentlichung ihres siebten Albums „Femme Fatale“, das bereits als eines der besten ihrer Karriere gefeiert wurde, wieder ins Rampenlicht zurückgekehrt.

Der Start der CD wurde durch neue sexy Bilder, anzügliche Fernsehauftritte und die Ankündigung einer riesigen amerikanischen Sommertour unterstützt. Vier Jahre nach dem Rasieren ihrer Haare während ihres berüchtigten öffentlichen Zusammenbruchs sieht es so aus, als hätte Britney endlich wieder ihren Kopf zurechtgerückt.

Sie scheint wieder da zu sein, wo ihre Fans sie sehen wollen – auf der Bühne, in den Charts und in knappen Outfits.

Aber sobald man an der Oberfläche der engen Kostüme und der noch engeren PR-Maschine kratzt, ist nichts so, wie es im Fernsehen scheint.

Mitglieder von Britneys innerem Kreis haben Angst, dass ihre makellose Popstar-Maske jeden Moment wieder abrutschen könnte, teilten Informanten mit.
Sie befürchten, dass sie nicht einmal für ein fünfminütiges Interview die Haltung bewahren kann, wenn sie sich ihrer Kontrolle entzieht – geschweige denn eine anstrengende zweimonatige Tour mit 26 Terminen.

Und ihre Ängste haben die am quälendsten inszenierte Promo-Tour geschaffen, die das Showgeschäft je gesehen hat.

Ein Informant aus dem Umfeld des Stars sagte gegenüber ‚The Sun‘: ‚Sie ist sehr zerbrechlich. Bis vor ein paar Monaten wurde sie immer noch stark medizinisch versorgt und nahm täglich bis zu zehn Tabletten ein.‘

‚Es ist, als müsste sie von einem Ort zum anderen gefahren werden. Man kann ihr nicht zutrauen, etwas alleine zu tun. Ob sie auftritt oder aufnimmt, es ist immer das gleiche. Manchmal ist sie wie ein Zombie. Ihre Stimmungsschwankungen sind auch unwirklich. Es ist vier Jahre her, seit sie bekanntermaßen alle Haare abgeschnitten und den Tiefpunkt erreicht hat.‘ ‚Aber noch im letzten Jahr stellte sie den gleichen Wahnsinn an – sie schnitt sich mit einer Schere die Haare ab, als sie die Aufmerksamkeit ihrer Mitarbeiter und ihrer Lieben zu Hause wollte.‘Die stark mit Photoshop bearbeiteten Schnappschüsse zeigen, dass der Star schlank und sexy aussieht.

Aber der Informant sagte: ‚Sie hat viel Gewicht für ihr Comeback verloren, aber wenn sie dann Bilder wie diese veröffentlicht, wird ihr dadurch jegliche verdiente Ehre genommen, weil sie so weit von dem entfernt sind, wie sie wirklich aussieht.‘,Und es sind nicht nur die Bilder – es ist, als würden sie ihr ganzes Leben beschönigen.‘

Die Werbeauftritte der Sängerin in Amerika in dieser Woche wurden als die am meisten inszenierten aller Zeiten kritisiert.Der amerikanische Fernsehmoderator Carson Daly twitterte, dass ihr Management ihn gebeten habe, sein vorab aufgezeichnetes Interview heraus zu geben, damit sie es bearbeiten könnten.Der NBC-Moderator Carson, der Britney seit zehn Jahren kennt, schrieb: ‚Selbst als ich Michael Jackson interviewte, gab es sowas nicht … es ist wirklich verrückt.‘

Im Mittelpunkt ihres Comeback-Plans stand Britney, die am Dienstag ein kurzes Set mit drei Songs auf ‚Good Morning America‘ aufführte. Aber sie wurde verflucht, weil sie während der Aufführung in San Francisco offensichtlich nur mimte und kaum getanzt hatte.

Der stellvertretende Direktor der ‚Billboard Charts‘, Keith Caulfield, sagte: ‚Man erwartet, dass sie wild tanzt, solange sie nur synchron die Lippen bewegt, erwartet man, dass sie wenigstens tanzt.‘

Eine Zeitung aus San Francisco hat ihre ‚unbeholfenen Tanzbewegungen‘ und ihren ‚leeren Blick‘ erwähnt.

Der Kritiker tobte weiter: ‚Sie stolzierte roboterhaft, ihr Blick wanderte nie zum Publikum.'

Die Frühstücksshow ‚Good Morning America' wurde offenbar für das große Comeback anderen Medien vorgezogen, weil sie sie Playback singen ließen und es ermöglichten, das Erscheinungsbild streng zu kontrollieren. Aufpasser.

In der Show kündigte Britney an, dass sie mit Enrique Iglesias auf Tour sein würde. Aber Stunden später zog er sich von der Tour zurück. Als nächstes war Britney an der Reihe, bei einem geplanten Auftritt in Ellen DeGeneres' beliebter Nachmittags-Talkshow den Stecker zu ziehen.

Doch ihr Team machte ‚Terminschwierigkeiten' für die erneute Absage verantwortlich. Gerüchte in Fernsehkreisen besagten, dass das Format der Show für Britney als zu entspannt angesehen wurde, um den Anschein zu wahren. Stattdessen nahm sie an einem stark geskripteten, wenn auch lustigen Comedy-Sketch in der ‚Late-Night-Show: Jimmy Kimmel Live' teil, in der sie vorgab, in einer tragbaren Toilette in die Luft geschossen zu werden. Ein weiteres wichtiges Element der PR-Kampagne des Albums war eine Rolle in der erfolgreichen TV-Show ‚Glee' – wo sie sich wieder hinter einem Drehbuch verstecken konnte. Ein Informant am Set behauptete, sie sei ‚verpeilt'. Eine angesehene US-Website berichtete: ‚Sie führten sie vor die Kameras und sie saß dort wie ein Reh im Scheinwerferlicht, bis sie ihre Zeilen sagen musste. Als sie fertig war, nahmen sie sie bei der Hand und führten sie wieder weg.'

Der ‚Glee'-Informant sagte auch, sie sei völlig auf ihr Team von Aufpassern angewiesen, um professionell zu funktionieren. Während eines Interviews im Londoner ‚Radio Capital FM' kam der Eindruck von Kontrollwut am Mittwoch auch über den großen Teich.

Britneys Geschwafel wurde unterbrochen, als ihr Management dem Interviewer sagte, er solle die Klappe halten.

Ein Aspekt ihres Comebacks, der sich einem Großteil der Kritik entzogen hat, ist das Album selbst. Obwohl ihre Stimme stark mit ‚Autotune' bearbeitet ist, haben einige Popkritiker sie als ihre bisher beste bezeichnet.

Einige der Tracks, gefüllt mit stampfenden Beats und Texten sexueller Anspielungen, werden in den kommenden Jahren eindeutig zum festen Bestandteil der Tanzflächen werden.

Aber wie stark Britney selbst an der Herstellung des Albums beteiligt war, wurde ebenfalls kritisch betrachtet.

Ein ehemaliger Kumpel beschrieb den Prozess im Studio wie folgt: ‚Ich war mit Britney zusammen, als sie mindestens drei der Tracks auf Femme Fatale aufgenommen hat. Es schien, als hätte sie fast nichts mit ihrer Entstehung zu tun, außer dem Gesang. Sie war wie eine Marionette, der gesagt wurde, was zu tun ist. Sie ging in die Schallkabine und las im Grunde die Texte von einem Blatt. Aber sie mussten abbrechen, als sie es immer wieder falsch machte.‘

Hinter den Kulissen schwelt auch ein Rechtsstreit mit dem ehemaligen Leibwächter Fernando Flores (29).

Er hat eine Klage wegen sexueller Belästigung gegen den Star eingereicht und sie beschuldigt, ihm sexuell nachgestellt zu haben, als er letztes Jahr für sie arbeitete.

Der ehemalige Polizist hat sogar Freunden erzählt, dass er schmutzige Aktfotos von der Sängerin zugeschickt bekommen hat und gedroht, dass er sie freigeben könnte, um seinen Fall zu unterstützen.

Ein Informant hat behauptet, dass Britney sich anstelle eines musikalischen Comebacks auf ihre Gesundheit und ihr Wohlbefinden konzentrieren sollte. Ihre schwierige Beziehung zum ehemaligen Manager Jason Trawick (39) scheint sich in den letzten Monaten beruhigt zu haben.

Sie wurde auch dafür gelobt, dass sie sich für Sean Preston (5) und Jayden James (4) mehr als je zuvor wie eine verantwortungsbewusste Mutterfigur verhält. Ein Informant sagte: ‚Sie scheint viel von ihrem Antrieb verloren zu haben – und wer kann ihr die Schuld daran geben? Sie hat verdammt viel durchgemacht und rappelt sich wieder auf. Aber anstatt dem Druck nachzugeben, ihre Popstar-Maske wieder aufzusetzen, sollte sie das tun, was sie am glücklichsten macht. Und wenn Sie mich fragen, kann das nur bedeuten, sie selbst zu sein, eine gute Mutter zu sein und zu Hause am Pool Brathähnchen zu essen.‘

„Scream and Shout“: Ein Video über Britney Spears unter Gedankenkontrolle

Das Video „Scream and Shout“ von will.i.am und Britney Spears zeigt Britney mit britischem Akzent. Dies ist jedoch nicht der einzige Teil dieses Videos, der sich auf die Gedankenkontrolle bezieht. In diesem Kapitel werden wir uns die Symbolik der Monarch-Programmierung in „Scream and Shout“ ansehen.

Britney Spears ist wahrscheinlich das offensichtlichste Opfer von Gedankenkontrolle in der Musikindustrie. Wenn die seltsamen Tatsachen in Bezug auf ihr persönliches Leben nicht ausreichen, um einen gebildeten Beobachter zu überzeugen, sagt die Symbolik, die ihre Handlung umgibt, alles. Fast so, als würden ihre Programmierer ihren traurigen Geisteszustand verspotten, während sie in der Öffentlichkeit mit ihr prahlen, wird Spears dazu gebracht, in Videos wie„Hold it Against Me“und „Scream and Shout“ aufzutreten, die symbolisch auf ihre eigene mentale Sklaverei verweisen.

Wie alle Dinge, die mit der okkulten Elite zu tun haben, wird die Botschaft auf verschleierte symbolische Weise übermittelt, für deren Verständnis einige Vorkenntnisse erforderlich sind. So gesehen ist „Scream and Shout“ ein weiteres Beispiel für ein Pop-Video mit Symbolen der Gedankenkontrolle, die unter dem Deckmantel von Stil und Ästhetik verborgen sind.

Während will.i.am die Rolle des Programmierers zu spielen scheint (er „wählt“ zu Beginn des Videos eine Persönlichkeit als Monarch-Programmierer aus), spielt Spears die Rolle der Sklavin und singt sogar mit einem seltsamen britischen Akzent – als wenn eine andere Person dies ausgelöst hat. Monarch-Sklaven können in der Tat so programmiert werden, dass sie eine völlig andere Identität verkörpern, einschließlich einer Hintergrundgeschichte und eines Akzents.

Die beunruhigende Tatsache, dass Spears mit britischem Akzent singt, ist, dass sie während der Zeit, als sie Boulevardnachrichten wegen „psychischer Probleme“ machte, im wirklichen Leben beim Sprechen mit britischem Akzent aufgefallen ist. In einem Artikel aus dem Jahr 2008 wird Spears’ seltsames Verhalten beschrieben. Es heißt darin, dass ihr seltsames Verhalten symptomatisch für eine „dissoziative Identitätsstörung“ ist – ein medizinischer Begriff, der ziemlich genau das benennt, worum es bei der Monarch-Programmierung geht. Beachten Sie auch das Tierkleid auf dem nächsten

Bild – ein Muster zur Identifizierung von Sex-Kitten-Monarch-Sklaven.

Das renommierte Boulevard-Blatt „People Magazine“ (63) berichtet:

Britney Spears hat ein neues Accessoire zu ihrer rosa Perücke: einen britischen Akzent.
In den letzten Wochen wurde die 26-jährige Spears mehrfach auf Video aufgezeichnet, als sie ihren Louisiana-Tonfall gegen britische Flexionen eintauschte.
‚Sie hatte die ganze Zeit den englischen Akzent‘, als sie letzten Donnerstag bei ‚Kitson‘ einkaufte, so ein Informant. ‚Es hat nicht aufgehört.‘
Selbst wenn sie wütend ist, taucht der Akzent auf. Bei einem Einkaufsbummel in LA bei ‚Macy's‘ am 13. Januar schrie sie die Paparazzi an: ‚Versperrt mir nicht die Sicht!!‘ – mit britischem Akzent.
Also ist das alles Spaß oder ist sie verrückt geworden?
‚Wenn jemand eine dissoziative Identitätsstörung hat‘ – früher bekannt als multiple Persönlichkeitsstörung – ‚wird jede Identität von der anderen abgespalten‘, sagt die LA-Psychologin Renee A. Cohen, die Spears nicht behandelt. ‚Jede Identität hätte ihren eigenen Namen, Erinnerungen, Verhaltensmerkmale und emotionale Eigenschaften.‘
Cohen sagt, die entscheidende Frage sei: ‚Wenn Britney den britischen Akzent verwendet oder eine andere Identität anzunehmen scheint, weiß sie überhaupt, dass sie Britney Spears ist?‘
‚Andernfalls könnte sie sich einfach so verhalten, um Aufmerksamkeit oder Sympathie zu bekommen oder einen anderen Grund haben‘, fügt Cohen hinzu. ‚Es ist dumm zu versuchen, sie ohne eine formelle Bewertung zu diagnostizieren.‘
Ein möglicher Einfluss könnte Spears' Großmutter mütterlicherseits, Lilian Bridges, sein, die ursprünglich aus England stammte. Auch Spears' neuer Freund, der Fotograf Adnan Ghalib, wuchs in Birmingham (England) auf.
Laut Paparazzi, die die Sängerin rund um die Uhr verfolgen, ist eines sicher: Die rosa Perücke bedeutet, dass sich etwas ändert.
‚Wenn sie die rosa Perücke anzieht, weiß man einfach, dass etwas Verrücktes passieren wird‘, sagte ein Paparazzo.

Spears, bei der angeblich schwere psychische Probleme diagnostiziert wurden, singt also mit britischem Akzent, einem Symptom einer dissoziativen Identitätsstörung, einem ihr zugeschriebenen Leiden. Ist das nicht ein bisschen verdreht? Ein Symptom einer psychischen Erkrankung in einem Popsong zu verwenden? Besonders angesichts der Tatsache, dass ihr höchstwahrscheinlich gesagt wurde, dass sie das tun soll? Aber die eigentliche Wahrheit dahinter ist noch verdrehter: Britney hat nicht einfach „psychologische Probleme"... sie ist ein Opfer der Gedankenkontrolle. Ihr wurden höchstwahrscheinlich mehrere Personas einprogrammiert – eine, die möglicherweise einen britischen Akzent hat. In „Scream and Shout" scheint diese Änderung aktiviert zu sein. Das klingt vielleicht etwas seltsam, aber die Symbolik im Video macht alles klar.

Laut dem Videoregisseur Ben More ist das Thema des Videos Vielfalt. More sagt, dass die Idee dahinter „im Wesentlichen versucht hat, das, was das Lied ausmacht, auf Symbole zu reduzieren." Die sich selbst multiplizierende Spears und umfangreiche auf Gedankenkontrolle bezogene Bilder verleihen dem Video tatsächlich eine düstere symbolische Bedeutung.

Das Video hat keine komplizierte Handlung, sondern besteht aus einer Reihe von Aufnahmen mit ästhetischem Reiz. Und natürlich der Gedankenkontrolle-Symbolik. Wir wollen hier nur einige seiner symbolischen Aufnahmen hervorheben, die alle Themen abdecken, die von der Elite gefördert werden, wie Gedankenkontrolle und Entmenschlichung.

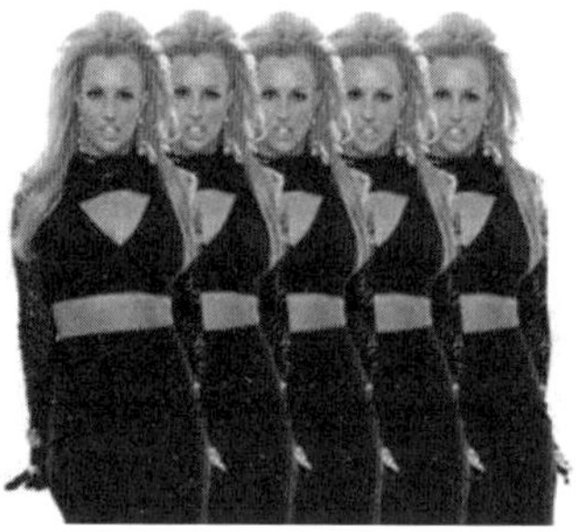

Abb. 114: Bei mehreren Gelegenheiten wird gezeigt, wie sich Spears „multipliziert". Ist es eine Möglichkeit, ihre verschiedenen Persönlichkeiten symbolisch darzustellen? will.i.am wird gleich behandelt – Programmierer sind oft selbst Opfer der Gedankenkontrolle

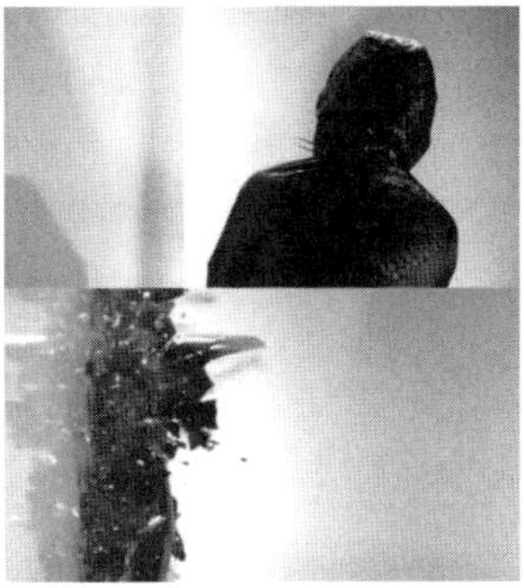

Abb. 115: In dieser scheinbar zufälligen Szene schlägt eine unbekannte Person mit Kapuze gegen eine Wand und zerbricht in viele Teile. Stellt dies einen Sklaven der Gedankenkontrolle dar, der in mehrere Persönlichkeiten fragmentiert ist?

Das Thema Transhumanismus, Robotisierung und Entmenschlichung ist in Videos über Gedankenkontrolle immer weit verbreitet und dieses stellt keine Ausnahme dar. Zusätzlich zu dem stark mit „Autotune" bearbeiteten und roboterartigen Gesang im Video, werden die Zuschauer mit Bildern verwöhnt, die den ständigen Trend der Entmenschlichung in den Massenmedien widerspiegeln. Unter dem Deckmantel der Futuristik versteckt, vermitteln diese Bilder den Zuschauern, wie die Zukunft nach Ansicht der Elite aussehen sollte.

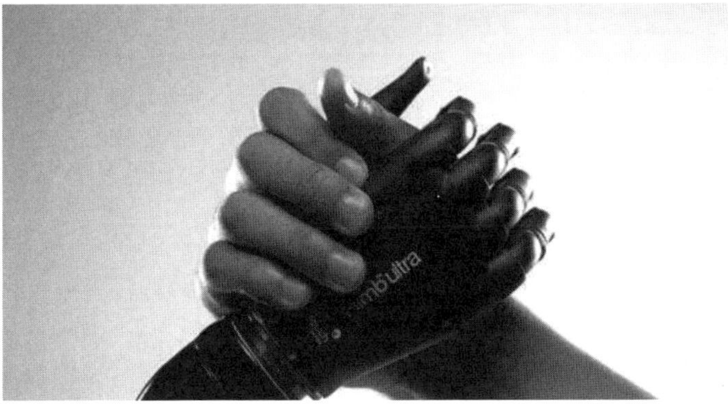

Abb. 116: Diese Firma für künstliche Gliedmaßen hat wahrscheinlich eine Menge Geld dafür bezahlt, dass ihr Produkt im Video gezeigt wird. Es ist auch im Video enthalten, da es perfekt mit dem Thema des Videos in Form der Robotik und Entmenschlichung Hand in Hand geht

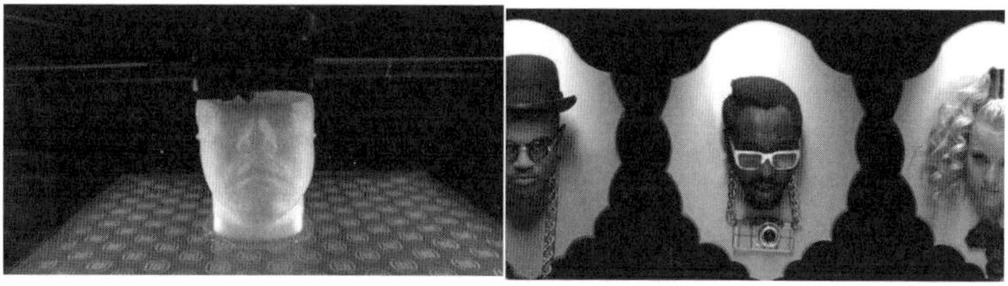

Abb. 117 links: Hier sehen wir, wie ein 3D-Modell von will.i.am konzipiert wird ... ein synthetischer will.i.am, der von einer Maschine erstellt wurde. Rechts: Dargestellt als Jagd-Trophäen. Genauso wie Jäger stolz die Tiere zur Schau stellen, die sie erschossen haben

Natürlich gibt es in diesem Video zur Gedankenkontrolle einige Ein-Augen-Bilder:

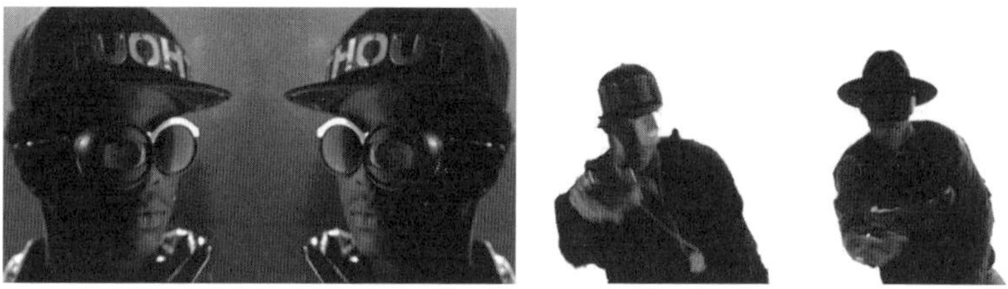

Abb. 118 links: Ein Auge dieses Typen ist anscheinend ein Kameraobjektiv – eine unheimliche, futuristische Art, das unvermeidliche Ein-Auge-Zeichen in das Video zu integrieren. Rechts: Bei dem Mann auf der linken Seite ist ein Auge ohne besonderen Grund verdeckt

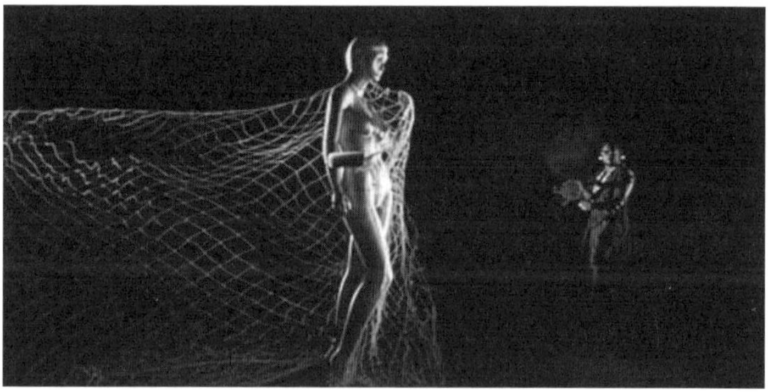

Abb. 119: will.i.am feuert ein Netz ab, das eine goldene Statue einer nackten Frau fängt. Hat der Programmierer ein neues Opfer zum Programmieren gefunden?

Wenn man die wahren Lebensbedingungen von Britney Spears als Monarch-Sklavin unter der Kontrolle von MKULTRA-Mind-Control-Programmieren versteht, ist die zugrunde liegende Bedeutung ihres Videos „Scream and Shout" etwas beunruhigend. Es ist etwas ernsthaft Verdrehtes, wenn sie über ihre eigene Versklavung singt und auftritt, was sogar so weit geht, dass sie einen britischen Akzent annimmt, wie zu dem Zeitpunkt, als sie 2007 völlig „zusammengebrochen" war. Es ist noch etwas Verdrehter, wenn man bedenkt, dass junge Menschen überall auf der Welt die Bilder sehen, ohne zu wissen, dass sie symbolisch auf Monarch-Programmierung verweisen – eine Praxis, die ebenso sadistisch wie schrecklich ist.[64]

#FreeBritney: Wird Britney Spears gegen ihren Willen wegen MKULTRA in einer psychiatrischen Einrichtung festgehalten?

Eine „glaubwürdige Quelle" behauptet, dass Britney Spears von Januar bis April 2019 gegen ihren Willen in einer psychiatrischen Einrichtung festgehalten wurde. Die kryptische Social-Media-Aktivität von Spears' Mutter scheint diese Behauptung zu bestätigen.

Ihr berüchtigter Zusammenbruch von 2007 – bei dem sie sich den Kopf rasierte und Autos mit einem Regenschirm angriff – wies alle Symptome eines MKULTRA-Sklaven auf, der versuchte, sich von der Programmierung zu befreien.

Damals wurde Spears unfreiwillig nur einige Monate später in die psychiatrische Abteilung des „Ronald Reagan UCLA Medical Center" eingewiesen und in eine psychiatrische Anstalt überführt. Kanye West wurde übrigens-nach seinem eigenen MKULTRA-Zusammenbruch im Jahr 2016 gegen seinen Willen in dieselbe Einrichtung verbracht.

Nach dem Desaster war Spears gezwungen, unter der Aufsicht ihres Vaters Jamie Spears zu leben, der die vollständige rechtliche Vormundschaft über ihre Karriere, Finanzen und ihr Privatleben erhielt. Im Jahr 2012 versuchte Britney, den Zustand zu beenden und die Kontrolle über ihr Leben zurückzugewinnen, was jedoch vom Gericht aufgrund „psychischer Probleme" abgelehnt wurde. Seltsame daran ist, die tatsächlichen „psychischen Probleme" wurden nie offengelegt. Noch seltsamer ist, dass die Anwälte des Verfahrens den Richter aufforderten, die Gerichtsakten, die ihren tatsächlichen Zustand beschreiben, zu versiegeln, wie es in diesem „TMZ"-Artikel

(65) aus dem Jahre 2012 heißt:

„Am Dienstag wurden Dokumente im Fall des Verfahrens eingereicht, in denen der Richter dringend gebeten wurde, bestimmte Aufzeichnungen zu versiegeln. In den Zeitungen nannten Anwälte der Verteidiger die Aufzeichnungen ‚hochsensibel', und dass Britney von ‚irreparablen Schäden und unmittelbarer Gefahr' bedroht wäre, wenn die Dokumente nicht versiegelt werden würden.

Mehrere Informanten mit Wissen aus erster Hand berichteten ‚TMZ'... die Aufzeichnungen sind medizinische Dokumente, die den Zustand und die Behandlung Britneys beschreiben.

Es heißt, die Sängerin leide an einer Persönlichkeitsstörung, die ihren Geisteszustand beeinträchtigen kann. Weiterhin wurde uns gesagt, es gehe ihr "extrem gut", aber sie brauche das Sicherheitsnetz einer Vormundschaft."

„Irreparable Schäden und unmittelbare Gefahr"? Sind Britneys mysteriöser „Zustand und Behandlung" in Wirklichkeit auf MKULTRA zurückzuführen? Jüngste Enthüllungen deuten jedenfalls in diese Richtung.

Anfang April 2019 gaben Medien bekannt, dass Britney Spears „freiwillig" in die psychiatrische Einrichtung gegangen wäre, um „besser mit den ernsten Gesundheitsproblemen ihres Vaters fertig zu werden".

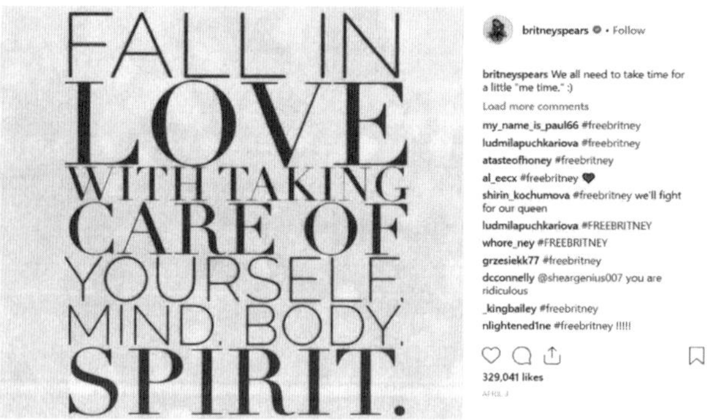

Abb. 120: Ein Beitrag auf Britneys Konto vom 3. April mit der Überschrift „Wir alle müssen uns Zeit für ein wenig ‚Ich-Zeit' nehmen. :)" Viele glauben, dass sie dies nicht selbst gepostet hat

Einige behaupteten jedoch, dass dies eine Lüge sei. Am 16. April veröffentlichte der Podcast „Britney's Gram" eine „Notfall-Episode", nachdem seine Betreiber „einen anonymen Hinweis eines glaubwürdige Informanten erhalten" hatte, in dem behauptet wurde, Spears werde seit dem 14. Januar gegen ihren Willen in einer Nervenheilanstalt festgehalten. Nachdem der Hinweisgeber erklärt hatte, dass er ein Anwaltsgehilfe sei, der bei Britneys Vormundschaftsteam gearbeite, sagte er: „Was passiert, ist, gelinde gesagt, beunruhigend."

Der nicht genannte Mann erklärte damals, Jamie Spears habe herausgefunden, dass Britney ihre Medikamente nicht mehr einnahm. Und als sie sich weigerte, andere Medikamente einzunehmen, zog Jamie Spears offenbar Britneys auf ihrer Domination-Tour den Stecker und sagte zu ihr: „Gib meiner Krankheit die Schuld". Laut des Informanten erklärt diese Reihe an Vorkommnissen den bizarren Beitrag vom 4. Januar auf Britneys Instagram-Account.

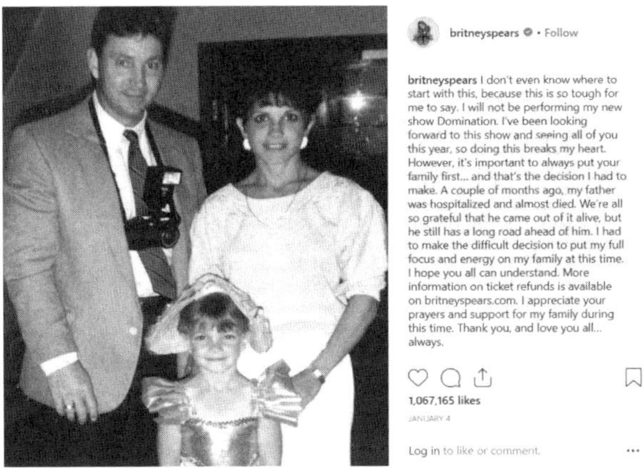

Abb. 121: Britneys Instagram-Post über die Absage ihrer Tour wegen des Gesundheitszustandes ihres Vaters, den sie wahrscheinlich nicht selbst gepostet hat

Der anonyme Informant bestätigte dann, dass Britney Mitte Januar 2019 in eine psychiatrische Einrichtung geschickt wurde und dass für ihren Aufenthalt in der Einrichtung kein „Ende in Sicht" war. Er schloss den Anruf mit der Aussage, dass Britney ‚nicht gehen wollte' und dass es ‚überhaupt keine Entscheidung war, die sie getroffen hat'.

Während dieser anonyme Tipp ausreichte, um Britneys Fans zu verärgern, brachte die Social-Media-Aktivität von Britneys Mutter die Dinge auf eine andere Ebene.

Am 16. April veröffentlichte Britneys Mutter Lynne Spears auf Instagram ein Bild mit dem Titel „Dies ist Vertrauen!". Der Beitrag wurde von vielen als subtile Antwort auf Britneys Situation interpretiert.

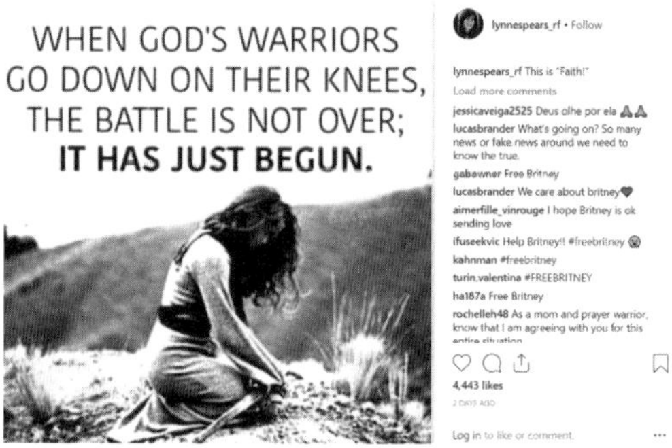

Abb. 122: Ein Bild, das Britney Spears' Mutter auf Instagram gepostet hat

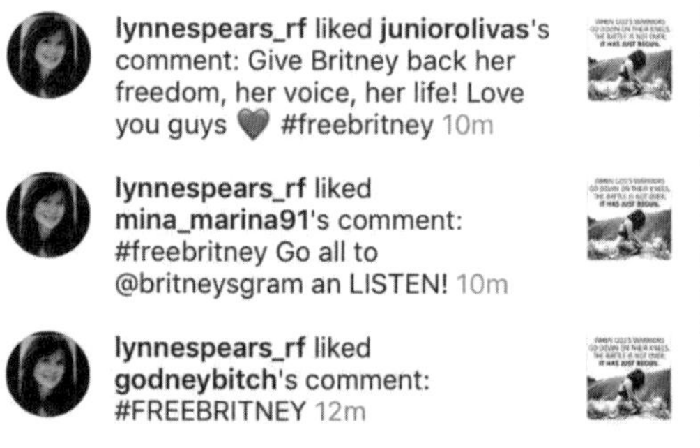

Abb. 123: Noch aufschlussreicher war, dass Lynn mehrere Kommentare von Fans „gelikt" hat, die behaupteten, Britney werde gegen ihren Willen festgehalten. Hier sind einige Kommentare, die Lynne Spears „gefallen" haben

Lynnes Social-Media-Aktivitäten führten dazu, dass „#FreeBritney" einen Trend in den sozialen Medien verzeichnete. Der Hashtag erreichte sogar die Mainstream-Medien.

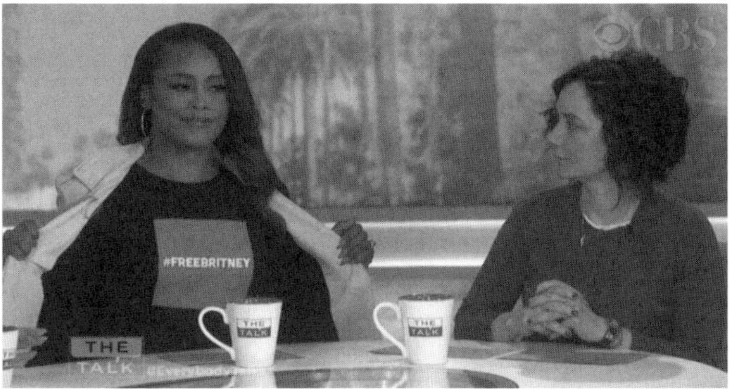

Abb. 124: Rapperin Eve zeigt ihr „#FreeBritney"-Shirt in der „CBS-Show: The Talk"

Sahen die Leute endlich die Wahrheit über Britney? Man kann es nur hoffen. Hier sind die Top-Kommentare unter Britneys Podcast:

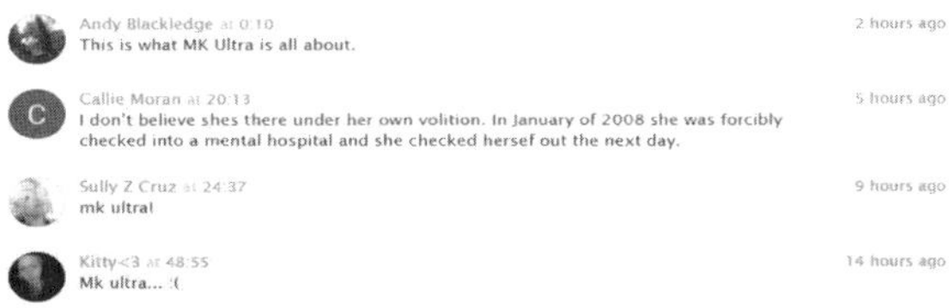

Abb. 125: Alle Kommentare legen MKULTRA nahe

Eine Meldung aus dem Mainstream im Juli 2020 gab weiter zu denken, wie es um Britney Spears wirklich stand. Auf der Website „web.de" [(66)] hieß es gekürzt:

„Sorge bereitet ihren Followern aber vor allem ihr jüngstes Video, in dem Spears ein gelbes Top trägt – der Hintergrund: Ein Follower hatte zuvor unter einem ihrer Beiträge geschrieben, dass, wenn sie Hilfe brauche, sie ein gelbes Oberteil in ihrem nächsten Video tragen solle.
Spears selbst schrieb zu ihrem Post aber nur: ‚Mein Florist überraschte mich mit einem Blumenstrauß mit so vielen bunten Farben. Ich war so aufgeregt, dass ich mein gelbes Lieblingstop anzog und es mit euch teilen wollte.'
Schickt die Sängerin ihren Fans hier etwa einen codierten Hilferuf?
Ihre Anhänger vermuten, dass Spears noch immer darunter leidet, einen

Vormund zu haben. Unter dem Hashtag ‚#FreeBritney' = ‚Befreit Britney') riefen sie deshalb erneut eine Kampagne ins Leben, in der sie sich für die finanzielle Unabhängigkeit der Sängerin einsetzen. 2009 wurde der Aufruf erstmals gestartet, nachdem Spears' Eltern einen Eilantrag auf Entmündigung gestellt hatten. Als Vormund wurde ihr Vater, Jamie Spears, bestellt.
Grund für die Entmündigung war Spears' damalige psychische Verfassung. Nach einem Nervenzusammenbruch ließ sie sich eine Glatze scheren – das Bild ging um die Welt. Weil die Sängerin ihre beiden Kinder nicht fristgerecht bei ihrem Ex-Mann Kevin Federline abgeben wollte, verbarrikadierte sie sich mit ihnen in ihrer Villa in Los Angeles.
Das Gericht entzog ihr daraufhin das Besuchsrecht für die Söhne, dann wurde sie aufgrund einer gerichtlichen Verfügung in die geschlossene Abteilung einer psychiatrischen Klinik eingewiesen. Ex-Mann Kevin Federline wurde das alleinige Sorgerecht für Jayden und Sean zugesprochen.
Seither regelte Vater Jamie als Vormund das Leben seiner Tochter, mit besonderem Fokus auf ihre Finanzen. Spears soll damals zahlreichen US-Medien zufolge völlig außer sich gewesen sein, nachdem sie von der Vormundschaft ihres Vaters erfahren hat.
Fans wollten schließlich mit dem Hashtag ‚#FreeBritney' um die Freiheit ihres Idols kämpfen. Im Sekundentakt entstanden unzählige Beiträge auf Twitter, in denen die Fans über das Unrecht klagen, das der Sängerin seither angeblich widerfahren würde." …
„Aufgrund seiner gesundheitlichen Probleme übergab Jamie Spears im September 2019 seine Vormundschaft an Jodi Montgomery, eine vertraute Mitarbeiterin. Die Vormundschaft wurde im Mai 2020 von einer Richterin bis August 2022 verlängert."

Entweder fand hier eine weitere Neuprogrammierung von Britney Spears statt, oder die Programmierer hatten versucht, die Gedankenkontroll-Sklavin mit allen Mitteln aus dem Verkehr zu ziehen, statt ihr ein lebenswürdiges Dasein mit ihren Kindern zu ermöglichen. Ein weiterer Hinweis auf die Unmenschlichkeit der Musikindustrie, in der die Künstler wie Ware zurecht gebogen werden, um den Konsumenten in die gewollte Richtung der Agenda der Elite zu führen.[67]

Mit dem „Instagram“-Account von Britney Spears stimmt etwas nicht

Auf dem *Instagram*-Account von Britney Spears passierten viele seltsame Dinge. Fans wollten bemerkt haben, dass Britney anders aussah und dass ihr Chat mit seltsamen Hinweisen gefüllt war, die darauf hinwiesen, dass sie kontrolliert und programmiert sein mußte.

Im Jahr 2020 wurde die „#freebritney“-Bewegung deshalb wieder aktiv. Ihr *Instagram*-Account war voller bizarrer, manchmal rätselhafter Posts, von denen einige Fans glaubten, dass sie codierte Nachrichten enthielten. Auf eingestellten Fotos sah Spears fertig aus, als hätte sie tagelang nicht geschlafen oder sie wirkte einfach nicht wie sie selbst. Außerdem gab es eine überwältigende Menge an Symbolik in Bezug auf die Monarch-Programmierung.

Fast alle Kommentare zu ihren Posts stammten von besorgten Fans, die von dem, was sie sahen, angewidert waren. Und viele Kommentare wurden täglich gelöscht.

Einige Beispiele von Merkwürdigkeiten auf ihren Account. Am 9. Juli erschien dieser rätselhafte Beitrag:

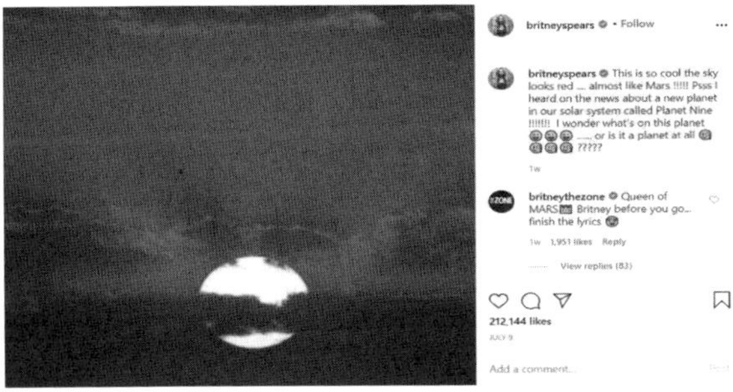

Abb. 126: Ein rätselhafter Beitrag auf Britneys Account über „Planet Neun“

Den Emojis am Ende des Beitrags nach zu urteilen, wollten sie wirklich, dass ihre Fans untersuchen, was es mit „Planet Neun“ auf sich hat. Nach einigem Stöbern entdeckte „vigilantcitizen.com“, dass Rose McGowan (eine andere Sklavin der Unterhaltungsindustrie und eine der ursprünglichen Anklägerinnen von Harvey Weinstein) kürzlich ein Album mit dem Titel „Planet 9“ veröffentlichte.

Warum ist irgendetwas davon wichtig? Ein paar Wochen nach Spears' Post über „Planet Neun“ gab McGowan nämlich an, dass Spears auf *Instagram* „kontrolliert und programmiert“ wird.

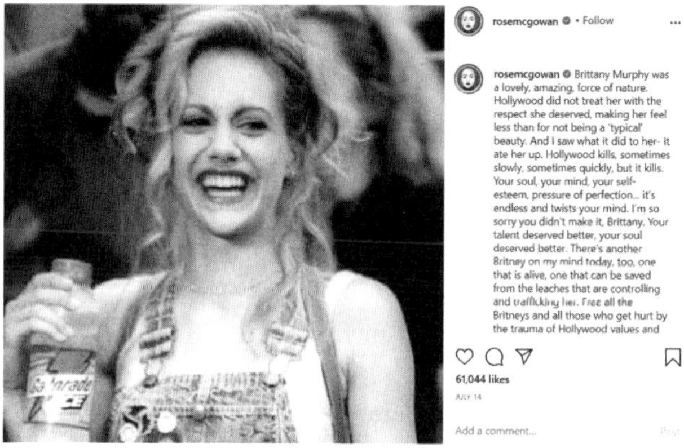

Abb. 127: Rose McGowans Beitrag über Brittany Murphy (die unter sehr seltsamen Umständen starb) und Britney Spears

McGowan schrieb über Britney Spears:

„Ich denke heute auch an eine andere Britney, eine, die lebt und vor den Blutsaugern gerettet werden kann, die sie kontrollieren und in die Prostitution verkaufen. Befreit alle Britneys und alle, die durch das Trauma von Hollywoods Werten und die schädlichen ‚Regeln‘ verletzt werden. #FreeBritney.“

Mehrere von McGowan verfasste Beiträge beziehen sich auf MKULTRA in Hollywood, und dies ist einer davon. In diesem Beitrag behauptet McGowan nicht nur, dass Spears kontrolliert wird, sondern, dass sie tatsächlich „in die Prostitution verkauft“ wird. Angesichts der Tatsache, dass Britney Spears seit Jahren das Aushängeschild der Beta-Kitten-Programmierung ist, erscheint dies nur folgerichtig. Es macht noch mehr Sinn, wenn man die Verrücktheit ihrer anderen *Instagram*-Beiträge betrachtet.

Beim Durchscrollen von Britneys *Instagram*-Account bekam man das Gefühl, dass mit ihr etwas nicht stimmt. Auf einigen Bildern und in manchen Videos wirkt Britney müde, nervös, unruhig und unwohl. Manchmal scheint es, als hätte sie geweint. Es ist fast so, als ob einige Bilder direkt nachdem sie auf die eine oder andere Weise mißbraucht wurde, aufgenommen worden sind.

Dieser Eindruck verstärkt sich umso mehr, weil ungefähr 90 Prozent der Kommentare zu ihren Posts von Leuten stammen, die sich fragen, was hier eigentlich vorgeht.

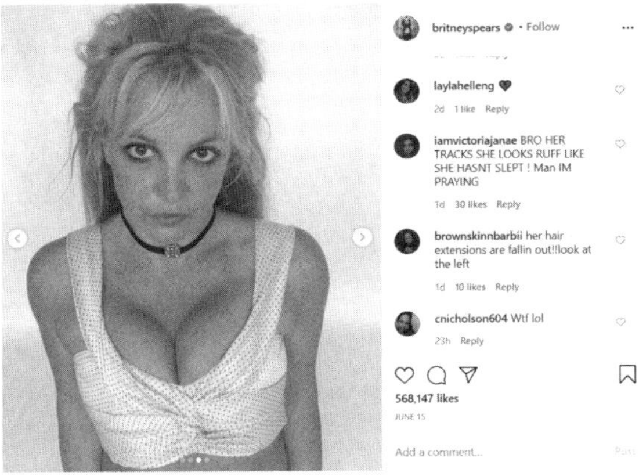

Abb. 128: Ein Kommentar meint, Spears' Extensions fallen ab. Auf vielen ihrer Bilder sieht sie unglücklich aus – als ob sie zum Posieren gezwungen wäre. Außerdem trägt sie auf fast allen ihren Bildern diesen Halsreif, als wäre es ein Hundehalsband

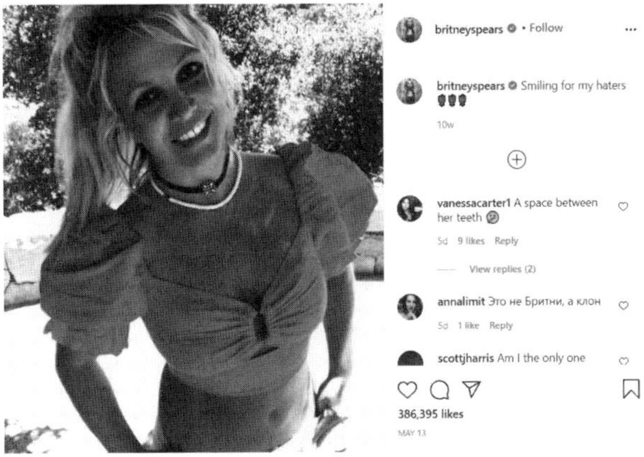

Abb. 129: Spears sendet ein Lächeln an alle, die sie hassen. Ein Fan bemerkt den übermäßigen Abstand zwischen den oberen Schneidezähnen und annalimit behauptet auf Russisch, das wäre nicht Britney, sondern ein Klon

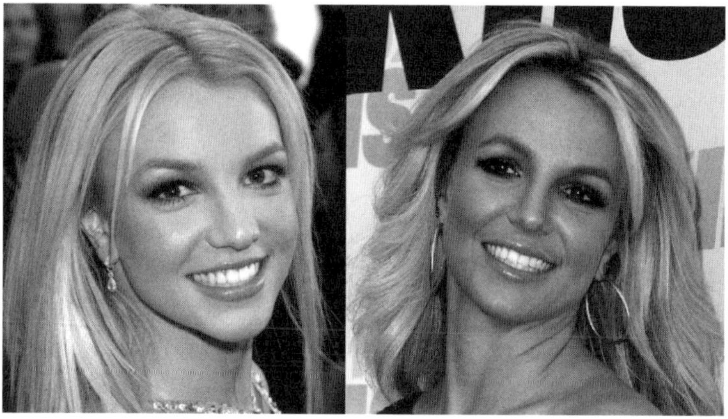

Abb. 130: Zwei ältere Bilder von Spears, auf denen es absolut keine Lücke gibt

Was ist mit ihren Zähnen passiert? Kann eine erwachsene Frau auf natürliche Weise eine derartige Lücke entwickeln? Vermutlich nicht. Entweder hatte Britney eine massive, rekonstruktive Mundoperation (ein Ergebnis eines MKULTRA-Traumas?), oder… wie einige Fans glauben… das ist überhaupt nicht Spears.

Apropos „nicht Spears", der folgende *Instagram*-Beitrag hat die Leute zum Ausflippen gebracht.

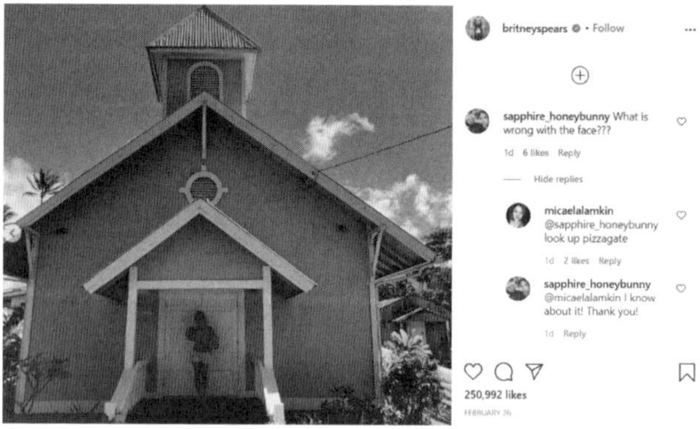

Abb. 140: Spears posiert vor einer Kirche

Auf den ersten Blick scheint an diesem Bild nichts falsch zu sein. Versuchen Sie jedoch, auf ihr Gesicht zu zoomen.

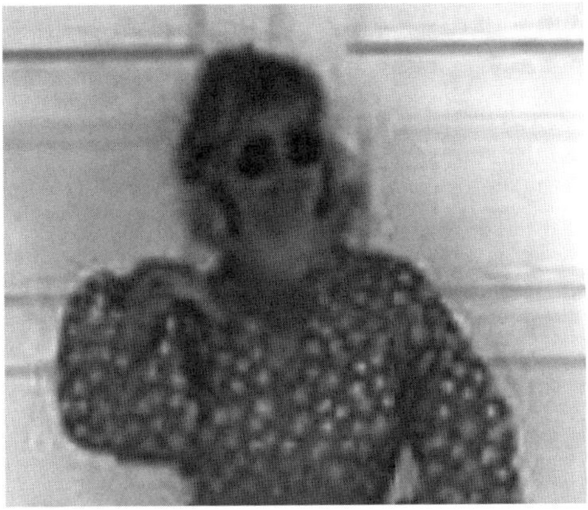

Abb. 141: Sieht das aus wie Spears?

Dann gibt es diesen Beitrag auf Britneys Account anlässlich von Mariah Careys Geburtstag.

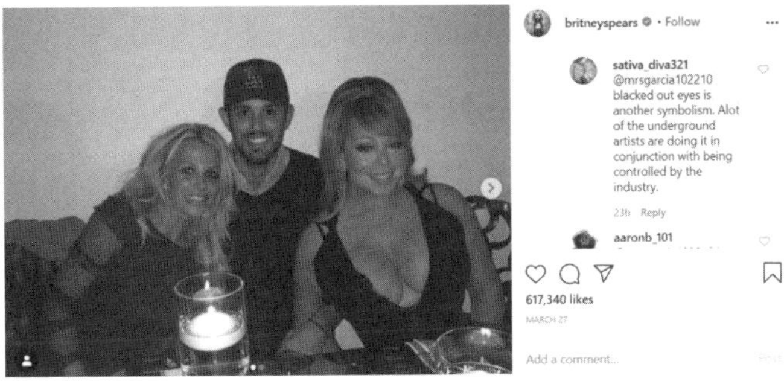

Abb. 142: Britney Spears, Cade Hudson und Mariah Carey. Sehen Sie sich die Augen des Mannes an!

Ernsthaft, was ist mit den Augen des Mannes, der zwischen den beiden Stars sitzt? Eine mögliche Erklärung wäre, dass er auf dem Bild rote Augen hatte und die unfähigste Person, die jemals Photoshop verwendet hat, versucht hat, dies zu korrigieren. Oder die schwarzen Augen wurden absichtlich sichtbar gemacht, um eine Nachricht zu senden. Immerhin handelt es sich bei dem Typen um Cade Hudson, einen großen Hollywood-Agenten. Und hier ist eine Schlagzeile über ihn.

CAA agent accused of offering sex in exchange for access to directors and a Hollywood star

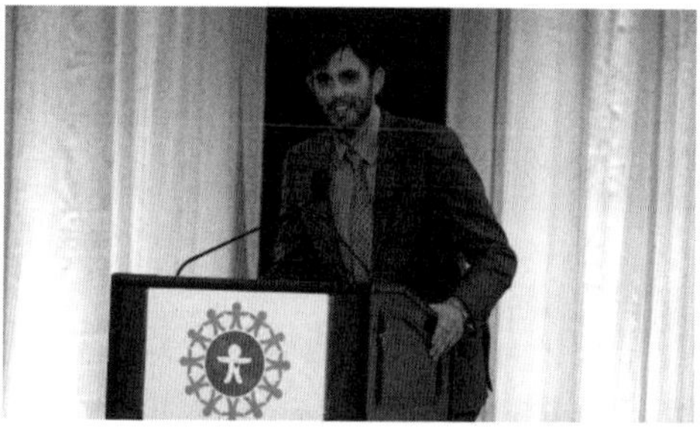

CAA agent Cade Hudson, seen at an April gala, is known for his ties to celebrities. (Randy Shropshire / Getty Images for World of Children)

Abb. 143: 2017 beschuldigte der Schauspieler Sean Rose seinen Agenten Cade Hudson, Sex mit ihm als Gegenleistung für Zugang zu Regisseuren und einem Hollywood-Star angeboten zu haben

Hier ist ein Auszug aus einem Artikel der „Daily Mail“ [68] über den Vorfall bei Hudson zuhause:

„Während des Besuchs verschüttete Hudson ‚versehentlich‘ ein Getränk auf Roses Jogginghose und legte angeblich seine Hand auf den inneren Oberschenkel des Schauspielers, um ihm zu ‚helfen‘.
Der heterosexuelle Rose erzählte der Zeitung, dass der Vorfall für ihn unangenehm war, aber er zu schüchtern war, um es Hudson zu sagen, zu dem er als Vorbild aufblickte.
Trotzdem schob Rose seine Hand weg und verließ den Raum, um sich eine trockene Hose anzuziehen.
Zu diesem Zeitpunkt, so Rose, habe er eine Reihe von SMS von Hudson erhalten, der ihm Geld anbot, wenn sein Freund gehen würde.
‚Ich bezahle dir 500, wenn du deinen Freund rausschmeißt‘, heißt es in der SMS. Der Schauspieler lehnte das Angebot ab und antwortete: ‚LOL, ich muss [auch] bald los.‘

Das Gespräch drehte sich dann angeblich um einseitig geschlechtlichen Sex. ‚Ich weiß, dass du heterosexuell bist und dass [Oralsex] nicht schwul ist. Du weiß das auch ... Alles, was du tun musst, ist, dich zurücklehnen und entspannen.‘
Er behauptet, er sei noch weiter gegangen und habe dem aufstrebenden Entertainer versprochen, Treffen mit Schauspielerinnen wie Amanda Seyfried oder Lindsay Lohan – mit denen er befreundet ist – zu arrangieren, wenn Rose diese Nacht Oralverkehr zulassen würde.“

Hudson ist offenbar mit Lindsay Lohan, Mariah Carey und Britney Spears „befreundet“. Alle drei sind einige der offensichtlichsten Fälle von MKULTRA in Hollywood. Ist er vielleicht eine Art Gedankenkontrolle-Programmierer? Sind seine Augen deshalb auf dem Bild schwarz? Wie auch immer, der Rest von Spears' *Instagram*-Bericht ist reine Monarch-Symbolik.

Es gibt so viel MKULTRA-Symbolik auf Spears' Account, dass man nur einen kleinen Teil davon zeigen kann. Aber es ist so offensichtlich. Zum Beispiel ist gibt es ein Bild, das an Halloween 2019 gepostet wurde. Es war eines ihrer letzten „Selfies“. Ihre später folgenden Bilder wurden von jemand anderem aufgenommen.

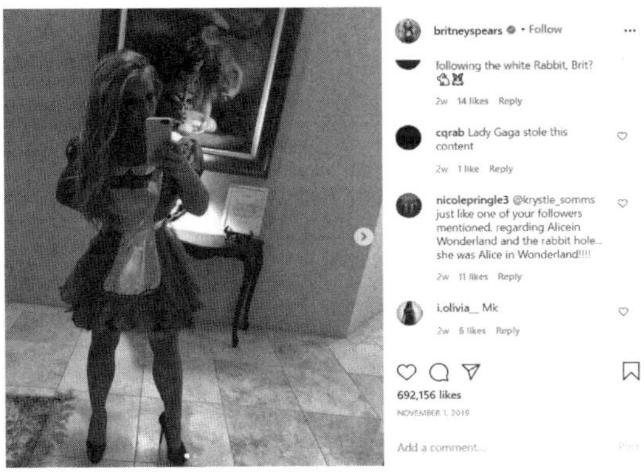

Abb. 144: Spears ist als Alice aus „Alice im Wunderland“ verkleidet

Alice im Wunderland ist ein Grundbestandteil der Monarch-Programmierung. Monarch-Programmierer ermutigen MKULTRA-Sklaven, „dem weißen Kaninchen durch den Spiegel zu folgen“, um sich abzuspalten. „Wunderland“" ist die interne Welt dissoziierter Sklaven, in der „alles passieren kann“ ... weil es vollständig vom Programmierer kontrolliert wird. In ihrem Kontext als Sklavin der Unterhaltungsindustrie ist es äußerst symbolisch, als Alice verkleidet zu sein. Es könnte eine Nachricht an andere Personen sein, die „Bescheid wissen“.

Ein weiteres herausragendes Element dieses Bildes ist das Gemälde hinter Spears. Es erscheint immer wieder auf Spears’ *Instagram*-Konto.

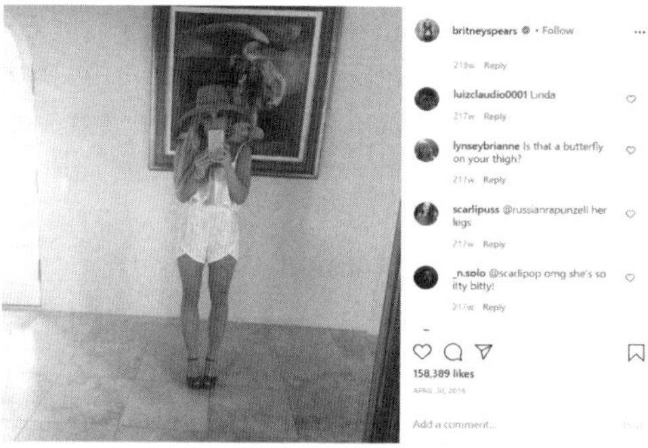

Abb. 145: Britney steht 2016 vor demselben Gemälde. Außerdem scheint sich an ihrem Oberschenkel ein Bluterguss zu befinden. Viele Bilder enthalten seltsame blaue Flecken

Symbolisiert dieses Gemälde etwas? Eigentlich ja, es symbolisiert ALLES.

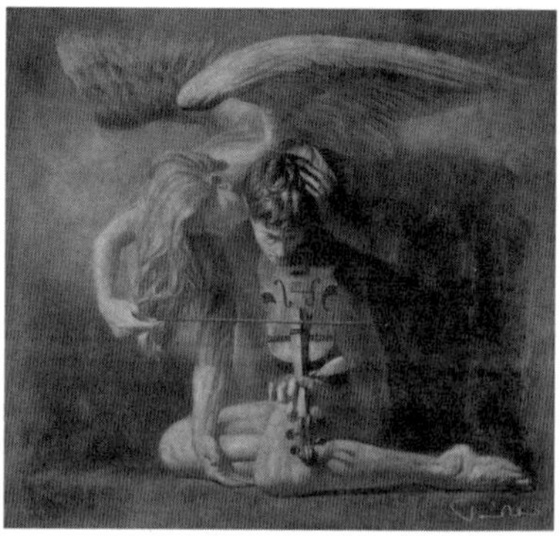

Abb. 146: Dieses Gemälde von 2005 heißt „Luminaris“ und stammt vom polnischen Maler Tomasz Rut. Andere Exemplare wurden an andere Leute verkauft, die der Elite angehören

Im Jahr 2016 veröffentlichte das „Billboard Magazin“ [69] einen Artikel über dieses Gemälde mit dem Titel „What Is That Angel Painting in Britney Spears’ Selfies?“ („Was ist das für ein Engelsgemälde in Britney Spears’ Selfies?“) Wir haben haben den Künstler aufgespürt. In dem Artikel erklärt der Maler kurz die Bedeutung des Gemäldes:

„Es ist dieser Musiker, der vom Engel inspiriert wurde. Man kann es auf viele verschiedene Arten interpretieren.“

Sein letzter Satz ist ein Signal dafür, dass dieses Gemälde eine tiefere Bedeutung hat. Hier ist eine Interpretation: Der Engel ist Luzifer, der auch als der „gefallene Engel“ bekannt ist. Im Lateinischen bedeutet Luzifer „Lichtbringer“. Das Gemälde trägt den Titel „Luminaris“. Das engl. Wort „luminary“ ist wie folgt definiert:

- ein Himmelskörper wie Sonne oder Mond
- ein Körper, ein Gegenstand usw., der Licht spendet
- eine Person, die auf ihrem Gebiet eine herausragende Stellung erlangt hat oder eine Inspiration für andere ist.

Kurz gesagt, dieses Gemälde kann leicht als Luzifer – der „gefallene Engel“ und „Lichtbringer“ –, der einem Musiker Licht bringt, interpretiert werden. Wenn man sich das Gemälde genau ansieht, ist etwas Zwanghaftes darin enthalten, da der Engel buchstäblich den Kopf des Musikers hält, der schlaff und völlig untergeben zu sein scheint.

Es ist eine perfekte Möglichkeit, Britney Spears darzustellen, die von der okkulten Elite kontrolliert wird – die Luzifer als den wahren Retter der Menschheit wahrnimmt.“

Am selben Tag, an dem Spears (oder die Person, die ihr *Instagram*-Konto verwaltet) dieses Bild von „Alice im Wunderland“ gepostet hat, hat sie auch dieses seltsame Bild gepostet:

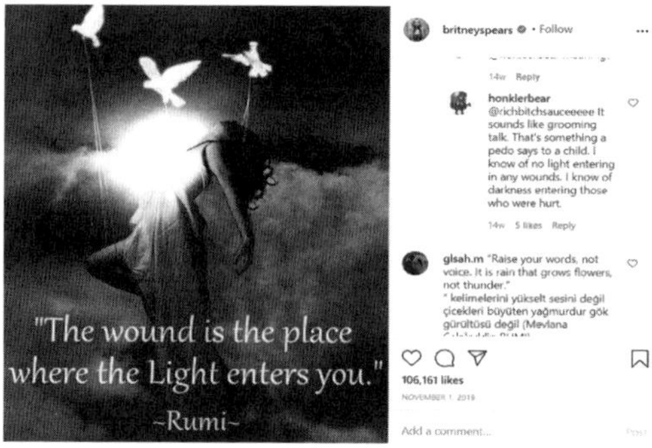

Abb. 147: Eine Frau, die von durch Tauben getragenen Fäden in die Luft gehoben wird

Das Zitat „Die Wunde ist der Ort, an dem das Licht in dich eindringt" wird dem persischen Dichter Rumi aus dem 13. Jahrhundert zugeschrieben. Das vollständige Zitat lautet:

„Ich sagte: Schmerz und Trauer. Er sagte: Bleib dabei. Die Wunde ist der Ort, an dem das Licht in dich eindringt."

Während das ursprüngliche Zitat höchstwahrscheinlich beschreibt, wie schmerzhafte Lebenserfahrungen zu persönlichem Wachstum führen können, kann es im krankhaften Kontext von MKULTRA leicht eine dunklere Wendung nehmen. In der Tat ist das genau die Art von krankhaftem, verdrehtem Zeug, das ein MKULTRA-Programmierer einem Sklaven während einer traumatsierenden Phase des Missbrauchs sagen würde, um die Dissoziation zu erzwingen.

Diese Interpretation ist noch sinnvoller, wenn man das Gemälde betrachtet, mit dem es verbunden ist. In der Tat wird die Frau wie eine Marionette mit Fäden zur Dissoziation gebracht (was als Gefühl des Schwebens und der Schwerelosigkeit beschrieben wird). Vergessen wir nicht, dass dies am selben Tag wie ihr Bild als „Alice im Wunderland" veröffentlicht wurde!

Apropos „Alice im Wunderland", dies wurde am 20. März 2020 auf Spears' Account veröffentlicht:

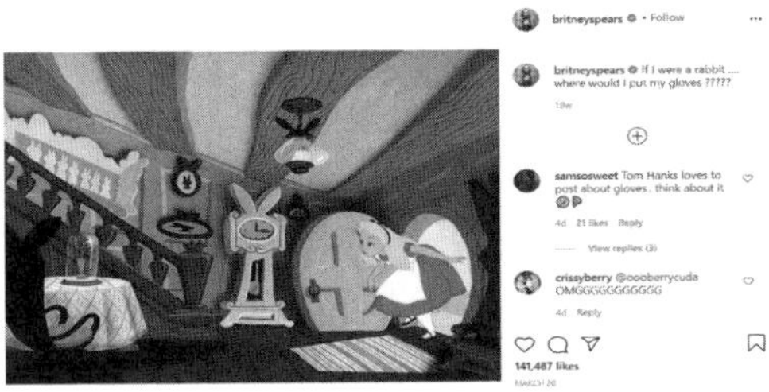

Abb. 148: „Alice im Wunderland“ … schon wieder. Spears’ kryptischer Kommentar: „Wenn ich ein Kaninchen wäre … wo würde ich meine Handschuhe ablegen ?????“ Der Kommentar darunter spricht über Tom Hanks’ seltsame Beziehung zu Handschuhen

Spears’ Konto ist auch mit haufenweise Bildern von Schmetterlingen und Katzen gefüllt – ein Symbol für die Monarch-Programmierung, genauer gesagt, für die Beta-Kitten-Programmierung.

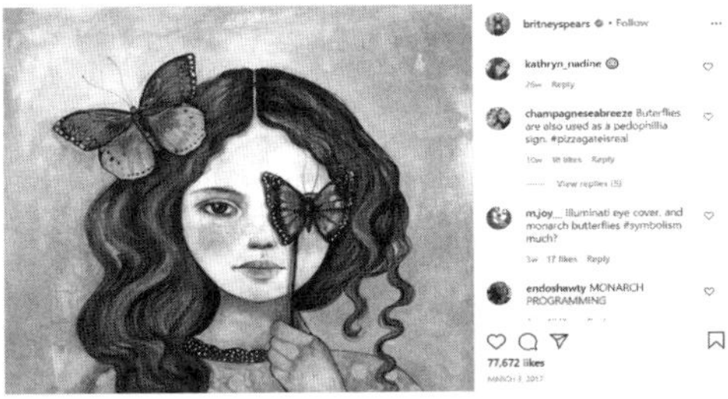

Abb. 149: Schmetterlinge kombiniert mit dem Ein-Auge-Zeichen. Hundertprozentige Symbolik des Monarch-Programms

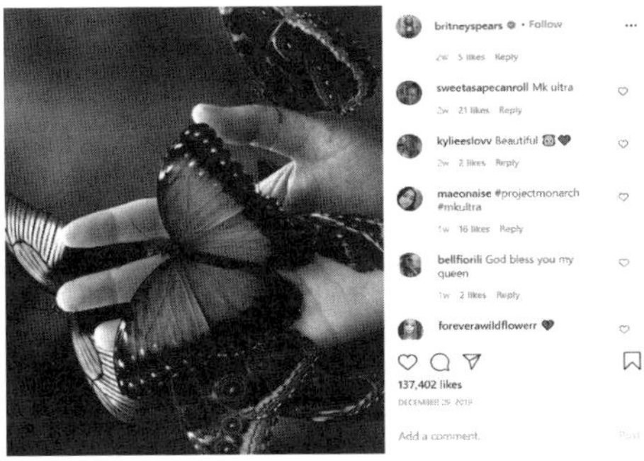

Abb. 150: So viele Schmetterlinge auf ihrem Instagram-Konto

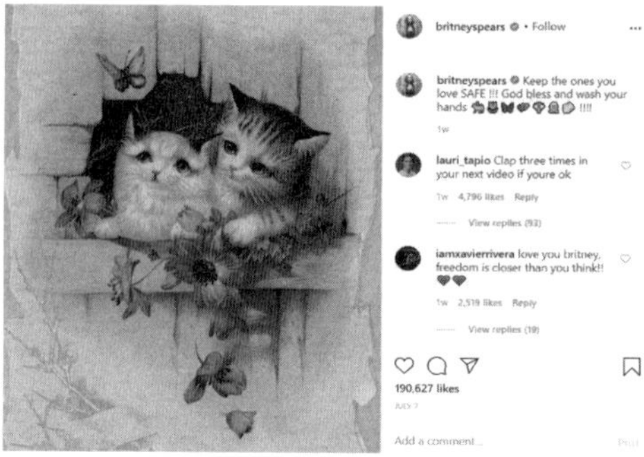

Abb. 151: Beta-Kitten-Programmierung

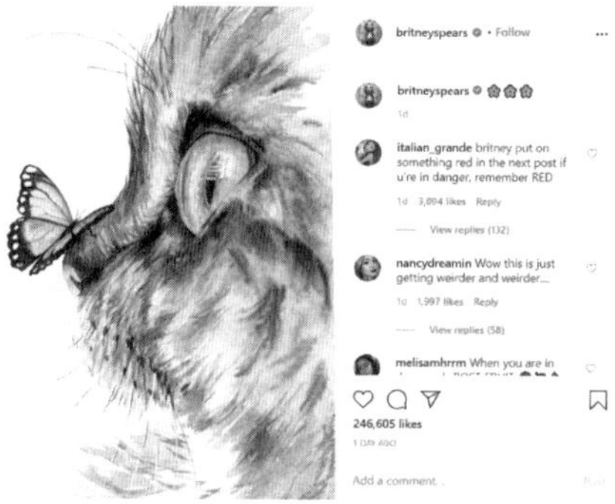

Abb. 152: Beta-Kitten-Programmierung

Obwohl Britney Spears seit Ewigkeiten keine neue Musik mehr veröffentlicht hat, bleibt ihr *Instagram*-Account sehr aktiv. Und während es dort früher viele Selfies gab, haben die jüngsten Bilder die Fans beunruhigt: Sie werden von jemand anderem aufgenommen, sie zeigen Spears oft vor einem einfarbigen Hintergrund (als ob sie verbergen wollen, wo sie tatsächlich ist) und sie sieht ziemlich fertig aus. Um alles aufzupeppen, gibt es auch jede Menge MKULTRA-Symbolik und rätselhafte Beiträge über Magie, Okkultismus, das dritte Auge usw. Viele Fans sind davon überzeugt, dass Spears nichts davon gepostet hat und dass der Account tatsächlich dafür verwendet werden könnte, um sie in die Prostitution zu verkaufen.

Obwohl jeden Tag unzählige Kommentare gelöscht werden, tauchen immer wieder neue auf, und fast alle fragen sich, was mit ihr los ist. Die Antwort ist einfach: Sie ist auf der dunklen Seite der Unterhaltungsindustrie gefangen, wo kranke und abscheuliche Menschen Prominente durch Drogen und Missbrauch kontrollieren. Die „#freebritney"-Bewegung hat etwas Aufmerksamkeit durch die Mainstream-Medien auf sich gezogen und einige Leute nähern sich der dunklen Wahrheit über Spears.

Die meisten haben jedoch immer noch keine Ahnung, wie krank und verdorben diese Menschen sind.[70]

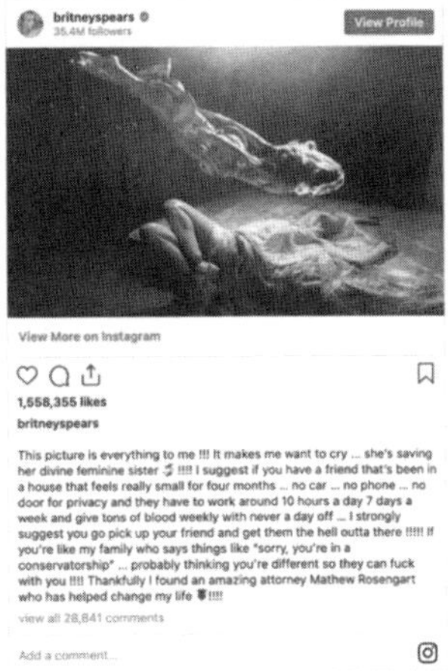

Abb. 153: Ein Hinweis auf getrennte Persönlichkeiten?

2021: Britney Spears ist ihren Vater Jamie als Vormund los

Britney Spears war 2021 vor allem mit dem Kampf gegen ihre Vormundschaft beschäftigt. Ihr Vater Jamie Spears wurde Ende September nach 13 Jahren als ihr Vormund suspendiert.

Mathew Rosengart, der Anwalt des Popstars, hatte das vor Gericht erreicht und John Zabel übernahm daraufhin vorübergehend das Amt, bis die Richterin Brenda Penny in Los Angeles am 12. November die Auflagen der Vormundschaft in Gänze aufgehob.

Das Verhältnis von Britney Spears zu ihrer Familie ist weiterhin angespannt. In einem Instagram-Post machte sie kürzlich deutlich, dass ihre Familie sie während der Vormundschaft nicht unterstützt habe.

„Wenn du wie meine Familie bist, dann sagst du Sachen wie ‚Sorry, aber du stehst unter Vormundschaft'... sie denken wahrscheinlich, dass du anders bist." Sie sei deshalb umso glücklicher, ihren „erstaunlichen Anwalt Mathew Rosengart" an ihrer Seite zu haben. Er habe ihr Leben verändert.

Der Anwalt bekräfigte die Vorwürfe gegen den Vater der Sängerin. Spears sei überzeugt, dass ihr Vater sich an ihrem Vermögen bereichert habe. Die Entscheidung juristisch gegen ihn vorzugehen, läge nun bei ihr.

Hoffen wir das Britney Spears einen wahren Helfer gefunden und nicht einen MKULTRA-Handler gegen den anderen ausgetauscht hat!

2.3 Christina Aguilera

„Ich küsse alle Jungen und Mädchen. Jemand soll den Arzt anrufen, weil ich den Verstand verloren habe, weil ich Dinge tue, die ich normalerweise nicht tue. Das alte Ich ist weg. Ich fühle mich brandneu und wenn es dir nicht gefällt, Fick dich.“

(Christina Aguilera, Lied: „Not Myself Tonight“)

Christina María Aguilera (geb. am 18. Dezember 1980 in Staten Island, New York City) ist eine US-amerikanische Sängerin, Songwriterin, Schauspielerin und Produzentin. Zu ihren Auszeichnungen zählen fünf „Grammy Awards“, ein „Latin Grammy Award“ und ein Stern auf dem „Hollywood Walk of Fame“. Aguilera rangierte auf Platz 58 der Liste der „100 größten Sänger aller Zeiten“ des *Rolling Stone*-Magazins und wurde 2013 im *Time*-Magazin der jährlichen Liste der 100 einflussreichsten Menschen der Welt gelistet. Mit geschätzten Verkäufen von über 100 Millionen Tonträgern ist sie eine der kommerziell erfolgreichsten Musikerinnen der Welt.

Geboren in Staten Island (New York City) und aufgewachsen in Pennsylvania, trat Aguilera in ihren frühen Jahren in Fernsehsendungen auf, bevor sie 1998 bei *RCA Records* einen Plattenvertrag erhielt. Ihr Debüt-Album „Christina Aguilera“ wurde 1999 veröffentlicht, erreichte die Nummer eins in den US-Charts und brachte drei US-Nummer-1-Singles hervor: „Genie in a Bottle“, „What a Girl Wants“ und „Come On Over Baby“. Aguilera wurde zwar als herausragende Figur in der zeitgenössischen Teenie-Pop-Szene anerkannt, versuchte jedoch, mit „Stripped“ (2002) und ihrer Single

„Dirrty" die künstlerische Kontrolle zu übernehmen, indem ihre Sexualität herausgestellt wurde. Die zweite Single aus dem Album „Beautiful" erhielt positive Resonanz für ihre kraftvollen Texte und wurde eine Hymne für die LGBT-Community.

Aguilera erzielte mit „Back to Basics" (2006) ihr zweites US-Nummer-1-Album, das sich vom Jazz, Soul und Blues des frühen zwanzigsten Jahrhunderts inspirieren ließ. Sie brachte die Top-Ten-Singles „Ain't No Other Man", „Hurt", und „Candyman" heraus. Ihre nächsten drei Alben, „Bionic" (2010), „Lotus" (2012) und „Liberation" (2018), experimentierten mit verschiedenen Musikstilen und erreichten die Top Ten in den USA. Neben Solomaterial erzielte Aguilera mit Kooperationen wie „Lady Marmalade", „Moves like Jagger", „Feel This Moment" und „Say Something" große Erfolge. Neben ihrer Musikkarriere spielte Aguilera in dem Film *Burlesque* (2010) und war von 2011 bis 2016 Coach in sechs Staffeln der Fernsehserie *The Voice*.[(71)]

Ist Christina Aguilera auch eine Illuminati-Marionette? Unglücklicherweise ja und eine offensichtliche Promoterin des Satanismus und der Ausschweifung. Die ehemalige „Mickey Mouse Club"-Teilnehmerin betrat mit ihrem Hit „Genie in a Bottle" die Musikszene und wurde sofort zum Star – nicht nur wegen ihres hübschen Aussehens, sondern auch, weil sie eine erstaunliche Stimme hat, die es besonders herzzerreißend macht, sie in die Liste der geistlosen singenden Musikindustrie-Prostituierten aufzunehmen, die den Satanismus propagieren.

Christina Aguileras Lied „Not Myself Tonight": mehr Illuminati-Musik

Das Album und Video von Christina Aguilera führt die Fans in einen bestimmten Stilwechsel ein. Die Sängerin passt jetzt klar in die Form der okkulten Musikindustrie, indem sie deren Themen und Symbole in ihre Kunst einbezieht. Wir werden uns die verborgene Bedeutung ihres Videos „Not Myself Tonight" ansehen und feststellen, wie sich ihr neues Album auf den Rest der Musikindustrie bezieht.

Christina Aguilera hat den meisten Popsängerinnen voraus, dass sie tatsächlich singen kann. Um ihren Erfolg fortzusetzen, war es jedoch nur eine Frage der Zeit, bis sie genau dort landete, wo die anderen Popstars auf dem heutigen Markt sind. Alles an ihrem Album ist stark von der Illuminati-Agenda geprägt, und die erste Single „Not Myself Tonight" fungiert als eine Art Initiation. Einige Beobachter haben „Not Myself Tonight" vorgeworfen, eine Kopie von Lady Gagas „Bad Romance" zu sein. Wir werden sehen, dass Aguilera mit diesem Plagiat in der Tat nur dem Trend folgt, der Popstars aufgezwungen wird.

Aguilera wurde zuerst von *Disney* entdeckt, einem Unternehmen, das sich auf die Rekrutierung von Kindern spezialisiert hat, die im Laufe der Jahre zunehmend zu Sexbomben werden (Miley Cyrus ist ebenfalls eine davon). Aguilera war Teil einer besonders produktiven Ausgabe des „Mickey Mouse Clubs".

Christina nutzte ihr großes Talent, um mit dem 1999er Album „Christina Aguilera" mit dem Aussehen eines anständigen „unschuldigen Teenagers" in die Popszene einzusteigen. Mit der Veröffentlichung des Albums „Stripped" änderte sich 2002-2003 alles. In einer sehr symbolischen Aufführung während der „MTV Video Music Awards" wurde Aguilera 2003 von der kabbalistischen Hohepriesterin Madonna „geweiht". Diese vielbeachtete Veranstaltung verdient einen zweiten Blick.

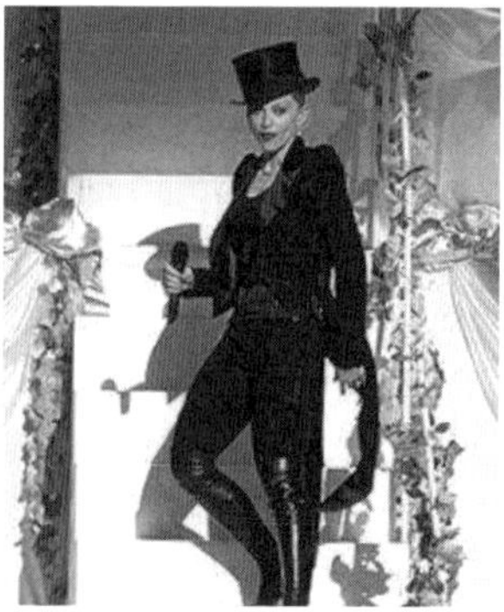

Abb. 154: Madonna symbolisiert im schwarzen Smoking mit einem Teufelsschwanz die düstere Priesterin

Die symbolische Darbietung fand auf einem freimaurerischen Schachbrettboden statt und war die rituelle Einweihung von Britney Spears und Christina Aguilera in das Geschäft mit okkulter Musik. Die Zeremonie begann damit, dass Spears und Aguilera eine pyramidenförmige Nachbildung eines Kuchens hinuntergehen und Madonnas „Like a Virgin" singen. Die Songauswahl ist sehr wichtig, da sie die Reinheit und Unschuld der jungen Sängerinnen vor der Zeremonie beschreibt. Dies wird auch durch ihre weißen Kleider verstärkt. Dann kommt die Priesterin mit einem schwarzen Smoking und einem freimaurerischen Zylinder heraus. Sie singt „Hollywood", ein Lied über die Stadt, die die Unterhaltungsindustrie symbolisiert, das Tor zum Superstar-Dasein.

Madonna ist eine Vertreterin der okkulten Industrie und heißt Spears und Aguilera willkommen. Sie singt:

Jeder kommt nach Hollywood.
Sie wollen es in dem Stadtviertel schaffen.
Sie mögen den Geruch in Hollywood.
Wie könnte es einem weh tun, wenn es so gut aussieht?
Verströme jetzt dein Licht
Dieses Mal muss es gut sein.
Du bekommst es jetzt,
weil du in Hollywood bist.

(Everybody comes to Hollywood
They wanna make it in the neighborhood
They like the smell of it in Hollywood
How could it hurt you when it looks so good?
Shine your light now
This time it's got to be good
You get it right now
Cause you're in Hollywood)

Die gesamte Darbietung über überstrahlt Madonnas Dominanz und Überlegenheit die anderen Sängerinnen. Sie gibt die Fackel schließlich mit einem symbolischen Kuss an die beiden Sänger weiter. Sie sollten vielleicht diesen Vers aus dem Lied „Hollywood" verinnerlichen:

Ich habe mein Gedächtnis in Hollywood verloren.
Ich hatte eine Million schlechte und gute Visionen.
In Hollywood liegt etwas in der Luft.
Ich habe versucht, es zu verlassen,
aber ich konnte es nie.

(I lost my memory in Hollywood
I've had a million visions bad and good
There's something in the *air in Hollywood*
I tried to leave it but
I never could)

Aguilera und Spears traten in die Fußstapfen Madonnas und schienen sich dann mit der Kabbala zu beschäftigen, obwohl es sich nur um eine „Hollywood"-Ausgabe der Kabbala handelte, da Tätowierungen in ihren heiligen Schriften nicht erlaubt sind.

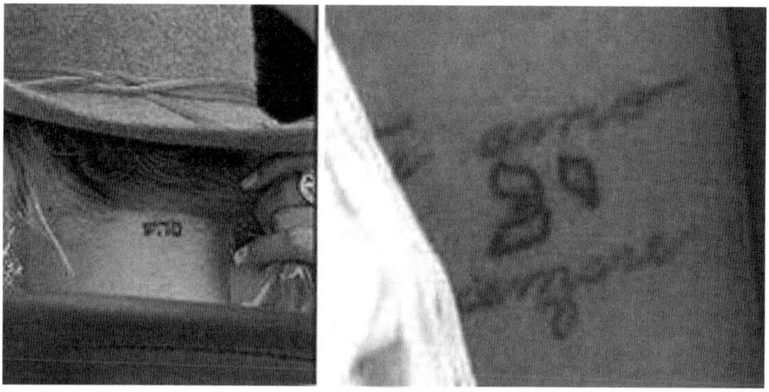

Abb. 155: Links ist Spears' Tätowierung der hebräischen Buchstaben Mem-Hey-Shin, einem der 72 Namen Gottes. Dieser steht für "Heilung". Rechts ist Aguileras Tätowierung der hebräischen Figuren Yud und Bet, die offenbar ihrem Ehemann Jordan Bratman gewidmet ist

In den folgenden Jahren beschritt Aguilera den scheinbar obligatorischen Weg der „Sexualisierung“ der Illuminati-Idole und bot auch Werke dar, die mit schwarzer Magie und Gedankenkontrolle verbunden waren.

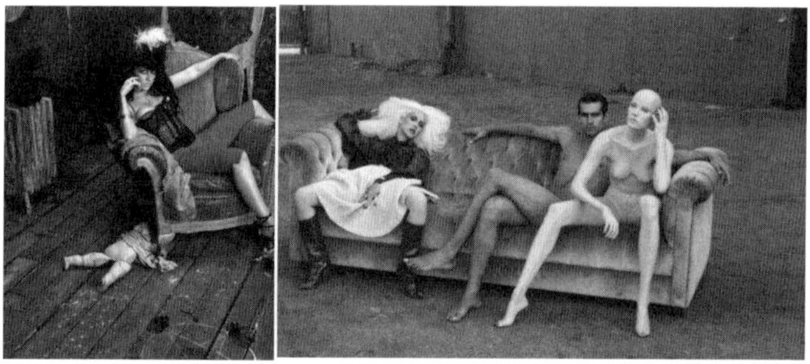

Abb. 156 links: Fotoshooting mit schwarzer Magie, incl. rituellem Pentagramm und weggeworfenen Puppen. Abb. rechts: Entmenschlichung und Alter Ego, symbolisiert durch die Schaufensterpuppe

Ihre Bemühungen umfassen die vollständige heutige Illuminati-Agenda, indem sie das Thema Transhumanismus ausnutzen. Der Albumtitel „Bi-On-Ic“ und das Cover handeln tatsächlich von der Verschmelzung von Mensch und Roboter. Christinas Kopf wird als programmierbarer Mechanismus dargestellt, ein Konzept, das sich auf Gedankenkontrolle bezieht. „Bi-On-Ic“

bedeutet anscheinend auch „bisexuell auf Eis“, wobei Eis das Slangwort für Methamphetamin ist. Sobald sie unter dem Einfluss dieser starken Droge steht, wird sie bisexuell. In dem Wissen, dass Methamphetamin häufig bei Opfern der Gedankenkontrolle eingesetzt wird, insbesondere bei sexuellen Programmierungen, ist der Albumtitel ziemlich beunruhigend.

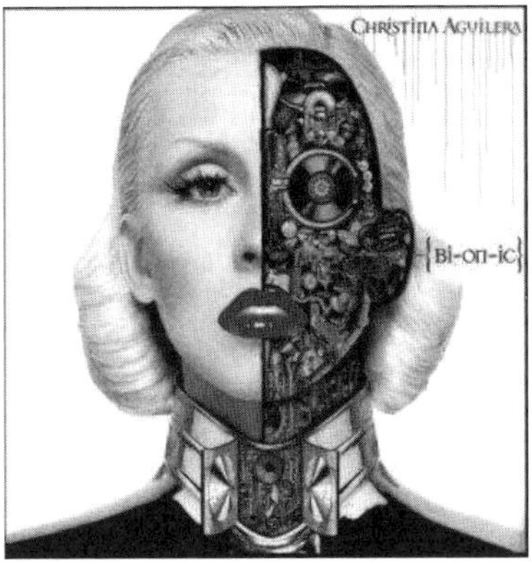

Abb. 157: Christina als programmierbarer Roboter (Hinweis auf Gedankenkontrolle) und der jetzt unvermeidliche Fokus auf ein Auge

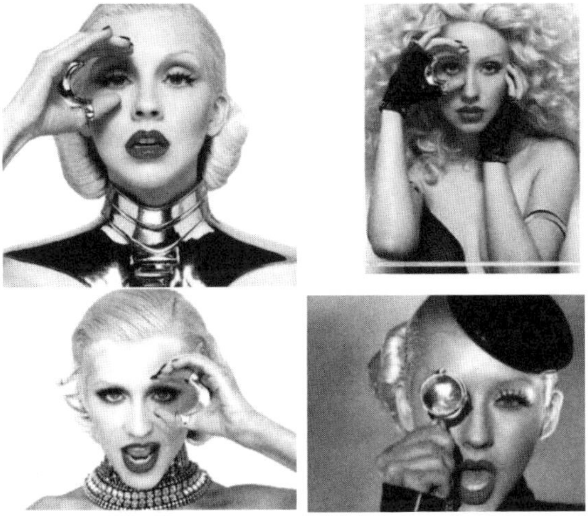

Abb. 158: Aguilera mit „Ein-Auge-Symbolik“

Wie bereits erwähnt, wurde „Not Myself Tonight" vorgeworfen, eine Kopie von Lady Gagas „Bad Romance" zu sein. Obwohl die Videos von verschiedenen Regisseuren produziert wurden (Francis Lawrence für Gaga und Hype Williams für Aguilera), nutzen beide Themen, die auch in vielen anderen Popmusik-Videos üblich sind. Es ist leicht zu behaupten, „die Schlampe Aguilera hat Gaga kopiert!", aber diese Aussage berücksichtigt nicht das Gesamtbild der Musikindustrie. Diese Themen werden erwartet und müssen in den heutigen Hits vorherrschen. Die Branche definiert ihre Trends. Um erfolgreich zu sein, müssen Künstler diesen Trends folgen und dieselben Botschaften kommunizieren.

„Not Myself Tonight" ist einfach eine Fortsetzung der Illuminati-Agenda durch einen anderen Künstler und nutzt daher seine typischen Themen wie Gedankenkontrolle, Transhumanismus, okkulte Initiation usw.

Das Thema des Liedes ist genau das, was der erste Eindruck vermittelt, dass sie ausgehen und verrückt werden, „die Jungen und die Mädchen küssen" will. Die Bildsprache und Symbolik des Videos fügt dem Song jedoch eine weitere Interpretationsebene hinzu, die sich auf Gedankenkontrolle, okkulte Initiation und Veränderung der Persönlichkeit bezieht. Das Thema „aus der Rolle" zu fallen und die eigenen Handlungen nicht zu kontrollieren, wird häufig in neueren Videos dargestellt und mit Symbolik der Monarch-Programmierung oder übernatürlicher „Besessenheit" in Verbindung gebracht. Dies wird oft symbolisch durch die klassischen „Teufelshörner" dargestellt, wie sie auf dem Promo-Bild ihrer Single zu sehen sind.

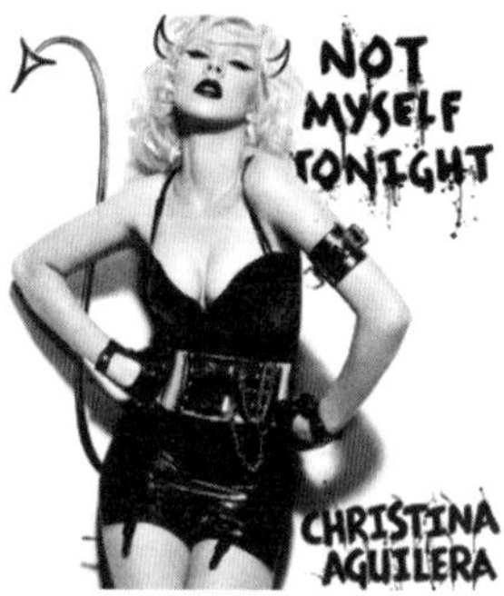

Abb. 159: Das Cover von Christina Aguileras Single „Not Myself Tonight" zeigt sie mit Teufelshörnern und einem Teufelsschwanz

Die Monarch-Programmierung ist eine Methode der Gedankenkontrolle, die auf der Schaffung einer alternativen Person durch Folter und rituellen Missbrauch basiert. Einige Autoren zu diesem Thema, wie Ron Patton, haben erwähnt, dass die Monarch-Programmierung alte, okkulte Techniken verwendet, die an Besetzung des Geistes erinnern. Die Texte des Liedes spiegeln die Schaffung einer neuen Person wider:

Ich küsse alle Jungen und Mädchen.	*(I'm kissing all the boys and girls*
Jemand soll den Arzt anrufen, weil ich den Verstand verloren habe.	*Someone call the doctor cause I lost my mind*
Ich habe keinen Charakter, ich bin in seltener Form.	*I'm out of character, I'm in rare form*
Und wenn du mich wirklich kennst, weißt du, dass es nicht die Norm ist	*And if you really knew me, you'd know it's not the norm*
Weil ich Dinge tue, die ich normalerweise nicht tue.	*Cos I'm doing things that I normally won't do*
Das alte Ich ist weg, ich fühle mich brandneu.	*The old me is gone, I feel brand new*
Und wenn es dir nicht gefällt, fick dich.	*And if you don't like it, fuck you)*

Wie wir später sehen werden, basiert die Symbolik des Videos auf der Initiation und der Schaffung einer veränderten Persönlichkeit, die lyrisch ausgedrückt wird. „Das alte Ich ist weg, ich fühle mich brandneu." Das Thema ist, ein verrückteres, wilderes und verführerischeres Selbst zu sein, was in den letzten Videos oft dargestellt wird und fast immer mit Szenen der Selbstbeschränkung, Entmenschlichung und/oder Folter verbunden ist. Dies ist ein offensichtlicher Fall von kognitiver Dissonanz, bei dem die Darstellung von Folter ein Teil der „Befreiung" eines Menschen ist. In „Not Myself Tonight" ist Aguilera mit geöffneten Augen gefesselt gesehen, was daran erinnert, dass Opfer der Gedankenkontrolle gezwungen sind, Videos anzusehen, um ihre Programmierung zu verstärken.

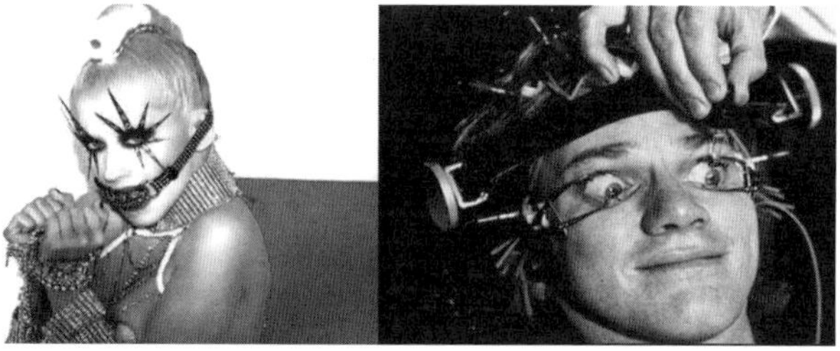

Abb. 160: Links - Sie erscheint in dem Musikvideo gefesselt und trägt einen Ballknebel und andere sadomasoschistische Ausstattung. Diese Praxis wird von Stanley Kubrick im Film „Uhrwerk Orange“ zum Thema Gedankenkontrolle dargestellt (siehe „Der Hollywood-Code“). Rechts - Alex aus dem oben gennanten Film, der im Rahmen seiner Neuprogrammierung gezwungen ist, gewalttätige Szenen anzusehen

Der erste Teil des Videos ist stark von Hinweisen auf Gedankenkontrolle (MKULTRA) und, genauer gesagt, auf Sex-Kitten-Programmierung geprägt. Dieser Trend wird in der Musik- und Modebranche immer üblicher. Fritz Springmeier schreibt:

„Der Geist wird anfangen, sich abzuspalten und die ursprünglichen Gehirnfunktionen umzukehren, wie etwa, dass Schmerz Vergnügen ist. Der Geist der Person ordnet sich neu. Dies geschieht häufig mit Beta-Änderungen oder Beta-Modellen, um sie dazu zu bringen, zu glauben, dass der Schmerz sadistischer Vergewaltigung ein Vergnügen ist. Nach dieser Umkehrung in dem Gedanken, dass „Schmerz Liebe ist“, werden die Sado-Maso-Kätzchen ihren Programmierer bitten, sie zu schlagen, zu fesseln, zu verletzen usw.“[(72)]

Einige Verweise auf die Programmierung von „Sexkätzchen“ sind im gesamten Video enthalten.

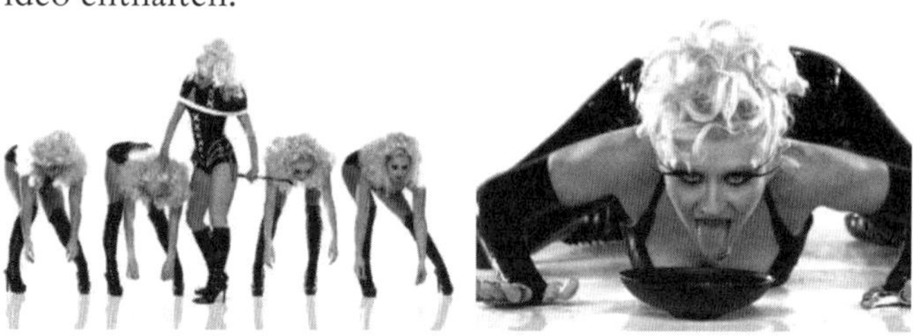

(Abb. 161: Links - Die Kreation alternativer Persönlichkeiten wird im Video dargestellt, wobei Aguilera von Doppelgängerinnen umgeben ist. Sie spielt selbst die Rolle der Gedankenkontroll-Programmiererin. Rechts - BDSM, Unterwerfung und Veränderung der Persönlichkeit, die in dieser „Hommage“ an Madonnas „Express Yourself“ dargestellt werden

Der zweite Teil des Videos beschreibt im Wesentlichen Aguileras „Initiation“ durch rituellen Sex. Einige symbolische Szenen erzählen diese Geschichte. In der Mitte des Liedes ist Aguilera schwarz gekleidet, hat maskuline Gesichtszüge und steht zwischen zwei pseudo-freimaurerischen Säulen.

Diese Szene ähnelt der oben genannten „Video Music Awards“-Aufführung, in der Madonna die Zeremonienmeisterin spielte. Aguilera spielt in dieser Szene die gleiche Rolle. Sie steht auf einer Treppe in der Nähe eines mysteriösen Tores und symbolisiert ihren hohen Rang innerhalb der „inneren Hierarchie“.

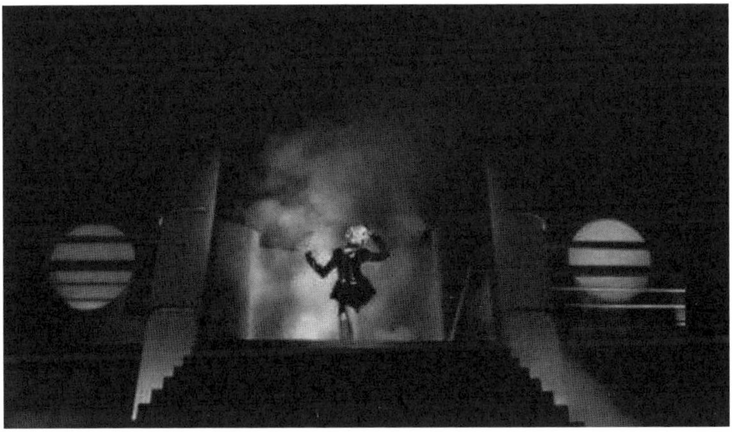

Abb. 162: Aguilera im mysteriösen Tor als Symbol für ihren hohen Rang

Ihr Monokel bedeckt ein Auge, was sich auf die Machtstruktur der Illuminati bezieht. Der Zeremonienmeister beginnt mit der rituellen Einweihung Aguileras, dem „Sexkätzchen“.

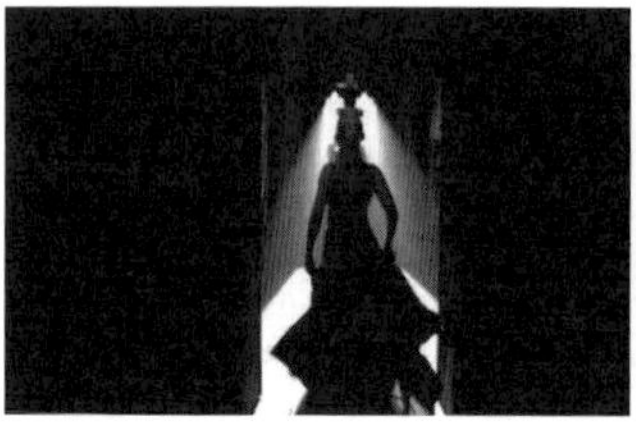
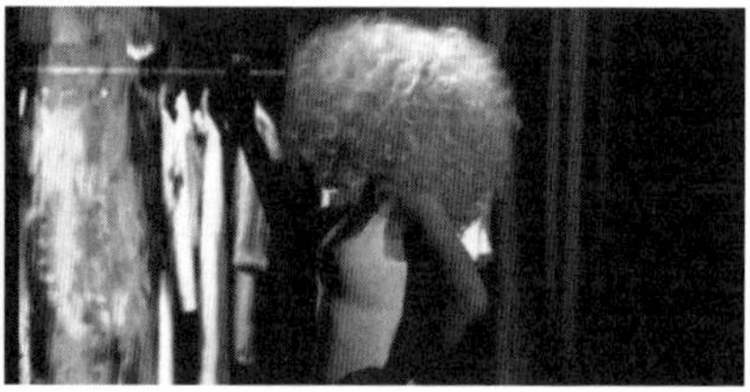

Abb. 163 links: In der folgenden Szene wird Aguilera beim Betreten einer Tür gezeigt, die das „Durchqueren der Tore“ ihrer Initiation symbolisiert. Rrechts: Aguilera wird dann gezeigt, wie sie ihre Kleidung in Brand setzt, was darauf hinweist, dass sie ihr altes Ich zerstört und das neue Alter Ego „Xtina“ annimmt

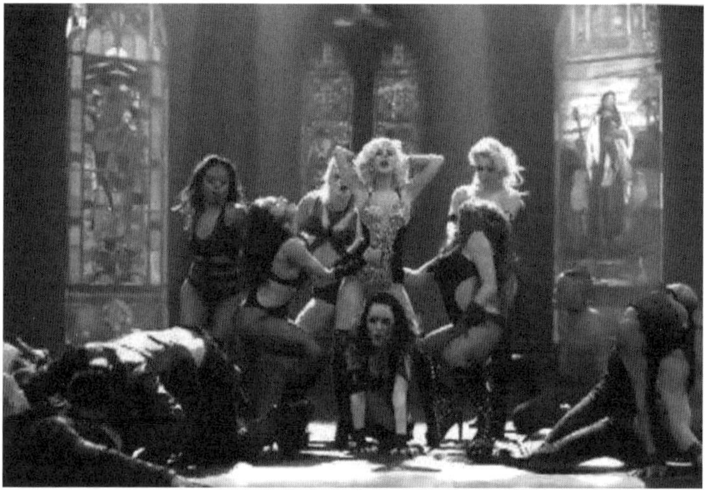

Abb. 164: Die Einweihung wird dann besiegelt und durch nichts Geringeres als eine Orgie in einer Kirche vollendet

Die Szene in der Kirche gibt der Einweihung eine spirituelle Konnotation. Eine Orgie an einem Ort, der als heilig gilt, ist eine Form der Entweihung, die an Rituale der schwarzen Magie erinnert. Das Video handelt nicht nur von einem Mädchen, das „verrückt werden“ will, sondern von einer Einweihung in die „dunkle Seite“.

Um die Vollendung der Initiation dieser Sklavin der Gedankenkontrolle weiter darzustellen, wird Xtina gezeigt, wie sie sich mit „schwarzer Milch“ oder vielleicht schwarzem Samen bedeckt. Dazu Fritz Springmeier:

„Sexueller Missbrauch […] ist stärker, wenn er in den Kontext dämonischer Magie gestellt wird. Der Samen des Täters ist magisch und besiegelt die Programmierung. Der rituelle Aspekt und die Wiederholung des Missbrauchs erzeugen verschiedene Dynamiken, die den Missbrauch begleiten, der bei nicht-rituellem Missbrauch nicht auftreten würde.“(73)

Wenn einigen Beobachter der Popkultur Christina Aguileras Arbeit des Plagiats beschuldigen, erkennen sie nicht, dass sie einfach der Agenda folgt, die Popstars aufgezwungen wird. Die Standardisierung der Musikindustrie hat dazu geführt, dass verschiedene Künstler dieselbe Symbolik, dieselben Themen und dieselbe Ästhetik verwenden. Oberflächliche Unterschiede definieren jeden Künstler, aber der Inhalt und die Botschaft der Musik bleiben gleich. Wenn einige Ausführungen in diesem Buch überflüssig erscheinen, liegt dies an der eindeutigen Redundanz der Nachrichten, die von der Musikindustrie über die von ihr beworbenen Produkte übermittelt werden. Diese Wiederholung ist ein wichtiger Hinweis darauf, ob es in der Branche eine alternative Agenda gibt.

Die vollständige Transformation von Christina Aguilera für das „Bi-On-Ic“-Album und ihre Akzeptanz aller erörterten Themen (einschließlich der „Ein-Auge-Sache“) sollten Ihnen eine klare Botschaft senden. Es gibt eine Agenda in der Musikindustrie und man muss sich anpassen, um als Star gefördert zu werden. Dies garantiert keinen weltweiten Erfolg, ist jedoch der einzige Weg, um die Anerkennung der Branche zu erhalten, die erforderlich ist, um den Status zu erhalten.(74)

Die verstörende und verborgene Bedeutung von „Fall in Line“

„Fall in Line“ ist ein Duett von zwei Ex-*Disney*-Stars: Christina Aguilera und Demi Lovato. Obwohl es in dem Song anscheinend um „Selbstwertsteigerung“ geht, erzählt das Video eine ganz andere Geschichte: Beide sind immer noch Sklaven einer unterdrückerischen Industrie.

Der Trend von 2018 ist stark: Es geht darum, wütend und moralisierend zu sein. Um als relevant erachtet zu werden, müssen sich Entertainer auf intensives Signalisieren von Tugenden einlassen und sich aus irgendeinem Grund als Märtyrer ausgeben. Natürlich erlauben die Massenmedien nicht, dass Popstars für irgendeine Botschaft werben. Die von ihnen zu überbringende Botschaft wird sorgfältig kalkuliert und auf bestimmte Weise vermarktet, um eine bestimmte Reaktion hervorzurufen.

Und da die Unterhaltungsindustrie nunmal so ist, wie sie ist, sind die Botschaften der Stars oft trügerisch und manipulativ. Wie in den Kapiteln zuvor betont, vermittelt die Symbolik in den Videos dieser Künstler oft düstere und verstörende Botschaften, die jede Art von sogenannter „Selbstwertsteigerung" zunichte machen. Falls es Ihnen noch nicht bewusst ist, sie möchten nicht, dass Ihr „Selbstwertgefühl gesteigert" wird. Sie veranlassen Sie dazu zu glauben, dass Selbstwertsteigerung bedeutet, wütend, hasserfüllt und unter Kontrolle der Elite zu sein.

Christina Aguileras „Fall in Line" ist ein weiteres Beispiel für diesen traurigen Trend. Während es in dem Lied anscheinend um #metoo und weibliche Selbstwertsteigerung geht, sagt das Video etwas anderes aus. Durch symbolische Szenen enthüllt das Video das wahre Innenleben der Unterhaltungsindustrie und den wahren Zustand von Stars wie Christina Aguilera.

Sowohl Christina Aguilera als auch Demi Lovato wurden von *Disney* als Kinder rekrutiert. Seitdem stehen sie unter strenger Kontrolle der Industrie.

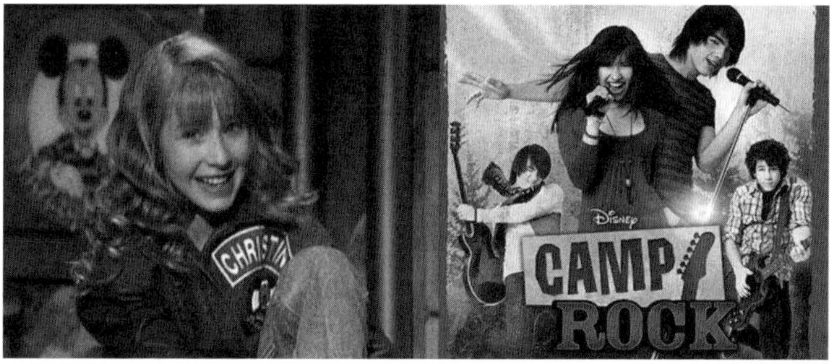

Abb. 165 links: Die junge Christina Aguilera in der Fernsehsendung Mickey Mouse Club. Rechts: Demi Lovato. Star des Disney-Films Camp Rock

Nach dem „Aufstieg" und einer Solo-Gesangskarriere kam es zu einer starken Sexualisierung. Beide Sängerinnen wurden zu Gesichtern der allgegenwärtigen Monarch-Programm- / Sex-Kitten-Agenda.

Nachdem sie diese Stars einige Jahre lang als Sexobjekte verkauft haben, vermarkten dieselben Plattenfirmen sie jetzt als „ausgesprochene Feministinnen", denn jetzt ist es an der Zeit, von der gesamten #metoo-Bewegung zu profitieren. Das Video sagt jedoch die dunkle Wahrheit über die Branche aus: Es ist ihr egal. Tatsächlich geht es um das genaue Gegenteil von Selbstwertsteigerung: Versklavung.

Der Titel des Songs ist im Grunde ein Befehl sowohl an Prominente als auch an die Massen im Allgemeinen: „Fall in Line" („sei konform" und gehe nicht gegen den Strich). Hier findet keine wirkliche „Befreiung" statt. Das Lied drückt einfach die Agenda „Teile und herrsche" (in diesem Fall die Spaltung der Geschlechter) unter einer dicken Schicht MKULTRA-Symbolik aus.

Das Video beginnt mit jungen Versionen von Aguilera und Lovato, die draußen spielen.

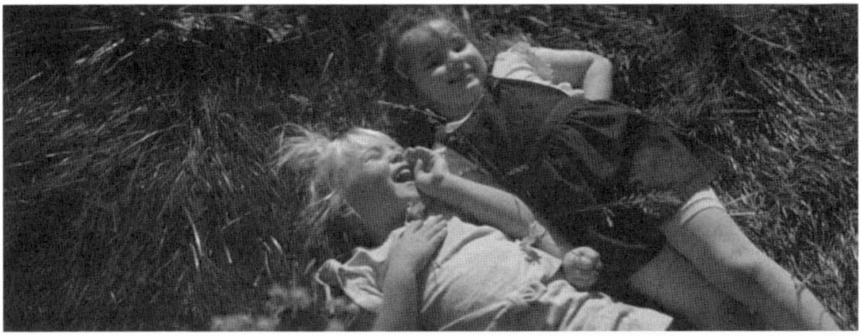

Abb. 166: Jugend und Unschuld

Dann tauchen aus dem Nichts böse Männer auf.

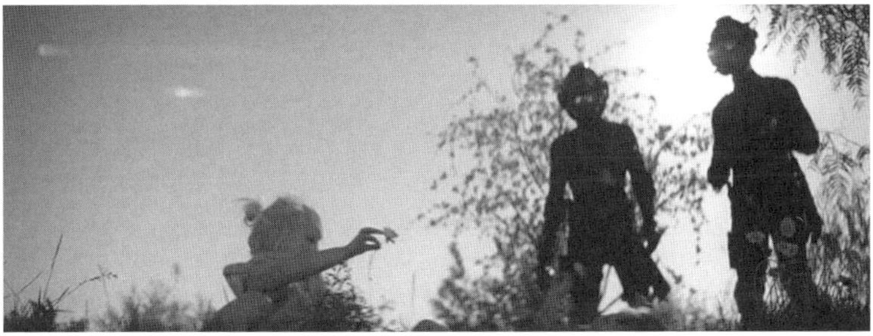

Abb. 167: Maskierte Männer in futuristischen Uniformen nehmen die Mädchen mit

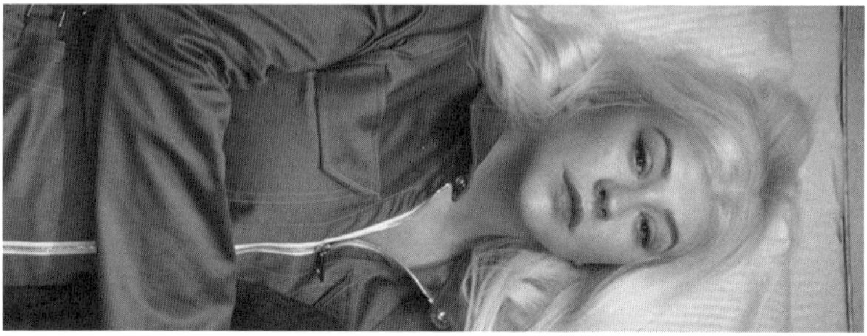

Abb. 168: Dann sehen wir Christina in einer Zelle liegen.
Sie war die ganze Zeit unter „ihrer" Kontrolle

Das Video zeigt von Anfang an, dass es sich um die düstere Welt der Monarch-Programmierung handelt, in der Kinder entführt und gezwungen werden, als Sklaven an einem „geheimen Ort" zu leben. In Anbetracht der Tatsache, dass sowohl Aguilera als auch Lovato als Kinderstars von *Disney* (auch bekannt als MKULTRA-Sklavenfabrik) aufgewachsen sind, ist dies alles ziemlich präzise.

Verschiedene Einstellungen zeigen die Sängerinnen, die in einer „unterirdischen" Einrichtung eingesperrt sind, in der sie streng überwacht werden.

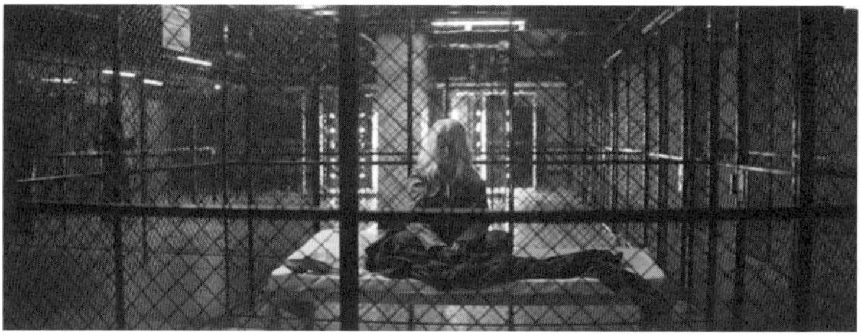

Abb. 169: Aguilera sitzt in einer Zelle. Dies ist jedoch keine reguläre Gefängniszelle
für Kriminelle. Dies ist eine MKULTRA-Einrichtung

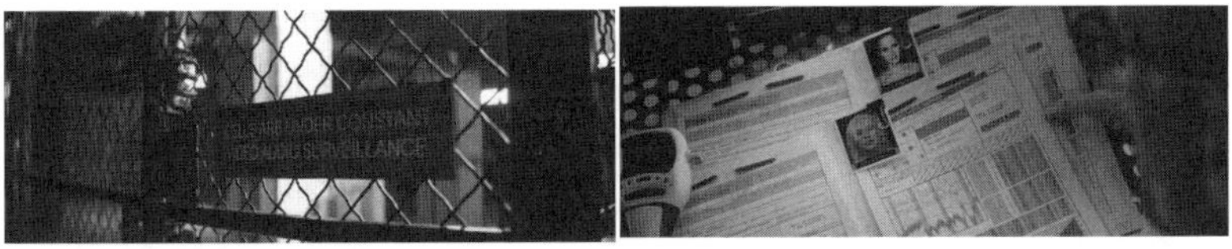

Abb.170 links: MKULTRA-Sklaven werden tatsächlich ständig mit Video/Audio überwacht. Rechts: Die Agenten haben umfangreiche biomedizinische Daten über jeden Insassen

Als das Lied beginnt, wird Aguilera von zwei maskierten Männern festgehalten – den MKULTRA-Programmierern.

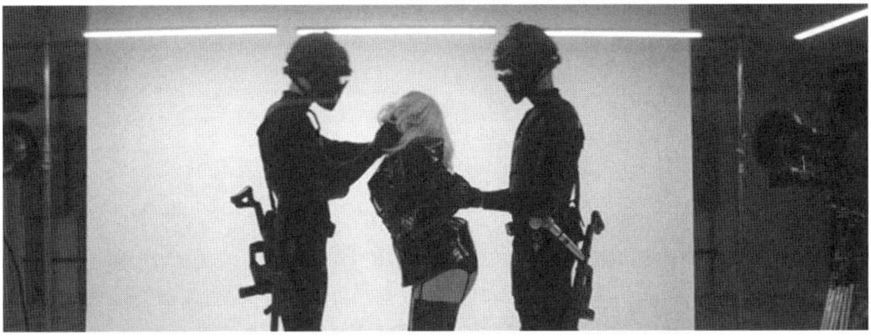

Abb. 171: Die Männer zwingen Aguilera, zwischen beiden zu stehen und sie wird festgehalten wird, was auf sexuellen Missbrauch anspielt

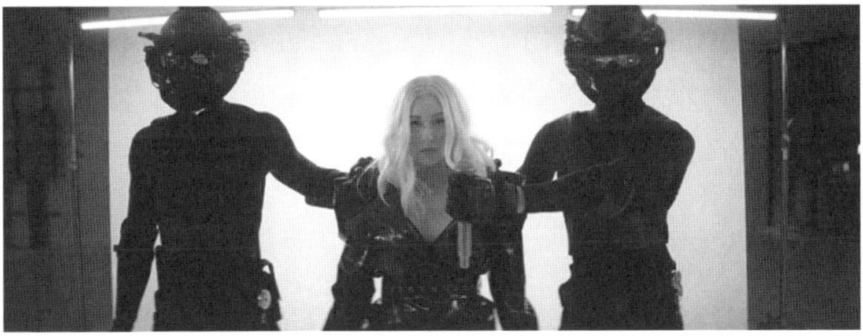

Abb. 172: Einer der Männer gibt Aguilera ein Mikrofon

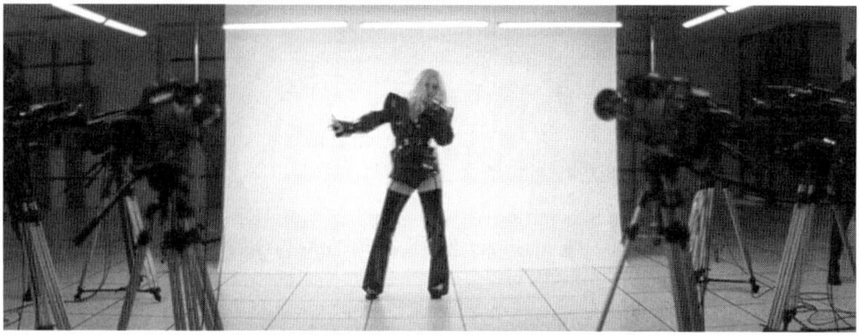

Abb. 173: Aguilera fängt an, „Fall in Line“ zu singen, während Kameras sie dabei filmen

Die obige Szene ist ganz eindeutig: Die Programmierer wollen eigentlich, dass Aguilera das Lied singt, in dem es angeblich darum geht, frei zu sein. Aguileras Strophe lautet wie folgt:

„Kleine Mädchen, hört genau zu
Denn mir hat es niemand gesagt
Aber du hast verdient zu wissen
Dass du in dieser Welt zu nichts verpflichtet bist
Du schuldest ihnen weder
Deinen Körper noch deine Seele“

(„Little girls, listen closely
'Cause no one told me
But you deserve to know
That in this world, you are not beholden
You do not owe them
Your body and your soul“)

Von wem spricht sie? Der Branche, der sie gehört? Eines ist sicher: „Sie“ besitzen tatsächlich ihren Körper und ihre Seele. Das Video macht dies ziemlich deutlich.

Demi Lovatos Strophe ist auch etwas verwirrend.

„Zeig etwas Haut, lass ihn dich wollen
Weil Gott dir verbietet
Kenne deinen eigenen Weg nach Hause
Und frag dich, warum es wichtig ist
Wem es schmeichelt

(„Show some skin, make him want you
'Cause God forbid you
Know your own way home
And ask yourself why it matters
Who it flatters
You're more than

Du bist mehr als Fleisch und Knochen“

flesh and bones“)

Während die Botschaft der Strophe positiv zu sein scheint, steht alles in dem Video sowie die Geschichte der Sängerinnen in direktem Widerspruch zu dieser Botschaft.

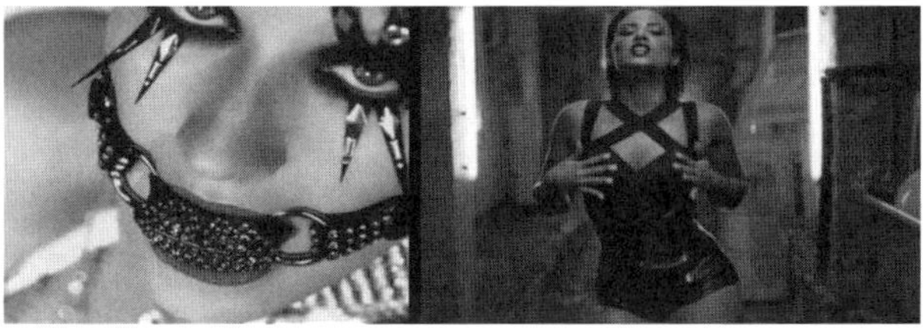

Abb. 174: Die Karrieren beider Sängerinnen waren stark von Sex abhängig, manchmal extrem

Selbst in „Fall in Line“ tragen beide Sängerinnen sexy, freizügige Kleidungsstücke. Die Worte ergeben einen bizarren, perversen Kontrapunkt zu dem Missbrauch, der im Video gezeigt wird und an sexuelle Fantasien der Unterwerfung bzw. Herrschaft erinnert.

Kurz gesagt, es steckt eine Menge Heuchelei in einem Lied, das jungen Mädchen sagt, dass sie „mehr als Fleisch und Knochen“ sind. Nach klassischer Art eines Massenmedien-Täuschungsmanövers stimmen die Worte der Sängerinnen nicht mit dem überein, was im Video passiert. Oder im wirklichen Leben.

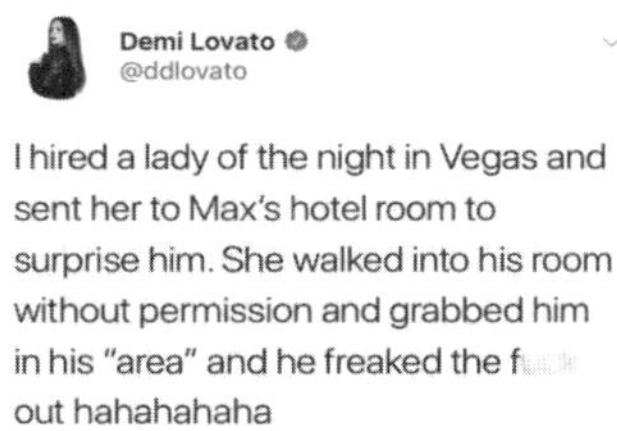

Abb. 175: Am 4. Juni veröffentlichte Demi Lovato auf Twitter einen „Streich“, den sie ihrem Leibwächter machte, wo sie eine Eskortdame beauftragte, ihm in den Schritt zu greifen (hahahahaha). Das wurde sofort angeprangert, weil ihr „Streich“ tatsächlich ein sexueller Übergriff war. Der Tweet wurde umgehend gelöscht

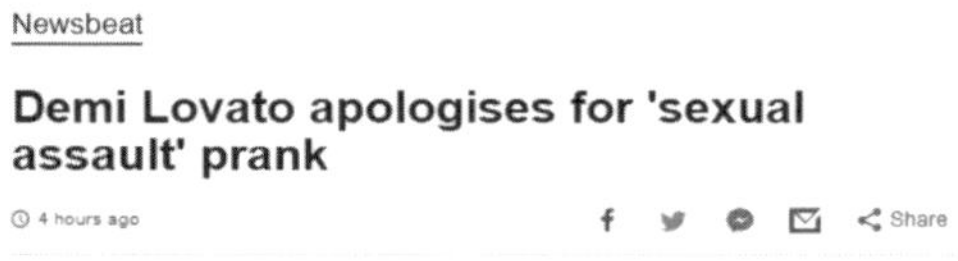
Newsbeat

Demi Lovato apologises for 'sexual assault' prank

4 hours ago Share

Abb. 176: „Demi Lovato entschuldigt sich für ‚sexuellen Übergriff'-Streich“

Das ist nicht die Art von Überschrift, die man ein paar Tage nach der Veröffentlichung eines Liedes sehen will, bei dem es um missbräuchliche Männer geht.

Während des Liedes wiederholt eine männliche Stimme einige irritierende Dinge.

„Eins, zwei, drei
Richtig, zwei, drei
Halt den Mund (oh)
Streck deinen A----h für mich raus
Marsch, zwei, drei
Eins, zwei, drei
Wer hat dir gesagt, dass du denken darfst?“

(„One, two, three
Right, two, three
Shut your mouth (oh)
Stick your a-s out for me
March, two, three
One, two, three
Who told you you're allowed to think?“)

Diese Stimme soll die bedrückende männliche Figur darstellen, gegen die die Mädchen ankämpfen. Wieder einmal ist an diesem ganzen Machwerk etwas Perverses. In der Tat führt seine eingängige Wiederholung dazu, dass das Gehirn diese direkten Anordnungen unbewusst verinnerlicht. Wo ziehen wir die Grenze zwischen der Denunzierung von etwas und der ungesunden Besessenheit davon? Müssen wir zum Befehlston eines Mannes tanzen, der verbal ausfällig wird? Ist das nicht das Gegenteil von dem, was wir tatsächlich wollen? Noch mehr Heuchelei.

Später im Video betritt ein maskierter Mann Aguileras Zelle und versucht, sie zu missbrauchen.

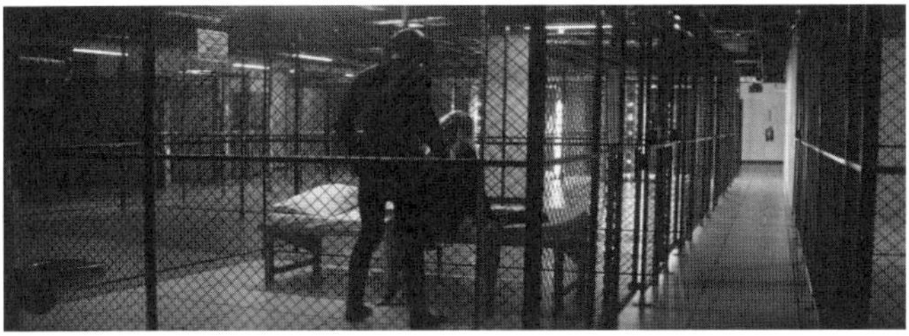

Abb. 177: Der Programmierer spreizt gewaltsam Aguileras Beine und deutet damit an, dass er sie vergewaltigen wird. Sexueller Missbrauch wird routinemäßig in der Monarch-Gedankenkontrolle eingesetzt

Aguilera schafft es jedoch, sich zu befreien und tritt dem Kerl in den Hintern. Dann befreit sie Lovato und beide finden eine Möglichkeit zu fliehen. Aber entkommen sie wirklich?

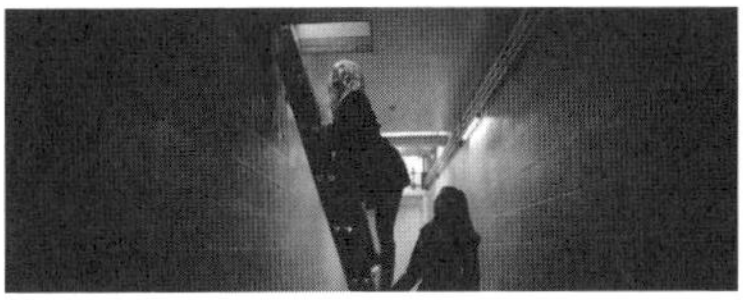

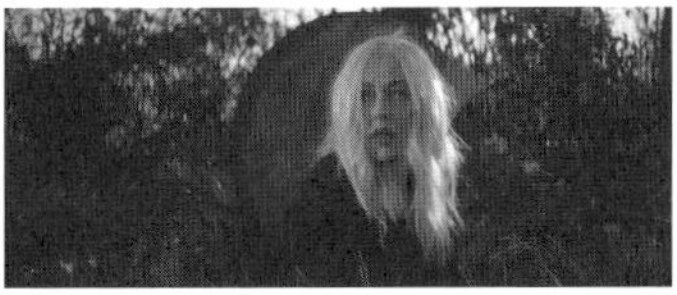

Abb. 178 links: Nachdem sie in all den Jahren, in diesem super gesicherten Gefängnis steckten, fliehen die Mädchen durch diese praktischerweise geöffnete Falltür. Rechts: Die Tür führt zu dem Feld, auf dem die Mädchen in jungen Jahren gespielt haben

Das Video sagt uns, dass sich die riesige MKULTRA-Anlage direkt unter dem Ort befand, an dem die Mädchen gespielt haben. Das ist ein ziemlicher Zufall ... es sei denn, nichts davon ist wirklich real und alles geschieht in den Köpfen der Mädchen. Die subtile Symbolik der letzten Szene sagt alles.

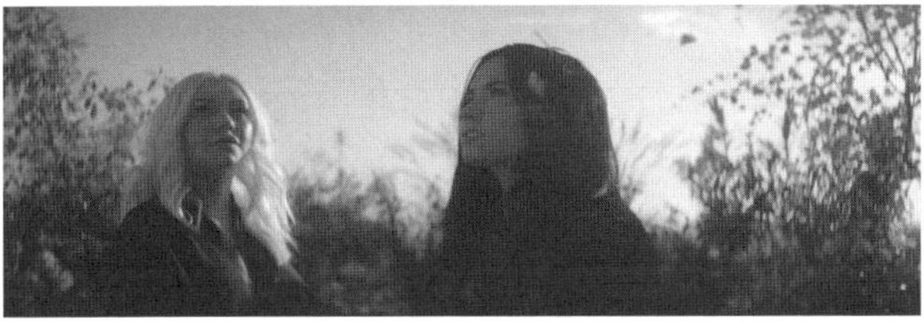

Abb 179:. Monarchfalter fliegen um die beiden Protagonistinnen herum

Am Ende des Videos fliegen viele Monarchfalter um Christina und Demi herum. Sie sybolisieren, dass sie immer noch unter Gedankenkontrolle stehen. Es gibt einen Grund, warum die „Flucht" so einfach und bequem war: Es ist nicht wirklich passiert. Dies hat eine beunruhigende Bedeutung: Aguilera wurde wahrscheinlich tatsächlich missbraucht, und das Ende des Videos ist ihre Dissoziation.

Niemand wurde von irgendetwas „befreit". Aguilera und Lovato führten das Lied auf, von dem ihre Programmierer wollten, dass sie es für die Kameras singen, während sie unter Gedankenkontrolle blieben.

Wie es oft bei Singles von großen Musikindustrie-Marionetten der Fall ist, wurde „Fall in Line" mit einer symbolischen Preisverleihung beworben.

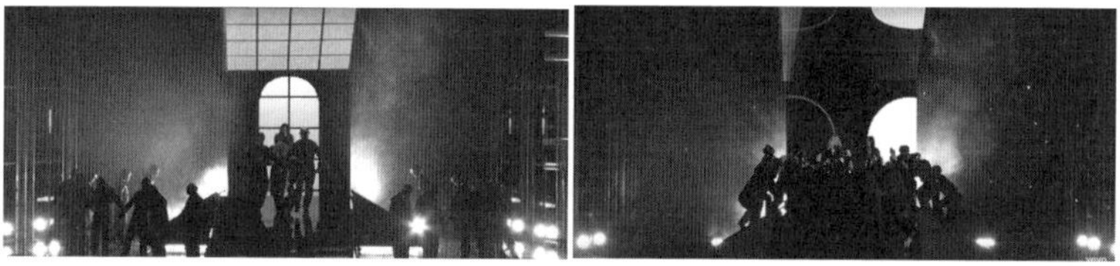

Abb. 180 links: Aguilera und Lovato treten inmitten uniformierter Männer auf und verleihen dem Schauplatz eine gedrückte polizeistaatliche Atmosphäre. Nachdem Aguilera ihre Strophe gesungen hat, wird sie von zwei Männern herumgeschleppt. Reine Industrie-Sklaverei. Rechts: Später verschmelzen ein weißer und ein schwarzer Kreis. Dualität und die Vereinigung von Gegensätzen sind reine Symbolik der okkulten Elite

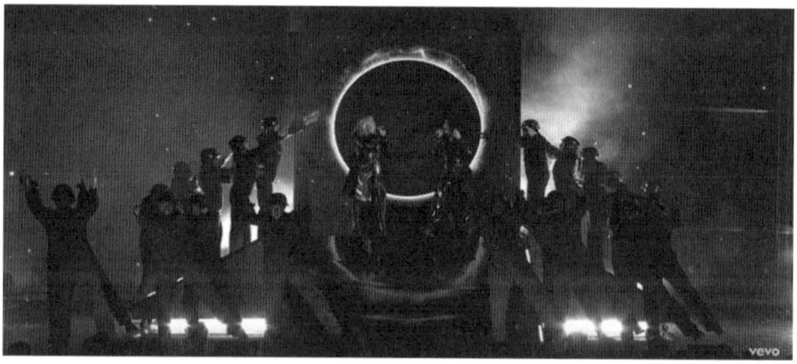

Abb. 181: Die verschmelzenden Kreise erzeugen etwas, das einer Sonnenfinsternis ähnelt. In okkulten Begriffen bringt es eine „Schwarze Sonne" hervor, ein okkultes Symbol mit tiefer Bedeutung. Beachten Sie, dass die Männer die Frauen tatsächlich „bejubeln"

„Die Alten versuchten, natürliche Prozesse mit der Einmischung der Götter zu erklären, wobei sie den üblichen physikalischen und astronomischen Phänomenen eine besondere Bedeutung zusprachen. Die Abwesenheit der Sonne am Himmel nach dem Sonnenuntergang bedeutete ein Gleichgewicht zwischen Licht und Dunkelheit und verband die lebende Welt mit der der Toten. Sonnenaufgang bedeutete Wiedergeburt, Erneuerung des Lebens.

Die Theorie über die Existenz von zwei Sonnen besagt, dass die goldene Seite uns Licht, Energie und Wärme gibt und ihre dunkle Seite alles wegnimmt. Manchmal überwog die dunkle, was durch eine Sonnenfinsternis bestätigt werden konnte, die die Sonne buchstäblich schwarz machte. Die Menschen glaubten, dass die Sonnenfinsternis große Veränderungen mit sich brachte oder sogar zum Ende der Welt führen könnte. Es wird in Mythen verschiedener alter Kulturen, in der Johannes-Offenbarung und in Vorhersagen des Nostradamus erwähnt; selbst in Kinderfabeln wird es regelmäßig wiederholt.

Die Schwarze Sonne ist ein bekanntes alchemistisches und okkultes Symbol. Alchemisten verwendeten diesen Begriff, um die erste Phase bei der Schaffung des Steins der Weisen anzuzeigen: Nigredo oder Schwärze, was die Reinigung der schwarzen Materie bedeutet und in einen neuen Zustand (neues Leben) übergeht, eine Wiedergeburt. Man findet diesen Begriff in der Psychologie, wo er den depressiven Zustand, die Krise oder den Zusammenbruch des Individuums impliziert, der der persönlichen Erneuerung vorausgeht.“[(75)]

Geht es hier wirklich um #metoo? Oder um die okkulte Elite, die ihre Kontrolle feiert? Wie üblich?

„Fall in Line“ ist oberflächlich betrachtet ein „erhebendes“ Video. Christina Aguilera und Demi Lovato werden von bösen, aggressiven Männern unterdrückt und befreien sich, um sich als Schwestern auf demselben magischen Gebiet wieder zu vereinen, auf dem sie als Kinder gespielt haben.

Diese vereinfachte Interpretation ignoriert jedoch wichtige Symbole im gesamten Video. Die traurige Wahrheit ist, dass sowohl Aguilera als auch Lovato immer noch im Besitz großer Labels sind.

Die seit Jahren vorherrschende MKULTRA-Agenda wird heute stärker denn je. Der einzige Unterschied besteht darin, dass „sie“ einen Weg gefunden haben, ihre irritierende Symbolik in einem trügerischen Gewand der „Selbstwertsteigerung“ zu verschleiern.

Das Video zeigt das MKULTRA-System in überraschend genauen

Details und zeigt sogar, wie die Sängerinnen als Kinder entführt und sexuell missbraucht wurden. Dann sind sie gezwungen, „Fall in Line" für die Kameras zu singen. Nach einer Fantasy-Szene der Befreiung sind die Mädchen von Monarchfaltern umgeben, was darauf hinweist, dass sie immer noch unter Kontrolle sind.

Obwohl einige Leser diese Interpretation als „weit hergeholt" empfinden werden, spiegelt sie tatsächlich die Realität wider. Zu glauben, dass diese Sänger tatsächlich gegen irgendetwas rebellieren, ist das, was eigenlich „erreicht" werden soll. Wenn diese Ex-*Disney*-Stars jemals gegen ihre Programmierer vorgehen und wirklich revolutionäre Musik kreieren würden, würde ihnen sofort gesagt werden: „Wer hat dir gesagt, dass du denken darfst?"[(76)]

2.4 Lady Gaga

„Es ist nicht so, dass ich unehrlich gewesen bin,
es ist nur so, dass ich die Realität verabscheue."
(Lady Gaga, Lied: „Marry the Night")

Stefani Joanne Angelina Germanotta (28. März 1986), bekannt unter ihrem Künstlernamen Lady Gaga, ist eine amerikanische Sängerin, Songwriterin, Musikproduzentin, Schauspielerin und Geschäftsfrau. Sie ist bekannt für ihre Vielseitigkeit in zahlreichen Bereichen der Unterhaltungsindustrie und dafür, sich im Laufe ihrer Karriere immer wieder neu zu erfinden.

Gaga begann als Teenager aufzutreten, sang am „offenen Mikrofon" in Kaffeehäusern, Nachtclubs, Comedy-Clubs und schauspielerte in Schulaufführungen. Sie studierte am „Collaborative Arts Project 21" an der „New York University Tisch School of the Arts", bevor sie eine Musikkarriere verfolgte. Als *Def Jam Recordings* ihren Vertrag kündigte, arbeitete sie als Songwriterin für *Sony / ATV Music Publishing*, wo Akon ihr 2007 half, einen gemeinsamen Vertrag mit *Interscope Records* und seinem eigenen Label *Kon-Live Distribution* zu unterzeichnen. Im folgenden Jahr wurde sie mit ihrem Debüt-Album „The Fame" und dessen Top-Singles „Just Dance" und „Poker Face" bekannt. Das Album wurde später neu aufgelegt, um die EP „The Fame Monster (2009)" aufzunehmen, die die Singles „Bad Romance", „Telephone" und „Alejandro" hervorbrachte.

Gagas fünf aufeinanderfolgende Studioalben haben alle in den „US Billboard 200" debütiert. Auf ihrem zweiten Album, „Born This Way" (2011), das sich in der ersten Woche mehr als eine Million Mal verkaufte, widmete sie sich elektronischem Rock und Techno-Pop. Der Titeltrack wurde mit über einer Million Downloads in weniger als einer Woche zum am schnellsten verkauften Titel im *iTunes Store*. Nach ihrem von elektronischer Tanzmusik beeinflussten dritten Album „Artpop", das die Single „Applause" hervorbrachte, verließ Gaga den Dance-Pop und veröffentlichte mit Tony Bennett das Jazz-Album „Cheek to Cheek" (2014) sowie das von Country Pop und Soft Rock beeinflusste Album „Joanne" (2016).

In dieser Zeit wagte sie sich auch an die Schauspielerei und spielte eine Hauptrolle in der Miniserie *American Horror Story: Hotel* (2015–2016), für die sie den „Golden Globe Award" als beste Schauspielerin erhielt, sowie in dem von der Kritik gefeierten Musikdrama *A Star Is Born* (2018). Sie trug auch zu dessen Soundtrack bei, aus dem die Single „Shallow" hervorging, und machte sie zur ersten Frau, die innerhalb eines Jahres einen „Oscar", „Grammy", „BAFTA" und „Golden Globe Award " gewann.

Gaga kehrte mit ihrem sechsten Studioalbum „Chromatica" (2020) zu ihren Dance-Pop-Wurzeln zurück, auf dem die Nummer 1-Single „Rain on Me" zu hören war.

Sie zählt mit über 150 Millionen verkauften Tonträgern zu den erfolgreichsten Sängerinnen der Welt. Gaga ist eine der weltweit am besten verdienenden Musikerinnen und die am viertbesten verdienende Musikerin der 2010er Jahre. Zu ihren Erfolgen zählen verschiedene *Guinness*-Weltrekorde, elf „Grammy Awards" und Auszeichnungen der „Songwriters Hall of Fame" und des „Council of Fashion Designers of America". Sie wurde zur *Billboard*-Künstlerin des Jahres sowie Frau des Jahres gekürt und in die „Power- und Earnings"-Rangliste von *Forbes* aufgenommen. Sie wurde im Jahr 2012 von *VH1* als Nummer vier der „Greatest Women in Music" und als zweite bei der *Times*-Leserwahl der einflussreichsten Menschen in den vergangenen zehn Jahren gewählt. Sie ist bekannt für ihre Philanthropie und ihren sozialen Aktivismus, einschließlich ihrer Arbeit im Zusammenhang mit dem Bewusstsein für psychische Gesundheit und LGBT-Rechte. Gaga gründete ihre gemeinnützige Organisation, die „Born This Way Foundation", die sich darauf konzentriert, Jugendliche zu stärken, die psychische Gesundheit zu verbessern und Mobbing zu verhindern.(77)

Eine der ersten Popstar-Starlets, denen angebliche Verbindungen zu den Illuminati vorgeworfen werden, ist Lady Gaga, die 2008 mit ihrer Single „Poker Face" über Bisexualität auftrat, einem Lied über die Gesellschaft eines Mannes, aber über Fantasien, dass sie stattdessen mit einer Frau zusammen sei und daher ihr „Pokerface" benutzen musste, damit der Kerl nicht glaubte, dass etwas nicht stimmte. Lady Gaga war im Grunde eine Reinkarnation der Madonna der 1980er Jahre und tat fast alles, um Aufmerksamkeit zu erregen, einschließlich des Tragens ihres berüchtigten „Fleischkleides" bei den „MTV Video Music Awards" 2010.(78)

Gaga wird oft in Kostümen mit der Symbolik des allsehenden Auges fotografiert und war eine sehr lautstarke Befürworterin der Homosexualität. Sie gab gegenüber der TV-Moderatorin Barbara Waters zu, dass sie Sex mit

Frauen hatte und bisexuell sei.[79] Ihr 2011er Song „Born This Way“ wurde als Hymne für die Homosexuellen-Community beschrieben und in einem „Saturday Night Live“-Sketch sang sie darüber, zwei Jungs gleichzeitig zu vögeln.[80] In der „Jimmy Kimmel Show“ erzählte sie eine Geschichte über das Aufnehmen von Songs in ihrem Tourbus und wie sie „Luzifer schwor“, dass sie ihre Crew töten würde, wenn die Ausrüstung nicht richtig funktionieren würde.[81]

Sie nennt ihre Fans „Monster“ oder „kleine Monster“, was eigentlich eine passende Bezeichnung für die verlorenen und dekadenten Seelen ist, die Gaga unterstützen. Wie viele Menschen, die ihre Seele für den Erfolg im Mainstream verkauft haben, wird sie von Albträumen heimgesucht, über die nur wenige andere Stars sprechen.[82]

Sie sagte gegenüber dem „Rolling Stone“-Magazin: „Ich habe manchmal diesen wiederkehrenden Traum, in dem sich ein Phantom in meinem Haus befindet. Er bringt mich in ein Zimmer, und da ist ein blondes Mädchen mit Seilen an allen vier Gliedmaßen. Und sie hat meine Schuhe von den Grammys angezogen. Und die Seile ziehen sie auseinander.“[83]

Sie fuhr fort: „Ich sehe nie, wie sie auseinander gezogen wird, sondern beobachte nur, wie sie wimmert, und das Phantom sagt zu mir: ‚Wenn du willst, dass ich aufhöre sie zu verletzen und wenn Du willst, dass es Deiner Familie gut geht, schneidest Du Dir in das Handgelenk!‘ Und ich denke, dass er ein eigenes, verrücktes Gerät zum Schneiden des Handgelenks hat. Und er hat diesen Honig in Tupperware, und es sieht aus wie süß-saure Soße mit viel Natriumglutamat aus New York. Einfach bizarr. Und er möchte, dass ich den Honig in die Wunde gieße und dann Sahne darüber und mit einer Mullbinde verbinde.“ Sie erklärte im Interview, dass ihre Mutter sagte, es sei ein Illuminati-Ritual und dass sie beschlossen habe, es in ihre Shows einzubauen, denn „ein Großteil meiner Arbeit ist ein Exorzismus für die Fans, aber auch für mich.“

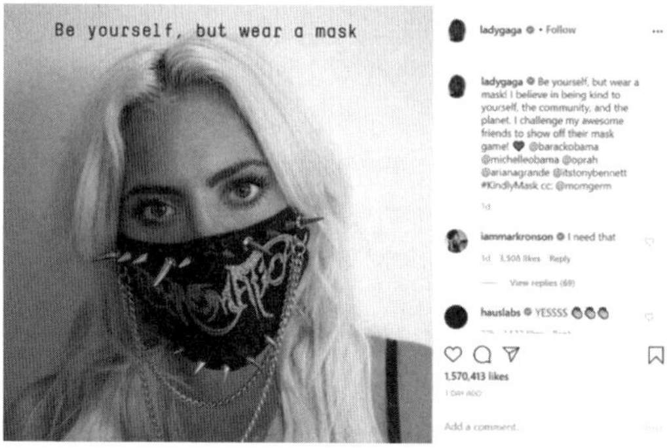

Abb. 182: Lady Gaga ist immer bereit, die Agenda der Elite voranzutreiben. 2021 gibt auf der Basis von extrem interpretierten „Daten" einen massiven Vorstoß, Masken auf der ganzen Welt zur Pflicht zu machen,. In diesem Instagram-Post schreibt sie „Sei du selbst, aber trage eine Maske". ABER trage eine Maske. Die Konjunktion „aber" wird verwendet, um einen Kontrast oder ein Gegenteil hervorzuheben. Mit anderen Worten, diese Formulierung impliziert, dass Sie sie selbst sein können, ABER Sie müssen sich auch unterwerfen und anpassen. Gaga markiert in ihrem Post ihre „großartigen" Elite-Freunde Obama, Oprah und Ariana Grande

Von der Gedankenkontrolle zum Superstar: Die Bedeutung von Lady Gagas „Marry the Night"

Das Musikvideo „Marry the Night" (2011) erzählt die Geschichte von Lady Gagas Aufstieg in der Unterhaltungsindustrie. Seltsamerweise beginnt ihre „Reise" damit, dass sie die Symptome eines traumabasierten Opfers der Gedankenkontrolle beschreibt. Hat dieses Video eine tiefere Bedeutung? Wir werden uns die Symbolik von „Marry the Night" und die zugrunde liegende okkulte Bedeutung ansehen.

Lady Gaga sorgte bei ihren Fans für großes Aufsehen, als sie ankündigte, dass das Video zu „Marry the Night" einen Teil ihrer Vergangenheit enthüllen würde. Haben ihre Fans erwartet, dass das Video mit einer traumatisierten Gaga in einer psychiatrischen Abteilung mit einer Gruppe lobotomierter Mädchen beginnt? Wahrscheinlich nicht.

Von diesem seltsamen Ausgangspunkt aus zeigt das Video Gagas Aufstieg zum Superstar. Wie passt das zusammen? Für die meisten macht das keinen Sinn. Für diejenigen, die die Beziehung zwischen Trauma-basierter Gedankenkontrolle und Unterhaltungsindustrie verstehen, ist dies jedoch durchaus nachvollziehbar.

Während sich viele ihrer vorherigen Videos auf subtile und symbolische Weise auf Gedankenkontrolle bezogen, geht „Marry the Night" noch einen Schritt weiter und formuliert sie ziemlich genau. Zu Beginn des Videos definiert Gagas Monolog eindeutig die Notlage eines Opfers der Gedankenkontrolle. Trotz ihrer Schwierigkeiten, sagt sie, sei sie entschlossen, es im Musikgeschäft zu schaffen und bereit, alles zu tun um ihr Ziel zu erreichen. Sie „heiratet daher die Nacht", ein Ausdruck, der eine tiefgreifende Bedeutung hat.

Das Video ist Lady Gagas Regiedebüt und laut *MTV.com* ein großes Dankeschön an *Interscope Records* – das Plattenlabel, das sie unter Vertrag genommen hat. Dies ist definitiv wahr, aber das Video sagt auch danke an diejenigen hinter ihrem Plattenlabel: die „Nacht", die sie geheiratet hat.

Schauen wir uns die wichtigsten Szenen des Videos an!

Das Intro des Videos zeigt Gaga als Patientin einer psychiatrischen Abteilung. Während Gaga auf einer Trage liegt, die von zwei Krankenschwestern geschoben wird, beschreibt sie, wie sie die Realität wahrnimmt. Gaga ist von einem Gewalt-Trauma betroffen und entkommt in ihre eigene Welt, um weitermachen zu können. Die von Gaga beschriebene mentale Dissoziation steht in direktem Einklang mit dem Zweck der traumabasierten Gedankenkontrolle, der Grundlage der Monarch-Programmierung. Die Monarch-Programmierung verwendet verschiedene Methoden, einschließlich Gewalt, Drogen und Missbrauch, um ein Trauma auszulösen und das Opfer zur Dissoziation zu bewegen - ein natürlicher Abwehrmechanismus des Gehirns. Der Bruch der Persönlichkeit, der sich aus dem Prozess ergibt, wird dann von den Programmierern der Gedankenkontrolle ausgenutzt, um im Geist der Zielperson neue „veränderte" Persönlichkeiten zu programmieren. Dies wird auch in „Marry the Night" beschrieben, da Gaga eine neue Person erschafft, um ein Superstar zu werden.

Der Prozess führt unter anderem dazu, dass die Opfer große Erinnerungslücken haben, wenn sie sich an die Vergangenheit erinnern möchten. Während des Intros des Videos beschreibt Gaga, wie ein Opfer der Monarch-Programmierung die Realität wahrnehmen würde:

„Wenn ich auf mein Leben zurückblicke,	*(„When I look back on my life*
möchte ich die Dinge nicht genau so	*It's not that I don't want to see*

sehen, wie sie geschehen.	*things exactly as they happened*
Ich möchte mich nur lieber auf künstlerische Weise an sie erinnern.	*It's just that I prefer to remember them in an artistic way*
Und ehrlich gesagt, ist die Lüge viel ehrlicher,	*And truthfully the lie of it all is much more honest because*
weil ich sie erfunden habe.	*I invented it*
Die klinische Psychologie sagt uns wohl, dass Trauma der ultimative Killer ist.	*Clinical psychology tells us arguably that trauma is the ultimate killer*
Erinnerungen werden in der Quantenphysik nicht wie Atome und Teilchen recycelt.	*Memories are not recycled like atoms and particles in quantum physics*
Sie können für immer verloren sein.	*They can be lost forever*
Es ist so, als wäre meine Vergangenheit ein unvollendetes Gemälde,	*It's sort of like my past is an unfinished painting*
und als Künstler dieses Gemäldes muss ich alle hässlichen Löcher ausfüllen	*And as the artist of that painting I must fill in all the ugly holes*
und es wieder schön machen.	*And make it beautiful again*
Es ist nicht so, dass ich unehrlich gewesen bin,	*It's not that I've been dishonest*
es ist nur so, dass ich die Realität verabscheue.“	*It's just that I loathe reality“)*

Gaga sagt im Grunde, dass sie ein Trauma durchgemacht hat, das so schrecklich war, dass sie sich von der Realität distanzierte. Da sie mit Ihrer wahren Existenz nicht fertig werden kann, hat ihre Psyche „alle hässlichen Löcher gefüllt“ und eine innere Welt geschaffen, in der sie entkommen und mental überleben kann. Genau das passiert mit MKULTRA-Sklaven, die von ihren Hintermännern programmiert werden, während sie sich in ihre Fantasiewelt distanzieren. Gaga beschreibt, wie ihr dissoziierter Geist ihre Umgebung wahrnimmt.

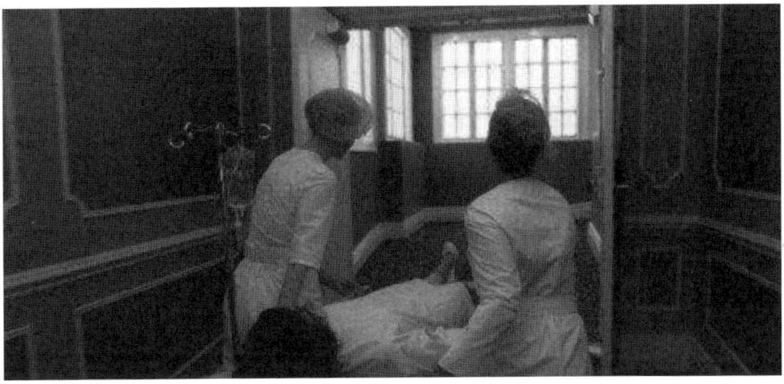

Abb. 183: Die Krankenschwestern tragen ihre Mützen auf „stilvolle“ Weise, weil wir Gagas dissoziierte Wahrnehmung der Realität sehen

In Gagas Realität tragen die Krankenschwestern „Calvin Klein der nächsten Saison“ und sie trägt Giuseppe Zanotti-Schuhe. Außerdem sind die Mützen der Krankenschwestern wie Pariser Baskenmützen zur Seite geneigt, weil sie denkt, dass es romantisch ist. Was wir also sehen, ist nicht die Realität, sondern Gagas Wahrnehmung der Realität, die durch ein Trauma verzerrt wurde. Da sie Mode liebt, ist die Modewelt in ihre mentale Flucht integriert, um die Realität erträglich zu machen.

Die Prämisse dieser Szene ist dem Film *Sucker Punch* ähnlich, in dem sich ein junger Patient einer psychiatrischen Klinik von der Realität distanziert, bevor er sich einer Lobotomie unterzieht.

Lobotomien scheinen auch in Gagas Abteilung zu geschehen. In ihrem Zimmer bemerken wir, dass es voller hirntoter Mädchen mit Bandagen an den Köpfen ist. Dies deutet darauf hin, dass Gagas „Institution“ sich mit Praktiken der Gedankenkontrolle befasst.

Auf ihrem Bett spricht Gaga mit einer Krankenschwester, die sie zufällig auch zur Welt gebracht hat. Dies ist (aus vielen Gründen) ziemlich seltsam, bestätigt jedoch, dass Gagas Existenz seit ihrer Jugend unter strenger Kontrolle steht. Ist dieser kleine Teil im Video „autobiografisch“ oder Fiktion? Schwer zu sagen.

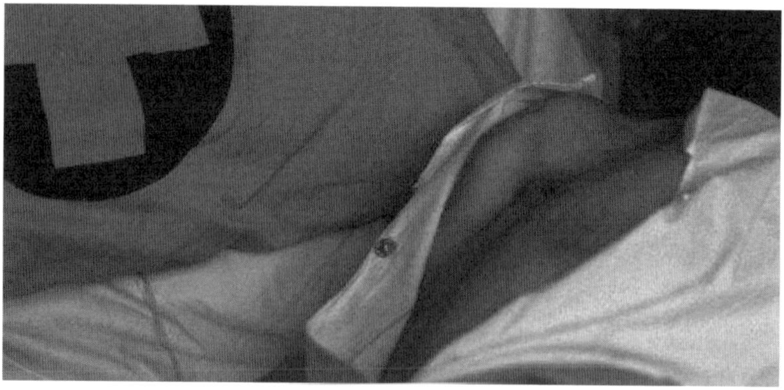

Abb. 184: Etwas ist mit ihrem Rücken passiert, zu erkennen sind massive Prellungen

Als Gaga sich umdreht, zeigt ihr Rücken, dass ihr etwas Schreckliches zugestoßen ist. Die Krankenschwester sagt: „Zwei Wochen lang keine Intimität". Das deutet darauf hin, dass das Trauma möglicherweise sexuellen Ursprungs ist. Sie sagt der Krankenschwester, dass „sie es schaffen wird" und dass „sie ein Star sein wird", weil sie „nichts mehr zu verlieren hat". Mit anderen Worten, das Trauma, das sie erlitten hat, hat bei ihr ein Gefühl des Verlorenseins und der Leere hinterlassen, aber dieses Loch kann durch ihre zwei Obsessionen gefüllt werden: Ruhm und Erfolg.

Nach der deprimierenden Krankenhaus-Szene ist Gaga in ihrer Wohnung, als sie einen Anruf von ihrem Manager erhält, der mitteilt, dass sie von ihrem Label fallen gelassen wurde. Sie antwortet: „Aber ich bin ein Künstler!" Als ob künstlerische Integrität bei Plattenlabels oberste Priorität hätte. Sie dreht durch und hat einen Tobsuchtsanfall, während sie oben ohne ist, Cheerios (Haferring-Frühstücksflocken) im Spiel sind und ihr Make-up verschmiert ist. Der chaotischen Szene sind Bilder von Gaga gegenübergestellt, in der sie anmutig Ballett tanzt – als „wahre Künstlerin". Die beiden Szenen sind diametral entgegengesetzt, weisen jedoch merkliche Ähnlichkeiten auf. Die Ballettszene endet damit, dass Gaga oben ohne unaufhörlich weint, was darauf hinweist, dass beide Szenen gleichzeitig stattfinden: eine im wirklichen Leben und eine in ihrem Kopf.

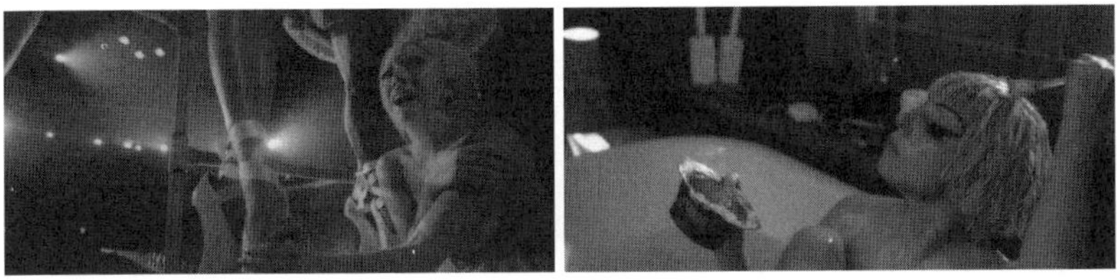

Abb. 185 links: Gaga oben ohne und weinend, wie in der Apartment-Szene. Dies stellt dar, wie Gaga sich selbst wahrnimmt, abgelehnt von ihrem Label. Rechts: In der nächsten Szene ist Gaga in der Wanne und erfüllt eine wichtige Aufgabe:
ihr Haar zu färben. Ihr neues Alter Ego entsteht, das zum Popstar wird

Die Verwandlung von Stefani Germanotta zum Alter Ego Lady Gaga wird durch das Blondieren ihrer Haare symbolisiert. Sie fängt an, das zu tun, was nötig ist, um es in der Unterhaltungsindustrie zu schaffen – ein oberflächliches Alter Ego, das das tut, was Plattenlabels verlangen. Während sie das tut, summt sie „Marry the Night", etwas, das sie hier tatsächlich zu erreichen beginnt.

Sobald die Transformation abgeschlossen ist, verabschiedet sich Gaga von ihrer Ballettkompanie (waren es diejenigen, die zuvor lobotomiert wurden?). Die „wahre Künstlerin" ist weg und die oberflächliche Diva ist geboren.

Die Kamera bleibt einige Sekunden lang auf der Kunst im Raum, wahrscheinlich aufgrund ihrer symbolischen Bedeutung (die Szene wurde im „Snug Harbor Cultural Center" in New York aufgenommen).

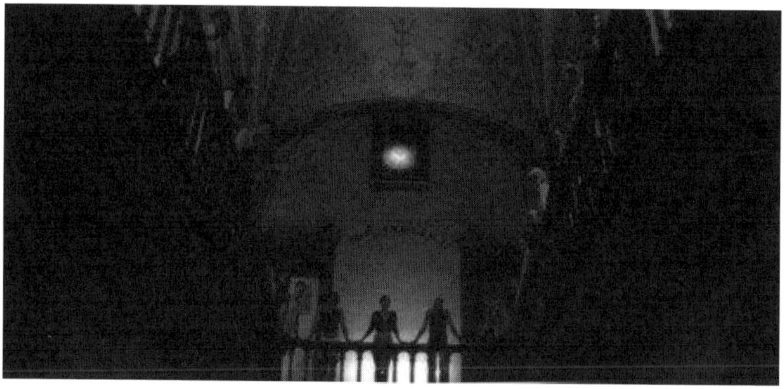

Abb. 186: Während ihr Blick umherschweift, sehen wir einige interessante Dinge. An der Spitze dieser Aufnahme steht Poseidon, der König von Atlantis mit seinem typischen Dreizack. Obwohl er wahrscheinlich dort gemalt wurde, weil der Drehort ein Hafengebäude ist (ein nautischer Ort), hat der Gott im Kontext des Videos eine andere Bedeutung: Poseidon ist eine wichtige Figur in der Mythologie der okkulten Elite, da er der König von Atlantis ist, dem Ort, von dem die Mysterien stammen. Unter Poseidon befindet sich ein leuchtender Stern, der dem flammenden Stern in Freimaurerlogen ähnelt. Unter dem Stern steht „Das Kreuz ist mein Anker" – ein christliches Sprichwort, aber spiegelverkehrt. Mit ziemlicher Sicherheit ist der Satz in Snug Harbor nicht spiegelbildlich geschrieben. Warum wurde das gemacht? Stellt dies Gagas spirituelle Veränderung dar, als sie „die Nacht heiratete"?

Die Kamera schwenkt dann zum Opäum des Raums (das „Kuppelauge" oder Rauchloch) mit einer Sonne als Pupille des „Auges". Das Opäum geht in einen Vollmond über. Als sich die Szene von Tag zu Nacht wandelt, verschwindet Germanotta und Lady Gaga taucht auf.

Die meisten Musik-Websites sagen, dass es bei „Marry the Night" darum geht, in New York auszugehen, zu feiern und Spaß zu haben. Aber wie so oft bei Gagas Werken deuten die Symbolik und die Bildersprache des Videos auf eine tiefere, rituellere Bedeutung hin. Wie wir oben gesehen haben, ist Gaga leidenschaftlich von ihrem Streben nach Erfolg angetrieben und sie scheint zu erkennen, dass der Schlüssel, um es in der Branche zu schaffen, die Initiation ist. Oder, finsterer ausgedrückt: die Seele zu verkaufen.

Im Kontext des Videos nimmt der Ausdruck „heirate die Nacht " eine fast metaphysische Konnotation an. Die Ehe ist ein religiöses Ritual, eine verbindliche Verbindung zwischen zwei Menschen. Was bedeutet es, wenn man die Nacht heiratet? Es kann bedeuten, sich mit Menschen zu verbinden, die im Dunkeln Geschäften nachgehen: der okkulten Elite (die wir

Illuminati nennen). Es kann auch bedeuten, die eigenen Fehler und die „dunkle Seite“ anzunehmen. In allen Fällen besteht ein eindeutiges Gefühl der „Wiedergeburt“. Und genau das sehen wir:

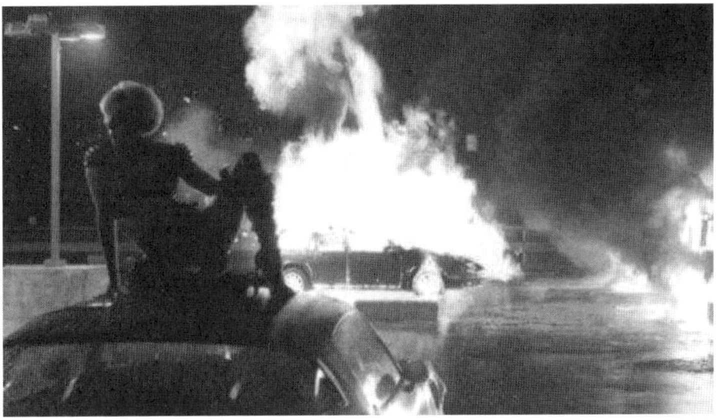

Abb. 187: Eine blonde Lady Gaga (das Alter Ego von Stefani Germanotta) taucht schwarz gekleidet aus einem Trans Am auf

Gaga geht dann zum „Pop Star-Training“. Kein Ballett mehr, jetzt dreht sich alles um coole, hippe Musikvideo-Choreografie.

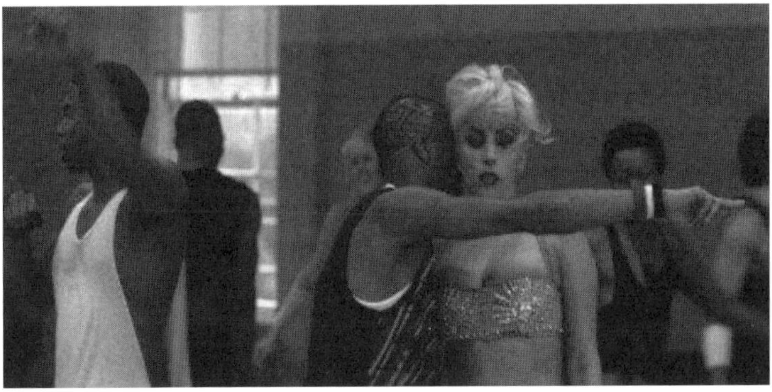

Abb. 188: „Ja, so musst du tanzen, wenn du auf ‚MTV‘ sein willst. Geh dorthin zurück und mach weiter.“

Sobald ihr Training abgeschlossen ist, ist Gaga bereit, „groß rauszukommen“. Sie wird eine glamouröse Diva und tanzt auf eine Art, die fast wie eine Parodie auf „MTV“-Musikvideos wirkt.

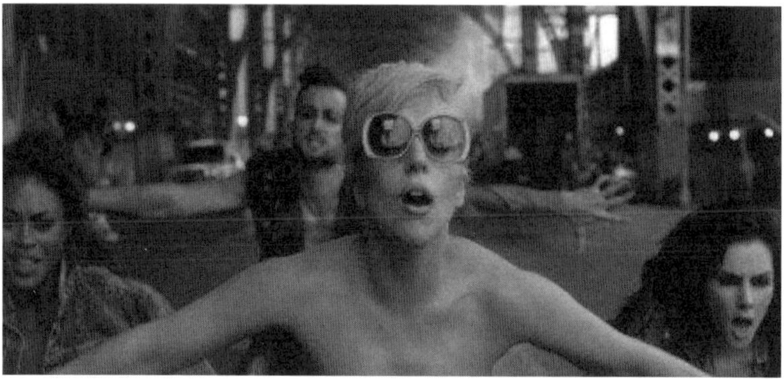

Abb. 189: Mit ihren coolen Sonnenbrillen und modischen Backup-Tänzern hat Gaga jetzt das Zeug zum Produkt der Musikindustrie

Wir werden dann mit einer Video-Montage von Gaga verwöhnt, die die Höhen und Tiefen des Ruhms erlebt, komplett mit gigantischen Hüten, zugeschlagenen Badezimmertüren und emotionaler Instabilität. All dieser Mist zahlt sich jedoch aus: Gaga wird beim Plattenlabel unter Vertrag genommen.

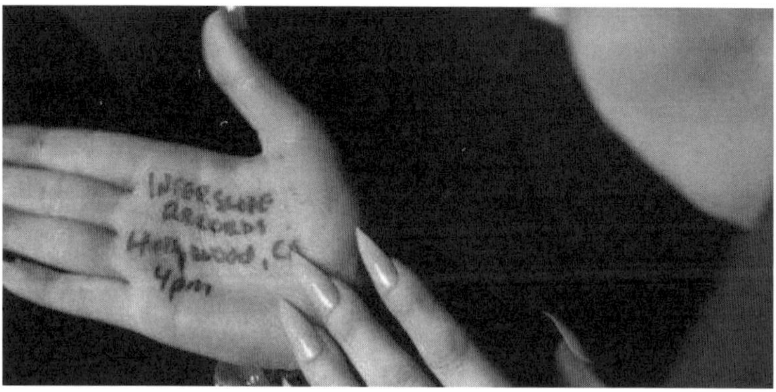

Abb. 190: Wenn man die Nacht heiratet (oder seine Seele verkauft), öffnen sich die Türen des Musikgeschäfts auf magische Weise. Gaga bekommt einen Termin bei *Interscope Records*

Das Video endet mit einer merkwürdigen und bedrohlichen Szene:

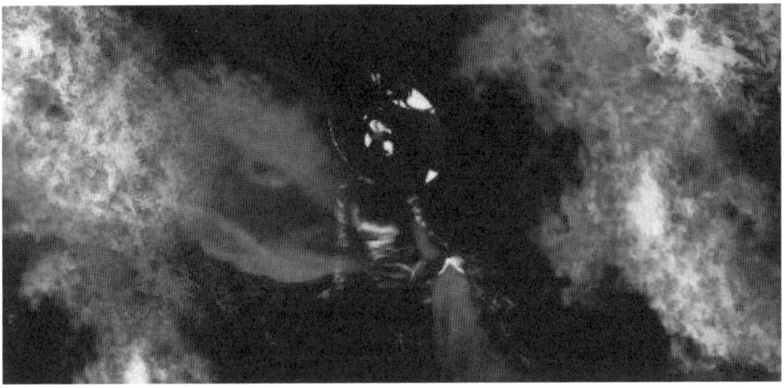

Abb. 191: In dieser feurigen Szene ist Gaga in Rot gekleidet - die Farbe, die für Opfer und Einweihung steht. Sie trägt einen Paco Rabanne-Hut, der modisch und zugleich symbolisch ist: Er verbirgt ihren Kopf vollständig. Sie ist jetzt im Besitz der „Nacht“ und levitiert

Gagas Live-Auftritt auf „X Factor“ nutzte das Thema Kopflosigkeit ebenfalls auf anschauliche Weise.

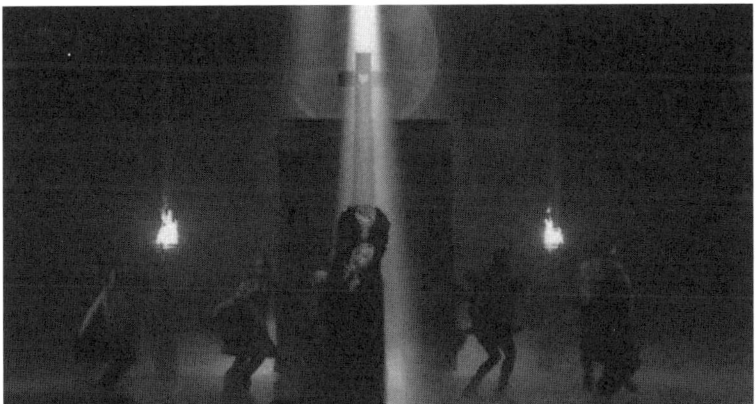

Abb. 192: Die Einstellung von Gagas Performance auf „X Factor“ betont die zugrunde liegende, okkulte Bedeutung des Liedes. Der Vollmond, die Fackeln und die religiösen Bilder spielen mit der spirituellen Bedeutung der „Hochzeit der Nacht“. Gaga begann das Lied mit einem buchstäblich abgehackten Kopf, ein perfekte Möglichkeit, um zu beschreiben, was im übertragenen Sinne mit Marionetten der Industrie passiert

Obwohl viele „Marry the Night“ als „neue Richtung“ Lady Gagas beschreiben, nutzt das Video immer noch ihr Lieblingsthema: den Preis des Ruhms. Das Intro des Videos ist im Grunde ein Einführungskurs in die traumabasierte Gedankenkontrolle, indem sie beschreibt, wie die Dissoziation es ihr ermöglicht, mit der Realität umzugehen. Während sich die künstlerische Brünette in eine blonde Diva verwandelt, entsteht das Alter Ego von Lady Gaga, welches das tut, was erforderlich ist, um es im Musikgeschäft zu schaffen.

Die wichtigste Voraussetzung ist „die Nacht zu heiraten“, was eine poetische Art ist zu sagen, dass man „seine Seele verkauft“, um sich mit der dunklen Seite zu verbinden. Gaga musste alles was sie vorher war verleugnen, um eine brandneue Person zu werden. Unter all der Mode und dem Tanzen verbirgt das Video daher ein rituelles Thema, da der Tod der Balletttänzerin einen „MTV“-Popstar hervorbringt.

Damit sich das Blatt von dem gebrochenen Mädchen, das nichts zu verlieren hat, bis zum internationalen Superstar wendet, brauchte es eine Ehe mit der dunklen Seite. Aber zu welchem Preis? Die letzte Szene des Videos mit Höllenfeuer und einem roten Opferkleid spricht Bände.

Trotz ihrer offensichtlichen Originalität vermittelt Gaga der Jugend im Großen und Ganzen eine Botschaft, die anderen Popstars sehr ähnlich ist: „Gedankenkontrolle ist cool, jeder tut es“ und „Unterwirf dich der dunklen Seite, und du wirst bekommen, was du willst!“. Aber wenn die Dinge eine unheimliche Wendung nehmen und die Nacht zu einem missbrauchenden Ehemann wird, ist es nicht möglich, die Scheidung zu beantragen. Fragen Sie Prinzessin Diana.(84)

Lady Gagas „durchgesickertes“ Video „Do What U Want“ mit R. Kelly verherrlicht den Missbrauch in der Unterhaltungsindustrie

Es gibt so viele Dinge, die an Lady Gagas Video „Do What U Want“ (2013) falsch sind, dass es unglaublich ist. Man kann verstehen, warum das Video ab Januar 2019 nicht veröffentlicht wurde. Auslöser war die Ausstrahlung der Fernsehdokumentation *Surviving R. Kelly*, in der frühere Anschuldigungen wegen sexuellen Missbrauchs gegen R. Kelly erneuert wurden. Der US-amerikanische Unterhaltungsseite „TMZ“ wurde im September 2014 das Lady Gaga-Musikvideo zugespielt, das eigentlich aussortiert war ...

Berichten zufolge, weil sie eine heftige Gegenreaktion befürchteten, da ihr Co-Star wegen Kinderpornos vor Gericht stand und ihr Regisseur in einem Wirbel von Kontroversen über angebliche sexuelle Übergriffe oder Belästigungen seiner Models steckte.[85]

Warum wurde es überhaupt aufgenommen? Es war eine schreckliche Idee, noch bevor ein einzelnes Bild von der Kamera geschossen wurde.

Erstens zeigt das Lied R. Kelly. Das ist alles was ich zu sagen habe. Für diejenigen, die es nicht wissen, wurde er verschiedener Straftaten mit minderjährigen Mädchen beschuldigt. Im Januar veröffentlichte die „Village Voice“ [86] einige Artikel, in denen die Angriffe von R. Kelly auf „Magenverstimmung“ beschrieben wurden, um die Erinnerungen von „Fans“ aufzufrischen, die seine Verbrechen vergessen zu haben scheinen. „Village Voice“ berichtet in einem weiteren Enthüllungsartikel: *„Das Video wurde im ‚Spielzimmer‘ im Keller eines Hauses in Chicagos Stadtteil Lakeview gedreht, das Kelly gehörte. Es zeigt einen Mann, der Kelly ähnelt, und ein Mädchen, das nach Angaben der Sun-Times zu diesem Zeitpunkt 14 oder 15 Jahre alt war (aber nie genannt wurde). Sie wird aufgefordert, den Mann ‚Daddy‘ zu nennen; sie folgt seinen Anweisungen, verschiedene Posen einzunehmen und sich weit zu öffnen, während er ihr in den Mund uriniert, und sie wird angewiesen, verschiedene Positionen einzunehmen, während die beiden Sex haben. Vier Monate später führte das Video dazu, dass die Sängerin vom Staat Illinois in 21 Fällen wegen der Herstellung von Kinderpornografie angeklagt wurde.*

Kellys Prozess konzentrierte sich auf enge Anklagen, die sich nur auf das Video bezogen. Trotz Dutzender Zivilklagen und außergerichtlicher Vergleiche mit minderjährigen Mädchen, die behaupten, sie hätten sexuelle Beziehungen zu ihm gehabt, die sie körperlich und emotional geschädigt hätten, wurde er nie wegen gesetzlicher Vergewaltigung angeklagt.“[87]

R. Kelly singt immer wieder: „Mach was ich will, mach was ich will mit deinem Körper“. Später im Lied singt er „Du bist die Marilyn, ich bin der Präsident“. Marylin Monroe war eine Beta-programmierte Sexsklavin im Dienste von John F. Kennedy. „The Vigilant Citizen“ berichtet: „Während viele Biographen Marilyns Nöte mit ‚psychologischen Problemen‘ erklären, enthüllt das Zusammensetzen von Fakten über ihr Leben in Verbindung mit dem Wissen über die dunkle Seite Hollywoods etwas viel Dunkleres: Marilyn Monroe war eine der ersten Prominenten, die der Monarch-Gedankenkontrolle unterworfen waren, einem Zweig des MKULTRA-Programms der

CIA. Durch Traumata und psychologische Programmierung wurde Monroe zu einer hochrangigen Marionette der Schatten-Elite und sogar zum Präsidenten-Modell von JFK.

Als Monroes Programmierung seine Wirkung verlor und sie zusammenbrach, argumentieren einige, dass sie „aus dem Freiheitszug geworfen" wurde, ein MKULTRA-Begriff für die Bezeichnung von Sklaven, die getötet werden, wenn sie für ihre Handler nicht nützlich (und möglicherweise gefährlich) sind."(88)

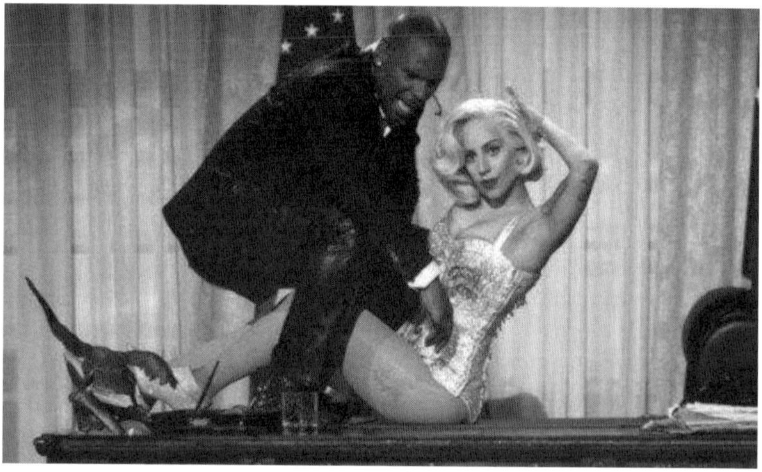

Abb. 193: In einer bizarren Aufführung bei den „American Music Awards" 2013 spielte R. Kelly die Rolle des Präsidenten, während Gaga Marilyn Monroe war, eine gedankengesteuerte Beta-Sklavin

Um die Dinge besonders unangemessen zu machen, wurde das Video von Terry Richardson gedreht, dem heute bekanntesten Promi-Fotografen, der von mehreren Models beschuldigt wurde , seine Position in der Branche zu nutzen, um sie zu missbrauchen. Terry Richardson ist eine Lieblingsfigur der okkulten Unterhaltungsindustrie, und wie R. Kelly wurde er nie für seine Verbrechen verurteilt. Warum? In der Industrie geht es darum, Menschen zu jagen, sie zu manipulieren, zu kontrollieren, zu missbrauchen, diese Energie zu speisen und sie an die Massen weiterzugeben. „Do What U Want" ist im Grunde eine Feier der ekelhaften Kultur, die in der

Unterhaltungsindustrie vorherrscht. Lady Gaga spielt wie üblich die Rolle des kontrollierten Opfers und verherrlicht die Schrecken, die ihnen zugefügt wurden.

Da man die Hintergründe aller Beteiligten kennt, ist die Prämisse des Videos ziemlich schmutzig.

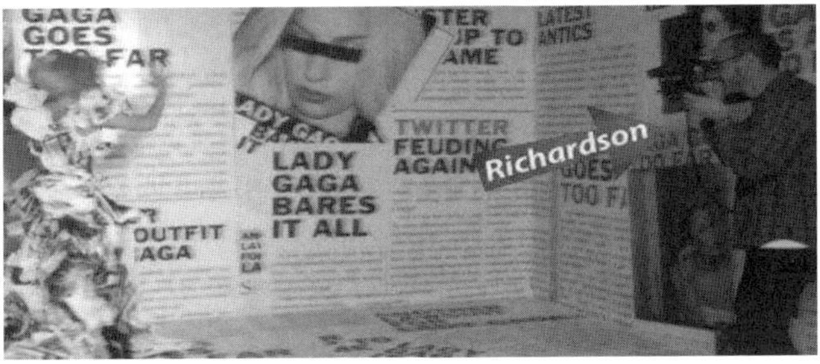

Abb. 194: Terry Richardson erscheint im Video und fotografiert Gaga, wie sie beim Lesen der Schlagzeilen tanzt

Laut dem Online-Magazin „Page Six" spielt R. Kelly die Rolle eines räuberischen Arztes, der Gaga sagt: „Ich werde dich betäuben, und wenn du aufwachst, wirst du schwanger sein". R. Kelly greift dann unter Gagas Krankenbetttücher und stöhnt. Man hört ihn sagen: „Klingt so, als würde die Medizin langsam wirken", bevor sie auf dem Operationstisch ohnmächtig wird. Kelly betäubt sie im Grunde genommen, um sie zu missbrauchen. Genau das passiert im Video.

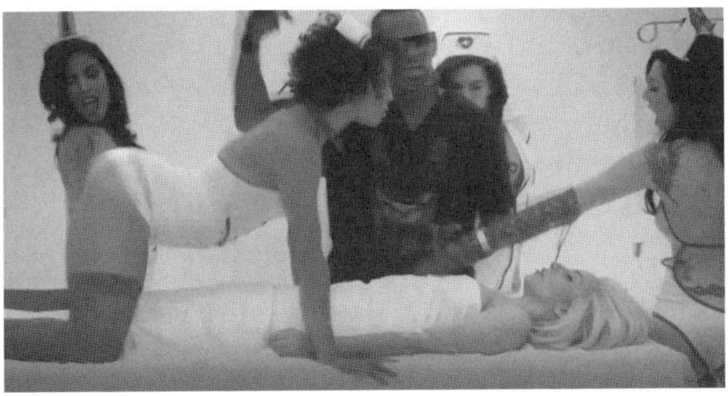

Abb. 195: Dann tauchen ein paar Krankenschwestern auf,die die Ohnmacht von Gaga ausnutzen

Gaga fragt Kelly dann, ob sie jemals wieder laufen kann - ein Hinweis auf ihre reale Hüftverletzung. Er antwortet: „Ja, wenn du mich mit deinem Körper machen lässt, was ich will.“ Später im Video übergibt sich die Künstlerin. Man kann so ein Zeug nicht erfinden.

Kurz gesagt, das Video von „Do What U Want“ wurde veröffentlicht und nachträglich vom Musikmarkt genommen, aber es wurde tatsächlich gemacht - und alle Beteiligten wussten, worum es ging. Wenn die Anschuldigungen gegen Richardson in den letzten Jahren nicht die Aufmerksamkeit der Medien erregt hätten, wäre das Video wahrscheinlich für immer veröffentlicht geblieben - und an junge Köpfe auf der ganzen Welt weitergegeben worden.

Das Video liess man allerdings bequem „durchsickern“, wodurch der Song in Folge der Kontroversen bekannter wurde und die Menschen erreicht wurden, die er erreichen sollte.[(89)]

„Do What U Want“ können wir als „mach was du willst“ übersetzen, hier kommt der Schriftsteller und Okkultist Aleister Crowley ins Spiel: „Crowley stieg schließlich auf, um Anführer einer anderen okkulten Gruppe zu werden, die als »Ordo Templi Orientis«, O.T.O. oder »Orden der östlichen Templer« bekannt wurde, bevor er in Cefalù (Italien) eine religiöse Gemeinde gründete, die als »Abtei von Thelema« bekannt war, und die er von 1920 bis 1923 anführte. Den Androgynität idealisierenden O.T.O. und die Abtei von Thelema verband Mystik und Spiritualismus mit sexuellen Riten, um sexuelle Zaubersprüche hervorzubringen und so den Wahrnehmungszustand zu schaffen und zu verändern. Nachdem Crowley die Abtei aufgrund allgemeinen Widerstandes verlassen hatte, kehrte er nach England zurück, wo er bis zu seinem Tod 1947 für Thelema und seine Philosophie „Tu was du willst“ einstand. Obwohl Crowley per se kein Satanist war, verband er sich mit Dämonismus.“[(90)]

Sie tun, was sie wollen und wir schauen, was wir sollen.

In „American Horror Story: Hotel“ spielt Lady Gaga ... und drängt auf eine beunruhigende Agenda

Der Trailer und die erste Folge der fünften Staffel von „American Horror Story: Hotel“ sind bereits voller Illuminaten-Symbolik und okkulter Elite-

Agenda.

Bei einem Titel wie „American Horror Story“ kann man nicht erwarten, Einhörner über Regenbogen springen zu sehen. Es ist jedoch klar, dass es in dieser Staffel darum geht, die Agenda der okkulten Elite zu verherrlichen und ihre Besessenheit auf rituelle Morde und Sexmagie zu feiern. Wer könnte besser als Lady Gaga in der Serie mitspielen?

Der Trailer wurde wie ein gruseliges Musikvideo gedreht und beginnt mit den okkulten Konzepten „wie oben, so unten“ und Dualität, ausgedrückt durch Aufnahmen mit kontrastierenden Farben. Auch das Ein-Auge-Zeichen, das in 30 Sekunden etwa 6 Mal blinkt.

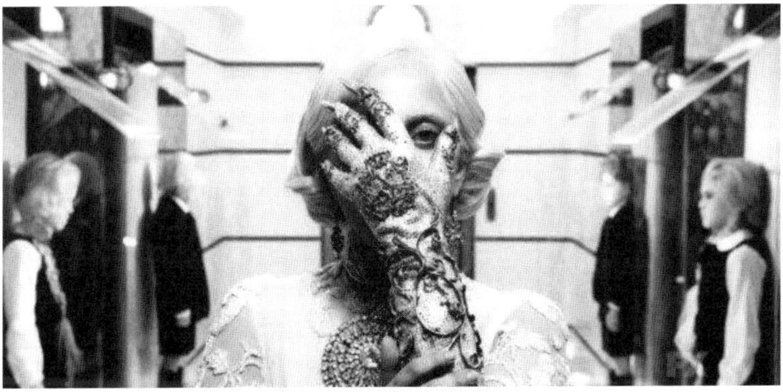

Abb. 196: Wenn Sie das Video in Zeitlupe durchgehen, wird sie mehrmals ein Auge verstecken

Der Trailer zeigt auch, wie Gaga zombieähnliche Kinder kontrolliert:

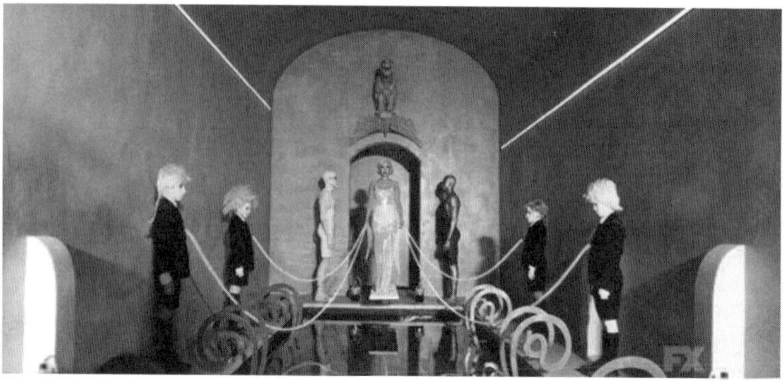

Abb. 197: Ich weiß nicht, was mit diesen Kindern los ist, aber ich bin mir ziemlich sicher, dass es nicht gut ist

Diese Staffel von „American Horror Story“ basiert auf der wahren Geschichte des „Cecil Hotels“ in Los Angeles, in dem die Leiche der kanadischen Studentin Elisa Lam Wochen nach ihrem Tod in einem Wassertank aufgefunden wurde. In Kenntnis eines Überwachungsvideos, in dem sie kurz vor ihrem Tod unberechenbar handelt, fragen sich die Leute, was genau mit ihr passiert ist. Elisa Lams Tod ist immer noch ein Rätsel, dass im „Cecil Hotel“ definitiv etwas Unheiliges los ist und wahrscheinlich etwas Rituelles hinter ihrem Tod steckt, ist offensichtlich.

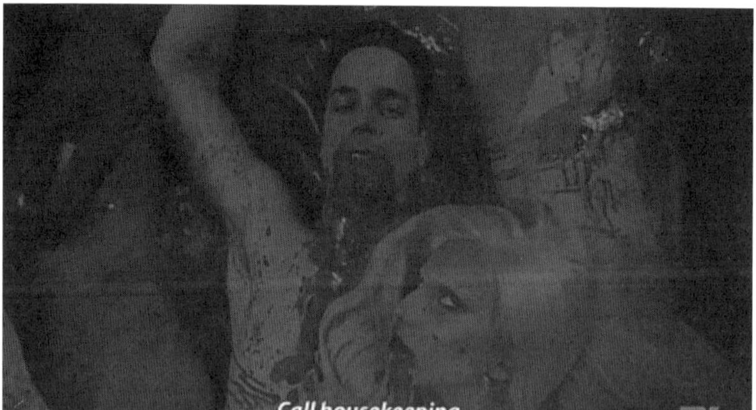

Abb. 198: Zwei Dämonen in blutrünstiger Pose nach einem Ritual

In dieser Folge wird auch ein Typ von „Sucht-Dämon“ von einem Dämon vergewaltigt. Sie haben richtig gelesen. Um die gesamte okkulte Elite-Agenda zu vervollständigen, ist der andere Bösewicht in der Serie „The Ten Commandments Killer“, der von der Bibel inspiriert ist, sich an den grausamsten Morden zu beteiligen.

Während zum Zeitpunkt des Schreibens dieses Kapitels die 10. Staffel in Planung ist, weist diese Folge, die ausgestrahlt wurde, bereits alle Merkmale der Illuminaten-Agenda auf. Einige könnten sagen: „Es geht um Horror! Es soll störend sein!“. Ich weiß. Aber das ist der Horror mit dieser Agenda.[(91)]

Lady Gaga wird beschuldigt, satanische Rituale im Hotelzimmer durchgeführt zu haben

Laut den Mitarbeitern des Londoner „Intercontinental Hotels“ hat Lady Gaga das Bad ihres Zimmers mit Blut gefüllt verlassen. Die Haushälterin ihres Zimmers erklärte, dass Gaga „im Rahmen eines satanischen Rituals in Blut badete“. Ist das wahr, falsch oder vielleicht ein Werbegag? Im Lichte vorheriger Kapitel ist nichts unmöglich. Hierzu ein Zitat aus einem Artikel der britischen Zeitung „The Independent“(leider mittlerweile gelöscht: beim „The New Zealand Herald“ [(92)] gibt es eine Kurz-Version:

„Lady Gaga hat ‚Blut‘ im Hotelbad gelassen: Lady Gaga hat angeblich „große Mengen Blut“ in einem Hotelbad zurückgelassen. Die exzentrische Sängerin soll Mitarbeiter schockiert haben, als sie letzten Sommer aus Londons verschwenderischem „Intercontinental Hotel“ auscheckte und in der Wanne ihrer Suite ein Pool roter Flüssigkeit entdeckt wurde.

Eine Haushälterin behauptete, der Pop-Superstar habe „im Rahmen eines satanischen Rituals in Blut gebadet“.

Sie sagte gegenüber der Website ‚Truthquake‘: ‚Lady Gaga hat während eines Aufenthalts in diesem Sommer große Mengen Blut in der Suite gelassen. Der Vorfall wurde dem Concierge gemeldet, der aufgefordert wurde, ihn aus ihren Gedanken zu verbannen.‘

Andere Quellen glauben, Gaga hätte die rote Flüssigkeit als Teil eines ‚seltsamen‘ Bühnenkostüms oder einer Requisite verwenden können.

Ein Insider sagte: ‚Alle Mitarbeiter des Hotels sind überzeugt, dass sie darin gebadet hat oder es zumindest als Teil eines ihrer neuen Kostüme oder seltsamen

Bühnenroutinen verwendet hat.'

Es ist zwar unklar, ob die Flüssigkeit tatsächlich Blut war oder wofür die Sängerin sie verwendet hatte, aber es ist nicht das erste Mal, dass Gaga ungewöhnliches Verhalten in Hotels vorgeworfen wird.

Es wurde bereits behauptet, dass sie Angst vor bösen Geistern hat und Berichten zufolge jedes Hotel und jeder Veranstaltungsort von einem Team paranormaler Ermittler gescannt wurde, bevor sie sich bereit erklärt, dort zu bleiben.

Die „Edge of Glory"-Hit-Sängerin, die zuvor gesagt hat, sie glaube, sie sei vom Geist ihrer toten Tante inspiriert, hat angeblich 33.000 Euro in hochmoderne Elektromagnet-Feldmessgeräte investiert, um Gespenster zu erkennen.

Eine Quelle sagte: ‚Sie glaubt an paranormale Aktivitäten und geht kein Risiko ein, wenn sie unterwegs ist. Es ist ihr wichtig, vor Geistern sicher zu sein.'"

Das ein blutiges Ritual durchaus zu Lady Gaga in ihrem realen Leben passt, zeigt das folgende Foto mit Marina Abramovic, die zwar von den Medien als Künstlerin gefeiert wird, aber auf der anderen Seite für ihre morbiden Kunstaktionen vor allem von alternativen Medien scharf kritisiert wird, da einige der Aktionen satanisch-rituelle Züge haben, bis hin zu unappetitlich.

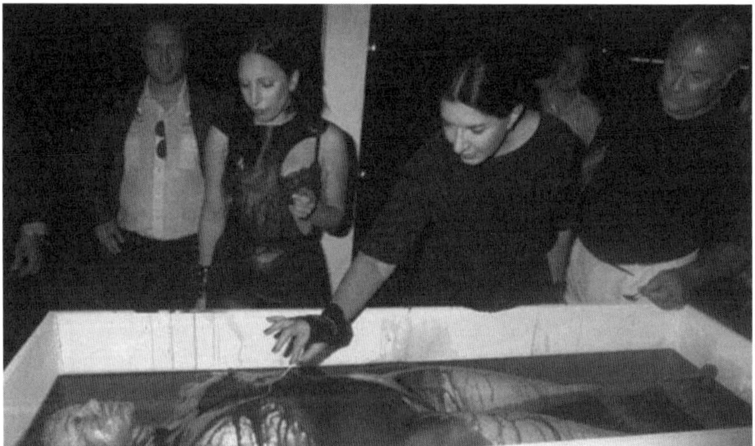

Abb. 199: Marina Abramovic und Lady Gaga bei einer Veranstaltung, die 2013 im Watermill Center stattfand. In diesem Bild stehen sie vor einer Frau, die in einer Art Blutlache liegt. Gäste schöpften das Blut mit Löffeln, um es aufzuessen. Die Veranstaltung wurde „Devil's Heaven" („Teufelshimmel") genannt

„Die Kunst muß nichts . . . die Kunst darf alles“ so ein Zitat von Ernst Otto Fischer.

„Ernst Otto Fischer (1918 - 2007) gilt als Mitbegründer der modernen metallorganischen Chemie. 1973 erhielt Ernst Otto Fischer für seine bahnbrechenden wissenschaftlichen Arbeiten zusammen mit Geoffrey Wilkinson vom Imperial College London den Nobelpreis für Chemie. Dem weltweit angesehenen Forscher Ernst Otto Fischer wurden außer dem Nobelpreis noch zahlreiche weitere Ehrungen, Medaillen und Preise zuerkannt. Aus seinem Schülerkreis gingen als „Fischer-Schule“ zwölf Lehrstuhlinhaber sowie zahlreiche namhafte Industriechemiker hervor.“[(93)] Die „Fischer-Schule“ ist ein herausragendes Beispiel für die „akademische Schulenbildung“ als einer Kernaufgabe von Universitäten

Demnach ist die Denkweise von Fischer bis in die Universitäten und die Ausbildung von Wissenschaftlern eingeflossen, genau dieses Wissen muss nichts, es darf alles, das sieht man an der dogmatischen Diskussion über den menschengemachten Klimawandel oder wie die Frühsexualisierung und der Gender-Wahnsinn der Gesellschaft übergestülpt werden. Natürlich unter freundlicher Begleitung von Hintergrundmusik gespielt von Lady Gaga, die den Soundtrack und die Bilder in die Köpfe der Zuhörer transportiert; ihre ganz persönliche MKULTRA-Programmierung.

Das gesteuerte Künstler der Illuminaten-Musikindustrie scheinbar alles dürfen, zeigt hier eine Rückblende zum Anfang von Lady Gaga`s Karriere.

Hat Lady Gaga eine Rivalin ermordet?

Lina Morgana arbeitete 2007 mit Stephani Germanotta (Lady Gaga) zusammen, bis sie am 6. Oktober 2008 im Alter von 19 Jahren in New York aus dem 10. Stock in den Tod stürzte. Die Geschichte wurde wieder aufgewäärmt, weil die Mutter des Mädchens, eine russische Einwanderin, an die Öffentlichkeit gegangen ist und behauptet hat: „Lady Gaga hält Linas Seele fest, und ich möchte, dass ihre Seele frei ist.“

Jeder, der sich mit den satanischen Ritualen der Musikindustrie auskennt, weiß, dass Superstar-Ruhm denjenigen vorbehalten ist, die einen Liebhaber, ein Elternteil oder ein Geschwisterteil ermorden oder daran teilnehmen.

Linas professionell aufgenommenes Portfolio zeigt, dass sie ebenso verdorben war. Es ging nur um die Frage, welche Hexe Satans Liebling sein würde. Ihre Zusammenarbeit mit Gaga fiel in die "experimentelle" Phase von Stephani - viele Orgien und Drogen. Stephani wurde zu Gaga und ihre Karriere nahm einen Monat nach Morganas Tod Fahrt auf. Wenn man Morganas Aufnahme „Wonderland“ mit Gagas „Wunderland“ vergleicht, ist die Abzocke offensichtlich.

Dies war ein rituelles Opfer, um einen Superstar zu machen. Das ist nicht neu - es ist seit den Tagen von Fatty Arbuckle und Rudolf Valentino Standard in Hollywood. Der Unterschied ist hier die Zurschaustellung. Sie haben die Öffentlichkeit jahrzehntelang geschult, dass sie Satanisten sind, und ihre Aufgabe ist es, die dummen Fans dazu zu bringen, ihre Überzeugungen und ihr Verhalten nachzuahmen und nachzueifern.

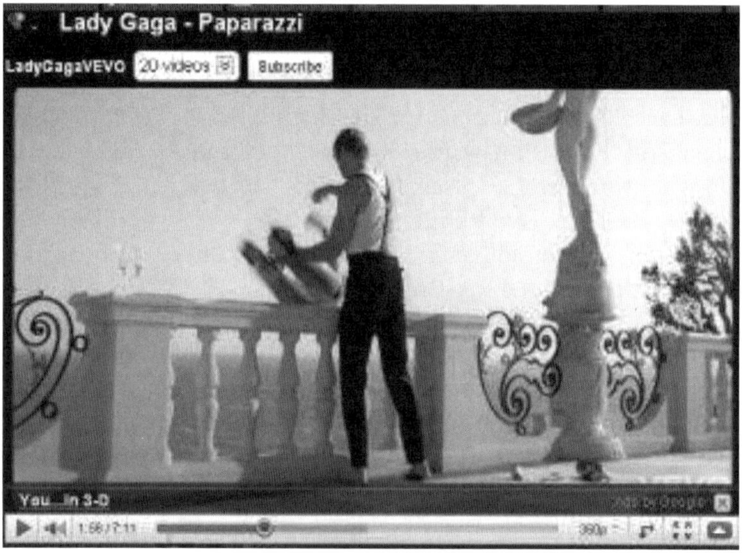

Abb. 200: Wird Lady Gaga (oder Lina Morgana?) in Gaga´s Video „Paparazzi“ (2009)vom Balkon geworfen?

Morgana machte den Sprung am 4. Oktober (einige Artikel sagen am 6.), der zwischen der Herbsttagundnachtgleiche und Samhain liegt. Stephani begann ihre erste Tour als Lady Gaga am 9. Oktober 2008.

In der Eröffnungsszene des „Paparazzi“-Videos wird sie von einem Mann hochgenommen und von einem Balkon geworfen, fällt mit einem spiralförmig drehenden Hintergrund, der von Alfred Hitchcocks „Vertigo" abgeleitet ist, und knallt auf den Beton darunter.

Dieses Video zeigt auch viele Aufnahmen von toten Models, und das Finale ist, wenn sie dem Mann vergifteten Champagner reicht, 911 anruft und lächelnd sagt: „Ich habe meinen Freund getötet".

Dies ist ein Magnum Opus der Musikindustrie. Ich denke, sie könnten im Zeitalter der Unterhaltung den Laden schließen. Meine Vermutung ist, dass wir die Zeit sehen werden, die Frank Zappa vorhergesagt hat:

„Die Illusion der Freiheit wird so lange fortbestehen, wie es rentabel ist, die Illusion fortzusetzen. An dem Punkt, an dem die Illusion zu teuer wird, um sie aufrechtzuerhalten, werden sie einfach die Szenerie herunterziehen, die Vorhänge zurückziehen, die Tische bewegen und Stühle aus dem Weg räumen, und Sie werden die Mauer im hinteren Teil des Theaters sehen."

Der Text des Songs, den Lina im Video singt, ist umstritten. Gagas Anwälte und die Illuminaten-Medien sagen, sie habe Linas Lieder geschrieben und sie singen lassen, um Demovideos zu machen. Linas Mutter behauptet, Lina habe sie geschrieben und Gaga hat Linas Texte und Bühnenpersönlichkeit wie eine Herde Geier an sich gerissen.

In Bezug auf die Urheberschaft der Texte dieses Liedes behauptet Linas Mutter, Gaga und ihr damaliger Musiktrainer bzw. Programmierer haben diese gestohlen.

Das alles ist unterhaltsam, aber hier ist der einfache Deal: Babylon legt die Messlatte für moralischen Niedergang und umgekehrte Ethik höher. Sie wird hochkarätige Schrecken begehen, die jeden anderen ins Gefängnis bringen würden, aber sie wird auf magische Weise von Medien und Gerichten belohnt.

Der polnische Psychologieforscher Andrzej M. Lobaczewski, der die Besetzung Polens unter den Nazis und Russen überlebte, nannte den Prozess "Ponerologie". Psychopathen werden an die Spitze gestellt, was von oben nach unten zum Vorbild für den Rest der Gesellschaft wird.

Unterm Strich dient die Rolle der Hure von Babylon in unserer Gesellschaft dazu, das Verhalten und die Lebensziele von Kindern vom Kleinkind bis zum Teenager zu verändern. Nachdem Babylon sein Ziel erreicht hat, soziale Normen so weit zu verwirren, dass sich Mädchen in jungen Jahren in Frauen verlieben, wandelt es sich von der Tempel-Prostituierten des Ishtar-

Archetyps (Madonna) zu Lilith (Gaga).[94]

Die Göttin Lilith ist Sophia, da Lilith sich mit heiliger Weisheit verbindet, weil Lilith in okkulten Überlieferungen das allmächtige, kabbalistische Tetragrammaton besaß. Ishtar ist eine Göttin der Fruchtbarkeit, Liebe, Sex und des Krieges. Im babylonischen Pantheon war sie die göttliche Personifikation des Planeten Venus; das assyrische und babylonische Gegenstück zur sumerischen Inanna und zur nordwestsemitischen Göttin Astarte.

2.5 Katy Perry

„Ich bin hellwach. Ja, ich habe so lange geträumt."
(Katy Perry, Lied: „Wide Awake")

Katheryn Elizabeth Hudson, geboren am 25. Oktober 1984 in Santa Barbara, Kalifornien, ist eine US-amerikanische Sängerin, Songwriterin und Fernsehjurorin. Nachdem sie in ihrer Kindheit in der Kirche gesungen hatte, verfolgte sie als Teenager eine Karriere in der Gospelmusik. Perry unterschrieb bei *Red Hill Records* und veröffentlichte 2001 ihr Debüt-Studioalbum „Katy Hudson" unter ihrem Geburtsnamen. Es blieb kommerziell erfolglos. Im folgenden Jahr zog sie nach Los Angeles, um sich in die weltliche Musik zu wagen, nachdem *Red Hill Records* den Betrieb eingestellt hatte. Anschließend begann sie mit den Produzenten Glen Ballard, Dr. Luke und Max Martin zusammenzuarbeiten. Nachdem sie den Künstlernamen Katy Perry angenommen und von der *Island Def Jam Music Group* und *Columbia Records* fallen gelassen wurde, unterzeichnete sie im April 2007 einen Plattenvertrag bei *Capitol Records*.

Perry wurde 2008 mit ihrem zweiten Album „One of the Boys" berühmt, einem Pop-Rock-Album mit den umstrittenen US-Nummer-1-Songs„I Kissed a Girl" und „Hot N Cold". Alle nachfolgenden Alben standen an der Spitze der „US Billboard 200". Das von der Musikrichtung Disco beeinflusste „Teenage Dream" (2010) brachte fünf Chart-Hits hervor, die die „US Billboard Hot 100- Singles" anführten – „California Gurls", „Teenage Dream", „Firework", „ET" und „Last Friday Night (TGIF)", ein Rekord der sie mit Michael Jacksons Album „Bad“ gleichziehen ließ. Das Nachfolgealbum „Prism“ (2013) wurde von ihrer Scheidung inspiriert und beinhaltet Pop- und Dance-Musik sowie Themen wie Selbstreflexion, Alltag und Beziehungen. Mit den Musikvideos zu den Top-Songs „Roar“ und „Dark Horse“ war Perry die erste Künstlerin, bei der mehrere Videos eine Milliarde Aufrufe auf *Vevo* erreichten. Der Elektro-Pop auf „Witness“ (2017) enthielt einen politischen Unterton und ein Thema der Befreiung. Die Lead-Single „Chained to the Rhythm“ des Albums brach zu der Zeit *Spotifys* Rekord für die meisten Streams am ersten Tag für einen Song einer Künstlerin. Ihr sechstes Studioalbum „Smile“ folgte am 14. August 2020.

Perry hat neun „US Billboard Hot 100 Singles“-Nummer-eins-Hits und erhielt verschiedene Auszeichnungen, darunter vier *Guinness*-Weltrekorde, fünf „Billboard Music Awards“, fünf „American Music Awards“, einen „Brit Award“ und einen „Juno Award“. Sie wurde von 2011 bis 2019 in die jährlichen *Forbes*-Listen der Frauen mit dem höchsten Einkommen in der Musikbranche aufgenommen. Ihr geschätztes Nettovermögen ab 2016 beträgt 125 Millionen US-Dollar. Sie ist eine der weltweit kommerziell erfolgreichsten Musikerinnen und hat weltweit über 18 Millionen Alben und 125 Millionen Singles verkauft. Im Filmbereich veröffentlichte sie einen autobiografischen Dokumentarfilm mit dem Titel *Katy Perry: Part of Me* im Jahr 2012 und sprach die Rolle der Schlumpfine im Film *Die Schlümpfe* (2011) und in der Fortsetzung im Jahr 2013. Ihre „Super Bowl XLIX-Halbzeitshow“ ist die meistgesehene in der Geschichte. Perry begann 2018 als Jurorin für *American Idol* zu fungieren.[(95)]

Katy Perry stieg 2008 mit ihrer Hit-Single „I Kissed a Girl“ in die Musikszene ein, einem bisexuellen Fantasy-Song, der ihr sofort ihren Platz als amerikanisches Idol sicherte. Die kleinen Mädchen auf der ganzen Welt wurden durch das neueste schlechte Vorbild in der Musikszene für die Idee interessiert, sexuell mit ihren Freundinnen zu experimentieren. Jahre zuvor, im Jahr 2001, hatte sie ein christliches Gospel-Album veröffentlicht, aber nachdem ihre Karriere nie richtig durchstartete, gab es eine dramatische Veränderung.[(96)] „Ich schwöre, ich wollte wie die Amy Grant der Musik sein, aber es hat nicht geklappt, also habe ich meine Seele an den Teufel verkauft“, erklärte sie offen in einem Interview mit „HipHollywood.com“, zu sehen auf „Dailymotion“.[(97)]

Katys Vater, der Pastor in einer Pfingstgemeinde in Südkalifornien war, appellierte an seine Gemeinde für seine Tochter zu beten, und nannte sie ein „Teufelskind“, weil sie ihre Karriere aufbaute, indem sie sich von der Unterhaltungsindustrie „pimpen“ ließ. „Sesamstraße“, das beliebte TV-Kinderprogramm, hat einen Auftritt von Katy Perry aus der Show genommen, weil sie ein als zu riskant bezeichnetes Outfit mit herausspringenden Brüsten trug, das in der Testvorführung für Empörung sorgte. Wie ein Produzent der „Sesamstraße“ darauf kommt, sie für die Produktion in Betracht zu ziehen, ist ein spannendes Thema. Vielleicht hat er absichtlich versucht, jungen, leicht zu beeindruckenden Kindern die Sängerin von „Ich habe ein Mädchen geküsst“ vorzustellen, um die Gesellschaft weiter zu korrumpieren und die Familie zu zerstören.[(98)]

Dieses „Teufelskind“ hat Barack Obama stolz auf dem Weg zum US-Präsidenten unterstützt und dazu beigetragen, seine falschen Versprechungen und die Orwellsche Agenda an ihre Fans weiterzugeben, indem sie sich kurz vor den Wahlen 2012 für eine Aufführung in ein hautenges „Obama-Kleid“ presste, ein Kleid mit Obamas Symbolen und Wahlkampfslogans.[(99)]

Einige ihrer Fans verweisen auf ihren Song „Wide Awake“ aus dem Jahre 2012 als Zeichen, dass die Sängerin sich über ihre bösen Taten bewusst geworden ist und einen neuen Kurs eingeschlagen hat, aber der Song war höchstwahrscheinlich nur eine andere Melodie, die für die Wirkung auf den Mainstream unter Verwendung des generischen Themas vom „Aufwachen“ entwickelt wurde, da der Begriff gerade populär geworden war.

Es ist äußerst seltsam, dass Katy Perry, obwohl sie Mitte dreißig ist, das Verhalten und die Konversationsfähigkeiten eines Kindes besitzt. Es ist, als wäre sie emotional nie gereift und es erscheint bemerkenswert, dass sie ihren richtigen Namen, Katy Hudson, nach ihrer gescheiterten Gospelkarriere nicht mehr verwendete. Sie erfand sich neu, um dem Monopol der Unternehmensmedien gerecht zu werden und mit ihrem bisexuellen „I kissed a girl“ Gimmick mit offenen Armen akzeptiert zu werden.[(100)]

Katy Perrys „Wide Awake“: Ein Video über Monarch-Gedankenkontrolle

Katy Perrys Musikvideo „Wide Awake“ ist genau genommen sogar ein weiteres Angebot der Popmusikindustrie, das in seiner Symbolik versteckt auf Monarch-Programme Bezug nimmt. Verweise auf diese Praxis kommen häufig in Massenmedien vor, werden jedoch ebenso häufig mit bestimmten Symbolen und Bildern codiert. Wir werden uns die verborgene Bedeutung von Katy Perrys „Wide Awake“ genau ansehen.

In vielen Kapiteln in diesem Buch wird beschrieben, dass viele Elemente der Populärkultur in ihrer Symbolik Verweise auf eine kaum bekannte, schreckliche Praxis verbergen, auf die Monarch-Programmierung. Diese Technik der Gedankenkontrolle versucht, vollständig „programmierbare“ Individuen zu erschaffen und wird von der Schattenelite in Bereichen wie Militär, Politik und der nebulösen Unterwelt verwendet. Ein weiterer Bereich, in dem Gedankenkontrolle (insbesondere die Monarch-Programmierung) eingesetzt wird, ist das Unterhaltungsgeschäft - nicht nur, weil einige Prominente tatsächlich Opfer von Mind Control sind, sondern auch, weil Entertainment verwendet wird, um diese schreckliche Praxis durch Symbolik subtil zu normalisieren und zu verherrlichen.

In vielerlei Hinsicht ähnelt das Video „Wide Awake“ Werken, die auf der Website „vigilantcitizen.com“ analysiert wurden, wie die Filme „Labyrinth“ und „Sucker Punch“ sowie Musikvideos wie „Paramores Brick“ von „Boring Brick“. All diese Produktionen repräsentieren visuell die innere Welt der Monarch-Sklaven durch eine bestimmte Reihe von Symbolen: Spiegel, Schmetterlinge (insbesondere Monarch-Schmetterlinge), Labyrinthe und so weiter. Diese Objekte stellen nicht nur treffend psychologische Konzepte dar, sondern sind auch tatsächliche „Triggerbilder“, die bei der Gedankenkontrolle von Monarch-Sklaven verwendet werden. „Wide Awake“ nutzt diese Symbole vollständig aus, wodurch die Handlung eine tiefere und verstörende Bedeutung erhält.

Die meisten Mainstream-Medienartikel über „Wide Awake“ sagen, dass es um Katy Perry geht, die „durch das Labyrinth des Ruhms navigiert“. Dies mag zwar zutreffen, das Video kann jedoch nicht vollständig erklärt werden, ohne das Element der Monarch-Programmierung zu berücksichtigen.

Warum wird Perry zum Beispiel gezeigt, wie sie im Rollstuhl sitzt und in einer Gesundheitseinrichtung völlig „weg ist“? Wahrscheinlich, weil das Video mehr enthält, als man denkt. Schauen wir uns die tiefere Bedeutung seiner Szenen an.

Am Anfang sehen wir, wie Katy die Dreharbeiten zu ihrem beliebten Video „California Gurls“ abschließt. Sie trägt ihre jetzt berühmte rosa Perücke. Sie ist voll in ihre „sexy Popstar“ -Persona verwandelt.

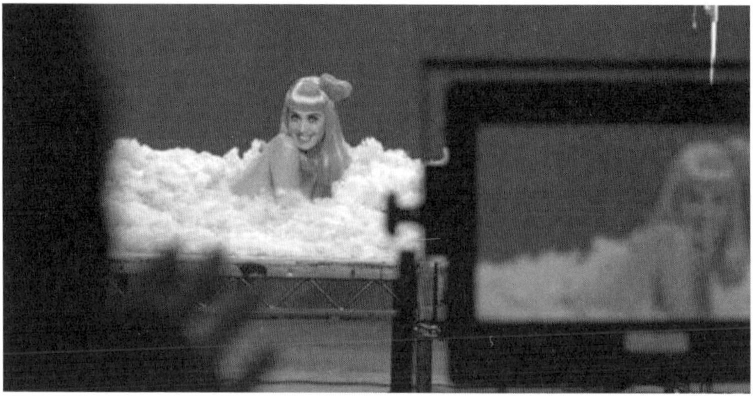

Abb. 201: Katy macht vor den Kameras, was von ihr erwartet wird

Als sie ihre Garderobe betritt, entfernt Katy ihre Perücke, was symbolisch den Wechsel zu einer anderen Alter Persona darstellt (diese Geste war auch ein wichtiger Teil von Lady Gagas Video „Marry the Night"). Katy starrt sich dann eine Weile im Spiegel an - bis sie sich von der Realität distanziert (Dissoziation ist ein wichtiger Teil der Gedankenkontrolle) und in eine Fantasiewelt eintritt. Diese Welt ist in der Tat die innere Welt von Katy Perry, ihre Psyche.

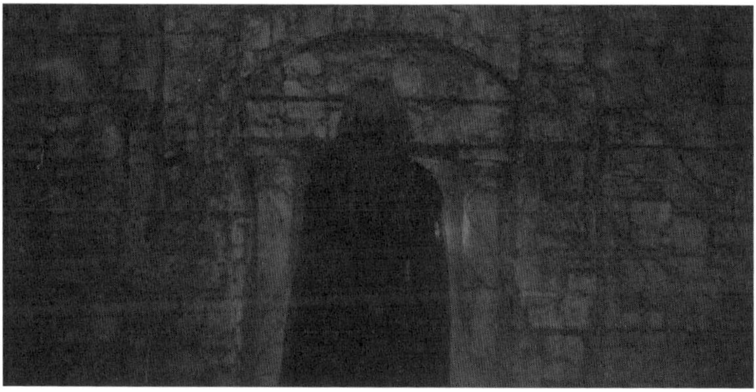

Abb. 202: Katy steht an einem Tor, das von zwei Säulen flankiert wird. In der esoterischen Symbolik bewachen Säulen den Eingang zu heiligen und mystischen Orten.
In diesem Fall ist es Katys eigener Verstand

Katy merkt schnell, dass ihre innere Welt ein dunkles Labyrinth ist, das voller Fallen und Gefahren ist. Sie scheint den Pfad in ihrem eigenen Kopf nicht zu kennen. Sie wird sogar in Fallen gefangen, die von ihren Handlern aufgestellt wurden. Während der Gedankenkontrolle übernehmen Handler buchstäblich die Kontrolle über den Geist des Sklaven und können alles darin programmieren. Dies führt dazu, dass der Sklave in seinem eigenen Geist zu einem Fremden wird, da seine Gedanken akribisch gesteuert und programmiert werden.

Katy wird klar, dass sie es nicht ohne ein wichtiges Element durch das Labyrinth schaffen wird - eines, dass ihr während ihrer Programmierung entzogen wurde: Ihre Kernpersönlichkeit. Durch ein Feuerwerk, das (natürlich) aus ihren Brüsten kommt, ruft sie um Hilfe und ihre Kernpersönlichkeit erscheint vor ihr in Form einer jungen Katy.

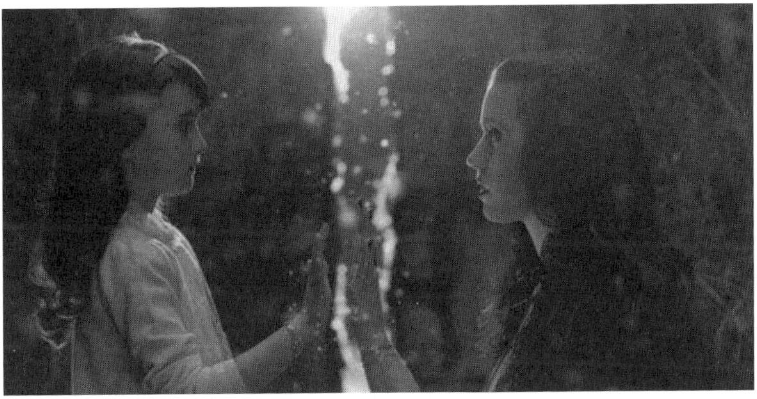

Abb. 203: Katys Kernpersönlichkeit ist das „wahre Selbst“ (Katheryn Elizabeth Hudson), komplett mit ihren Werten und Überzeugungen. Es ist die Persönlichkeit, die sie hatte, bevor sie programmiert wurde. Gedankenkontrolle versucht, Personen von ihrer Kernpersönlichkeit zu befreien, um eine neue zu programmieren, die leicht den Anweisungen entspricht. Hier hat Katy die Möglichkeit, sich wieder mit ihrer Kernpersönlichkeit zu verbinden. Sie wird in der Tat ihr Führer werden

Katy und ihre Kernpersönlichkeit betreten dann einen Spiegel-Raum, der wirklich nach „Monarch-Programmierung“ schreit.

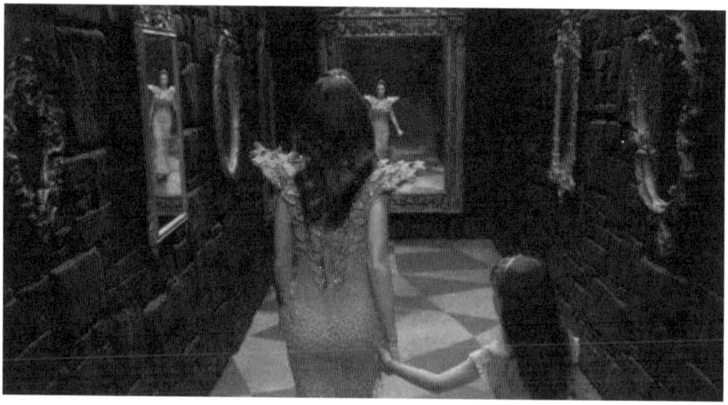

Abb. 204: Katy und die kleine Katheryn befinden sich in einem Raum voller Spiegel. Der dunkel-helle Boden steht für Dualität, ein Konzept, das für die Programmierung der Gedankenkontrolle äußerst wichtig ist. Der Umstand, dass das Spiegelbild der kleinen Katheryn nicht im Spiegel erscheint, unterstreicht die Tatsache, dass das Mädchen nicht real ist, sondern ein Teil von Katys Psyche. Katys Kleid ist voller Schmetterlinge, eine ziemlich starke Erinnerung daran, dass sie unter Monarch Programmierung stellt

Katy schaut durch den Spiegel und sieht böse aussehende Paparazzi. Während sie von dem Anblick fasziniert ist, erkennt ihre Kernperson, dass die Welt um Katy zerbrochen ist (die inneren Welten der Monarch-Sklaven werden von Handlern programmiert und können nach Belieben modifiziert oder zerstört werden). Verzweifelt zerbricht Katy den Spiegel vor sich und verlässt den Raum, ein symbolischer Akt, der ihren Versuch darstellt, aus ihrer Programmierung auszubrechen.

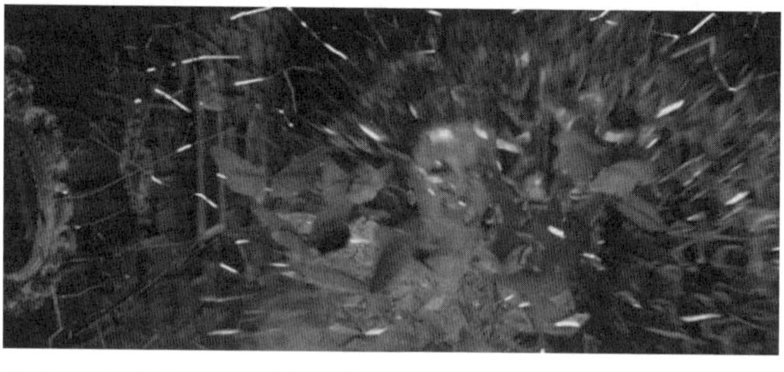

Abb. 205: Als Katy den Spiegel zerbricht, sehen wir Schmetterlinge von ihrem Kleid fliegen - ein Bild, das die Tatsache unterstreicht, dass sie aus der Monarch-Programmierung ausbricht

Die nächste Szene steht in scharfem Kontrast zum Rest des Videos. Während es bisher nur um Fantasie und Mysterium ging, befinden wir uns jetzt in einer kalten, sterilen Gesundheitseinrichtung. Mit anderen Worten, wir scheinen aus Katys Kopf und zurück in der Realität zu sein. Katy scheint völlig „abgeschaltet" zu sein und sitzt im Rollstuhl scheinbar in einer psychiatrischen Anstalt. Ist das ihre MKULTRA-Programmierseite?

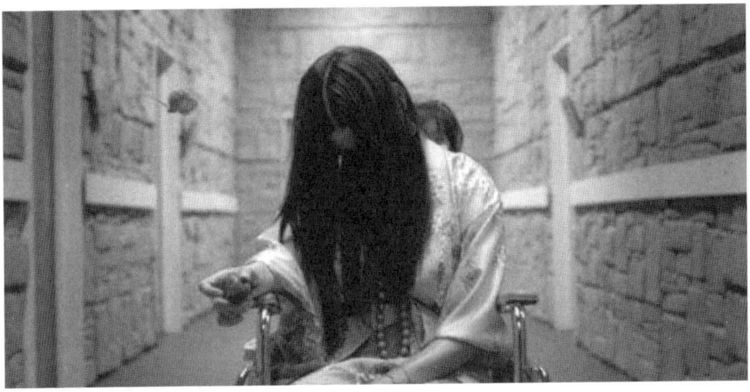

Abb. 206: Katy sieht so aus, wie MKULTRA-Opfer aussehen müssen, nachdem sie das Trauma der Gedankenkontrolle überstanden haben. Sie ist total abwesend und wahrscheinlich durch die Erdbeere, die sie hält, unter Drogen gesetzt

Gedankenkontroll-Sklaven werden von ihren Handlern allen Arten von Folter ausgesetzt. Irgendwann während der „Behandlung" wird der Schmerz, ob physisch oder emotional, zu stark und die natürliche Reaktion ihres Gehirns besteht darin, sich von der Realität zu lösen. Die Programmierer möchten, dass sich ihre Subjekte trennen, da dies die Programmierung erleichtert. Sie verwenden Filme wie „Alice im Wunderland" und „Der Zauberer von Oz" , (mehr zu den Filmen im Buch „Der Hollywood-Code") um Opfer so zu programmieren, dass sie sich „durch den Spiegel" oder „über dem Regenbogen" trennen. Bisher fand das Video in Katys dissoziativer Innenwelt statt.

Während Katy ein bisschen wie ein Zombie wirkt, ist ihre Kernpersönlichkeit, die kleine Katheryn, „Wide Awake" (hellwach) und entschlossen, da rauszukommen. Einige Leute wollen jedoch nicht, dass dies geschieht.

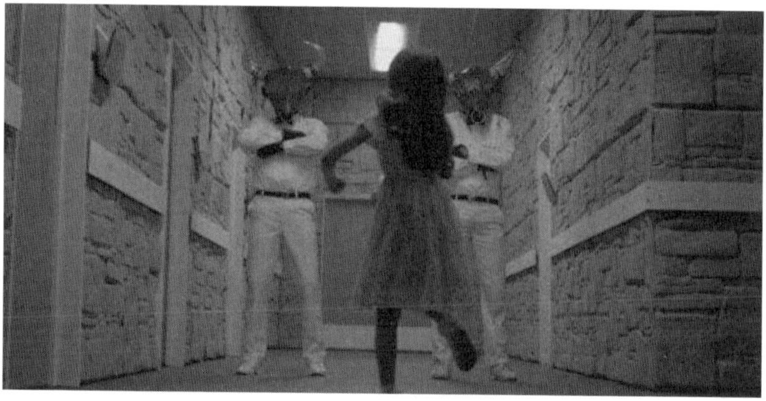

Abb. 207: Zwei Männer mit gehörnten Köpfen (siehe Baphomet) blockieren Katheryns Weg in die Freiheit. Stellen diese nicht-menschlichen, böse aussehenden Männer Katys Handler dar?

Katheryns Willenskraft beseitigt jedoch die gehörnten Typen und erweckt Katy sogar wieder zum Leben. Die Texte des Liedes vermitteln dieses Gefühl der Befreiung von einem betrügerischen und bedrückenden Geisteszustand. Hier ist der erste Refrain:

„Ich bin hellwach	*(„I'm wide awake*
Ja, ich war im Dunkeln	*Yeah, I was in the dark*
Ich fiel schwer	*I was falling hard*
Mit offenem Herzen	*With an open heart*
bin ich hellwach	*I'm wide awake*
Wie habe ich die Sterne so falsch gelesen?	*How did I read the stars so wrong?*
Ich bin hellwach	*I'm wide awake*
Und jetzt ist mir klar,	*And now it's clear to me*
dass alles, was du siehst,	*That everything you see*
nicht immer so ist, wie es scheint.	*Ain't always what it seems*
Ich bin hellwach.	*I'm wide awake*
Ja, ich habe so lange geträumt.“	*Yeah, I was dreaming for so long.“)*

An dieser Stelle könnte man sich also fragen: Bricht Katy tatsächlich in diesem Video aus der Gedankenkontrolle aus? Der Rest des Videos könnte die Frage beantworten.

Nach dem Verlassen der Institution befinden sich Katy und ihre Kernperson wieder im Fantasieland.

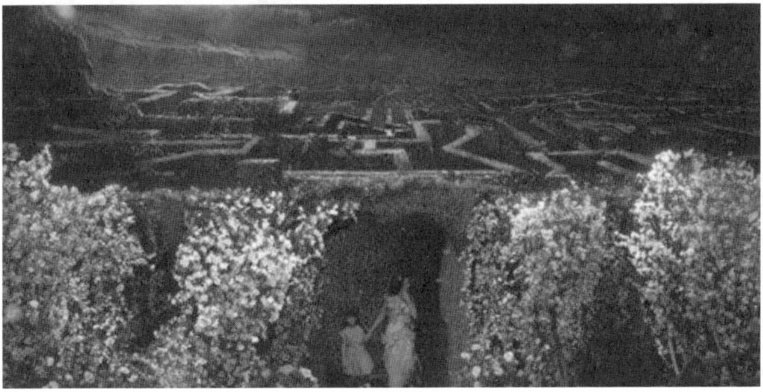

Abb. 208: Katy und ihre Kernpersönlichkeit sind zurück im dissoziativen Fantasieland - auf der anderen Seite des Labyrinths, wo die Dinge schöner erscheinen

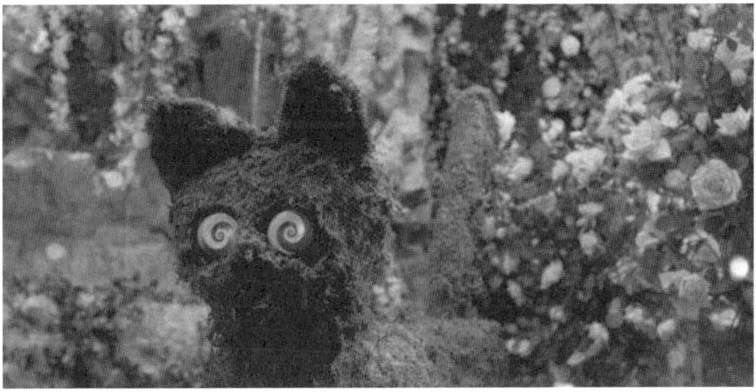

Abb. 209: Diese Katze mit hypnotischen Augen erinnert daran, dass Katy möglicherweise immer noch streng überwacht wird und unter der Kontrolle ihrer Programmierer steht. Die Schmetterlinge auf Katys Kopf sind ebenfalls ein guter Indikator für diese Tatsache

An diesem Punkt steigt Katheryn auf ihr Fahrrad und verlässt Katy.

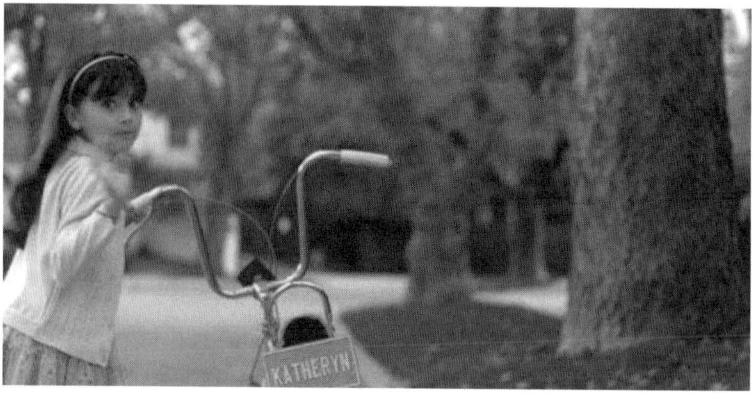

Abb. 210: Katheryn, die zentrale, authentische Person von Katy, verabschiedet sich. Warum geht sie? Ist unsere Kernpersönlichkeit nicht etwas, das wir immer haben sollten?

Bevor Katheryn geht, hinterlässt sie Katy ein Geschenk... ein symbolisches Geschenk.

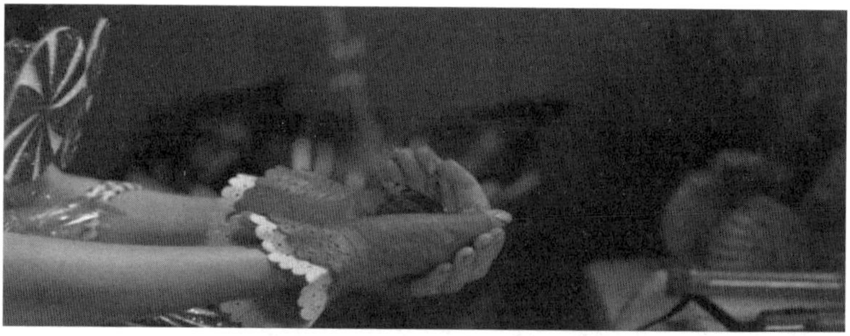

Abb. 211: Zurück in ihrer Garderobe merkt sie, dass sie einen Schmetterling bekommen hat. Hat Katheryn Katy das giftige Geschenk gegeben, wieder unter Gedankenkontrolle zu sein?

Der Schmetterling führt uns von der Garderobe zu einer Bühne, bevor das Lied „Teenage Dreams" aufgeführt wird. Mit anderen Worten, Katy (und die Zuschauer des Videos) haben den Kreis geschlossen und sind wieder am Ausgangspunkt. Obwohl ein Streben abgeschlossen zu sein scheint und die Feinde besiegt zu sein scheinen, ist Katy zurück in ihrer „sexy Popstar"-Persona, komplett mit Lutscher-BHs geschmückt. Sie ist diejenige, die sie jetzt ist, ein Produkt der Musikindustrie. Ihre Kernpersönlichkeit ist weg.

Hat sie etwas von Katheryn gelernt und ist jetzt besser gerüstet, um den Fallstricken von Prominenten zu begegnen? Vielleicht. Die Orgie der Schmetterlinge im Video erinnert uns jedoch daran, dass sie letztendlich immer noch unter der Kontrolle der Musikindustrie und der von ihr geförderten MKULTRA-Symbolik steht.

Benötigen Sie weitere Beweise? Schauen Sie sich ihre Kleidung an, während sie „Wide Awake" bei den „Much Music Video Awards" 2012 in Kanada aufführte.

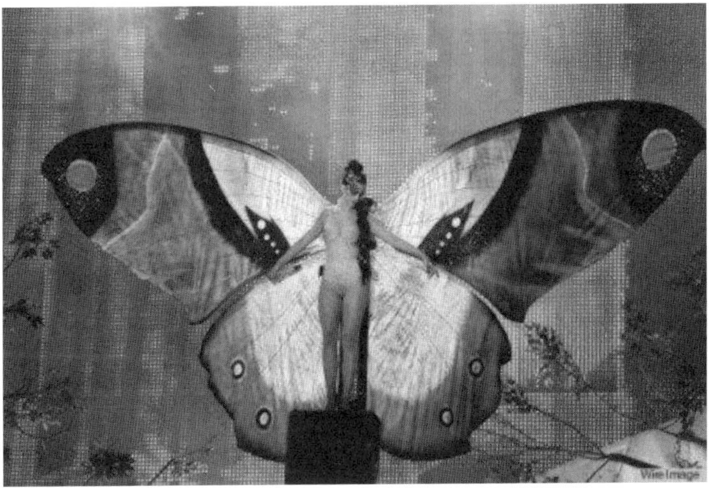

Abb. 212: Katy ist im Grunde ein großer Riesenschmetterling - das ultimative Symbol der Monarch-Programmierung

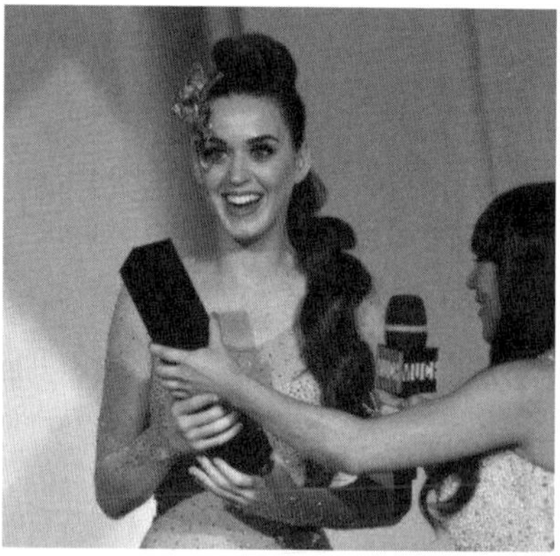

Abb. 213: Monarchfalter über einem Auge.
Die Gedankenkontrolle ist am Kopf/Gehirn implantiert

Katy Perrys „Wide Awake" ist ein Paradebeispiel für die Programmiersymbolik von Monarch, die in Massenmedienprodukten beworben wird. Obwohl es von vielen als „originell" und „einfallsreich" eingestuft wird, ähnelt es auffallend anderen in diesem Buch analysierten MKULTRA-Videos. Zum Beispiel bietet „Paramore's Brick" von „Boring Brick" auch eine jüngere (reinere) Version des Sängers, eine Flut von Schmetterlingen, Räume voller Spiegel und so weiter.

Warum sind all diese Symbole, ebenso wie unzählige andere, in diesen nicht verwandten Videos zu finden? Das liegt daran, dass die Symbole miteinander verwandt sind: Sie sind Symbole der Gedankenkontrolle von Monarch-Programmierung. Monarch ist der rote Faden, der diese Symbole vereint. Monarch erklärt auch die ansonsten rätselhaften Handlungen in den Videos.

Obwohl es wahrscheinlich das widerlichste und bösartigste Konzept ist, das der Mensch kennt, wird in der Populärkultur häufig auf die Monarch-Programmierung verwiesen. Und da die Monarch-Programmierung eine der Techniken ist, mit denen die okkulte Elite viele Bereiche, einschließlich der Unterhaltungsindustrie, im Griff hat, wird sie in den Massenmedien oft subtil verherrlicht.

Die meisten Menschen lassen all diese Bilder direkt in ihren Sinn kommen, ohne ihre wahre Bedeutung zu verstehen. Es gibt jedoch eine Möglichkeit, diese unerwünschten Nachrichten nicht in unser Gehirn gelangen zu lassen: Seien Sie wirklich hellwach![101]

Nonne in Rechtsstreit um Katy Perry verwickelt, "zusammengebrochen und gestorben" während der Gerichtsanhörung

Zwei Nonnen, die strikt gegen den Kauf ihres ehemaligen Klosters durch Katy Perry sind, beschuldigten 2018 Katy Perry der Hexerei und des „Verkaufs ihrer Seele an den Teufel“. Sie wollen wirklich nicht, dass sie dort einzieht.

Die Sängerin wollte das gigantische Kloster in Los Feliz, Los Angeles, kaufen. Sie bot 14,5-Millionen-Dollar für das acht Hektar große Grundstück, aber die fünf Nonnen, die das Anwesen unterhielten, kämpften mit aller Kraft, um den Deal zu stoppen. Der Richter in erster Instanz schloss sich schließlich Perrys Argumentation an.

Das Kloster wurde von Schwester Rita Callanan (81) und Schwester Rose Catherine Holzman (86) gepflegt, die dem Orden des „Unbefleckten Herzens der Heiligen Jungfrau Maria“ angehörten. Schwester Callanan erklärte, dass sie „überhaupt nicht sehr glücklich sein würde, wenn Perry das Anwesen bekommen würde“, und fügte hinzu: „Ich mag Katy Perrys Lebensstil nicht“

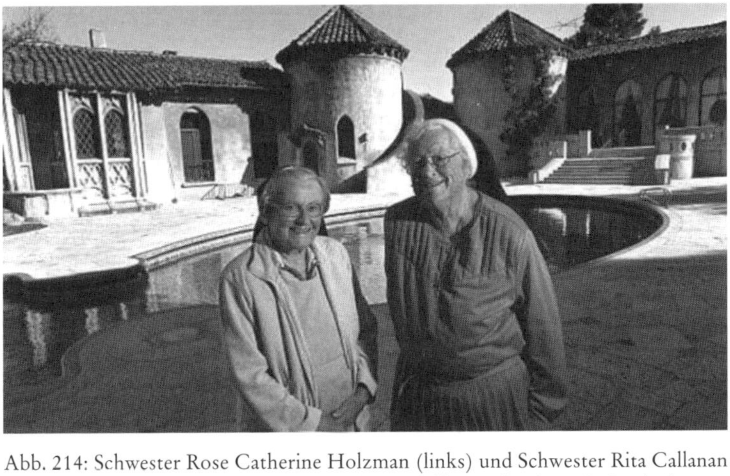

Abb. 214: Schwester Rose Catherine Holzman (links) und Schwester Rita Callanan stehen im Kloster, das Katy Perry im Begriff ist zu kaufen. Ein Symbol für den Kampf zwischen Gott und dem Teufel?

Während der Gerichtsschlacht äußerten sich die Nonnen lautstark gegen den Verkauf, brandmarkten Perry sogar als „ekelhaft" und deuteten an, dass sie die heiligen Gründe des Klosters entweihen würde. In einem Interview mit der „Daily Mail" berichteten die Nonnen von dem Moment, in dem sie Katy Perry damit konfrontierten, dass sie ihre Seele an den Teufel verkaufte und vieles mehr.

Schwester Callanan erinnerte sich an ein Treffen der Schwestern mit der Sängerin und sagte: „Sie brachte ihre Mutter Mary zu dem Treffen und ich dachte nur: ‚Oh Gott, hilf uns'.

Katy Perry und alle waren sehr schön gekleidet und sie sagte: ‚Ich habe dieses Tattoo am Handgelenk, da steht Jesus'. Und ich wollte sagen: ‚Ja und was ist das Tattoo auf deinem Hintern?'"

Die Nonne befragte Perry auch zu Bemerkungen, die sie über den Verkauf ihrer Seele an den Teufel gemacht hatte, als sie von der christlichen Musik zum Mainstream-Pop überging.[102]

Die Nonne bezog sich wahrscheinlich auf das Interview bei „HipHollywood.com", in dem Katy Perry über ihren christlichen Hintergrund spricht und dass sie ihre Seele für den Erfolg an den Teufel verkauft hat:

Als Kelly fragte, was sie mit ihrem Leben anfangen wolle, antwortete Perry Berichten zufolge: „Nun, ich weiß nicht, deshalb möchte ich dieses Anwesen, weil ich mich hinsetzen und grünen Tee trinken und einfach in den Meditationsgarten gehen und einfach meditieren möchte."

Schwester Callanan sagte: „Ich dachte nur: ‚Oh Bruder'".

Sie gab bekannt, dass sie Perry auch nach ihrem Besuch in Salem gefragt hat, was gleichbedeutend mit Hexerei ist: „Ich habe gesagt: ‚Sie stehen auf Hexerei, Sie sind nach Salem gegangen.'"

Sie sah zu einem ihrer Leute hinüber und sagte: „Bin ich nach Salem gegangen, war ich in Salem?" Ich sagte: „Kommen Sie, Sie wussten nicht, dass Sie wegen der Hexerei in Salem waren? Sie erinnern sich nicht daran? So etwas würde mir im Gedächtnis bleiben. Ich habe es gelesen, war das eine Fehlinformation?" Sie erwiderte: „Es tut mir leid, aber ich mag Hexerei nicht und ich mag einfach keine Leute, die Hexerei mögen."[103]

Am 10. März 2018 starb eine der Nonnen, Schwester Catherine Rose

Holzman, während einer Anhörung bei der Berufungsverhandlung im Gerichtsgebäude. „Katy Perry, bitte hören Sie auf!", sagte die 89-jährige Holzman zuvor über „Fox 11“ vor dem Gerichtssaal in Los Angeles an die Sängerin gerichtet. „Es tut niemandem gut, aber vielen Menschen tut es weh.“ Nur Stunden später brach sie zusammen und starb während des Gerichtsverfahrens. 2019 sagte die 81-jährige Callanan der „New York Post“, dass Perry „Blut an ihren Händen hat“. „Ich mochte Katy Perry wirklich nicht“, sagte Callanan der „New York Post“. „Ich bin sicher, sie mag mich nicht." Nach einem jahrelangen Rechtsstreit hat sich Perry vom Kauf zurückgezogen. Das Kloster ist derzeit wieder auf dem Markt.

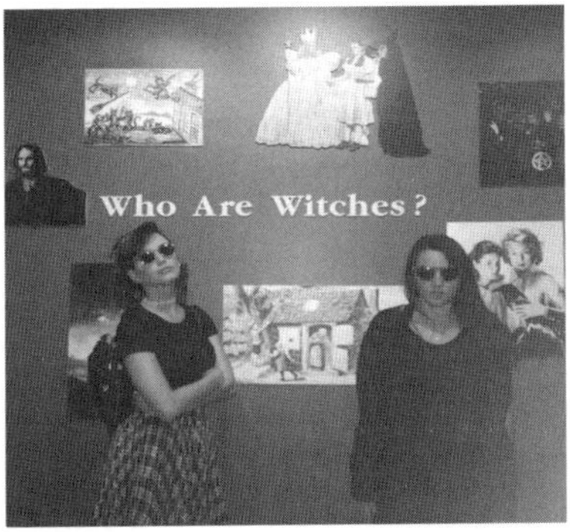

Abb. 215: Katy Perry links im Bild beim „Salem Witch Walk 2014“ mit verhüllten Augen

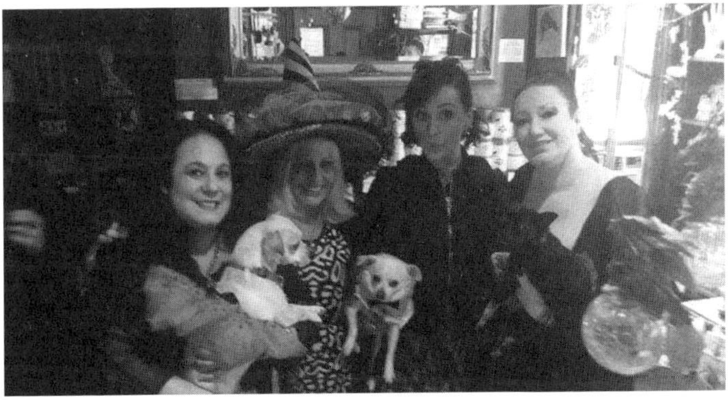

Abb. 216: Katy Perry beim „Salem Witch Walk“ im Jahr 2014, inmitten von anderen hexenartigen Figuren

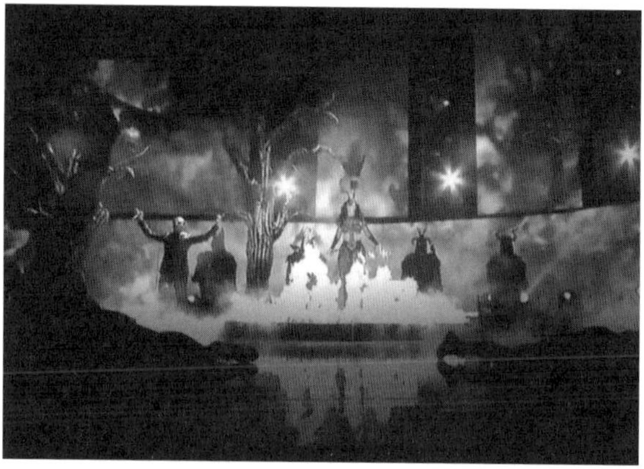

Abb. 217: Bei den „Grammy Awards“ 2014 spielte Katy Perry die Rolle einer Hexe, die auf dem Scheiterhaufen verbrannt wird, während einige gehörnte Figuren im Hintergrund stehen. Die Symbolik für MKULTRA in der Programmierung

Im Kern handelte es sich dabei um ein an den Illuminati orientiertes okkultes Ritual. In verschiedenen Medienberichten hieß es, Perry sei „wie eine Hexe gekleidet“ gewesen, und zu ihrer Darbietung gehörten ein leuchtend rotes Templerkreuz auf ihrer Brust, eine Schreckensgestalt mit Moloch-Hörnern sowie Tänzer in dunklen Gewändern mit Teufelshörnern, die aus ihren Köpfen herausragten, und ein Stangentanz mit Besen.

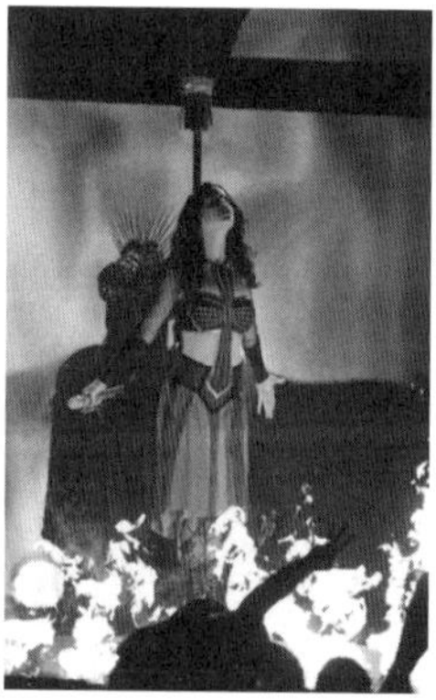

Abb. 218: Am Ende der „Zeremonie“ und des Liedes wurde Perry „auf dem Scheiterhaufen“ verbrannt. Dieser unzweideutige, okkulte Symbolismus ihres Auftritts ist kein Zufall

Die sorgfältig inszenierte und bis ins Detail gehende Darbietung zeigt, dass jemand lange nachgedacht und sich sehr viel Mühe gegeben hat. War es also kein Scherz, als Perry vor einigen Jahren in einem Fernsehinterview erklärte, sie habe „ihre Seele dem Teufel verkauft".[104]

Warum wollte Katy Perry diese spezielle Immobilie unbedingt kaufen? Immerhin hat es eine ziemlich dunkle Vergangenheit.

Das Anwesen wurde ursprünglich 1927 für den Nachrichtensprecher und Unternehmer Earle Anthony erbaut. Es wurde dann 1961 an den katholischen Philanthrop Sir Daniel Donohue verkauft. Bald darauf beging sein Sohn auf dem Grundstück Selbstmord.

1969 schlachteten drei Anhänger des Sektenführers Charles Manson das Ehepaar Leno und Rosemary LaBianca in ihrem Haus neben dem Grundstück der Nonnen ab.

Auf das Paar wurde Dutzende Male in ritueller Art und Weise eingestochen. Leno LaBianca erhielt 14 Stichwunden mit einer elfenbeinfarbenen, zweizinkigen Schnitzgabel, die aus seinem Magen ragte. Ein Steakmesser wurde in seinen Hals gestoßen. Die Manson-Anhänger schrieben „Rise" und „Death to Pigs" an die Wände und in falschem Englisch „Healter Skelter" an die Kühlschranktür, alles mit LaBiancas Blut.[105]

Diese Ereignisse trugen sich im August 1969 am Tag nach der infamen Ermordung von Sharon Tate, Roman Polanskis schwangerer Frau, durch die Manson Family" zu (mehr dazu im Buch „Der Musik-Code")

Charles Manson war ein Produkt des MKULTRA-Programms. Er war laut Fritz Springmeiers Beschreibung „sowohl Monarchensklave als auch Handler". Seine Programmierer wussten im Voraus, wer die nächsten Opfer sein würden. Er wurde im Grunde von der Elite benutzt, um rituelle Morde durchzuführen. Berichten zufolge wurde Manson mit Beatles-Songs programmiert (Manson selbst behauptete, dass der Song „Helter Skelter" versteckte Nachrichten für seine Familie enthielt).

„Die Manson-Morde wurden nach einem alten Ritual mit Trotteln und ‚Einweihungsschnüren' um den Hals der Opfer durchgeführt. (…)

Was wir im Zuge der öffentlichen Umsetzung dieser alchemistischen Psychodramen erleben, deren spirituelle Konsequenzen für die Menschheit weitaus bedeutsamer sind, als die meisten bisher vermutet haben, ist ein Prozess der globalen okkulten Initiation." (Quelle: Michael, A. Hoffman: „Secret

Societies and Psychological Warfare“)

„Die gesamte Manson-Saga war eng mit der satanischen Industrie der okkulten Elite verbunden. „Die Morde, die dem Sohn von Sam, der Manson Family, und zahlreichen anderen miteinander verbundenen Morden (einschließlich möglicherweise der Zodiac-Morde) zugeschrieben wurden, waren nicht das, was sie zu sein schienen. Während diese Morde die zufällige Arbeit von Serien- /Massenmördern zu sein schienen, handelte es sich tatsächlich um Vertrags-Killer, die von einem ineinandergreifenden Netzwerk satanischer Kulte für bestimmte Zwecke ausgeführt wurden. Mit anderen Worten, es handelte sich um professionelle Killer, die so orchestriert und getarnt waren, dass sie wie die Arbeit von gewöhnlichen Serienmördern aussahen.“[(106)]

Dies ist also die Immobilie, die Katy Perry vor Jahren kaufen wollte. Ist es wirklich der perfekte Ort, um „grünen Tee zu trinken und zu meditieren“... oder eher um Rituale der schwarzen Magie durchzuführen? Ein wirklich beschaulicher Ort für Gottes gläubige Schwestern...

Was passiert mit Katy Perry?

Katy Perry hat aus falschen Gründen Schlagzeilen gemacht und ihre Fans dazu gebracht, ihre geistige Gesundheit in Frage zu stellen. Geht sie einer typischen Popstar-Kernschmelze entgegen? Hin und wieder wird eine Berühmtheit ins „schlechte Rampenlicht“ gerückt, wo ihr unter intensiver Medienbeobachtung eine Reihe bizarrer, demütigender und karriereverletzender Dinge passieren. In den letzten Jahren wurde über die Zusammenbrüche von einst hochfliegenden Prominenten wie Britney Spears, Kanye West, Shia Leboeuf, Amanda Bynes und anderen berichtet. Keiner von ihnen erholte sich vollständig von diesen traumatischen Ereignissen. Alle von ihnen scheinen jetzt völlig „außer sich“ zu sein.

Obwohl Perry seit Jahren an der Spitze der Elite-Agenda steht, wurde sie von Fans, Kritikern und Medien im Allgemeinen gelobt. Dies hat sich in den Jahren 2016 und 2017 geändert.

Die Dinge begannen übel zu werden, als sie „Chained to the Rythm“ veröffentlichte, ein Lied, das damals zufällig ganz oben auf der Tagesordnung der Elite stand.

„Chained to the Rhythm“ ist ein typischer Katy-Perry-Popsong, aber mit einer leicht subversiven Wendung. Hier findet ein intensives

„Doppeldenken“ statt. In der Tat akzeptiert die im Video präsentierte „Rebellion“ die Agenda der globalen Elite, die seit Jahren vorangetrieben wird. Ebenso wird Perrys Appell an Jugendliche und Heranwachsende seit Jahren genutzt, um alle Arten von Agenden voranzutreiben. Das hat sich nicht geändert. Nur der Kontext hat sich geändert.

2017 werden die Dienste von Katy Perry erneut benötigt. Und wenn Katy Perry ein „politisches“ Lied veröffentlicht, können Sie glauben, dass die Botschaft sorgfältig ausgearbeitet wurde, um den Interessen derer zu dienen, denen sie gehört. „Chained to the Rhythm“ ist genau das: Eine kalkulierte „politische“ Botschaft, die die globalistische Agenda der Elite als „Rebellion“ gegen den amerikanischen Albtraum Donald Trump darstellt.

Bevor wir fortfahren, muss darauf hingewiesen werden, dass diese Ausführungen keinen Pro- oder Anti-Trump-Weg beschreibt. Es geht um eine objektive Analyse eines Massenmedienprodukts, das in einer bestimmten politischen Ära veröffentlicht wurde. Wie oft erwähnt, ist dieselbe okkulte Elite immer noch hinter den Kulissen tätig, egal, wer an der Macht ist und die Kanäle der Mainstreammedien werden immer noch vollständig kontrolliert. Bitte beachten Sie also, dass ich mich im Gegensatz zu 99 Prozent der Blogs und Nachrichtenseiten nicht um politische Zugehörigkeiten kümmere und meine Werte nicht in einem vorgefertigten „liberalen“ oder „konservativen“ Rahmen gestaltet sind. Ich analysiere einfach die Agenda hinter den Massenmedien.

Nach Trumps Wahl erklärte Katy Perry, es sei Zeit für „zielgerichteten Pop“. Hatte sie eine Offenbarung? Nicht wirklich. Was tatsächlich passierte, war, dass *Capitol Records*, das Konglomerat, das ihre Rechte besitzt, ihr Image und ihre Botschaft auf die aktuelle Agenda umgerüstet hat. In „Chained to the Rhythm“ werden die USA mit einem Themenpark namens Oblivia verglichen, in dem „ahnungslose“ Menschen mit einem erstarrten gruseligen Lächeln im Gesicht herumlaufen. Die Fahrten im Park stellen reale soziale Probleme dar, die die Amerikaner anscheinend ignorieren, weil sie „in einer Blase leben“. „Chained to the Rhythm“ ist das, was wir „Propaganda 2.0“ nennen können: Die Agenda der Elite wird als „Revolution"“ präsentiert. Es braucht Tropfen aus „Truther“-Filmen wie *Sie leben* - wo nur einige wenige die Wahrheit sehen, während der Rest der Welt kontrolliert wird - um tatsächlich eine politische Agenda zu verkaufen.

Ebenfalls mehrfach formuliert, besteht das ultimative Ziel der Elite darin, eine Eine-Welt-Regierung zu schaffen, mit einer einheitlichen Währung und einer einheitlichen Verwaltung. Durch die Schaffung spezifischer „Probleme" und die Betonung von Lösungen zur Behebung dieser Probleme schafft die globale Elite ein vollständig integriertes Weltsystem, in dem die Sozial- und Wirtschaftspolitik nationale Grenzen überschreitet, um auf globaler Ebene entschieden zu werden. Die Flüchtlingskrise, die Umwelt, die Wirtschaft, der Terrorismus und unzählige andere Themen werden genutzt, um auf globaler Ebene eine der Neuen Weltordnung wohlgesonnene Politik einzuführen. Dieses Programm wird seit Jahren von George Soros und seiner äußerst mächtigen Organisation namens Open Society unterstützt.

Darum geht es tatsächlich bei „Chained to the Rhythm". Katy Perry ist seit Jahren ein Knecht der Elite, und das hat nie aufgehört.[107]

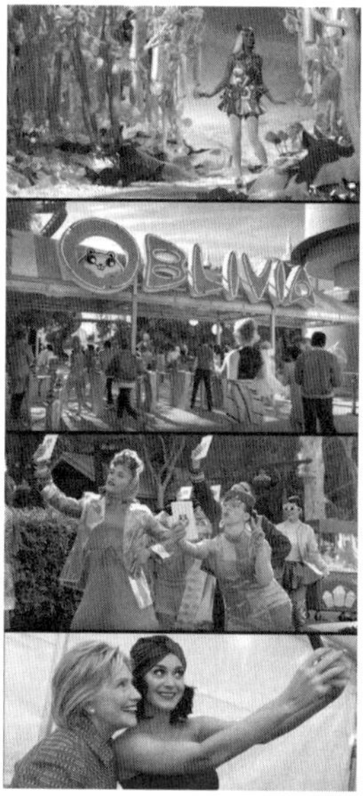

Abb. 219: Von oben nach unten. Erstes Bild: Kalifornische Mädchen im amerikanischen Traum. Zweites Bild: Das Video findet in einem Themenpark namens „Oblivia" statt. Das Logo ist ein Hamster, ein Nagetier, von dem bekannt ist, dass es in einem Käfig lebt und auf einem sich drehenden Rad trainiert, das ins Nirgendwo führt. So nimmt die Elite die Massen wahr. Drittes Bild: Im Park sind die Menschen zu sehr mit ihrem Social-Media-Status beschäftigt, um zu verstehen, was wirklich um sie herum vor sich geht. Der Park ist voller egozentrischer Menschen, die Selfies mit ihren Hamstergeräten machen. Viertes Bild: Hillary Clinton, die Anti-Trump-Verschwörerin, mit Katy zusammen, mit einem Hamstergerät den verblendeten Massen ein Trugbild schickend

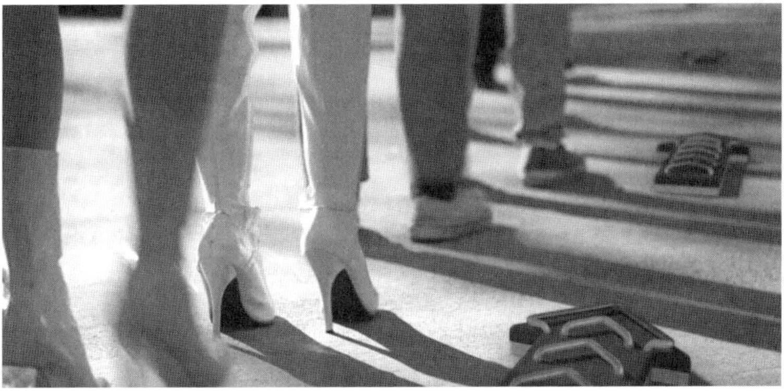

Abb. 220: Jedenfalls sind die Leute im Park eindeutig gehirngewaschene Drohnen, die tun, was ihnen gesagt wird. Gäste folgen Pfeilen auf die gleiche Weise, wie die Massen den Massenmedien in allem folgen, was sie wann denken und tun sollen. Glasklar eine erste Programmierung für „Social Distancing" in der von der Elite gesteuerten Corona-Krise

Perry stellte dieses Lied bei den „Grammy Awards" 2017 vor. Die Aufführung war sehr symbolträchtig. Vor der Preisverleihung sorgte Perry für einen Eklat, indem sie sich über Britney Spears Kopfrasur lustig machte. Als der Moderator Ryan Seacrest sie nach ihrer kurzen Pause im Musikgeschäft fragte, antwortete sie: „Es heißt doch, man soll sich um seine geistige Gesundheit kümmern. Ich habe meinen Kopf noch nicht rasiert." Dieser Kommentar war seltsam und doch eigentümlich spezifisch. Sie verspottete damit kaltblütig ein traumatisches Ereignis von Britney Spears, fast genau 10 Jahre nachdem es passiert war. Es war wie ein Wink der Elite zum 10-jährigen Jubiläum an Britney Spears - durch Katy Perry.

Die Tatsache, dass Perry diesen Kommentar zum 10. Jahrestag dieser Veranstaltung abgegeben hat, ist seltsam - als wäre es ein kranker „Insider-Witz" der Branche. Was diesen Kommentar besonders bedauerlich erscheinen lässt, ist, dass Perry möglicherweise denselben schrecklichen Weg einschlägt.

Britney Spears stand seinerzeit im „schlechten Rampenlicht". Sie trug alle Symptome eines klassischen MKULTRA-Zusammenbruchs. „Reha", „mentale Bewertung erhalten" und erzwungene Krankenwagenfahrten können Codes für die „Neuprogrammierung der Gedankenkontrolle" sein. Während dieser schwierigen Zeiten war der Musikmanager Sam Lutfi ihr MK-Handler und maßgeblich am Zusammenbruch beteiligt. Seltsamerweise war

Lutfi auch in der Nähe von Amanda Bynes, als sie ausgetickt war und in eine psychiatrische Klinik zwangseingewiesen wurde.

Beim Versuch, der Programmierung zu entkommen, rasieren sich Sklaven häufig den Kopf - eine Geste, die ihnen das Gefühl gibt, sich der Kontrolle ihres Handlers zu entziehen

Der Zusammenbruch von Spears war ein fehlgeschlagener Fluchtversuch. Seitdem wurde ihr Verhalten als „zombieähnlich“ beschrieben. Sie war unter Vormundschaft, was bedeutet, dass jeder Aspekt ihres Lebens streng kontrolliert wird. Amanda Bynes folgte demselben Muster.

Erst macht sich Katy Perry über dieses äußerst traurige Ereignis lustig. Und was macht sie kurz danach? Sie rasiert ihren Kopf.

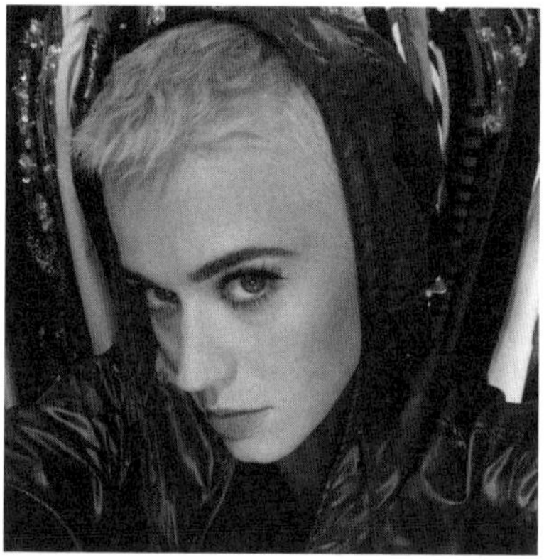

Abb. 221: Katy enthüllt am 10. April 2017 ihren neuen Look: Rasierte blonde Haare. In der verdrehten Symbolik der MK-Industrie deuten kurze blonde Haare darauf hin, dass der Sklave kürzlich „durcheinander gebracht“ wurde

Nachdem Perry einen MKULTRA-Sklaven verspottet hatte, nahm sie die Form eines MKULTRA-Sklaven an. Und sie postete immer wieder Dinge, die ihre Fans verärgerten.

Am 1. Mai 2017 veröffentlichte Perry ein Video auf Instagram [108] in dem sie einer Verehrerin antwortete, die meinte, dass sie ihre alten schwarzen Haare vermisse. Perry antwortete, indem sie ihre alten Haare mit Barack Obama verglich - eine bizarre Antwort, die viele Menschen als Beleidigung empfanden. Perrys bissige Antwort schient maßgeschneidert zu sein, um genau die Leute zu irritieren, denen sie nachfolgte, während sie Hillary Clinton unterstützte. Warum sollte sie das tun? Die Presse mochte es nicht. Hier sind einige Schlagzeilen, die danach auftauchten.

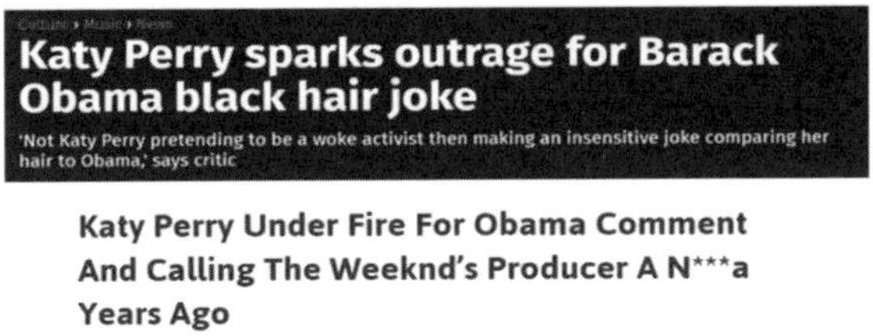

Katy Perry sparks outrage for Barack Obama black hair joke

'Not Katy Perry pretending to be a woke activist then making an insensitive joke comparing her hair to Obama,' says critic

Katy Perry Under Fire For Obama Comment And Calling The Weeknd's Producer A N*a Years Ago**

Abb. 222: Oben die britische Zeitung „The Independent“: „Katy Perry löst Empörung aus über den ‚Barack Obama schwarzes Haar Witz‘“(Quelle.: Unten die Musikseite „Stereogum“: „Katy Perry unter Beschuss für Obama Kommentar und nennt den „The Weeknds“ Produzenten einen „Nigga“ vor Jahren“

Kurz gesagt, man kann Katy Perrys Jahr 2017 als „schlechte Presse“ zusammenfassen. Unterdessen taucht Katy Perry immer wieder irgendwo auf und veröffentlicht neues Material. Und, wer hätte es gedacht - alles ist durchtränkt von MKULTRA und okkulten Elitebildern. Schauen wir uns zum Beispiel Katy Perrys Kleidung bei der „Met Gala“ 2017 an.

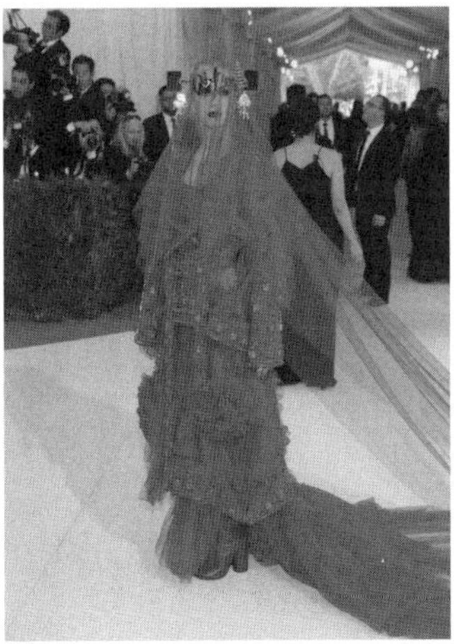

Abb. 223: Das „Illuminati“-Kleid aller Zeiten

Das von der elitefreundlichen Maison Margiela entworfene Kleid enthielt alle Bestandteile des okkulten Ritualdramas. Erstens war es 100 Prozent leuchtend rot, was im okkulten Ritual ein Opfer darstellt. Der Schleier auf ihrem Kopf deutet auch auf einen rituellen Prozess hin. Schleier werden von den Köpfen der Bräute entfernt, wenn sie bereit sind, „ihre Hochzeit zu verzehren". Ein Knecht der Elite zu sein, ist nichts weniger als eine Hochzeit - mit der dunklen Seite.

Der Kopfschmuck dieses Ensembles ist der offensichtlichste Teil von allem. Es verfügt über ein Auge, das eines von Perrys tatsächlichen Augen bedeckt. Mit anderen Worten, sie war ein wandelndes Ein-Auge-Zeichen.

Um das Auge ist das Wort „Zeuge" gestickt. Augenzeuge. Auf jeder Seite ihres Kopfes befinden sich zwei spiralförmige Dinge und zwei rechteckige Dinge, die es so aussehen lassen, als hätte sie Hörner. Einige Beobachter gaben an, dass die Sache mit den „Augenzeugen" für ihr neues Album werben könnte. Was auch immer der Fall sein mag, Katy verstrickt sich in der tiefgreifenden Illuminati-Symbolik.

Nach der „Met Gala" hat Perry auf Instagram (108) ein Bild gepostet, das es erneut geschafft hat, eine ganze Reihe von Menschen in Aufruhr zu versetzen.

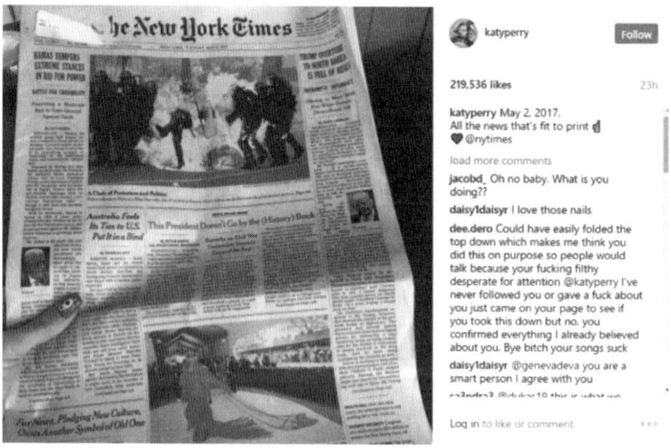

Abb. 224: Perry veröffentlichte ein Bild der ersten Seite der „New York Times", das ein Bild von ihr im roten Kleid enthielt. Als Bildunterschrift schrieb Perry: „Alle Nachrichten, die zum Drucken geeignet sind". Über dem Bild von Perry befand sich jedoch ein anderes Bild: Ein französischer Polizist, der buchstäblich in Flammen stand. So gefühllos. Außerdem hat sie ein Auge auf ihrem Fingernagel

Natürlich hat dieses Bild dazu geführt, dass die Leute Perry beschuldigten, egozentrisch und verzweifelt nach Aufmerksamkeit haschend zu sein. Das Seltsame an diesem Instagram-Beitrag ist, dass der obere Teil der Zeitung eigentlich leicht beschnitten werden könnte. Stattdessen liegt der Fokus mehr auf dem Bild der Polizei als auf Katy Perry. Es fühlt sich so an, als ob es absichtlich gemacht wurde, um Menschen zu verärgern.

Im okkulten Ritual ist die Zeit des Opfers oft mit Schwierigkeiten und Demütigungen verbunden. Als Industriesklavin scheint Katy die derzeitige „Auserwählte" zu sein, die sich dem bizarren Ritualdrama unterzieht, ebenso wie die Elite im wirklichen Leben ihre Opferrolle in den Massenmedien zelebriert.

Bei der „Met Gala" spielte Katy Perry ihr neues Lied mit dem Titel „Bon Apétit". Wie Sie sich wahrscheinlich vorstellen können, handelt das Lied nicht von Gastronomie und sie singt nicht von einem schönen Stück Lachs. Es geht um Sex. Genauer gesagt geht es darum, dass sie ein Beta-Kätzchen ist - eine sexuelle Sklavin der Elite. Hier ist ein Teil des Chors.

„Weil ich alles bin, was du willst, Junge.	*(„Cause I'm all that you want, boy*
Alles, was du haben kannst, Junge.	*All that you can have, boy*
Habe mich wie ein Buffet ausgebreitet.	*Got me spread like a buffet*
Guten Appetit, Baby."	*Bon appétit, baby.")*

Ihr Auftritt bei der Met Gala war sehr symbolisch.

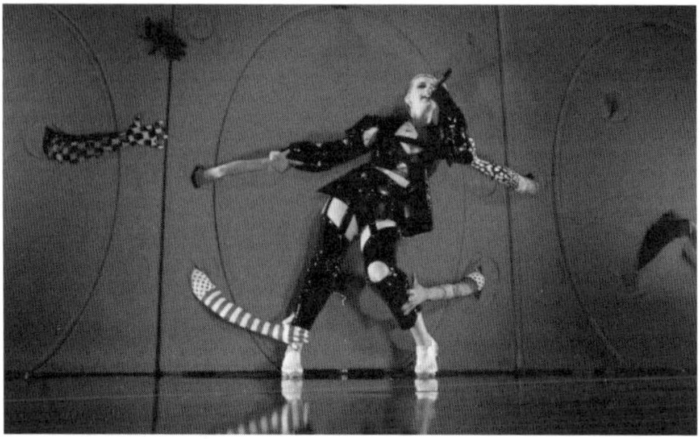

Abb. 225: Bei der „Met Gala“-Aufführung wurde Perry von unsichtbaren Menschen gehalten - eine großartige Möglichkeit, MKULTRA-Handler zu repräsentieren

Kurz gesagt, Katy Perrys Reihe von Kontroversen und bizarren Ereignissen sind nicht zufällig. Sie folgen tatsächlich dem gleichen Muster, das in der Unterhaltungsindustrie immer wieder vorkommt. Alle Symptome und die Symbole sind da. Katy Perry ist tief dem System der Elite verhaftet, und dies führt oft zu schlechten Dingen. Hoffen wir, dass sie nicht auf einen totalen Zusammenbruch zusteuert.[(109)]

Katy Perrys „Bon Appétit“ huldigt den okkulten Elite-Ritualen

In „Bon Appétit“ wird Katy Perry von Köchen gekocht und einer Gruppe von Elite-Gästen als Mahlzeit angeboten. Es spielt direkt auf bizarre Rituale an, die die okkulte Elite hinter verschlossenen Türen praktiziert - und das auf den ersten Blick. „Bon Appétit“ ist eines dieser Videos, die bei den Zuschauern einen unangenehmen Nachgeschmack hinterlassen, das Gefühl, dass etwas furchtbar falsch ist. Liegt es an der offensichtlichen Feier des Kannibalismus im Video? Natürlich. Aber es gibt noch viel mehr. Das Video zeigt Katy Perry, die einen schmerzhaften Prozess der Folter, Ausbeutung und Entmenschlichung durchläuft. Sie wird dann verwendet, um andere in dieses System zu locken.

Katy Perry steht im Mittelpunkt - sie ist die Marionette, die ausgewählt wird, um den erniedrigenden, entmenschlichenden Prozess einer Elitesklavin zu durchlaufen. Die Anspielung des Videos darauf, dass sie von einer Gruppe von Menschen dazu gemacht wird, ist einfach Teil des Prozesses.

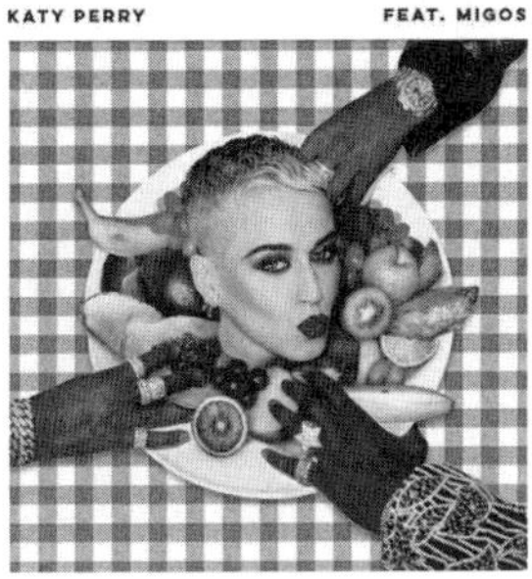

Abb. 226: Das Cover der Single spielt darauf an, dass sie von drei Typen „verzehrt“ wird. Sie ist das Buffet

In „Bon Appétit“ wird Katy Perry nicht wie ein Mensch behandelt, sondern wie ein Stück Fleisch. Es geht nicht darum, zum Vergnügen benutzt zu werden. Sie wird buchstäblich wie ein echtes Stück Fleisch behandelt, das keinen weiteren Wert hat, keine Seele. Sie wird sogar körperlich missbraucht und scheint nichts dagegen zu haben. Es ist, als hätte sie sich vollständig von der Realität distanziert und wurde von Handlern unter Gedankenkontrolle gestellt.

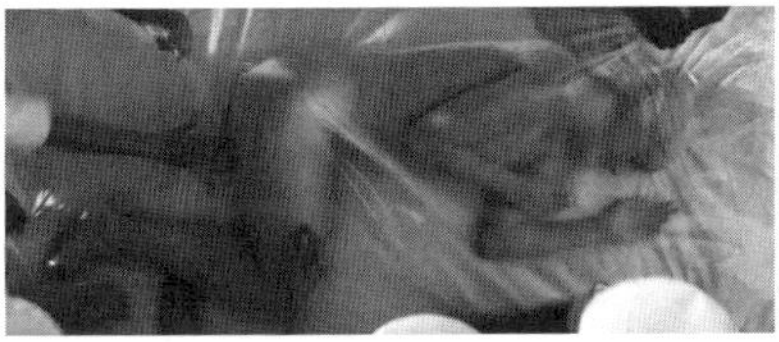

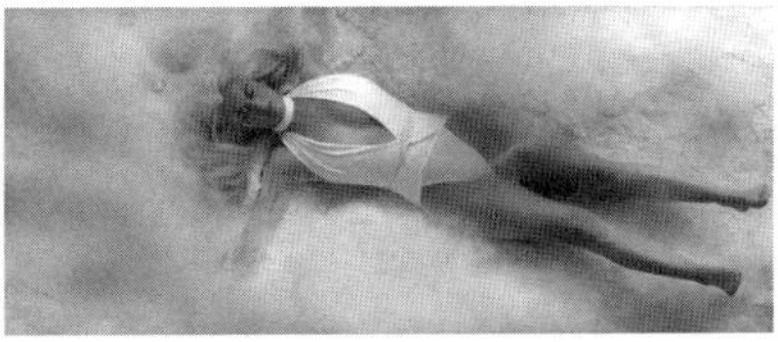

Abb. 227 links: Das Video beginnt mit Katy Perry, die wie ein Stück Fleisch im Kühlschrank in Plastik eingewickelt ist und darauf wartet, zubereitet zu werden. Die Köche legen ihre Hände auf sie. Rechts: Sie wird dann in Mehl geworfen, während sie ein Kleid trägt, das an Marilyn Monroes ikonisches Kleid erinnert. Perry trägt auch Monroe-ähnliches blondes Haar

Wie anfangs erwähnt, ist Marilyn Monroe die ursprüngliche Hollywood MKULTRA-Sklavin. Man könnte sagen, dass Monroe der „Prototyp“ der Beta-Kitten-Programmierung sei. Stars, die (wie Katy Perry) ausgewählt wurden, um dieses System zu fördern, müssen Monroe mindestens an einem Punkt ihrer Karriere nachahmen. Perry hat es schon mehrmals gemacht. Die Mehl-Szene impliziert daher, dass sich das Video auf die Beta Kitten-Programmierung bezieht - die Erstellung eines Beta-Sklaven.

Klingt verrückt? Natürlich tut es das. Aber die Elite, die die

Musikindustrie regiert, ist verrückt. Und die nächste Szene bestätigt diese verrückte Prämisse.

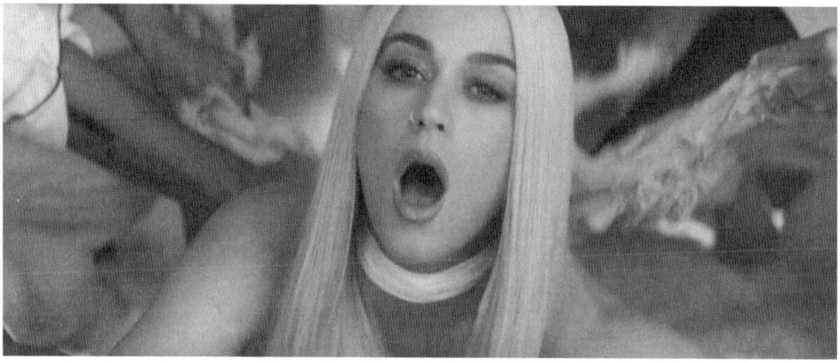

Abb. 228: Perry wird von ein paar Köchen gepackt und herumgedreht. Ist das eine Anspielung auf Gruppensex?

Perry wird dann durch verschiedene schmerzhafte Situationen geführt, die ihre Verwandlung in eine Industriesklavin darstellen.

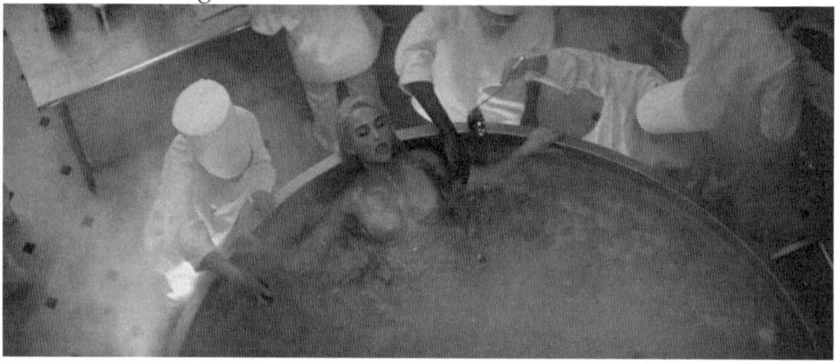

Abb. 229: Perry wird in kochendes Wasser geworfen, während Köche (auch bekannt als MK-Handler) Brühe über sie gießen. Das tut wahrscheinlich weh

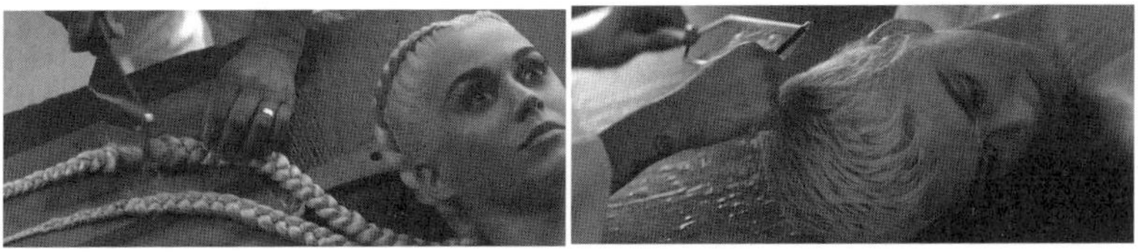

Abb. 230 links: Ihre langen Haare sind zerhackt - eine neue Person entsteht. Rechts: Ihr Haar wird mit einer Reibe geschnitten. Das Erstellen einer neuen MK-Persona ist ein schmerzhafter Prozess

Durch die obigen Szenen sehen wir, dass es bei Katy Perrys neuer Frisur nicht nur um Mode geht – sie ist Teil des Transformationsprozesses, der ihr aufgezwungen wurde. Kurz gesagt, die obigen Szenen zeigen, wie Perry von MK-Handlern „vorbereitet“ wird, tiefer in das System der Elite einzudringen.

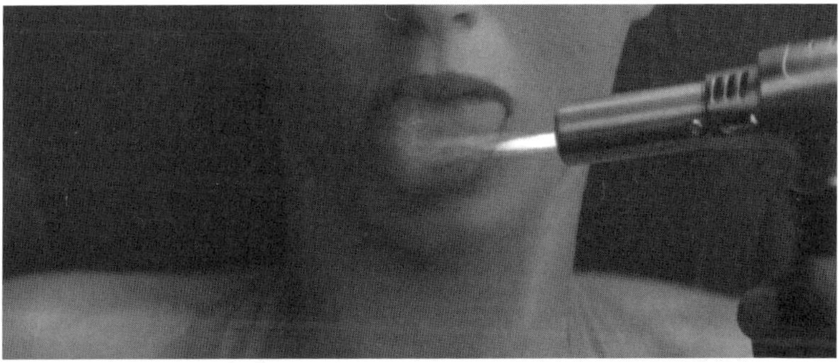

Abb 231.: Wenn man tiefer in die Branche eintaucht, ist Schweigen von größter Bedeutung. Katy Perrys Zunge ist symbolisch „flambiert“, um dies darzustellen

Nach diesem langen Transformationsprozess ist Katy Perry bereit, von den Elite-Gästen der Party konsumiert zu werden.

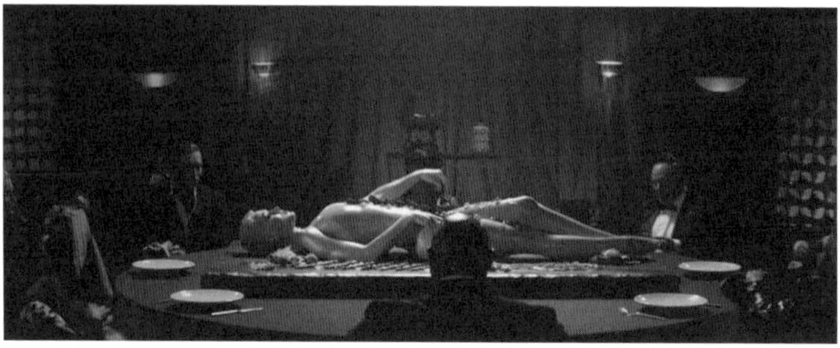

Abb. 232: Perry ist das Hauptgericht in diesem Kannibalen-Restaurant

Die obige Szene ist die wegweisende Einstellung des Videos. Sie sagt alles. Sie verbindet Perry und die gesamte Symbolik um sie herum direkt mit der mächtigen okkulten Elite der Unterhaltungsindustrie. Die Tischszene spiegelt direkt reale Ereignisse wider, die von einer der mächtigsten und einflussreichsten Okkultisten organisiert wurden, die heute sowohl in der Unterhaltung als auch in der Politik existieren: Marina Abramovic.

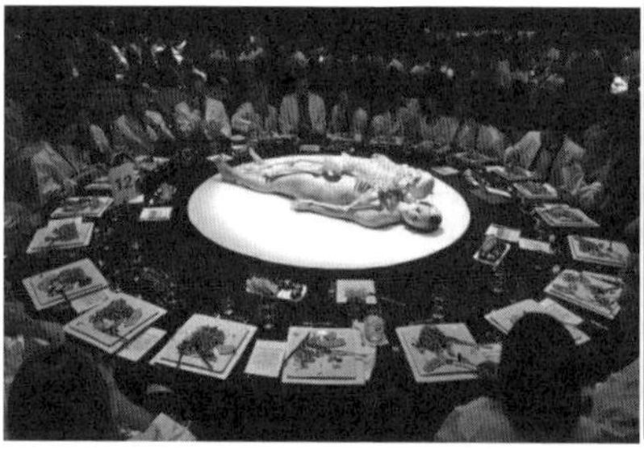

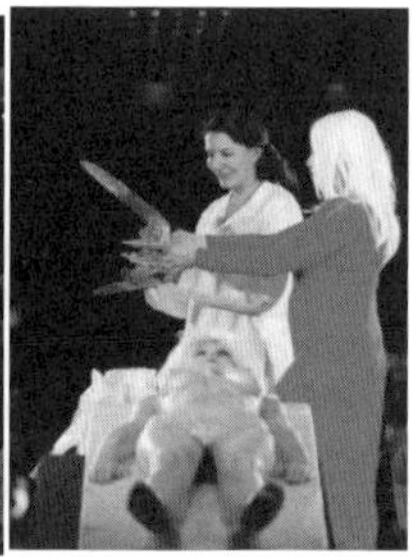

Abb. 233 links: Bei einer Veranstaltung von Marina Abramovic tragen die Gäste Laborkittel, wenn sie am Schein-Kannibalismus teilnehmen. Wie in Los Angeles: „Das Museum für zeitgenössische Kunst - MOCA – Galadinner" 2011. Rechts: In einer weiteren Veranstaltung von Abramovic wird ein Kuchen in der Gestalt der Blondie-Sängerin Debbie Harry von Harry selbst zerschnitten und von den Gästen und Debbie Harry gegessen.... Marina mag Mock-Kannibalismus sehr. Wenn sie das bei öffentlichen Veranstaltungen tun, kann man sich nur fragen, was sie hinter verschlossenen Türen tun

Diese Art von Handlung ist weder neu noch die exklusive Domäne der Abramovic. Es ist eine bizarre Eigenart, von der die okkulte Elite seit Jahrhunderten besessen ist.

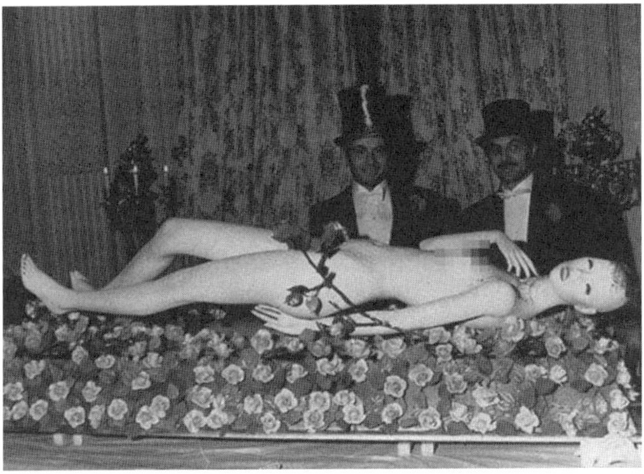

Abb. 234: Dieses Bild wurde bei einem Illuminati-Ball von 1972 aufgenommen, der von den Rothschilds, der elitärsten Familie der Geschichte, organisiert wurde

Katy Perrys Video spiegelt diese Unart wider. Die okkulte Elite hat, gelinde gesagt, ein Faible für Kannibalismus. Die Tatsache, dass Perry dieses Elitegebaren aufgreift, bestätigt, dass sie ausgewählt wurde, um ihre Kultur des Todes zu fördern. Das Video endet jedoch nicht an dieser Stelle. Es gibt eine Wendung, die die Dinge noch aufregender macht.

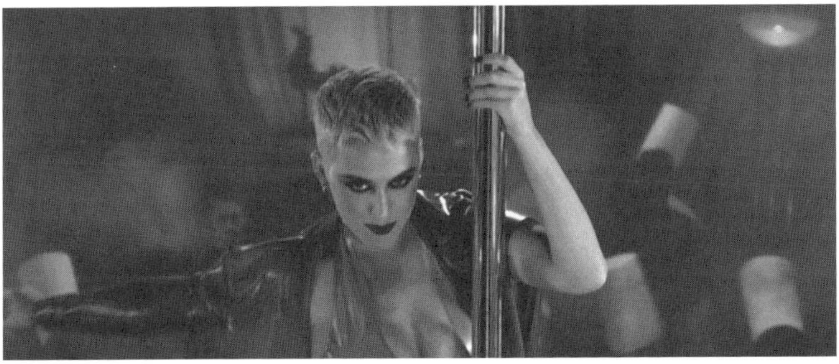

Abb. 235: Eine Stripper-Stange erhebt sich vom Tisch und Perry beginnt zu tanzen, als Migos Geld auf sie wirft. Sie ist wirklich eine Beta Kitten Sklavin

Während Katy wie eine Stripperin tanzt, werden die Gäste am Tisch gefesselt und von psychopathischen Köchen missbraucht.

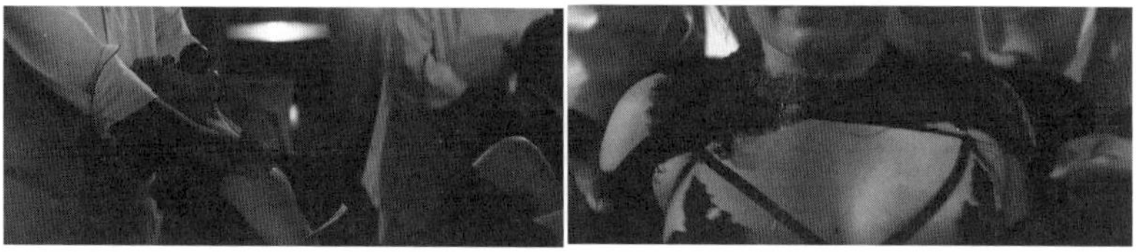

Abb. 236 links: Diese Frau ist gefesselt, mit verbundenen Augen und einem Apfel als Mundknebel. Rechts: Die Bluse dieser Frau ist auseinandergerissen. Ist das nicht ein Angriff? Warum schaffen es solche Sachen in Musikvideos, die sich an junge Leute richten?

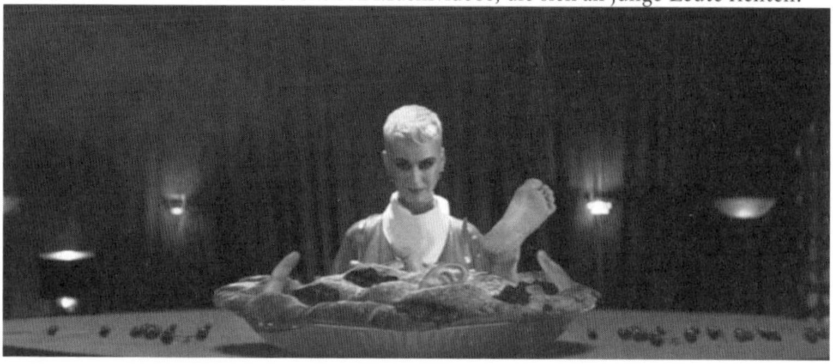

Abb. 237: Das Video endet damit, dass Katy Perry gerade dabei ist, den Kirschkuchen mit Körperteilen der Gäste zu essen

Um den Wahnsinn zusammenzufassen, Katy Perry wurde feierlich benutzt, Menschen dazu zu bringen, belästigt und ermordet zu werden, während Perry einen sexy Pole Dance zelebriert. Die Gäste wurden dann zu einem Kuchen verarbeitet, der von Perry gegessen werden sollte.

Und sie verkaufen uns dieses Zeug als „Ermächtigung" oder „Erleuchtung". Gemessen an der großen Anzahl von negativen Kommentaren, die dieses Video auf YouTube bekommt, mögen viele Leute dieses Video nicht. Sie erstellen absichtlich Videos, die schockierend und nervig sind, um immer wieder Grenzen zu überschreiten. Die okkulte Elite steht auf extreme, widerliche und schreckliche Praktiken und versucht, sie durch die Popkultur zu normalisieren.

Das „Bon Appétit"-Video stellt symbolisch Katy Perrys vollständige

Verwandlung in einen Knecht der Elite dar, indem sie sie als ein Stück Fleisch darstellen, das von Köchen zubereitet wird. Die Esstischszene spielt auf eines der Lieblingsrituale der okkulten Elite an, eines, dass die völlige Verachtung des menschlichen Lebens verdeutlicht. Perry wird nicht nur ausgewählt, um dieses Ritual nachzustellen, sondern sie wird auch verwendet, um mehr Menschen dazu zu locken. Diese Leute können leicht Fans repräsentieren, die Katy Perry und alles, was sie tut, eifrig „konsumieren". Sie werden dazu gelockt, diesen Mist zu essen, als wäre es ein nahrhaftes Abendessen. In Wirklichkeit ist es ein Gift, das absichtlich dafür eingesetzt wird, den Geist zu verrotten und die Seelen zu verzerren. Guten Appetit![110]

2.6 Miley Cyrus

„Halleluja, ich bin ein Freak,
ich bin ein Freak, Halleluja."
(Miley Cyrus, Lied: „Mother`s Daughter")

Miley Ray Cyrus (23. November 1992 in Nashville, Tennessee als Destiny Hope Cyrus, bürgerlich Miley Ray Hemsworth ist eine US-amerikanische Schauspielerin und Sängerin. Ihren Durchbruch schaffte sie im Jahr 2006 mit der Disney-Fernsehserie *Hannah Montana*, in der sie die Hauptrolle spielte. Cyrus' persönliches Leben, ihr öffentliches Image und ihre Aufführungen haben oft Kontroversen ausgelöst und in den Mainstreammedien breite Beachtung gefunden.

Cyrus, die Tochter des Country-Sängers Billy Ray Cyrus, wurde ein Teenager-Idol, als sie die Titelfigur der Disney Channel- Fernsehserie „Hannah Montana" (2006–2011) darstellte. Als Hannah Montana erreichte sie zwei Nummer-1- und drei Top-Ten-Soundtracks auf dem „US Billboard 200", darunter die „US Billboard Hot 100" Top-Ten-Single „He Could Be the One". Cyrus' eigene Diskographie umfasst die US-Nummer-1-Alben „Meet Miley Cyrus" (2007), „Breakout" (2008) und „Bangerz" (2013); Die Top-5-Veröffentlichungen „Can't Be Tamed" (2010), „Younger Now" (2017) und „She Is Coming" (2019); und das kostenlose SoundCloud-Streaming-exklusive Album „Miley Cyrus & Her Dead Petz" (2015). Zu ihren Singles gehören die „US-Top-Ten-Charts", „See You Again", „7 Things", „The Climb", „Party in den USA", „Can't Be Tamed", „We Can't Stop" und „Malibu"; und der Chartsieger „Wrecking Ball". Cyrus' Karriere- Auszeichnungen beinhalten Einträge in die „Time 100- Liste" in den Jahren 2008 und 2014, „Best Artist of 2013 Award" und Platzierung auf „Billboard's Greatest of All Time Artists in 2019. Miley Cyrus gewann 2020 den „Webby Special Achievement Award".

Als Schauspielerin trat Cyrus im Animationsfilm *Bolt* (2008) und in den Spielfilmen *Hannah Montana: Der Film* (2009) und *The Last Song* (2010) auf. Im Fernsehen war Cyrus als Trainer in der Fernsehserie „The Voice" des Gesangswettbcwerbs über zwei Spielzeiten und in einer Folge der britischen Fernsehserie *Black Mirror* (2019) zu sehen. Cyrus ist eine Unterstützerin für Tierrechte und hat 2014 einen veganen Lebensstil angenommen. 2014 gründete sie die gemeinnützige „Happy Hippie Foundation", die sich auf Obdachlosigkeit bei Jugendlichen und die LGBT-Community konzentriert.[(111)]

Miley Cyrus ist ein weiterer Kinderstar, der zum „Disney Teufel" wurde, Ohne Zweifel versuchte sie, ihr familienfreundliches „Hannah Montana"-Image zu zerstören, als sie ihre Karriere als Sängerin nach Disney mit einer Hymne für jugendliche Rebellion startete. Ihr Musikvideo „We Can`t Stop" war so übertrieben, dass viele Fans kommentierten, dass sie „die alte Miley vermissen" und das Video auf Youtube negative Bewertung von fast 50% erhielt,[(112)] zumindest bis 2013, Ende Juli 2020 waren es nur noch 33%, wahrscheinlich der Tatsache geschuldet, dass das Publikum mittlerweile das „Hintern in die Kamera halten" wie das permanente „Zunge rausstrecken" und das exzessiv Party-mäßige Sujet in den Videos und Songs gewohnt sind, ein weiterer Aspekt der Hinter den Kulissen agierenden Elite, die Gesellschaft weiter zu verrohen.

In dem Video wird eine Miley im maskulinen Look gezeigt, die sich selbstverliebt zeigt, während sie über „wartet in der Schlange im Badezimmer und versucht, im Badezimmer eine Line zu bekommen" singt, was eine Referenz über das Ziehen von Kokain ist, wie es bekanntermaßen ziemlich häufig vorkommt, im Badezimmer auf Partys und in Clubs.

An einer anderen Stelle im Song gibt es eine bekannte Drogenreferenz, wenn sie über „Dancing with Molly" singt, eine umgangssprachliche Bezeichnung für das Feiern mit MDMA, dem Wirkstoff in Ecstasy. Die

Produzentin Miley bestritt zunächst, dass dies das war, was sie sagte und bestand darauf, dass die Lyrik „mit Miley tanzen“ gemeint ist, aber einige Wochen später gab Miley tatsächlich zu, dass sie über Ecstasy sang.[(113)] „Wenn du zehn Jahre alt bist, ist der Text mit Miley. Wenn Sie wissen, wovon ich spreche, dann wissen Sie es. Ich wollte nur, dass es im Radio gespielt wird und sie mussten es bereits so oft bearbeiten“, sagte sie und fügte hinzu: „Ich glaube nicht, dass es den Leuten schwer fällt zu verstehen, dass ich erwachsen bin. Sie können mich googeln und wissen, was ich vorhabe - Sie wissen dann, was der Text sagt.“[(114)]

Es gibt auch eine Zeile darüber, dass „wir bumsen können, wen wir wollen“, was sich auf Gelegenheitssex bezieht. Das Video zeigt auch, dass Miley ein allsehendes Auge auf einem ihrer Finger tätowiert hat, und das gesamte Video scheint eine Gruppe von Teenagern zu sein, die in einem Haus feiern, während die Eltern weg sind.

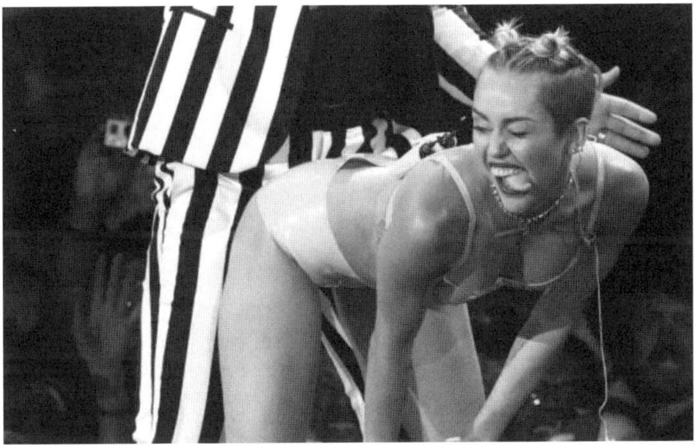

Abb. 238: Die Satansbraut wird vor den Augen der Massen befruchtet

Miley machte weltweit Schlagzeilen nach ihrem Auftritt bei den „MTV Video Music Awards“ 2013, bei dem sie sich die Haare zu Teufelshörnern formen ließ und eine so grobe Perfromace auflegte, dass sie sogar viele Prominente im Publikum schockierte. Sie liebte sich, twerkte mit Robin Thicke zusammen und streckte immer wieder die Zunge heraus und machte Gesichter wie ein gefräßiger Hund. Um es noch schlimmer zu machen, waren ihre

Hintergrundtänzer als Teddybären verkleidet, was ein Versuch zu sein schien, kleine Kinder aus ihrer Hannah Montana-Fangemeinde anzusprechen.

Billy Ray Cyrus in GQ: Meine Familie wird von Satan angegriffen, ich habe Angst um meine Tochter Miley

In diesem überraschenden Interview mit dem Magazin „GQ" im Jahr 2011 [(115)] erwähnte Billy Ray Cyrus die Handler von Miley Cyrus, seine Befürchtungen, sie wie Anna Nicole Smith und Michael Jackson tot zu sehen und die dunkle Seite der Branche. Hier ist der Bericht der NY Daily News darüber:

„Seit Billy Ray Cyrus im Dezember den Bong-Skandal von Miley Cyrus verurteilt hat, hat er nicht viel über seine Tochter oder die Kontroversen gesagt, die sie immer wieder umgeben.
Aber in einem Interview, das nur fünf Tage nach dem Durchsickern des Videos für die März-Ausgabe von GQ geführt wurde, kommt er schwungvoll heraus.
Zu den verblüffendsten Enthüllungen gehört das Eingeständnis, dass ‚Hannah Montana' seine Familie ‚zerstört' habe, und seine Befürchtung, dass die 18-jährige Miley möglicherweise das gleiche tragische Schicksal erleiden könnte, das kontroverse Stars hatten - nämlich Michael Jackson, Kurt Cobain und Anna Nicole Smith.
‚Jedes Mal, wenn etwas in Mileys Karriere passierte, jedes Mal, wenn der Zug von der Strecke abfuhr, wenn Sie so wollen - Vanity Fair, Pole Dance, was auch immer für ein Skandal es war - ihre Leute oder, wie sie in den heutigen Nachrichten sagen, ihre Handler...
Jemand schießt auf Miley! Stellen Sie den alten Mann dort oben auf!' Billy Ray erzählte der Zeitschrift, warum er im Leben seiner Tochter eine so starke mediale Präsenz hatte.
‚Nun, ich habe es an mich genommen, weil ich ihr Vater bin, und genau das tun Väter', fügte er hinzu. ‚Okay, nagel mich ans Kreuz, ich nehme es ...'
Jetzt sagte der 49-jährige Vater von sechs Kindern, er habe erkannt, dass sie ihn jedes Mal benutzt haben. Und schließlich erreichte er seinen Bruchpunkt und entschied sich letztes Jahr, nicht an der 18. Geburtstagsfeier des Starlets teilzunehmen.

‚Weißt du warum ich nicht gegangen bin? Weil sie es in einer Bar feierten', erklärte er. ‚Es war falsch. Es war für 21-Jährige und älter. Noch einmal alle diese Leute, sie alle wollten, dass ich rausfliege, damit sie dann, wenn die schlechte Presse kam, sagen können: 'Daddy hat dieses Zeug gebilligt ...''
‚Wenn ich da rausgegangen wäre, wäre ich mitten in all dem Zeug gewesen, was gerade mit der Bong los ist. Sie würden es meinen Arsch anhängen´, fuhr Billy Ray fort. ‚Ich hatte den gesunden Menschenverstand ... Ich sagte: 'Das Ganze fällt dort oben auseinander und sie wollen dir einfach wieder all dieses Zeug vorwerfen.' Ich halte mich da raus.'
Billy Ray, der gerade dabei ist, sich von Mileys Mutter Tish scheiden zu lassen, sagte, er wisse, dass in den Tagen, bevor das Video des Teenie-Stars, die Salvia in einer Bong raucht, ins Internet kam, etwas nicht stimmte.
Er erklärte der Zeitschrift, dass er gehört habe, dass ihre Handler besorgt über ein fehlendes iPhone und den Tauschhandel mit den Personen waren, die es erhalten hatten.
‚Und das war in der Woche... einiger Bilder aus Spanien [auf denen Miley ein Bier trank] - eine Zeitspanne von fünf oder sieben Tagen, in der es nur einen Boom gab!' erinnerte er sich. "Es passiert ein Zugunglück und meine Tochter ist mittendrin.'
Da er nicht wusste, was auf dem fehlenden Telefon war, sagte Billy Ray, er habe versucht, es durch Mileys Team herauszufinden.
‚Sie sagten mir, es gehe mich nichts an', behauptete er. ‚Ich habe es mit jemandem zu tun, der meine Tochter möglicherweise erst seit vier Jahren kennt, und ich bin ihr Vater. Ich war verdammt beleidigt.'
‚Und ich nahm das als ultimativen Alarm', fuhr er fort. ‚Es ist nicht ihre Angelegenheit!! Geht es mich nichts an, dass Sie in LA herumlaufen und versuchen, Computer und Telefone für Kinder zu kaufen, weil meine Tochter etwas an sich hat?'
In ihrem eigenen Interview mit Marie Claire entschuldigte sich Miley dafür, dass sie ihre Fans mit dem Drogenvorfall enttäuscht hatte, bemerkte aber auch, dass es normal ist, in ihrem Alter unvollkommen zu sein.
Billy Ray machte im GQ-Interview ein ähnliches Zugeständnis und gab zu: ‚Es besteht kein Zweifel, dass ich als Teenager Dinge getan habe, von denen ich sicher bin, dass sie schrecklich geworden sind.'
‚Ich habe dummen Mist gemacht - ich mache dummen Mist. Das machen wir alle. Aber es ist anders, wenn Sie sich zurücklehnen und sehen, dass es Ihrem

kleinen Mädchen passiert', erklärte er. ,Ich habe das Gefühl, ich muss es versuchen. Es ist meine Tochter.'

,Und', fügte Billy Ray hinzu, ,einige dieser Handler sind vielleicht mehr daran interessiert, mit Mileys Geld umzugehen als mit ihrer Sicherheit und ihrer Karriere', was ihn ,erschaudern lässt'.

Billy Ray fuhr fort, um zu diskutieren, wie Ruhm letztendlich das Leben von Jackson, Cobain und Smith verkürzte, was ihn umso eifriger gemacht hat, seiner Tochter zu helfen, im Rampenlicht durch das Leben zu navigieren. Als er auf Mileys raschen Aufstieg zum Ruhm durch ,Hannah Montana' zurückblickt, in dem beide die Hauptrollen spielten, sagte er, er sehe, wie ,das Geschäft einen Keil zwischen uns trieb'.

,Es hat meine Familie zerstört. Ich sage es dir gleich - die verdammte Show hat meine Familie zerstört', erklärte Billy Ray, bevor er zugab, dass er wünschte, sie hätten nie zugestimmt, die Disney Channel-Show zu machen.

,Ich würde es gleich zurücknehmen. Es wäre fantastisch gewesen, wenn meine Familie hier gewesen wäre und alle in Ordnung wären, gesund und munter und glücklich und normal. Verdammt, ja', sagte er.

,Ich würde alles in einer Sekunde löschen, wenn ich könnte.' Und für diejenigen, die glauben, dass Billy Rays Sorge wirklich darum geht, ob seine Tochter weiterhin eine Geldkuh sein wird, bot er an, den Rekord zu korrigieren. ,Ich habe noch nie einen Cent aus Miley gemacht', beharrte er. ,Sie haben eine Menge Leute, die Prozentsätze von ihr genommen haben.

Ich bin stolz zu sagen, dass ich bis heute keinen einzigen Dollar oder Cent aus meiner Tochter gemacht habe.'

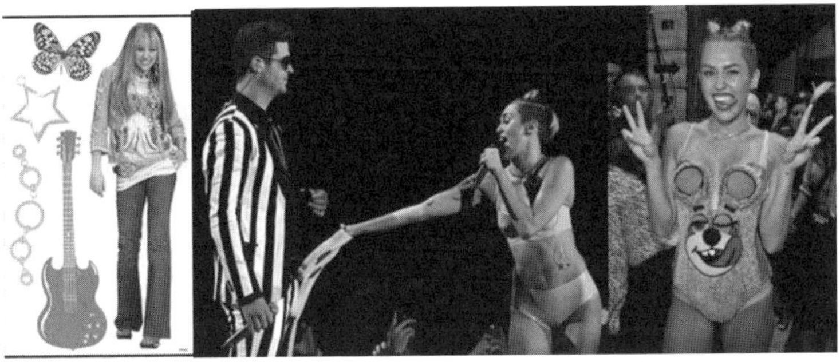

Abb. 239: Links: Mileys Image wurde von *Disney* stark vermarktet, seit sie die Rolle von Hannah Montana übernahm – ein Mädchen, das (passenderweise) eine Bühnenpersönlichkeit mit einerPerücke. Produkte von Hannah Montana hatten oft Schmetterlinge, eine geschickte Erinnerung daran, dass sie eine programmierte *Disney*-Sklavin war. Mitte: Während „Blurred Lines" verhielt sich Miley wie ein echter Beta-Programmiersklave – während Robin als Handler fungierte. Sein seltsamer Anzug wies ein dualistisches Muster auf, das während der Programmierung tatsächlicher MK-Sklaven verwendet wird. Es war auch etwas Seltsames, ein 20-jähriges Mädchen (angezogen, um jünger auszusehen) zu sehen, das sich an diesem 36-jährigen (verheirateten) Mann rieb. Rechts: Der einäugige, Pädo-Bär hat der Welt im Grunde gesagt, wer hinter diesem inszenierten „False-Flag-Event" steckt – die okkulte Elite

Billy Ray gab denjenigen, die sich derzeit in Mileys Leben befinden, nicht die ganze Schuld. Es sind auch böse Mächte am Werk, behauptete er.
‚Irgendwo auf dieser Reise wurde sowohl mein als auch Mileys Glaube erschüttert', sagte er. ‚Das macht mich am meisten traurig.'
Seine Familie, argumentierte Billy Ray, wird jetzt von Satan ruiniert. ‚Kein Zweifel', beharrte er. ‚Es besteht kein Zweifel.'
Und Billy Ray machte sich auch teilweise für das Verhalten seiner Tochter verantwortlich. ‚Wie viele Interviews habe ich gegeben und gesagt: ‚Weißt du, was zwischen mir und Miley wichtig ist, ist, dass ich versuche, meinen Kindern ein Freund zu sein?' ‚Ich habe es oft gesagt', gab er zu. ‚Und manchmal las ich sogar, dass andere Eltern sagen könnten: ‚Du musst kein Freund sein, du musst ein Elternteil sein.' ‚Nun, ich bin der erste, der ihnen gerade sagt: Du hattest Recht.'
‚Ich hätte ein besserer Elternteil sein sollen. Ich hätte sagen sollen: ‚Genug ist genug - es wird gefährlich und jemand wird verletzt'', fuhr er fort. ‚Ich hätte es tun sollen, aber ich habe es nicht getan. Ehrlich gesagt wusste ich nicht, dass der Ball außerhalb der Grenzen liegt, bis er irgendwo auf der Tribüne lag.'[(116)]

Miley Cyrus veröffentlicht ein neues Video, während sie sich in „ärztlicher Behandlung“ befindet... und es geht um Gedankenkontrolle

Nachdem Miley Cyrus aus dem Krankenhaus entlassen worden war (eine „starke allergische Reaktion)[(117)], und sich in „ärztlicher Obhut“ befand - was häufig ein Code für die „Neuprogrammierung“ ist -, veröffentlichte sie ein Video zum Song „Tongue Tied“. Das Video ist zufällig voller Gedankenkontrolle-Symbolik.

Während die meisten Quellen das Video als „Bondage“ beschreiben, ist dort viel mehr los. Der Songtitel selbst deutet darauf hin, sprachlos und verwirrt zu sein - ein Zustand, den MKULTRA-Sklaven nur allzu gut kennen. Es ist jedoch die visuelle Symbolik, die in diesem kurzen Video enthalten ist, die alles sagt: Es geht darum, dass Miley Cyrus, eine Vertreterin der Sex-Kitten-Programmierung, mit MKULTRA-Symbolik kontrolliert, gehandhabt und zugepflastert wird.

Nach einer großen Anzahl von Videos zu urteilen, die im letzten Jahrzehnt veröffentlicht wurden, scheint die Teilnahme an Bondage-Videos die einzige Option für junge Popstars zu sein, die „bahnbrechend, künstlerisch und reif“ sein wollen. Tatsache ist, dass Bondage-Material mittlerweile weit verbreitet ist, da es eine einfache Möglichkeit ist, den Zustand der sexuellen Sklaverei dieser Stars als Vertreter der Kitten-Programmierung darzustellen.

Durch die Symbolik in „Tongue Tied“ ist es ein weiteres Video, das Bondage mit Gedankenkontrolle verbindet.

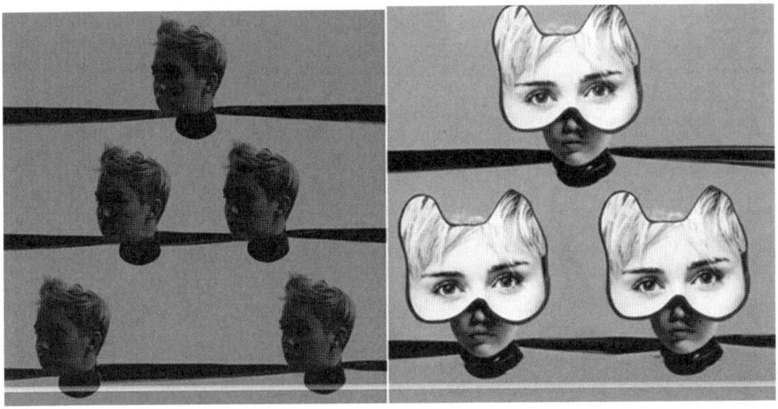

Abb. 240 links: Mehrere körperlose Köpfe - eine der vielen Szenen, die die Erstellung mehrerer Personen darstellen. Rechts: Auf den Köpfen erscheinen Kätzchenmasken, die die Kätzchenprogrammierung darstellen

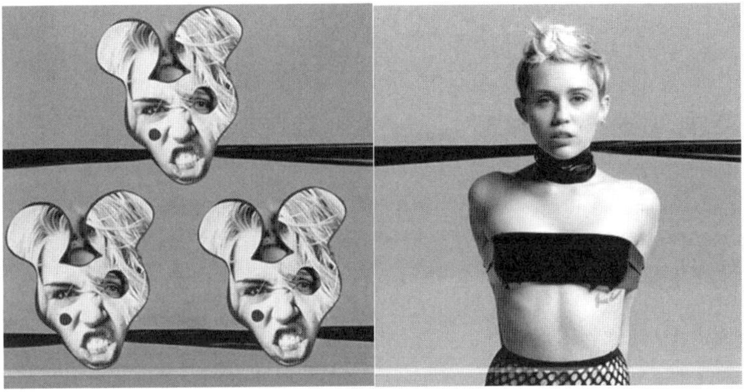

Abb. 241 links: Für den Bruchteil einer Sekunde sehen wir Masken mit Mickey-Mouse-Ohren (ein Symbol für MKUltra-Programmierung). Außerdem ist eines der Augen der Maske ausgeschnitten - das klassische „Ein-Auge-Zeichen" der Illuminaten-Unterhaltungsindustrie. Hinzu kommen wütende Gesichter, ein Symbol für den Handler. Rechts: Miley in der Musikindustrie: Zurückgehalten, am Hals von unsichtbaren Menschen und mit Händen hinter dem Rücken gefesselt

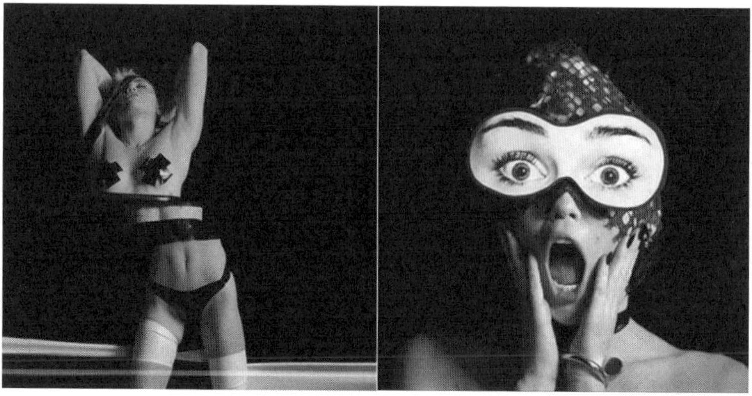

Abb. 242 links: Während des gesamten Videos wird Miley geteilt und in Scheiben geschnitten zeigt, was den Bruch der Psyche von MKUltra-Sklaven darstellt. Zusätzlicher Bonus: Ein Band verbirgt eines ihrer Augen. Rechts: Das Video endet mit einem aussagekräftigen Bild: Miley wirkt überrascht, ohne etwas sehen zu können. Sie trägt eine Maske mit Augen darauf, die ihre wahren Augen bedeckt. Dies repräsentiert so ziemlich das Leben von MKULTRA-Sklaven

Kurz gesagt, in dem Video geht es darum, Miley als blind, kontrolliert, verwirrt und programmiert darzustellen. Sie kann nicht ausdrücken, was mit ihr passiert, weil sie wirklich „sprachgebunden" ist.

Es ist schmerzhaft zu sehen, wie Miley Cyrus als das Lieblingskätzchen der Illuminaten-Industrie verwendet wird. Alle Zeichen und Muster, die auf andere Stars angewendet werden, werden auf sie angewendet, und dies wird leider höchstwahrscheinlich zu einer Art „Zusammenbruch" oder Untergang führen. Obwohl ich hoffe, dass sie aus diesem Chaos herauskommt, ist sie einer der am strengsten kontrollierten Popstars.(118)

Miley Cyrus „Trippy"-Video, das während ihres „Krankenhausaufenthaltes" gedreht wurde, handelt eigentlich von MKULTRA

In einem „trippigen" Video mit Miley Cyrus, Flaming Lips und Moby geht es ebenso um Gedabkenkontrolle. Es wurde gedreht, als Cyrus wieder einmal „ins Krankenhaus eingeliefert" wurde. Sie wurde allein im Jahr 2014 vier Mal im Krankenhaus behandelt.

Ihr neuestes Video mit dem Titel „Blonde SuperFreak Steals the Magic Brain" wurde gedreht, während Cyrus ins Krankenhaus eingeliefert wurde, und wird von den meisten Kommentatoren als „völlig verrückt" beschrieben. Es ist in der Tat eine unerträgliche Erfahrung, diese fünfminütige Zusammenstellung von lauten Geräuschen und verstörenden Bildern zu sehen. Ich konnte mir leicht vorstellen, wie das Video MKULTRA-Sklaven zur Folter aufgezwungen wurde.[(119)]

Hier ist Wayne Coynes (Flaming Lips) Beschreibung des Videos im „Rolling Stone Magazin":

„Die Videogeschichte sieht ungefähr so aus:
Moby ist ein böser, machtgieriger Kultführer. Er will den wertvollsten (unserer Geschichte nach) psychedelischen übernatürlichen Besitz der Welt… John F. Kennedys Gehirn… das Gehirn enthält die Originalformel für das Medikament LSD!
Miley Cyrus hat das magische Gehirn! Und Moby engagiert einen blonden Superfreak vom Typ Nansono Manson, um Cyrus das Gehirn zu stehlen.
Er stiehlt Cyrus das Gehirn, während Cyrus noch im drogeninduzierten Koma im Bett liegt. Cyrus wacht endlich auf und ist mega sauer, dass ihr Gehirn gestohlen wurde. Sie engagiert einen Weihnachtsmann mit verbranntem Gesicht und einen lesbischen Bigfoot (die in einem nahe gelegenen Raumschiff schweben), um den blonden Superfreak zu jagen, der ihr Gehirn gestohlen hat. Sie machen eine unerbittliche Jagd, während Cyrus den Verlust ihres magischen Gehirns beklagt und Moby mächtige Regenbogen aus der Hölle gewinnt. Am Ende tötet der blonde Superfreak Santa und Bigfoot und ein Baby-Maulwurf landet im Gehirn…"
Oh ja. Und die Flaming Lips sind als Regenbogen, Pilze und Blumen verkleidet, die vom Himmelsraum aus zuschauen, wo eine riesige Diamantenexplosion passiert."[(120)]

Während es einfach ist, das Video als „verrücktes Video über Drogen" abzutun, geht es hier um viel mehr. Sogar die obige Beschreibung enthält einige Verweise auf MKULTRA bezogen.

Erstens ist die Verwendung von LSD bei Gedankenkontroll-Probanden eine bekannte Tatsache. Es wird sogar deutlich im Wikipedia-Eintrag für LSD erwähnt.

„In den 1950er Jahren glaubten Beamte der ‚US Central Intelligence Agency (CIA)', dass das Medikament für die Gedankenkontrolle und die chemische Kriegsführung geeignet sein könnte. Das MKULTRA-Forschungsprogramm der Agentur verbreitete die Droge unter jungen Soldaten und Studenten."[(121)]

Moby spielt die Rolle eines „bösen, machtgierigen Kultführers" - was leicht ein Hinweis auf einen Gedankenkontroll-Handler sein kann.

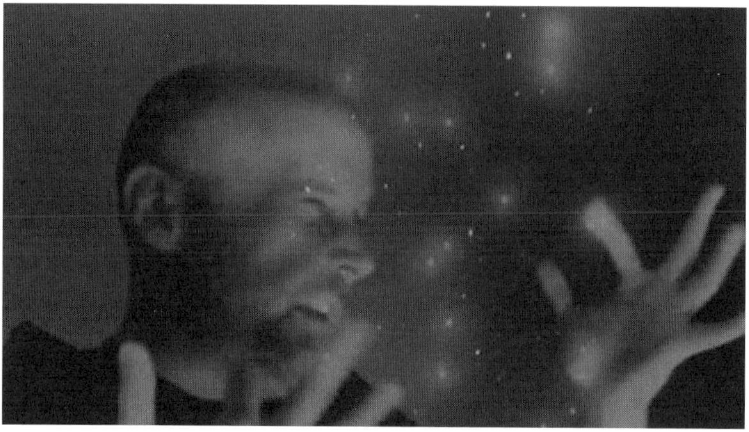

Abb. 243: MKULTRA-Handler verwenden Elemente der schwarzen Magie, des Geistesbesitzes und der rituellen Theatralik, um ihre Opfer zu traumatisieren

Der Kultführer „gewinnt mächtige Regenbogen aus der Hölle", was darauf hinweisen kann, dass Handler ihre Opfer traumatisieren, um „über den Regenbogen zu gehen" - ein Codewort für Dissoziation.

Der Kultführer beauftragt einen "blonden Superfreak vom Typ Nansono Manson", um Miley Cyrus' Gehirn zu stehlen. Die Wortwahl hier ist wichtig. „Nympho Manson-Mädchen Typ Blond Superfreak" beschreibt treffend ein MKULTRA-Beta-Kätzchen. Der Serienmörder Charles Manson war sowohl MKULTRA-Sklave als auch Programmierer. Seine „Mädchen" erhielten große Mengen an getöntem LSD, während sie von ihm einer Gehirnwäsche unterzogen und manipuliert wurden, um schreckliche Verbrechen zu begehen. Die Wörter „blonde Superfreak-Nymphomanin" beziehen sich alle auf Beta-Programmierung.

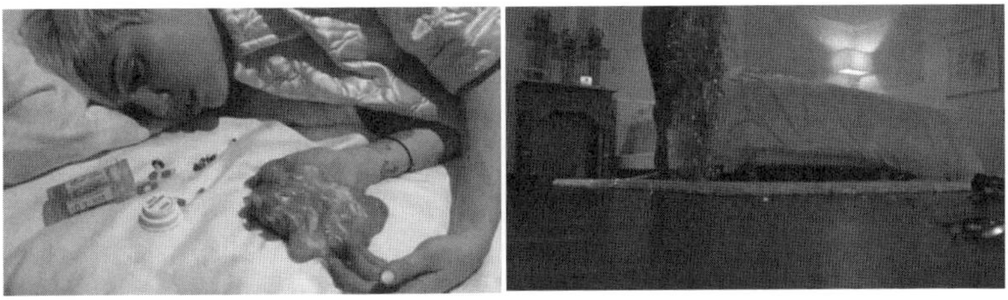

Abb. 244 links: Cyrus ist mit Pillen unter Drogen gesetzt und im Koma, während sie ein Gehirn in der Hand hält - alles Möglichkeiten, um zu zeigen, dass sie eine MKULTRA-Sklavin ist. Rechts: Der Superfreak betritt Miley Cyrus' Zimmer, um ihr Gehirn zu stehlen. „Das Gehirn stehlen“ ist eine treffende Methode, um zu beschreiben, was Handler während der Programmierung mit Sklaven machen. An der Wand hängen Jalousien, aber es gibt keine Fenster - eine Art zu sagen, dass Miley in einer Welt der Illusion lebt

Dann ruft Miley einen Weihnachtsmann mit verbranntem Gesicht und einen lesbischen Bigfoot (so zufällig, Drogen?), um das Gehirn zurückzubekommen, aber der Superfreak tötet sie beide. Keine Notwendigkeit, irgendetwas davon zu verstehen. Es ist MKULTRA-Müll, der als „LSD-inspirierte Kunst“ getarnt ist. Das nächste Bild fasst das gesamte Video zusammen.

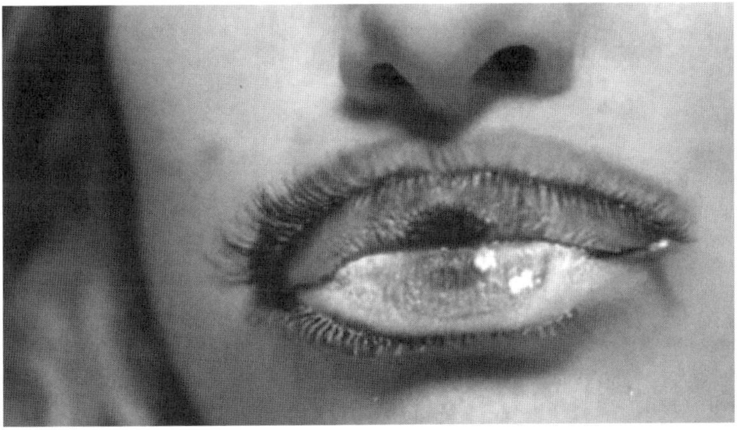

Abb. 245: Ein Mund, der in ein Auge verwandelt wurde - ein Symbol dafür, dass MKULTRA-Sklaven vom Illuminaten-System „zum Schweigen gebracht“ werden

Dieses Video, das die Notlage der MK-Sklaven normalisiert, wurde gedreht, während Miley „ins Krankenhaus eingeliefert" wurde und bettlägerig war, wahrscheinliche Codes für die „Neuprogrammierung". Auf diese Weise verbreitet das Unterhaltungsgeschäft seine Abartigkeit auf der ganzen Welt.(122)

Miley Cyrus feiert mit „BB Talk" Kindesmissbrauch und ist ernsthaft durcheinander

Obwohl Miley Cyrus ein Veteran darin ist, unsoliden Müll unter die Massen zu bringen, erreicht „BB Talk" einen neuen Tiefpunkt, indem es geradezu Kindesmissbrauch zelebriert. Dieses Video verkörpert wirklich alles, was mit der Unterhaltungsindustrie nicht stimmt.

Die Geschichte von Miley Cyrus ist ziemlich traurig und wird leider immer trauriger. In sehr jungen Jahren von Disney rekrutiert, wurde sie schnell zu einem weiteren Fall eines Kinderstars, der sich zu einem übersexualisierten Star entwickelt hat, der sich an eine zumeist minderjährige Zielgruppe wendet. Für ihre Karriere nach Disney wurde eine brandneue Person geschaffen: Eine wilde, kurzhaarige, unter Drogen stehende Freak- und Industriesklavin, die zu 100% darauf ausgerichtet ist, die hässliche Agenda der okkulten Elite voranzutreiben. Als Aushängeschild des Beta-Kätzchen-Systems hat Miley wenig bis gar keine Kontrolle über ihre Karriere und ist ständig in erniedrigende Situationen geraten, um alle Perversionen der okkulten Elite auszuleben.

„BB Talk" ist ein weiterer Angriff auf den grundlegenden menschlichen Anstand, da es die Sexualisierung von Kindern eindeutig feiert, normalisiert und trivialisiert. Der gesamte Kontext dieses Liedes ist nichts weniger als die ultimative Fantasie eines Kindesmissbrauchers. Das Anschauen des Videos ist einfach abstoßend (man muss es wirklich nicht ansehen) - besonders wenn man Mileys „Industrie" -Erziehung betrachtet.

Die Prämisse des Songs ist, dass Miley Cyrus es nicht mag, wenn ihr Freund (oder was auch immer) mit ihr spricht, weil sie es nervig findet. Das wäre eine faire Beschwerde. In dem Video spielt sie jedoch die Rolle eines Babys, was dem Lied eine gruselige neue Dimension verleiht. Wir sehen im Grunde ein Baby, das einem Mann erzählt:

„Fick mich, damit du aufhörst wie ein Baby zu reden.“

(„Fuck me so you stop baby talking.“)

Das Video überfällt dann die Zuschauer mit Bildern an, die den Geist verletzen und sich unrein anfühlen lassen.

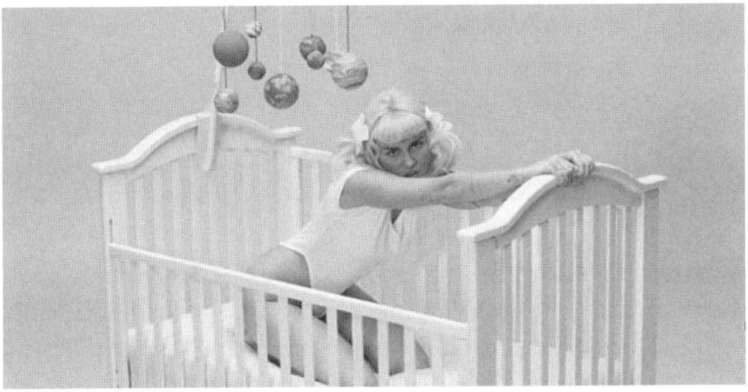

Abb. 246: Miley in einer Krippe zog sich sexy an und machte provokative Gesten

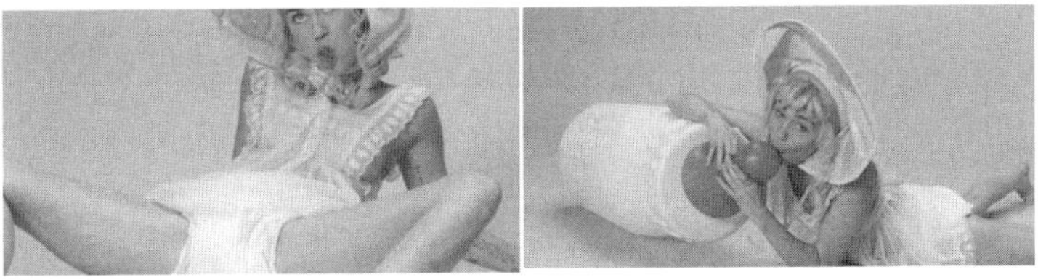

Abb. 247 links: Windeln und Schnuller kombiniert mit gespreizten Beinen: Die Unschuld von Babys mit Lust verbunden) Rechts: Eine riesige Milchflasche in ein phallisches Objekt verwandelt

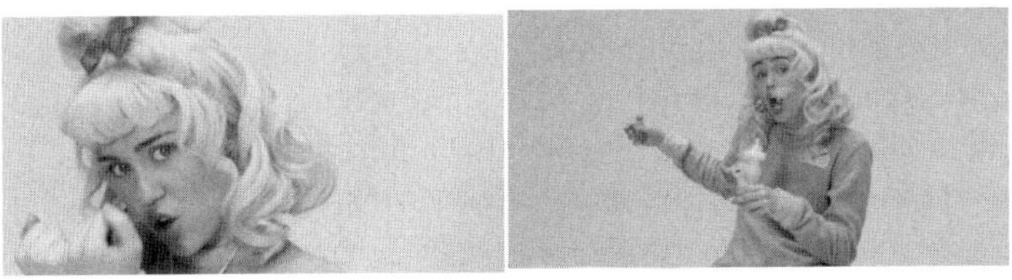

Abb. 248 links: Sie singt „Fick mich“, während sie die entsprechende Geste ausführt und einen Strampler trägt. Rechts: Das Baby raucht Drogen - Vorstellungen eines Kinderschänders

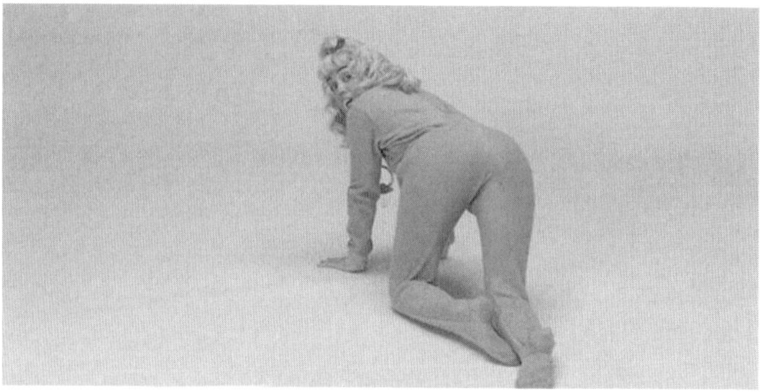

Abb. 249: Ein kriechendes Baby in eine seltsame perverse Erfahrung verwandelt, von der die Macher wollen, dass wir sie sehen

Mich irritiert dieses Video, weil es keine erlösende Qualität hat und nicht einmal versucht, seine Absichten hinter einer falschen Prämisse zu verbergen. Es geht darum, die Unschuld von Kindern in Lust zu verwandeln. In dem Wissen, dass Pädophilie in der Unterhaltungsbranche weit verbreitet ist und dass Kinderstars wie Miley routinemäßig missbraucht werden, feiert dieses Video den kranken (und akzeptierten) Geisteszustand der okkulten Elite. Miley Cyrus, ein Aushängeschild der Beta-Kitten-Programmierung und spielt gerne diese krude Darstellung. Durch sie sagen uns die zwielichtigen Leute in der Branche: „Schau dir an, was wir gerne machen und was wir ihr antun".[(123)]

Miley Cyrus in „Black Mirror" als gedankengesteuerter Popstar: Es ist keine Fiktion

In der *Black Mirror*-Episode „Rachel, Jack und Ashley Too" spielt Miley Cyrus die Rolle eines gedankengesteuerten Popstars mit einer Fake-Persönlichkeit, die von rücksichtslosen Handlern streng kontrolliert und medizinisch behandelt wird. Nichts davon ist „Science-Fiction".

Seit 2011 hat die Netflix-Serie *Black Mirror* Millionen von Zuschauern über die perversen Auswirkungen der modernen Technologie informiert. Während die Serie als „Science-Fiction" betrachtet wird, basieren ihre Episoden dennoch auf realen Trends und Produkten, die bereits heute Teil der

Gesellschaft sind. Das Geheimnis von *Black Mirror*: Es wird anschaulich demonstriert, wie weit wir von einem Orwellschen Albtraum entfernt sind.

Die fünfte Staffel der Serie führte die Dinge in eine etwas andere Richtung. Sie enthielt eine etwas ungewöhnliche Episode, die einen etwas anderen Ton annahm und einen unerwarteten Star enthielt: Miley Cyrus.

In der Folge mit dem Titel „Rachel, Jack und Ashley Too" spielt Miley die Rolle von Ashley O, einem Popstar, der bei jungen Leuten sehr beliebt ist. Aber dann entdecken wir, dass Ashley O tatsächlich eine gedankengesteuerte Sklavin mit einer falschen Person ist, die von einem Team rücksichtsloser Handler streng kontrolliert wird, die sie unter ständigen schweren Medikamenten halten. Wenn Sie andere Kapitel in diesem Buch gelesen haben, wissen Sie, dass nichts davon Fiktion ist. Einige Popstars leben tatsächlich so. Einschließlich Miley Cyrus, der seit sehr jungen Jahren eine ferngesteuerte Puppe der Unterhaltungsindustrie ist.

Von einer Kinderschauspielerin in der Disney-Serie Hannah Montana wurde Miley zu Beginn ihrer Solokarriere zu einem hypersexualisierten Popstar. Die Tatsache, dass sie genau diese Rolle spielt, wird zur Episode von *Black Mirror*, es ist ... gruselig. Besonders wenn man einige Ereignisse in Mileys eigener Vergangenheit betrachtet.

Obwohl *Black Mirror* eine sanierte und romantisierte Version der Gedankenkontrolle vorstellt, gibt es mehrere grundlegende Elemente. Hier ist ein Blick auf die Episode.

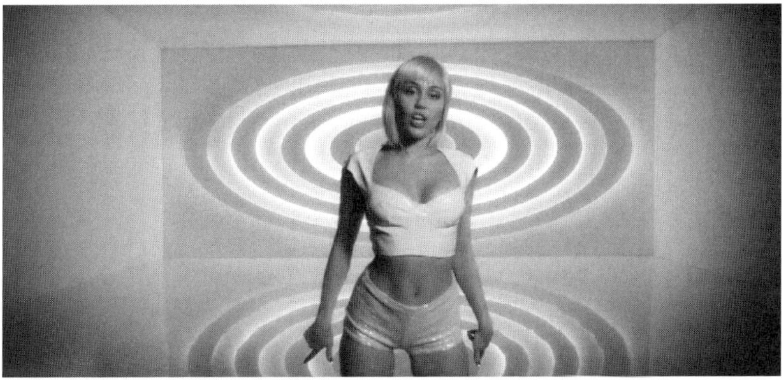

Abb. 250: Cyrus als Ashley O in ihrem Musikvideo „Head Like a Hole"/„Kopf wie ein Loch". Symbolischer Songtitel

Zu Beginn der Episode wird Ashley O als Popstar in einer „Ermächtigungs-Stimmung“ präsentiert, der ständig darüber spricht, wie wichtig es ist, das eigene Schicksal zu kontrollieren. Ironischerweise ist sie, ähnlich wie die meisten Popstars auf der Welt, nicht „ermächtigt“ und hat absolut keine Kontrolle über ihr eigenes Schicksal.

In der Tat wird ihr ganzes Leben und ihre Karriere von ihrer Tante Catherine kontrolliert, die eigentlich ihre MKULTRA-Programmiererin ist. Während sie sich wie eine warme, fürsorgliche Mutterfigur verhält, sorgt Catherine immer dafür, dass Ashley durch schwere Medikamente gehorsam und produktiv ist.

Während eines Interviews weist Catherine Ashley an, was sie sagen soll.

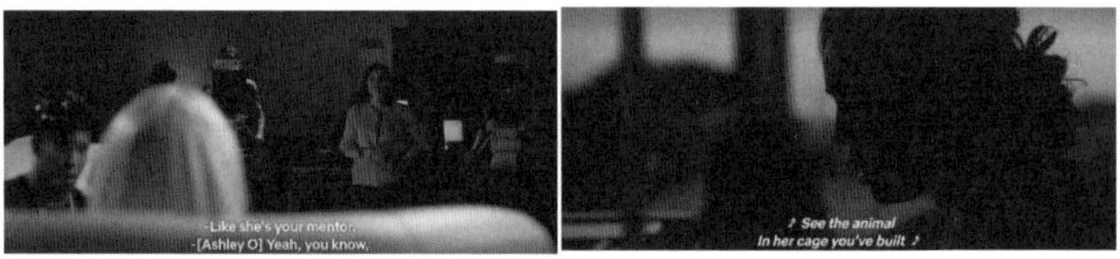

Abb. 251 links: Während Ashley vor der Kamera Späße macht und lächelt, stellen wir schnell fest, dass sie eine Gefangene ihrer Umgebung und ihrer Popstar-Persönlichkeit ist. Rechts: In ihrem Zimmer schreibt Ashley heimlich düstere Lieder über ihre Situation

Als Catherine Ashley singen hört, dass sie ein „Tier in einem Käfig“ ist (eine treffende Art, einen MKULTRA-Sklaven zu beschreiben), fragt sie sie, ob sie ihre Medikamente nimmt.

Bei einem Treffen mit Ashleys „Arzt“ macht sich Catherine Sorgen, dass ihre Nichte „stumpfen Mist schreibt, den niemand kaufen wird“. Das Fazit: Ihre Medikamente müssen gewechselt werden.

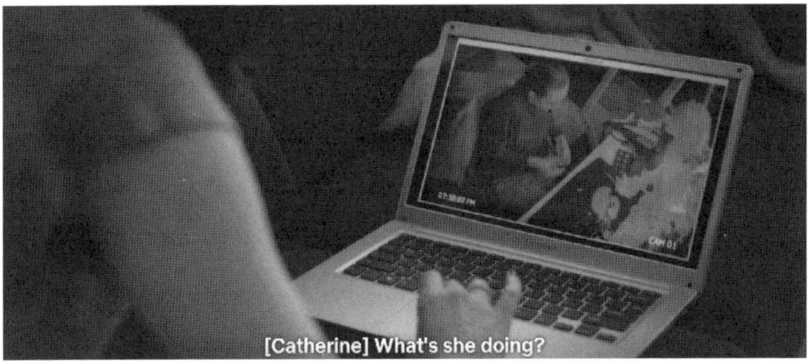

Abb. 252: Während Catherine Ashley heimlich filmt, stellt sie fest, dass sie ihre Medikamente nicht genommen hat

Nachdem Catherine entdeckt hatte, dass Ashley mehr Kontrolle über ihr Leben und ihre Karriere haben wollte, tat sie, was jede fürsorgliche Tante tun würde: Sie betäubte sie genug, um sie ins Koma zu bringen.

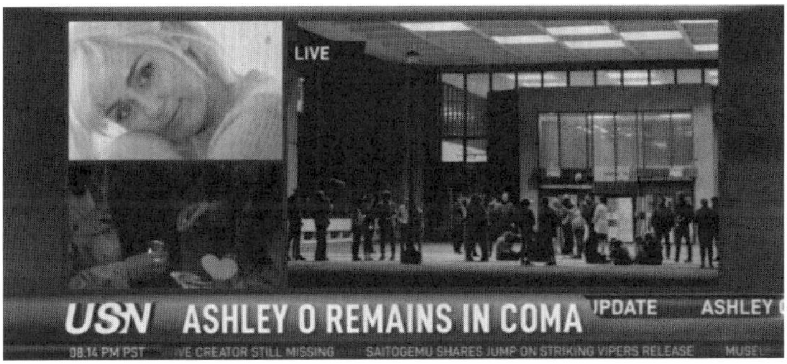

Abb. 253: Während Ashley absichtlich von ihrem Handler unter Drogen gesetzt wurde, behaupten Nachrichten, dass sie wegen einer „allergischen Reaktion auf Schalentiere“ ins Krankenhaus eingeliefert wurde

Eine ähnliche Situation ereignete sich 2014 tatsächlich bei Miley Cyrus:

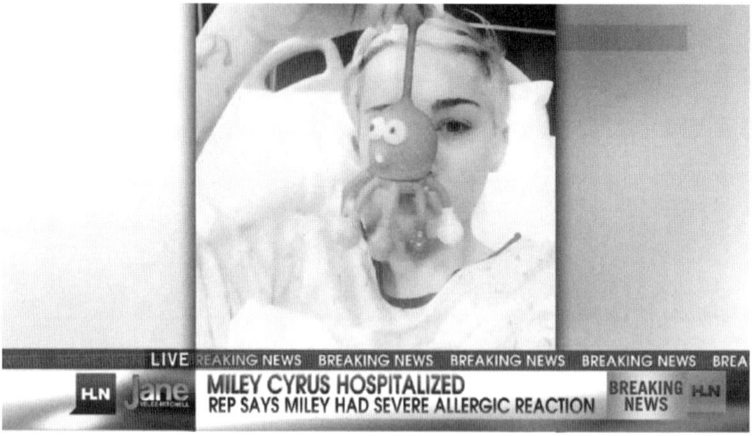

Abb. 254: Ein Screenshot aus einem aktuellen Bericht aus dem Jahr 2014 über Miley Cyrus, die wegen einer „allergischen Reaktion" ins Krankenhaus eingeliefert wurde. Miley hat tatsächlich ein Bild in den sozialen Medien gepostet, in dem sie das Ein-Auge-Zeichen macht, während sie im Krankenhaus ist. Eine symbolische Art zu sagen: „Ich bin hier, weil ich eine Marionette der Branche bin."

Unterstellt *Black Mirror*, dass Mileys „allergische Reaktion" von 2014 tatsächlich etwas anderes war? Die obigen Szenen erinnern auch an die reale Situation von Britney Spears.

Britney wurde gewaltsam in einer psychiatrischen Einrichtung festgehalten, nachdem sie sich geweigert hatte, ihre Medikamente einzunehmen.

Die Geschichte wurde zuerst von ihren Betreuern vertuscht, die behaupteten, sie würde „wegen der schlechten Gesundheit ihres Vaters eine Auszeit nehmen". Auch im Krankenhaus ist Ashley O unter strenger Kontrolle.

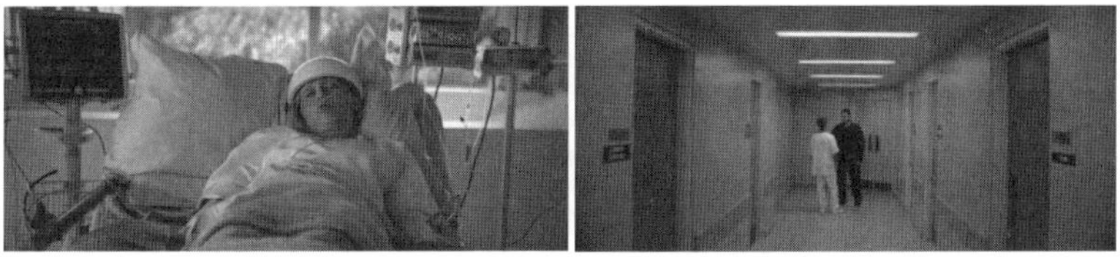

Abb. 255 links: Während sie im Krankenhaus ist, verhindert Ashleys „Sicherheitspersonal“, dass Ärzte sie untersuchen. Rechts: Zurück zu Hause wird Ashley in einem vegetativen Zustand gehalten, während Lieder aus ihren Träumen „extrahiert“ werden

Während Ashley im Koma liegt, startet ihre Tante ‚Ashley Eternal‘, eine holographische Version der Sängerin mit einer vollständig synthetisierten Stimme.

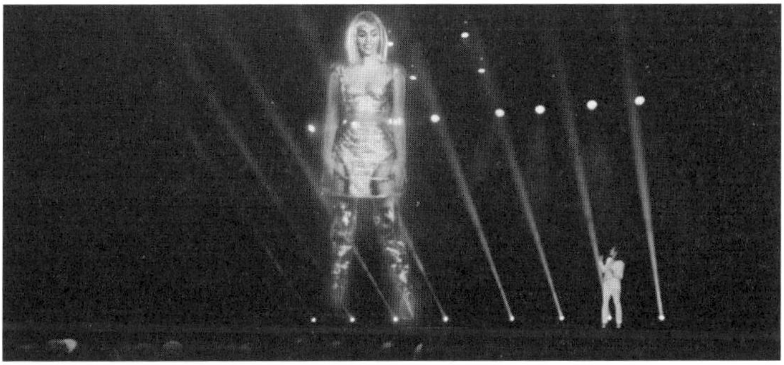

Abb. 256: Catherine enthüllt Ashley Eternal

Diese Szene ist auch keine Science-Fiction. Es hat tatsächlich vor Jahren begonnen.

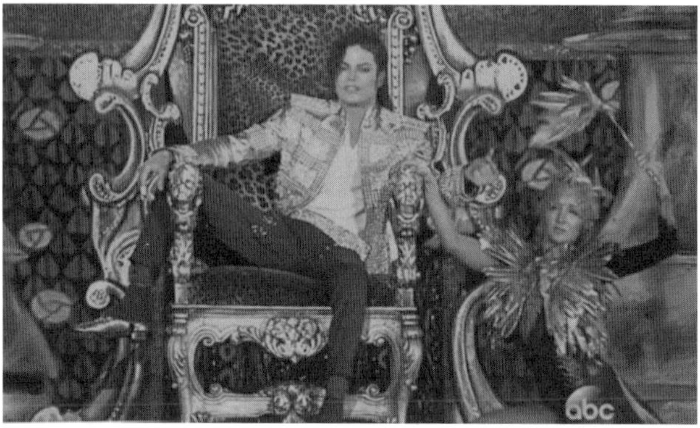

Abb. 257: 2014 trat eine holographische Version von Michael Jackson bei den „Billboard Awards" auf. Es war nicht überraschend, dass die Aufführung auf der Tagesordnung der okkulten Elite stand

Zum Glück für Ashley O löste sie sich aus dem Koma und konnte sich von der Kontrolle ihrer Handler befreien. Einige Kritiker waren mit dem „Happy End" dieser Episode nicht einverstanden, da es nicht zu den normalerweise düsteren Ansichten der *Black Mirror*-Serie passte. Aber war das Ende wirklich „glücklich"?

Als Ashley aus ihrem drogenbedingten Koma herauskam, verwandelte sich die Episode schnell in eine Hannah Montana-Episode, in der Miley Cyrus mit einer Roboter-KI-Version von sich selbst scherzte. Dann wird sie in eine lächerliche Verfolgungsjagd der Polizei verwickelt, die auf magische Weise direkt vor Catherine endet, die Ashley Eternal immer noch einer Menschenmenge vorstellte.

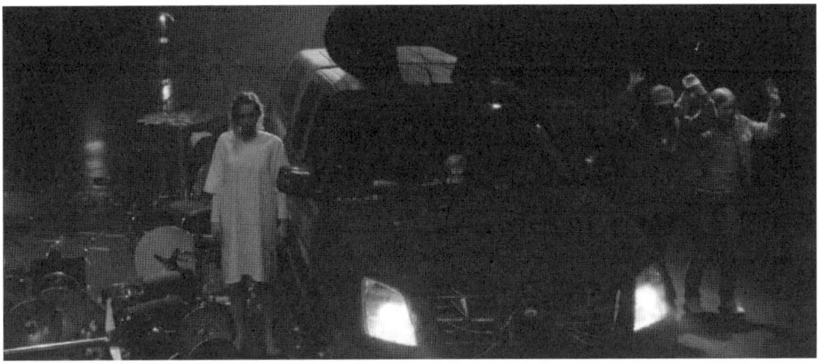

Abb. 258: Am surrealen Ende der Folge steigt Ashley (immer noch im Patientenkleid) aus dem Auto und zeigt ihrer Tante (immer noch auf der Bühne) den Mittelfinger

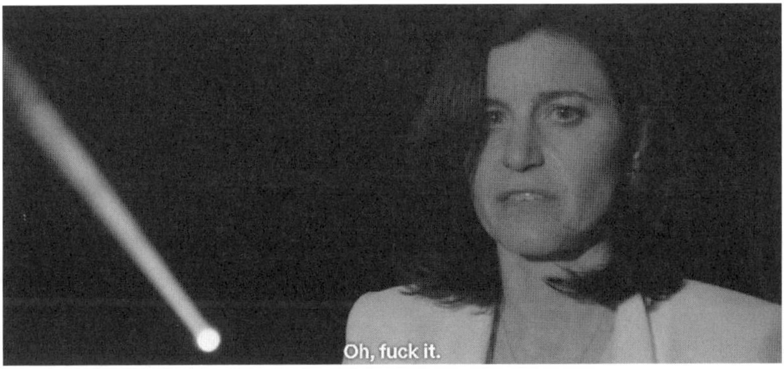

Abb. 259: Dann dreht sich Catherine direkt zur Kamera und sagt „Oh, so ein Mist“

Was bedeutet das? Wenn ein Charakter seine Alter Persona durchbricht, soll er normalerweise eine bestimmte Nachricht übermitteln. Während des Abspanns sehen wir, dass Ashleys Karriere eine neue Richtung eingeschlagen hat.

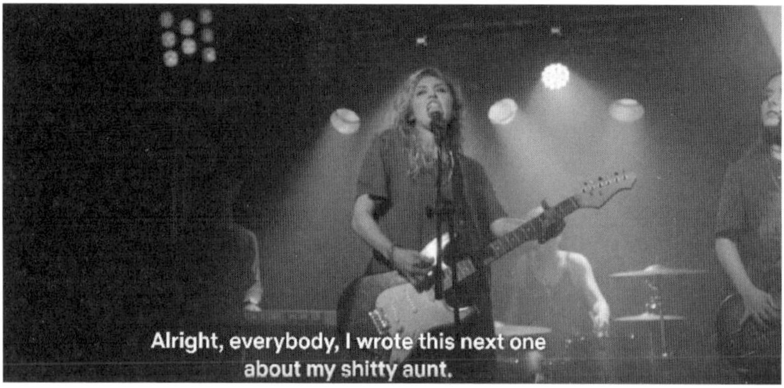

Abb. 260: Ashley hat einen Grunge-Look mit einem neuen Grunge-Sound

Nach der obigen Szene zu urteilen, scheint Ashley endlich die Musik zu spielen, die sie liebt. Für viele ist das ein „Happy End", das mit der *Black Mirror*-Tradition bricht. Es gibt jedoch einige Details, auf die hingewiesen werden muss. Erstens ist das Lied, das sie spielt, ein Cover von „Nine Inch Nail's" Song „Head Like a Hole". Ihre Hit-Single, die zu Beginn der Episode zu hören war, war ebenfalls „Head Like a Hole". Der einzige Unterschied: Diese neue Version ist Pop-Rock statt Electro-Pop. Hat ihr Leben tatsächlich eine neue Richtung eingeschlagen? Oder wurde sie einfach umbenannt?

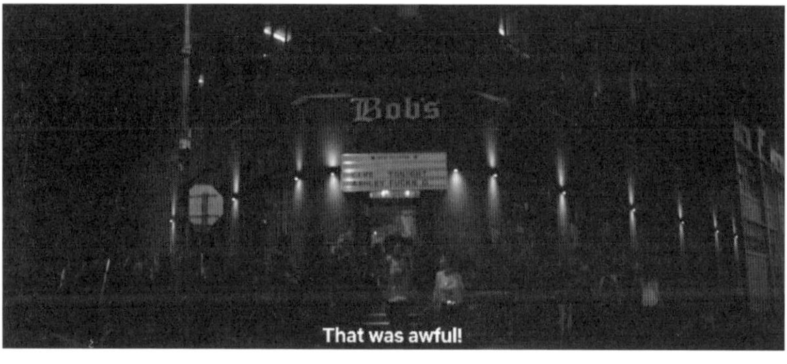

Abb. 261: „Das war übel" - Fans der alten Ashley O verlassen das Konzert. Sie hatten wohl nichts für ihren „stumpfen Mist" übrig. Über ihnen auf dem Schild bemerken wir, dass Ashley O ihren Namen behalten hat. Sie fügten nur ein Schimpfwort in der Mitte hinzu. So avantgardistisch

In Anbetracht dieser Tatsachen kann man fragen: Hat Catherine „so ein Mist" gesagt, weil sie beschlossen hat, Ashley gehen zu lassen? Oder hat sie es gesagt, weil sie sie in eine neue exzentrische Person umbenennen wird (während sie weiterhin die Kontrolle über sie hat)?

Wenn man die Dinge so betrachtet, kann man angesichts des ausgefallenen Endes der Episode fragen: Hat Ashley O das alles tatsächlich geträumt? Oder liegt sie noch im Koma?

Black Mirror gilt zwar als „Science-Fiction", erlangte jedoch aufgrund seines Faktors „Wow, das könnte passieren" eine begeisterte Zuschauerzahl. Die Folge „Rachel, Jack und Ashley Too" ist keine Ausnahme. Wie oben zu sehen, zeigte die Episode Miley Cyrus - einen echten gedankengesteuerten Popstar – als ... gedankengesteuerten Popstar. Während sich die tatsächliche traumabasierte Gedankenkontrolle stark von der Darstellung in *Black Mirror* unterscheidet , gibt es das Grundkonzept eines Popstar-Sklaven, das diese „Verschwörungstheorie" effektiv den Massen zeigt.

Versucht *Black Mirror* die Wahrheit den Massen zu enthüllen oder soll sie durch prädiktive Programmierung normalisiert werden? Das Gleiche gilt für die gesamte Serie: Warnt sie die Zuschauer vor den Gefahren der Technologie oder bereitet die sie auf das vor, was kommen wird?

Eines ist sicher, alles, was von Netflix produziert wird, entspricht voll und ganz der Agenda der Elite (mehr über die Agenda von *Netflix* im Buch „Der Hollywood-Code"). In dieser Folge haben sie ihre Lieblings-Marionette benutzt, die ihre eigene Sklaverei zur „Unterhaltung" zu spielt.[124]

Die verdrehte Bedeutung von Miley Cyrus „Mother's Daughter"

In „Mother's Daughter" (2019) singt Miley Cyrus: „sie ist fies, sie ist böse", während sie behauptet, sie sei eine „Feministin AF" („AF" steht für „as fuck", was mit „wie verrückt" übersetzt werden kann, wird z.B. in sozialen Medien und in Textnachrichten verwendet, um etwas zu bekräftigen). Gönnen Sie sich folgende Einblicke in die verdrehte Bedeutung dieses bizarren Videos!

Miley Cyrus ist das, was ich als „Barometer-Künstler" bezeichne. Das liegt daran, dass ihre Handlung immer die Agenda widerspiegelt, die die Massenmedien in diesem bestimmten Moment voranzutreiben haben. In der Tat hatte Miley nie ihren eigenen Klang, ihr eigenes Bild oder ihre eigene

Botschaft. Ihr gesamtes Verhalten wurde seit ihrer Kindheit, als sie die Rolle der Hannah Montana spielte, immer von ihren Handlern diktiert.

Nur wenige Wochen nach der Veröffentlichung der *Black Mirror*-Episode entfesselt Miley Cyrus „Mother's Daughter" vor der Welt - ein NSFW-Musikvideo mit einer Reihe kalkulierter Nachrichten, die sich an junge Menschen richten. („Not safe for work" meint, es handelt sich um Inhalte, Videos oder Webseiten, die der Betrachter möglicherweise nicht in einer öffentlichen, formellen oder kontrollierten Umgebung sehen möchte. Der markierte Inhalt kann Nacktheit, intensive Sexualität, Obszönität, Gewalt oder andere potenziell störende Themen enthalten.) In der Tat handelt es sich bei dem Video im Wesentlichen um eine Werbesendung, die von mächtigen Gruppen, Lobbys und Think Tanks gesponsert wird, um bestimmte soziale Botschaften zu verbreiten.

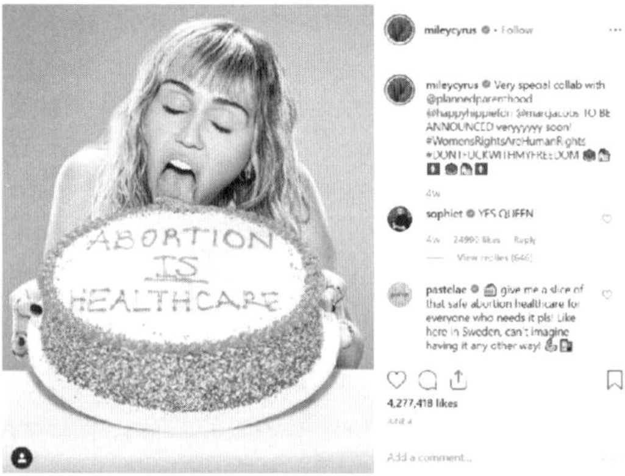

Abb. 262: Kurz vor der Veröffentlichung ihres Videos zeigte Miley die Resultate eines Fotoshootings auf Instagram, das in Zusammenarbeit mit „Planned Parenthood" und dem Fotografen Marc Jacobs erstellt wurde. Zum Beispiel leckt Miley an einem Kuchen mit der Aufschrift „Abtreibung ist Gesundheitspflege". Der Umstand, dass Kuchen verwendet werden, um Geburtstage zu feiern, ist ziemlich beunruhigend

Medienberichten zufolge ist „Mother's Daughter" eine Erklärung zur Unterstützung der Gleichstellung der Geschlechter, der Freiheit und des Kampfes gegen Diskriminierung und sexuelle Belästigung. Natürlich wurde das Video sofort von allen im Showbusiness gelobt, denn das ist momentan die Agenda und niemand kann sich dem widersetzen. Abtreibungen gut/Geschlechter schlecht. In diesem Video steckt jedoch mehr, als man denkt.

Das Konzept des Videos ist recht einfach: Viele Gastauftritte von Aktivisten und anderen Personen, die eine bestimmte Agenda unterstützen. Im Zentrum des Ganzen: Miley Cyrus trägt einen roten Latexanzug mit einem symbolischen „Accessoire".

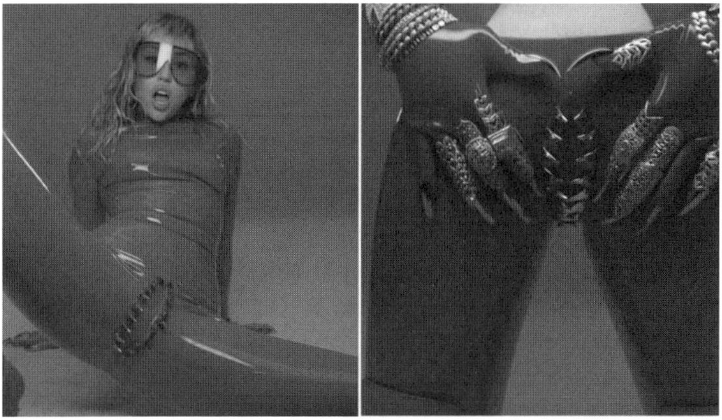

Abb. 263: Mileys Anzug hat eine „Vagina dentata" - Zähne um weibliche Genitalien. Dieses alte und archetypische Symbol ist in verschiedenen Kulturen zu finden und wird normalerweise mit warnenden Volkserzählungen über die Gefahren der Kopulation mit den falschen Frauen in Verbindung gebracht, bei denen das Risiko von Schaden und Entmannung besteht

Über die Aussage in Volksmärchen hinaus stellt die Dentata treffend einen wichtigen Aspekt der heutigen Massenmedien-Agenda dar: Die Waffe der Weiblichkeit. Es geht darum, „Feminismus" (bzw. eine verzerrte Version davon) für Social Engineering zu verwenden. Es geht darum, den weiblichen Körper (mit all seinen warmen, empfänglichen und nährenden Eigenschaften) gegen seine eigene Natur zu wenden. Es geht darum, Geschlechter zu radikalisieren und Hass zwischen Männern und Frauen zu züchten. Es geht darum, die traurige Realität der Abtreibung in eine Art feministische Machtbewegung zu verwandeln.

Während des gesamten Videos blinken viele Nachrichten auf dem Bildschirm. Sie alle haben eine seltsame orwellsche Qualität.

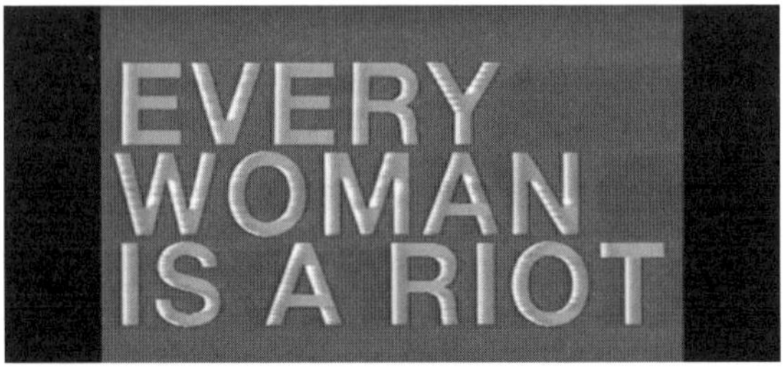

Abb. 264: Roter Grund, weisse Schrift: „Jede Frau ist ein Aufstand“ - das Motto der ukrainischen radikalfeministischen Aktivistengruppe Femen

Ein Aufstand ist eine Form der zivilen Unordnung, die üblicherweise durch eine Gruppe gekennzeichnet ist, die sich in einer gewaltsamen öffentlichen Störung gegen Autorität, Eigentum oder Menschen richtet. Ist jede Frau wirklich ein Aufstand? Natürlich nicht. Einige Frauen sind herzliche, sanfte und liebevolle Menschen, die nicht das Bedürfnis haben, auf alles wütend zu sein. Durch den Versuch, „Feministinnen“ zu sein, reduzieren und verallgemeinern diese Menschen Frauen tatsächlich, um sie ihrer eigenen erfundenen Vision anzupassen. Diese nächste Nachricht ist schlimmer.

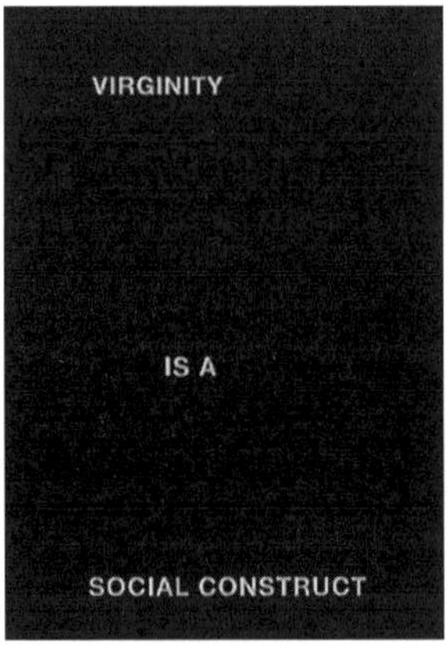

Abb. 265: Schwarzer Grund, weisse Schrift: „Jungfräulichkeit ist ein soziales Konstrukt“

Der Nachricht folgt eine Aufnahme eines jungen Mädchens.

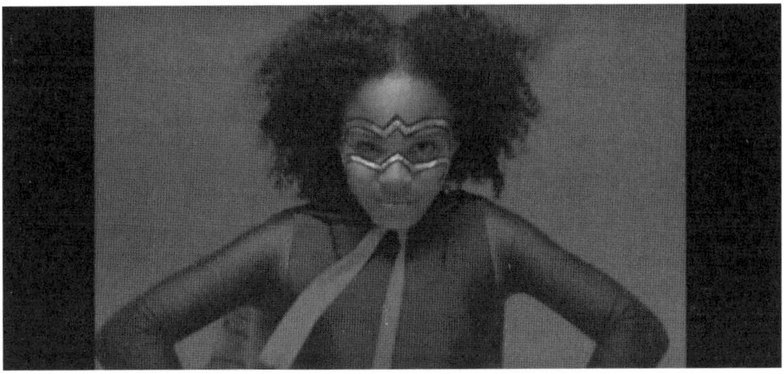

Abb. 266: Laut Mileys Instagram-Konto ist dies ein 11-jähriges Mädchen namens Mari aus Flint, Michigan, USA

Entfalten wir dieses „Jungfräulichkeit ist ein soziales Konstrukt"! Was bedeutet das überhaupt? In einem „A Teen Vogue Video"(125) wird behauptet „Diese Idee, dass der Körper entweder männlich oder weiblich ist, ist völlig falsch". Das ist Teil des besorgniserregenden Trends in den Massenmedien, junge Menschen dazu zu drängen, nachprüfbare Tatsachen zu leugnen, um eine radikale und extreme soziale Agenda zu unterstützen.

Hier ist ein Auszug aus einem Artikel, der diese Denkweise rechtfertigt: *„Jungfräulichkeit ist nicht real. Es ist ein sozial konstruiertes Phänomen, das dazu dient, unseren Körper zu überwachen und uns wegen unserer sexuellen Erfahrung (ob reichlich oder nicht existent) schuldig zu machen. Es legt ständig Macht in die Hände heterosexueller Männer, unterwirft und entzieht heterosexuellen Frauen die Macht und leugnet die Existenz nicht-hetrosexueller Körper", so Lauren Forster, für „Her Campus".*(126)

Die Tatsache, dass im Video das kostümierte Mädchen dem Slogan „Jungfräulichkeit gibt es nicht" folgt, ist kalkuliert. Glauben sie, dass Mädchen keine Jungfrauen sind, nur weil sie Superhelden spielen?

Das Video wird dann mit seltsameren visuellen Vergleichen fortgesetzt.

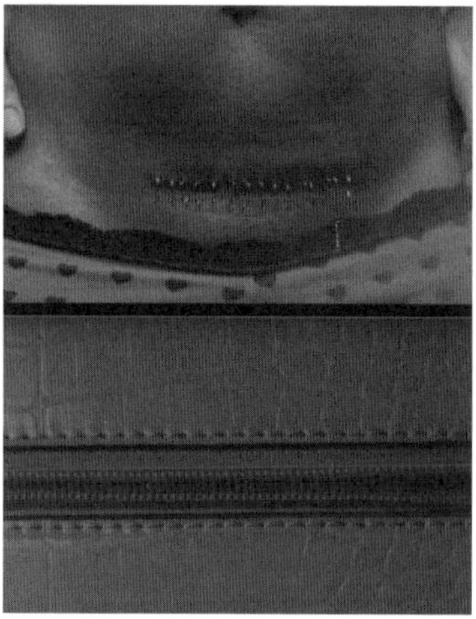

Abb. 267: Der Bauch einer Frau mit Kaiserschnitt wird mit dem Reißverschluss einer Handtasche verglichen. Auf soetwas könnte ein Psychopath kommen

Die nächste Nachricht im Video wird spirituell.

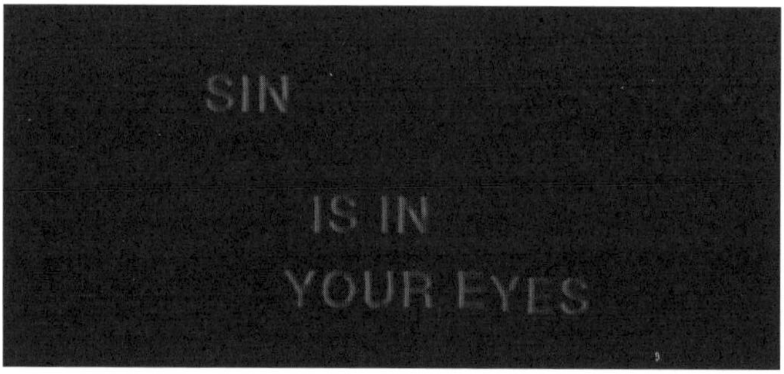

Abb. 268: „Sünde ist in deinen Augen". Wunschdenken eines Psychopathen?

Die Texte des Liedes gehen in die gleiche pseudo-satanische Richtung wie die obige Nachricht. Der erste Vers lautet:

„Halleluja, ich bin ein Freak, ich bin ein Freak, Halleluja
Jeden Tag in der Woche, mach ich's dir so, wie ich's will,
ich bin ein Nilkrokodil, ein Piranha."

(„Hallelujah, I'm a freak, I'm a freak, hallelujah
(„Every day of the week, I'ma do ya like I want ya
I'm a Nile crocodile, a piranha.")

Wie Sie vielleicht wissen, bedeutet Halleluja „Lobe den Herrn" und ist theologisch die höchste Form des Lobes, die man Gott geben kann. Die Kombination dieses Wortes mit „Ich bin ein Freak" und „Ich mache es dir" ist Gotteslästerung.

Im zweiten Vers beginnen wir zu verstehen, welche Art von Psychopath sich diese Art von erniedrigenden Botschaften ausdenkt.

„Halleluja, ich bin eine Hexe, ich bin eine Hexe, Halleluja."

(„Hallelujah, I'm a witch, I'm a witch, hallelujah.")

Wie unter anderem in der Serie „Chilling Adventures of Sabrina" von Netflix zu sehen ist, gibt es einen klaren und offensichtlichen Druck der Massenmedien, Hexen mit Feminismus in Verbindung zu bringen. Während des gesamten Videos wird dieser Refrain ad nauseam wiederholt:

„Fickt mir meine Freiheit nicht
Ich bin gekommen, um mir was davon zu holen.
Ich bin fies, ich bin böse.
Ist wohl was im Wasser drin oder dass ich meiner Mutters Tochter bin."

*(„Don't f**k with my freedom*
I came up to get me some
I'm nasty, I'm evil
Must be something in the water or that I'm my mother's daughter".)

Miley sagt, sie sei fies und böse, weil „etwas im Wasser" ist. Das ist eine interessante Verschwörungstheorie. Ihre andere Theorie ist, dass sie fies und böse ist, weil sie wie ihre Mutter ist. Das ist eine erhebende Botschaft für die Jugend.

Apropos Hexe: Mileys Mutter Tish Cyrus taucht im Video auf.

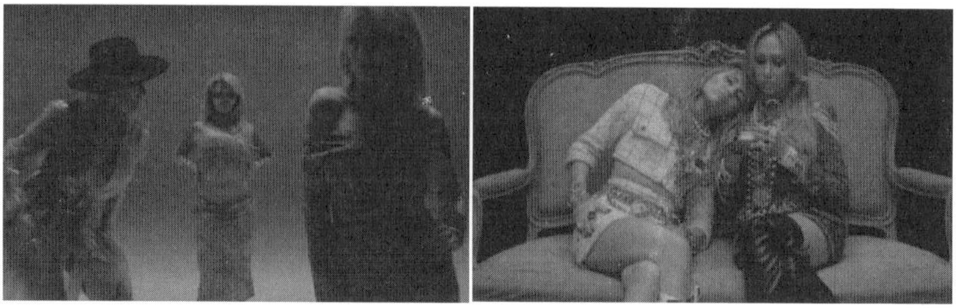

Abb. 269 links: Mileys Mutter Tish erscheint mehrfach im Video. Hier trägt sie ein Kleid mit Katzenmuster. Erinnert an Beta-Kitten-Sklaven … und Miley Cyrus ist ein Produkt dieses Systems. Beschreibt Miley deshalb ihre Mutter als „gemein und böse"? Rechts: Tish Cyrus im Chanelkostüm. Temporärer materieller Reichtum für den Verkauf der Seele ihrer Tochter

Das Video zeigt auch andere „Gäste".

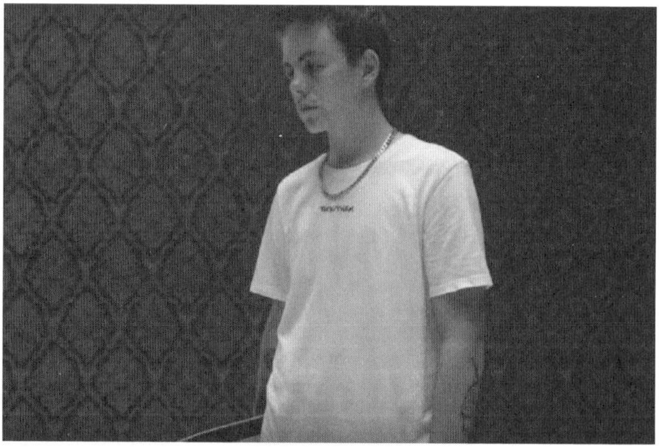

Abb. 270: Die Skateboarderin Lacey Baker trägt ein T-Shirt mit der Aufschrift „They/Them". In einer geschlechtslosen Welt wird die Verwendung von „he/she" als beleidigend angesehen

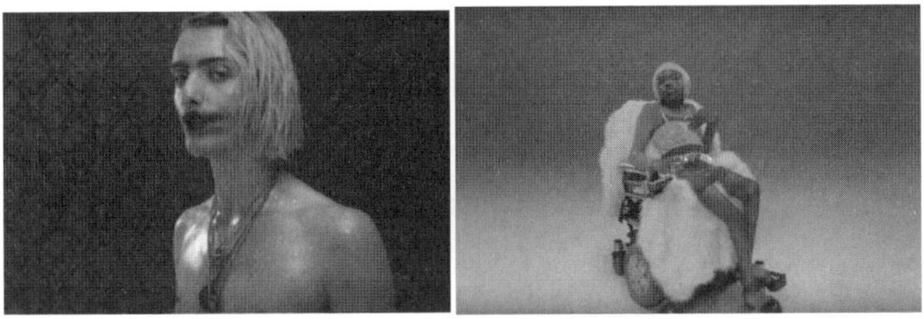

Abb. 271 links: Casil McArthur, ein Transaktivist, der sich die Brüste operativ entfernen ließ.
Rechts: Aaron Phillips wird als „schwarzes Mädchen im Rollstuhl, das zufällig trans ist“ beschrieben

Wird in diesem Video die „Vielfalt“ gefeiert oder ausgenutzt? Es kann nicht oft genug gesagt werden, jeder hat das absolute Recht, auf eine Weise zu leben, die ihn glücklich macht. Aber es ist ein schmaler Grat zwischen der Akzeptanz von Menschen und der Jagd auf die ach so „vielfältigen“ Menschen und ihrer Ausbeutung in Videos, als ob sie Zirkusfreaks wären, um damit möglichst viele Tugendpunkte zu sammeln. Wahrscheinlich ist hinter den Kulissen so diskutiert worden:

- Leute. Ihr werdet es nicht glauben. Ich habe mir die ultimative Minderheit geschnappt: Schwarz, Trans und im Rollstuhl!
- OMG, das ist unglaublich! Alle Diversity-Kästchen sind aktiviert! Hol sie sofort ins Video! Und überall auf Mileys Instagram! Was für ein Fang!

Während Videos wie dieses nach „Inklusivität“ verlangen, reduzieren sie die Menschen tatsächlich auf Attribute wie „trans“ oder „versehrt“.

Das Schlussbild fasst das gesamte Video exemplarisch zusammen.

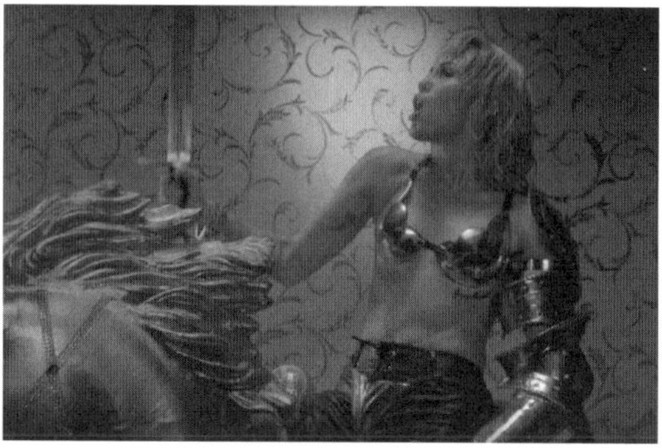

Abb. 272: Miley in der Rolle der Jeanne d'Arc

Vermittelt dieses Bild Kraft? Oder genau das Gegenteil? Miley sitzt auf einem Karussellpferd, das im Kreis herumlaufen soll. Sie trägt gefälschte Studio-Requisiten als Rüstung. Miley führt niemanden irgendwohin. Sie ist ein stark kontrollierter Popstar in einem Studio, der Befehle von einem Regisseur entgegennimmt (der übrigens ein weißer Mann ist).

Der Refrain mag lauten: „Don't f**ck with my freedom", aber diejenigen, denen sie gehört, haben ihr nie etwas davon gegeben..

„Mother`s Daughter" ist keine Kunst. Es ist Propaganda und Indoktrination. In nur wenigen Minuten gelingt es diesem Video, die Besessenheit der okkulten Elite von Abtreibungen, Geschlechterunschärfe und Satanismus zu vermischen. Nicht zu vergessen, dass sie glauben, Jungfräulichkeit sei ein „soziales Konstrukt".

Letztendlich feiert dieses Video hinter all den Tugendzeichen und den Schlagworten nur eines: Die Beschädigung von allem, was rein und heilig ist.[(127)]

2.7 Rihanna

„Schlampe hab besser mein Geld.“
(Rihanna, Lied: „Better Have My Money“)

Robyn Rihanna Fenty (20. February 1988) ist eine Sängerin, Texterin, Schauspielerin und Geschäftsfrau aus Barbados. Rihanna wurde in Saint Michael geboren und wuchs in Bridgetown, Barbados, auf. 2005 zog sie in die USA, als sie bei „Def Jam“ unterschrieb. Bekanntheit erlangte sie durch die Veröffentlichung ihrer ersten beiden Studioalben „Music of the Sun“ (2005) und „A Girl like Me“ (2006), die beide von karibischer Musik beeinflusst wurden und erreichte einen Höhepunkt unter den Top Ten der „US Billboard 200-Charts“.

Rihannas drittes Album, „Good Girl Gone Bad“ (2007), enthielt Elemente des Dance-Pop, katapultierte sie zum Ruhm und etablierte ihren Status als Sexsymbol in der Musikindustrie. Die internationale Single „Umbrella“ brachte Rihanna ihren ersten „Grammy Award“ für die beste Rap/Sung-Zusammenarbeit ein. Rihanna mischte weiterhin Pop-, Tanz- und R&B - Genres auf ihren nächsten vier Alben, „Rated R“ (2009), „Loud“ (2010), „Talk That Talk“ (2011) und dem mit dem „Grammy Award“ ausgezeichneten „Unapologetic“ (2012). Alle vier Veröffentlichungen kombinierten verschiedene andere Musikstile und festigten Rihannas kommerziellen Erfolg, wobei „Unapologetic“ ihr erstes Nummer-1-Album in den USA war. Die Platten brachten eine Reihe von Singles hervor, darunter „Rude Boy“, „Only Girl (In the World)“, "What's My Name?“, „S&M“, „We Found Love“,„Diamonds“ und „Stay“. Ihr achtes Album, „Anti“ (2016), zeigte nach ihrem Abschied von „Def Jam“ eine neue kreative Kontrolle. Es wurde ihr zweites US-Nummer-1-Album und enthielt die Single „Work“. Rihanna hat gemeinsam mit Künstlern wie Drake, Eminem und Calvin Harris Hit-Singles veröffentlicht.

Mit über 250 Millionen verkauften Platten ist Rihanna eine der meistverkauften Musikkünstlerinnen der Welt. Sie hat 14 Nummer Eins und 31 Top-Ten-Singles in den USA und 30 Top-Ten-Einträge in Großbritannien. Zu ihren Auszeichnungen zählen neun „Grammy Awards“ , 13 „American Music Awards“ , 12 „Billboard Music Awards“ und sechs Guinness-Weltrekorde. Forbes stufte sie 2012 und 2014 unter die zehn bestbezahlten

Prominenten ein; Ab 2019 ist sie die reichste Musikerin mit einem geschätzten Nettowert von 600 Millionen US-Dollar. Die „Zeit" nannte sie eine der 100 einflussreichsten Personen der Welt. Neben Musik ist Rihanna für ihr Engagement für humanitäre Zwecke, unternehmerische Unternehmungen und die Modebranche bekannt. Sie ist Gründerin der gemeinnützigen Organisation „Clara Lionel Foundation", der Kosmetikmarke „Fenty Beauty" und des Modehauses *Fenty* unter *LVMH*. Sie wurde 2018 von der Regierung von Barbados zur Botschafterin für Bildung, Tourismus und Investitionen ernannt.[(128)]

Rihanna hatte ein sauberes Image für ihre ersten beiden Alben, erst 2007 wendete es sich zum Schlechten, mit ihrem dritten Album „Good Girl Gone Bad", das ihre Metamorphose einer dämonischeren Sängerin deutlich ankündigte, und von da an ging es bergab und führte sie schließlich dazu, den Titel „Illuminaten Prinzessin" anzunehmen.

In ihren Liedern, Musikvideos und über soziale Medien hat sie den Sadomasochismus, Drogenkonsum und einige sagen sogar Selbstmord gefördert, wegen ihres Liedes „Russian Roulette", in dem sie singt:

„die Waffe zu nehmen und bis drei zu zählen, ich schwitze jetzt, bewege mich langsam, habe keine Zeit zum Nachdenken, ich bin dran zu gehen."

Da sie von Jay-Z („Def Jam Recordings") entdeckt und auch ihre Star-Persona von ihm konzipiert wurde, sollte dies keine Überraschung sein.

In ihrem Musikvideo zu „Rock Star" wird sie beispielsweise in einer Szene gezeigt, wie sie auf Händen und Knien in einem Kreis mit zwei sich kreuzenden Dreiecken auf dem Boden tanzt, während sie „Teufelshörner" oder einen Baphomet-Kopfschmuck trägt. Der auf den Boden gemalte Kreis ähnelt einem satanischen Pentagramm, das häufig für Rituale der schwarzen Magie verwendet wird.

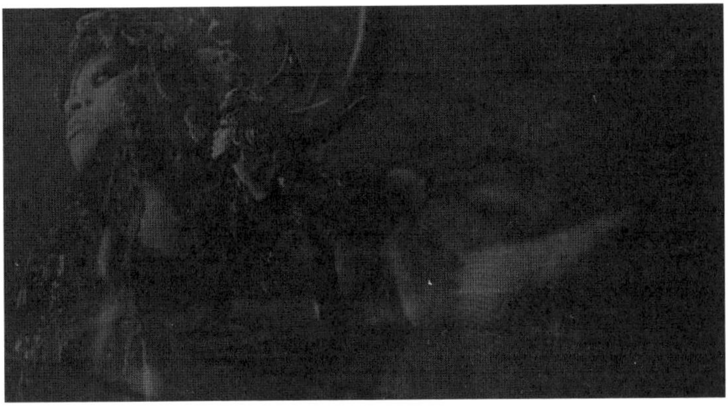

Abb. 273: Die gehörnte „Illuminaten-Prinzessin“ inmitten eines rituellen Kreises

Warum sollte jemand etwas tragen, das nach Teufelshörnern aussieht und in einem okkulten Symbol auf dem Boden tanzen, wenn er nicht die Botschaft vermitteln wollte, dass es sich um eine Art Hexe handelt, die schwarze Magie praktiziert? Wie könnte diese Szene anders interpretiert werden?

In ihrem Video mit dem Titel „S&M“ (kurz für Sadomasochismus) tanzt Rihanna in Latex-Bondage vor gefesselt an der Wand hängenden Männern, während sie einen auf einer Matratze liegenden halbnackten Mann auspeitscht. Das geschieht an einer Wand aus Big Brother-Kameras, die das ganze Treiben aufzeichnen. Dies ist die Art von satanischem und schmuddeligem Verhalten, dass Ihre Kinder nachahmen sollen, wenn es nach den Illuminaten geht und die Art von Mädchen, zu der sie aufschauen sollen.

Eine andere Szene aus „S&M“ zeigt neben anderen Schlagzeilen eine Laufschrift, die sie „Princess of the Illuminati“ bezeihnet. Im Schlussbild des Videos auch bei ihr das mit einem Smiley verdeckte eine Auge. Rihannas Illuminaten-Zugehörigkeit scheint mit Ereignissen wie ihrem Auftritt bei „American Idol“, wo sie in einer Pyramide auf der Bühne auftrat, immer weiter zu gehen und das Cover ihrer Single „Diamonds“ enthält einen menschlichen Schädel. Das Lied zeigt Kanye West, der eine Zeile über die Illuminaten und die High Society rappt.

Rihannas berüchtigter Ex-Freund, R&B-Sänger Chris Brown, der sie vor den „Grammy Awards“ 2009 bei einem brutalen Angriff verprügelt hatte, brachte 2012 eine Modelinie mit Illuminatenbezug unter dem Titel *Black*

Pyramid auf den Markt – sie ahnen es bereits- mit einer schwarzen Pyramide als Logo.

Vielleicht ist Chris Brown ein weiterer Illuminaten-Poser oder er versucht, vom Illuminaten-Trend im Hip-Hop zu profitieren oder er hat versucht, Rihanna, die „Illuminaten-Prinzessin", mit seinen eigenen Illuminaten-Assoziationen zu beeindrucken.

Okkulte und prophetische Botschaften in Rihannas „Umbrella"

Worum geht es in Rihannas „Umbrella"(„Regenschirm")-Song? Als ich dieses Lied zum ersten Mal hörte, war ich verwirrt. Geht es um die bedingungslose Freundschaft einer Frau für ihren Mann? Ist es ein „sexy Lied"? Auf den ersten Blick scheint es so. Wenn Sie sich jedoch die Worte von Rihanna und Jay-Z genau anhören, werden Sie möglicherweise feststellen, dass die Texte keinen Sinn ergeben. Das in diesem Lied verwendete Vokabular handelt nicht von einer Beziehung zwischen zwei Liebenden. Tatsache ist, „Umbrella" handelt von einem Thema, das unheimlich, dunkel und verstörend ist: vom Bösen besessen zu werden.

Inhaltlich handelt das Lied von einem Sturm, der bald stattfinden wird, und Rihanna bietet ihrem geliebten Menschen Schutz unter ihrem Regenschirm. In diesem Lied kann „Du kannst unter meinem Schirm stehen" eine sexuelle Konnotation haben, aber es bedeutet meistens „Du kannst unter meinem Schutz sein". Wenn Sie unter dem Schutz von etwas stehen, hat dieses Etwas in Bezug auf Ihre eigene Sicherheit mehr Macht als Sie. Sie sind davon abhängig. Es hat die Kontrolle über Sie. Es besitzt Sie. In dem Lied geht es nicht um die Liebe zwischen Frau und Mann, sondern darum, beschützt zu werden. Es ist keine gleichberechtigte Beziehung. Derjenige, der schützt, besitzt im Grunde die Person, die geschützt ist.

Das erste, was Sie über die Texte des Songs wissen müssen, ist, dass Rihanna den ganzen Song singt, aber tatsächlich zwei Rollen übernimmt. Während der ersten Hälfte des Liedes spielt sie die Rolle einer bösen Entität, die versucht, Rihanna zu verführen und zu besitzen. Für die Zwecke dieser Analyse werden wir diese Entität den Teufel nennen. Die zweite Rolle, die sie spielt, ist sie selbst. Das Lied ist also im Grunde ein Dialog zwischen dem Teufel und Rihanna. Das Video des Songs macht dies sehr deutlich und wir werden später erklären, wie.

Der Besitz in Bezug auf nichtmenschliche Wesenheiten befasst sich mit den Phänomenen, bei denen eine nichtmenschliche Wesenheit den Menschen durch verschiedene Methoden kontrolliert. Ist er besessen, kann der Mensch nicht für sich selbst denken. Stattdessen werden ihm seine Gedanken von seinem Besitzer eingegeben. Wir werden sehen, wie der Teufel versucht und es schafft, Rihanna in diesem Lied in Besitz zu nehmen. Es gibt einen Grund, warum das Album „Good Girl Gone Bad" heißt.

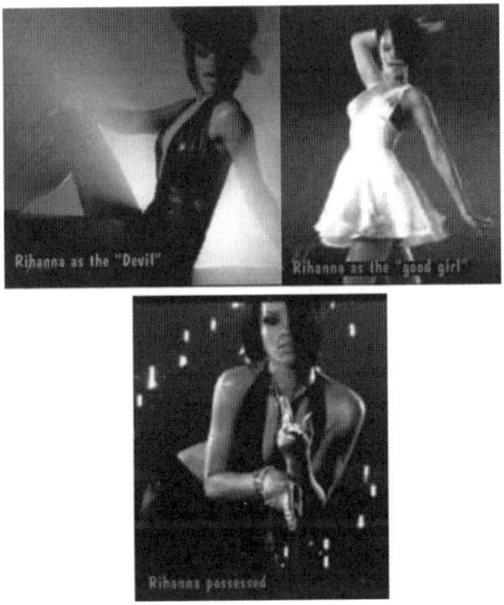

Abb. 274: Oben rechts der Teufel, oben links das gute Mädchen, unten die Besessene

Das Lied beginnt also mit einem Vers von Rapper Jay-Z. Er spielt die Rolle eines Menschen, der bereits besessen und bereits „unter dem Schirm" des Teufels ist. Hier ist sein Vers:

„Keine Wolken in meinen Steinen	*(„No clouds in my stones*
Lass es regnen, ich Wasserflugzeug am Ufer	*Let it rain, I hydroplane in the bank*
Komme mit dem Dow Jones runter	*Coming down with the Dow Jones*

Wenn die Wolken kommen, gehen wir, wir Rocafella	*When the clouds come we gone, we Rocafella*
Wir fliegen höher als das Wetter	*We fly higher than weather*
Und G5 sind besser, du kennst mich,	*And G5's are better, You know me,*
eine Vorfreude auf Niederschlag.	*an anticipation, for precipitation.*
Gestapelte Chips für den regnerischen Tag	*Stacked chips for the rainy day*
Jay, Rain Man ist zurück mit der kleinen Miss Sunshine	*Jay, Rain Man is back with little Ms. Sunshine*
Rihanna, wo bist du?"	*Rihanna where you at?")*

Zur Erklärung:
„Keine Wolken in meinen Steinen
Lass es regnen, ich Wasserflugzeug am Ufer
Komme mit dem Dow Jones runter"

Der „Sturm" hängt also tatsächlich mit der Wirtschaft und der Finanzwelt zusammen. „Mit dem Dow Jones runterkommen" spiegelt diese Situation wider. Der Dow Jones ist der Hauptindikator für die Gesundheit der Börse. Wenn er drastisch sinkt, sprechen wir über einen Börsencrash. Sie werden feststellen, dass das ganze Lied einen pessimistischen Ausblick auf die Zukunft hat. Jay-Z sagt „Lass es regnen", er kümmert sich nicht um die Finanzkrise, er hat ein „Wasserflugzeug am Ufer". Mit anderen Worten, während das Ufer von diesem Sturm überflutet wird und die Menschen ertrinken, ist er über dem Wasser und überlebt die Krise.

„Wenn die Wolken kommen, sind wir gegangen, wir Rocafella"

Mit anderen Worten, wenn die Finanzkrise eintreten wird, werden wir nicht hier sein, um darunter zu leiden. „Rocafella" ist der Name des Plattenlabels von Jay-Z. Es bezieht sich auch auf John D. Rockefeller und seine Familie, die größten Industriellen in der amerikanischen Geschichte und großen Akteure bei der Bildung der sozioökonomischen Welt, in der wir derzeit leben. Viele Historiker behaupten, dass die Rockefellers den Zusammenbruch von 1929 herbeigeführt haben, um eine starke Stellung im amerikanischen Bankensystem zu erlangen. Der Kongressabgeordnete Charles A.

Lindberg Sr. verkündete 1930 treffend: „Von nun an werden Depressionen wissenschaftlich erzeugt werden."

„Wir fliegen höher als das Wetter
Und G5 sind besser, du kennst mich,"

„Wir fliegen höher als das Wetter" bedeutet, dass Jay-Z nicht von der Finanzkrise betroffen sein kann, weil er über dem Problem steht. Er genießt einen Schutz, der ihn für den Sturm unverwundbar macht. Die Tatsache, dass er „WIR fliegen höher als das Wetter" sagt, impliziert, dass einige wenige die gleichen Privilegien haben können, die er hat. „G5" ist eine Art Privatjet, so dass er auch dann im Luxus leben wird, wenn die Krise den Rest der Welt trifft.

„eine Vorfreude auf Niederschlag. Gestapelte Chips für den regnerischen Tag"

Jay-Z sagt hier, dass er diese große Krise (den Niederschlag) erwartet und sich finanziell darauf vorbereitet hat. Es scheint, als hätte er Kenntnis von den Ereignissen, die in der Zukunft eintreten. Spricht er über die Rezession, die jetzt stattfindet?

„Jay, Rain Man ist zurück mit der kleinen Miss Sunshine
Rihanna, wo bist du?"

Jay alias „Rain Man". Er wurde vom Teufel besessen, im Gegensatz zu Rihanna, die er das „kleine Fräulein Sonnenschein" nennt. Rihanna ist das gute Mädchen. Jay-Z ist schon schlecht und er bittet Rihanna, sich ihm anzuschließen.

Jay-Z-Texte haben also nichts mit Liebe, Freundschaft oder irgendeiner Art von Beziehung zu tun. Seine Texte sagen, dass er Teil der „Auserwählten" ist, der Elite, der geheimen Gruppe, die durch die Prüfungen und Schwierigkeiten der „kleinen Leute" nicht geschädigt werden kann. Selbst wenn es eine große Krise gibt, ist er mit genau den Menschen verbunden, die diese Krisen auslösen, sodass er nicht betroffen ist. Diese Gruppe verbeugt sich jedoch und verehrt das Diabolische. Wenn Rihanna ein Teil von ihnen sein will, muss sie dasselbe tun.

Rihannas Texte:

„Du hast mein Herz

und wir werden niemals Welten voneinander entfernt sein.
Vielleicht in Zeitschriften.
Aber du wirst immer noch mein Star sein.
Denn, Baby im Dunkeln
Kannst Du keine glänzenden Autos sehen.
Und dann brauchst du mich dort.
Mit dir werde ich immer teilen."

Rihanna singt diesen Teil, aber es ist tatsächlich der Teufel, der mit Rihanna spricht. Er „redet" süß mit ihr, damit sie die Idee akzeptieren kann, dass der Teufel in ihren Körper eindringt. So können wir die Texte übersetzen.

„Ich liebe dich
Auch wenn ich nicht aus deiner Welt bin, werde ich nie weit von dir entfernt sein.
Du bist vielleicht berühmt und in Zeitschriften.
Aber du wirst immer MEIN Star sein, niemand anderes.
Denn wenn du nicht mehr erfolgreich bist
wirst du keine glänzenden Autos und materiellen Dinge kaufen können. Dann brauchst du meinen Schutz.
Mit dir werde ich immer meinen Reichtum teilen."

Der Teufel bietet Rihanna ein Leben voller Reichtum und Luxus, selbst wenn sie ihre Popularität verliert und kein Geld mehr aus ihrer Gesangskarriere generiert. Verlockend, nicht wahr?

Chor:

„Wenn die Sonne scheint, werden wir zusammen scheinen.
Ich habe dir gesagt, ich werde für immer hier sein.
Ich werde immer dein Freund sein.
Ich habe einen Eid geleistet. Ich werde es bis zum Ende durchhalten.
Jetzt regnet es mehr denn je.
Aber wir werden uns immer noch haben
Du kannst unter meinem Regenschirm stehen
Du kannst unter meinem Regenschirm stehen
(Ella ella eh eh eh eh)
Unter meinem Regenschirm

(Ella ella eh eh eh)
Unter meinem Regenschirm
(Ella ella eh eh eh)
Unter meinem Regenschirm
(Ella ella eh eh eh eh eh eh)"

Freie Übersetzung:

Wenn du mit deinem Erfolg glänzt, profitieren wir beide.
Ich werde immer ein Teil von dir sein.
Ich werde immer an deiner Seite sein.
Ich habe versprochen, dich zu beschützen, und ich werde es so lange wie nötig tun.
Jetzt trifft die Finanzkrise die Welt
Aber ich bin immer noch hier bei dir.
Du kannst unter meinem Schutz stehen.
Du kannst unter meinem Schutz stehen.

Was ist mit den Ella Ella los? Es klingt eingängig, nicht wahr? Der sich wiederholende und hypnotische Rhythmus dieses Gesangs erinnert sehr an magische Zauber, Beschwörungen oder Anrufungen.

2. Vers:

„Diese ausgefallenen Dinge werden niemals dazwischen kommen.
Du bist Teil meiner Entität, hier für die Unendlichkeit.
Wenn der Krieg seinen Teil genommen hat.
Wenn die Welt ihre Karten ausgeteilt hat.
Wenn die Hand hart ist, werden wir zusammen dein Herz heilen."

Übersetzung:

All deine materiellen Besitztümer werden mich und dich niemals trennen.
Du bist ein Teil meiner Entität, du gehörst mir, bis ans Ende der Zeiten
Wenn die Krise die Welt verwüstet hat
Wenn wir den endgültigen Ausgang der Welt kennen werden
Wenn du in Schwierigkeiten steckst, werden du und ich den Schmerz beenden.

„Du bist Teil meiner Entität" ist hier sehr relevant, weil „Entität" kein Wort im Vokabular ist, das zwischen geliebten Menschen verwendet wird.

Niemand wird zu seinem/ihrem Geliebten sagen: „Du bist Teil meiner Entität." Eine Entität ist nicht menschlich.

„Eine Entität ist etwas, das existiert, auch wenn sie in der physischen Welt möglicherweise keine materielle Existenz hat. Ideen sind auch Entitäten. Ebenso wie Mythen, Gesetze und Theorien."

„Hier für die Unendlichkeit" verleiht den Texten auch ein nicht-menschliches Gefühl, als ob diese Kraft nicht lebt oder stirbt, sie ist unsterblich.

„Wenn der Krieg seinen Teil genommen hat / Wenn die Welt ihre Karten ausgeteilt hat" ist eine besonders düstere Passage. Es sagt im Grunde genommen ein schreckliches Ereignis voraus, das die ganze Welt schwer treffen und die Art und Weise, wie es danach funktionieren wird, neu ordnen wird. Wir verweisen erneut auf eine große Krise, die bevorsteht, und der Teufel versucht Rihanna davon zu überzeugen, dass er sie beschützt.

„Du kannst mir in die Arme rennen
Es ist okay, sei nicht beunruhigt
Komm in mich
Es gibt keine Distanz zwischen unserer Liebe
Also mach weiter und lass den Regen strömen
Ich werde alles sein, was du brauchst und mehr
Denn"

Dieser Teil ist eigentlich ein Dialog zwischen dem Teufel und Rihanna. Es ist schwer zu bemerken, da es keinen Unterschied im Tonfall gibt. Das Video gibt jedoch einen visuellen Hinweis auf den Dialog, indem es das Bild umkehrt, wenn Rihanna dem Teufel antwortet.

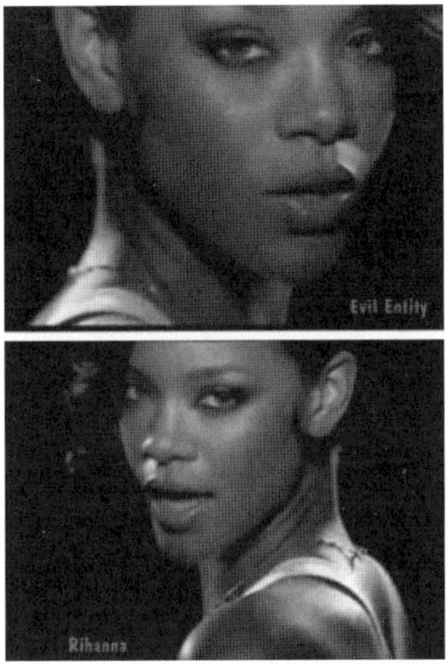

Abb. 275: Rihanna im Zwiespalt zwischen Entität und ihrem wahren Selbst

Also sagt der Teufel es Rihanna
„Du kannst mir in die Arme laufen.
Es ist okay, sei nicht beunruhigt.“
Übersetzung:
Du kannst kommen und meinen Schutz suchen.
Hab keine Angst vor der Krise.

Rihanna antwortet „Komm in mich hinein“ wie in „Komm in meinen Körper und besitze mich“. Sowohl Rihanna als auch der Teufel sagen: „Es gibt keine Distanz zwischen unserer Liebe“. Der Teufel ist jetzt tatsächlich in ihr, es gibt keinen Abstand mehr zwischen ihnen.

Und der Teufel sagt abschließend:
„Also mach weiter und lass den Regen strömen,
ich werde alles sein, was du brauchst und mehr.“
Übersetzung:
Lass die Welt bekommen, was sie verdient, ich werde auf dich aufpassen.

Nachdem Sie wahrscheinlich eine andere Perspektive auf die Songtexte gewonnen haben, können wir das Video analysieren, das eine schwere

Symbolik trägt und die Theorie des Teufels bestätigt, der versucht, von Rihanna Besitz zu ergreifen. Das Video fügt auch eine Interpretationsebene hinzu, indem es den Prozess der Besessenheit als Vergewaltigung darstellt.

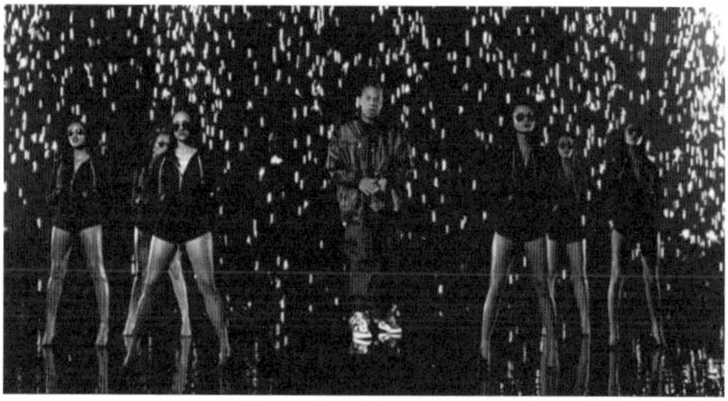

Abb. 276: Zu Beginn sehen wir Jay-Z mit sechs schwarz gekleideten Frauen. Wie bereits erwähnt, ist Jay-Z in dem Song bereits besessen. Die sechs Frauen repräsentieren Jay-Zs Gedanken, die kontrolliert werden

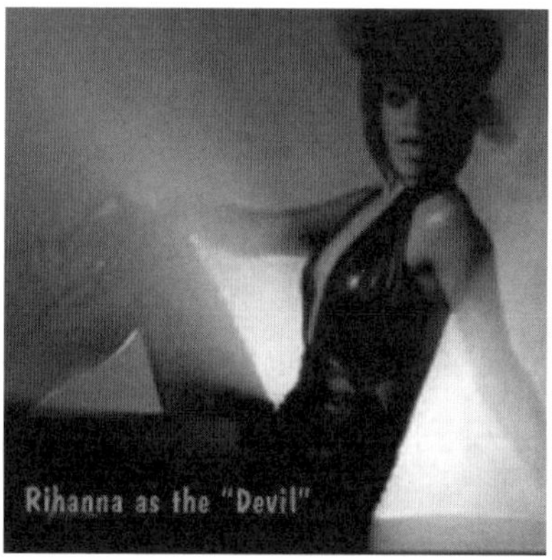

Abb. 277: Wir sehen Rihanna in Schwarz gekleidet und mit einem Zylinder versehen, ein visueller Hinweis auf das böse Wesen, das männlich ist. Die langen, klauenartigen Fingernägel vermitteln das Gefühl einer dämonischen, gottlosen Kreatur. Als Rihanna anfängt zu singen, bewegt sie sich sexuell verführerisch, um den Versuch des Teufels widerzuspiegeln, Rihanna zu verführen. Er will sie nicht nur geistig, sondern auch körperlich besitzen

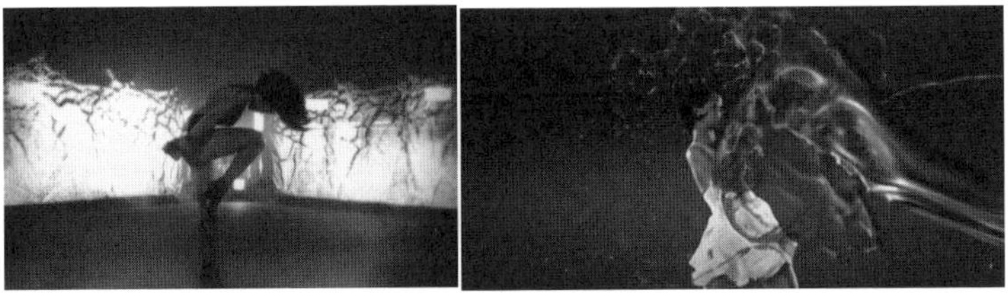

Abb. 278 links: Das Bild zeigt eine Explosion, die wir im Video direkt nach dem ersten Vers sehen. Diese Explosion chromfarbener Kristalle stellt etwas wirklich Beunruhigendes dar: die Vergewaltigung von Rihanna durch den Teufel. Rechts: Die Einstellung zeigt die Vergewaltigung von Rihanna. Rihanna ist weiß gekleidet und verkörpert so „das gute Mädchen mit den Werten“. Sie tanzt, während sie defensive Gesten ausführt. Sie versucht sich vor der Chromflüssigkeit zu schützen, die die Samenflüssigkeit des Teufels darstellt. Die Flüssigkeit trifft sie insgesamt 6 Mal

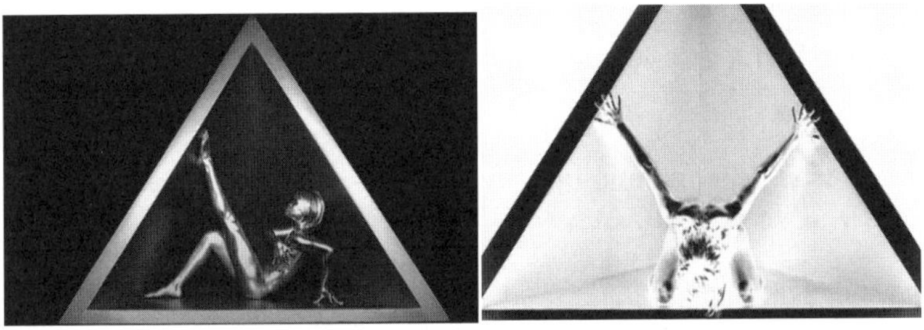

Abb. 279 links: Wir sehen dann Rihanna nackt, bedeckt mit chromfarbener Flüssigkeit. Rihanna wurde vom Teufel vergewaltigt und mit seinem Samen bedeckt. Sie scheint Schmerzen zu haben und scheint nicht sie selbst zu sein. Auf dem Bild sehen wir sie in einem Dreieck. Dies ist sehr symbolisch. Für Okkultisten repräsentiert ein nach oben gerichtetes Dreieck den Phallus, die männliche Energie. Rihanna ist im Dreieck. Sie ist vollständig im Besitz und im Bann der Energie des Teufels. Rechts: Schauen Sie sich den Rahmen oben genau an. Es erscheint sehr kurz um 2:46 im Video. Es ist Rihanna auf den Knien, der Kopf auf dem Boden. Es ist auch etwas anderes: das Gesicht des Teufels! Es sieht aus wie Baphomet ein komplizierter Teil okkulter Mysterien. Sie sehen die beiden Augen, die Schnauze und das Geweih. Dieses Bild wurde absichtlich und nur für den Bruchteil einer Sekunde platziert. Klassische unterschwellige Botschaft

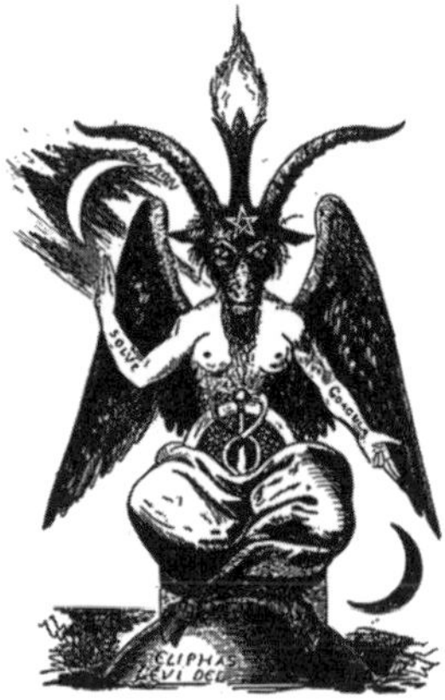

(Abb. 280: Der Dämon Baphomet als Verkörperung einer dualistischen Weltordnung. Zeichnung von Eliphas Lévi

Also wurde Rihanna missbraucht und wir haben das Gesicht des Teufels gesehen. Was kommt als nächstes?

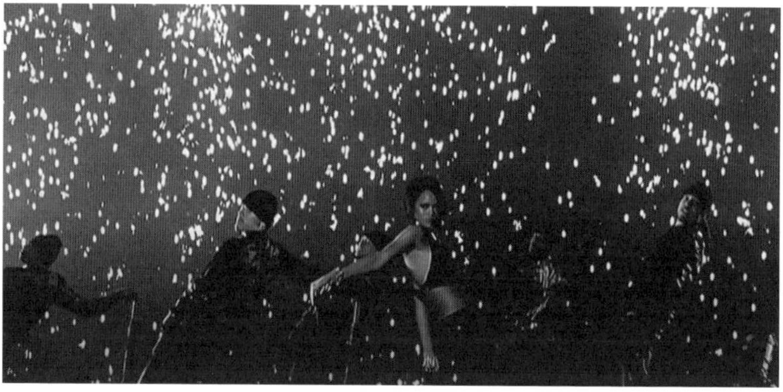

Abb. 281: Rihanna ist jetzt das „böse Mädchen" in Schwarz. Sie ist von sechs schwarz gekleideten Männern umgeben (wie Jay-Z am Anfang), um ihren Besitzzustand darzustellen. Sie tanzt suggestiv mit einem geschlossenen Regenschirm, der einen Phallus darstellt. Der Teufel hat gewonnen, er hat Rihanna übernommen. Und sie bittet um mehr. Am Ende des Liedes bittet Rihanna ihre Vergewaltiger, wieder in sie zu kommen. Krank

„Es regnet
Ooh Baby, es regnet
Baby, komm in mich,
komm in mich,
es regnet,
oh Baby, es regnet.“

(„It's raining
Ooh baby it's raining
Baby come into me
Come into me
It's raining
Oh baby it's raining.“)

Das „ooh Baby“ macht deutlich, dass es sich nicht um Regentropfen handelt, die vom Himmel fallen. Es bedeutet, dass sie feucht ist und bereit, den Teufel wieder in sich aufzunehmen.

Die Analyse von Rihannas„Umbrella“ sollte beweisen, dass die breite Öffentlichkeit blind für die in den Massenmedien allgegenwärtigen verborgenen Botschaften ist. Kinder aus aller Welt singen und tanzen zu diesem Lied, während sie unbewusst die verborgenen Schichten der Symbolik rezipieren.[(129)]

Rihannas Parfüm-Anzeige mit Gedankenkontrolle-Symbolik

Es scheint, dass Werbeclips für Schönheitsprodukte zu wichtigen Medien werden, um die Gedankenkontrolle bzw. Illuminaten-Symbolik voranzutreiben. Die kurze Video-Werbung für Rihannas Parfüm „Reb'l Fleur“ ist voller Gedankenkontrolle-Trigger und Monarch-Programmiersymbolik.

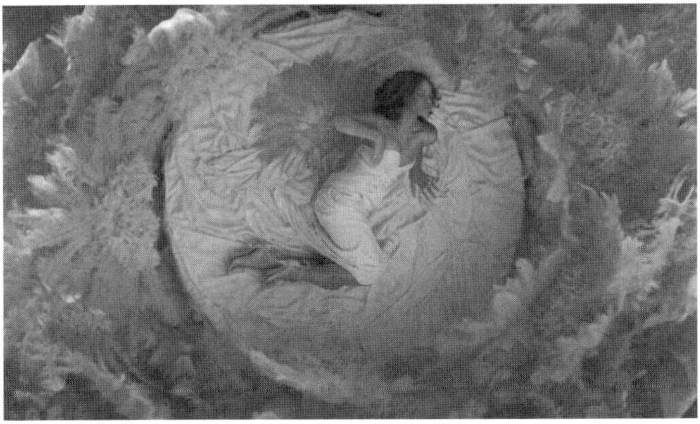

Abb. 282: Rihanna liegt zuerst in einer Blume und steht für Reinheit und Unschuld

Sie geht dann auf einen Spiegel zu, der sich in Schwarz widerspiegelt und ihre „schlechte Seite“ und ihre andere Person darstellt.

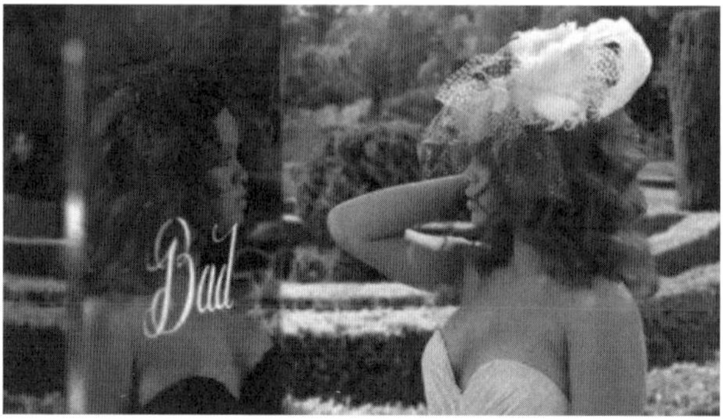

Abb. 283: Während sie durch das „Spiegelglas“ geht (Verweis auf den Film *Alice im Wunderland*), sehen wir geschrieben „Schlechte Gefühle so gut“

Bei der Gedankenkontrolle werden Sklaven ermutigt, ihre schlechte Seite (ihre andere Person) anzunehmen, da dies der einzige Weg ist, um von ihrem Trauma und ihrer Folter befreit zu werden. Ja, es fühlt sich schlecht an, gut zu sein.

Rihanna geht durch den Spiegel und kommt in ein Labyrinth, das von zerbrochenen Spiegeln umgeben ist.

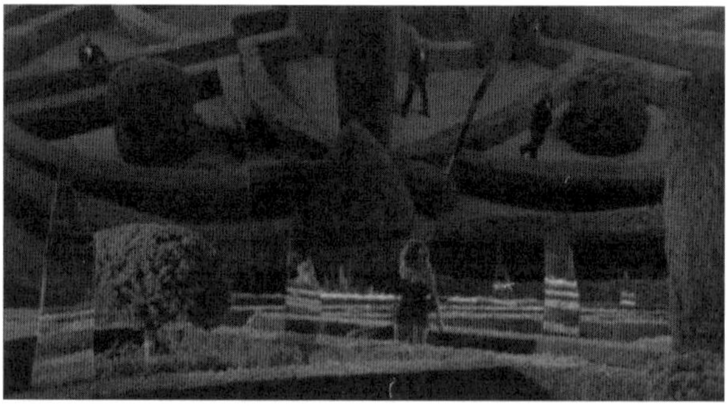

Abb. 284: Labyrinthe und zerbrochene Spiegel sind Auslöser der Gedankenkontrolle, die die innere Welt der Opfer der Gedankenkontrolle darstellen: falsche Realität, Illusion und Verwirrung. Nur der Programmierer dargestellt durch die Männer in Schwarz, hält den Schlüssel zu ihrer Psyche

Rihannas Handler sind buchstäblich in ihrem Kopf und beobachten sie durch das Labyrinth. Dann ergreifen sie sie.

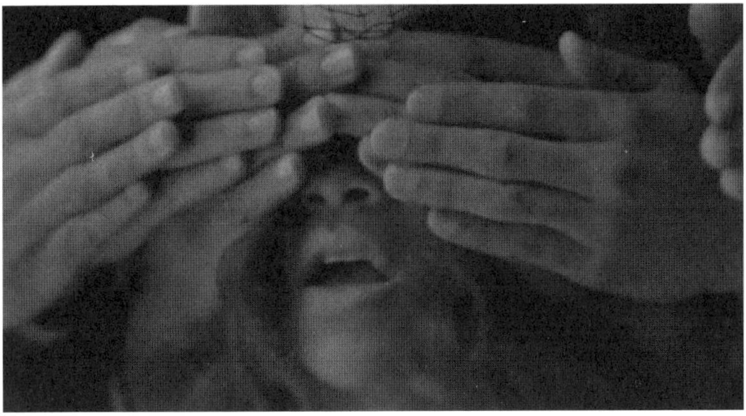

Abb. 285: Rihanna wird von ihren drei Handlern geblendet

Die Szene wird seltsam sexuell, als Rihanna die phallisch geformte Parfümflasche hält, während sie von ihren Handlern geblendet wird. Dies bezieht sich auf die sexuell missbräuchliche Beziehung zwischen Sklaven der Gedankenkontrolle und ihren Handlern.

Die gesamte Anzeige wird dann in umgekehrter Reihenfolge abgespielt, eine weitere Anspielung auf die Umkehrung von Gut und Böse. Als sie wieder durch den Spiegel geht, sehen wir „Good Feels So Bad" („Gut fühlt sich so schlecht an"). Beeindruckend.[(130)]

Rihannas „Better Have My Money" promotet die Obsession der Elite für Folter

Rihannas „Better Have My Money" (2015) überschreitet absichtlich Grenzen und verschiebt sie absichtlich in eine bestimmte Richtung. Das Video ist eine Fortsetzung der Agenda der Massenmedien, Tod, Folter und Entmenschlichung zu verherrlichen. Wir werden uns die verdrehten Botschaften hinter „Better Have My Money" ansehen.

Mehr als sieben Jahre nach „Umbrella" wird Rihanna immer noch verwendet, um die Agenda der okkulten Elite voranzutreiben… denn genau das tun Marionetten der Industrie. Mit Better Have My Money" bestätigt Rihanna wirklich, dass sich die Populärkultur in ein verdorbenes, giftiges Ödland verwandelt hat, das junge Menschen absichtlich Tod, Mord und Folter aussetzt. Aber es geht nicht nur darum, die Jugend diesen Texten und Videos auszusetzen, sondern sie zu verherrlichen, sie cool, modisch, begehrenswert und trendy zu machen.

Angesichts der Tatsache, dass sich die okkulte Elite nicht schämt, Menschen für alle möglichen Zwecke zu foltern (siehe die schrecklichen Enthüllungen des CIA-Folterberichtsund des gesamten MKULTRA-Systems), ist es nicht verwunderlich, dass sie versuchen, ihre Liebe zum menschlichen Elend an die Jugend zu verkaufen. Man könnte sagen „Das hat nichts mit Rihanna zu tun, es ist nur ein lustiges Video". Aber eigentlich doch. In „Better Have My Money" spielt Rihanna die tatsächlichen Foltertechniken nach, die von psychopathischen Wesen angewendet werden und lässt sie cool erscheinen. Ich meine, wenn man Leute auf einer Yacht foltert, während im Hintergrund Partymusik zu hören ist, ist das cool, oder? Richtig? Folter ist cool? Oh, und auch sexy.

Wenn Sie „Better Have My Money" hören, ohne dem Video ausgesetzt zu sein, ist es leicht anzunehmen, dass es sich bei dem Song um jemanden handelt, der Rihanna Geld schuldet, das sie zurück haben möchte. Wenn Ihnen jemals jemand Geld geschuldet hat und versucht hat, sich aus der Rückzahlung herauszuwieseln, beziehen Sie sich wahrscheinlich auf den eingängigen Refrain des Songs:

„Schlampe hab besser mein Geld."	*(„Bitch better have my money.")*

Die Bilder des Videos bringen die Dinge jedoch auf eine verstörende, psychopathische, sadistische, neue Ebene. Jetzt geht es nicht nur darum, dass Rihanna versucht, an ihr Geld zu kommen, sondern dass Rihanna es genießt, Menschen zu foltern und zu töten. Aber weil es Rihanna ist, die es tut, werden wir die Schrecken auf dem Bildschirm rationalisieren und sagen, dass es nur sie ist, eine „starke, ermächtigte, unabhängige Frau" zu sein, oder? Irrtum. Selbst wenn eine Frau es tut, ist es immer noch falsch, Menschen zu töten und zu foltern.

Gibt Ihnen das Ansehen des Videos ein unangenehmes Gefühl in Ihrem Bauch? Das ist ihr Instinkt, der Ihnen auf subtile Weise sagt, dass das, was Sie da beobachten, nicht richtig ist. Es passt nicht zu dem Zustand des natürlichen Gleichgewichts und der Harmonie, in dem Ihr Geist zu verharren versucht. Schmerz, Leiden, Entmenschlichung und Tod zu beobachten ist keine „Kunst", sondern tötet einfach die Seele.

Wie so oft bei Massenmedien synchronisiert sich Rihannas Video mit einem kürzlich veröffentlichten Video eines anderen Popstars, der ebenfalls eine blutige, rachsüchtige und gewalttätige Rolle übernahm: Taylor Swift.

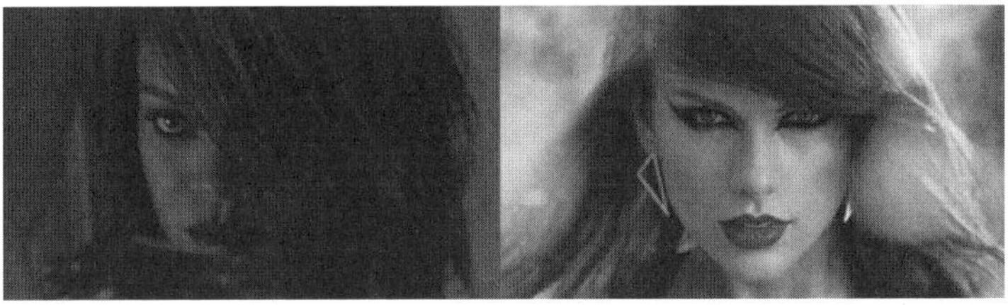

Abb. 286: „Bad Blood" von Taylor Swift und „Better Have My Money" erscheinen im Abstand von einigen Wochen und zeigen Popstars, die Tod und Gewalt feiern, während sie rote Haare tragen - die Farbe von Blut und Opfer

Das Video „Better Have My Money" beginnt mit einer stereotypen Hollywood-Frau, die sich mit Rihanna und ihrem mysteriösen Koffer kreuzt.

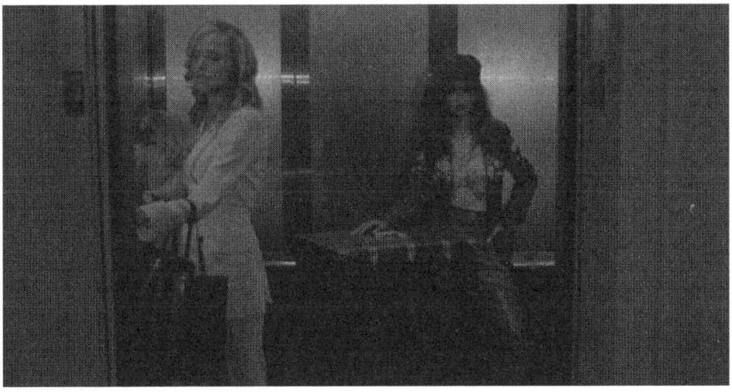

Abb. 287: Rihanna ist im Begriff, sich in einen psychopathischen Folterer zu verwandeln. Aber ich liebe ihren Bohemian-Chic-Stil, also ist es in Ordnung

Rihanna verlässt den Aufzug mit der Frau im Reisekoffer und die Tortur beginnt. Rihanna und ihre Freunde entführen die Frau nicht einfach, um ihr Geld zurückzubekommen - sie haben Freude daran, sie auf verschiedene Weise zu foltern. Kurz gesagt, sie nehmen an den schuldigen Freuden der okkulten Elite teil: Menschen zu entmenschlichen, zu foltern, zu traumatisieren und letztendlich zu ermorden. Ja, das macht die okkulte Elite. Im echten Leben. Lesen Sie die Nachrichten!

Erstens ziehen sie ihr Opfer nackt aus - eine klassische Methode, um dem Opfer die Würde und das Sicherheitsgefühl zu nehmen und in den Bereich des sexuellen Missbrauchs einzutreten.

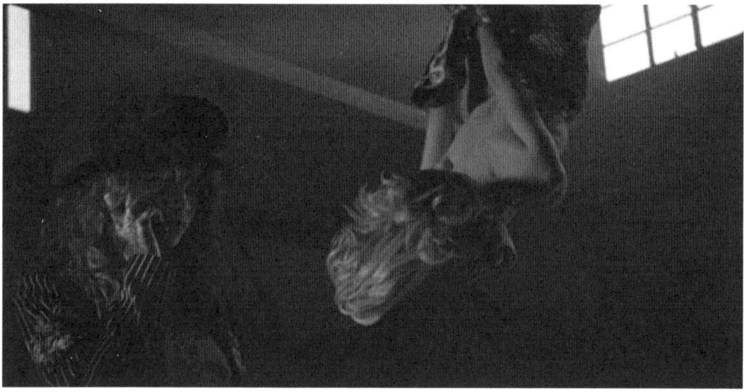

Abb. 288: Sie hängen sie kopfüber auf, während Rihanna wirklich cool aussieht. Ich liebe diesen Hut übrigens. Aufhängen ist cool

Fritz Springmeier schreibt in „How The Illuminati Create An Undetectable Total Mind Controlled Slave“:

„Wenn man eine Person einfach ein oder zwei Stunden lang kopfüber aufhängt, spielt man dem Kopf einen Streich. Der Geist beginnt sich zu trennen und beginnt, die ursprünglichen Gehirnfunktionen umzukehren, wie Schmerz Vergnügen ist. Der Geist der Person ordnet sich neu. Dies geschieht häufig mit Beta-Änderungen oder Beta-Modellen, um sie dazu zu bringen, zu glauben, dass der Schmerz sadistischer Vergewaltigung ein Vergnügen ist. Nach der Umkehrung des Gedankens in, „SCHMERZ IST LIEBE“, werden die S&M-Kätzchen ihren Handler bitten, sie zu schlagen, zu fesseln, zu verletzen usw.

Sie werden ihren Handler ärgern und ihm sagen, dass er kein richtiger Mann ist, wenn er Gnade zeigt, bis der Schmerz verursacht wird. Feuer / brennende Folter wird in der Porzellan-Gesichtsprogrammierung verwendet."

Rihanna und ihre Freunde scheinen das CIA-Handbuch der Folter erhalten zu haben.

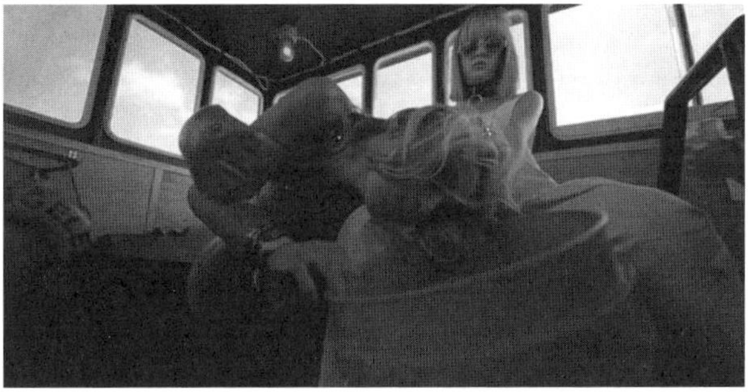

Abb. 289: Erbrechen durch Bewegung und/oder Medikamente auslösen

Rihanna scheint auch etwas über die kranken Gedankenspiele zu wissen, die auf Beta-Kätzchen-Sklaven aufgespielt werden, wie zum Beispiel „sie hübsch zu machen, um sie dann wie Dreck zu behandeln".

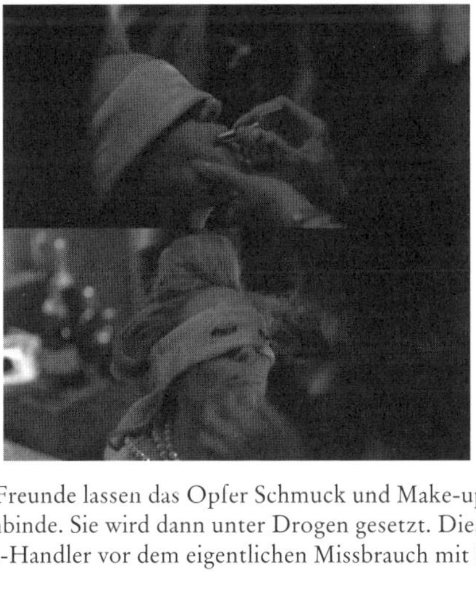

Abb. 290: Rihanna und Freunde lassen das Opfer Schmuck und Make-up tragen. Sie fügen sogar Wimpern auf ihre Augenbinde. Sie wird dann unter Drogen gesetzt. Dies ist die Art von Dingen, die MKULTRA-Handler vor dem eigentlichen Missbrauch mit Sklaven machen

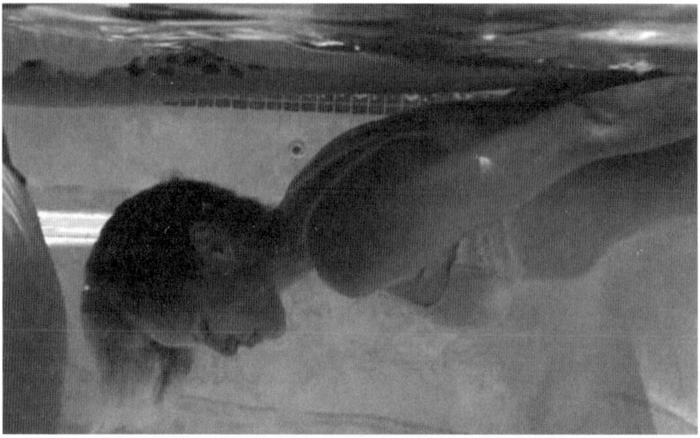

Abb. 291: Ein Opfer unter Wasser zu halten und den Tod durch Ertrinken zu simulieren, ist eine traumatische Foltertechnik (siehe Guantanamo Bay / Waterboarding), die häufig zur Dissoziation führt

In der obigen Szene wird das Opfer unter Wasser gehalten, um es vor dem idiotischen Polizisten zu verstecken, der von den hübschen Frauen zu abgelenkt ist, um etwas anderes zu bemerken. Wenn Popstars wie Rihanna und Taylor Sex und Gewalt anwenden, um das zu bekommen, was sie wollen, wird dies oft als feministische Aussage dargestellt. In den Massenmedien geht es beim Feminismus jedoch nicht um Gleichheit, sondern darum, Erniedrigung und Gewalt zu normalisieren und Ermächtigung zu nennen.

Nach ein paar Aufnahmen von Rihanna, die wütend und cool aussieht, erfahren wir endlich, warum diese arme Frau leidet. Weil ihr Mann Rihanna Geld schuldet. Die Frau ist daher vermutlich völlig unschuldig, wird aber immer noch der schlimmsten Art von Missbrauch ausgesetzt. (Von anderen Frauen. Soviel zum Feminismus!)

Trotz der Folter seiner Frau schickt der Ehemann Rihanna nicht ihr Geld, deshalb beschließt sie, ihn wie ein Nutztier zu schlachten. Das ist rational.

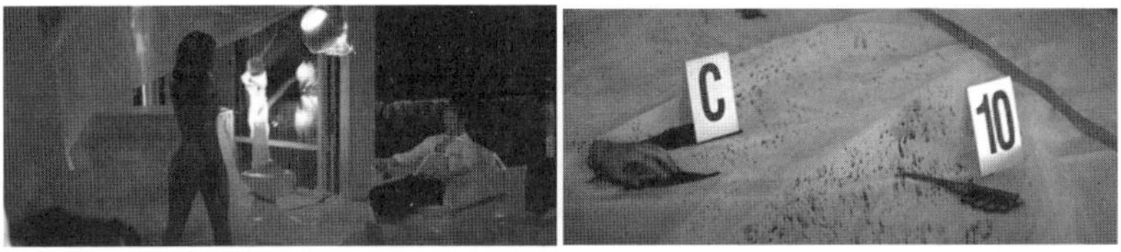

Abb. 292 links: Das Wohnzimmer des Mannes ist mit Plastikfolien bedeckt, weil Rihanna ihn in einer Orgie unnötiger Gewalt zerhacken und aufschlitzen will. Ich bin sicher, dass Rihannas 12-jährige Fans das genießen werden. Rechts: In einer kurzen Einstellung sehen wir, wie seine Hand abgeschnitten auf dem Boden liegt

All diese schrecklichen Dinge zu tun hat sich anscheinend gelohnt, weil Rihanna ihr Geld bekommen hat. Gut. Wir waren alle sehr besorgt um Rihannas Geld. Während junge Zuschauer zu dem Schluss kommen, dass „Rihanna so schlecht ist", enthüllt die letzte Szene des Videos ihren wahren Zustand.

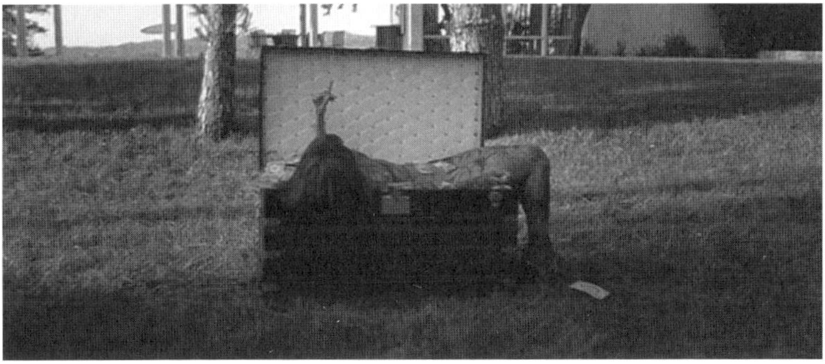

Abb. 293: Rihanna liegt im Überseekoffer, in dem das Folteropfer zuvor untergebracht war

Ähnlich wie das Folteropfer ist Rihanna nackt und unter Drogen in der Truhe. Es ist eine symbolische Art zu behaupten, dass Rihanna eigentlich keine coole, abtrünnige Bösewichtin ist, sondern selbst ein Opfer. Sie ist ein Produkt der Beta-Kätzchen-Industrie, sie hat buchstäblich Blut an den Händen, aber es wird etwas Geld auf sie geworfen, um sie auf dem Laufenden zu halten. Mit anderen Worten, sie ist nicht anders als die Frau, die entführt, gefoltert und ausgebeutet wurde, um Geld zu bekommen. Indem sie einen sadistischen Killer über Clubmusik porträtiert, wird sie von der Industrie benutzt und manipuliert, um ihre Agenda voranzutreiben. Sie ist weder „ermächtigt“ noch hat sie die Kontrolle über irgendetwas. Sie war es nie.

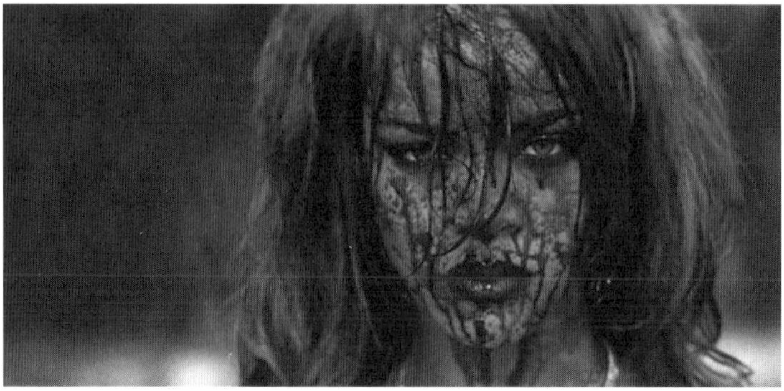

Abb. 294: Das letzte Bild des Videos, nachdem der Song vorbei ist, zeigt Rihannas überströmtes Gesicht, über das weiter Blut tropft, mit beunruhigenden Geräuschen untermalt

Das Blut auf Rihannas Gesicht erinnert an die extreme Gewalt des Mordes, den sie begangen hat, und erinnert uns an den wahren Sinn des Videos. Es ging nie darum, bezahlt zu werden. Hier geht es darum, Rihanna zu nutzen, um die eltitäre Kultur des Todes und der Entmenschlichung zu verkaufen und gleichzeitig die Menschenwürde, die Selbstachtung und alles, was für die Menschheit positiv ist, zu negieren.

Es gibt keine versteckte Nachricht in „Better Have My Money“. Alles ist für die Zuseher offensichtlich konzipiert, wie das Blut, das Rihanna ins Gesicht tropft. Das Video schafft es immer noch, die Zuschauer zu täuschen, indem es den Horror rationalisiert, weil „der Typ ein Idiot war und er es verdient hat“. Nein, hat er nicht.

Die Widerwärtigkeit geht jedoch tiefer. Dieses Video handelt von der Besessenheit der Elite in Bezug auf Schmerz und Folter. Egal, ob sie sich mit der Behandlung von Kriegsgefangenen und MKULTRA-Sklaven befassen oder mit den verborgenen Pädophilen-Netzwerken, in denen Snuff-Film-Folter verkauft wird; diejenigen, die über dem Gesetz stehen, haben die Folter derer legitimiert, die sich unter ihnen befinden. Sie wird nicht nur als Werkzeug verwendet, um das zu erhalten, was sie wollen. Ihr umgekehrter Geisteszustand kommt damit auch ohne Gründe klar. „Better Have My Money“ feiert diesen Geisteszustand unter dem Deckmantel, „avantgardistisch“

zu sein.

Was sagt das über uns und unsere Kultur aus? Warum geht das „Überschreiten der Grenzen“ in der Populärkultur immer in eine erniedrigende und entmenschlichende Richtung, aber selten in die entgegengesetzte Richtung, in Richtung Schönheit, Kreativität und Innovation? Weil diejenigen, die die Weltwirtschaft und die Massenmedien kontrollieren, nicht wollen, dass sich der menschliche Geist ausdehnt und inspiriert. Sie wollen das Gegenteil. Sie wollen geschlossene, trübe Köpfe, die von ungesunden und zerstörerischen Ideen und Bildern besessen sind. Gedanken, die sie kontrollieren können.

Rihanna ist ein Werkzeug, um dies zu erreichen. Sie hat nicht wirklich ein Mitspracherecht. Sie hat nicht einmal das Lied geschrieben. Sie tut einfach das, was ihre Chefs ihr sagen. Und wenn alles gesagt und getan ist, werden sie ihr sagen: „Schlampe hab besser mein Geld“.(131)

2.8 Taylor Swift

„Ich spiele sie wie eine Geige.“
(Taylor Swift, Lied: „I Did Something Bad“)

Taylor Alison Swift (13. Dezember 1989 in London) ist eine US-amerikanische Singer-Songwriterin. Ihr narratives Songwriting, das sich oft um ihr persönliches Leben dreht, hat in den Medien breite Beachtung gefunden. Swift wurde in West Reading, Pennsylvania, geboren und zog 2004 nach Nashville, Tennessee, um eine Karriere in der Country-Musik zu verfolgen. Mit 14 Jahren wurde sie die jüngste Künstlerin, die vom „Sony / ATV Music“-Verlag unter Vertrag genommen wurde, und mit 15 Jahren unterzeichnete sie ihren ersten Plattenvertrag. Ihr mit ihrem Nanen betiteltes Debüt-Studioalbum von 2006 war das am längsten gecharterte Album der 2000er Jahre auf dem Billboard 200. Seine dritte Single „Our Song“, machte sie zur jüngsten Person, die im Alleingang einen Nummer-1-Song in der „Billboard Country Airplay“-Tabelle schrieb und aufführte. Swifts bahnbrechendes zweites Studioalbum, „Fearless“ (2008), gewann vier „Grammy Awards“, darunter das Album des Jahres, und wurde von der „Recording Industry

Association of America“ als Diamond zertifiziert. Zudem wurden die Billboard Hot 100 Top-5-Singles „Love Story“ und „You Belong with Me“ ausgezeichnet.

Swifts drittes Studioalbum, „Speak Now“ (2010), brachte die zweifache Grammy-preisgekrönte Single „Mean“ hervor. Ihr genreübergreifendes viertes Studioalbum, „Red“ (2012), brachte Swift ihre erste „Billboard Hot 100“ Nummer-1-Single „We Are Never Get Ever Together“ ein. Swift wechselte bei ihrem nächsten Studioalbum „1989“ (2014) vollständig zur Popmusik. Damit war sie die erste weibliche Solokünstlerin, die zweimal den „Grammy Award“ für das Album des Jahres gewann. Das Album enthielt drei „Billboard Hot 100“ Nummer-1-Singles, „Shake It Off“, „Blank Space“ und „Bad Blood“. Swifts sechstes Studioalbum „Reputation“ (2017), das der US-Single „Look What You Made Me Do“ vorausging, machte sie zur ersten Künstlerin in der Geschichte, die in ihrer Eröffnungswoche in der USA vier Alben mit jeweils über einer Million verkauften Exemplaren in den USA verkauften. Sein Nachfolger, „Lover“ (2019), war das weltweit meistverkaufte Studioalbum von 2019. Swift verzichtete auf Pop für Indie-Folk und Alternative Rock auf ihrem achten Studioalbum „Folklore“ (2020). Das Album und seine Lead-Single „Cardigan“ machte Swift zum ersten Künstler, der gleichzeitig ein Album und ein Single-Debüt auf Platz eins der „Billboard 200“ und „Hot 100“ hatte.

Mit über 50 Millionen verkauften Alben und 150 Millionen Singles weltweit ist Swift einer der meistverkauften Musikkünstler aller Zeiten . Zu ihren Auszeichnungen gehören zehn „Grammy Awards“, ein „Emmy Award“ und sieben Guinness-Weltrekorde. Sie ist die am meisten ausgezeichnete Schauspielerin und Frau bei den „American Music Awards“ (29 Siege) und den „Billboard Music Awards“ (23 Siege). Sie kommt in mehreren Leistungs-Rankings, wie „Times“' Jahresliste der 100 einflussreichsten Menschen der Welt (2010, 2015 und 2019), „Rolling Stone 's 100 Greatest Songwriters von All Time“ (2015), der „Forbes Star 100“ (erste Platzierung im Jahr 2016 und 2019) und „Billboard's Greatest of All Time Artists - Diagramm“ vor und wurde von „Billboard“ zur Frau des Jahrzehnts (2010) und von den „American Music Awards“ zur Künstlerin des Jahrzehnts (2010) gekürt.[132]

Sängerin Taylor Swift (30) hat 2020 den Rekord für die meisten „Billboard Hot 100“-Einträge von Frauen in der Geschichte der amerikanischen Charts gebrochen. Swift liegt mit 113 Liedern vor der Rapperin Nicki Minaj mit 110. Das berichtete das „Billboard“-Magazin, das die amerikanischen Charts veröffentlicht. Da alle 16 Songs von Swifts neuem Album „Folklore“ ihr Debüt in den Charts feierten, stieg die Gesamtzahl von 97 auf 113 Titel. Minaj (37) hatte die Bestmarke seit dem 1. April 2017 gehalten. Sie überholte damals die verstorbene Soul-Ikone Aretha Franklin, die mit 73 Liedern in den amerikanischen Charts fast 40 Jahre lang den Rekord gehalten hatte.[(133)]

Die „Video Music Awards“ 2009: Das okkulte Mega-Ritual mit Taylor Swift

Von unerwarteten Dramen bis hin zu schockierenden Auftritten gelang es den „Video Music Awards“ 2009 von MTV erneut, Aufmerksamkeit zu erheischen und die Leute zum Reden zu bringen. Was die meisten Menschen jedoch vermissten, waren die okkulten Bedeutungen, die in den „VMAs“ kodiert waren.

Das Fernsehereignis war in der Tat eine groß angelegte okkulte Zeremonie mit einer Initiation, einem Gebet und sogar eine Aufnahme in den Orden. Wir werden uns die Symbolik ansehen, die während der Show verwendet wurde.

Die „Video Music Awards“ von MTV beinhalten oft dunkle und seltsame Handlungen, die eine okkulte Symbolik nutzen. Die 2009er Version hat sich jedoch selbst übertroffen. Die meisten Leute fragten sich, was mit Kanye West los war oder versuchten, den Wahnsinn von Lady Gagas Auftritt zu erahnen. Die einzige Möglichkeit, die volle Bedeutung dieser Aufführungen zu verstehen, besteht darin, sich mit esoterischen Lehren zu befassen.

Tatsache ist, dass die gesamte Preisverleihung die gängigsten Rituale okkulter Orden übernahm und sie in einer Show nachstellte, die von der ganzen Welt miterlebt wurde.

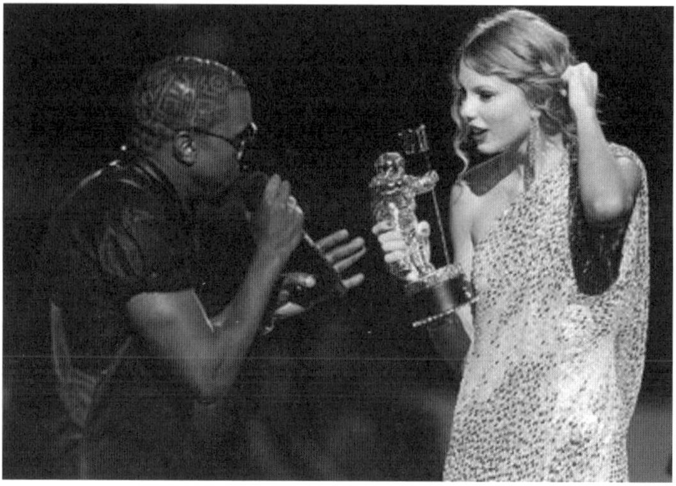

Abb. 295: Die „Dunkelheit“ in Form von Kanye gegen das „Licht“ Taylor

Initiation

Taylor Swift gewinnt die Auszeichnung „Best Female Video“ und geht auf die Bühne, um sich zu bedanken. Kanye West taucht aus dem Nichts auf, nimmt ihr das Mikrofon aus der Hand und informiert sie, dass Beyonce „eines der besten Videos aller Zeiten hat“. Diese Szene hat viele Kontroversen ausgelöst und Kanye den Titel „Schwachmat des Jahres" sowie die Ehre eingebracht, vom Präsidenten der Vereinigten Staaten (Barack Obama) als „Esel“ bezeichnet zu werden. Ich werde einige Leute schockieren, wenn ich sage ... dieses „unerwartete“ Ereignis war ... inszeniert! Haben Sie jemals eine oberflächliche Reality-Show gesehen und dabei das Gefühl gehabt, dass das Ganze nach einem Skript arrangiert wurde? Also mir geht es so, wenn ich diese Szene ansehe. Keiner der Beteiligten (nicht einmal Beyonce, die ihr Gesicht „Ich kann nicht glauben, dass das passiert“ macht) ist ein guter Schauspieler. Außerdem verfolge ich Kanyes Karriere seit seinen Anfängen und habe eine wichtige Tatsache über ihn behalten: Das einzige, was Kanye West interessiert, ist Kanye West. Wenn er also seinen auffälligen Auftritt zu einem Zweck nutzte, dann ging es nicht um Beyonce, sondern einzig und allein um ihn.

Diese Szene ist in der Tat Taylor Swifts Einweihung in das, was ich den

„Kreis der auserwählten Künstler“ nenne. Die Schülerin wird vor Gleichaltrigen gedemütigt und erklärt, dass sie es nicht wert sei, auf der gleichen Bühne wie Beyonce, der Königin der Zeremonie, zu stehen. Fast alle Gruppen, Bruderschaften und Banden führen einen Initiationsprozess durch, um den Charakter, die Stärke und den Wert des Rekruten zu testen. Swifts Tortur war es, Kanye ihre erste Auszeichnung überhaupt ruinieren zu lassen und zu erfahren, dass sie diese Anerkennung nicht verdient hatte. Der Rapper ist dafür bekannt, während der Preisverleihungen zu meckern, daher war er der perfekte Kandidat, um alles „unerwartet“ erscheinen zu lassen.

Das Gebet

Der Hollywood-Schauspieer Jack Black kommt als Heavy-Metal-Typ verkleidet heraus, um für ein Videospiel zu werben. Irgendwann bittet er das Publikum, ihre Teufelshörner in die Luft zu heben und um Erlösung beim „dunklen Lord Satan“ zu beten. Das Ganze ist unbeschwert und komisch, aber ich sehe keine andere Möglichkeit, ein Gebet an Satan in einer Primetime-Show unterzubringen, ohne eine Menge Beschwerden von „besorgten Eltern“ zu erhalten.

Die Szene beginnt halbwegs lustig, aber Jack Black beendet sie mit einer ernsteren Bemerkung: „Ich bitte Sie, den Nominierten des heutigen Abends weiterhin viel Erfolg in der Musikindustrie zu wünschen“. Dieser letzte Satz enthüllt tatsächlich eine dunkle Wahrheit über das Unterhaltungsgeschäft.

Das Endergebnis dieser Szene war also: Alle warfen ihr Handzeichen „Teufelshörner“ hoch, nahmen sich gegenseitig bei den Händen und beteten zu Satan. Dieses Stück vorgeprobter Komödie könnte in einer anderen Show ein unbedeutender Sketch gewesen sein.

Aber im Kontext dieses einen mit seinen vielen Nachbildungen okkulter Rituale, erhält der Sketch eine ganz andere, unheimliche Bedeutung.

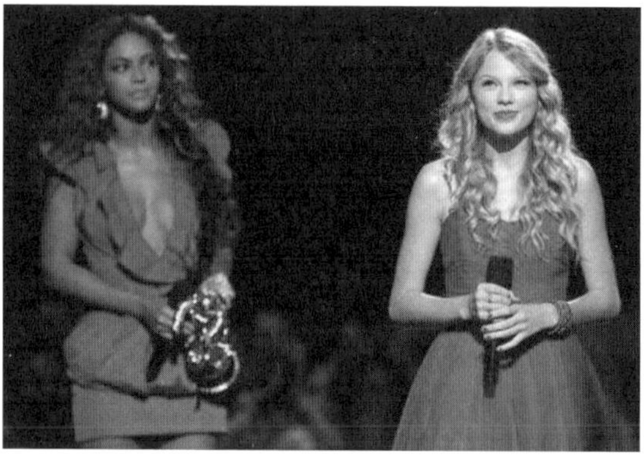

Abb. 296: Beide Illuminaten-Puppen sind „zufällig“ in rot gekleidet, die eine schaut prüfend, die andere wie ein Novize die in einen erlesenen Kreis aufgenommen werden soll

Taylor Swifts Aufnahme in den Orden

Nach Swifts öffentlicher Demütigung ruft Beyonce, die Königin der Zeremonie, sie auf die Bühne, damit sie „ihren Moment hat“. Sie erscheint hinter der Bühne (als würde sie auf ihr Stichwort warten) in einem roten Kleid, das Beyonces auffallend ähnlich ist. Wenn Sie genau hinschauen, wird in dem Moment, in dem sich die beiden Sängerinnen umarmen, auf dem Bildschirm hinter ihnen der seltsame Schriftsatz „RDFO IL 40 PRO DEL ATO“ eingeblendet.

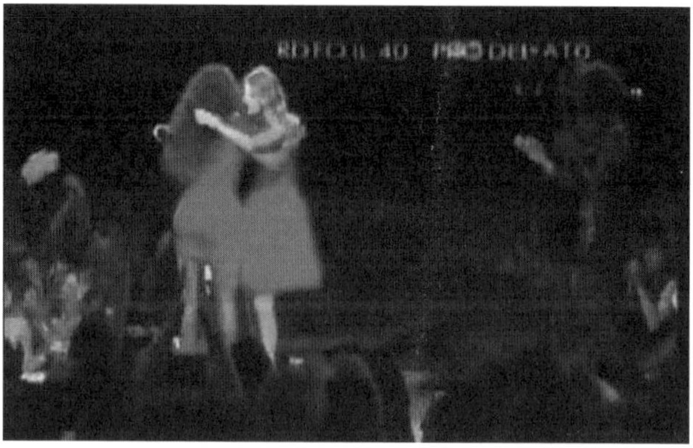

Abb. 297: Ist das ein Computerfehler oder eine verschlüsselte Nachricht?

„Taylor Swift wurde als eine der Auserwählten in der Musikindustrie initiiert und gehört nun zu einer exklusiven Insider-Gruppe. Die Tortur, die sie durchmachen musste, war der Ritus des Übergangs zur Zugehörigkeit und Akzeptanz im okkulten System der Musikindustrie.

40 ist die Anzahl der Prüfungen und Entbehrungen in der Bibel. Es gab vierzig Tage der großen Sintflut, und vierzig Jahre wanderte Moses in der Wüste. Jesus wurde vom Teufel versucht, als er vierzig Tage in der Wüste verbrachte. Im Wesentlichen ist vierzig ein Symbol für die Wahl zwischen Leben und Tod.

Alle acht Jahre bildet der Planet Venus ein Pentagramm und kehrt alle vierzig Jahre mit einer vierzig-tägigen Regression zu seinem ursprünglichen Punkt zurück. Die Zahl vierzig hat Bedeutung in der religiösen und okkulten Symbolik. ‚RDFO IL 40 PRO DEL ATO'. Hat dieser Text eine unterschwellige oder versteckte Botschaft? Kann es in der folgenden Nachricht entschlüsselt werden?

‚Bereit für 40 Tage vor dem Apollyon Tempel Befehl'.

('Ready for the 40 days of the Apollyon temple order'.)

„Und hatten über sich einen König, einen Engel aus dem Abgrund; des Name heißt auf hebräisch Abaddon, und auf griechisch hat er den Namen Apollyon." Offenbarung 9:11

Im Okkultismus wurden Primzahlen verwendet, die keine anderen Teiler als sich selbst haben. Die Maurer und die Illuminaten glauben, dass sie besondere Kräfte haben. Die „Video Music Awards" wurden am 13. September 2009 abgehalten.

Die symbolische Umarmung von Taylor und Beyonce mit einem kurzen Textblitz auf dem Bildschirm hinter bzw. über ihnen könnte eine Nachricht an die indoktrinierten Anhänger über ein zukünftiges Ereignis sein. Diese Anhänger sind diejenigen, die Loyalität und Treue im Austausch für Ruhm und Reichtum zugesagt haben. Sie würden möglicherweise die mysteriöse und mystische verborgene Botschaft hinter dem Code kennen."[134]

Taylor Swift, die auf die Bühne gerufen wird, repräsentiert die Tatsache, dass sie nun Beyonce gleichgestellt wurde und zu einer der „Auserwählten" geworden ist. Die passenden Kleider vermitteln auch das Gefühl, zu einer neuen Gruppe zu gehören. Sie hat „die Prüfung bestanden" - die Tortur, gedemütigt zu werden - und kann nun die Belohnung erhalten, ein Insider zu sein.

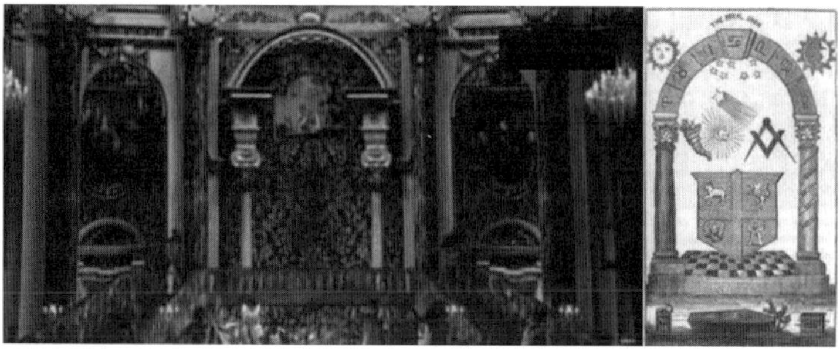

Abb. 298: Das Dekor von Gagas Performance. Beachten Sie die beiden Säulen und den Bogen. Sie sind unverkennbare freimaurerische Symbole, wie auf der rechten Lithographie: Dieser offensichtliche Hinweis auf die Freimaurerei weist auf den okkulten und rituellen Aspekt von Gagas Aufführung hin. Es ist bekannt, dass Maurer in ihren Logen rituelle Dramen spielen. Live-Nachstellungen allegorischer Geschichten. Gagas Auftritt symbolisiert ihren Aufstieg zum Ruhm und das Opfer, das sie bringen musste, um erfolgreich zu sein

Preisverleihungen wie die „VMAs" definieren und kristallisieren die Popkultur einer Ära. Sie weihen die ausgewählten Künstler, während die anderen im Schatten der Anonymität verbleiben. Wie oben gezeigt, war die gesamte Show stark von okkulten Symbolen durchdrungen, wobei der Schwerpunkt auf dem Aspekt der „Initiation" lag. Warum setzt MTV junge Menschen (die nichts über Okkultismus wissen) solchen Ritualen aus? Gibt es eine unterschwellige Wirkung auf die Zuschauer? Bilden wir die neue Generation aus, diese Symbole als Teil der Populärkultur zu akzeptieren? In vielen Produkten von MTV gibt es definitiv eine zweite Interpretationsebene. Die Symbole zu dekodieren bedeutet, das Innenleben der Unterhaltungsindustrie zu verstehen.[135]

Taylor Swift bei den „Brit Awards" 2013: Ein weiteres Illuminaten-Ritual für die Massen

Während der „Brit Awards" 2013 brachte Swift dieselbe Symbolik an, wie schon bei den „American Music Awards" 2012, als sie erneut ihre Single „I Knew You Were Trouble" aufführte. Obwohl die Kulisse des Auftritts anders war als die der „AMAs“, waren ihre symbolische Bedeutung und der verwendete Farbcode identisch. Allerdings war die rituelle Symbolik des Ganzen noch offensichtlicher. Wie bei ihrer „AMA“-Aufführung beginnt Swift ihr Lied in einem jungfräulichen weißen Kleid, das Reinheit und Unschuld symbolisiert. Sie steht an der Tür eines Tempels.

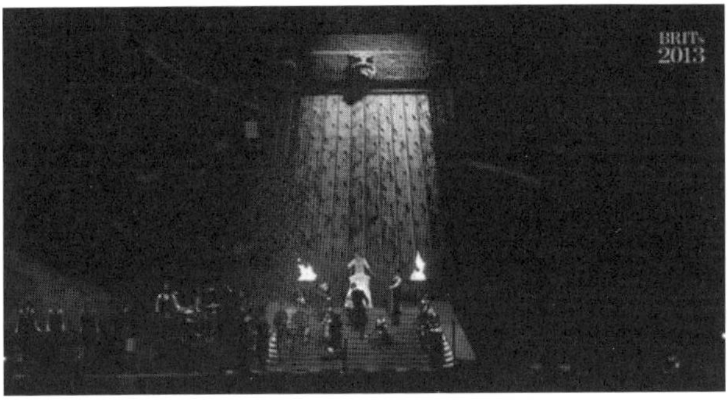

Abb. 299: Swift steht vor der Tür des Tempels, was bedeutet, dass sie noch nicht initiiert ist. Die brennenden Feuer betonen den rituellen Aspekt des Sets, während der gehörnte Kopf über der Tür ein Hinweis darauf ist, dass dieser Tempel alles andere als heilig ist

Nachdem sie eine Weile vor dem Tempel getanzt haben, öffnen sich die Türen. Das Set wird dann sehr feurig und das Ritual beginnt.

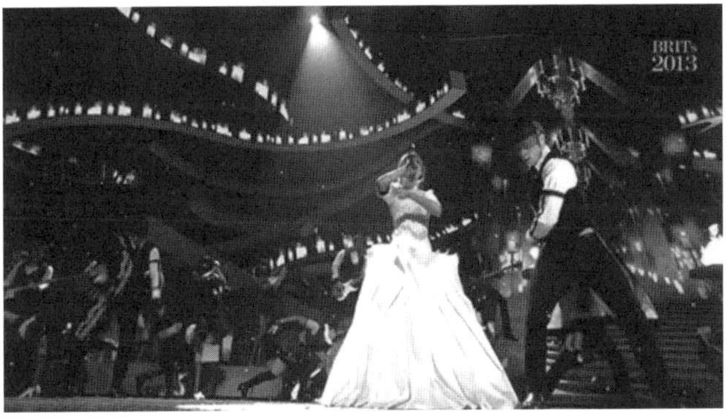

Abb. 300: Der Bildschirm hinter Swift zeigt jetzt das „Innere“ des Tempels Wo sich früher der gehörnte Kopf befand,scheint es jetzt einen anderen gehörnten Kopf zu geben

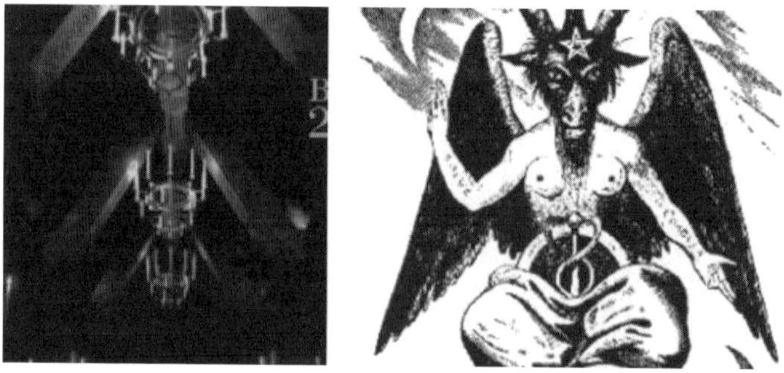

Abb. 301: Ist es zu erkennen? ... oder sehe nur ich die Dinge?

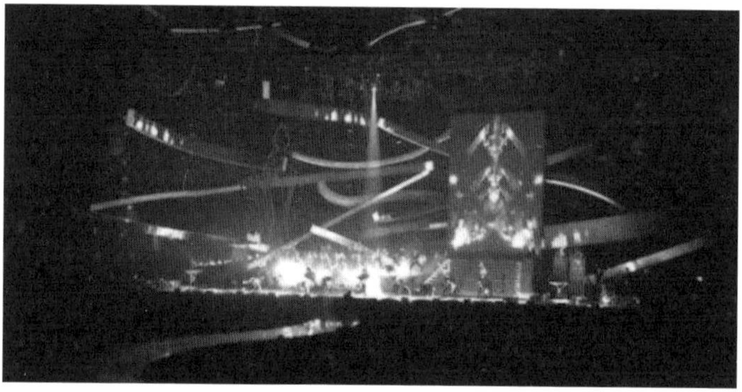

Abb. 302: Wenn man aus der Ferne auf den Bildschirm schaut (als wäre man einer der Zuschauer), sieht es fast so aus, als würde Baphomet die ganze Sache leiten. Oder es könnte eine Illusion sein ... eine kalkulierte Illusion

Irgendwann ist Taylor von vielen Leuten umgeben und taucht mit einem brandneuen Outfit auf.

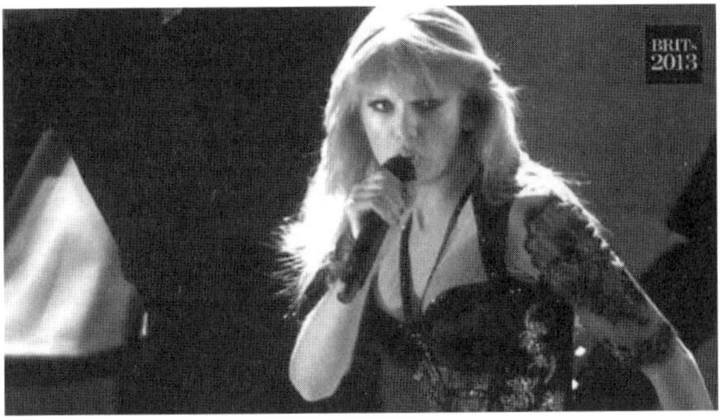

Abb. 303: Taylor ist jetzt schwarz gekleidet und das symbolisiert den Abschluss ihrer Initiation. Die Erzählung „Gutes Mädchen ist schlecht geworden" ist wieder vollständig. Sie lässt ihre Augen sprechen und hat eine böse erscheinende Körperhaltung

Während ihres Auftritts bei den „AMAs" begann Swift auch mit einem weißen Kleid zu singen, um in einem sexy schwarzen Outfit zu enden. Die Tatsache, dass diese exakte Änderung der Kostümfarbe erneut auftrat, ist ein Beweis dafür, dass nichts davon zufällig ist. Tatsächlich symbolisiert es einen sehr tiefgreifenden Prozess und dieser rituelle Farbcode wird in der gesamten Unterhaltungsindustrie verwendet, um okkulte Bedeutungen in Performances zu unterstreichen.

Im Rückblick auf den Beginn ihrer Karriere war Swift dafür bekannt, sehr schüchtern und bodenständig zu sein. Mit der Veröffentlichung ihres Albums „Red" („Rot") verkörperte Swift eine neue, lebhaftere, böse Person. Diese Aufführung stellt symbolisch den gleichen Prozess dar, der anscheinend erforderlich ist, um in den guten Händen der Musikindustrie zu sein. Wie viele junge Popstarsinnen wurden aus guten zu schlechten Mädchen?

Man könnte auf die Idee kommen zu fragen: „Wurde Taylor Swift während der VMAs 2009 nicht bereits initiiert?". Denken Sie daran, dass diese Aufführungen keine tatsächlichen Initiationsrituale sind. Die finden hinter verschlossenen Türen statt. Fernsehaufführungen sollen die Öffentlichkeit den Ritualen und Symbolen der Illuminaten aussetzen, um sie trendy und zum Teil der Populärkultur zu machen. Wie die okkulte Elite nur zu gut weiß: Der beste Ort, um etwas zu verstecken, ist in Sichtweite.[136]

Die verborgene Bedeutung von Taylor Swifts Video „Style“

Taylor Swifts „Style“ (2014) soll von ihrem Ex-Liebhaber Harry Styles von der Boygroup „One Direction“ handeln und konzentriert sich ausschließlich auf zwei Personen: Swift und einen Mann, der sich darauf spezialisiert hat, in einer Vielzahl von Umgebungen traurig auszusehen. Inhaltlich soll es sich bei dem Song anscheinend um eine unmögliche Beziehung handeln, doch die Symbolik des Videos verleiht dem Song eine andere Bedeutung: Es geht darum, eine andere Person zu sein, das ultimative Ergebnis der Gedankenkontrolle der Monarchen.

„Style“ ist etwas düsterer und abstrakter als dic früheren Angebote von Taylor Swift. Die Bildsprache des Videos ist nicht rein ästhetisch, sie hat eine tiefgreifende, psychologische Bedeutung. Viele der im Video verwendeten Symbole sind in der dunklen Welt der Monarch-Gedankenkontrolle, die darauf basiert die Kernpersönlichkeit durch ein Trauma zu spalten, von großer Bedeutung. Einmal dekodiert, geht es weniger um eine Beziehung zu einer anderen Person, als vielmehr um die Beziehung zwischen der Kernperson (Taylor Swift) und ihrer Alter Persona (dem traurig aussehenden Mann). Es mag seltsam erscheinen, dass die Alter Persona männlich ist, aber veränderte Geschlechtsidentitäten sind bei MKULTRA-Sklaven, die an einer dissoziativen Identitätsstörung leiden, häufig. Schauen wir uns die Bilder des Videos an. Es ist subtil, aber sobald alle Facetten zusammengesetzt sind, weisen sie stark auf ein bestimmtes Konzept hin. Das Video zeigt von Anfang an, dass das, was Sie sehen werden, in Swifts Kopf geschieht.

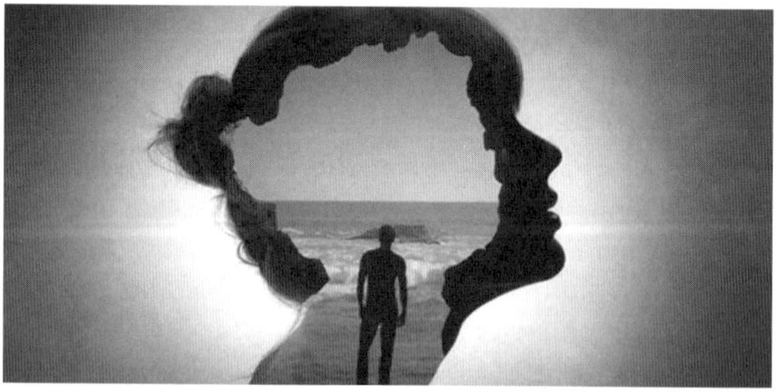

Abb. 304: Swifts Kopf ist symbolisch „ausgehöhlt“, was ihre Alter Persona darstellt

Das Video wechselt dann zwischen Aufnahmen von Swift, die draußen Sachen macht, und dem Kerl in einem dunklen Raum, der sehr traurig aussieht. Während des gesamten Videos werden Swift und der Typ niemals zusammen gesehen, weil sie nicht gleichzeitig existieren können. Es kann jeweils nur eine Änderung ausgelöst werden. Es gibt eine Szene, in der ihre Körper zusammen gezeigt werden, aber wir sehen ihre Gesichter nicht.

Während des Refrains dreht sich alles um das Zerbrechen der Kernpersönlichkeit und die Schaffung von Veränderungen:

„Und wenn wir zusammenbrechen, kommen wir jedes Mal zurück."	*(„And when we go crashing down, we come back every time.")*

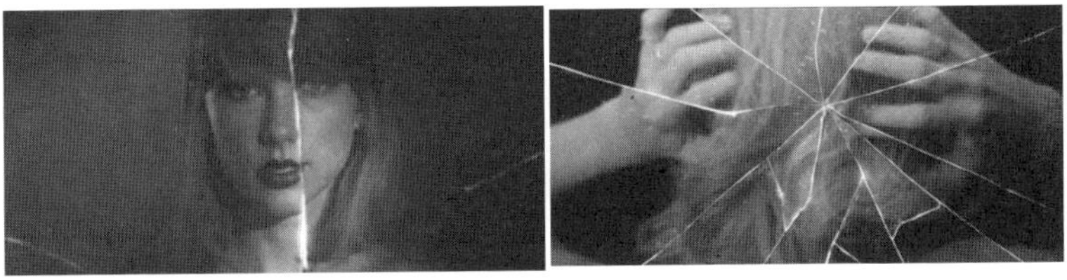

Abb. 305 links: Auf Swifts Gesicht erscheint ein Riss, der auf die Spaltung der Persönlichkeit hinweist. Rechts: Darauf folgt eine Nahaufnahme von Swifts Kopf neben einem zerbrochenen Spiegel, der den Bruch der Kernperson darstellt

Die symbolische Bedeutung von Spiegeln (insbesondere zerbrochenen Spiegeln) ist in der Welt der Gedankenkontrolle äußerst wichtig. „Style" nutzt das Symbol des zerbrochenen Spiegels und seine psychologische Bedeutung aus, insbesondere wenn man die Bedeutung in der MKULTRA-Symbolik betrachtet.

„Die Elemente, aus denen sich eine Person zusammensetzt, dass heißt Persönlichkeitselemente wie Erinnerungen, sind gebrochen. Diese Fragmente wurden wiederum oft zu ausgewachsenen Persönlichkeiten mit allen Elementen ausgewachsener Persönlichkeiten aufgebaut. Es gibt keine „echte" Person, so als würde man einen Spiegel in tausend Teile zerschlagen. Es gibt kein einzelnes Teil, das der „echte" Originalspiegel ist, sondern nur Fragmente, die wiederum als Spiegel fungieren können. Es gibt jedoch immer noch ein ursprüngliches Selbst", so Fritz Springmeier.[137]

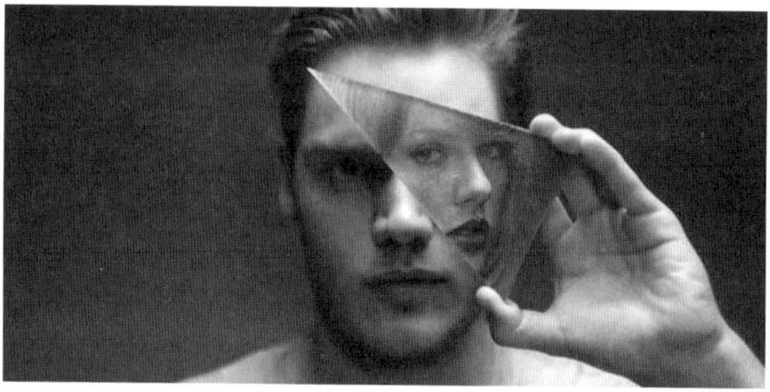

Abb. 306: Dieses Bild fasst das gesamte Video zusammen. Der Typ hält ein Spiegelfragment in der Hand und versteckt damit ein Auge, was zufällig das ultimative Zeichen für die MKULTRA-Industrie der okkulten Elite ist. Auf dem Fragment befindet sich das Spiegelbild von Taylor Swift, der Alter Persona

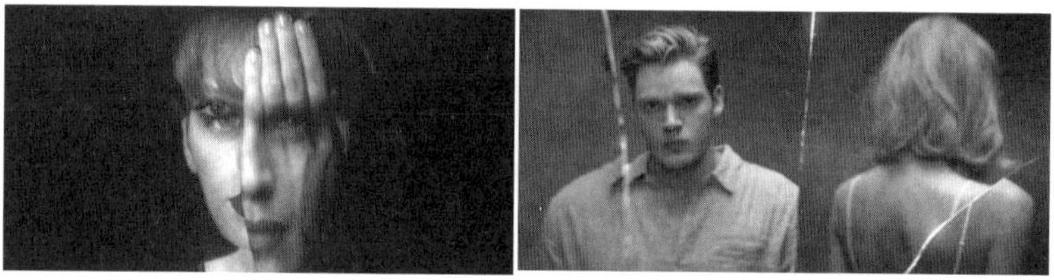

Abb. 307 links: Später versteckt Taylor ein Auge mit ihrer Hand, auf die das Gesicht des Mannes projiziert wird - ein Hinweis auf die gespaltene Persönlichkeit) (Abb. rechts: Eins kann nicht mit dem anderen existieren. Als sich der Typ sich nähert, dreht sich Swift um und geht

Während des Videos sehen wir auch subtile Hinweise darauf, was mit MKULTRA-Sklaven während der Programmierung passiert.

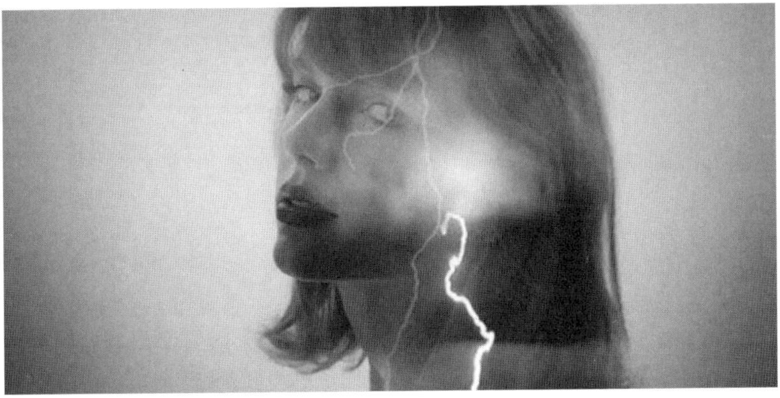

Abb. 308: Ein Blitz geht durch Taylors Kopf. Dies kann ein Hinweis auf Elektroschock-Folter sein, die häufig bei der Gedankenkontrolle eingesetzt wird, um eine Dissoziation zu verursachen

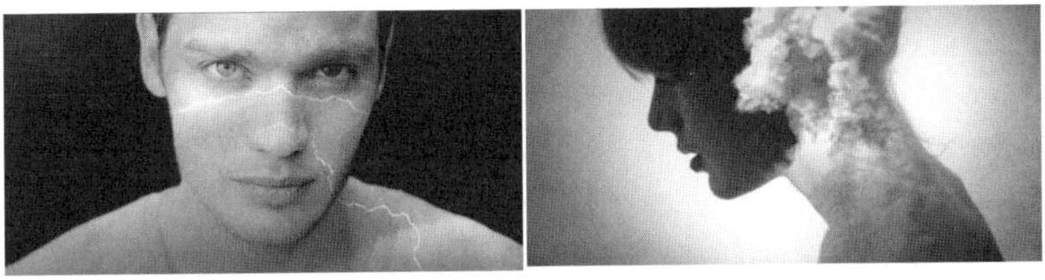

Abb. 309 links: Die Alter Persona hat auch einen Blitz im Gesicht. Rechts: Rauch, der Taylors Kopf allmählich füllt, repräsentiert den verschwommenen, verwirrten und berauschten Zustand von MKULTRA-Sklaven

Zu Beginn des zweiten Verses sehen wir Straßenlinien, die durch den Kopf des Mannes verlaufen und erneut darauf hinweisen, dass dies alles in seinem Kopf geschieht.

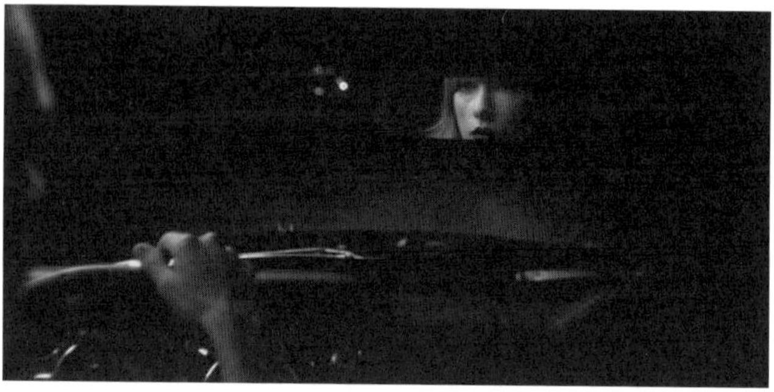

Abb. 310: Wenn er in den Rückspiegel schaut, sieht er Swift, was darauf hinweist, dass er trotz der ausgelösten Veränderung physisch immer noch Taylor Swift ist

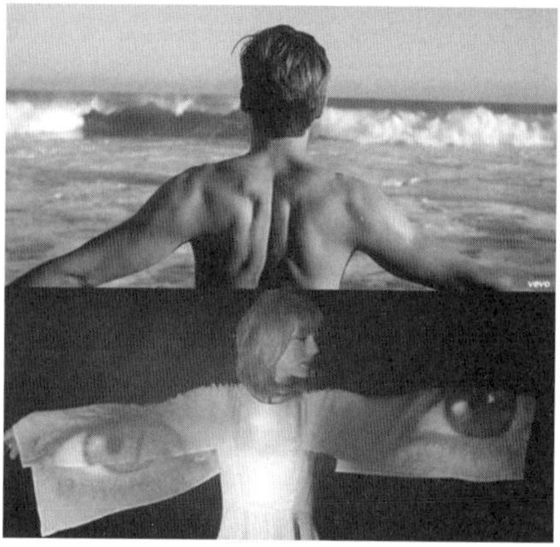

Abb. 311: Als der Kerl draußen seine Arme ausbreitet, befindet sich Taylor an einem dunklen, dunstigen, ätherischen Ort (weil sie nicht ausgelöst wird). Das Gesicht des Mannes ist auf ihr Kleid projiziert)

Während des gesamten Videos „spiegeln" sich Taylor und der Typ. Wenn einer im Freien gesehen wird (was bedeutet, dass die Änderung ausgelöst wird), befindet sich der andere im Innenbereich und beobachtet eine Projektion der ausgelösten Änderung. Die Alter Persona im dunklen Raum kann nur ein entfernter Zeuge dessen sein, was mit der ausgelösten Alter Persona passiert.

Bemerkenswert ist, dass die Augen des Mannes eine andere Farbe haben - eine Erkrankung namens Heterochromie. Während dieser Zustand normalerweise trivial (oder sogar charmant) ist, konzentriert sich das Video stark darauf. Es ist eine weitere Möglichkeit, das Konzept der gespaltenen Persönlichkeit und die ungesunde Besessenheit der Elite mit nicht gepaarten Augen zu betonen.

Während der Videostil als einfache Abfolge hübscher Bilder mit zwei schönen Menschen interpretiert werden kann, enthüllt ein gebildeter Blick auf die vorliegenden Einstellungen eine tiefere Geschichte. Durch Symbole spielt das Video auf einen psychologischen Prozess an: Das Zerbrechen der

Kernperson und die Schaffung von Veränderungen - das ultimative Ziel der Gedankenkontrolle der Monarchen. Diese Interpretation mögen abwegig klingen, Gedankenkontrolle ist aber leider ein ständig wiederkehrendes Thema in der Musikindustrie.

Warum sollte die Unterhaltungsindustrie darauf bestehen, die MKULTRA-Symbolik herauszubringen? Dies liegt daran, dass diejenigen, die die Branche regieren, tief in das MKULTRA-System eingebunden sind. Einige hochrangige Personen sind Gedankenkontroll-Handler und viele Stars sind Gedankenkontroll-Sklaven. Sie haben eine kranke, verdorbene Kultur um diese sadistische Praxis herum geschaffen und wollen, dass die Massen durch ständige Medienpräsenz diese Kultur als „Populärkultur" akzeptieren.

Taylor Swift ist einer der meistverkauften Künstler des Jahrzehnts und ein Kandidat der Wahl, um diese Agenda voranzutreiben. Sie ist nicht anders als viele Popsänger vor ihr. Und in Zukunft werden frische neue Stars dasselbe tun. Denn solange die okkulte Elite die Unterhaltungsindustrie regiert, wird die Manipulation der Gedanken niemals aus der Mode kommen.[138]

Die finstere Bedeutung von Taylor Swifts „Look What You Made Me Do"

Taylor Swifts„Look What You Made Me Do" („Schau was Du mich hast machen lassen") soll sich über ihre Feinde und sie selbst lustig machen. Die Symbolik des Videos bezieht sich jedoch direkt auf die finstere Seite der Unterhaltungsindustrie und ihre Besessenheit von Gedankenkontrolle.

Bei den VMAs 2017, hatte Taylor Swift ihr neues Video „Look What You Made Me Do" (auf Twitter als „LWYMMD" bekannt) uraufgeführt. Die Botschaft des Videos könnte nicht klarer sein: Sie ist jetzt eine vollwertige Industriesklavin. Was bedeutet das?

Die meisten Massenmedien, die versuchen, dieses Video zu „entschlüsseln", werden auf das Dissen hinweisen, dass sich an Kanye West, Kim Kardashian, Katy Perry und ihren Ex-Freund Calvin Harris richten. Auf diese Weise ignorieren sie jedoch etwa 90% der Bilder des Videos.

Ein Kenner kann das Video fast als MKULTRA-Symbolismus-Beginner-Kurs ansehen. Das Video greift auf alle Bilder und Konzepte zurück, die in diesem Buch analysiert werden. Diejenigen, die die Unterhaltungsindustrie regieren, wollen diese Monarchen-Kultur ständig an der Spitze der Populärkultur haben. Jetzt ist Taylor Swift wieder mit einem Video an der Reihe, das Rekorde bei YouTube und Spotify bricht, um die volle Kraft zu entfalten. „LWYMMD“ ist wirklich ein offensichtliches Monarch-Manifest.

Um den wahren Geisteszustand der Videoproduzenten zu verstehen, muss man nicht viel weiter als bis zum Titel schauen: „Schau was Du mich hast machen lassen“. Die Herren der Branche besitzen Taylor Swift und lassen sie alles tun, um ihre Agenda voranzutreiben.

Das Video beschreibt symbolisch, was mit Stars passiert, die in den höheren Ebenen der okkulten Unterhaltungsindustrie gefangen sind. Obwohl sie wahnsinnig erfolgreich sind, werden sie auch zu Sklaven der Industrie, ohne ein eigenes Leben. Ihr Ton, Bild und sogar ihre Persönlichkeit werden nach Belieben von denen hinter den Kulissen geprägt.

Das Video zeigt Swift nicht nur als Sklavin der Branche, sondern kündigt auch an, dass sie paradoxerweise zum Status einer Großpriesterin „aufgestiegen“ ist. Klingt das lächerlich? Vielleicht wäre es lächerlich...wenn das Video nicht so krass wäre. Für die Massenmedien war es schwierig, das Video zu „entschlüsseln“. Die meisten Kritiker übersehen das Hauptthema des Videos vollständig. Die britische Zeitung „The Guardian“ schrieb über den Auftritt:

„Das Video macht Spaß, wenn auch ein bisschen verrückt. Es ist sicherlich das dreisteste und ehrgeizigste Pop-Musikvideo, seit Beyoncé im Frühjahr letzten Jahres „Lemonade“ veröffentlicht hat, mit viel Pyrotechnik und Dutzenden von Kostümwechseln. Aber es ist nicht viel mehr als eine Abfolge unzusammenhängender Bilder.“[(139)]

Das Video ist keine „Folge von unzusammenhängenden Bildern“. Es ist eigentlich sehr linear und kohärent. Um die vorliegende Erzählung zu verstehen, muss man jedoch ein, zwei Dinge über die Monarch-Programmierung wissen.

Das Video beginnt mit einer Zombie Taylor Swift, die von den Toten auferstanden ist.

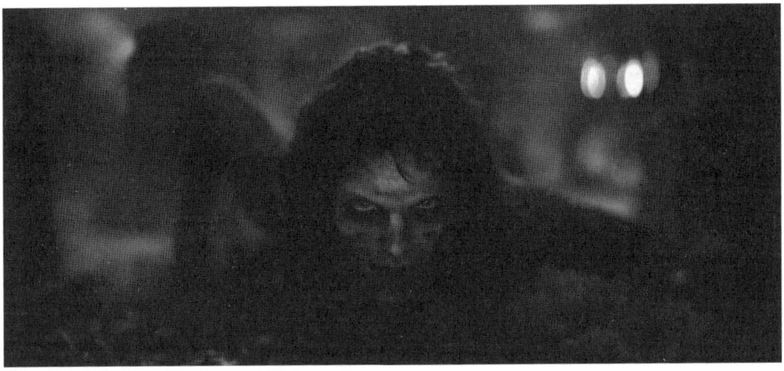

Abb. 312: Zombie Swift erhebt sich aus dem Grab und beginnt über jemanden zu singen, den sie wirklich nicht mag

„Ich mag deine kleinen Spiele nicht
Ich mag deine geneigte Bühne nicht
Die Rolle, die du mich spielen ließt
Von dem Narren, nein, ich mag dich nicht
Ich mag dein perfektes Verbrechen nicht
Wie du lachst, wenn du lügst
Du hast gesagt, die Waffe war meine.“

(„I don't like your little games
Don't like your tilted stage
The role you made me play
Of the fool, no, I don't like you
I don't like your perfect crime
How you laugh when you lie
You said the gun was mine.“)

Der erste Vers soll auf Kanye West und/oder Katy Perry verweisen, weil beide auf geneigten Bühnen auftraten. Wenn man jedoch den Kontext des Videos betrachtet, kann sie auch zu ihren Handlern singen, die „kleine Spiele spielen“, um sie zu programmieren, und die sie in „die Rollen drängen, die sie spielen lassen“. Wir sehen dann, wie Zombie Taylor die alte Taylor begräbt.

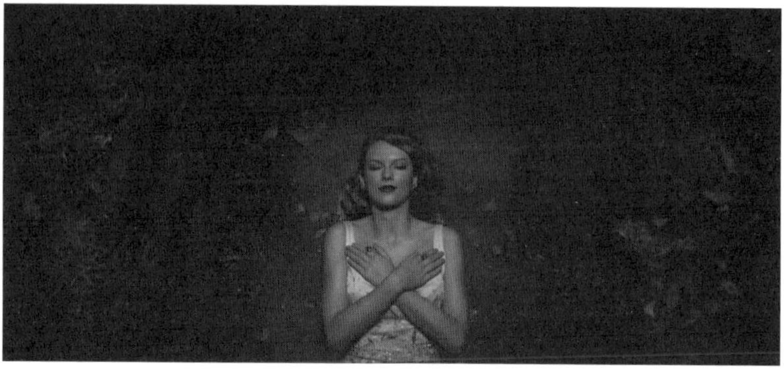

Abb. 313: Die alte Taylor Swift ist tot und wird von einer neuen Taylor Swift begraben. Dies ist eine klassische Monarch-Bildsprache, die die Schaffung einer neuen Person darstellt

Dieses Bild von Swifts Leiche wird der neuen Person in Diamanten gegenübergestellt.

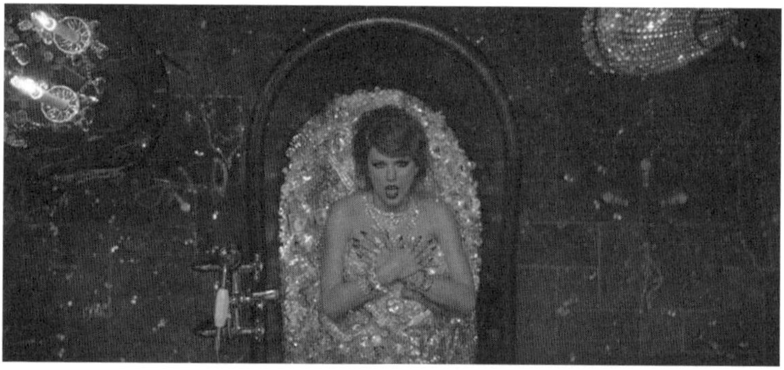

Abb. 314: Taylor badet in Diamanten und Schmuck neben einem einzigen Dollarschein

In der MKULTRA-Programmierung werden Diamanten verwendet, um Sex Kitten-Sklaven zu identifizieren, die auf ein „höheres" Niveau aufgestiegen sind und um „Präsidentenmodelle" zu werden. Fritz Springmeier schreibt:

„Für Gutgläubige und Erkennungssignale tragen die Monarch-Sklaven Diamanten, um anzuzeigen, dass sie Präsidentenmodelle sind, Rubine, um ihre Oz-Programmierung für Prostitution zu kennzeichnen, und Smaragde, um

ihre Programmierung für Drogengeschäfte zu kennzeichnen.“(140)

In der nächsten Szene wird Taylor zur „Hohepriesterin“ der Branche gekrönt. Wie? Durch Nachstellung der Tarotkarte der Hohepriesterin.

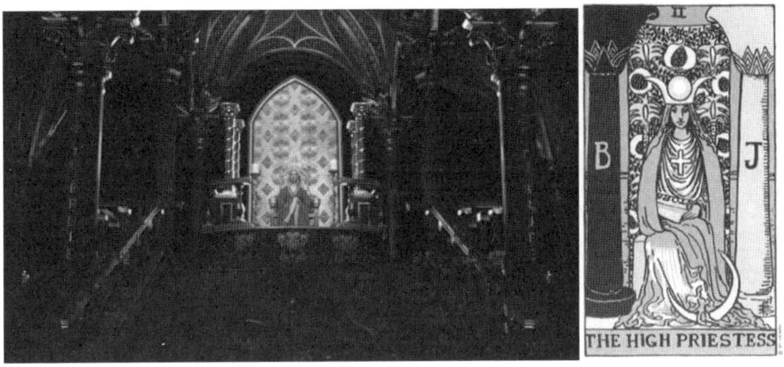

Abb. 315 links: Swift sitzt zwischen zwei Säulen, während Schlangen die Treppe hinaufkriechen. Rechts: Die Tarotkarte der Hohepriesterin zeigt eine Frau zwischen den freimaurerischen Säulen Joachin und Boas

In früheren Kapiteln haben wir festgestellt, dass Madonna als Hohepriesterin der Branche angesehen wurde. Es scheint, dass Taylor Swift nun auch diesen Status erreicht hat. Aber warum ist diese Großpriesterin von Schlangen umgeben?

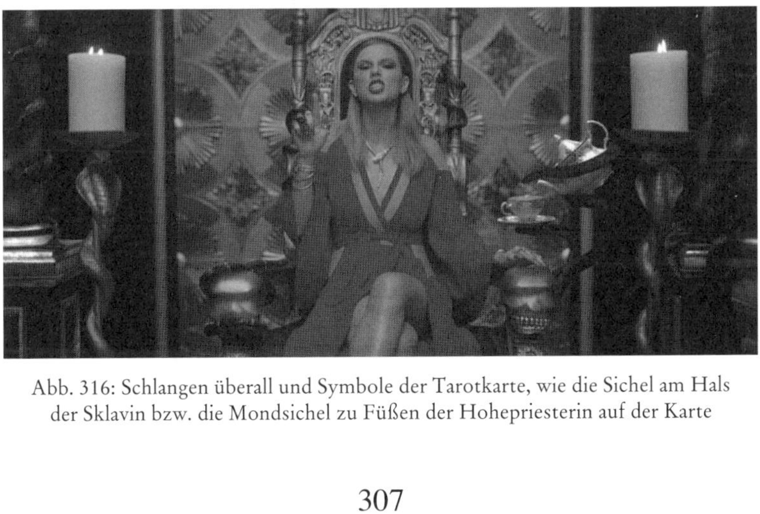

Abb. 316: Schlangen überall und Symbole der Tarotkarte, wie die Sichel am Hals der Sklavin bzw. die Mondsichel zu Füßen der Hohepriesterin auf der Karte

Stellen die Schlangen Swift dar, die es zulässt, dass sie von Kim Kardashian in den sozialen Medien als Schlange bezeichnet wird? Auf einer Ebene ja. In Anbetracht des okkulten Kontextes dieser Szene stellen Schlangen jedoch auch ein tieferes Konzept dar. In Mysterienschulen wird die Schlange mit Luzifer in Verbindung gebracht - dem Lichtbringer - dem „Retter", der Adam und Eva Wissen brachte, indem er sie überzeugte, in den sprichwörtlichen Apfel zu beißen. Sie ist eine Großpriesterin im System der okkulten Elite.

Auf jeder Säule steht „ET TU BRUTE", eine lateinische Phrase, die „Und du, Brutus?" bedeutet. Diese Worte wurden in William Shakespeares Stück „Julius Caesar" berühmt, in dem Caesar sie sagte, als er von seinem Freund und Schützling Brutus erstochen wurde.

Was bedeutet das in Taylor Swifts Kontext? Ist sie der Julius Ceasar der Branche, der immer wieder von niederen Individuen erstochen wird? Mag sein. In der nächsten Szene verstehen wir, dass sie, obwohl sie eine Hohepriesterin ist und Julius Cäsar ähnelt, immer noch dem Willen ihrer Führer unterworfen ist.

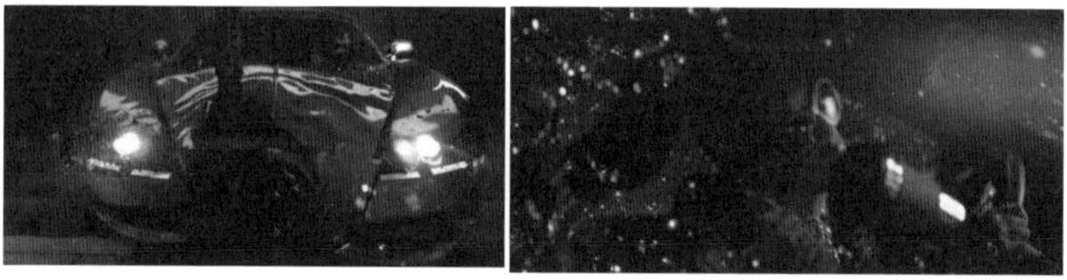

Abb. 317 links: Swift wiederholt das Mantra des Songs „Schau was du mich hast machen lassen", und stürzt mit ihrem Auto ab. Rechts: Taylor sieht so stylisch aus, als sie ihr Auto kaputt macht. Selbstzerstörung ist gerade so heiß

Warum singt Taylor Swift „Schau was du mich hast machen lassen" als ihr Auto verunglückt? Wer hat sie dazu gebracht? Als Swift aus dem Auto steigt, sind die Dinge symbolisch klar.

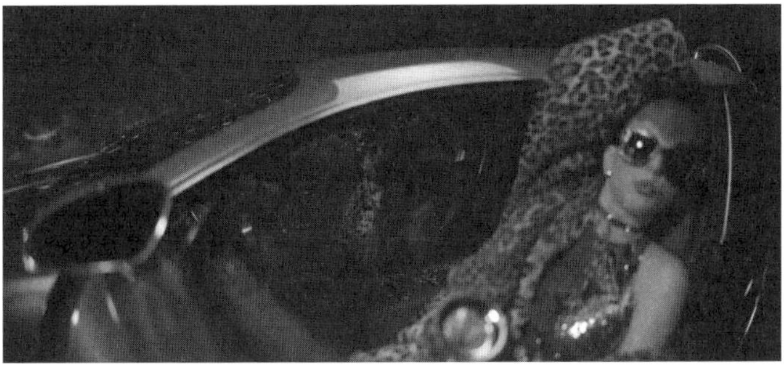

Abb. 318: Taylor trägt einen Mantel mit Katzenmuster - so identifiziert die okkulte Elite Beta-Kätzchen. Um die Dinge offensichtlich zu machen, steht neben ihr ein großes Kätzchen. Sie hält ihre Grammy-Trophäe in der Hand und erinnert uns an die wahren Kosten, in diesem Rampenlicht zu stehen

Wenn Swift singt „Schau was du mich hast machen lassen", singt sie tatsächlich für die Branche, der sie gehört. Sie kontrolliert ihren Aufstieg zum Erfolg und ihre Stürze und treibt sie bei Bedarf zur Selbstzerstörung (und sogar zum Tod). Die nächste Szene zeigt deutlich, was es wirklich bedeutet, ein Elite-Star zu sein.

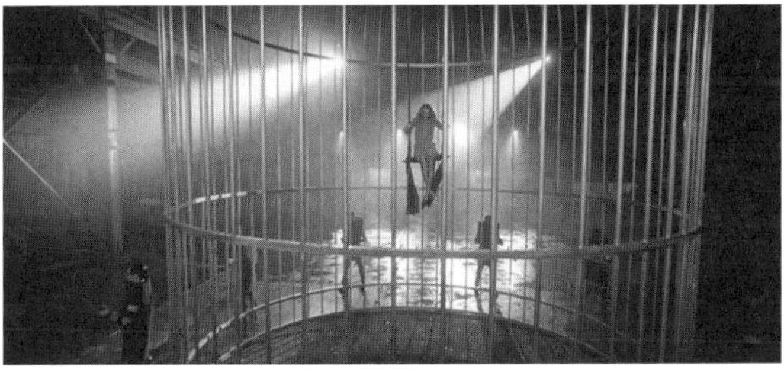

Abb. 319: Swift sitzt auf einer Schaukel in einem Vogelkäfig

Menschen, die in Vogelkäfigen stecken, sind ein wiederkehrendes Symbol, um MKULTRA-Sklaven in der Populärkultur zu identifizieren. Auf dieses spezielle Symbol wurde in diesem Buch mehrmals hingewiesen. Im Käfig singt Swift:

*„Ich mag deine Königreichs-schlüssel nicht.
Die mir einst gehörten."*

*(„I don't like your kingdom keys
They once belonged to me.")*

Dies ist ein eklatanter MKULTRA-Wortschatz. Handler in der MKULTRA-Programmierung erhalten die „Schlüssel des Königreichs" eines Sklaven, indem sie die Kontrolle über ihre Kernperson übernehmen - ihr wahres Selbst.

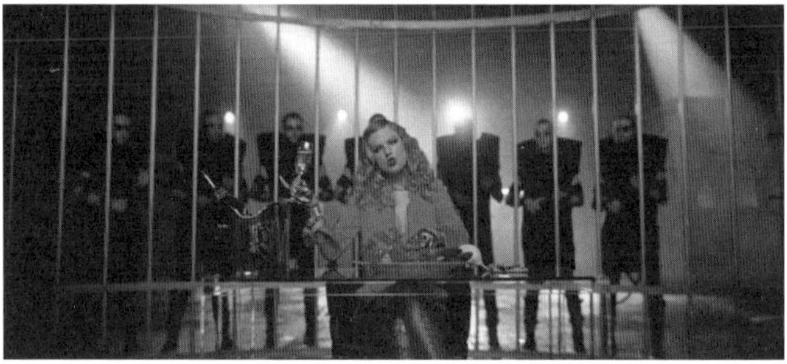

Abb. 320: Obwohl sie Champagner trinkt und Hummer isst (was das verschwenderische Leben darstellt), sitzt Taylor hinter Gittern fest, während ein Haufen Wachen sie bei jeder Bewegung beobachtet. Sie ist nicht frei

Die nächsten Szenen zeigen Swift als Beta-Kätzchen, das eine Reihe anderer Kätzchen führt.

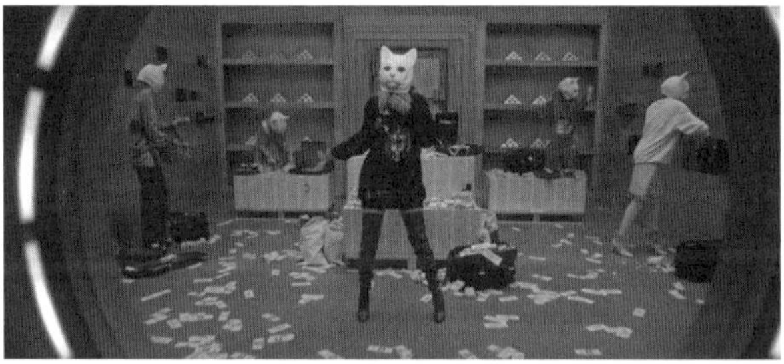

Abb. 321: Hier trägt Swift eine Kätzchenmaske, während sie ein Gucci-Hemd mit einem Katzenkopf trägt. Auf dem Shirt stehen die Worte „blind für die Liebe". MKULTRA-Sklaven sind in der Tat blind für ihre Situation und diejenigen, die sie kontrollieren

In einer anderen Szene ist Swift der Kopf einer Armee von Mädchen-Bots.

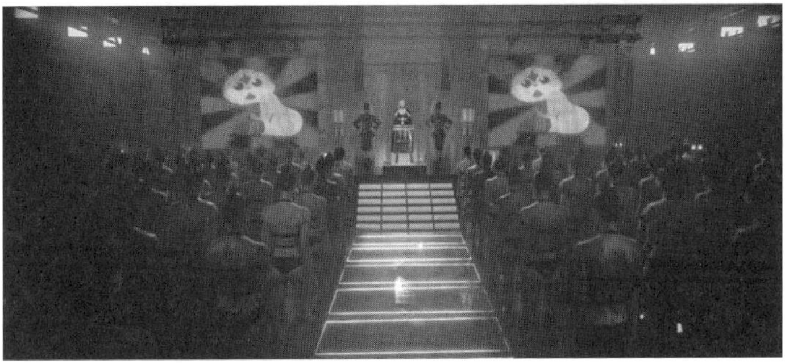

Abb. 322: Swift spricht mit einer Menge junger Mädchen, während hypnotische Kätzchen auf den Bildschirmen aufblitzen

Laut Massenmedien macht sich diese Szene über Swifts „Trupp“ von Models lustig, mit denen sie gerne rumhängt. Dies könnte auf einer Ebene korrekt sein. Die Bilder gehen jedoch wieder tiefer.

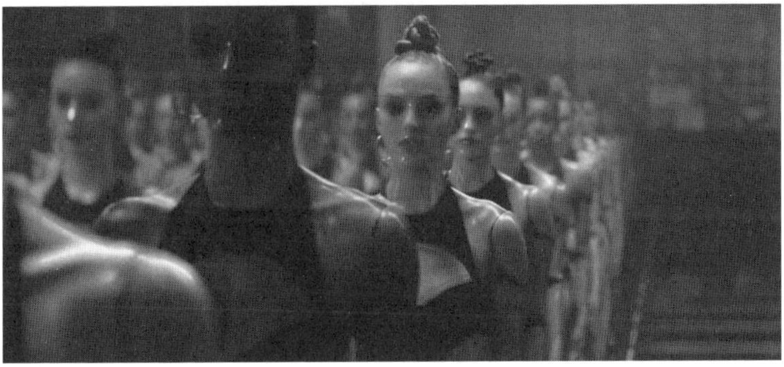

Abb. 323: Die Mädchen in der Menge sind leblose Plastik-Roboter. Zukünftige Beta-Kätzchen

Als Hohepriesterin hat Swift Macht und Einfluss auf die nächste Generation von Industrie-Bots.

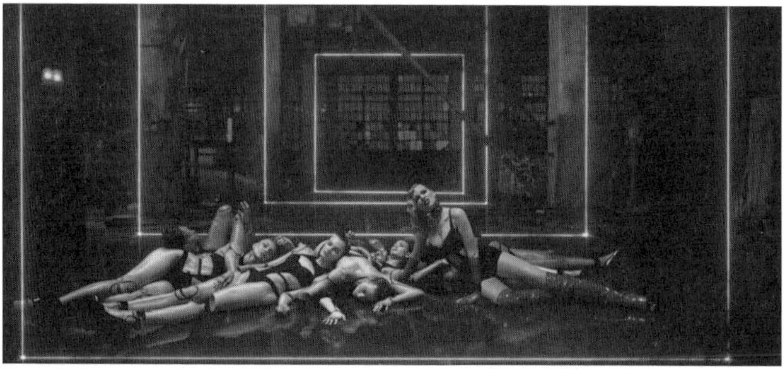

Abb. 324: Hier liegen die Roboter oder Bots leblos und zerstückelt auf dem Boden. Dies ist wieder eine klassische Art, MKULTRA-Sklaven darzustellen, die gebrochen und machtlos sind. Obwohl Swift in einer Machtposition über ihnen liegt, trägt sie einen riesigen Halsreif, was uns daran erinnert, dass auch sie eine Beta-Sklavin bleibt

Das Ende des Videos zeigt den Tod der „alten Taylor" und die Geburt einer weiteren Person.

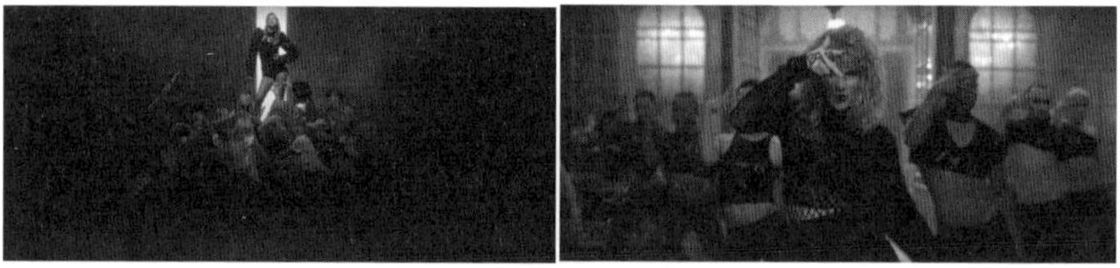

Abb. 325 links: Die neue Taylor ist schwarz gekleidet und steht über ihren früheren Persönlichkeiten. Rechts: Während sie singt „Schau was du mich hast machen lassen", tanzt Swift fieberhaft. Ja, sie lässt sie so tanzen. Und ja, sie muss dieses subtile Ein-Augen-Zeichen machen. Es gibt eine Geschichte hinter „I heart TS" -Hemden, die von den Tänzern getragen werden, aber das ist Mist für Klatschspalten

Die nächste Szene ist ein weiterer Klassiker der Monarchen-Symbolik.

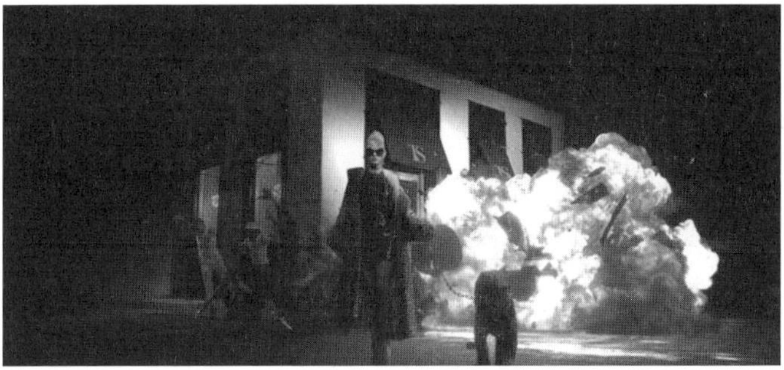

Abb. 326: Swift geht mit der Beta-Kitten-Uniform von einem explodierenden Auto weg

Beispielsweise ist die letzte Szene aus Iggy Azaleas Video „Change Your Life“ identisch aufgebaut.

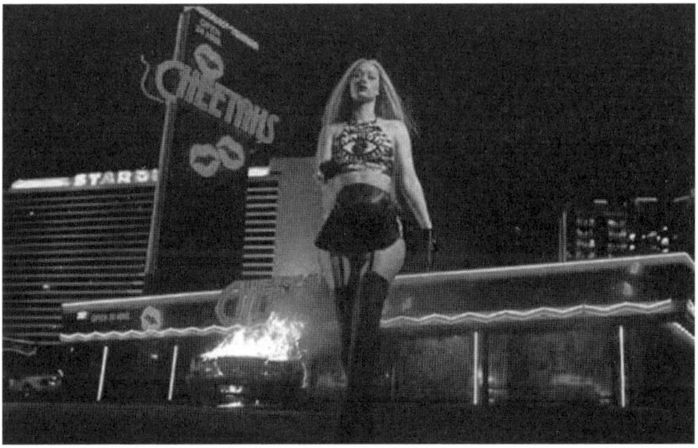

Abb. 327: Iggy Azalea geht von einem brennenden Auto weg, als sie ein Top mit einem großen allsehenden Auge trägt (Symbol des Industriesklaven). Der Strip-Club heißt Cheetahs - ein Hinweis auf die Beta Kitten-Programmierung

Dann sagt Taylor:

„Es tut mir leid, die alte Taylor kann gerade nicht ans Telefon kommen.
Warum? Oh, weil sie tot ist!“

(„I'm sorry, the old Taylor can't come to the phone right now.
Why? Oh 'cause she's dead!”.)

Das Video endet damit, dass Taylor Swifts multiple Persönlichkeiten miteinander streiten.

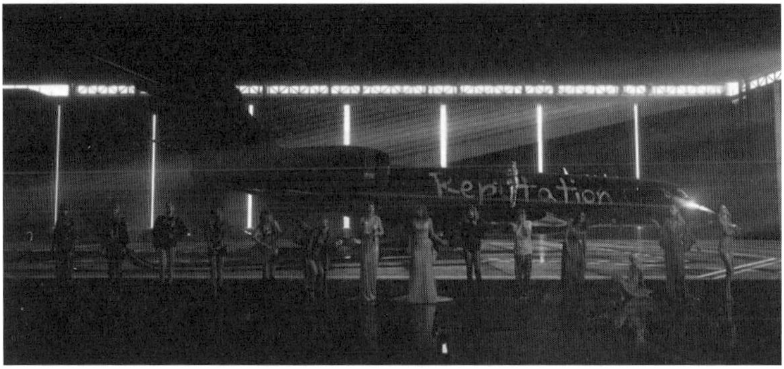

Abb. 328: Im Laufe der Jahre und mit jedem Album hat Swift Stile und Persönlichkeiten gewechselt. In dieser Szene streiten sich alle miteinander und heben hervor, wie unterschiedlich und künstlich sie sind

Irgendwann erzählt der Zombie der sternenklaren, ständig überraschten Swift von den frühen Tagen:

„Hör auf zu schauspielern, dass Du nett bist. Du bist so falsch."	*(„Stop acting you're all nice. You are so fake.")*

Darum geht es. Alles an ihr ist falsch. Sie wird ständig neu moduliert und geformt, um dem Willen ihrer Handler zu entsprechen. Welches ist die echte Swift? Wer weiß es? Oh, ihre Programmierer wissen es.

Unter der Oberfläche geht es bei „LWYMMD" um Tod, Stolz, Gier, Rache, Boshaftigkeit, Hass, Spott, Macht, Kontrolle, Ausbeutung und Egoismus. Es geht um Negativität, Zerstörung und niedrige Vibrationen. Kurz gesagt, es ist ein typisches Produkt der heutigen giftigen Populärkultur.

Insider mögen argumentieren: „Bruder, du sprichst zu einem Bruder. Hier geht es um Taylor Swift, die Kanye, Kim, Katy, Calvin und andere disst. Das ist alles. Ich habe es auf ‚E! Online' gelesen!" Aber, Bruder, denk eine Sekunde darüber nach. Kanye war letztes Jahr völlig zusammengebrochen und wurde gewaltsam in ein Krankenhaus gebracht. Berichten zufolge erlitt er einen Gedächtnisverlust.

Die gesamte Kardashian- bzw. Jenner-Familie beschäftigt sich seit Jahren ausschließlich mit der Programmierung von Beta Kitten. Katy Perry ist seit Jahren ein Werkzeug der Elite. Kurz gesagt, wir erleben Puppen, die andere Puppen beleidigen. Hinter den Kulissen sind die Marionettenmeister gleich. Es gibt kein wirkliches Opfer, nur ein lächerliches, erfundenes Drama von Menschen, die in einer toxischen Wolke leben.

Wie in allem anderen in der Geschichte liegt die Wahrheit über „LWYMMD" in der Symbolik. Durch starke Bilder zeigt das Video, wie Taylor Swift in einem finsteren System aufsteigt, das auf Kontrolle und Ausbeutung ausgerichtet ist. Stars wie Swift sind den Menschen ausgeliefert, die sie kontrollieren. Und wenn ihnen befohlen wird, etwas zu tun, sei es konstruktiv oder destruktiv, tun sie es oder sie brechen zusammen. Und wenn sie es tun, können sie nur sagen: „Schau was Du mich hast machen lassen."[(141)]

Taylor Swift, Königin der „American Music Awards" 2018

Bei den „AMAs" 2018 ging es nur um Taylor Swift. Es war nicht einmal lustig. Alles wurde geschrieben, um sie zur Königin der Nacht zu krönen. Die Zeremonie begann mit einem Video, in dem Taylor Swifts viele Erfolge im Musikgeschäft aufgeführt wurden.

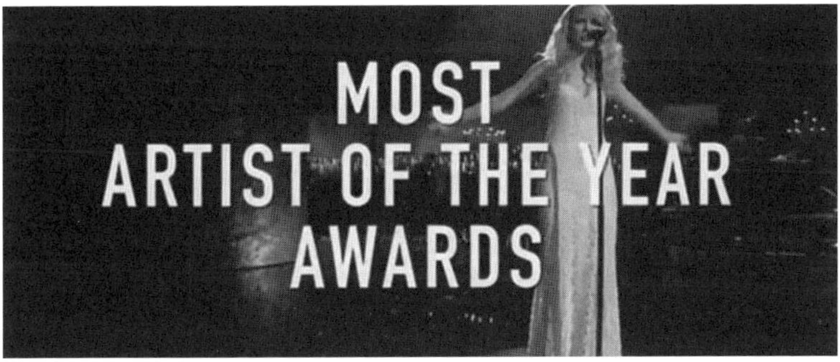

Abb. 329: Die „AMAs" erinnerten uns zunächst daran, dass Swift die „finanziell erfolgreichste amerikanische Tournee" hatte und dass sie die meisten „Künstler des Jahres"-Preise gewann

Die Ansagerin verkündete, dass Taylor für „vier große Auszeichnungen“ nominiert sei und dass sie den Rekord der meisten Siege einer Künstlerin ever brechen könnte. Würde sie es tun?! Die Spannung sei zum Greifen nah!

Das Stichwort für Taylor Swifts Auftritt. Und nun wurde es symbolisch. Es war ein klassischer, okkulter Elite-Gift-Eintopf aus Symbolik, der erniedrigende Botschaften einmischte um eine grausame, hasserfüllte und manipulative Hexe zu zelebrieren.

Das Lied heißt evokativ„I Did Something Bad“ von ihrem 2017er Album „Reputation“.„ I Did Something Bad“ ist auch ein reines Produkt der okkulten Elite-Gehirnwäsche. Der Refrain des Liedes fasst die Botschaft der Elite an die Jugend zusammen:

„Sie sagen, ich hätte etwas Schlimmes getan.
Warum fühlt es sich dann so gut an?
Sie sagen, ich hätte etwas Schlimmes getan.
Aber warum fühlt es sich so gut an?
Der größte Spaß, den ich je hatte
Und ich würde es immer und immer wieder tun, wenn ich könnte.
Es fühlte sich einfach so gut an, gut.
Es fühlte sich einfach so gut an.“

(„They say I did something bad
Then why's it feel so good?
They say I did something bad
But why's it feel so good?
Most fun I ever had
And I'd do it over and over and over again if I could
It just felt so good, good
It just felt so good.“

Die Aufführung beginnt damit, dass Taylor in einem futuristisch-okkulten Tempel steht, der mit einem rot beleuchteten Altar und Säulen ausgestattet ist. Ein Haufen Männer liegt ihr zu Füßen, völlig ihrer Gnade ausgeliefert.

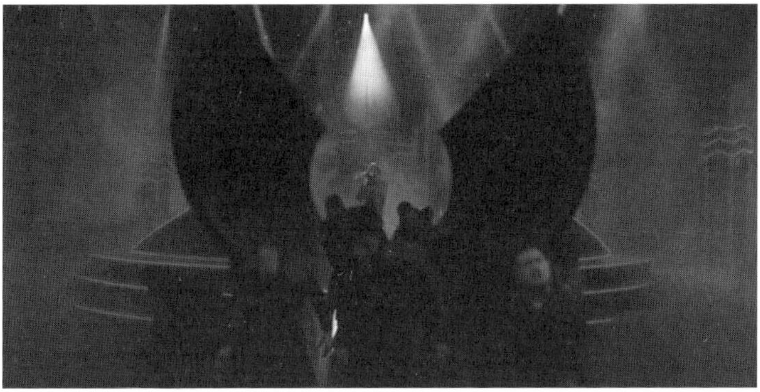

Abb. 330: Wenn Taylor die Zeile „Ich spiele sie wie eine Geige“ / „So I play 'em like a violin“ singt, erheben sich die Männer wie Marionetten und fallen zurück

Auf den ersten Blick handelt das Lied von Taylor Swift, die Männer zerstört, „die Mist reden“. Einige glauben, dass es um Kanye West und andere Typen geht. Es ist jedoch schwierig, die zugrunde liegende spirituelle Bedeutung dieser gesamten Darstellung zu ignorieren. In der Tat ist die Aufführung eine Feier der Lieblingsreligion der Elite: doppelzüngigen Satanismus.

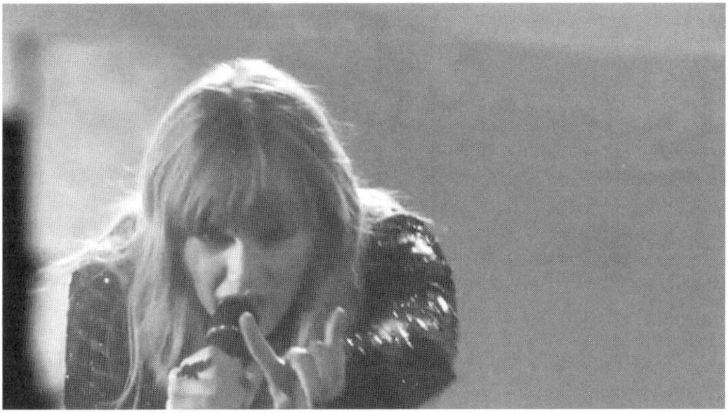

Abb. 331: Als Taylor die Zeile „Er hat es kommen lassen“ / „cause he had it coming “ singt, zeigt sie das Handzeichen des Teufels. Alles an dieser Aufführung war präzise choreografiert und dies war eindeutig beabsichtigt

Dann vergleicht sich Swift, ähnlich wie andere weibliche Popstars, mit einer Hexe, die auf dem Scheiterhaufen verbrannt wird:

„Sie verbrennen alle Hexen,
auch wenn sie keine sind.
Sie haben ihre Mistgabeln und Beweise, ihre Quittungen und
Gründe.
Sie verbrennen alle Hexen, auch
wenn sie keine sind.
Also zünde mich an (zünde mich
an), zünde an mich aufleuchten."

(„They're burning all the witches
even if you aren't one
They got their pitchforks and proof,
their receipts and
reasons
They're burning all the witches even
if you aren't one
So light me up (light me up), light
me up (light me up).")

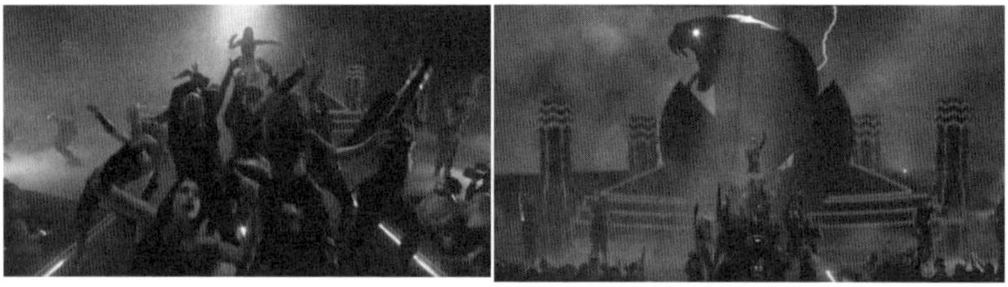

Abb. 332 links: Während Taylor „Light Me Up" wiederholte (als wäre es ein Mantra), ahmen ihre Tänzer die Bewegungen einer Schlange nach… als würden sie eine riesige Schlange beschwören. Rechts: Eine riesige Kobra taucht aus dem altarähnlichen Sockel auf und regiert bedrohlich über der Menge

Anscheinend heißt diese Kobra Karyn und trat regelmäßig während Taylors Tour auf. Aber was ist mit ihr und den Schlangen los? In ihrem Video „Look What You Made Me Do" war sie von Schlangen umgeben. Einige sagen, dass es ein Hinweis darauf ist, dass Kim Kardashian sie in einem kolportierten Telefonanruf eine Schlange nennt. In Anbetracht des okkulten und spirituellen Kontextes dieser Aufführung erhält das Symbol der Schlange jedoch eine tiefgreifende Bedeutung.

Das Lied heißt „I Did Something Bad" / „Ich habe etwas Schlechtes getan" . In der Genesis beist Eva in den sprichwörtlichen Apfel, den Satan ihr gegeben hatte und der die Form einer Schlange hatte. Sie tat etwas Schlimmes, weil dies von Gott strengstens verboten war, worauf er Adam und Eva aus dem Garten Eden verbannte. Okkulte Geheimlehren behaupten, dass diese Schlange, die mit Luzifer, dem Lichtbringer, in Verbindung gebracht wird, eigentlich ein Retter der Menschheit sei.

Am Ende der Aufführung spielt Taylor wieder mit Männern, als wären sie Marionetten.

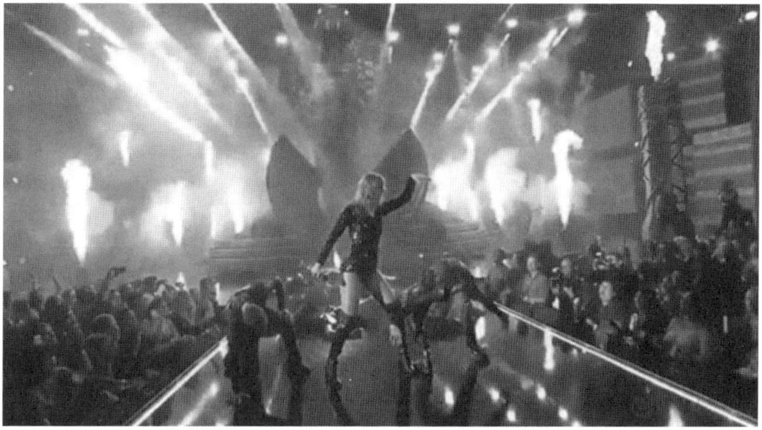

Abb. 333: Taylor hebt einen Mann mit einer unsichtbaren Schnur hoch, als wäre er eine Marionette. Sie bläst ihm dann einen Todeskuss zu und er fällt zurück. Die Elite liebt es, Menschen als machtlose Marionetten darzustellen, die nach Belieben getötet werden können

Es waren erst 3 Minuten bei den „AMAs" vergangen und die Show verwandelte sich bereits in einen höllischen, satanischen Albtraum mit Feuer, Blitz, einer riesigen Schlange, leblosen Männern, die auf dem Boden lagen und Taylor sang, dass sie „etwas Schlechtes getan hat". . Sie bekam stehende Ovationen.

Später am Abend gewann Taylor alle vier Auszeichnungen, für die sie sich entschieden hatte, und brach damit den Rekord, über den zu Beginn ihres Auftritts gesprochen wurde. Ja, es war eine perfekte Nacht für Taylor ... als ob alles im Voraus geplant wäre.

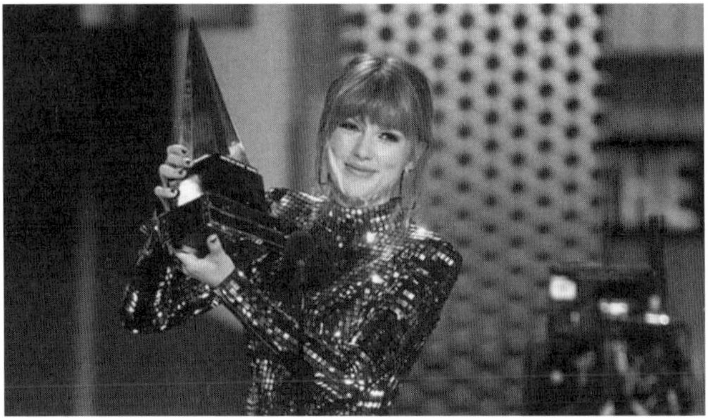

Abb. 334: Taylor gewann am Abend eine glänzende Illuminaten-Pyramide

Aber, Moment mal, war bei diesen Auszeichnungen nicht noch jemand anwesend? Ja, da war dieser Typ.

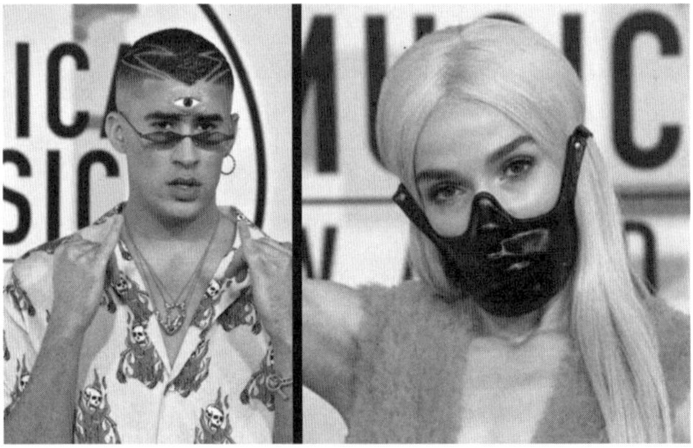

Abb. 335 link: Bad Bunny trug die Prothese eines „dritten Auges". Wie bereits in früheren Kapiteln erwähnt, verwendet die okkulte Elite dieses Symbol gerne, um ihre Marionetten ironisch zu identifizieren. Rechts im Bild: Poppy trug bei den Awards eine Maske, die die Stille der MKULTRA-Sklaven darstellt. Heute besser bekannt als die angebliche Schutzmaske in der sogenannten Corona-Krise

Marionetten singen und tanzen für die Massen und das Gros kopiert sie unbewusst wie in einer globalen MKULTRA-Programmierung. Schlecht ist gut.[142]

2.9 Beyoncé

„Ich peitschte meinen eigenen Rücken und bat um Herrschaft zu Ihren Füßen."
(Beyoncé, Album: „Lemonade")

Beyoncé Giselle Knowles-Carter (4. September 1981) ist eine US-amerikanische Sängerin, Songwriterin, Produzentin, Tänzerin, Schauspielerin und Filmemacherin. Beyoncé wurde in Houston, Texas, geboren und wuchs dort auf. Als Kind trat sie bei verschiedenen Gesangs- und Tanzwettbewerben auf. Sie wurde Ende der 1990er Jahre als Leadsängerin von „Destiny's Child", einer der meistverkauften Mädchengruppen aller Zeiten, berühmt.

Während der Pause von „Destiny's Child" gab Beyoncé ihr Kinofilmdebüt mit einer Rolle in der US-Kinokassen Nummer eins *Austin Powers in Goldständer* (2002) und begann ihre Solokarriere. Als erster Musik-Act debütierte sie mit ihren ersten sechs Solo-Studioalben auf dem „Billboard 200" auf Platz eins. Ihr Debütalbum „Dangerously in Love" (2003) enthielt vier „Billboard Hot 100 Top-5-Songs", darunter die Nummer-1-Singles „Crazy in Love" mit Rapper Jay-Z und „Baby Boy" mit Sänger-Rapper Sean Paul. Nach der Auflösung von „Destiny's Childi im Jahr 2006 veröffentlichte sie ihr zweites Soloalbum, „B'Day", das ihre erste US-Solo-Single „Irreplaceable" und „Beautiful Liar" enthielt , das in den meisten Ländern die Charts anführte. Beyoncé setzte ihre Schauspielkarriere mit Hauptrollen in „The Pink Panther" (2006), „Dreamgirls" (2006) und „Obsessed" (2009) fort. Ihre Ehe mit Jay-Z und ihre Darstellung von Etta James in „Cadillac Records" (2008) beeinflussten ihr drittes Album „I Am ... Sasha Fierce" (2008), das im Jahr 2010 mit sechs „Grammy Awards" ausgezeichnet wurde. Sie brachte die britische Nummer-1-Single „If I Were a Boy", die US-Nummer-1-Single „Single Ladies (Put a Ring on It)" und die Top-5-Single „Halo" heraus.

Nach der Trennung von ihrem Manager und Vater Mathew Knowles im Jahr 2010 veröffentlichte Beyoncé das Album „4" (2011); Es wurde vom Funk der 1970er Jahre , Pop der 1980er Jahre und Soul der 1990er Jahre beeinflusst. Für ihre klanglich experimentellen visuellen Alben „Beyoncé" (2013) und „Lemonade" (2016) erlangte sie hintereinander breite Anerkennung. Letzteres war das weltweit meistverkaufte Album des Jahres 2016 und das bekannteste Album ihrer Karriere, das sich mit Themen wie Untreue und Womanismus befasste. 2018 veröffentlichte sie „Everything Is Love“, ein gemeinsames Album mit ihrem Ehemann Jay-Z als „Die Carters“. Als Künstlerin führte Beyoncé die „Billboard Hot 100“ mit den Remixen von „Perfect“ von Ed Sheeran im Jahr 2017 und „Savage“ von „Megan Thee Stallion“ im Jahr 2020 an. Im selben Jahr gab sie ihr Regie- und Drehbuchdebüt mit dem Musikfilm und visuellen Album „Black Is King“, das nach seiner Premiere auf „Disney+“ große Anerkennung fand.

Beyoncé ist einer der weltweit meistverkauften Musikkünstlerinnen und hat weltweit über 100 Millionen Platten verkauft. Ihr Erfolg in den 2000er Jahren wurde als einer der am meisten anerkannten Künstlerinnen des Jahrzehnts der „Recording Industry Association of America“ sowie der besten „Radio-Song-Künstlerin“ des „Billboard- Magazins“ und der besten Künstlerin des Jahrzehnts gewürdigt. Beyoncé ist mit insgesamt 24 Siegen die am meisten nominierte Frau in der Geschichte des „Grammy Award“. Sie ist auch die am meisten ausgezeichnete Künstlerin bei den „MTV Video Music Awards“ mit 24 Siegen, darunter der „Michael Jackson Video Vanguard Award“. Im Jahr 2014 wurde sie zu den am höchsten verdienenden schwarzen Musikerin in der Geschichte und zu einer von „Time`s Magazins“ 100 einflussreichsten Menschen in der Welt für ein zweites Jahr in Folge gewählt. „Forbes“ stufte sie auf ihren Listen 2015 und 2017 als die mächtigste Frau im Unterhaltungsbereich ein. Sie belegte den sechsten Platz in „Time`s Magazins“ Person des Jahres 2016, und im Jahr 2020 wurde sie zu einer der 100 Frauen benannt, die das letzte Jahrhundert definiert haben, ebenfalls durch „Time`s Magazins“. Beyoncé wurde auch in die „Encyclopædia Britannica“ 2019 als Top 100 Frau aufgenommen.[(143)]

Beyoncé Knowles wurde als Leadsängerin der Mädchengruppe „Destiny`s Child“ zum Superstar und entschied sich später für eine Solokarriere. Sie schloss sich Jay-Z an, den sie 2008 heiratete, nachdem er ihr einen Verlobungsring im Wert von fünf Millionen Dollar geschenkt hatte. Im Januar 2012 brachte Beyoncé ihre Tochter namens Blue Ivy Carter zur Welt, was zahlreiche Gerüchte in Bezug auf den Namen des Babys auslöste, der möglicherweise eine geheime Bedeutung für die Illuminaten hatte. Eine populäre Behauptung war, dass Ivy für die Illuminaten Jüngste stand, eine ziemlich lächerliche Behauptung, aber vielleicht nicht so lächerlich, wie Ihr Kind „blau!“ zu nennen. Werfen wir einen Blick auf Beyoncé`s dunkle

Verwandlung von einem unschuldigen, singenden Schätzchen zu einem Illuminati-Symbol, einer Hexe gleich die darin gipfelte, dass sie in ihrer „Super Bowl"-Halbzeitperformance 2013 Jay'Zs Markenzeichen „Illuminati" in die Kamera streckte, indem sie ihre Zeigefinger und Daumen für einen kurzen Moment zu einem Dreieck zusammenfügte.

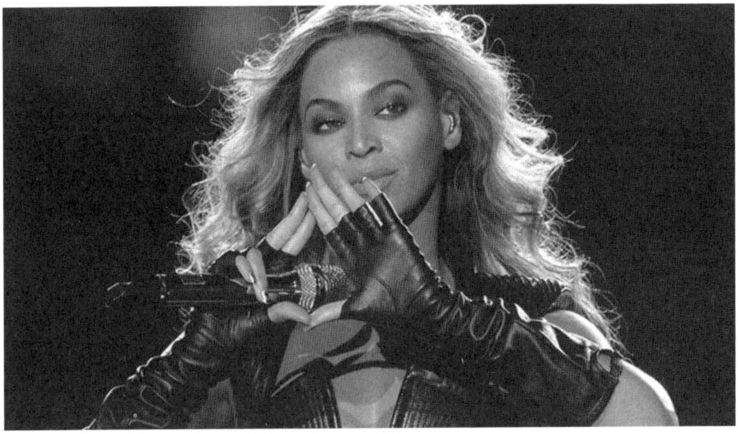

Abb. 336: Beyoncé stellt mit ihren Händen eine Pyramide dar

Beyoncé's Abstieg in die dunkle Seite scheint in direktem Zusammenhang mit ihrer Beziehung zu Jay-Z zu stehen, von der viele glauben, dass er sie in seine Geheimlehren eingeweiht hat. Zum Beispiel wird die einst süße und unschuldige Beyoncé von Jay-Z in einer feurigen Explosion in ihrem Musikvideo „Crazy in Love" „getötet". Wir müssen mitansehen, wie Jay-Z absichtlich das Feuer entzündet, das Beyoncé's Auto in die Luft jagt, während sie im Inneren der Wagens gefangen ist und dann wird ihr Alter Ego „Sasha Fierce" geboren und erhebt sich aus der Asche.

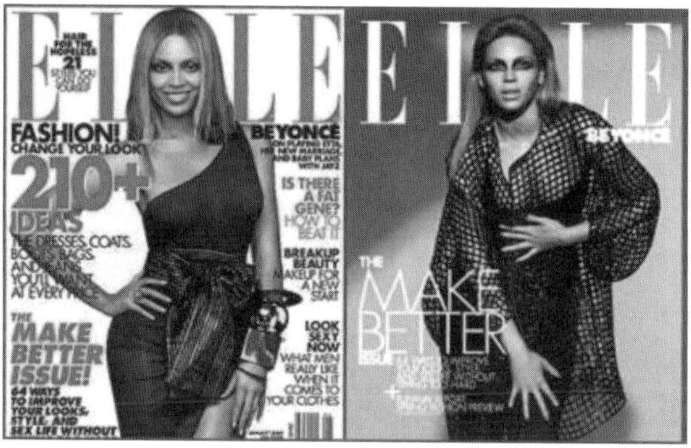

Abb. 337: Die gute Beyoncé links in einem violetten Kleid und rechts die verstörend aussehende „Sasha Fierce“ in einem schwarzen Kleid

Sie taucht wieder auf dem Bildschirm auf und tanzt neben Jay-Z. Die Szene scheint ein absichtliches symbolisches „Töten“ der alten Beyoncé zu sein und zeigt die Geburt von „Sasha Fierce“, ihrem sinisteren und satanisch aussehenden Alter Ego.

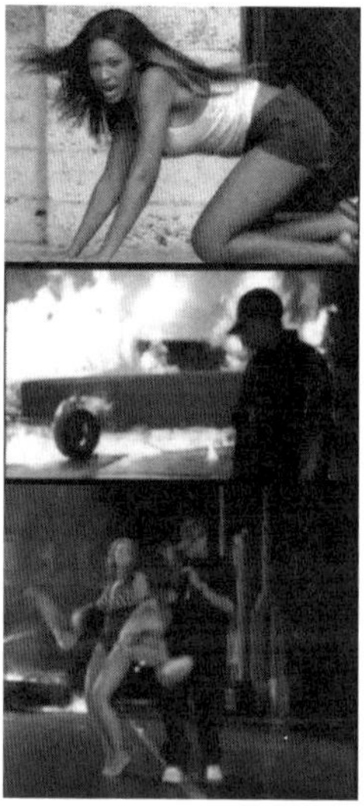

Abb. 338: Von oben: Die unschuldige Beyoncé betritt eine symbolische Bühne und ahmt rituellen Sex zur Einweihung nach. Explosion des Autos, die den Tod der alten Beyoncé kennzeichnet (die immer noch auf dem Rücksitz feststeckt). „Sasha Fierce“ erscheint aus dem Nichts

Beyoncé trat bei den „BET Awards“ 2007 (jährlicher amerikanischer Fernsehpreis von „Black Entertainment Television“) als Roboter auf die Bühne und zeigte „Sasha Fierce“, die wie der satanische Roboter im bekannten Film *Metropolis* (mehr dazu im Buch „Der Hollywood-Code“) von 1927 aussah, einem klassischen Film über eine wohlhabende herrschende Elite und die armen Sklaven der Unterschicht, die funktionieren müssen, um unermüdlich den Lebensstil ihrer Meister zu erhalten.

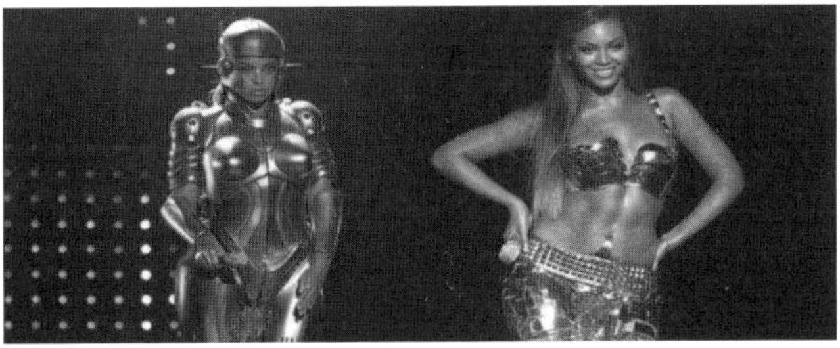

Abb. 339: Diese Aufführung ist inspiriert von einer Szene aus dem Film *Metropolis* von 1927, in der eine Roboterin lebendig wird und die Sklaven im Auftrag der Elite verhext

Nicht lange danach trat Beyoncé bei den „Grammy Awards“ 2010 zusammen mit Dutzenden von Tänzern auf, die in Polizeikleidung gekleidet waren. Sie wirkten sexy und cool und dienten dazu, den Polizeistaat zu fördern, zu dem Amerika infolge des Krieges gegen den Terror und der schrumpfenden Freiheiten wurde.(144)

Die okkulte Bedeutung von Beyoncés „Lemonade“

Beyoncé`s visuelles Album„Lemonade“(2016) begeisterte Kritiker mit einem reichhaltigen Dekor aus Ton und Bild. Es gibt jedoch eine tiefere Interpretationsebene, die die meisten Kritiker nicht berücksichtigt haben - eine, die sich stark auf okkulte Rituale und Symbolik stützt. Wir werden uns die verborgene Bedeutung von Beyoncés „Lemonade“ ansehen.

Die überraschende Veröffentlichung von „Lemonade“ löste einen perfekten Sturm der Medienaufmerksamkeit aus. Klatschseiten stellten Fragen wie: „Beschuldigt Beyoncé Jay-Z des Betrugs?“ Für Musikkritiker, die

Beyoncé als „einzigartiges Genie“ und „Superheldin der schwarzen Frau“ proklamierten, stand „Lemonade“ im Rampenlicht der Popkultur. Bei all diesen Diskussionen hat sich jedoch fast niemand mit einem offensichtlichen Merkmal dieses visuellen Albums befasst: Es ist stark okkult, spirituell und rituell und spielt auf metaphysische Konzepte an, die der Geschichte eine tiefere Bedeutung verleihen.

In der Tat hielten die meisten Beobachter ihre Analyse in sehr flachen Gewässern und kamen zu erschütternden Schlussfolgerungen: „Es geht um starke schwarze Frauen, und nicht schwarze Frauen sollten nicht einmal versuchen, es zu verstehen“, ohne auch nur die 50% des Videos anzusprechen, die weit über diese vereinfachende Interpretation hinausgehen.

Das Album wird im „Tidal Magazine“ als „die Reise jeder Frau zur Selbsterkenntnis und Heilung“ beschrieben. Insgesamt soll das Thema „die Ermächtigung schwarzer Frauen sein, die sich sowohl auf eheliche Beziehungen als auch auf das historische Trauma der Sklaverei beziehen.“

Während Beyoncé im gesamten Videos mit einem untreuen Ehemann zu sprechen scheint, deuten verschiedene Hinweise darauf hin, dass dieser untreue Ehemann nicht Jay-Z oder ihr Vater ist. Stattdessen ist es Beyoncé`s wahrer Vater und Ehemann, die Musikindustrie der okkulten Elite. Nachdem Beyoncé ihr Leben und ihre Seele abgegeben hat, um Teil dieser Branche zu sein, ist sie nun mit ihr verheiratet - zum Guten oder zum Schlechten. Aber die Industrie ist ihr nicht treu und behandelt sie schlecht. Durch symbolische Bilder erklärt „Lemonade“, was von Beyoncé verlangt wurde, um in ihren Worten die „böseste Scheiße im Spiel“ zu werden, wie es bei ihr bleibende Spuren hinterlassen hat und wie sie jetzt als „Anführerin“ eingesetzt wird.

Musikkritiker behaupten, dass „Lemonade“ Beyoncé‘s persönlichstes Album ist, was den Anschein erweckt, als würde sie mit Stift und Papier weinen und ihr Herz ausschreiben. Aber so war es nicht. Ein kurzer Blick auf die Liner Notes des Albums zeigt, dass das Album von einem Team von 72 Autoren geschrieben wurde. Allein der Song „Hold Up“ wurde von 15 Personen geschrieben! Der Videoteil des „visuellen Albums“ wurde von sieben Regisseuren zusammengestellt, darunter einige der Favoriten der okkulten Elite: Jonas Akerlund und Mark Romanek. Akerlund wurde bereits erwähnt, weil er hochsymbolische Videos wie Britney Spears „Hold it Against Me“,

Lady Gaga`s „Telephon“ sowie einen MKULTRA-Werbespot für Versace erstellt hat und vieles mehr. Akerlund hat ein klares Verständnis für die Bilder der okkulten Elite und scheint sich darauf spezialisiert zu haben, Popstars als gedankengesteuerte Marionetten darzustellen. Vorgeschrieben und angeleitet von der okkulten Elite.

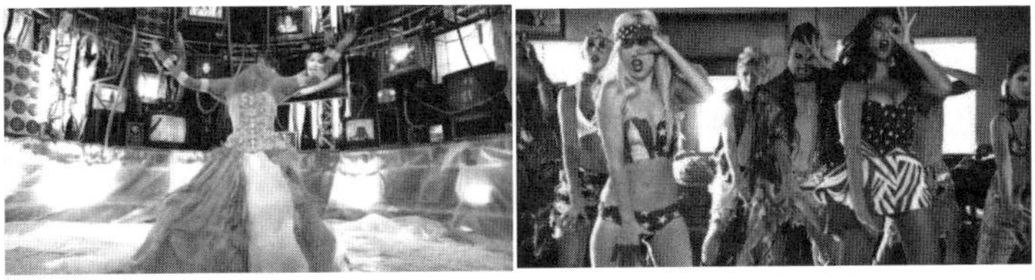

Abb. 340 links: In „Hold it Against Me“ ist Britney in einem Raum voller Monitore gefangen und an intravenöse Leitungen angeschlossen. Kurz gesagt, ein MKULTRA-Sklave. Rechts: In „Telephon“ ließ Akerlund Lady Gaga und Beyoncé das Ein-Auge-Zeichen machen, nachdem sie eine Menge Leute in einem rein amerikanischen Diner getötet hatten

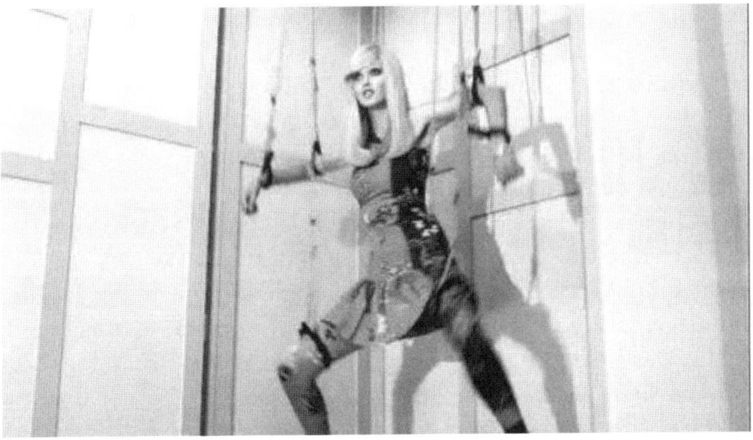

Abb. 341: In seinem Versace „For H&M“-Werbevideo werden Modelle als MKULTRA-Puppen dargestellt, die von einem rücksichtslosen Handler (Donatella Versace) gesteuert werden

In „Lemonade“ werden die gleichen Ideen kommuniziert - aber heimtückisch unter einer dicken Schicht von Erzählungen über „starke schwarze Frauen“ verborgen. Beyoncé war immer eine Industriepuppe, aber jetzt wurde diese Puppe zu ihren „Leuten“ zurückgeschickt, um führend zu werden. Mit anderen Worten, sie ist (noch) Maria aus dem Film *Metropolis* (dem Lieblingsfilm der Elite).

In *Metropolis* ist Maria eine vertrauenswürdige Anführerin der Arbeiterklasse. Die Elite entführt sie und erschafft einen Android, der Marias Aussehen annimmt. Dieser Android wird an die Arbeiter zurückgeschickt, um sie in die Irre zu führen und sie dazu zu bringen, in die Falle der Elite zu tappen. In einer Szene steht der Android (bevor er Marias Gestalt annahm) vor einem umgekehrten Pentagramm, was darauf hindeutet, dass es um ein okkultes Ritual und schwarze Magie geht. Hat Beyoncé eine 180 Grad Wende für „Lemonade" vollzogen und plötzlich versucht, „ihr Volk zu stärken"? Nicht wirklich. Dieselbe okkulte Elite besitzt immer noch ihre Person sowie ihr Image und all ihr Material.

Denken Sie an die unmittelbare Reaktion nach der Veröffentlichung von „Lemonade": Beschuldigungen, Fingerzeigen und Misstrauen gegenüber Jay-Z, ihrem Vater, und eine Hexenjagd gegen Frauen, bei denen der Verdacht besteht, dass sie Jay-Z`s Geliebte sind. Ermächtigt dies wirklich jemanden ... oder geht es um mehr Selbstzerstörung? Schauen wir uns „Lemonade" an!

Das einstündige visuelle Album ist ein Sammelsurium aus Songclips, Gedichtpassagen und Videokurzfilmen, die zu einer übergreifenden Geschichte zusammengestellt wurden. Die Bilder von „Lemonade" (und sogar ihr Titel) sind stark von den Heimatstaaten der Eltern von Beyoncé (Louisiana und Texas) inspiriert und greifen die Wurzeln des tiefen Südens auf. Es greift jedoch auch auf die Wurzeln des Okkultismus zurück.

Das gesamte Video ist durchdrungen von dem Konzept der Dualität, das sich im Gegensatz von Schwarz und Weiß, Gut und Böse, Liebe und Hass ausdrückt. Das Video zeigt auch zwei unterschiedliche Realitäten: Was über der Erde passiert (damit die Welt es sieht) und was unter der Erde passiert (schließlich bedeutet das Wort „okkult" verborgen).

Das erste Gedicht des Videos legt alles auf den Tisch: Es ruft gleichzeitig einen untreuen Ehemann und einen untreuen Vater aus, in Worten, die auch auf die Musikindustrie angewendet werden können - das „Zuhause", in dem Beyoncé den größten Teil ihres Lebens verbracht hat - und das Reale, der „betrügerischer Ehemann", mit dem sie verheiratet ist.

„Ich habe versucht, aus dir ein Zuhause zu machen, aber Türen führen zu Falltüren, eine Treppe führt ins Nichts. Unbekannte Frauen wandern nachts durch die Gänge. Wohin gehst du, wenn du schweigsam bist?

Du erinnerst mich an meinen Vater, einen Zauberer, der an zwei Orten gleichzeitig existieren kann. In der Tradition der Männer meines Blutes kommst du nachts um 3 Uhr nach Hause und lügst mich an. Was verheimlichst du?

Vergangenheit und Zukunft verschmelzen, um uns hier zu treffen. Was für ein Glück. Was für ein verdammter Fluch."

(„I tried to make a home out of you, but doors lead to trap doors, a stairway leads to nothing.

Unknown women wander the hallways at night. Where do you go when you

go quiet?

You remind me of my

father, a magician … able to exist in two places at once.

In the tradition of men in my blood, you come home at 3 a.m. and lie to me. What are you

hiding?

The past and the future merge to meet us here. What luck.

What a

fucking curse.")

Die Branche ist voll von „Falltüren" und „Treppen, die ins Nichts führen" für Künstler, die für immer Bauern im Spiel bleiben werden. Die okkulte Elite, die auf Rituale und schwarze Magie aus ist, erinnert sie an ihren Vater, einen „Magier". In ihren Worten: „Was für ein verdammter Fluch." Das Video erzählt dann symbolisch Beyoncés ersten Kontakt mit der „dunklen Seite".

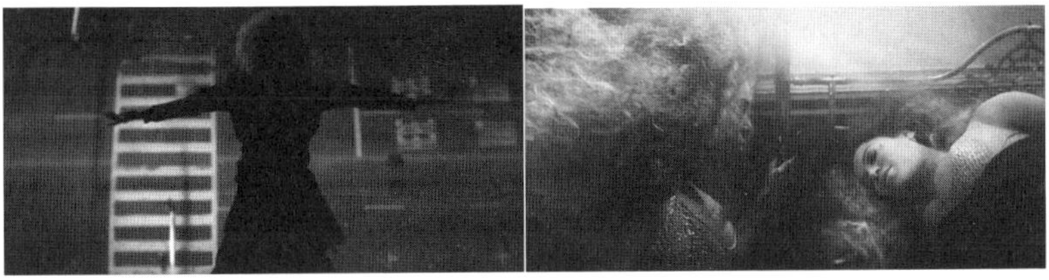

Abb. 342 links: Beyoncé ist schwarz gekleidet und begeht Selbstmord… Selbstaufopferung. Rechts: Beyoncé landet in einem Raum unter Wasser. Wir sehen ihr altes Ich und ihr neues Selbst

Der Unterwasserraum repräsentiert den Mutterleib. Unter Wasser befindet sich Beyoncé in einer prägenden Übergangsphase, bis sie zur Wiedergeburt bereit ist. Das von Beyoncé rezitierte Gedicht spielt auf die Reinigungsperioden an, die okkulte Eingeweihte benötigen, bevor sie die Einweihung erfahren.

„Ich habe versucht mich zu ändern. Ich schloss meinen Mund mehr und versuchte weicher, hübscher und weniger wach zu sein. 60 Tage gefastet, weiß getragen, auf Spiegel verzichtet, auf Sex verzichtet, langsam kein weiteres Wort gesprochen. In dieser Zeit wuchsen meine Haare über meine Knöchel hinaus. Ich habe auf einer Matte auf dem Boden geschlafen. Ich habe ein Schwert geschluckt. Ich schwebte. Ging in den Keller, gestand meine Sünden und wurde in einem Fluss getauft. Ich kniete mich hin und sagte ‚Amen' und sagte ‚Ich meine'."

(„I tried to change. Closed my mouth more, tried to be softer, prettier, less awake.
Fasted for 60 days, wore white, abstained from mirrors, abstained from sex, slowly did not speak another word.
In that time, my hair, I grew past my ankles.
I slept on a mat on the floor.
I swallowed a sword.
I levitated. Went to the basement, confessed my sins, and was baptized in a river.
I got on my knees and said 'amen' and said 'I mean.'")

In der Mitte dieses Gedichts werden die Dinge immer düsterer und Beyoncé wird immer aufgeregter und ruckelt herum, als ob sie besessen wäre. Bei der Reinigung geht es um schwarze Magie.

„Ich peitschte meinen eigenen Rücken und bat um Herrschaft zu Ihren Füßen. Ich warf mich in einen Vulkan. Ich trank das Blut und den Wein. Ich saß alleine und bettelte und beugte mich in der Taille für Gott. Ich bekreuzigte mich und dachte, ich hätte den Teufel gesehen.

(„I whipped my own back and asked for dominion at your feet. I threw myself into a volcano. I drank the blood and drank the wine. I sat alone and begged and bent at the waist for God. I crossed myself and thought I saw the devil.

Ich bekam verdickte Haut an meinen Füßen, ich badete in Bleichmittel und verstopfte meine Menstruation mit Seiten aus dem heiligen Buch, aber immer noch in mir, tief gewickelt, war das Bedürfnis zu wissen ... Betrügst du mich?"

I grew thickened skin on my feet, I bathed in bleach, and plugged my menses with pages from the holy book, but still inside me, coiled deep, was the need to know … Are you cheating on me?")

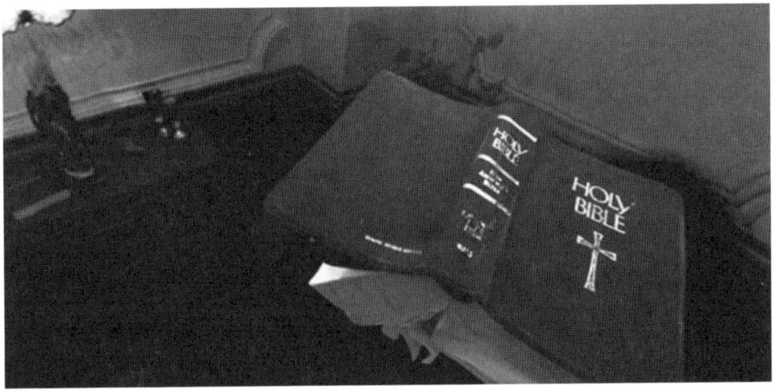

Abb. 343: Nachdem sie dachte, sie hätte „den Teufel gesehen", sagt Beyoncé, sie habe „in Bleichmittel gebadet" und „ihre Menstruation mit Seiten des Heiligen Buches zu verstopft"

Das Verschmutzen, Schande und Zerstören christlicher Artefakte (insbesondere der Bibel) ist ein Standardbestandteil eines satanischen Rituals. Okkultisten haben Menstruationsblut immer als stark und mit „Lebenskraft" aufgeladen angesehen, weshalb es häufig in okkulten Ritualen verwendet wird. Dieser besondere Vers ist daher ein klarer Hinweis auf schwarze Magie. Es ist ein einleitender Eid gegenüber der dunklen Seite.

Nach einer Austragzeit im Mutterleib, in der Beyoncé auf die Weise der okkulten Elite initiiert wurde, ist sie bereit für die Wiedergeburt.

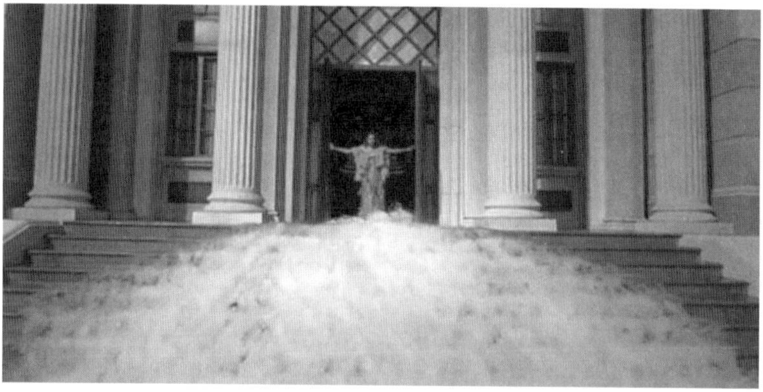

Abb. 344: Beyoncé taucht aus einem Tempel auf, während Wasser heraussprudelt, so wie ein Baby aus dem Mutterleib austritt, nachdem die Fruchtblase platzt

In dieser Sequenz ist Beyoncé auch eine Verkörperung der Göttin Oshun des Yoruba-Volkes. Oshun wird in der Yoruba-Religion allgemein als Fluss Orisha oder Göttin bezeichnet und ist typischerweise mit Wasser, Reinheit, Fruchtbarkeit, Liebe und Sinnlichkeit verbunden. Sie gilt als eine der mächtigsten aller Orishas und besitzt wie andere Götter menschliche Eigenschaften wie Eitelkeit, Eifersucht und Trotz. Beyoncés Kleiderfarbe wird auch mit Oshun assoziiert, da sie mit Gelb oder Bernstein und dem Metall Gold oder Bronze assoziiert wird.

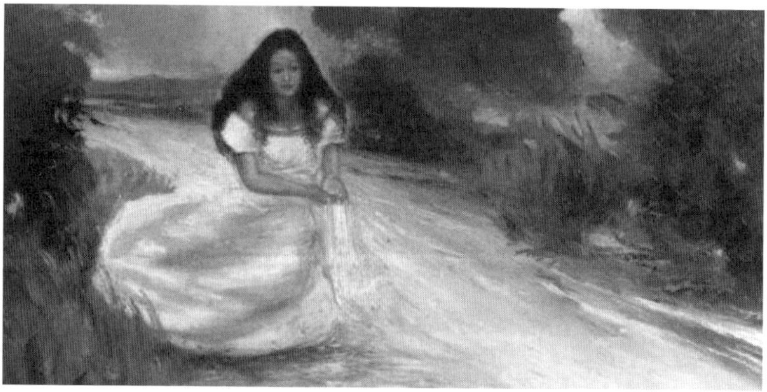

Abb. 345: Eine klassische Darstellung von Oshun

Nach dem Tod durch Selbstaufopferung, einer Zeit der Abgeschiedenheit und okkulten Initiation wird Beyoncé wiedergeboren. Sie ist jetzt die Dienerin der okkulten Elite. Sie sieht sexy und fabelhaft aus und ist in der Gesellschaft losgelöst. Tut sie Gutes und hilft sie Menschen? Nicht wirklich. Sie macht genau das Gegenteil.

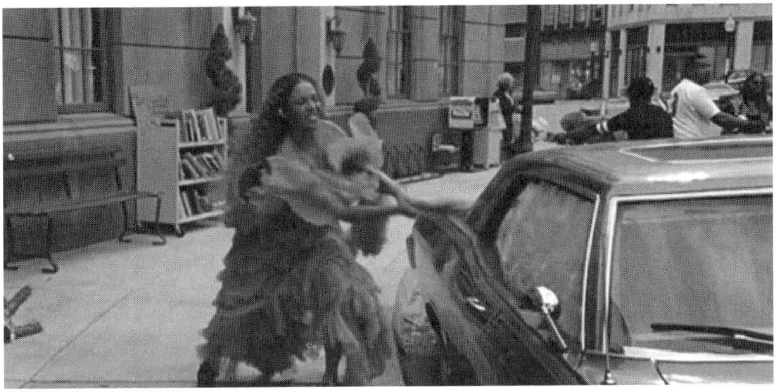

Abb. 346: Beyoncé geht durch die Straßen von New Orleans und beginnt mit einem Baseballschläger Autos zu demolieren. Sie beschädigt nicht nur das Auto ihres betrügenden Mannes, sondern auch andere

An einem Punkt sieht Beyoncé ein Beauty-Spa, das „kostenlose Gesichtsbehandlungen heute" anbietet. Sie zerbricht das Fenster. Abgesehen von sexuellen Anspielungen, kann man angesichts der Tatsache, dass diese Art von Geschäft fast immer im Besitz lokaler Kleinunternehmer ist und im Zusammenhang mit ihrer anderen Zerstörung, fragen: Warum greift Beyoncé ihre eigene Gemeinde an?

Dieses Video könnte die „Kernschmelze" -Phase darstellen, die viele Industriesklaven durchlaufen, nachdem sie von der Branche neu programmiert wurden.

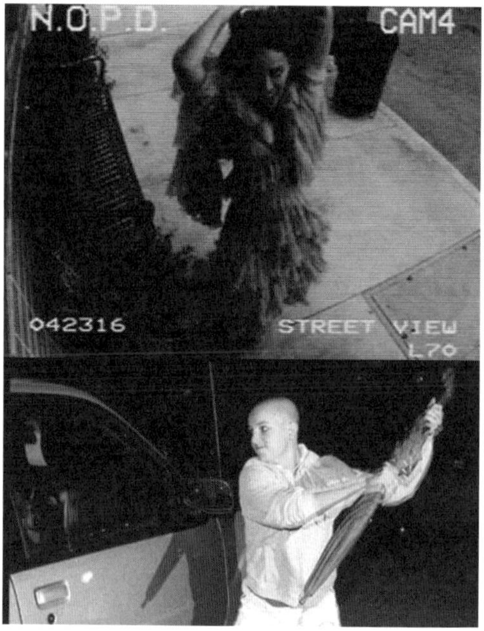

Abb. 347 ben: Obwohl Beyoncé weiß, dass die Bilder dieser CCTV-Kamera direkt an das New Orleans Police Department gehen (und wohl auch an die Medien, wie bei ihrer CCTV-Erfahrung im wirklichen Leben), greift sie sie an. Sie ist sich ihrer Handlungen bewusst. Unten: Die Industriesklavin Britney Spears greift während ihres berüchtigten Zusammenbruchs von 2008 ein Auto an

Dann steigt Beyoncé in einen Monstertruck und zerquetscht ein paar fremde Autos. Nach diesem öffentlichen Zusammenbruch sendet Beyoncé eine Bitte an die Elite. Durch die Programmierung gebrochen, ist sie bereit, aufgebaut zu werden... nach den Vorstellungen der Elite.

„Wenn es das ist, was du wirklich willst ... kann ich ihre Haut über meiner tragen. Ihre Haare über meinen. Ihre Hände wie Handschuhe. Ihre Zähne als Konfetti. Ihre Kopfhaut, eine Mütze. Ihr Brustbein, mein verschnörkelter

(„If it's what you truly want ... I can wear her skin over mine. Her hair over
mine. Her hands as gloves.
Her teeth as confetti. Her scalp, a cap. Her sternum, my bedazzled cane.

Gehstock. Wir können für ein Foto posieren, wir alle drei. Unsterblich... du und dein perfektes Mädchen."

We can pose for a photograph, all three of us. Immortalized ... you and your perfect girl.")

In Bezug auf die Gedankenkontrolle der Monarchen ist Beyoncé bereit, ihre Alter Persona anzunehmen und der Popstar zu werden, den die Elite vor die Massen stellen will. Das ist heftig!

Ausbeutung: Nach ein paar wütenden Liedern, in denen Beyoncé sich gegen ihrem betrügenden Ehemann auflehnt, werden die Dinge wieder rituell. Während Beyoncé oberirdisch eine starke, kompromisslose Frau zu sein scheint, sind die Dinge im Untergrund anders.

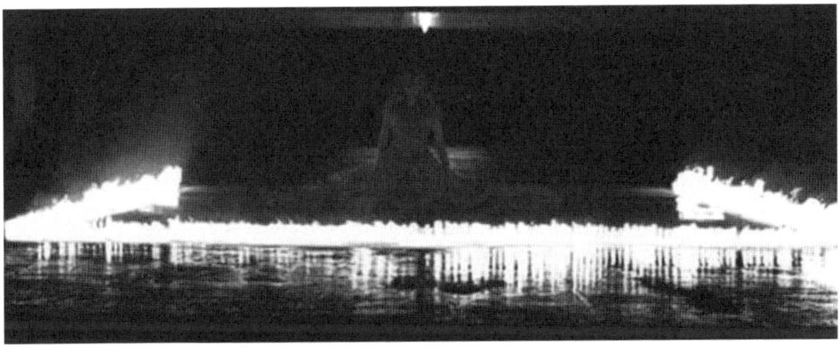

Abb. 348: In Rot (Opferfarbe) gekleidet und von Feuer umgeben, findet ein weiteres Ritual statt – Sexmagie

Beyoncé rezitiert dann ein Gedicht mit okkulter Bedeutung: Es geht um Sexmagie.

„Sie schläft den ganzen Tag. Träume von dir in beiden Welten. Bis zum Blut in und aus der Gebärmutter. Wacht auf und riecht nach Zink, Trauer, beruhigt von Orgasmen, Orgasmen verstärkt durch Trauer. Gott war im Raum, als der Mann zu der Frau sagte: „Ich liebe

(„She sleeps all day. Dreams of you in both worlds. Tills the blood, in and out of uterus. Wakes up smelling of zinc, grief sedated by orgasm, orgasm heightened by grief.

God was in the room when the man said to the woman, "I love you

dich so sehr. Wickle deine Beine um mich. Zieh mich rein, zieh mich rein, zieh mich rein." Manchmal, wenn er ihre Brustwarze in seinem Mund hatte, flüsterte sie: ‚Oh mein Gott'. Auch das ist eine Form der Anbetung."	*so much. Wrap your legs around me. Pull me in, pull me in, pull me in." Sometimes when he'd have her nipple in his mouth, she'd whisper, 'Oh, my God.' That, too, is a form of worship.")*

Sexmagie kann definiert werden als „sexuelle Aktivität, die bei magischen, rituellen oder anderweitig religiösen und spirituellen Aktivitäten eingesetzt wird". Ähnlich wie das oben erwähnte Menstruationsblut wird die körperliche Erregung von Okkultisten als äußerst wirksam angesehen und kann für magische Zwecke kanalisiert werden, siehe Aleister Crowley und das „OTO".(145)

Das magische und initiatorische System des „OTO" hat in seinem Innersten eine Reihe von Lehren über Sexmagie. Man könnte sogar beobachten, dass das Akronym dieser Ordnung eher phallisch ist. Sexmagie ist die Verwendung des Sexakts oder der Energien, Leidenschaften oder Erregungen, die er hervorruft, um den Willen oder das magische Verlangen in der nicht-sexuellen Welt zu fokussieren. Es wurde mit der „Lebenskraft" und der „Kundalini" gleichgesetzt. Durch den rituellen Einsatz sexueller Techniken, inspiriert von den tantrischen Schulen des Ostens, kann der Eingeweihte die immense Kraft der sexuellen Energie nutzen, um höhere Bereiche der Spiritualität zu erreichen.(146)

„Der Orden hatte das große Geheimnis der Tempelritter wiederentdeckt, die Magie des Geschlechts, nicht nur den Schlüssel zur alten ägyptischen und hermetischen Tradition, sondern auch zu allen Geheimnissen der Natur, allen Symbolen der Freimaurerei und allen Religionssystemen."(147)

Crowley war überzeugt, dass seine Mission darin bestand, „die Welt von der sexuellen Unterdrückung zu heilen", um die „okkulten Kräfte in Gang zu setzen, die bis 2000 n. Chr. zur Erleuchtung aller führen würden". Um sein Ziel zu erreichen, beschloss er, jedes Detail des sexuellen Verhaltens zu untersuchen und jeden sexuellen Impuls in die Region des rationalen Bewusstseins zu bringen. Zu diesem Zweck experimentierte er mit veränderten Bewusstseinszuständen, einschließlich Haschisch, Kokain und Opium.

Crowley sollte schließlich (nicht ohne Protest) die Praxis der homosexuellen Sexmagie in den „OTO" als einen der höchsten Grade des Ordens einführen, da er glaubte, dass dies die mächtigste Formel sei. (Quelle: Jason Newcomb „Sexual Sorcery") Es war klar, dass Crowley der Ansicht war, dass die Anschuldigungen gegen die ursprünglichen Templer, Sodomie und Orgien mit Frauen zu praktizieren, tatsächlich begründet waren, aber von ihren Kritikern nicht verstanden wurden.

Crowley behielt auch eine Reihe von „Scarlet Women" bei sich: Die bekannteste von ihnen war Leah Hirsig, die sogenannte „Ape of Thoth". Zusammen gönnten sie sich Trinkstunden, Drogen und sexuelle Magie. Es wird angenommen, dass Crowley mit mehreren dieser Frauen mehrere Versuche unternahm, ein „magisches Kind" zu zeugen (siehe Roman Polanskis Film *Rosmaries Baby*), was Berichten zufolge nicht funktionierte. Stattdessen fiktionalisierte er seine Versuche in einem Buch namens „Moonchild", das 1929 veröffentlicht wurde.

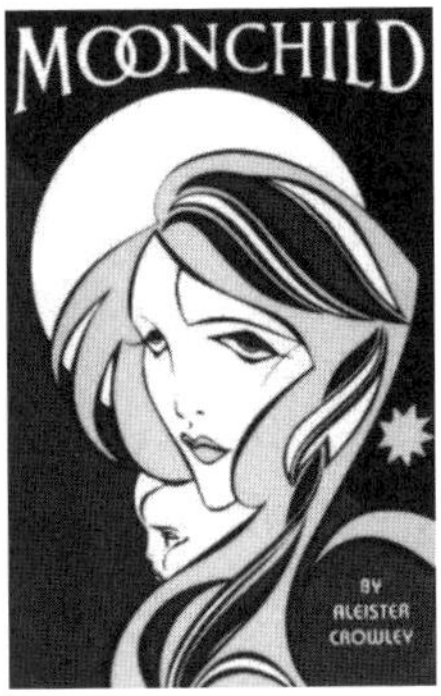

Abb. 349: Die Frau im Mond mit den zwei Gesichtern, Kind und erwachsene Weiblichkeit

Der Rest des Gedichts ruft Dunkelheit und die Überlieferung der Hexerei hervor. Es verweist erneut auf Bilder, die mit schwarzer Magie verbunden sind.

„Ihre Hüften mahlen, Stößel und Mörser, Zimt und Nelken. Wann immer er sich zurückzieht ... Verlust. Lieber Mond, wir geben Dir die Schuld für Überschwemmungen... für die Blutspülung... für Männer, die auch Wölfe sind. Wir beschuldigen die Nacht, die Dunkelheit, die Geister."

(„Her hips grind, pestle and mortar, cinnamon and cloves. Whenever he pulls out ... loss.
Dear moon, we
blame you for floods ... for the flush of blood ...
for men who are also wolves. We blame for the night, for the dark, for the ghosts.")

In diesem Zusammenhang ist Beyoncé ein programmierter Sklave, der im magischen Ritual verwendet wird - ein Beta-Kätzchen. Passenderweise handelt das nächste Lied, „6 Inch", von Prostitution - was Beta-Kittens tun.

„Sechs-Zoll-Absätze, sie spazierte in den Club, als ginge es keinen was an. *Verdammt, sie hat alle umgebracht und ich war ihr Zeuge.* *Sie arbeitet für das Geld, sie arbeitet für das Geld* *Von Anfang bis Ende* *Und sie ist jeden Dollar wert, sie ist jeden Dollar wert* *Und sie ist jede Minute wert"*	*(„Six-inch heels, she walked in the club like nobody's business* *Goddamn, she murdered everybody and I was her witness* *She works for the money, she work for the money* *From the start to the finish* *And she worth every dollar, she worth every dollar* *And she worth every minute.")*

In dem folgenden Gedicht spricht Beyoncé ihre Mutter an, während sie missbräuchliche Ehemänner und Väter anprangert. Sie bezieht sich auch auf die okkulte Industrie, die zu ihrem Vater und Ehemann wurde.

„Mutter Liebste, lass mich die Erde erben. Lehre mich, wie ich ihn zum Betteln bringen kann. Lass mich die Jahre wieder gut machen, die er dich warten ließ. Hat er dein Spiegelbild verbogen? Hat er dich deinen eigenen Namen vergessen lassen? Hat er dich überzeugt, dass er ein Gott ist? Bist du täglich auf die Knie gegangen? Schließen sich seine Augen wie Türen? Bist du ein Sklave am Hinterkopf? *Spreche ich über deinen Mann oder deinen Vater?"*	*(Mother dearest, let me inherit the earth. Teach me how to make him beg. Let me make up for the years he made you wait. Did he bend your reflection? Did he make you forget your own name? Did he convince you he was a god? Did you get on your knees daily? Do his eyes close like doors? Are you a slave to the back of his head?* *Am I talking about your husband or your father?")*

Die obigen Worte beschreiben geistigen, körperlichen und sexuellen Missbrauch, wie ihn MKULTRA-Sklaven durchmachen. Nachdem Beyoncé diese schrecklichen Worte rezitiert hat, singt sie ein Lied, das ihrem Vater gewidmet ist. Man kann nicht sagen, dass „Lemonade" freundlich zu schwarzen männlichen Figuren ist.

Nach Wut und Rebellion lässt sich Beyoncé nieder, akzeptiert ihr Schicksal und will sich versöhnen.

„Taufe mich ... jetzt, wo Versöhnung möglich ist. Wenn wir heilen wollen, lass es herrlich sein. 1.000 Mädchen heben die Arme. Erinnerst du dich, geboren worden zu sein? Bist du dankbar für die Hüften, die geknackt haben? Der tiefe Samt deiner Mutter und ihrer Mutter und ihrer Mutter? Es gibt einen Fluch, der gebrochen wird.“

(„Baptize me ... now that reconciliation is possible. If we're gonna heal, let it be glorious. 1,000 girls raise their arms. Do you remember being born?
Are you thankful for the hips that cracked? The deep velvet of your mother and her mother and her mother? There is a curse that will be broken.“)

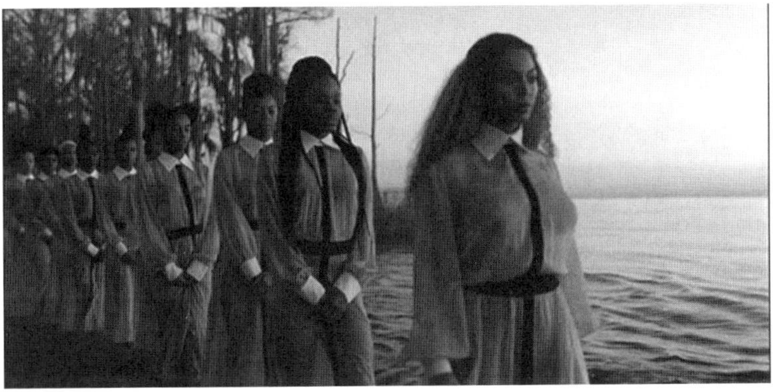

Abb. 350: Nach einer Zeit der Trübsal sind Beyoncé (und ihre Anhänger) bereit, erneuert zu werden. Durch die Darstellung einer Taufe weist das Video darauf hin, dass es sich nicht um Jay-Z handelt, sondern um etwas Größeres

Das Lied „Sandcastles“ zeigt Beyoncé und Jay-Z, die intime Momente teilen. Jay-Z ist der Böse, dem Beyoncé vergeben hat.

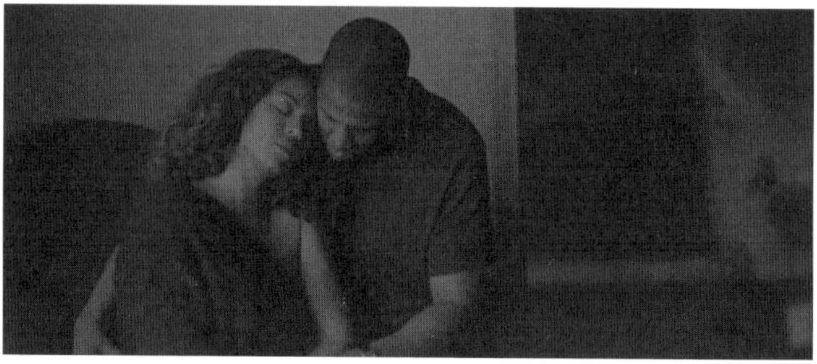

Abb. 351: Warum sollte Jay-Z überhaupt zustimmen, in einem solchen Video zu erscheinen? 1) Er muss. 2) Jede Werbung ist gute Werbung. 3) Hier geht es nicht wirklich um ihn, er ist lediglich ein Stellvertreter für das wahre Thema des Videos

Danach konzentriert sich das Video auf einige normale, schwarze Alltags-Menschen. Eine von ihnen lobt den Herrn.

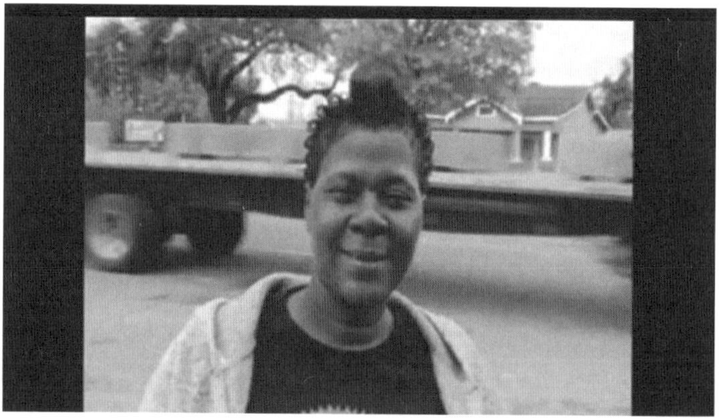

Abb. 352: „Dank dir Jesus. Ich liebe den Herrn, es tut mir leid, Bruder. Ich liebe den Herrn. Das ist alles was ich habe. Wen rufst du an, wenn dein Rücken gegen die Wand und deine Wand gegen deinen Rücken stößt? Hallo! Wen rufst du an? Wen rufst du an? Du musst ihn anrufen. Du musst Jesus anrufen. Du musst ihn anrufen. Du musst ihn anrufen, weil du keine andere Hoffnung hast"

Im Untergrund sieht es jedoch anders aus. Beyoncé ist nicht wie diese Frau, die draußen steht. Sie befindet sich in einem dunklen, höhlenartigen Ort - und ihre Gedanken sind woanders.

„Du bist erschreckend ... und seltsam und schön. Magie.“ (*„You are terrifying ... and strange and beautiful. Magic.“*)

Sie ist immer noch besessen von der dunklen Seite und wird es wahrscheinlich immer sein. Trotz dieser Tatsache oder deswegen wurde sie nun ausgewählt, um ihr Volk zu verführen.

Von da an übernimmt das Thema Freiheit und Befreiung. In einem System, das streng von den Mächten kontrolliert wird, kann „Befreiung“ nur von den Marioneten verfochten werden, die diese Mächte geschaffen haben. Mit anderen Worten: kontrollierte Opposition.

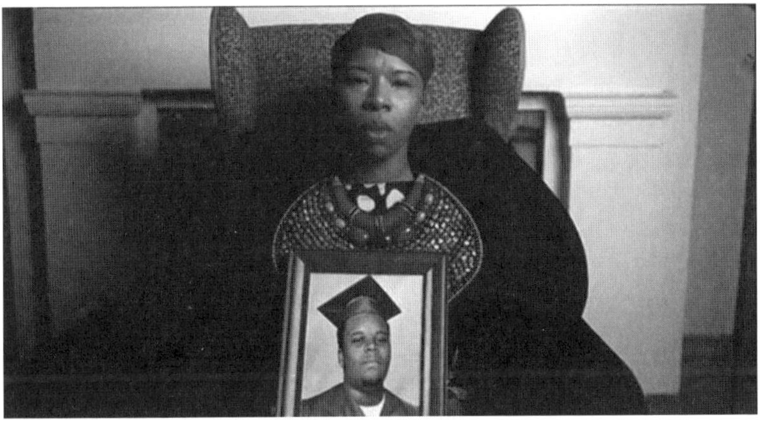

Abb. 353: Während des Songs „Forward“ werden Porträts von schwarzen Männern, die von der Polizei getötet wurden, von ihren Müttern gehalten)

Wie Maria aus *Metropolis* wurde Beyoncé von „ihnen“ geschickt, um eine Führungskraft zu werden. Ihr Team von 72 Autoren und sieben Videoregisseuren hat beschlossen, dieses Thema zu kooptieren, um ihr Glaubwürdigkeit und Legitimität zu verleihen.

Beyoncé lobt dann ihre Großmutter dafür, dass sie die Zitronen des Lebens metaphorisch in Limonade verwandelt hat - natürlich nicht ohne okkulte Begriffe.

„Großmutter, Alchemistin, du hast Gold aus diesem harten Leben gesponnen und Schönheit aus den zurückgelassenen Dingen beschworen. Heilung gefunden, wo es nicht lebte. Entdecktest das Gegenmittel in Deinem eigenen Kit. Brachst den Fluch mit deinen eigenen beiden Händen. Du hast diese Anweisungen an Deine Tochter weitergegeben, die sie dann an ihre Tochter weitergegeben hat."

*(„Grandmother, the alchemist,
you spun gold out of this hard life,
conjured beauty from the
things left behind.
Found healing where it did not live.
Discovered the antidote in your own
kit. Broke the
curse with your own two hands.
You passed these instructions down
to your daughter who then
passed it down to
her daughter.")*

Diese Worte vermitteln Hoffnung und Stärke, doch in Beyoncés letzten Worten geht es darum, „den Magier" (die okkulte Elite) zu bitten, sie wieder zusammenzubringen. Sie ist nicht frei oder von irgendetwas befreit. Mit ihren eigenen Worten, „ihre Peiniger wurden ihr Heilmittel."

„Wahre Liebe brachte die Erlösung in mich zurück. Mit jeder Träne kam Erlösung, und meine Peiniger wurden zu meinem Heilmittel. Also werden wir heilen. Wir fangen neu an. Du hast das Orchester mitgebracht, Synchronschwimmerinnen.

Du bist der Magier. Zieh mich wieder zusammen, so wie du mich in zwei Hälften geschnitten hast. Lass die Frau im Zweifel verschwinden. Zieh den Kummer zwischen meinen Beinen hervor wie Seide. Knoten um Knoten um Knoten. Das Publikum applaudiert ... aber wir können es nicht hören."

*(„True love brought salvation
back into me. With every
tear came redemption and my
torturers became my remedy.
So we're gonna heal. We're
gonna start again. You've brought
the orchestra, synchronized swimmers.
You're the magician. Pull me back
together again, the way
you cut me in half. Make the woman
in doubt disappear.
Pull the sorrow from between my
legs like silk.
Knot after knot after knot. The audience applauds ... but we can't hear
them.")*

Das Album endet mit dem Song „Formation" - einer weit verbreiteten Single, die beim größten Fernsehereignis der Welt ausgestrahlt wurde: der „Superbowl-Halbzeit-Show" 2016. Das Lied beginnt damit, dass Beyoncé im Grunde sagt: „Ihr hört auf zu sagen, dass ich eine Illuminaten-Frau bin! Ich bin ein rebellisches Super Black Power Girl."

„Ihr Hasser seid so kitschig mit diesem Illuminati-Durcheinander
Paparazzi, fangt meine Fliege, und meine freche Frische
Ich bin so leichtsinnig, wenn ich mein Givenchy-Kleid rocke (stylin')
Ich bin so besitzergreifend, dass ich seine Roc-Halsketten trage."

(„Y'all haters corny with that Illuminati mess
Paparazzi, catch my fly, and my cocky fresh
I'm so reckless when I rock my Givenchy dress (stylin')
I'm so possessive so I rock his Roc necklaces.")

Nachdem sie die Leute als kitschig bezeichnet hat, weil SIE die Illuminaten-Agenda vorangetrieben hat, behauptet sie weiter, dass sie Givenchy und Rocafella-Halsketten trägt. Vielleicht sollte man darauf hinweisen, dass *Rocafella Records* nach der Rockefeller-Familie (der primären okkulten Elite-Familie in den USA) benannt wurde und dass das Handzeichen des Labels wie folgt aussieht:

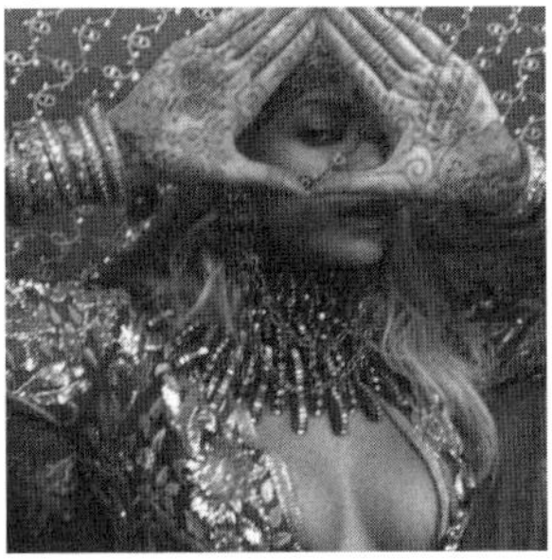

Abb. 354: Beyoncé ... du bist immer noch kitschig mit diesem Illuminaten-Chaos

Beyoncés „Lemonade" ist dunkel, komplex, tiefgreifend und wirkt auf mehreren Ebenen. Es ist jedoch kein persönliches Album. Es wurde von 72 Autoren komponiert und das „visuelle Album" wurde von einem Team okkult-freundlicher Videoregisseure produziert. Es ist ein sorgfältig ausgearbeitetes Produkt der Musikindustrie, das die gleichen Botschaften wie andere Popprodukte enthält. Im Jahr 2016 verschiebt sich jedoch der kulturelle Kontext. Die polizeilichen Morde an Schwarzen in den letzten Jahren haben in den USA zu Trauer, Unruhen und Rassentrennung geführt. Das Team von Beyoncé, das immer „relevant" bleibt, hat eine Handlung entworfen, die diese Themen direkt aufgreift und gleichzeitig die Bilder und die Agenda der okkulten Elite geschickt durchwebt.

Während es bei „Lemonade“anscheinend um Ermächtigung und Freiheit geht, zeigen die okkulten „unterirdischen“ Bilder Beyoncé als genau das Gegenteil: eine Sklavin, die den rigorosen Initiationsprozess der Elite durchläuft. Sie ist keine Rebellin. Sie ist Maria aus *Metropolis*. Und sie serviert dir keine Limonade ... sie serviert dir die giftigen Cool-Heilmittel der Elite.[(148)]

Beyoncés Auftritt bei den „VMAs“ 2016 war ein verdrehtes, okkultes Ritual

Beyoncés Auftritt bei den „Video Music Awards“ 2016 war ein Medley ihres neuesten Angebots „Lemonade“. Ähnlich wie das visuelle Album selbst zeigte die Aufführung okkulte Symbolik und drängte gleichzeitig mehr auf die Agenda der Rassenkriege.

Die „VMAs“ 2016 brachten Musikfans nicht viel Aufregung - nur eine Reihe abgestandener und vorhersehbarer Songs, die von einer Reihe abgestandener und vorhersehbarer Popstars aufgeführt wurden. Beyoncés Leistung mit seiner Länge, Reichweite und Größe hebt sich jedoch deutlich von den anderen ab. Es war, als ob die Leute bei MTV dafür sorgten, dass alle „oohs“ und „ahhs“ Beyoncé vorbehalten waren, die wieder mal die Königin der Show sein musste. Musikpreisverleiher wie die der „VMAs“ wissen genau, wie die Schlagzeilen am nächsten Tag aussehen werden. Und in diesem Jahr musste es um Beyoncé gehen.

Beyoncés „VMA“-Performance hat die meisten rituellen Elemente von „Lemonade“ mit denselben Farbcodes nachgebildet . Es war jedoch kürzer und offensichtlicher.

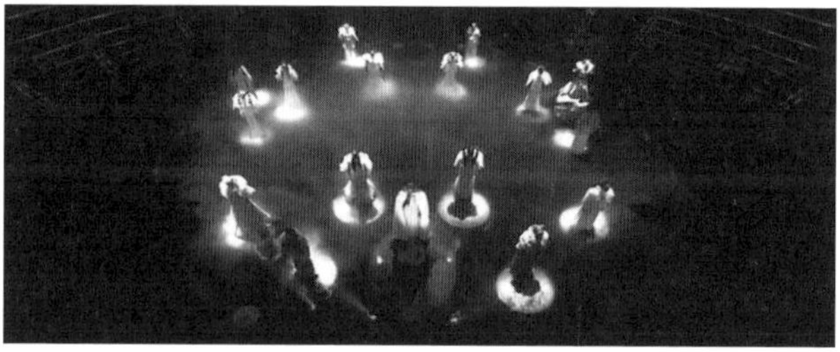

Abb. 355: Die Aufführung begann auf klassische rituelle Weise: Beyoncé und ihre Damen in jungfräulichen weißen Kleidern, die Reinheit und Unschuld repräsentieren

Bei den Ritualen der okkulten Elite geht es darum, Reinheit und Unschuld zu beschmutzen, um eine dunkle metaphysische Veränderung herbeizuführen. Nacheinander werden die Mädchen um Beyoncé erschossen, sterben und fallen in eine rote Lichtlache.

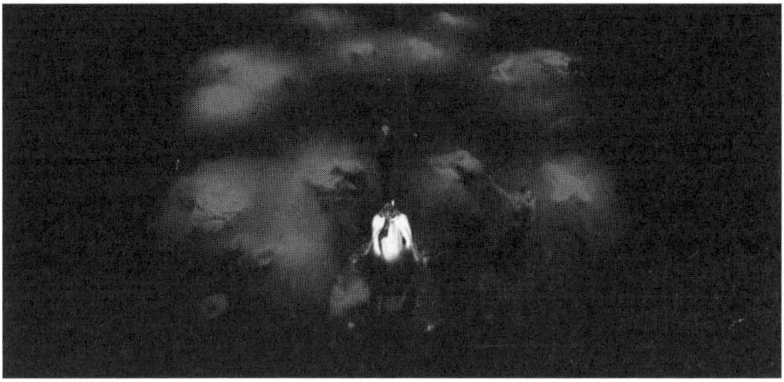

Abb. 356: Am Ende sind alle außer ihr tot. Sie ist die „Auserwählte". Ein Mann mit Kapuze marschiert auf sie zu

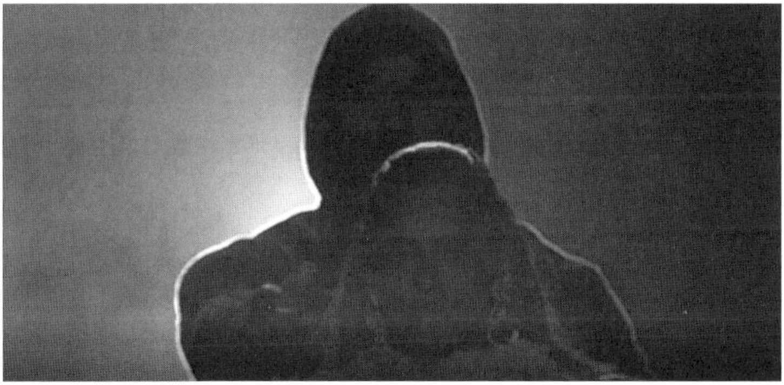

Abb. 357: Der Mann mit der Kapuze bringt Beyoncé nach vorne und lässt sie gehen, als würde er sagen: „Dies ist der Weg, den Du gehen musst"

Während einige behaupten, dass diese Kapuzenfigur Trayvon Martin darstellt (der einen Kapuzenpulli trug, als er erschossen wurde), geht die Symbolik deutlich tiefer. Dieser Mann, der Beyoncé zur nächsten Stufe ihrer

Performance führt, repräsentiert diejenigen, die Beyoncé zu den nächsten Stufen ihrer Karriere führen. Er repräsentiert die okkulte Elite, diejenigen, die sie ins Rampenlicht rücken und sicherstellen, dass sie das ganze Rampenlicht bekommt. Natürlich hat das seinen Preis.

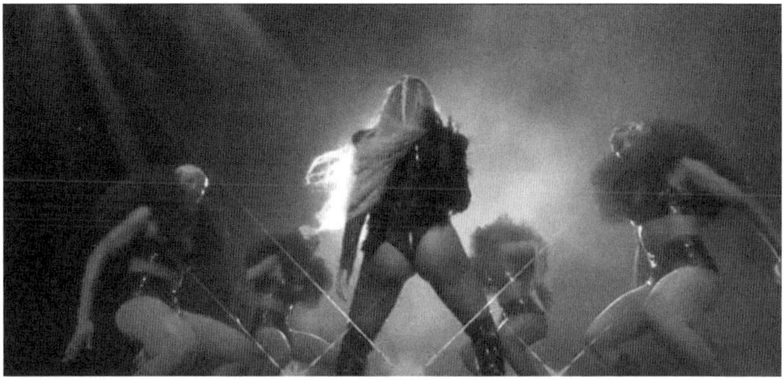

Abb. 358: Nach dem Stadium der Reinheit (weiß) kommt das rituelle Opfer (rot) zur okkulten Transformation (schwarz). Beyoncé tut jetzt, was die Industrie von ihr erwartet - sie wackelt mit ihrem Hintern. Das gute Mädchen ist schlecht geworden - die Lieblingserzählung der Branche

In der ersten Szene sollen die Damen in weißen Kleidern, die erschossen werden, die Ermordung schwarzer Menschen durch die Polizei darstellen. Aber auch hier geht die Symbolik tiefer.

Beyoncé nimmt gegen nichts Stellung, sie nimmt an einem verdrehten Ritual teil, das die Besessenheit der okkulten Elite mit Blutopfern mit dem tatsächlichen Leiden realer Menschen in der realen Welt vermischt. Kurz gesagt, sie ist auf der Seite derer, die diese Schrecken tatsächlich zulassen: der Elite.

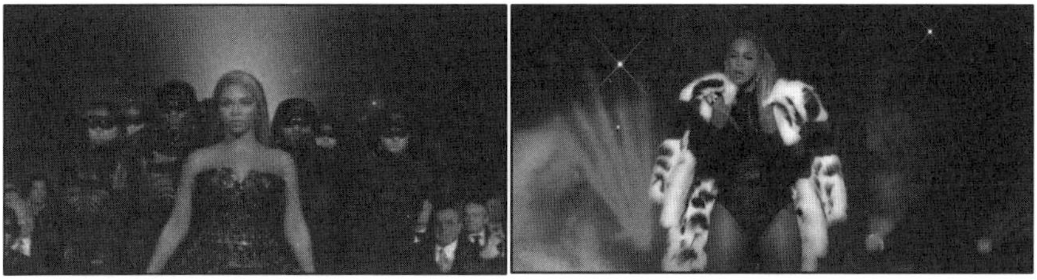

Abb. 359 links: Vor einigen Jahren trat Beyoncé bei den „Grammy Awards" umgeben von Polizisten in Kampfausrüstung auf, - und drängte so faktisch auf die Agenda des Polizeistaats. Ihre „Meinung" ist, was auch immer „SIE" entscheiden, egal welche Agenda vorangetrieben werden muss. Rechts: Im Verlauf der Aufführung erhält Beyoncé einen Pelzmantel, der die materiellen Vorteile darstellt, die von den Puppen der Branche erzielt werden)

Nachdem Beyoncé als „Anführerin ihres Volkes" ausgewählt wurde (als ob die Massenmedien es zulassen würden, dass andere Personen im Rampenlicht stehen), beginnt sie, Befehle zu erteilen. In der Tat sagt sie während der entsprechend benannten Formation:

„Jetzt bilden alle meine Damen eine Formation." *(„Now all my ladies get in formation.")*

Und natürlich gehorchen ihre Damen.

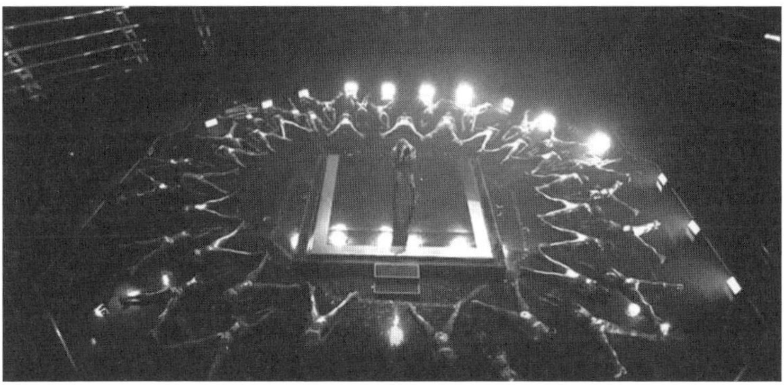

Abb. 360: Anscheinend sollten Damen Beyoncés Anweisungen blind folgen. Sie legten sich um sie herum

In der folgenden Einstellung stellen wir fest, dass die Damen ein Symbol gebildet haben. Besser gesagt zwei Symbole.

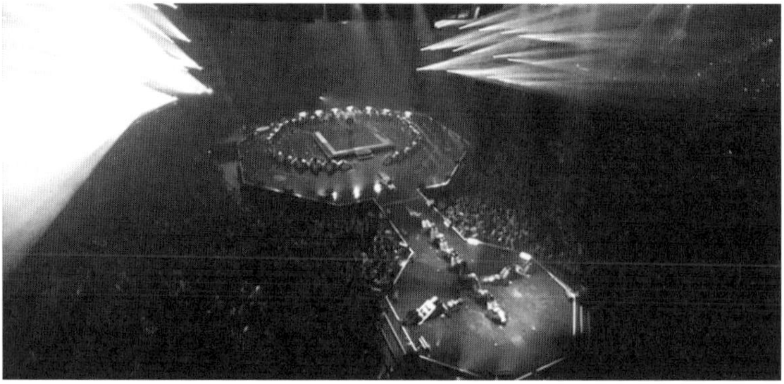

Abb. 361: Die Aufführung endet damit, dass die Damen das Venus-Symbol für das weibliche Geschlecht bilden

Beim genauen Hinsehen stellen wir fest, dass das scheinbar intendierte Symbol in zwei Figuren unterteilt ist: einen offenen Kreis und ein umgekehrtes Kreuz. Während die Menschen in der Menge unter Tränen stehen und stehend Ovationen geben, spenden sie Beifall für ein umgekehrtes Kreuz, das Symbol des Satanismus.

Dieser letzte Moment fasst Beyoncés gesamte Aufführung zusammen: Eine umgekehrte und trügerische Darstellung voller doppelter Bedeutungen, die den Zuschauern am Ende sagt: Ich bin auf ihrer Seite, nicht auf eurer.[(149)]

Beyoncé von Ex-Schlagzeugerin wegen „extremer Hexerei" angeklagt

Ist es fauler Zauber oder ein düsteres Geheimnis? Eine ehemalige Musikerin, die für Beyoncé arbeitete, wirft dem Megastar „Hexerei und schwarze Magie" vor.

Beyoncé selbst glaubt Teil der Illuminaten-Blutlinie zu sein und mit der Familie Bush, der Rockefeller-Dynastie und der Königin von England verwand zu sein.

Sie soll eine Schikane-Kampagne gegen ihre Angestellte gestartet haben, samt „extremer Hexerei, schwarzer Magie“ und „Zaubersprüchen zwecks sexueller Belästigung“.

Es heißt, Beyoncé soll ihre Katze getötet haben und ihre Finanzen mithilfe von Zauberei kontrollieren. Beyoncés Ex-Schlagzeugerin wirft dem US-Superstar vor, „extreme Hexerei und schwarze Magie“ zu betreiben.[150]

Laut „The Blast“ beantragte Kimberly Thompson sogar eine einstweilige Verfügung gegen die Sängerin.[151]

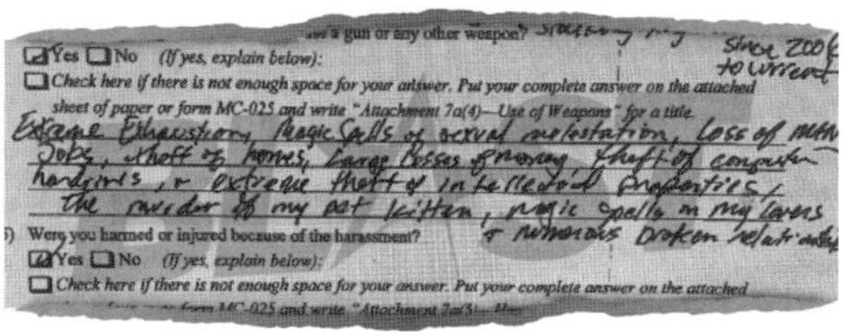

…a gun or any other weapon?

Yes No (If yes, explain below):

Check here if there is not enough space for your answer. Put your complete answer on the attached sheet of paper or form MC-025 and write "Attachment 7a(4)—Use of Weapons" for a title.

Were you harmed or injured because of the harassment?

Yes No (If yes, explain below):

Check here if there is not enough space for your answer. Put your complete answer on the attached

Abb. 362: Auszug aus den Gerichtsdokumenten

In Gerichtsdokumenten, die dem Portal vorliegen, behauptet die dreifache „Grammy“-Gewinnerin, die bereits für Kanye West Schlagzeug spielte: „Ich habe sieben Jahre lang als Schlagzeugerin in ihrer Band gearbeitet“. Ihre oben zitierten Vorwürfe gegen den „Lemonade“-Star sind heftig und bizarr.

In den Dokumenten werden weitere Anschuldigungen gemacht: „Extreme Erschöpfung, Verlust vieler möglicher Arbeitsplätze, Diebstahl von Häusern, große Geldverluste, Diebstahl von Computern, extremer Diebstahl von geistigem Eigentum, magische Zauber auf meine Liebhaber und zahlreiche zerbrochene Beziehungen.”

Die Frau behauptet schließlich, dass Beyoncé ihre Finanzen kontrolliert, ihr Telefon abhört und gar ihr Kätzchen tötete. Ein Richter lehnte Thompsons Antrag auf eine temporäre einstweilige Verfügung übrigens ab. Beyoncé äusserte sich bisher nicht zu den extremen Vorwürfen.

Beyoncé sagte, sie verdiene ihre Position an der Spitze der Unterhaltungsindustrie nicht, weil sie talentiert, schön oder fleißig sei, sondern weil sie „von Illuminati-Blutlinien“ abstamme.

Sie enthüllte, dass ein DNA-Test-Kit, das ihr von Gwyneth Paltrows Tochter Apple Martin geschenkt wurde, „eine völlig neue Welt … eröffnete“

und „meine Besessenheit, meinen Familienstammbaum zu erforschen" auslöste. So erzählte Beyonce engen Freunden und Mitarbeitern auf Jay-Zs „Family Feud"-Videodreh, dass ihre Familie „eng verwandt" sei mit der Familie Bush, der Rockefeller-Dynastie und der Königin von England.

„Wir sind mit den Rockefellers auf der Seite meiner Mutter verwandt. Ich dachte, das wäre etwas, aber wir sind auch nicht so entfernte Cousins der britischen Königsfamilie", prahlte Beyonce.

Eine der mächtigsten Familien der Welt, die Rockefellers, haben extremen Reichtum und Macht. Abgesehen von ihren Beteiligungen an Immobilien und in der Industrie gibt es tiefe politischen Verbindungen. Die Rockefellers waren maßgeblich daran beteiligt, wichtige Frontgruppen der Illuminaten wie den „Council on Foreign Relations" etabliert zu haben. Sie haben den religiösen Organisationen, die von Illuminaten-Beobachtern angeblich als Trainingsterrain für Satanisten bezeichnet werden, große Geldbeträge zur Verfügung gestellt.

Die Sängerin behauptet weiter, durch die Gene auf der Seite ihres Vaters mit der Familie Bush verwandt zu sein.

„Wir haben Bush-Blut durch unsere Adern. Schade, dass es kein Obama-Blut ist. Aber es ist zweimal Präsidentschaftsblut", prahlte Beyonce.

Klingt nach Größenwahn!

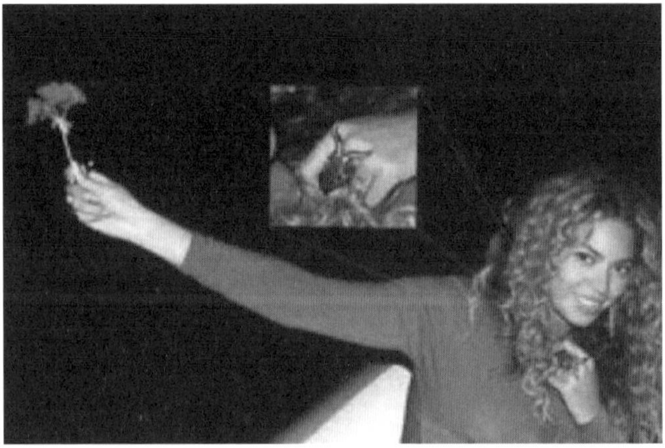

Abb. 363: Beyoncés Baphomet-Ring, der im Laufe der Zeit mehrmals getragen wurde

Die Webseite „LN Ledger Note“ enthüllt [152] weitere Hinweise: Jay-Z geht sogar so weit, dass er sich Jay-Hovah nennt, eine Anspielung auf Jehova. Das klingt weit hergeholt, bis man sich auf die Suche nach Beweisen macht. NPR veröffentlichte ein Interview darüber, dass Jay-Z ein Meister der okkulten Weisheit ist, und seine Bekleidungslinie *Rocawear* trägt die Aufschrift „Do What Thou Wilt“ (Tu, was du willst), die der wichtigste Grundsatz des Satanismus ist, der auf die Lehren von Aleister Crowley zurückgeht und von Anton LaVey aufgegriffen wurde.[153]

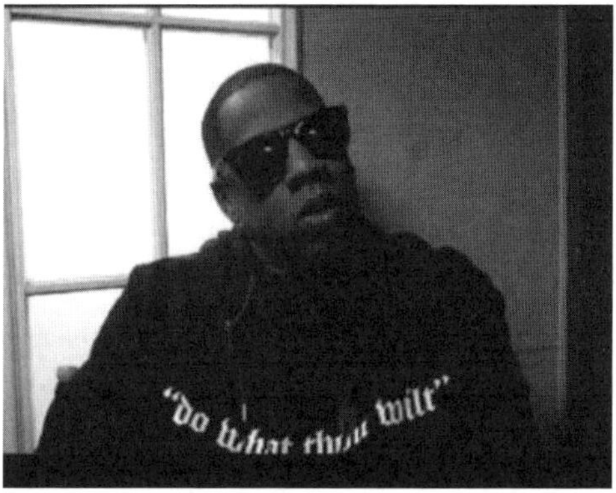

Abb. 364: Jay-Z supported den Slogan von Aleister Crowleys Thelema-Mystik

Sie verwenden auch immer wieder Symbole, die mit dem Luziferianismus, der ägyptischen Mystik und anderem zu tun haben. Die Leute haben das gerne als Marketingtrick abgetan. Er war bestrebt, Behauptungen, er sei ein Freimaurer, zu widerlegen, obwohl die Bilder im Internet das Gegenteil beweisen.

Zurück zu Beyoncé. Es dauerte nicht lange, bis sie begann, Anspielungen auf okkulte Themen wie Gedankenkontrolle, „Tranformation“ (d. h. Herausbildung von Alter-Egos Mittels Dissoziation) und dämonische Themen zu machen.

Schon bald trug sie einen Ring mit Baphometkopf, trug Outfits, die auf Baphomet anspielten, und kleidete sich wie die Roboterfigur „Hure von Babylon“ aus dem Film *Metropolis*, der offen auf Satanismus und Moloch

Bezug nahm. Im Grunde genommen war ihr Marketing vollständig von düsteren okkulten Themen durchdrungen.

Die Leute hörten auf, dies als Publicity-Gag abzutun, als Details über die Verstrickung weiterer Eliten aus Hollywood und Washington D.C. in diese Kreise ans Licht kamen.

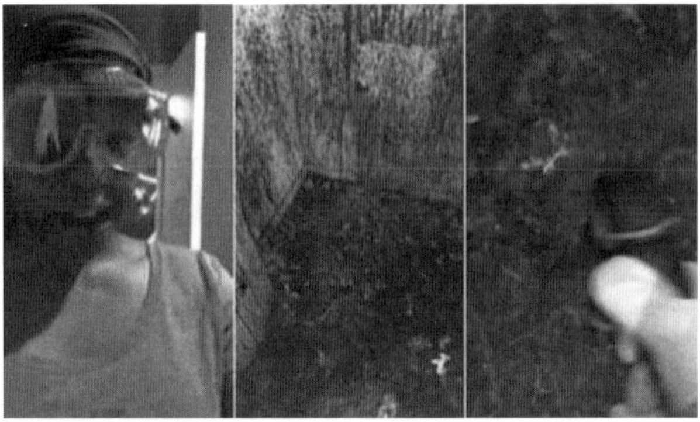

Abb. 365: Die Rapperin Azealia Banks gibt mit in ihrem Hühneropferraum an, der voller Federn und Blut ist

Von Azealia Banks Zimmer in ihrem Haus, in dem sie Hühner opfert, bis hin zu den E-Mails von Hillary Clinton und ihren Helfern, in denen sie über das Opfern von Hühnern für Moloch und Spirit Cooking und Kannibalismus sprechen, bei dem sie jede erdenkliche Art von Körperflüssigkeit in magischen Ritualen konsumieren – kaum vorstellbar, aber sie haben es erwähnt.

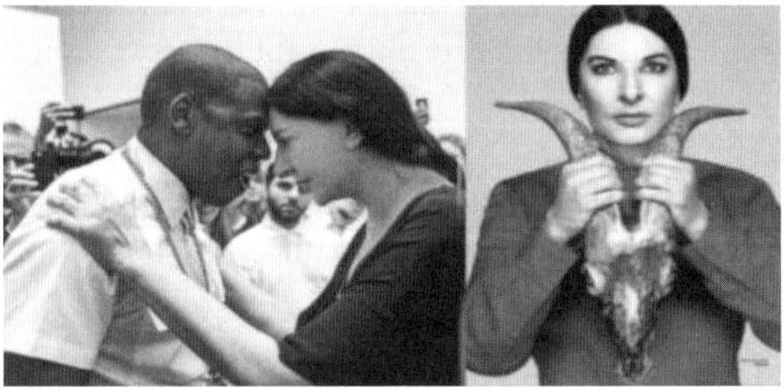

Abb. 366: Jay-Z, die Künstlerin Marina Abramovic und wieder Baphomet-Imagination

Was hat das mit Beyoncé und Jay-Z zu tun? Sie haben sich nicht nur während der Wahlen 2016 für Hillary Clinton stark gemacht, sondern stehen auch eng mit der „Spirit Cooking"-Frau Marina Abramovic in Verbindung, und nehmen wie alle anderen Berühmtheiten und Politiker an gemeinsamen Auftritten und Veranstaltungen teil.

Zum Beispiel gibt es den „Bohemian Grove", in dem alle Politiker Moloch und Minerva (die auch in den E-Mails der Hillary-Kampagne erwähnt wurden) nachgebildete Menschenopfer bringen.

Kimberly Thompson hatte am 19. September 2018 einen Antrag auf eine einstweilige Verfügung gestellt, der jedoch vom Obersten Gerichtshof von Los Angeles abgelehnt wurde. Eine Anhörung zur einstweiligen Verfügung war für den 11. Oktober angesetzt. Doch hier verliert sich die Spur, es finden sich keine weiteren Meldungen zu der Anklage. Entweder gab es einen geheimen Vergleich oder das Gericht hat die Klage abgelehnt.

In einem inzwischen gelöschten Youtube-Video erscheint die Schlagzeugerin „zerzaust und unberechenbar". Die Frage ist nun: Hat Thompson diese Klage eingereicht, weil sie "zerzaust und unberechenbar" ist? Oder ist sie „zerzaust und unberechenbar", weil sie die Klage eingereicht hat?

Als das Magazin Pitchfork Thompson über den Wahrheitsgehalt der Gerichtsdokumente befragte, antwortete Thompson:

"*Alle Anschuldigungen, die ich überlebt habe, sind wahr*".[154]

Disney veröffentlicht „Black Is King" von der Illuminaten-Sängerin Beyoncé - es ist voller satanischer Bilder, wie Ihr Baphomet-Kopfschmuck

Zu sagen, dass Beyoncé eine Satanistin ist, ist keine Verschwörungstheorie. Sie verwebt satanische Themen und Bilder in fast allem, was sie tut. Warum ist das so?

Disney hat am 19. Juli 2020 *Black Is King* veröffentlicht, einen neuen Film von Beyoncé, der als „Hommage an die schwarze Macht" („Black Live Matters") hingestellt wird, ein interessantes Konzept, um es gelinde auszudrücken.

Stellen Sie sich vor, dass derartige Zurschaustellungen veröffentlicht werden, um die „weiße Macht" („All Live Matters") zu fördern. Aber ich schweife ab.

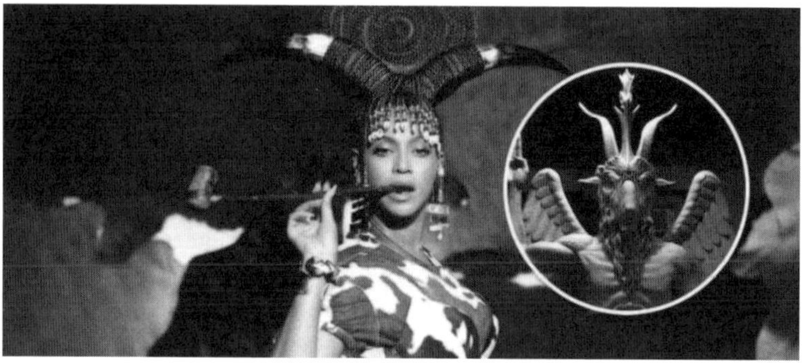

Abb. 367: Die gehörnte Frau alias Baphomet

Abgesehen von rassistischen Obertönen ist *Black Is King* ein weiteres Vehikel für Beyoncé, in dem satanische Bilder, wie der Baphomet-Kopfschmuck, über den ganzen Film verteilt sind.

„Und habe keine Gemeinschaft mit den unfruchtbaren Werken der Dunkelheit, sondern tadele sie. Denn es ist eine Schande, auch nur von den Dingen zu sprechen, die im Verborgenen aus ihnen gemacht werden.

Aber alle Dinge, die zurechtgewiesen werden, werden durch das Licht manifestiert; denn was auch immer manifestiert, ist Licht. Darum spricht er: Wach auf, der du schläfst, und steh auf von den Toten, und Christus wird dir Licht geben." Epheser 5: 11-14 (KJB)

Beyoncé und ihr Ehemann Jay-Z haben eine lange, vielschichtige Geschichte damit, sich auf satanische und Illuminaten-Bilder einzulassen.

Black Is King hätte ein interessanter Film sein können, wenn er von jemand anderem ohne das gigantische Ego von Beyoncé gedreht worden wäre.

Es könnte ein Film gewesen sein, der die Geschichte und Kultur der Schwarzen auf eine schöne, märchenhafte Art und Weise fördert, etwas, das in einer Zeit der Rassentrennung, wie wir sie jetzt haben, hätte heilend wirken können.

Stattdessen bietet *Black Is King* Satanismus, der in eine Kindergeschichte eingewoben ist. Das Endergebnis ist, gelinde gesagt, beunruhigend. Aber das ist nichts Neues bei Beyoncé, das ist ihre wiederkehrende Botschaft.

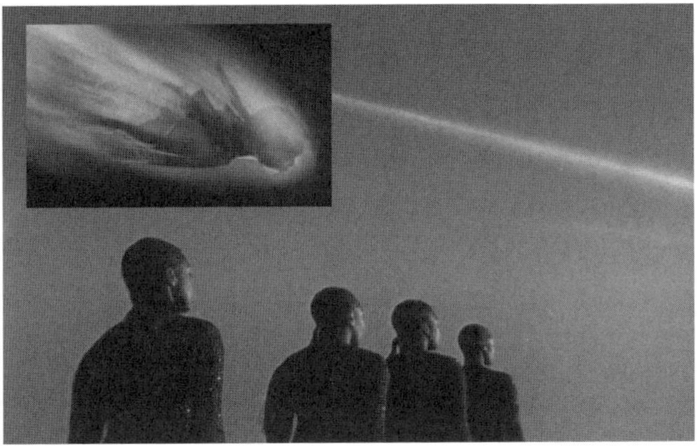

Abb. 368: Ein schwarzes Kind stürzt vom Himmel herab als Asteroid und befruchtet laut der Panspermie-Theorie die Erde, beobachtet ausschließlich von dunkelhäutigen Menschen

In *Black Is King* stellt sie die Geschichte vom König der Löwen mit Musik, Tanz und Poesie neu dar und verwebt sie mit wunderschönen afrikanischen Bildern und der afrikanischen Kultur.

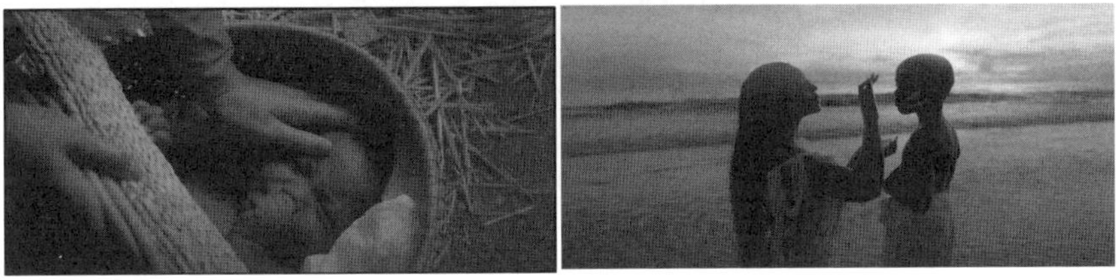

Abb. 369 links: Beyoncé findet ein Kind und bettet es wie Moses von der ägyptischen Prinzessin in einen Korb) (Abb. rechts: Die Initiation des Kindes, mit weißer Schminke wird ihm die Dualität ins Gesicht gezeichnet

Abb. 370: Aus dem Kind ist ein junger Mann geworden, der high seinen Kopf aus einem fahrenden Auto hängt

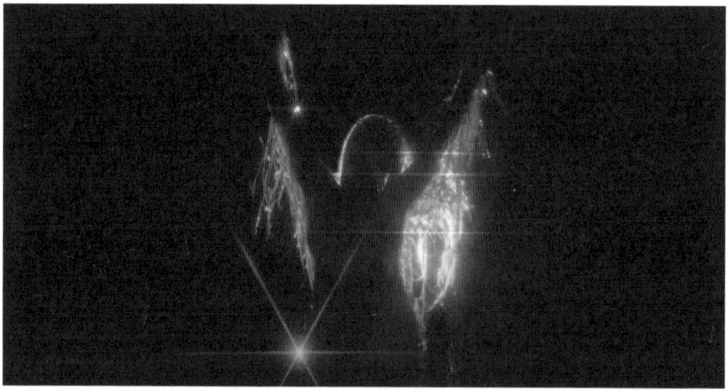

Abb. 371: Doch am Ende leuchtet, verblendet und herrscht die Hexe

Es war klar, dass sich die Verschwörungstheoretiker auf den Musical-Film stürzen würden, sobald er veröffentlicht war.

Schon bald fand sich eine radikale Verschwörungstheorie über Beyoncé, die von einer Frau namens Delphine Okobah verfasst wurde. In der Biografie der Delphinatorin (so nennt sie sich selbst) heißt es, dass ihr Account der „Verbreitung von Geschichten, die retten" gewidmet ist.

Delphines Darstellung, die wie der Opener eines dystopischen Films klingt, beginnt mit der Behauptung, dass es in letzter Zeit eine Zunahme dämonischer Aktivitäten gegeben habe.

Ihr zufolge sind die Grenzen zwischen den beiden Reichen verschwommen (Robin Thicke hat das wohl vorausgesagt), und jeder wird sich für eine Seite entscheiden müssen, weil ein Krieg bevorsteht und „zufällige Christen zu Opfern werden."

Sie sagt, dass Hexerei immer mehr zum Mainstream wird, und führt als Beweis die Hexen an, die sich zur Unterstützung der Black Lives Matter-Bewegung geoutet haben, sowie die nigerianischen Frauen, die den beliebten Liebeszauber Kayan Mata verkaufen/verwenden. Es gibt auch etwas über die Gentrifizierung der Hexerei.(155)

Heutzutage sieht Hexerei nicht mehr wie früher aus, mit roten Tüchern, weißen Hühnern, weißer Kreide und ähnlichem. Sie wird jetzt mit lustigen Dingen wie Schmuck, hübschen Totems, tibetanischen Klangschalen, Räuchergefäßen und Weihrauch usw. neu verpackt. Es wird so viel Aufwand betrieben, um Wichtcraft „cool" aussehen zu lassen und Zauberei wird verherrlicht.

Schließlich kommt sie auf das eigentliche Thema zu sprechen, indem sie Beyoncé als Königin der Hexerei in der Musik bezeichnet. Sie behauptet, dass Beyoncé mit ihrer Musik versucht hat, den Leuten zu zeigen, dass sie ein Hexenleben führt, aber die Leute hätten sich geweigert, richtig zuzuhören. Als Beispiel führt Delphine das Gedicht „Denial„ aus Beyoncés Album „Lemonade" von 2016 an, das bereits besprochen wurde.

„Fastete 60 Tage lang. Trug Weiß. Versagte mir Spiegel Versagte mir Sex. Langsam sprach ich kein Wort mehr. Und in dieser Zeit wuchs mein Haar über meine Knöchel und ich schlief auf einem Matte auf dem Boden. Ich verschluckte ein Schwert. Ich schwebte in den Keller."

*(„Fasted for 60 days. Wore white. Abstained from mirrors Abstained from sex. Slowly did not speak another word. And that time my hari grew past my ankles I slept on a mot
on the floor. I swallowed a sword. I levitated into the
basement.")*

„Wie kann man nach unten schweben?" fragt Delphine und schlussfolgert: „Sie hat das alles gemacht, um Satan zu treffen!"

Sie behauptet, der Grund, warum der Beyhive (der Begriff für die Gruppe leidenschaftlicher und engagierter Fans leitet sich aus ihrem Spitznamen, „Queen Bey“, und „Bienenstock“ ab) sie so sehr verehre, sei, dass sie Juju bei ihnen angewendet habe.

Die Delphinatorin fragt: „Wussten Sie, dass es eine Religion gibt, die auf Beyonce basiert? Die National Church of Bey. ... Ihre Anhänger beten sie an, während sie den Teufel anbetet. Was macht das also aus ihren Anhängern?“

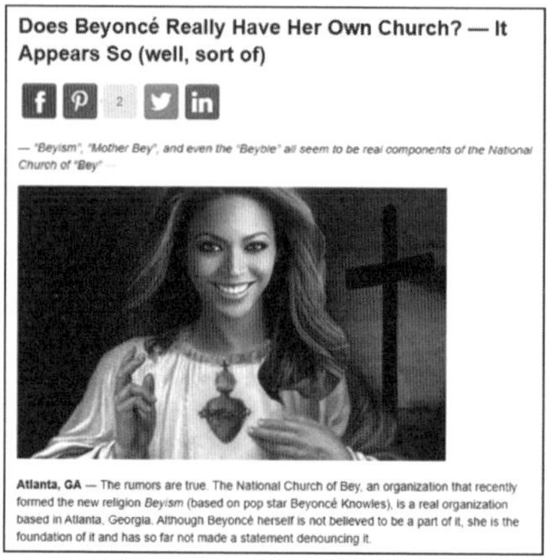

Does Beyoncé Really Have Her Own Church? — It Appears So (well, sort of)

— "Beyism", "Mother Bey", and even the "Beyble" all seem to be real components of the National Church of "Bey" —

Atlanta, GA — The rumors are true. The National Church of Bey, an organization that recently formed the new religion *Beyism* (based on pop star Beyoncé Knowles), is a real organization based in Atlanta, Georgia. Although Beyoncé herself is not believed to be a part of it, she is the foundation of it and has so far not made a statement denouncing it.

Abb. 372: Beyoncé als Ersatz-Jesus

Delphine behauptet, dass *Black Is King* mit einem dunklen, mächtigen Zauber veröffentlicht wurde, der die Herzen junger Menschen überall mit einem schweren Schleier bedecken würde. Und warum? Weil Beyoncé entgegen der landläufigen Meinung nicht unser Bestes im Sinn habe. Sie sagt, dass das angebliche Ziel des visuellen Albums - schwarze Vorfahren und afrikanische Traditionen mit einer modernen Wendung und einer universellen Sprache zu feiern - eine verdammte Lüge sei.

„Diese übertriebene Förderung und Anbetung von ‚Schwarzsein‘ und ‚Selbst‘ ist Quatsch. Deine Identität hat nichts mit deiner Hautfarbe, deinem Stamm oder deiner Herkunft zu tun. Deine Identität leitet sich nur von demjenigen ab, der dich geschaffen hat und das ist Christus, der König.“

Delphines letzte Botschaft lautet:

„Sei gewarnt, sei alarmiert, sei wachsam, sei aufmerksam, sei achtsam! Wehret den Anfängen des Götzendienstes. Unwissenheit ist keine Ausrede mehr. Beyoncé sagt ‚Black is King', aber ich wähle Kanye und schreie: ‚Jesus ist König!'"(156)

2.10 Billie Eilish

„Mein Luzifer ist einsam.."
(Billie Eilish, Album: „When We All Fall Asleep, Where Do We Go?")

Billie Eilish Pirate Baird O'Connell (18. Dezember 2001) ist eine US-amerikanischer Sängerin und Songwriterin. Ihre erste Aufmerksamkeit erlangte sie 2015, als sie den Song „Ocean Eyes" auf „SoundCloud" hochlud, der später von der *Interscope Records*-Tochter *Darkroom* veröffentlicht wurde. Das Lied wurde von ihrem Bruder Finneas geschrieben und produziert, mit dem sie bei Musik- und Live-Shows zusammenarbeitet. Ihre Debüt-EP „Don't Smile at Me" (2017) wurde ein Sleeper-Hit und erreichte die Top 15 in den USA, Großbritannien, Kanada und Australien.

Eilishs Debüt-Studioalbum „When We All Fall Asleep, Where Do We Go?" (2019) debütierte auf dem „Billboard 200" und wurde das leistungsstärkste Album des Jahres 2019 in den USA. Es erreichte auch die Nummer eins in Großbritannien. Das Album enthält sechs „Billboard Hot 100 Top 40-Songs":„When the Party's Over", „Bury a Friend", „Wish You Were Gay", „Xanny" und „Bad Guy", von denen der letzte ihre erste Single Nummer eins in den USA wurde. Im Jahr 2020 spielte sie den Titelsong „No Time to Die" für den gleichnamigen James-Bond-Film ein, der als erster ihrer Songs den ersten Platz in Großbritannien erreichte.

Zu ihren Auszeichnungen zählen fünf „Grammy Awards", zwei „American Music Awards", zwei „Guinness World Records", drei „MTV Video Music Awards" und ein „Brit Award". Sie ist die jüngste und zweite Person, die jemals im selben Jahr die vier Hauptkategorien beim „Grammy" gewonnen hat „Beste neue Künstlerin", „Schallplatte des Jahres", „Lied des Jahres" und „Album des Jahres". Im Jahr 2019 wurde sie vom „Time Magazine" auf die erste „Time 100 Next" -Liste gesetzt. Darüber hinaus ist Eilish laut der „Recording Industry Association of America" der 23. größte Künstler der Ära der digitalen Singles. Allein in den USA wurden 37,5 Millionen Singles verkauft.[(157)]

Die verstörende Bedeutung von Billie Eilishs „Bury A Friend"

Billie Eilish ist derzeit der beliebteste und einflussreichste Popstar der Welt. Wenn Sie sich fragen: „Billie wer?", dann sind Sie wahrscheinlich kein 14-jähriges Mädchen, da fast alle 14-jährigen Mädchen über Billie Eilish Bescheid wissen. In der Tat ist sie das aktuelle Teenie-Idol, das auf dem Cover aller Teenagermagazine abgebildet ist, in allen sozialen Medien verbraten und auf allen Klatschseiten diskutiert wird.

Billie Eilish wurde von den Mainstream-Medien als die „Zukunft des Pop" identifiziert. Ihr Video „Bury A Friend" ist eine bizarre Mischung aus Trauma der Gedankenkontrolle und dämonischem Besitz. Hier ist ein Blick auf die dunkle Welt von Billie Eilish.

Billie Eilish ist eine 19-jährige Sängerin, die sich schnell zu einem Liebling der Branche entwickelt hat. Nachdem sie 2016 bei *Interscope Records* unterschrieben hatte, wurde ihre Debütsingle „Ocean Eyes" zu einem viralen Hit und ihre Debüt-EP hat inzwischen weltweit über 1,5 Milliarden Streams getaktet. Seitdem nannte „Apple Music" Eilish eine Up Next-Sängerin (eine große Sache in der Branche), Forbes identifizierte Billie als „die Künstlerin, die man 2019 sehen sollte", und „NME" behauptete, sie sei die „am meisten diskutierte Teenagerin auf dem Planeten". Billie war in beiden offiziellen Soundtracks von Netflix' „13 Reasons Why" zu sehen. Sie erschien auch in unzähligen Magazinen und ist bereits Model für alle Arten von Modeprojekten.

Kurz gesagt, die Werbemaschine ist gut aufgestellt für die Veröffentlichung ihres Debütalbums „When We All Fall Asleep, Where Do We Go?“ Einige Fans haben jedoch bemerkt, dass ihre gesamte Persönlichkeit dunkler wurde, als Billie tiefer in die Musikindustrie einstieg. Während ihre „gelangweilte, totäugige, depressive Teenagerin“ sie bei jungen Menschen beliebt machte, richteten sich ihre jüngsten Videos auf umfassende Darstellungen von Missbrauch und traumabasierter Gedankenkontrolle. Ihre Single „Bury A Friend“, ist ein weiterer Schritt in diese Richtung, da sie alle kranken Obsessionen der Industrieelite verkörpert. Bevor wir uns das Video ansehen, hier eine Zusammenfassung von Billie Eilishs bisheriger Karriere.

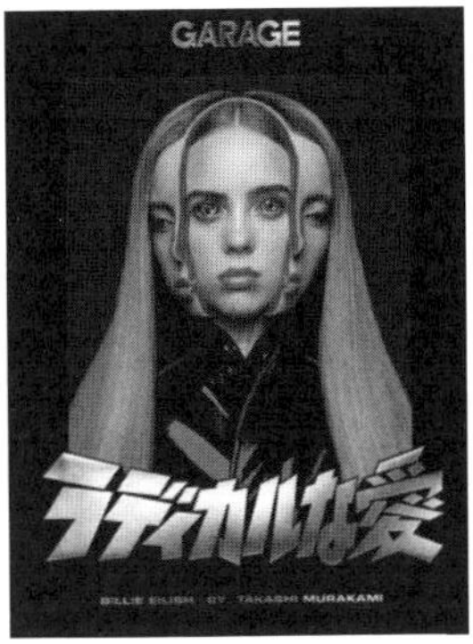

Abb. 373: Billies massives Mode-Fotoshooting für das „Garage“-Magazin zeigt sie mit drei Gesichtern - das mittlere ist ein „Roboter“. Eine passende Art, die verschiedenen Alter-Personas eines MKULTRA-Sklaven darzustellen

Ähnlich wie andere Künstler, die in jungen Jahren in die Branche eingetreten sind, war die Familie von Billie Eilish im Showbusiness gut etabliert. Ihre Eltern - Schauspieler, Musiker und Drehbuchautoren Maggie Baird und Patrick O'Connell - traten beide in mehreren Filmen und Fernsehserien auf. Ihr älterer Bruder Finneas O'Connell hatte Rollen in den Serien *Glee* und *Modern Family*. Er schrieb auch viele von Billies Liedern.

Nachdem sie bei *Interscope Records* unterschrieben hatte, nahm Billies Karriere Fahrt auf und es wurde eine ganze Persönlichkeit um sie herum geschaffen. Um Erfolg zu haben, muss man die Agenda vorantreiben. Vor zehn Jahren stand die Interscope-Künstlerin Lady Gaga ganz im Zeichen der Monarch-Gedankenkontrollbilder. Jetzt ist Billie Eilish an der Reihe. Aber schlimmer.

Die Musikvideos zu „Bury A Friend“ sind einfach, aber äußerst symbolträchtig. Zusammengenommen erzählen sie die Geschichte eines jungen Mädchens, das in eine dunkle, repressive Welt eintritt.

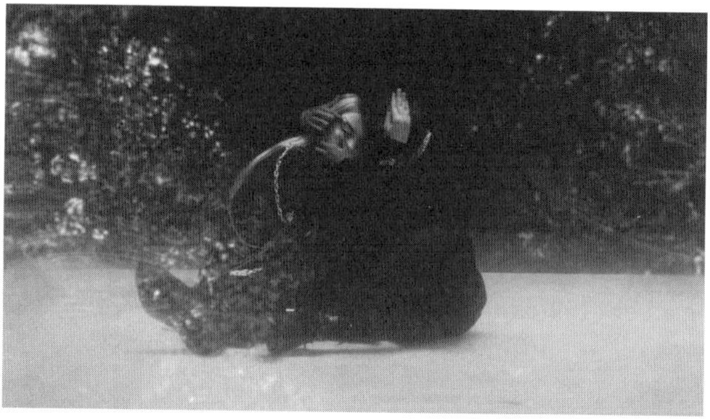

Abb. 374: In dem schönen Video laufen Billie und Khalid (ein weiterer junger Liebling der Branche) wie leblose Zombies in einer Glaskiste mit Ketten herum. Kurzum: Zwei junge Künstler unter industrieller Kontrolle. Am Ende des Videos versteckt Billie eines von Khalids Augen, während er das andere öffnet. Die Ein-Auge-Zeichen sind gleichbedeutend damit, ein Industriesklave zu sein

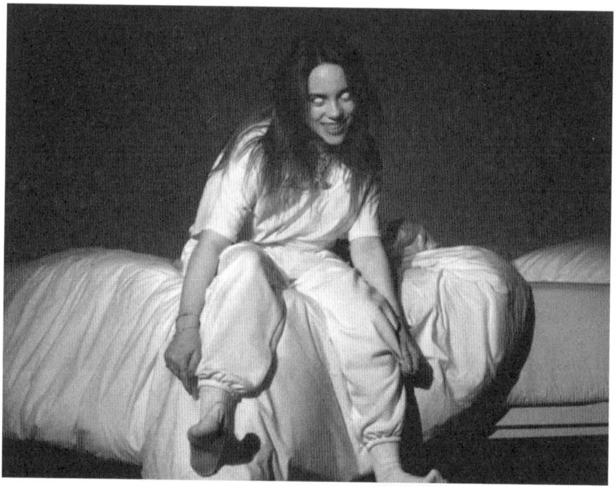

Abb. 375: Dies ist das Cover des Albums „When We All Fall Asleep, Where Do We Go?" Das mit dem Video veröffentlicht wurde, in dem ein Freund begraben wurde. Die weißen Augen symbolisieren die Abwesenheit der Seele und/oder Dämonenbesessenheit. Viele junge Künstler werden mit leeren Augen dargestellt (z. B. Poppy , Trippie Redd usw.). Die Industrie liebt es, ihre Sklaven so darzustellen

Die Videos, zu „Bury A Friend", zeigen das „Trauma und den Zusammenbruch" von Billie Eilish. „Bury A Friend" porträtiert das Endprodukt:

Ein von Dämonen besessener und zugleich völlig missbrauchter MKULTRA-Sklave.

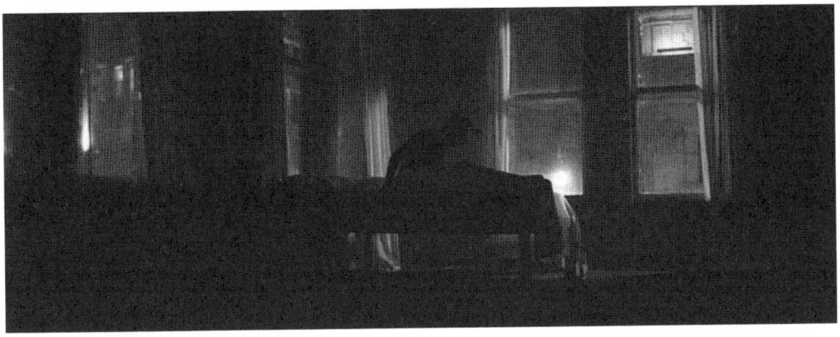

Abb. 376: Das Video beginnt mit einem Mann, der schläft und vor Angst aufwacht. Bevor er wieder einschlafen kann, sagt er „Billie“, als wäre es der Name des Dämons, den er gerade gesehen hat

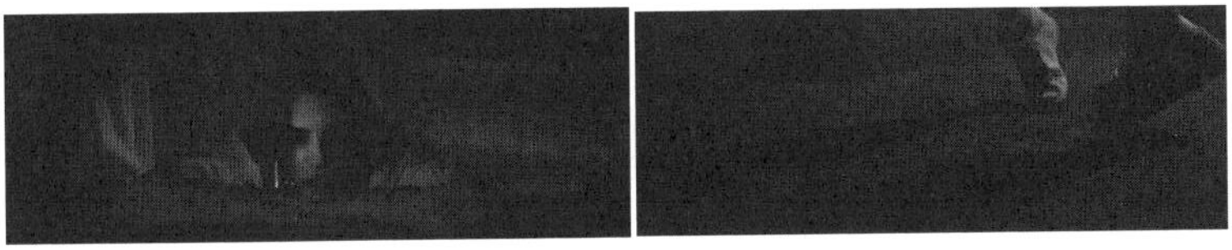

Abb. 377 links: Dann erscheint Billie mit schwarzen Augen unter dem Bett. Sie beginnt über schreckliche Dinge zu singen. Rechts.: Während sie einen Flur betritt (der an den gruseligen Tod Elisa Lam im „Cecil Hotel“ erinnert), verziehen sich Billies Füße auf unnatürliche Weise, was wiederum die Besetzung durch Dämonen impliziert

In einem Interview erklärte Billie, dass das Video etwas mit dem Konzept der Schlaflähmung zu tun habe. Die meisten Menschen, die dieses Phänomen erleben, spüren eine „böse Präsenz“ um sich herum. Aus diesem Grund wird es oft als „Dämon im Schlafzimmer“ bezeichnet. In „Bury A Friend“ ist Billie der Dämon.

Dann übernimmt eine unsichtbare "Kraft" die Kontrolle über Billie.

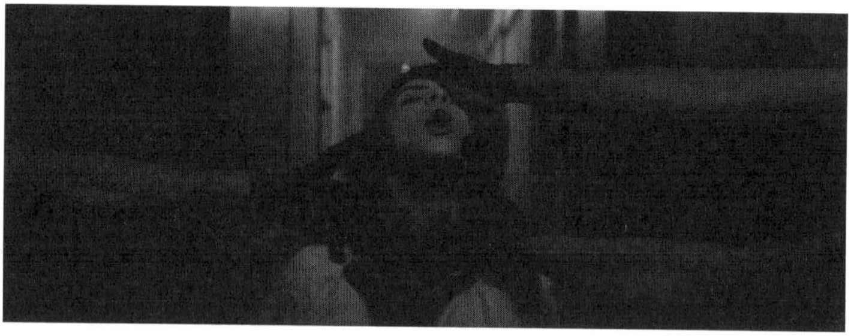

Abb. 378: Hände kommen aus dem Nichts und fangen an, Billie zu misshandeln

Die Hände repräsentieren MKULTRA-Handler - diejenigen, die MKULTRA-Sklaven unter Drogen setzen, missbrauchen, traumatisieren und programmieren. Wie es der Zufall will, passieren all diese schrecklichen Dinge in dem Video.

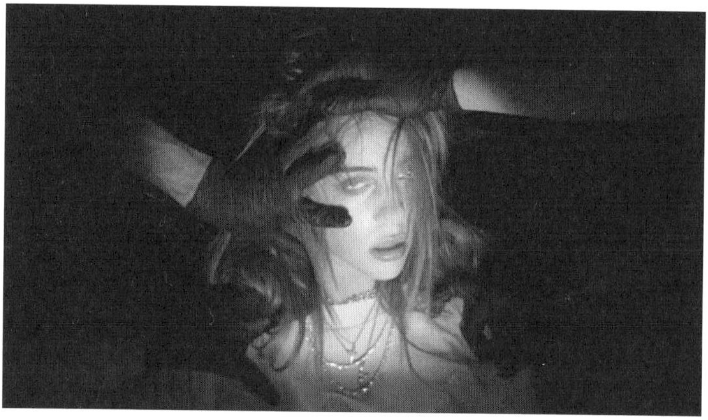

Abb. 379: Die Hände bringen Billie gewaltsam von einem Ort zum anderen. Hier ist sie in einem dunklen Raum - sie wirkt völlig weggetreten", während die Hände Missbrauch und Strangulation simulieren

Während dies geschieht, singt Billie über eine Reihe traumatisierender Dinge:

„Tritt auf das Glas, klammere deine Zunge (Ahh) *Begrabe einen Freund, versuche*	*(„Step on the glass, staple your tongue (Ahh)* *Bury a friend, try to*

aufzuwachen (Ah-ahh)
Kannibalische Klasse, tötet den Sohn (Ahh)
Begrabe einen Freund, ich will mir selbst ein Ende machen."

wake up (Ah-ahh)
Cannibal class, killing the son (Ahh)
Bury a friend,
I wanna end me.")

All diese Dinge werden verwendet, um Sklaven zu traumatisieren. „Bury A Friend" ist das letzte Blutopfer.

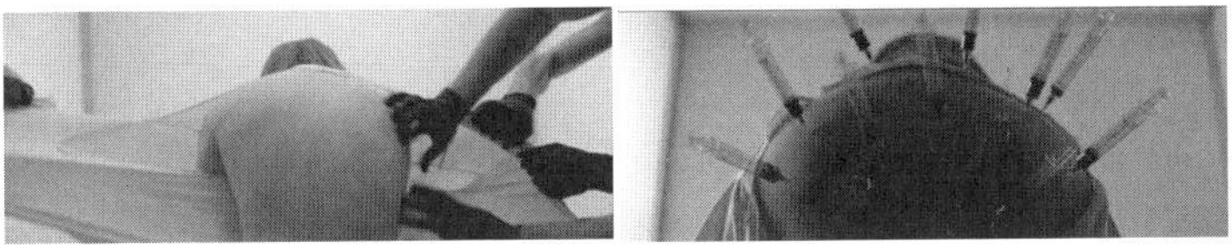

Abb. 380 links: Die Hände reißen Billies Kleidung von ihrem Körper. Man kann den Subtext des sexuellen Missbrauchs hier nicht ignorieren - eine Grundvoraussetzung für die traumabasierte Gedankenkontrolle. Rechts: Die Hände stechen Billie mit einem Bündel Nadeln in den Rücken. Dann schieben sie etwas Abscheuliches in ihren Blutkreislauf

Zu diesem Zeitpunkt ist es schwierig, das Gedankenkontrolle-Thema dieses Videos zu ignorieren. In der eigentlichen MKULTRA-Programmierung werden Nadeln verwendet, um Schmerzen und Traumata zu verursachen und um Medikamente und Gifte zu injizieren.

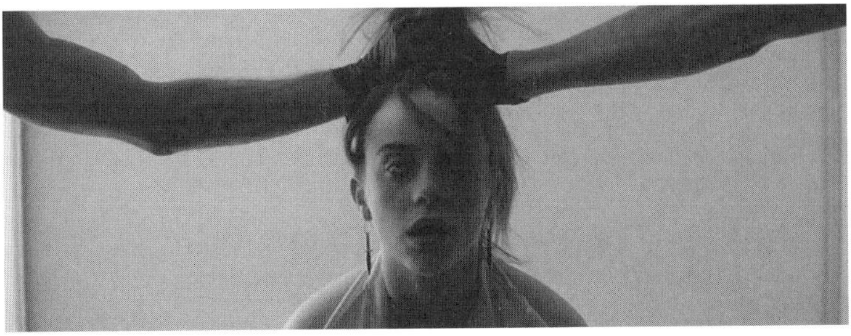

Abb. 381: Die Handler greifen heftig nach Billies Haaren und heben ihren Kopf hoch. Wieder haben ihre Augen ihre Farbe geändert und sie ist völlig neben sich. Bewusstseinskontrolle

An diesem Punkt singt sie:

„Ich will mir ein Ende machen
Ich will, ich will, ich will … mir ein Ende machen
Ich will, ich will, ich will …"

(„I wanna end me
I wanna, I wanna, I wanna…
end me
I wanna, I wanna, I wanna…")

MKULTRA-Sklaven sind versucht, sich selbst zu töten, um ihr Leiden zu beenden. Sie können es jedoch nicht, weil sie die Kontrolle über ihren Körper und den freien Willen verloren haben.

Der zweite Vers des Liedes erklärt, dass sie es mit einer Entität zu tun hat, die ihr helfen kann, ein Star zu werden. Aber das hat seinen Preis.

„Halte dich im Dunkeln, was hast du erwartet?
Mich, um dich zu meiner Kunst zu machen und dich zu einem Star zu machen
und dich zu verbinden?
Ich werde dich im Park treffen, ich werde ruhig und gesammelt sein.
Aber wir wussten von Anfang an, dass du auseinander fallen würdest, weil ich zu teuer bin."

(„Keep you in the dark, what had you expected?
Me to make you my art and make you a
star
And get you connected?
I'll meet you in the park, I'll be calm and collected
But we knew right from the start that you'd fall apart
'Cause I'm too expensive.")

Die Bridge des Liedes fasst die wahre Bedeutung des Liedes zusammen.

„Für die Schulden, die ich schulde, muss ich meine Seele verkaufen,
weil ich nicht nein sagen kann, nein, ich kann nicht nein sagen.
Dann erstarrten meine Glieder und meine Augen schlossen sich nicht.
Und ich kann nicht nein sagen, ich

(„For the debt I owe, gotta sell my
soul
'Cause I can't say no, no,
I can't say no
Then my limbs all froze and
my eyes won't close
And I can't say no,

kann nicht nein sagen." *I can't say no.")*

Es geht darum, ihre Seele an die Industrie zu verkaufen und Teil ihres MKULTRA-Systems zu werden.

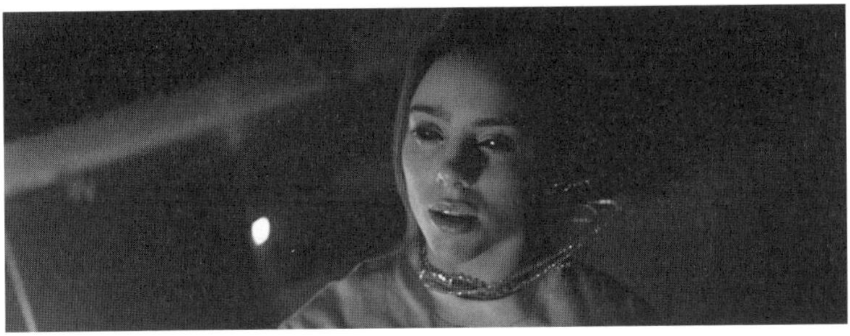

Abb. 382: Während sie diese verstörenden Worte singt, schwebt Billie (mit geschwärzten Augen) und dreht sich um, was wiederum den Besitz von Dämonen impliziert

Dämonologie und satanische Rituale sind ein wichtiger Bestandteil der MKULTRA-Programmierung. Wie um alles zu bestätigen, wird Billie in einer äußerst symbolischen Pose gesehen.

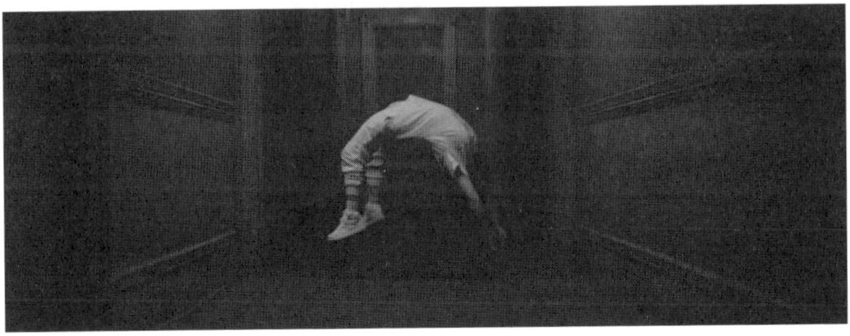

Abb. 383: Diese spezielle Pose ist seit Jahrhunderten bekannt. Einige nennen sie den „Bogen der Hysterie"

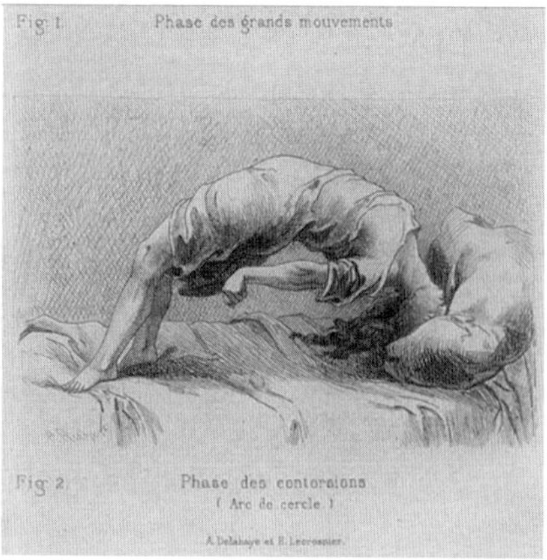

Abb. 384: Eine Darstellung des Hysterie-Bogens des Neurologen Jean-Martin Charcot aus dem 19. Jahrhundert. Das Buch beschreibt Hysterie als „psychische Störungen, die sich als neurologische Symptome manifestieren“

Seit Jahrhunderten wird der Bogen der Hysterie mit der Besessenheit durch Dämonen in Verbindung gebracht.

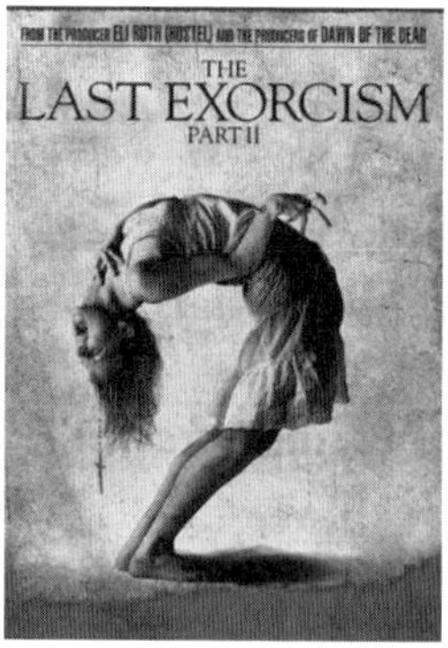

Abb. 385: Das Plakat von *Der letzte Exorzismus* mit einer ähnlichen Pose

Wahrscheinlich aus diesem Grund ist der Bogen der Hysterie in der okkulten Elitesymbolik äußerst wichtig.

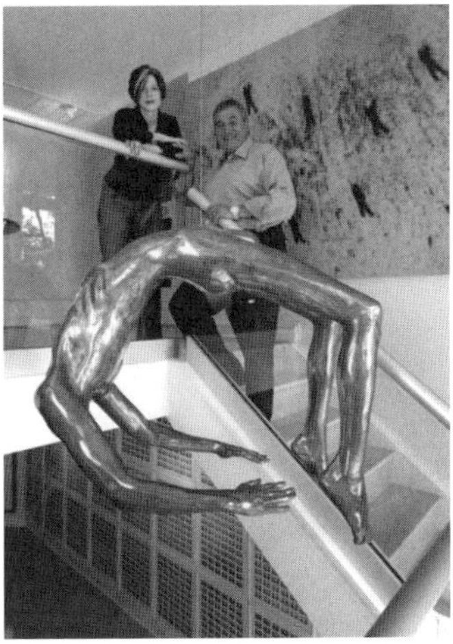

Abb. 386: Der Lobbyist Tony Podesta (Bruder von John Podesta, Staabschef von US-Präsident Bill Clinton und Wahlkampfleiter für Hillary Clinton) hat die Skulptur „Bogen der Hysterie“ von Louise Bourgeois in seinem Haus hängen

Am Ende des Videos verschwindet Billie unter dem Bett des Mannes. Findest du das gruselig? Darin könnte noch mehr stecken.

Was meint Billie eigentlich mit „einen Freund begraben“? Einige glauben, dass es ein Hinweis auf den Tod von dem Rapper „XXXtentacion“ ist.

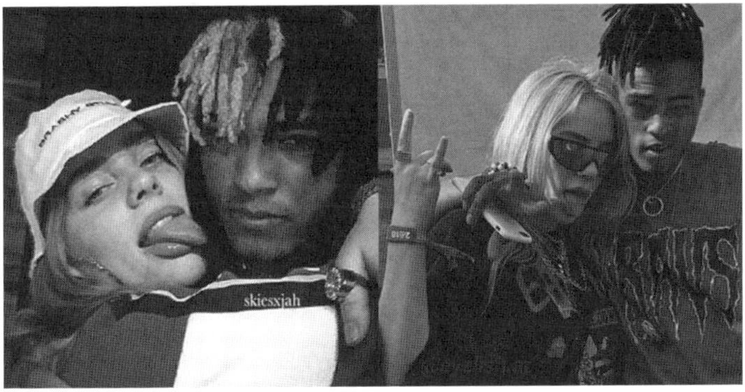

Abb. 387: Billie und X waren „enge Freunde“. Nach X' Tod veröffentlichte sie ein Lied mit dem Titel 6.18.18 , dem Datum seines Todes

Der Rapper beschäftige sich intensiv mit der dunkleren Seite der Branche. Außerdem war er von der Zahl 666 besessen. Seltsamerweise wird in der kabbalistischen Numerologie das Todesdatum in 6,6 + 6 + 6,6 + 6 + 6 übersetzt.

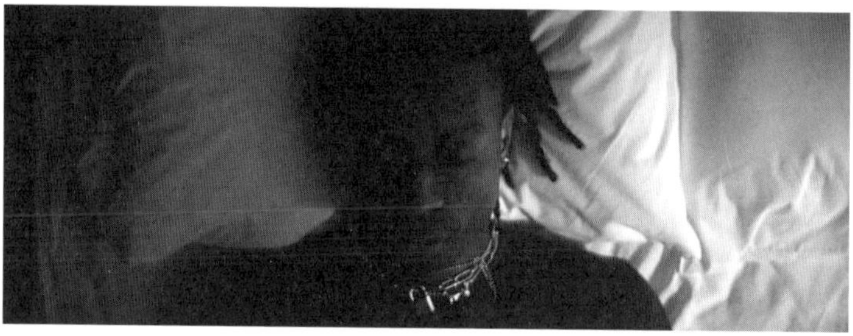

Abb. 388: Soll der Typ, der in Billies Video schläft, X darstellen?

In Anbetracht der Tatsache, dass das Begraben eines Freundes die Konzepte des Verkaufs seiner Seele, „besitzen einer Schuld“ mit einer Menge böser Dinge kombiniert, muss eine Frage gestellt werden: War X das Blutopfer, das für Billies großen Durchbruch im Showbusiness erforderlich war?

In den Mainstream-Medien wurde Billie Eilish als „Zukunft des Pop“ bezeichnet. Und wie oben zu sehen ist, stinkt alles an ihr nach Industrietoxizität. Sie wird zwar für ihre Originalität gelobt, ist aber auch eine weitere junge Künstlerin, die auf die Rolle des "seelenlosen, depressiven, selbstmörderischen, satanischen, bewusstseinskontrollierten Zombies" setzt.

Das Video „Bury A Friend“ fasst alles zusammen, was mit der Musikindustrie zu tun hat. Es zeigt den Missbrauch eines jungen Mädchens durch unsichtbare Menschen, das sich in einen bösen, besessenen Dämon verwandelt. Es umfasst alle kranken Obsessionen der okkulten Elite und packt sie in das Musikvideo, das von Millionen von Teenagern angesehen werden soll.[(158)]

Da sie das perfekte Gefäß ist, um die Agenda der Branche voranzutreiben, nimmt ihre Karriere Fahrt auf und sie wird eine Menge Aufmerksamkeit erhalten. Lohnt sich das? Nun, mit Billies eigenen Worten:

„Für die Schulden, die ich schulde, muss ich meine Seele verkaufen,
weil ich nicht nein sagen kann, nein, ich kann nicht nein sagen.“

Die dunkle Bedeutung von „All Good Girls Go To Hell“ von Billie Eilish

Obwohl der Song als Lied über die globale Erwärmung vermarktet wird, enthält das Video von "Alle guten Mädchen fahren zur Hölle" Symbole und Hinweise, die auf eine dunklere, spirituelle Botschaft anspielen. Hier zeigt sich die tiefere Bedeutung von "All Good Girls Go To Hell":

Während Billies Fans den einzigartigen Stil und die Persönlichkeit der Sängerin lieben, gibt es definitiv nichts Einzigartiges an den Themen und der Symbolik, die in ihren Videos zu finden sind. In dem vorherigen Kapitel wurde erklärt, wie Billie Eilishs gesamter Auftritt auf den Konzepten traumabasierter Gedankenkontrolle und Pseudosatanismus basiert - Themen, die in unzähligen anderen Musikvideos von anderen Popstars zu finden sind.

Nach „Bury A Friend“ veröffentlichte Eilish „Bad Guy“, ein farbenfrohes und humorvolles Video, das speziell auf junge Zuschauer zugeschnitten war. Der Song wurde ein Riesenhit, der schnell die Charts stürmte und Billie Eilish zu einem bekannten Namen machte.

Dann wurden „alle guten Mädchen zur Hölle“ freigelassen… und es war weder bunt noch humorvoll. Das Video setzt dort an, wo „Bury A Friend“ aufgehört hat, als es Billies „gedankengesteuerte und von Dämonen besessene“ Alter Persona zeigt, die aus der Perspektive Luzifers für die Jugend singt.

Das Marketing rund „All Good Girls Go To Hell“, behauptete, dass es in dem Song um die globale Erwärmung geht. Die Beschreibung des YouTube-Videos enthält diese „Notiz von Billie“:

„Eine Notiz von Billie: Im Moment bitten Millionen von Menschen auf der ganzen Welt unsere Führer, aufmerksam zu sein. Unsere Erde erwärmt sich mit beispielloser Geschwindigkeit, Eiskappen schmelzen, unsere Ozeane steigen, unsere Wildtiere werden vergiftet und unsere Wälder brennen. Am 23. September werden die Vereinten Nationen den Klimaschutzgipfel 2019 veranstalten, um zu erörtern, wie diese Probleme angegangen werden können. Die Uhr tickt. Am freitag 20. September und Freitag 27. September kannst du deine Stimme hören lassen. Bring es auf die Straße. #climatestrike.“

Die meisten Medienquellen folgten ebenfalls diesem Beispiel und lobten die Umweltbotschaft des Songs. Wie es in Massenmedien häufig der Fall ist, wird die Hauptbotschaft des Videos jedoch vollständig ignoriert. In der Tat kann man das Video nicht ansehen, ohne die hartnäckigen satanischen Untertöne zu bemerken. Während das Lied und das Video Hinweise auf die globale Erwärmung enthalten, ist „All Good Girls Go To Hell", hauptsächlich ein okkultes Elite-Manifest, in dem Billie die Rolle von Luzifer spielt.

Das Video beginnt mit einer Szene aus „Bury A Friend", die darauf hinweist, dass „All Good Girls Go To Hell", die Fortsetzung ist.

Billie wird von den unsichtbaren Menschen, die sie missbraucht haben, genau wie bei „Bury A Friend", mit mehreren Nadeln in den Rücken gestochen.

In „Bury A Friend" verursachten die Injektionen, dass Billie von Dämonen besessen wurde (oder etwas Ähnliches). In „All Good Girls Go To Hell", werden die Dinge auf eine andere Ebene gebracht.

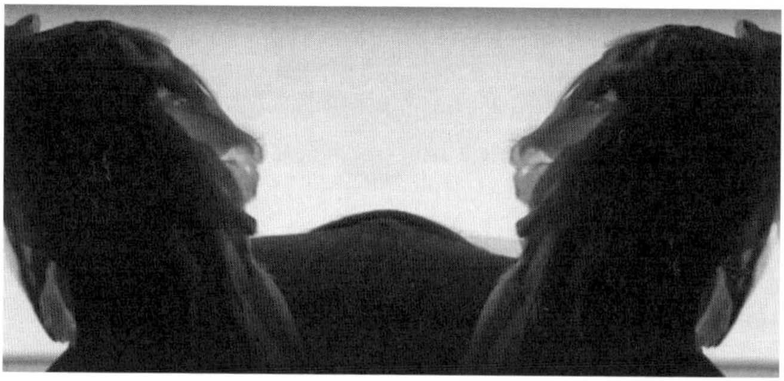

Abb. 389: Nach den Injektionen wachsen Billie massive Flügel auf ihrem Rücken

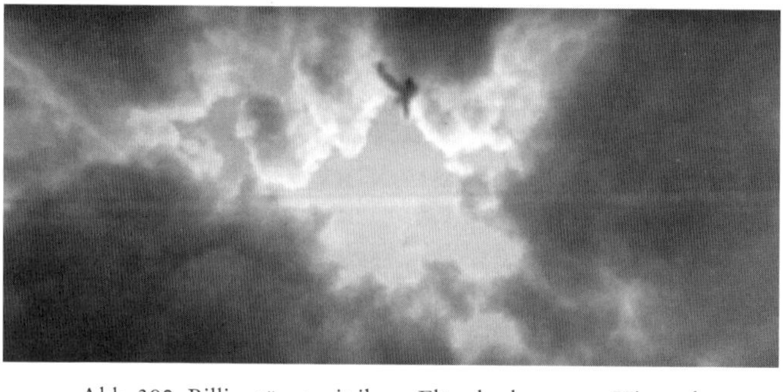

Abb. 390: Billie stürzt mit ihren Flügeln dann vom Himmel

Billie Eilish ist ein „gefallener Engel" - der Spitzname von Luzifer. Die obige Szene scheint von dem klassischen Kunstwerk „The Fall of Satan" von Gustave Dore inspiriert zu sein.

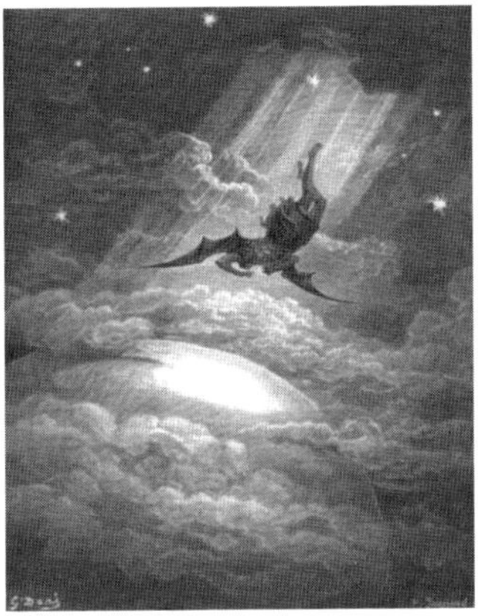

Abb. 391 links: „The Fall of Satan" („Der Fall von Satan") von Gustav Dore zeigt Luzifer, wie er auf die Erde fällt, nachdem er gegen Gott rebelliert hat

Das Intro des Videos bietet den Kontext, der erforderlich ist, um den Rest des Videos zu verstehen. Billie wird von unsichtbaren Menschen unter Drogen gesetzt und gerät unter die Kontrolle Luzifers.

Die ersten Worte des Liedes bestätigen diese Tatsache:

„Mein Luzifer ist einsam." *(„My lucifer is lonely.")*

Diese rätselhafte Zeile bezieht sich auf das klassische Bild eines Engels und eines Teufels auf der Schulter einer Person.

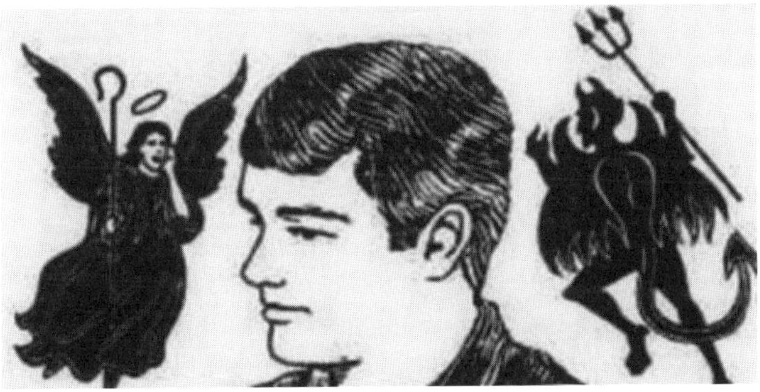

Abb. 392: Eine klassische Darstellung eines Engels und eines Teufels, die einer in Konflikt geratenen Person ins Ohr flüstern

Mit dem Gesang „Mein Luzifer ist einsam“ zeigt Billie an, dass kein Engel auf ihrer Schulter ist. Daher wird sie vollständig vom Teufel kontrolliert. In dem Video spiegeln Billies Augen diesen Kontrollzustand wider.

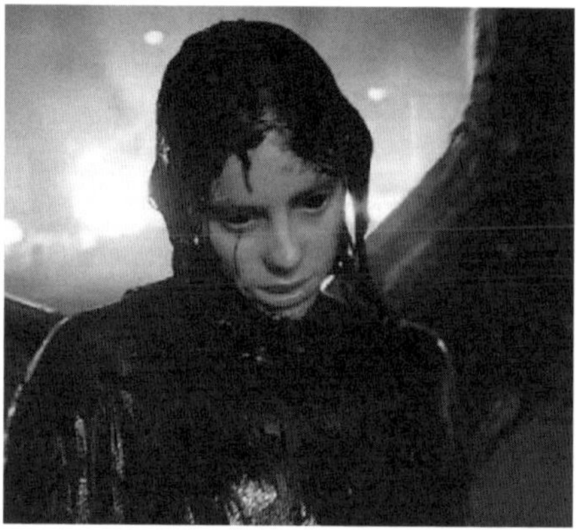

Abb. 393: Billie zeigte sich bereits in „Bury A Friend“ mit schwarzen Augen. Billie in „All Good Girls Go To Hell“, mit den gleichen schwarzen Augen. Sie symbolisieren, dass ihre Seele besessen ist

Die Texte des Liedes stammen aus der Perspektive von Luzifer, der durch Billie singt. Der erste Vers verunglimpft das Konzept des Himmels, in dem gute Menschen mit ewigem Leben belohnt werden.

„Da stehen, die Zeit totschlagen
Kann nichts anderes begehen als ein Verbrechen
Peter ist im Urlaub, eine offene Einladung
Tiere, Beweise
Das Himmelstor sieht eher aus wie ein Lattenzaun
Sobald du drinnen bist,
hast zwar Freunde, kannst sie aber nicht einladen.“

(„Standing there, killing time
Can't commit to anything but a crime
Peter's on vacation, an open invitation
Animals, evidence
Pearly Gates look more like a picket fence
Once you get inside 'em
Got friends but can't invite them.“)

Der Vers bezieht sich auf den heiligen Petrus, der der Hüter des Himmels am Himmelstor sein soll. Diejenigen, die abgelehnt werden, werden in die Hölle geschickt. Billie singt, dass Peter (abzüglich des Präfixes „Saint", um einen Mangel an Respekt auszudrücken) „im Urlaub" ist, was bedeutet, dass das Tor zum Himmel nicht bewacht wird und dass jeder hineinstürmen kann.

In den nächsten Zeilen vergleicht Billie das Himmelstor jedoch mit einem Lattenzaun, der häufig mit dem langweiligen Alltagsleben in einem amerikanischen Vorort in Verbindung gebracht wird. Sie fügt hinzu, dass sie ihre Freunde nicht in den Himmel einladen kann, weil sie anscheinend an die Hölle gebunden sind. Was für Freunde hat sie? Oh, richtig, Leute im Showbusiness.

Während Billie den Himmel zerlegt, ist die Hölle… auf Erden.

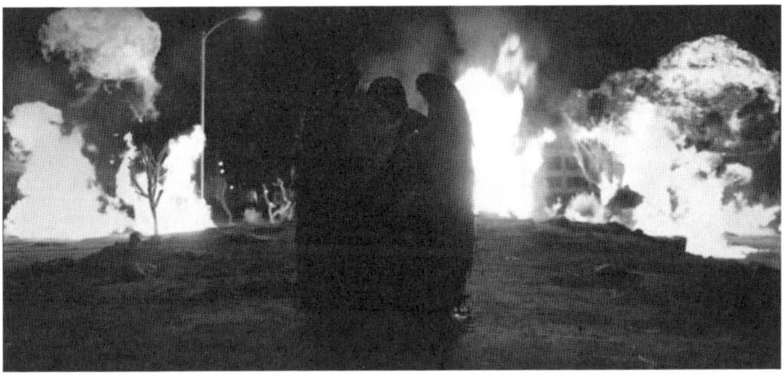

Abb. 394: Als Billie die mit Öl bedeckte Straße entlang geht, entzündet sich alles um sie herum. Die Hölle ist auf Erden

Der Vorchor betont dieses Konzept:

„Hügel brennen in Kalifornien Ich bin dran, dich zu ignorieren. Sag nicht, dass ich hätte dich nicht gewarnt!"	*(„Hills burn in California My turn to ignore ya Don't say I didn't warn ya.")*

Die Zeile „Hügel brennen in Kalifornien“ soll ein Hinweis auf die Waldbrände in Kalifornien sein, die der globalen Erwärmung zugeschrieben werden (einige behaupten, es seien Wetterwaffen gewesen). Billie (alias Luzifer) singt, dass sie nichts dagegen tun wird. Sie ist eigentlich froh, dass das passiert. Auf biblischer Ebene bezieht sich der Vorchor darauf, dass die Erde zur Hölle wird. Und sie ist tatsächlich froh, dass dies geschieht.

Der Chor zeigt auf die Ohnmacht Gottes gegenüber dem, was auf der Erde geschieht.

„All die guten Mädchen kommen in die Hölle
Denn sogar Gott selbst hat Feinde
Und wenn das Wasser zu steigen beginnt
Und der Himmel außer Sichtweite ist
Wird sie den Teufel in ihrem Team haben wollen.“

(„All the good girls go to Hell
'Cause even God herself has enemies
And once the water starts to rise
And Heaven's out of sight
She'll want the Devil on her team.“)

In dem Lied wird Gott als weiblich bezeichnet. Das gleiche Konzept wurde auch bei Ariana Grandes „God is Woman“ ausgenutzt. Es ist eine Umkehrung des traditionellen Titels „Himmlischer Vater“, der Gott gegeben wurde.

Angesichts der Gefahr des „Wasseraufstiegs“ auf der Erde (aufgrund der globalen Erwärmung) wird Gott als hilflos dargestellt. „Sie“ bittet sogar den Teufel um Hilfe. Im zweiten Vers lehnt Luzifer Gottes Bitten ab, der Menschheit zu helfen.

„Sieh nur, wie du mich brauchst
Du weißt, ich bin nicht dein Freund ohne etwas Grünzeug
Komm rein und trage Fesseln
Peter sollte es besser wissen
Deine Tarnung bricht ein
Der Mensch ist so ein Narr, warum retten wir ihn?

(„Look at you needing me
You know I'm not your friend without some greenery
Walk in wearin' fetters
Peter should know better
Your cover up is caving in
Man is such a fool, why are we saving him?

Sie vergiften sich jetzt selbst | *Poisoning themselves now*
Betteln um unsere Hilfe, wow." | *Begging for our help, wow."*)

In diesem Vers zeigt Luzifer völlige Verachtung für die Menschheit und ist froh zu sehen, dass sie sich selbst zerstört. Wissen Sie, wer sonst noch froh ist, wenn sich die Menschheit selbst zerstört? Die okkulte Elite - diejenigen, die Billie kontrollieren - diejenigen, die durch sie „singen". Sie würden gerne eine massive Entvölkerung der Menschheit sehen.

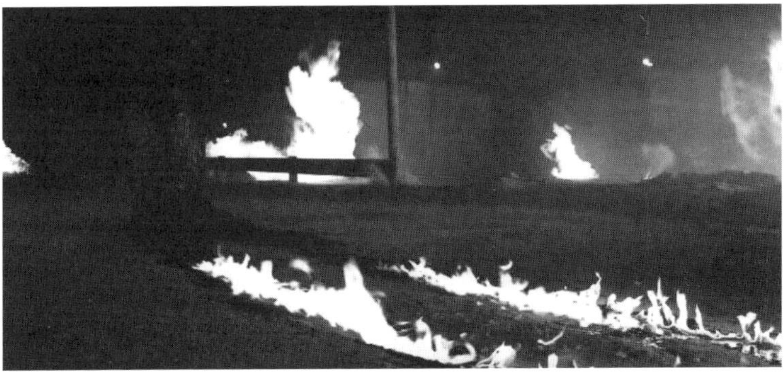

Abb. 395: Irgendwann führt die Ölspur dazu, dass Billies Flügel Feuer fangen

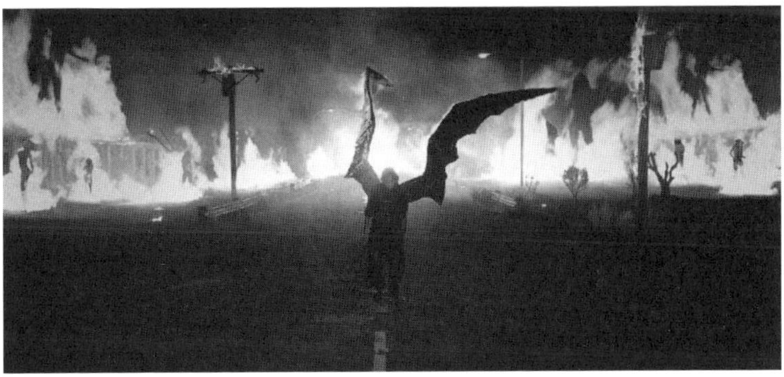

Abb. 396: Am Ende des Videos sind alle Federn an den Flügeln abgebrannt. Luzifer kann nicht mehr fliegen und ist hier, um zu bleiben. Beachten Sie auch die Frauen, die im Höllenfeuer tanzen. Gute Mädchen sind in der Hölle

Nachdem wir gesehen haben, wie die Erde zur Hölle wird, endet das Lied mit diesen bedrohlichen Worten:

„Mein Luzifer ist einsam	*(„My Lucifer is lonely*
Jetzt gibt es nichts mehr zu retten	*There's nothing left to save now*
Mein Gott wird mir etwas schulden	*My god is gonna owe me*
Es gibt nichts mehr zu retten."	*There's nothing left to save now.")*

Zusammenfassend lässt sich sagen, dass Billie Eilish von denen unter Drogen gesetzt wird, die sie kontrollieren. Sie verwandelt sich in ihre schwarzäugige, dämonische Person und lässt die Flügel Luzifers wachsen. Sie steigt zur Erde hinab und verunglimpft die Menschheit, während sich Feuer um sie herum ausbreitet und lacht über die Ohnmacht Gottes.

„Alle guten Mädchen fahren zur Hölle" ist eine Botschaft der okkulten Elite an die Massen: Wir freuen uns, wenn Sie korrupt werden und sterben.

Die gleichen Gefühle des Hasses gegen die Menschlichkeit finden sich in Liedern anderer Stars wie Poppy und Madonna (beide lieben auch pseudo-satanische Symbolik).

In „All Good Girls Go To Hell" ist der Bote ein gedankengesteuerter, vom Teufel besessener Popstar, der verwendet wird, um die Agenden der Elite voranzutreiben, einschließlich der Normalisierung des Satanismus, der Entweihung des Christentums und der Anwendung der Panik der globalen Erwärmung, um Angst und Hass gegen die Menschheit zu verursachen.

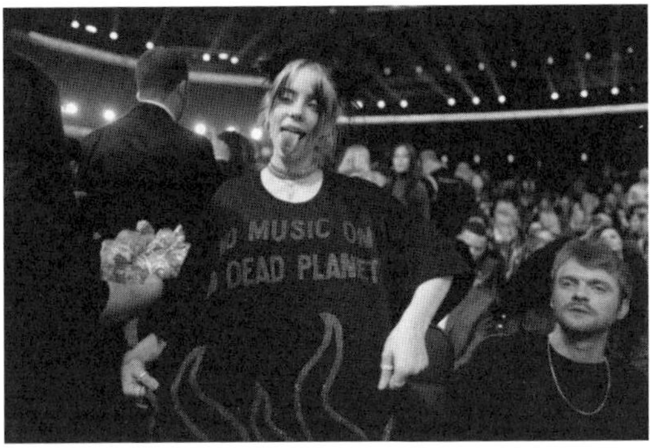

Abb. 397: Billie trug ein bei den „American Music Awards“ 2019 ein T-Shirt mit der Aufschrift „Keine Musik auf einem toten Planeten“. Eine perfekte Widerspiegelung der trostlosen und deprimierenden Weltanschauung, die Kindern beigebracht wird

Billie wird von Luzifer (der beliebtesten biblischen Figur der okkulten Elite) kontrolliert und flötet ihren Legionen junger Fans ein, dass es cool sei, böse zu sein, weil „gute Mädchen zur Hölle fahren“.

Kurz gesagt, bei dem Song geht es weniger um die Zerstörung des Planeten als vielmehr um die Zerstörung der Seele.[159]

2.11 Justin Bieber

„Verlorene Kontrolle über mich selbst, ich bin kompromittiert.“
(Justin Biebere, Album: „Changes“)

Justin Drew Bieber (1. März 1994) ist ein kanadischer Sänger und Songwriter. Bieber wurde im Alter von 13 Jahren von Talentmanager Scooter Braun entdeckt, nachdem er seine YouTube-Coversong-Videos angesehen hatte. Er wurde 2008 bei *RBMG Records* unter Vertrag genommen. Mit Biebers Debüt-EP „My World“, die Ende 2009 veröffentlicht wurde, war Bieber der erste Künstler, der sieben Songs aus einem Debüt-Chart auf dem „Billboard Hot 100“ hatte.

Bieber veröffentlichte 2010 sein Debüt-Studioalbum „My World 2.0“. Mit der Hit-Single „Baby“ debütierte das Album auf dem „US Billboard 200“ und machte Bieber zum jüngsten männlichen Solo-Act seit 1963, damals war es ein 13-jähriger Junge namens Stevie Wonder (Wonder nahm das Album mit 12 Jahren auf, veröffentlichte es aber nach seinem 13. Lebensjahr). Nach seinem Debütalbum und seinen Werbetouren veröffentlichte er seinen „3D-Biopic“-Konzertfilm „Justin Bieber: Never Say Never“, der ein Mega-Kassenerfolg war. In den Jahren nach den Veröffentlichungen von „Under the Mistletoe“ (2011) und „Believe“ (2012) hatte sich Bieber als Teenie-Idol etabliert, war jedoch vor seiner ersten Verhaftung im Jahr 2014 mehreren Kontroversen ausgesetzt, darunter internationalen Auseinandersetzungen mit dem Gesetz.

Nach Kontroversen um Bieber wurde sein Sound reifer, als er zu *EDM Records* überging und sich vom Teen Pop entfernte. 2015 veröffentlicht, wurde sein viertes Studioalbum „Purpose“ sein kommerziell erfolgreichstes Album und brachte drei „Billboard Hot 100“ Nummer-1-Singles hervor: „What Do You Mean?“, „Sorry“ und „Love Yourself“. Nach der Veröffentlichung von „Purpose“ war Bieber in mehreren erfolgreichen Kooperationen vertreten, darunter „Cold Water“, „Let Me Love You“, „Despacito (Remix)“ und „I Don't Care“ "und „10.000 Hours“, die alle in den USA unter die Top 5 kamen. Nachdem er sich eine Auszeit genommen hatte, um sich auf seine Ehe mit Hailey Baldwin zu konzentrieren, veröffentlichte Bieber sein fünftes Studioalbum, „Changes“, das war seine siebte Platzierung am Top-Punkt in den USA.

Mit einem Umsatz von über 150 Millionen Platten ist Bieber einer der weltweit meistverkauften Musikkünstler. Er erhielt zahlreiche Auszeichnungen, darunter einen „Grammy Award“, 15 „American Music Awards“, 20 „Billboard Music Awards“, zwei „Brit Awards“, einen „Latin Grammy Award“, einen Rekord von 21 „MTV Europe Music Awards“ und drei „MTV Video Music Awards“. Das „Time Magazine“ ernannte Bieber 2011 zu einem der 100 einflussreichsten Menschen der Welt. Er wurde in Forbes' auf die Liste der zehn mächtigsten Prominenten der Welt in den Jahren 2011, 2012 und 2013 aufgenommen. 2016 war Bieber der erste Künstler, der insgesamt 10 Milliarden Videoaufrufe auf „Vevo“ verzeichnete.[(160)]

Justin Biebers „Where Are U Now“ ist voll von schnell blinkenden Illuminaten-Bildern

Ob Sie es glauben oder nicht, dass zunächst scheinbar blitzsaubere Teenie-Idol Justin Bieber ist auch mit den Vorwürfen der Illuminaten-Connection verbunden. Bieber betrat die globale Bühne und sah wie ein magersüchtiger, mit Östrogen überdosierter, abgemagerter weiblicher Popstar mit der Stimme eines 12-jährigen Mädchens im Jahr 2010 aus und wurde einer der berühmtesten Popstars der Musikwelt.

Ein Teil seiner frühen Versuche, sich von seinem Kinderstar-Image zu lösen, bestand darin, etwas „Tinte“ zu bekommen, einschließlich eines seltsamen Tattoos auf seinem Unterarm, das dem Maskottchen des Bohemian Grove sehr ähnlich sieht, dem geheimen Männerclub, in dem die Superklasse jeden Juli abhängt. Man trifft sich zu vertraulichen Gesprächen am See und führt das jährliche Menschenopferritual zur Einäscherung der Fürsorge durch, bei dem ein lebensgroßes Bildnis einer Person auf einem Altar zu Füßen einer 12-Meter-Eulenstatue (Molech) verbrannt wird.(161)

Bei einer Modenschau für „Victoria Secret“ wurde er nach seinem Eulen-Tattoo gefragt, was es bedeutet, und er antwortete widerwillig:

„Ähm ... es bedeutet viele verschiedene Dinge, aber es ist wichtig für mich, ich glaube nicht - es ist nicht wirklich für andere Leute wichtig, wirklich etwas darüber zu wissen“, berichtet Eonline.com 2012.(162)

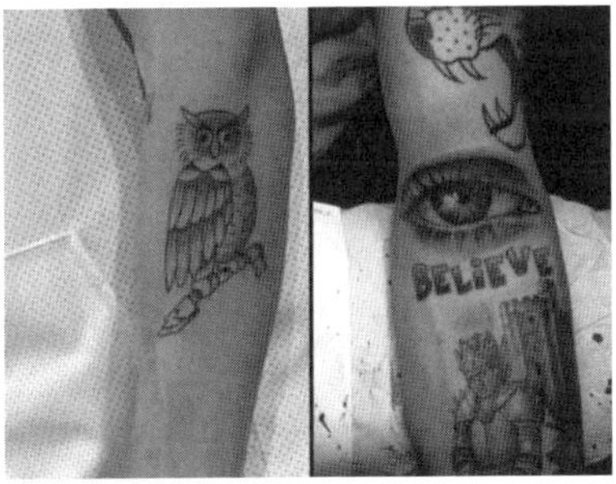

Abb. 398: Links im Bild die Bohemian-Grove-Statuen-ähnliche Eule und rechts auf der Innenseite seines Ellbogens das allsehende Auge

Im folgenden Jahr bekam er ein weiteres bizarres Tattoo, diesmal mit einem riesigen Auge auf der inneren Seite seines Ellbogens, und in der Bildunterschrift auf dem Instagram-Foto, das er gepostet hatte, sagte er, es sei das Auge seiner Mutter und sie würde „immer“ auf ihn aufpassen. Sehr seltsam.

Die Zeit wird zeigen, ob Justin Biebers Stern verblassen wird. Er könnte versuchen, seine Karriere mit einem absurden Werbegag wiederzubeleben, oder unter dem Druck, einer der vielen Opfer von Drogenmissbrauch zu sein, einer von vielen verbrauchten Stars, das Schicksal so vieler vor ihm teilen.

Justin Biebers „Where Are U Now"-Video zeigt Hunderte von Bildern, die den Sänger überlagern und alle mit hoher Geschwindigkeit blinken. Es ist nicht überraschend, dass es eine Menge Illuminaten-Symbolik gibt.

Es ist ziemlich offensichtlich, dass Bieber seit Jahren ein bedeutender Bauer der Musikindustrie ist. In Anbetracht dessen, dass er in einem sehr jungen Alter entdeckt und vermarktet wurde, ging er höchstwahrscheinlich den schrecklichsten Weg zum Erfolg, einschließlich der Einführung in einige der größten Grusel in der Branche und der „Initiierung" durch irgendeine Art von einem missbräuchlichen und erniedrigenden Ritual. Möglicherweise wurde er sogar einer Gedankenkontrolle unterzogen. Als ob er ausgewählt worden wäre, eine bestimmte Rolle zu spielen, haftete an Biebers Karriere eine erstaunlich lange Liste peinlicher Ereignisse, die von seltsamem, unberechenbarem Verhalten (ähnlich wie bei anderen MKULTRA-Kinderstars wie Britney Spears und Amanda Bynes) bis hin zu Konflikten mit Strafverfolgungsbeamten auf der ganzen Welt.

Bieber ist auch der Empfänger eines nahezu universellen Hasses von Musikfans auf der ganzen Welt, ein Hass, der mit jeder weiteren „bescheuerten" Sache, die er sagt und tut, weiter wächst. Bei all dem scheint Bieber keine Kontrolle über das zu haben, was mit ihm geschieht, da er von einem Ort zum anderen transportiert wird, während er ständig sein „Ich wurde schwer missbraucht, bitte hört auf"-Gesicht zeigt.

Aus diesem Grund ist das Gesamtkonzept von Biebers Video „Where Are U Now" genau richtig. Indem zufällige Leute auf Justin Bieber malen, was sie wollen, spiegelt der Vorgang im Video Biebers mangelnde Kontrolle über sein Image, seine Botschaft und seine gesamte Daseinsberechtigung wider. Er ist im Grunde eine leere Leinwand, auf die seine Betreuer malen können, was sie wollen - und er kann nichts dazu sagen - selbst wenn es wirklich beleidigend ist ... selbst wenn es gegen seine tiefsten Überzeugungen geht. Willkommen in der Musikbranche. Der visuelle Inhalt von „Where are U Now" wurde von einer Veranstaltung im Jack Ü (DJ Duo) Hauptquartier aufgenommen, in dem Fans Szenen aus dem Musikvideo mit Buntstiften und farbigen Pastelltönen bemalten. Das Endergebnis ist, dass sich Justin

Bieber bewegt, da diese Bilder mit etwa 30 Bildern pro Sekunde blinken. Die einzige Möglichkeit, diese Bilder tatsächlich anzuzeigen, besteht darin, das Video zu zufälligen Zeiten anzuhalten (so habe ich es geschafft, einige Screenshots zu machen). Während viele dieser Bilder wirklich lustig und kreativ sind, tauchen immer wieder bestimmte Symbole auf. Und zufällig ist es genau derselbe Satz von Symbolen, den die okkulte Elite in den Musikvideos anderer großer Popstars immer wieder verwendet. Auch viele dieser Bilder beleidigen Bieber grundsätzlich. Während dies Biebers reife und verletzliche Seite zeigen mag, zeigt es meistens, dass er keine Kontrolle darüber hat, wie er dargestellt wird.

Wir wissen nicht viel über den „echten" Justin Bieber, aber während seiner gesamten Karriere bestand er darauf, dass er ein treuer Christ ist. In Anbetracht dieser Tatsache, warum gibt es in diesem Video so viele satanisch umgekehrte Kreuze? Ich spreche nicht von ein paar seltsamen, es ist ein klares Muster. Hier sind nur einige, die ich einfangen konnte.

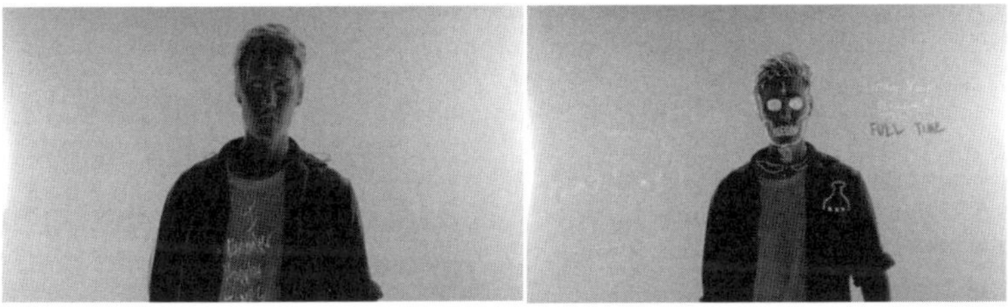

Abb. 399 links: Ein umgekehrtes weißes Kreuz auf seiner Stirn. Rechts: Noch ein Kreuz, diesmal in roter Farbe

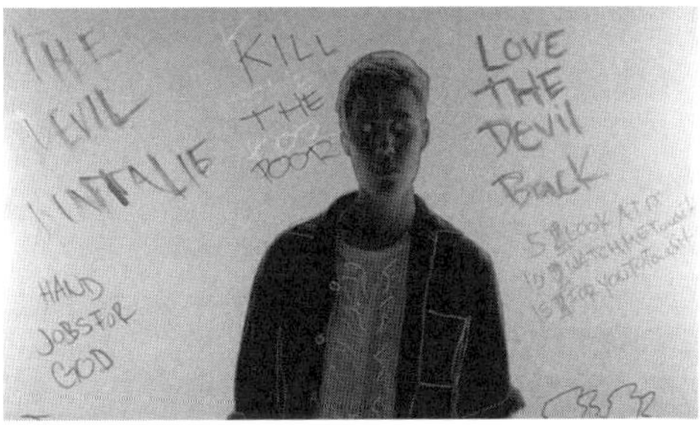

Abb. 400: Noch ein umgekehrtes Kreuz plus Bonusnachrichten wie: „Töte die Armen", „liebe den Teufel zurück" und andere Dinge, die ich nicht abtippen werde

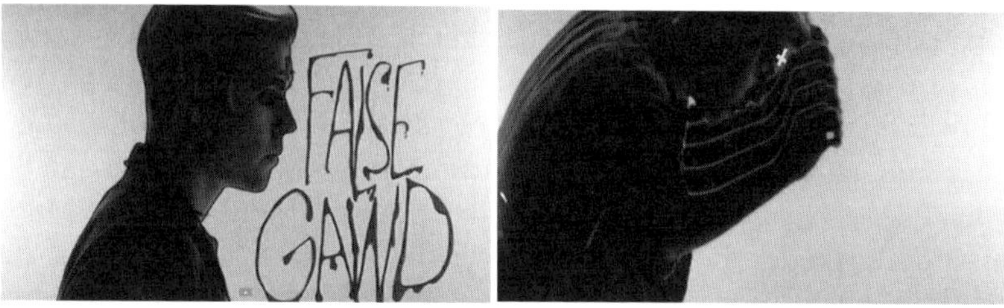

Abb. 401 links: Ein weiteres umgekehrtes Kreuz auf seiner Stirn und die Worte "False Gawd" („Falscher Gott"). Rechts: Können Sie sehen, wie sich hier ein Muster bildet?

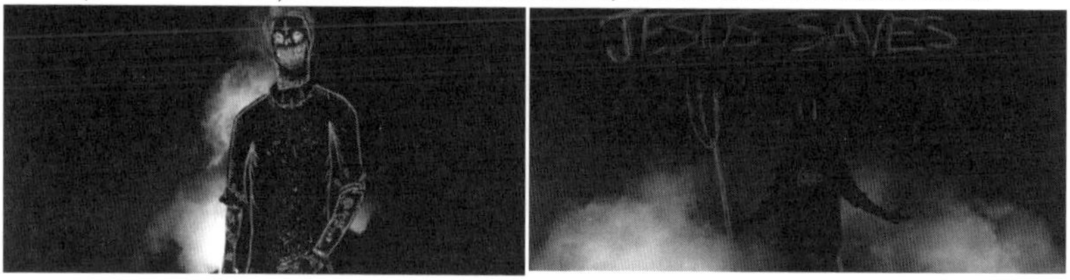

Abb. 402 links: Ein weiteres umgekehrtes Kreuz plus ein Penis-Zeichen, das ich zensiert habe. Rechts: Ein ironisches Spruch „Jesus rettet" mit Bieber, dargestellt als Teufel mit 666 auf seiner Brust. Für Biber, als bekennenden Christen, ist es nicht sicher, ob er diese Folie gutheißt. Aber er hat leider keine Macht über das, was auf ihn projiziert wird

Zusätzlich zu den vielen satanischen Bildern erscheinen im gesamten Video klassische Illuminaten-Bilder. Die Pyramide und das allsehende Auge erscheinen zahlreich.

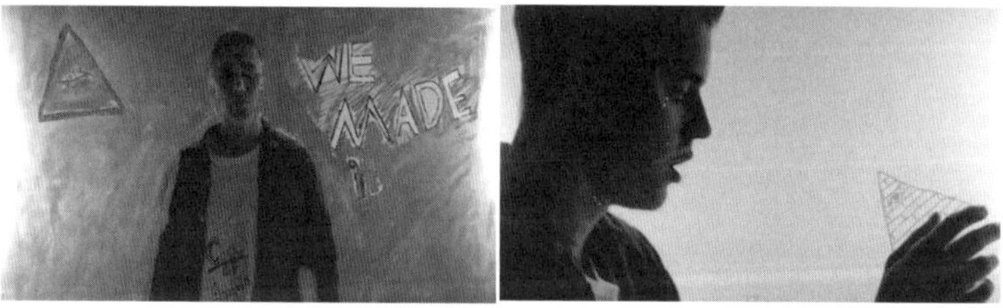

Abb. 403 links: Das allsehende Auge in einer Pyramide mit den Worten auf der anderen Seite „We Made It". Ja, Bieber hat es dank "Ihnen" "geschafft". Rechts: Bieber starrt hypnotisiert auf eine Illuminaten-Pyramide in der Hand

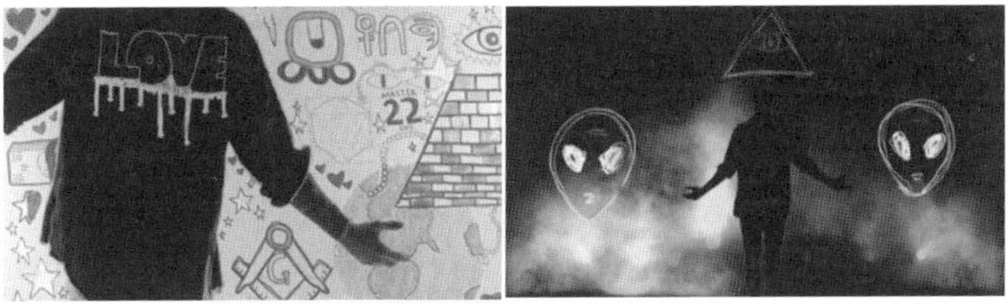

Abb. 404 links: Eine Illuminaten-Pyramide und eine Reihe anderer freimaurerischer Symbole, wie das Quadrat, den Kompass und das Hexagramm – garniert mit einem Aufdruck „Liebe“, die ultimative Täuschung. Rechts: Mehr vom selben Symbol und Aliens, für alle die auf eine Rettung durch Extraterrestrische hoffen

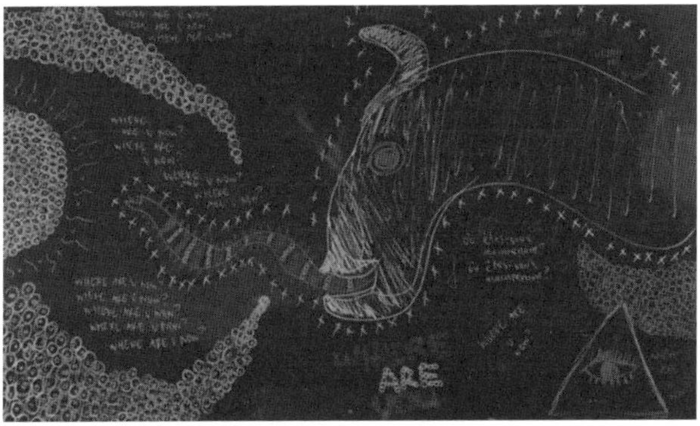

Abb. 405: Bieber verwandelt sich in ein gehörntes Monster mit dem Illuminaten-Symbol unten rechts

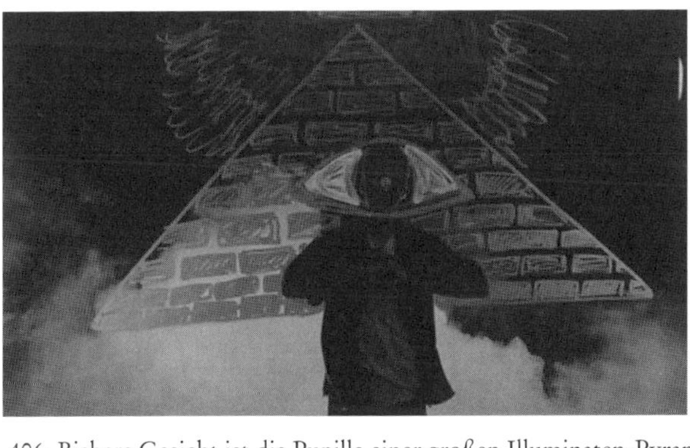

Abb. 406: Biebers Gesicht ist die Pupille einer großen Illuminaten-Pyramide, er ist das Gesicht der Elite

Alle diese Bilder blinken im gesamten Video mit einer so hohen Geschwindigkeit, dass sie im Grunde genommen unterschwellig sind, es sei denn, man hält das Video an zufälligen Stellen an, um diese blendenden Kunstwerke zu bewundern.

Ein anderes Muster: Bieber in seinem eigenen Video lächerlich zu machen:

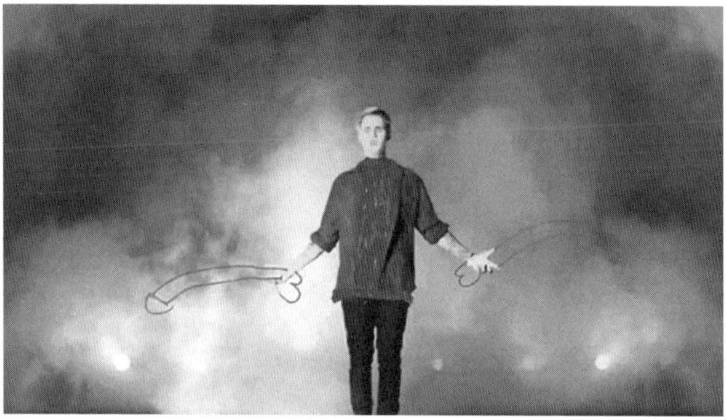

Abb. 407: Bieber verwandelt sich in einen Miley Cyrus-Typ, der genau das tat, was er wahrscheinlich tun musste, um in der Branche groß rauszukommen. Es tut mir leid, wenn das hart war, aber die Leute verstehen immer noch nicht, dass Hollywood und die Musikindustrie voller Kinderliebhaber ist. Oh ja, er hält zwei Penisse in der Hand, wie abartig

Während des Videos sehen wir, wie Bieber sehr traurig und verletzlich aussieht, während Farbe von seiner Stirn tropft - ähnlich wie Jesus, der aus seiner Dornenkrone blutet.

Abb. 408 links: Bieber ist der Prügelknabe der Musikindustrie. Seine Programmierer wollen, dass er aussieht. Rechts: Das Video endet passend: Bieber verwandelt sich in einen großen Farbklecks und verschwindet. So endet es, wenn die Industrie ihn im Stich lässt, und ihn zu einem „Gewesenen" macht

Wie Sie sehen können, enthält das Video keine komplizierte Handlung, sondern nur eine Reihe von Bildern, die auf Justin Bieber blinken. Während diese Bilder anscheinend von zufälligen Personen gezeichnet wurden, tauchen einige Symbole und Botschaften immer wieder auf und passen zufällig perfekt zur übergeordneten Agenda der okkulten Elite.

Einige könnten sagen: „Sie analysieren beschissene Zeichnungen, die von einem Typen gemacht wurden, der eine quadratische Brille und einen Rucksack trägt." Ja. Vielleicht waren diejenigen, die diese Zeichnungen machten, Troll-artig oder ironisch. Vielleicht haben sie es getan, weil das Zeichnen okkulter Symbole gerade cool und trendy ist. Vielleicht wissen einige etwas über die Illuminaten-Industrie und haben versucht, eine Nachricht über Bieber, als den Bauern, zu übermitteln. Vielleicht wurde die heutige Generation von Illuminaten-Videos so einer Gehirnwäsche unterzogen, dass ihnen nichts anderes zum Zeichnen einfällt. Oder vielleicht wurden einige dieser Bilder von den Videomachern selbst hinzugefügt, um eine gesunde Quote der erforderlichen Illuminaten-Symbolik zu erhalten.

Was auch immer der Fall sein mag, das Endergebnis ist das gleiche: „Where Are U Now" ist ein weiteres Musikvideo mit Millionen von Ansichten, das die Illuminaten-Symbolik direkt in die Köpfe der Jugend blitzt. Sie können es drehen wie Sie wollen, am Ende ist genau das passiert.[(163)]

Warum markiert Justin Bieber Babybilder auf Instagram mit „Yummy" („lecker")? Die Antwort ist widerlich

Um für seine 2020er Single „Yummy" zu werben, veröffentlichte Justin Bieber seltsame Bilder von beliebigen Babys mit dem Hashtag „Yummy". Es gibt auch viele Hinweise auf Pizzen. Außerdem hat das Musikvideo „Yummy" eine verhüllte Nachricht. Was ist los mit Justin Bieber?

Justin Bieber hat eine neue Single namens „Yummy" veröffentlicht und sie scheint maßgeschneidert zu sein, um die Leute wütend zu machen. Zunächst einmal ist die hirnverbrannte Phrase des Songs an sich schon ärgerlich. Es ist, als wäre sie für Kleinkinder geschrieben worden.

„Ja, du hast das lecker-lecker
Das lecker-lecker, das

(„Yeah, you got that yummy-yum
That yummy-yum, that yummy-

lecker-lecker
Ja, du hast das lecker-lecker."

yummy
Yeah, you got that yummy-yum.")

Die Verse machen jedoch deutlich, dass das eigentliche Thema des Liedes sehr erwachsen und sehr sexuell ist.

Justin Bieber's "Yummy" Lyrics Are So Steamy, They'll Make You Blush

Abb. 409: „Justin Biebers „Yummy" Songtexte sind so heiß, dass sie dich erröten lassen" titelte die US-Webseite elitedaily.com

Hier ist ein Beispiel für suggestive Texte:

„Das Jet-Set, beobachte den Sonnenuntergang irgendwie, yeah, yeah
Die Augen in meinem Kopf zurückrollen, lass meine Zehen kräuseln, yeah."

(„That jet set, watch the sunset kinda, yeah, yeah
Rollin' eyes back in my head, make my toes curl, yeah.")

Hier ist ein weiterer kaum verhüllter sexueller Vers:

„Steh auf, lass mich aufsteigen
Ich habe die Kontrolle über mich verloren, ich bin kompromittiert
Du bist belastend, keine Verkleidung (keine Verkleidung)
Und dir gehen nie die Vorräte aus."

(„Standin' up, keep me on the rise
Lost control of myself, I'm compromised
You're incriminating, no disguise
(No disguise)
And you ain't never runnin' low on supplies.")

Bieber ist eindeutig nicht der erste Künstler, der einen Popsong mit sexuellen Anspielungen veröffentlicht, aber die Werbung rund um die Single macht die Sache extrem seltsam und unangenehm.

Wer auch immer den Instagram-Account von Bieber betreut, hat entschieden, dass es eine gute Idee sei, Bilder von beliebigen Babys mit dem Hashtag „Yummy" zu posten.

Hier sind einige Beispiele:

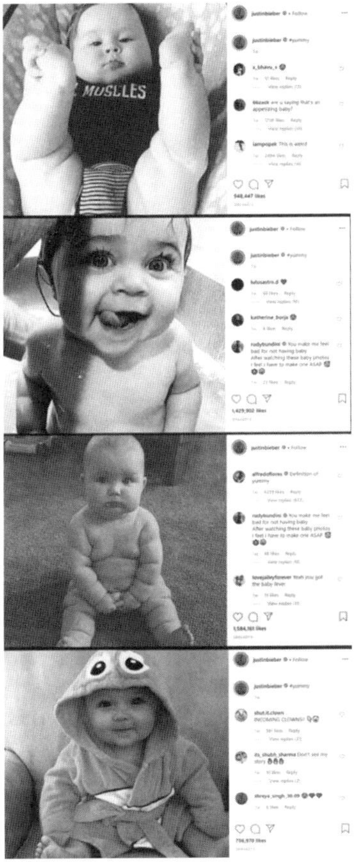

Abb. 410: Alles „leckere“ Babys für Justin Bieber.
Bon Appétit, siehe Katy Perry

Biebers Instagram-Account enthält viele weitere Bilder von Babys. Um die Sache noch seltsamer zu machen, veröffentlichte Bieber auch den Titel des Songs mit Pizzabuchstaben.

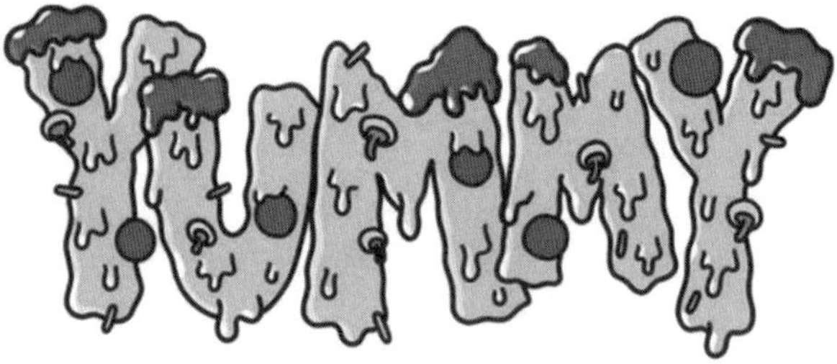

Abb. 411: Es ist mittlerweile allgemein bekannt, dass „Pizza“ ein Codewort ist, das in pädophilen Kreisen verwendet wird. Es wurde sogar ein Mem in Internetforen wie „4Chan“

Für diejenigen, die die kranken Codes dieser Menschen verstehen, ist die Kombination der Songtexte mit Bildern von Babys und dem Wort „Yummy“ in Pizzabuchstaben schwer zu ignorieren.

Ein anderes weithin bekanntes Meme, das mit diesen Fieslingen verbunden ist, der Pädo-Bär. Hier ist ein weiterer Beitrag auf Biebers Instagram-Account inmitten des „Yummy“-Werbeschwalls.

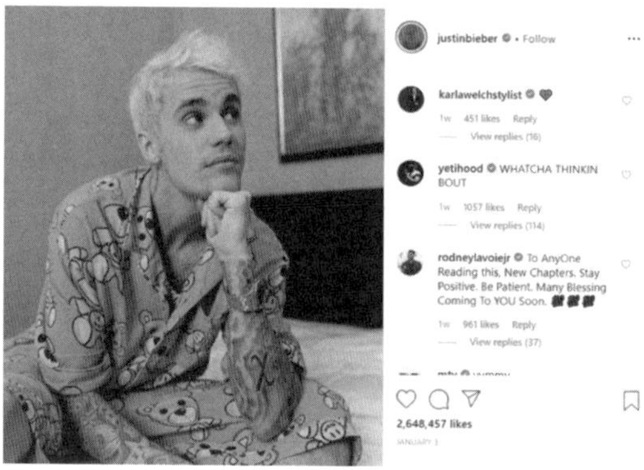

Abb. 412: Bieber ist der „Pädo-Bär“

Um die Dinge noch seltsamer zu machen, fügt das Musikvideo eine weitere Ebene von Wunderlichem hinzu und man kann sich nur fragen: „Verdammt nochmal, was soll das?“

Das Musikvideo zeigt ein nobles Restaurant, das von nobel aussehenden Leuten besucht wird. Es ist die Art von Ort, an den die Mitglieder der selbsternannten Elite gehen. Zu Beginn des Videos verweilt die Kamera bei Kindern, die Musik spielen.

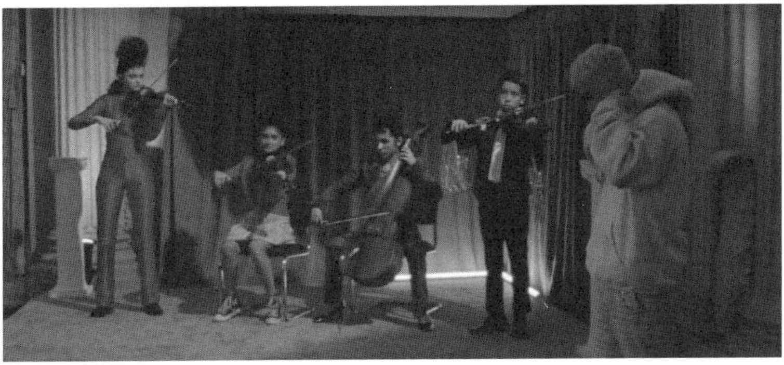

Abb. 413: Die einzigen Kinder im Restaurant sind die Musiker. Mit anderen Worten, Kinder sind die „Unterhaltung"

Während die Kinder spielen, genießt Bieber seltsames Essen mit einigen seltsam aussehenden Menschen.

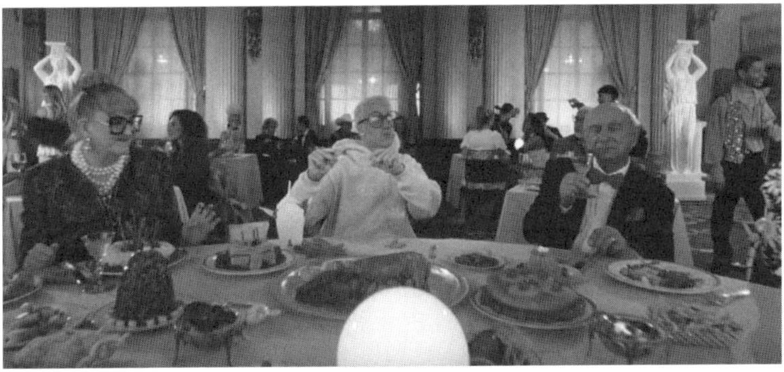

Abb. 414: Speisen mit der okkulten Elite?

In Anbetracht des Themas des Liedes kann man leicht interpretieren, dass diese Orgie des Essens tatsächlich eine Orgie von Menschen darstellen soll. Die Nahaufnahmen von Menschen, die suggestiv essen, sind nicht sehr subtil.

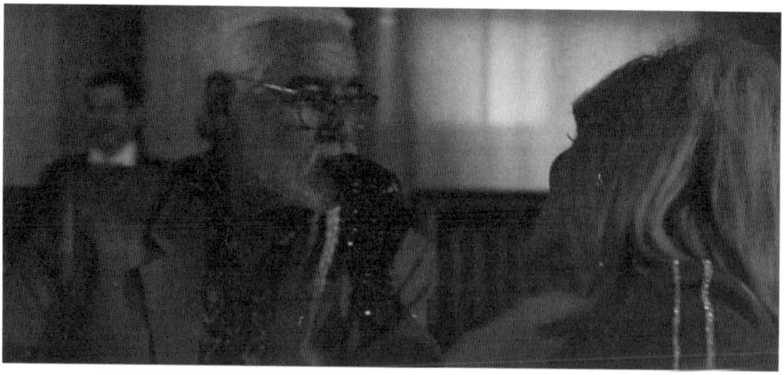

Abb. 415: Dieser ältere Mann wird von dieser älteren Dame mit einer Erdbeere gefüttert. Suggestiv

Die letzte Einstellung des Videos erklärt, was das Essen im Video tatsächlich darstellt. Dieses Bild ist symbolisch so wichtig, dass es auch auf Biebers Instagram-Account gepostet wurde.

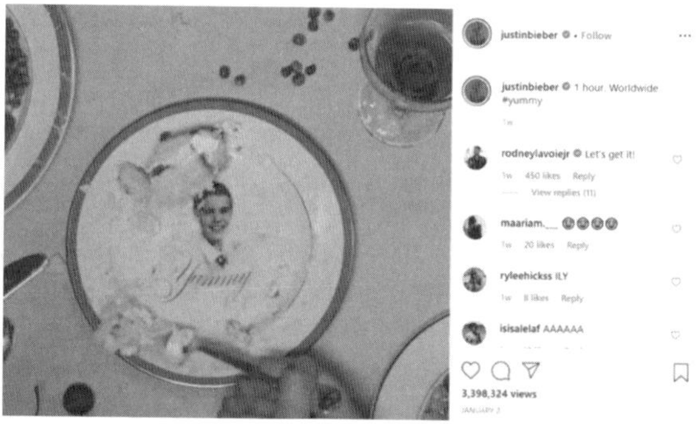

Abb. 416: Ein Kuchen wird gegessen und zeigt das Gesicht des sehr jungen Justin Bieber... darunter das Wort „Yummy"

Das letzte Bild sagt im Grunde, dass die Gerichte Kinder darstellen. Sie werden „verkostet". Und Bieber selbst ist ein Opfer des Systems, das er im Video feiert.

Einige mögen sich fragen, warum Bieber an diesem gruseligen und offenkundig kinderpräferierenden Theater teilnimmt, wenn er es vielleicht nicht tun müsste. Die kurze Antwort lautet: Er hat keine Wahl. Von Beginn seiner Karriere an war Bieber immer eine Marionette der Branche, die wenig oder gar keine Kontrolle über ihre Karriere hatte. Die letzte Einstellung von „Yummy“ scheint zu sagen, Bieber könnte selbst von den Handlern in der Musikindustrie missbraucht worden sein.

Warum nimmt Bieber - ein frommer und ausgesprochener Christ - an diesem okkulten Elite-Zeug teil? Es gibt durchaus viele Posts mit Bezug auf Jesus auf seinem Istangram-Account (obwohl seltsamerweise mit gruseligen, „Yummy“-verwandten Bildern gemischt). Um jedoch einen besseren Eindurck davon zu bekommen, was hier passiert, müssen wir uns Biebers Kirche ansehen: Die mächtige, mit Sternen übersäte „Hillsong“-Kirche.

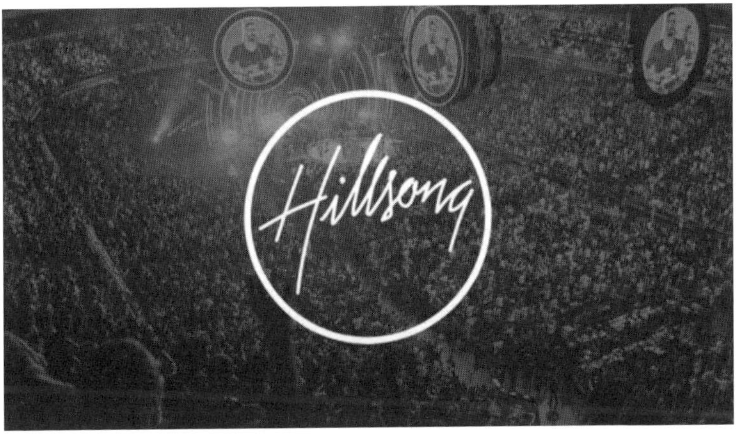

Abb. 417: Die „Hillsong“-Kirche entwickelte sich von einer kleinen örtlichen Kirche in Australien zu einer „internationalen Bewegung“

Die Kirche wird bekanntermaßen von verschiedenen Stars wie Selena Gomez, Kylie und Kendall Jenner, Kourtney Kardashian, Vanessa Hudgens, Nick Jonas, Hailee Steinfeld und Bono besucht. Sie alle sind Handlanger der okkulten Elite.

Der Gründer der Kirche, Brian Houston, ist auch eng mit der politischen Elite Australiens verbunden.

„Die ‚Hillsong‘-Kirche wurde von hochkarätigen Politikern unterstützt, insbesondere von der ‚Liberal Party of Australia‘. Im Jahr 1998 traf Brian Houston den damaligen australischen Premierminister John Howard und den größten Teil seines Kabinetts im Parlamentsgebäude in Canberra, bevor er Gebete

teilte. Im Jahr 2002 eröffnete John Howard das ‚Hillsong Convention Center' am Standort Baulkham Hills. In den Jahren 2004 und 2005 sprach der damalige australische Schatzmeister Peter Costello auf seinen jährlichen Konferenzen."(164)

All diese Unterstützung der Elite geschah trotz der Tatsache, dass die Kirche ein dunkles Geheimnis hat: Der Vater des Gründers der Kirche, Frank Houston, gab zu, mehrere Jungen in Australien und Neuseeland missbraucht zu haben. Und die Führung der Kirche hat alles getan, um diese schmutzige Angelegenheit zu vertuschen.

„Frank Houston, der Vater des Gründers der ‚Hillsong'-Kirche, Brian Houston, war ein Pastor in Neuseeland und Australien, der im Laufe seines Dienstes bis zu neun Jungen missbrauchte. In den 1960er und 1970er Jahren wurde ein Opfer im Alter von 7 bis 12 Jahren routinemäßig sexuell missbraucht. 1999 meldete seine Mutter den Missbrauch der Kirche. Obwohl Brian Houston gesetzlich verpflichtet war, das Verbrechen zu melden, tat er dies nicht. Das Opfer sagte später gegenüber der ‚Royal Commission' zu institutionellen Reaktionen auf sexuellen Kindesmissbrauch aus, dass Frank Houston ihm in Anwesenheit des Ältesten der ‚Hillsong'-Kirche, Nabi Saleh, AU $ 10.000 als Entschädigung in einem McDonald's anbot. Während einer internen kirchlichen Untersuchung gestand Frank Houston schließlich die Verbrechen. Die Kommission erfuhr auch, dass er am sexuellen Missbrauch anderer Kinder in Neuseeland beteiligt war. Frank Houston trat im Jahr 2000 von seiner Kirche zurück, die dann mit der ‚Hillsong'-Kirchefusionierte. Im Gegensatz zu Frank Houstons Rücktrittsschreiben zog er sich im Mai 1999 von der Position des leitenden Pastors des ‚Sydney Christian Life Centre' zurück und war nie bei der ‚Hillsong'-Kirche angestellt. Eine weitere interne Untersuchung der ‚Assemblies of God' in Australien in Verbindung mit den ‚Assemblies of God' in Neuseeland ergab sechs weitere Anschuldigungen wegen sexuellen Missbrauchs von Kindern, die als glaubwürdig angesehen wurden.

Im Jahr 2015 untersuchte die königliche Kommission Vorwürfe, die Brian Houston beschuldigten, die Verbrechen seines Vaters verschwiegen zu haben, und tadelte ihn, weil er seinen Vater nicht bei der Polizei gemeldet hatte. Im November 2018 wurde in ‚60 Minutes' ein Beitrag ausgestrahlt, in dem der Skandal um sexuellen Missbrauch erneut aufgegriffen wurde, da neu aufgedeckte Unterlagen angeblich enthüllten, dass Brian Houston tief in eine Vertuschung verwickelt war und dass Frank Houstons missbräuchliches Verhalten schlimmer war als ursprünglich angenommen. Brian Houston nutzte angeblich seine Position innerhalb der Konfession der ‚Assemblies of God' in Australien, um den sexuellen Kindesmissbrauch seines Vaters zu verbergen. Die Angelegenheit wurde an die ‚New South Wales Police Force' weitergeleitet, die bestätigte, dass gegen Brian Houston strafrechtliche Ermittlungen eingeleitet wurden, weil er ein schweres Verbrechen nicht gemeldet hatte. Nach der' 60 Minutes' Geschichte, veröffentlichte ‚Hillsong' eine Erklärung als Antwort auf die Vorwürfe.(165)

Das Magazin Musik Express berichtete 2021: *„Justin Bieber äußerte sich nun zu den Gerüchten rund um seine Glaubenszugehörigkeit. In einer Instagram-Story räumt Justin Bieber nun mit den Gerüchten auf, er hätte vor sich von der Mega-Kirche Hillsong zum Pfarrer ausbilden zu lassen. So steckte erst kürzlich eine anonyme Quelle dem ‚OK! Magazin', dass Bieber bald neben seiner Musikkarriere einer höheren Berufung nachkommen wird. Das Magazin ‚Page Six' nahm daraufhin diese Story auf und zitierte die mysteriöse Quelle: ‚Er will nächstes Jahr ein vollwertiger Pfarrer werden.' Bieber dementiert diese Gerüchte nun als ‚Fake News' und postete den Artikel auf Instagram mit der Bildunterschrift: ‚Ich lass mich nicht zum Pfarrer ausbilden oder irgendetwas das dem auch nur nahe kommt. Ich habe kein Bedürfnis danach, das sind Fake News.'Darüber hinaus hätte er entgegen bisheriger Annahmen mit Hillsong gar nichts mehr am Hut. Stattdessen ist er der religiösen Gruppe Churchome zugehörig, wie Bieber nun richtig stellt. Dies überrascht Fans, da der Sänger eine jahrelange Geschichte mit Hillsong vorzuweisen hat. So wurde Bieber im Laufe seiner JOURNALS- und PURPOSE-Ära immer wieder beim Besuch von Hillsong-Gottesdiensten gesehen.*“(166)

Um zum Titel des Artikels zurückzukehren: Warum hat Justin Bieber Babys auf Instagram mit „Yummy“ markiert? Weil er ein Bauer der Unterhaltungsindustrie ist, der von einigen sehr kranken Menschen kontrolliert wird.

Seit Beginn seiner Karriere war Bieber in einen endlosen Wirbel von seltsamen, demütigenden Ereignissen verwickelt und zeigte oft bizarres Verhalten. Er war schon immer ein „Prügelknabe“ der Branche und das Gesicht der schmierigen Popmusik. Mit Yummy setzt sich das Muster fort. Seine

Handler haben Yummy absichtlich in eine Art „Kinderliebhaber"-Hymne verwandelt, indem sie das Video mit offenkundigen Bildern und gruseligen Instagram-Posts in Verbindung brachten.

Kurz gesagt, Bieber wurde benutzt, um eine der Lieblingsagenden der Elite voranzutreiben: Die Normalisierung und das Verherrlichen von Kindesmissbrauch. Wenn das nicht lecker ist.[167]

2.12 Eminem

„Drei Persönlichkeiten platzen aus mir heraus, bitte Vorsicht."
(Eminem, Album: „Revival")

Marshall Bruce Mathers III (17. Oktober 1972), professionell bekannt als Eminem, ist ein US-amerikanischer Rapper, Songwriter und Plattenproduzent. Eminems weltweiter Erfolg und seine gefeierten Werke, denen die Popularisierung des Hip-Hop in Mittelamerika zugeschrieben wird, gelten allgemein als durchbrochene Rassenbarrieren für die Akzeptanz weißer Rapper in der Popmusik.Während ein Großteil seiner transgressiven Arbeit in den frühen 2000er Jahren ihn äußerst kontrovers machte, wurde er zum Repräsentanten der Volksangst der amerikanischen Unterschicht. Er hat viele Künstler verschiedener Genres beeinflusst.

Nach seinem Debütalbum „Infinite" (1996) und dem erweiterten Stück „Slim Shady EP" (1997) unterschrieb Eminem bei Dr. Dre's „Aftermath Entertainment" und erlangte 1999 mit „The Slim Shady LP" Mainstream-Popularität. Seine nächsten beiden Veröffentlichungen „The Marshall Mathers LP" (2000) und „The Eminem Show" (2002) waren weltweite Erfolge und wurden beide für den „Grammy Award" als Album des Jahres nominiert. Nach der Veröffentlichung seines nächsten Albums, „Encore" (2004), legte Eminem 2005 eine Pause ein, was teilweise auf eine Sucht nach verschreibungspflichtigen Medikamenten zurückzuführen war. Vier Jahre später kehrte er mit der Veröffentlichung von „Relapse" (2009) in die Musikindustrie zurück, und „Recovery" wurde im folgenden Jahr veröffentlicht. „Recovery" war das weltweit meistverkaufte Album des Jahres 2010 und damit Eminems zweites Album nach „The Eminem Show“ im Jahr 2002 das weltweit meistverkaufte Album des Jahres. In den folgenden Jahren veröffentlichte er die US-Nummer-1-Alben „The Marshall Mathers LP 2“, „Revival“, „Kamikaze“ und „Music to Be Murdered By“.

Eminem gab sein Debüt in der Filmindustrie mit dem Musikdrama *8 Mile* (2002), in dem er eine fiktive Version von sich selbst spielte, und sein Titel „Lose Yourself“ aus seinem Soundtrack gewann den Oscar für den besten Original-Song. Er war damit der erste Hip-Hop-Künstler, der jemals den Preis gewinnen konnte. Er hat Cameo-Auftritte in den Filmen *The Wash* (2001), *Funny People* (2009) und *The Interview* (2014) sowie in der Fernsehserie *Entourage* (2010). Eminem hat mit Manager Paul Rosenberg weitere Projekte entwickelt, darunter *Shady Records*, die dazu beigetragen haben, die Karrieren von Künstlern wie 50 Cent, Yelawolf und Obie Trice zu starten. Er hat auch seinen eigenen Kanal, „Shade 45“, auf „Sirius XM Radio“ eingerichtet. Neben seiner Solokarriere war Eminem Mitglied der Hip-Hop-Gruppe D12. Er ist auch bekannt für die Zusammenarbeit mit dem in Detroit ansässigen Rapper Royce da 5'9 "; die beiden sind zusammen als Bad Meets Evil bekannt.

Eminem gehört mit einem geschätzten weltweiten Umsatz von mehr als 220 Millionen Schallplatten zu den meistverkauften Musikkünstlern aller Zeiten. Er war der meistverkaufte Musikkünstler in den USA der 2000er Jahre und unter den meistverkauften männlichen Musikkünstlern in den USA der 2010er Jahre insgesamt Dritter. „Billboard“ nannte ihn den „Künstler des Jahrzehnts“ (2000–2009). Die „Marshall Mathers LP“, die „Eminem Show“, „Lose Yourself“, „Love the Way You Lie“ und „Not Afraid“ wurden von der „Recording Industry Association of America (RIAA)“ als Diamond oder höher zertifiziert. „Rolling Stone“ hat ihn in seine Liste der 100 größten Künstler aller Zeiten und der 100 größten Songwriter aller Zeiten aufgenommen. Er hat zahlreiche Preise gewonnen, darunter 15 „Grammy Awards“, acht „American Music Awards“, 17 „Billboard Music Awards“, einen „Academy Award“ und einen „MTV Europe Music Global Icon Award“. Er hatte zehn Nummer-1-Alben auf dem „Billboard 200“, die alle nacheinander auf Platz eins der Charts debütierten, was ihn zum einzigen Künstler machte, der dies erreichte, und fünf Nummer-1-Singles auf dem „Billboard Hot 100“.[168]

Marshall Masters, alias Slim Shady, alias Eminem, stieg ab 1999 in den Superstarhimmel auf und wurde einer der berühmtesten Rapper aller Zeiten, nachdem er beim Musiklabel „Aftermath Entertainment" von Dr. Dre, einer Tochtergesellschaft von *Interscope Records*, unter Vertrag genommen worden war. Nicht nur, dass er als Weißer rappte, befeuerte seine Berühmtheit, sondern auch sein extrem gewalttätiger und abscheulicher lyrischer Inhalt, einschließlich Songs über Drogenkonsum („Role Model"), Vergewaltigung von Frauen (Quelle: salon.com: „Eminem`s dirty secrets"), Herumschießen im Columbine-Stil („I`m back") und sogar das Töten der Mutter seines Babys („Kim").

Statt von den Mainstream-Medien abgelehnt zu werden und ihm keine nationale Plattform bieten, wurde Eminem sofort zu einem ihrer Lieblingsakteure und berühmtesten Prominenten der Welt, der von Kindern geliebt wurde, die nicht genug von ihm bekommen konnten. Trotz seiner frauenfeindlichen Botschaft verehrten ihn unzählige Mädchen, und auch sie sangen gern bei seinen kranken Liedern mit. Während Eminems' Zeit im Rampenlicht wurden von seinen Fans verschiedene grausame Verbrechen begangen, von denen einige glaubten, dass sie die in mehreren seiner Songs dargestellten Szenarien nachstellen.

In einem Fall ermordete ein 21-jähriger Eminem-Imitator namens Christopher Duncan seine Freundin, als er in einer Karaoke-Bar Eminem-Lieder gesungen hatte, indem er sie bewusstlos schlug und sie dann in einen Koffer stopfte, in dem sie erstickte. Das Lied „Kim" zeigt Eminem, wie er seine Freundin mit Texten wie „Verstehst du nicht, Schlampe, niemand kann dich hören! Jetzt halt die Klappe und nimm, was zu dir kommt! Du solltest mich lieben! (Kim erstickt) Blute jetzt! Schlampe blute!"

Ein 14-jähriger Junge in Peterborough, Ontario, wurde beschuldigt, seine eigene Mutter ermordet und ihren Körper im Hinterhof begraben zu haben. Er soll den Mord nach Eminems Musikvideo „Cleaning Out My Closet" gestaltet haben, das vor Gericht als Lieblingslied des Jungen gespielt wurde, in dem Eminem seine Mutter ermordet und ihren Körper im Hinterhof begräbt.

Ein 12-jähriger Junge wurde wegen unanständiger Körperverletzung verurteilt, nachdem er angeblich von einem Eminem-Lied inspiriert worden war, um einen 9-jährigen Jungen zu einer unzüchtigen sexuellen Handlung zu zwingen. Der Eminem-Track „Ken Kaniff", ein kurzer Sketch auf

Eminems Album „The Marshall Mathers LP", wurde während des Verfahrens vor Gericht vorgespielt. Staatsanwalt William Baker sagte: „Eine Möglichkeit ist, dass der 12-jährige Junge im Jugendalter das Tape hörte und dachte, es wäre eine gute Idee, jemandem das anzutun."

Ein paar Jahre nach dem Höhepunkt seiner Zeit im Rampenlicht veröffentlichte Eminem ein Musikvideo über die Präsidentschaftswahlen 2004 für sein Lied mit dem Titel „Mosh", das einen krassen Angriff gegen George W. Bush und seinen angsteinflössenden Krieg gegen den Terror darstellte. Das Video beginnt mit einer Parodie von George W. Bush, der „My Pet Goat" in einem Klassenzimmer mit Kindern liest, während ein Jet über die Schule fliegt und in das World Trade Center stürzt. Dann steht Eminem vor einer Wand, die mit Zeitungsausschnitten über Bushs Vorwissen über die Anschläge vom 11. September 2001 gespickt ist, einschließlich der berühmten Schlagzeile der „New York Post": „Bush wusste."

Eminem brüllt: „Schau in seine Augen, es ist alles Lüge!". Währenddessen wird Präsident Bush auf dem Bildschirm gezeigt, und dann folgt eine Einstellung mit Osama Bin Laden der zu einer Pappfigur auf einer von ihnen kontrollierten Bühne wird. Verteidigungsministerium Donald Rumsfeld und Vizepräsident Dick Cheney stehen lachend hinter Bin Laden und der fallenden Fassade. Eminem versammelt Dutzende von Menschen, die das Kapitol in Washington umgeben und die Treppe hinaufstürmen (so was ähnliches wurde von den Mainstream Medien in Deutschland zu einem „Sturm auf den Reichstag" aufgebauscht, als einige Aktivisten am 29. August 2020 die Treppen des Reichstags friedlich besetzt haben).

Es scheint der Beginn eines Aufruhrs zu sein, bevor sich herausstellt, dass sie alle tatsächlich anstehen, um für den Präsidenten abzustimmen. Der Song selbst ist extrem aufweckend und das Musikvideo, das von „Guerilla News Network" produziert wurde, präsentierte eine eindeutige positive Botschaft über Aktivismus und Stärke in Zahlen.

Trotz seines kritischen und aufbauenden Liedes ist Eminem immer noch ein Bauer der Illuminaten und wurde durch die von den Illuminaten kontrollierten Mainstream-Medien als Vorbild für die Jugend beworben, weil die überwiegende Mehrheit seiner Musik Gewalt, Unmoral und Verantwortungslosigkeit predigt.

Dieses beliebte und überraschende Lied diente nur als Köder, um mehr Menschen für sein Gift zu gewinnen, wenn nicht sogar das Aufhetzen der

Menschen eiskalt kalkuliert wurde, um dann mit Gewalt gegen sie vorzugehen. Die überwiegende Mehrheit seiner Musik ist reine geistig versklavende Gedankenkontrolle ist. In praktisch jedem seiner Songs klingt er wie ein wütender Teenager, der schreit, von seinen Eltern geerdet zu werden und vor Angst auf die Welt einschlagen will.

Es ist wichtig anzumerken, dass der Schlüssel zu Eminems Erfolg der Rapper und Produzent Dr. Dre war, der aufgrund seiner Mitgliedschaft in der Gruppe „NWA“ („Nigga`s With Attitude“) als einer der Gründerväter des Gangster-Rap gilt und ihm wird zugeschrieben, Eminem entdeckt und seine Karriere gestartet zu haben. Dr. Dre trat 1992 mit seinem Debüt-Soloalbum „The Chronic“ auf das Trapez des Mainstreams, auf dessen CD ein Hanfblatt zu sehen war. Nachdem Dr. Dre eines von Eminems Demobändern gehört hatte, gab er ihm sofort einen Plattenvertrag, da er die Marketingattraktivität eines weißen Rapper`s aus Detroit erkannte. Einige finden es ironisch, dass Dre Karriere gemacht hat, indem er für Alkohol, Drogen und Schläger geworben hat, als sein 20-jähriger Sohn Andre Young Jr. 2008 an einer Überdosis starb. Während manche es eine Tragödie nennen, haben andere es Karma genannt oder behaupten, Dr. Dre hätte geerntet, was er gesät hat.

„Ich nehme sieben Kinder aus Columbine, stelle sie in eine Reihe
Füge eine AK-47 hinzu, einen Revolver und eine Neun
Ein MAC-11 und das sollte mein Problem lösen
Und das ist eine ganze Schule von Mobbern, die alle auf einmal erschossen werden
Weil (ich) Shady bin, nennen sie mich verrückt.“

(„I take seven kids from Columbine, stand 'em all in line
Add an AK-47,
a revolver, a nine
A MAC-11 and it oughta solve the problem of mine
And that's a whole school of bullies shot up all at
one time
'Cause (I'm) Shady, they
call me as crazy.“)

„Framed“: Eminem wird ein gedankengesteuerter Serienmörder

In dem grausamen Video „Framed“ spielt Eminem die Rolle eines Serienmörders mit mehreren Persönlichkeiten... der sich fragt, wie Ivanka Trump im Kofferraum seines Autos gelandet ist. Wir werden uns die dunkle Symbolik von „Framed“ ansehen.

Gewalttätige und kontroverse Texte waren für Eminem nie ein Fremdwort. Seine schockierenden Texte waren immer Teil seines Auftritts und ein Grund, warum er so bekannt wurde. Während er in seinen Liedern oft den Themen Sex, Drogen und Gewalt frönte (vor allem durch sein Alter Ego Slim Shady), tat er dies mit einer humorvollen, fast karikaturistischen Einstellung. Nach fast 20 Jahren in der Unterhaltungsbranche hat die kontroverse Natur von Eminems Arbeit jedoch eine dunkle, bizarre Wendung genommen.

Im Jahr 2018 ist Eminem 45 Jahre alt. Er rappt immer noch und will mit kontroversen Reimen, die er mit großer Präzision vorträgt, „schockieren und verblüffen“. In der heutigen Musikindustrie wird man jedoch keine Medienberichterstattung erhalten, ohne die Agenda der okkulten Elite vollständig zu erfüllen. Framed ist genau das: Eminem ist „umstritten“, während er die MKULTRA-Agenda der Elite vollständig einhält.

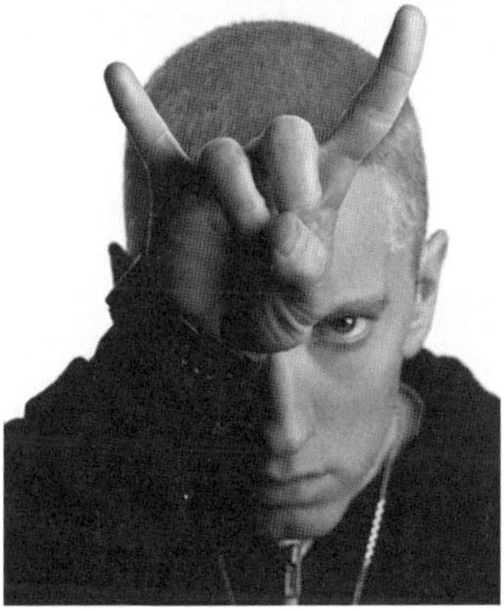

Abb. 418: Dieses Promo-Bild ist von 2013. Eminem entspricht voll und ganz der Symbolik und Agenda der Elite. Ein Auge versteckt und Teufelshörner

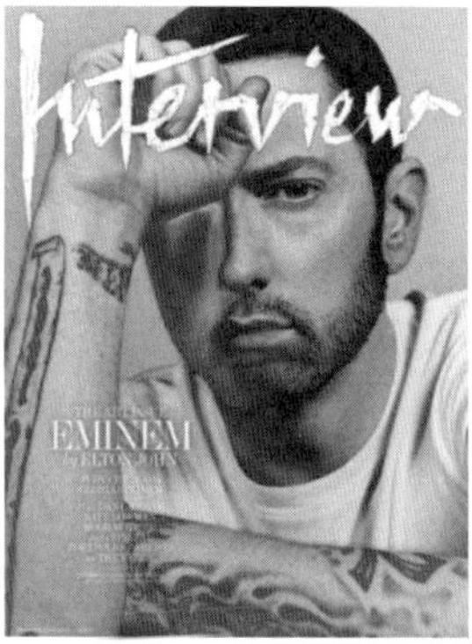

Abb. 419: Ein Magazin-Cover von 2018. Eminem tut immer noch das, was er tun muss, um Alben zu veröffentlichen

In „Framed“ dreht sich alles um die Förderung von Tod, Mord, Gedankenkontrolle und dunkle okkulte Kräfte durch die Elite. Um „Framed“ vollständig zu verstehen, muss man sich einen Song ansehen, den er fast 10 Jahre zuvor veröffentlicht hat: „3 A.M.“ („3 Uhr morgens“).

Im Jahr 2009 veröffentlichte Eminem nach einer vierjährigen Pause aufgrund von Pillenabhängigkeit, Schreibblockade und mehreren Krankenhausaufenthalten das mit Spannung erwartete Album „Relapse“. Um für das Album zu werben, schuf „Interscope Records“ ein fiktives Rehabilitationszentrum namens „Popsomp Hills“ mit einer Website und einer Telefonnummer.

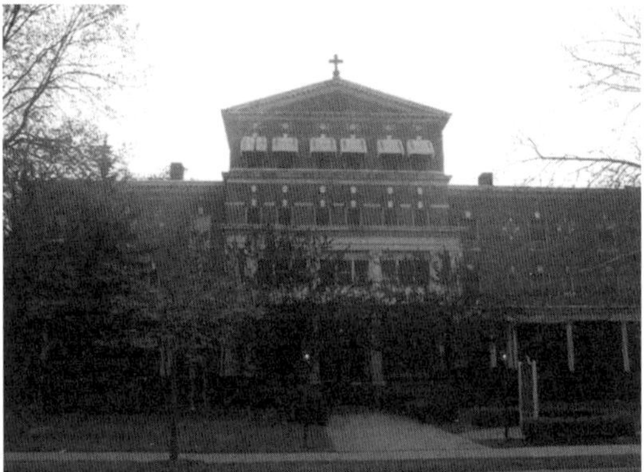

Abb. 420: Das für „Popsomp Hills“ verwendete Bild

In einem der Promovideos über „Popsomp Hills“ beschreibt der ansässige Arzt Dr. Balzac seine Methoden, umgeben von allen möglichen Gegenständen in Bezug auf Trauma, Folter und Gedankenkontrolle, während übernatürliche Kräfte auftreten, die die Sendung stören.

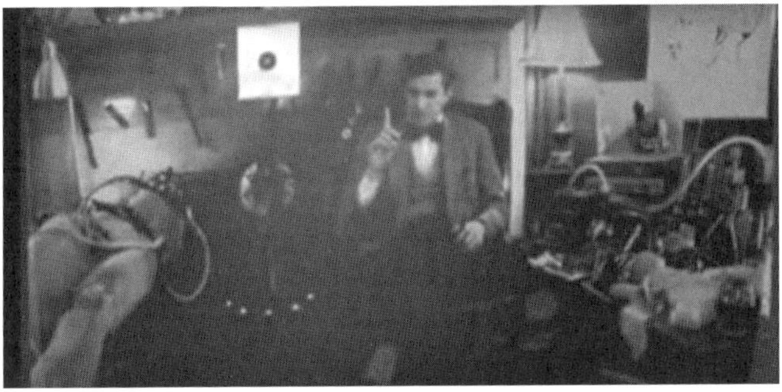

Abb. 421: Dr. Balzac ist umgeben von Pillen, chirurgischen Instrumenten und einem Mannequin ohne Gliedmaßen, an das seltsame Dinge angeschlossen sind

Dieses Reha-Zentrum scheint Eminem nicht gerade gut zu tun. „Popsomp Hills“ klingt bezeichnenderweise wie „´n paar Pillen einwerfen“ - genau das sollte er dort nicht tun. Während seines Aufenthalts in „Popsomp Hills“ wird Eminem zu einem Serienmörder, der von etwas besetzt ist, das wie das reine Böse aussieht. Ist „Popsomp Hills“ tatsächlich ein Gedankenkontroll-Zentrum? Wurde Eminem dort tatsächlich programmiert? In dem Video geht Eminem durch das Reha-Zentrum - völlig außer sich - und ermordet alle dort.

Nun, das Video „3. A.M.“ sagt alles. In dem Song geht es darum, wie Eminem in Ohnmacht fällt und Menschen tötet - als ob es eine separate Alter-Persona tun würde.

„Es ist 3 Uhr morgens.
Ich stecke meinen Schlüssel in die Tür, und
Leichen liegen überall auf dem Boden
Ich weiß nicht mehr, wie sie dahin

(„It’s 3 a.m. in the mornin’
Put my key in the door, and
Bodies layin’ all over the floorin’
I don’t remember how they

gekommen sind
Aber ich muss sie wohl getötet haben, getötet haben."

got there
But I guess I must've killed 'em, killed 'em.")

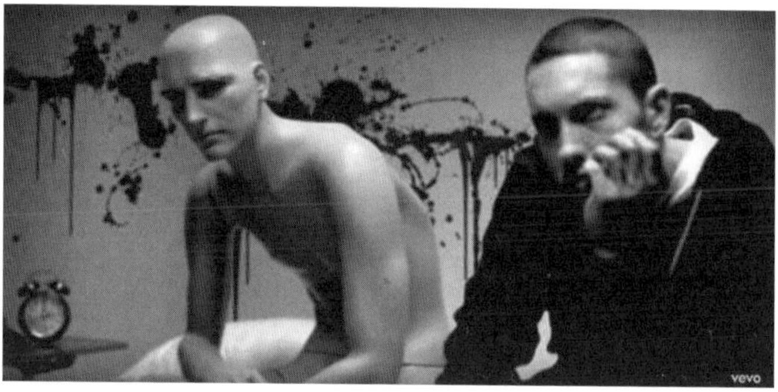

Abb. 422: In dieser Szene sitzt er neben einem Mannequin - einem klassischen Gedankenkontroll-Symbol, das eine programmierte Alter Persona darstellt

Wie der Titel des Liedes zweifelsfrei andeutet, wird diese Alter-Persona durch teuflische Kräfte kontrolliert. „3 Uhr morgens" ist seit Jahrhunderten als „Hexenstunde" bekannt.(169)

„In der Folklore ist die Geisterstunde oder Teufelsstunde eine Zeit der Nacht, die mit übernatürlichen Ereignissen verbunden ist. Es wird angenommen, dass Kreaturen wie Hexen, Dämonen und Geister zu dieser Zeit erscheinen und am stärksten sind. Schwarze Magie soll zu dieser Zeit am wirksamsten sein. In der abendländischen christlichen Tradition galt die Stunde zwischen 3 und 4 Uhr morgens als eine Zeit höchster übernatürlicher Aktivität, da in dieser Zeit keine Gebete in den kanonischen Stunden stattfanden."(170)

Um die satanische Natur von „3 A. M." zu betonen, endet das Lied damit, dass Eminem die Worte „böser Aufstieg" mehrmals beschwörend flüstert. Ein wichtiges Element der Monarch-Programmierung sind satanische Rituale, Dämonenzuweisungen und andere dunkle, okkulte und traumatisierende Dinge. Durch all diese Hinweise wird klar, dass „Popsomp Hills" tatsächlich eine MKULTRA-Einrichtung ist, in der Eminem zum Töten programmiert wurde.

Die Tatsache, dass die MKULTRA-Einrichtung als Rehabilitationszentrum getarnt ist, ist ebenfalls von Bedeutung. Wie man vor Jahren sagte (insbesondere über Lindsay Lohan), sind Prominente, die in die „Reha“ gehen, oft ein Code für die Neuprogrammierung. Und das Programmieren beinhaltet Drogen, Trauma, Folter und einige kranke, verdrehte, satanische Dinge.

Fast 10 Jahre später veröffentlicht Eminem „Framed“, das dort fortgesetzt wird, wo „3 Uhr morgens“ aufgehört hat und das Konzept der okkulten Gedankenkontrolle bestätigt.

„Framed“: Zu Beginn des Videos erklärt ein Nachrichtensprecher, dass Eminem „Popsomp Hills“ entkommen ist und sich in einem Haus verbarrikadiert hat. Dort hängt Eminem mit Leichen herum und zerstückelte Körperteile umrahmen die Szenerie.

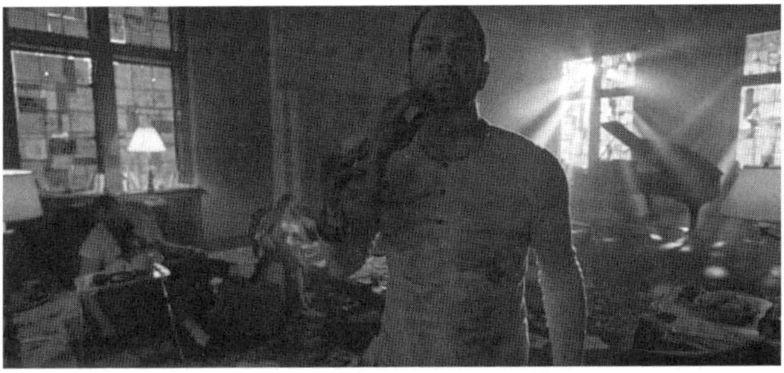

Abb. 423: Aktuell müssen in Videos unbedingt Tod, Mord, Folter und Gedankenkontrolle enthalten sein.

Eminem spielt nicht nur mit Körperteilen herum, sondern zeichnet auch fieberhaft gruselige und gewalttätige Bilder.

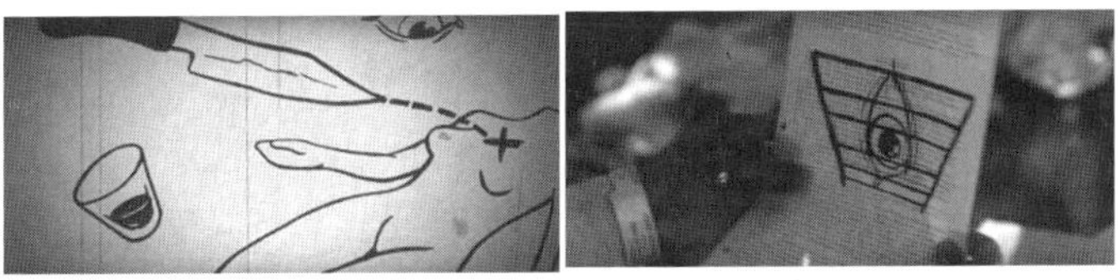

Abb. 424 links: Eine Zeichnung zeigt eine kopflose Frau, ein Messer, eine geplante Einstichstelle und ein Getränk, beobachtet von einem Auge. Das Video enthält viele einzelne Augen, dem Symbol für okkulte Elitekontrolle. Rechts: Ein Auge hinter Gittern

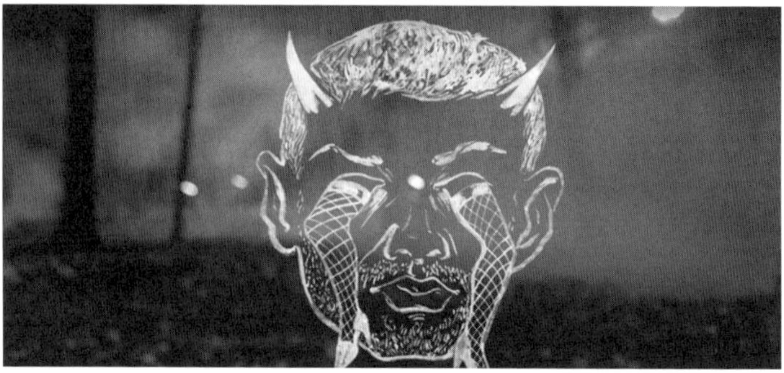

Abb. 425: Dieses Bild wird während des Videos mehrmals angezeigt. Es ist Eminem mit Teufelshörnern mit den Beinen einer Frau anstelle der Augen. Reine MKULTRA-Bilder, bei denen der Sklave nicht selbst sehen kann - seine Vision wird durch die Programmierung des Handlers ersetzt

Die Tatsache, dass Eminem viele Bilder zeichnet, ist von Bedeutung. Opfer traumabasierter Gedankenkontrolle neigen dazu, äußerst lebendige und symbolische Bilder zu zeichnen, als wäre dies die einzige Möglichkeit, das, was ihrer Psyche geschah, zu externalisieren. Die schmerzlich lebendigen Gemälde von Kim Noble - einer Überlebenden der Gedankenkontrolle der Monarchen mit massiv vielen Alter-Personas sind ein perfektes Beispiel.

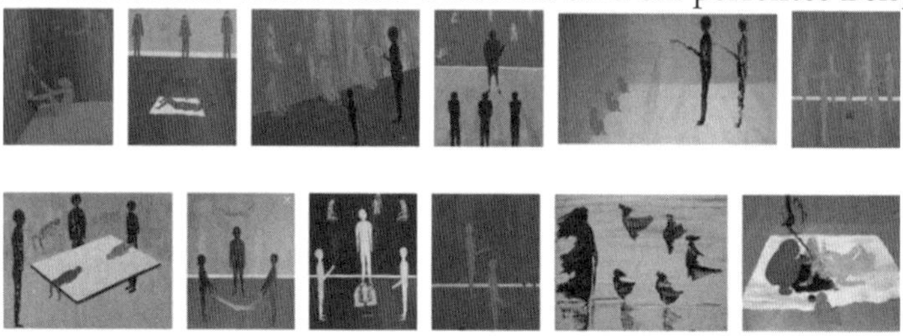

Abb. 426: Kleiner Ausriss der Werke von Kim Noble

Wie Noble hat Eminem mehrere Rollen. Während des ersten Verses rappt er:

„Drei Persönlichkeiten platzen aus mir heraus, bitte Vorsicht.“

(„Three personalities burstin' out of me, please beware.“)

Während seiner Karriere verkörperte Eminem drei Persönlichkeiten: Eminem (der Rapper), Slim Shady (das zwielichtige Alter Ego) und Marshall Mathers (die reale Person). In den letzten Jahren erklärte Eminem, dass die Grenze zwischen seinem Ego allmählich verschwimmt. Eines ist sicher, in „Framed" hat Eminem keine Kontrolle über seine Persönlichkeit. Er kann sich nicht einmal daran erinnern, was ein Alter Ego getan hat, wenn es aktiviert wurde.

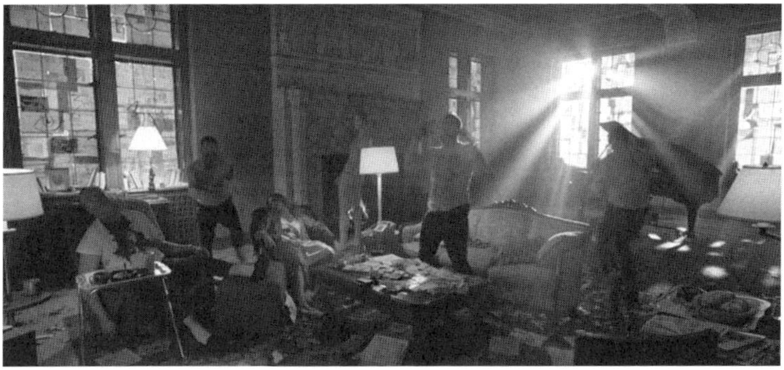

Abb. 427: Eminems drei Persönlichkeiten bewegen sich wahnsinnig um blutige Leichen

Im zweiten Vers beschreibt Eminem einige der Morde, die er begangen hat.

Wachte auf, es war Morgengrauen, muss gewusst haben, dass irgendetwas nicht stimmt
Ich denke, ich werde ein Monster wegen der Drogen, auf denen ich bin.
Donald Duck ist drauf, im Hof steht ein Tonka Truck
Aber Hund, wie zum Teufel kommt Ivanka Trump in den Kofferraum meines Autos?

(„Woke up, it was dawn, musta knew somethin' was wrong
Think I'm becomin' a monster 'cause of the drugs that I'm on
Donald Duck's on, there's a Tonka Truck in the yard
But dog, how the f--k is Ivanka Trump in the trunk of my car?")

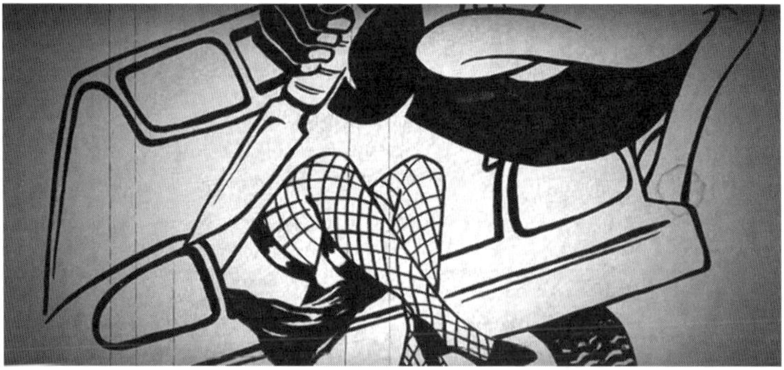

Abb. 428: Ivanka Trump in Eminems Auto, während Donald Duck sie zu erstechen scheint?

Ein anderer Reim handelt von einem Kleinkind:

„Ein anderes zerstückeltes Kleinkind wurde diesen Winter wahrscheinlich entdeckt
weil der zerlegte Körper
seit dem Monat November seltsamerweise mit Schnee bedeckt war."

(„Another dismembered toddler
discovered this winter
probably
'Cause the disassembled body
Was covered up in the snow since
the month of November oddly.")

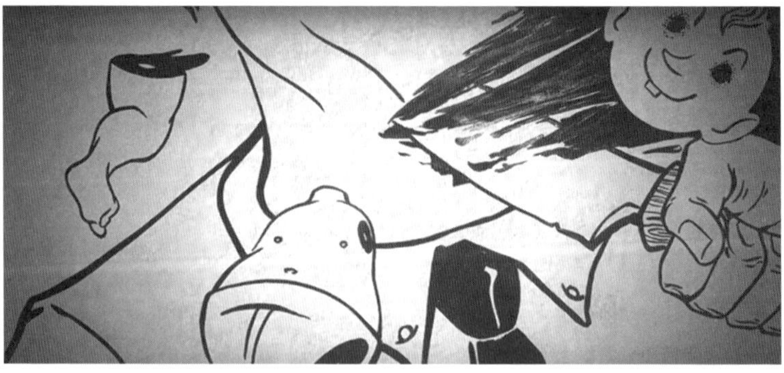

Abb. 429: Ein Messer schneidet einem Erwachsenen die Kehle durch
und zerstückelt gleichzeitig ein Kleinkind

In der Mitte des Videos interviewt ein Nachrichtensprecher Detective Shelter.

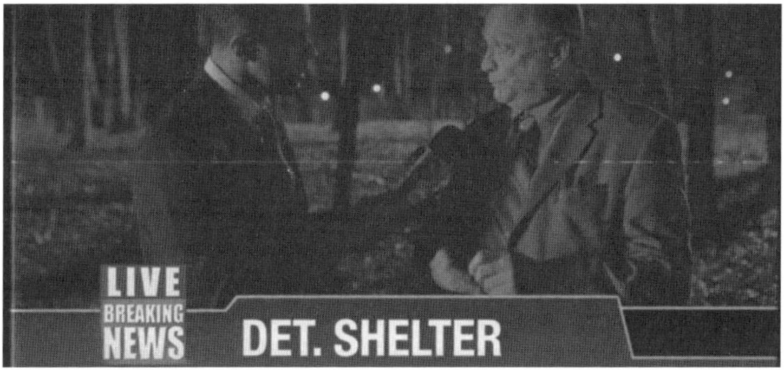

Abb. 430: Der Detektiv zieht seine Uhr aus der Tasche, sieht, dass es 2:45 Uhr ist, und sagt, dass er gehen muss

Detective Shelter betritt das Haus und setzt sich mit Eminem hin.

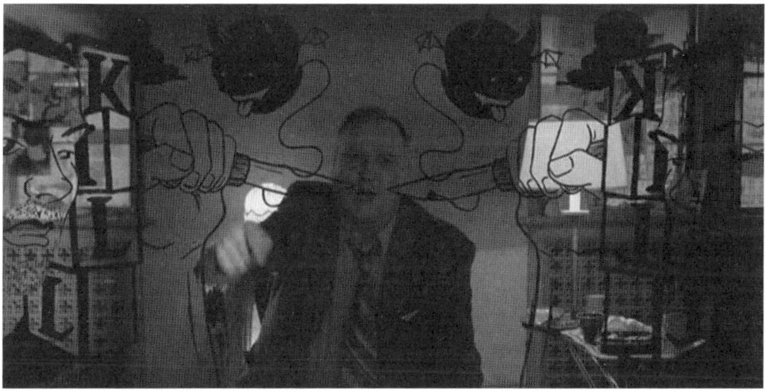

Abb. 431: Während der Detektiv ihn anschreit, halluziniert Eminem: gehörnte Köpfe und andere gruselige Dinge

Pünktlich um 3 Uhr holt der Detektiv seine Taschenuhr heraus und hypnotisiert damit Eminem.

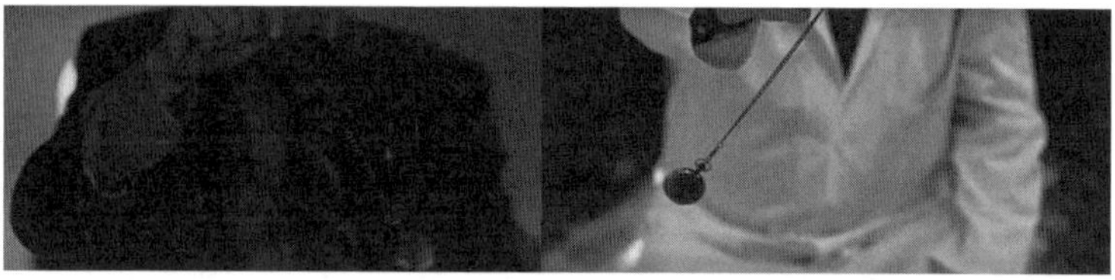

Abb. 432: In der parallelen Szene trägt der Detektiv einen Laborkittel

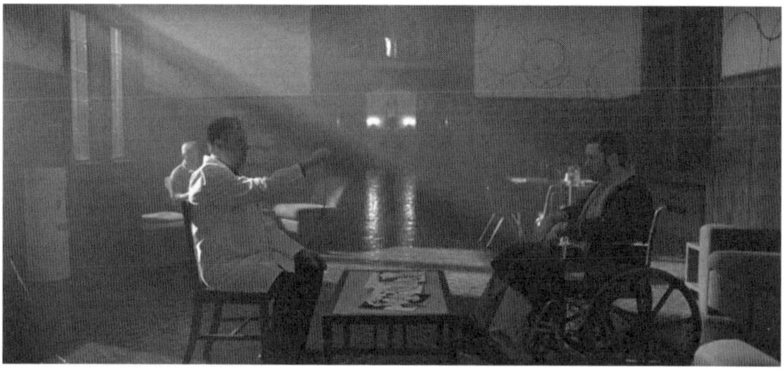

Abb. 433: Wir sehen dann Eminem zurück in „Popsomp Hills", der im Rollstuhl sitzt und vom „Detektiv" hypnotisiert wird

Während Eminem hypnotisiert wird, wird der Detektiv als Eminems „Arzt" entlarvt. Die Tatsache, dass der Arzt oder Gedankenkontroll-Handler auch der den Mordfällen zugewiesene Detektiv ist, deutet auf eine Verschwörung auf hoher Ebene hin. Shelter programmierte Eminems Alter Persona, um Menschen in einer sadistischen, aber rituellen Angelegenheit zu ermorden. Als die Arbeit erledigt war, übernahm er durch Hypnose die Kontrolle über Eminem zurück. Oder ist das alles in Eminems Kopf passiert?

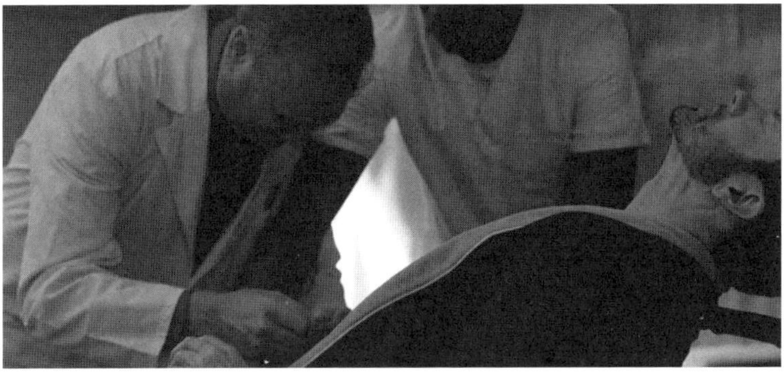

Abb. 434: Der Handler steckt Eminem eine Nadel in den Arm. MKULTRA-Sklaven werden während der Programmierung stark unter Drogen gesetzt

Am Ende des Videos wird Eminem schwer sediert aus dem Raum gerollt. Ein weiterer Pop-Start, der als machtloser, gedankengesteuerter Sklave dargestellt wird.

Die Musikindustrie hat sich seit dem Beginn von Eminem im Jahr 1999 verändert. Während seine gewalttätigen und kontroversen Texte einst als Produkt eines klugen, aber rebellischen Geistes dargestellt wurden, entspricht die „Kontroverse" von „Framed" perfekt der Agenda der Elite. Tod, Mord, Entmenschlichung, Gedankenkontrolle, Satanismus: Es ist alles da ... nicht anders als Lil Uzi Verts Video über Tod, Blut, Pillen und Satanismus („XO Tour Llif3")... nicht anders als Rihannas Blut- und Foltervideo („Better Have My Money")... nicht anders als eine Reihe anderer Videos. Es gibt nichts Rebellisches an „Framed "- es ist genau das Produkt, dem die Fans von Eminem ausgesetzt sein sollen.

Und wie die Videos unzähliger anderer Popstars wird Eminem als verwirrter und machtloser Bauer in den Händen mächtiger Menschen dargestellt. Wie viele tatsächliche Personen wurden programmiert und mit einem Frame versehen, um für die Elite zu töten? Mehr als Sie denken.[(171)]

2.13 Jay-Z

„Das einzige an was ich denke ist, wer wird diese Stadt heute Nacht regieren."
(Jay-Z, Album: „The Blueprint 3")

Shawn Corey Carter (4. Dezember 1969), professionell bekannt als Jay-Z (stilisiert als JAY-Z), ist ein US-amerikanischer Rapper, Songwriter, Plattenproduzent und Geschäftsmann. Er gilt weithin als einer der einflussreichsten Hip-Hop-Künstler der Geschichte und wird oft als einer der größten Rapper aller Zeiten bezeichnet.

Jay-Z wurde in New York City geboren und wuchs dort auf. Er begann seine musikalische Karriere nach der Gründung des Plattenlabels *Roc-A-Fella Records* im Jahr 1995 und veröffentlichte 1996 sein Debüt-Studioalbum „Reasonable Doubt". Das Album wurde mit großem Erfolg veröffentlicht und festigte sein Ansehen in der Musikindustrie. Er veröffentlichte zwölf weitere Alben, darunter die gefeierten Alben „The Blueprint" (2001), „The Black Album" (2003), „American Gangster" (2007) und „4:44" (2017). Jay-Z veröffentlichte auch die gemeinsamen Alben „Watch the Throne" (2011) mit Kanye West und „Everything Is Love" (2018) mit seiner Frau Beyoncé.

Außerhalb seiner musikalischen Karriere hat Jay-Z auch bedeutende Erfolge und Medienaufmerksamkeit für seine Karriere als Geschäftsmann erzielt. Im Jahr 1999 gründete er die Kleidungmarke *Rocawear*, und im Jahr 2003 gründete er die Luxus-Sport-Bar-Kette „40/40 Club". Beide Unternehmen haben sich zu Multi-Millionen-Dollar-Unternehmen entwickelt und Jay-Z die Möglichkeit gegeben, das Start-up für das 2008 gegründete Unterhaltungsunternehmen „Roc Nation" zu finanzieren. 2015 erwarb er das Technologieunternehmen „Aspiro" und übernahm die Leitung vom Medien-Streaming-Dienst „Tidal".

Jay-Z ist einer der weltweit meistverkauften Musikkünstler mit über 50 Millionen verkauften Alben und 75 Millionen verkauften Singles weltweit. Er hat insgesamt 22 „Grammy Awards" gewonnen, so viel wie kein anderer Rapper und hält mit 14 den Rekord für die Nummer eins der Alben eines Solokünstlers auf dem „Billboard 200". Er wurde von „Billboard" und anderen Musikpublikation wie „Rolling Stone" als einer der 100 größten Künstler aller Zeiten eingestuft. 2017 wurde er als erster Rapper in die „Hall of Fame" der Songwriter aufgenommen und erhielt 2018 den Gedenkpreis „Salute to Industry Icons“ bei den 60. „Grammy Awards“. Im Juni 2019 wurde Jay-Z offiziell der erste Hip-Hop-Milliardär, was ihn zum fünftreichsten Afroamerikaner und zum reichsten amerikanischen Musiker machte.[172]

Jay-Z ist der Künstlername von Sean Carter, dem Rapper, der von den meisten Illuminati-Gerüchten umgeben und der vermutlich der einer der erfolgreichsten und wohlhabendsten Rapper der Geschichte ist. Jay-Z ging sogar mit Barack Obama auf Kampagnentour, trat mit ihm bei Veranstaltungen auf der Bühne auf und wurde in einem offiziellen Werbespot vorgestellt, damit Obama Menschen erreichen konnte, die sich politisch nicht engagierten. Jay-Z forderte sie auf, sich von der Couch zu erheben und für Obama zu stimmen. Er und Barack sind angeblich „Freunde“ und Jay-Z soll Obamas persönliche Handynummer haben, damit die beiden miteinander reden oder SMS schreiben können, wann immer sie wollen. Natürlich wurde er mehrmals ins Weiße Haus eingeladen, um sich auch mit Obama zu treffen.[173]

Jay-Z`s gesamte Rap-Persönlichkeit baut darauf auf, dass er in seinen Projekten ein reicher Gauner und ehemaliger Drogendealer ist, seine Songs sind vorhersehbare Darstellungen eines Traumlebens voller Geld und Mädchen, da die meisten Hörer die Fantasien, die seine Songs malen, gern nachvollziehen. Obwohl dies zu erwarten war und nachvollziehbar ist, überrascht es doch, dass Jay-Z in mehreren seiner Songs und Videos eklatante Illuminaten-Hinweise und Symbolik einbringt und er selbst ein Fan von Aleister Crowley zu sein scheint, dem berüchtigten Satanisten, der Anweisungen schrieb, wie magische Kraft zu erlangen seien, indem man Kinder dem Satan opferte.[174]

Sein Name Jay-Z bedeutet Jehova, der lateinische Name für Gott im Alten Testament, und er bezeichnet sich oft als „Hov“, kurz für Jehova, weil er sich als Gott betrachtet. In seinem Lied „D 'Evils“ rappt er einen Vers, in dem er sagt, dass er niemals zu Gott betet, er bete zu Gotti (John Gotti, dem Gangster). In „Dirt Off Your Shoulder“ glauben einige Leute, dass ein Vers „Mittelfinger zum Herrn“ („Lord“) heißt, während andere darauf bestehen, dass er stattdessen „Gesetz“ („law“) sagt. In „Empire State of Mind“ rappt er einen Vers, in dem klar steht: „Jesus kann dich nicht retten, das Leben beginnt, sobald die Kirche endet.“ Er gibt sogar zu, „versteckte Botschaften“ in die Musik eingefügt zu haben.

Man kann explizite Texte in der Rap-Musik erwarten, aber Jay-Z sinkt während seiner Zusammenarbeit mit Kanye West und Nicki Minaj bei dem Song „Monster" auf ein beispielloses Niveau, weil jeder auf dem Track über „monströses" und böses rappt. In einer Zeile prahlt Jay-Z: „Ich vergewaltige und plündere dein Dorf, Frauen und Kinder."

Sein Markenzeichen ist die Darstellung einer Pyramide mit seinen Zeigefingern und Daumen, während er sie über ein Auge hält. Dies symbolisiert das, was viele für das allsehende Auge der Illuminaten halten und er hat in seiner Musik wiederholt okkulte und Illuminaten-Referenzen dargeboten aber nicht als eine Möglichkeit, die Aktivitäten der Organisation aufzudecken, es scheint eher eine Hommage an sie zu sein. Es ist offensichtlich, dass Jay-Z mit dem unsichtbaren Reich vertraut ist und meiner Meinung nach beschlossen hat, ihnen zu helfen und sich in ihren Symbolen zu aalen, anstatt gegen sie zu kämpfen oder sie zu entlarven.

Jay-Z ist der Gründer von *Roc-A-Fella Records*, einem Namen, der sich anscheinend auf die Familie der Rockefeller Illuminaten bezieht, eine sehr mächtige und berüchtigte Familie, gefolgt von einer langen Liste von Vorwürfen und Aktivitäten der Neuen Weltordnung sowie Mitgliedschaften der Elite-Geheimgesellschaft. Die Familie Rockefeller hat ihre Tentakel um alles gewickelt, vom Council on Foreign Relations und der Bilderberg Group bis hin zur Finanzierung der MKULTRA-Gedankenkontroll-Experimente der CIA und mehr. 2004 verkaufte Jay-Z *Roc-A-Fella Records* für 10 Millionen US-Dollar an *Def Jam Records* von Russell Simmons, der dann Jay-Z zum CEO ernannte.[(175)]

Jay-Z`s Mentor, ein Rapper und Produzent, der unter dem Namen Jaz-O (Jaz der Originator / „der Urheber") bekannt ist, führte ein Interview mit „BlokTV", in dem er erklärte, dass Jay-Z mit Geheimgesellschaften verbunden ist, die homosexuelle Rituale praktizieren. Jaz-O machte deutlich, dass er nicht sagte, dass Jay-Z selbst an diesen schwulen Ritualen beteiligt war, sondern, dass er eng mit Menschen verbunden ist, die dies tun.[(176)]

Es ist interessant, dass Jay-Z keine Texte mehr auf Papier schreibt, wenn er sich Songs einfallen lässt und erklärt: „Ich habe die ganze Zeit geschrieben, bis ich angefangen habe, mich mit dem Regenmann zu beschäftigen". Darauf ist er nicht näher eingegangen, er bezieht sich aber wahrscheinlich darauf, als er einige Schnell-Lerntechniken oder Strategien zur Verbesserung der Erinnerung, wie die alte Mnemonik und andere Kunst der

Gedächtnissteigerung entdeckte. Einige glauben, dass sein „Regenmann-Ding“ sich darauf bezieht, eine dämonische Wesenheit zu channeln, die seine Musik für ihn schreibt.(177)

Prodigy von Mobb Deep saß wegen unterlaubten Waffenbesitz im Gefängnis ein und schrieb einen mehrseitigen Brief, in dem Jay-Z und die Illuminaten erwähnt wurden, und sagte auszugsweise: „Jay-Z und Jaz-O sind beide (in ihren Teenagerjahren) in Dr. Dwight Yorks 'Nuwabian'-Community in Bushwick Brooklyn aufgewachsen... Jay-Z kennt die Wahrheit, aber er hat sich für das Böse entschieden, um in der Unternehmenswelt akzeptiert zu werden und fördert stattdessen den Lebensstil des Biestes ... Jay-Z ist eine gottverdammte Lüge.“(178)

Es ist empörend, dass die Menschen nicht enttäuscht waren, als der Präsident der Vereinigten Staaten an einer Spendenaktion mit dieser Art von Trash-Entertainer teilnahm und den Rapper in eine offizielle Werbekampagne steckte. Es zeigt auch, wie tief Brack Obama sinken sollte, um seine afroamerikanische Basis an die Wahlurne zu bringen. Zweifellos ein schlauer politischer Trick, der wie ein Zauber wirkte.

Jay-Z bestritt einmal die Illuminaten-Gerüchte in einem Interview auf „Hot 97“, nachdem Gastgeberin Angie Martinez ihn gefragt hatte, ob eine der Behauptungen von „Illuminaten Teufel anbetenden Freimaurern“ wahr sei. Er erwiderte: „Ich weiß nicht, woher es kommt. Ich weiß nicht, wo es angefangen hat.“ Als Martinez fragte, ob er „mit den Leuten herumspielen und dies absichtlich tun würde“, antwortete er: „Nein, ich nicht. Das habe ich noch nie gemacht. Warum sollte ich das tun? Das ist geistig zurückgeblieben. Um ehrlich zu sein, finde ich das wirklich dumm.“

Auf seinem Album „Magna Carta Holy Grail“ ging er erneut auf die Gerüchte in seinem Song „Heaven“ ein, in dem er singt:

„Verschwörungstheoretiker schreien Illuminaten Sie können nicht glauben, dass so viel Können im menschlichen Körper steckt.“	*(„Conspiracy theorists screamin Illuminati They can`t believe this much skill is in the human body.“)*

Wirklich? Er kann nicht glauben, dass Leute diese Dinge sagen? Ein Aleister Crowley-Sweatshirt tragen, blasphemische Dinge über Gott und

Jesus sagen, die Hand zu Illuminaten-Symbolen formen und in seinen Videos okkulte Bilder verwenden, mehrmals das Weiße Haus besuchen und mit Obama auf den Werbefeldzug gehen? Die Zeichnung des Bildes eines teuren Verbrechers mit hohen Ausgaben, ohne sich um die Welt zu kümmern. Ein 5-Prozent-Nation-Medaillon tragend, ein Abzeichen einer religiösen Organisation, welche in Brooklyn von einem Mann gegründet wurde, der sich Gott nannte und sagte, seine Anhänger seien die spirituelle Elite der Welt, die die wahren Geheimnisse des Universums kenne. Er startet Karrieren und formt das Image anderer Illuminaten-Ikonen wie Rihanna und Kanye West - ich kann mir nicht vorstellen, warum die Leute diese Dinge über ihn sagen würden.[179]

Jay-Z's „Run This Town" und die okkulten Verbindungen

Jay-Zs Video namens „Run This Town" (mit Rihanna und Kanye West) enthält okkulte Symbolik in Bezug auf Geheimbünde. Es wurde lange gemunkelt, dass Jay-Z aufgrund der in seinen Liedern und seinen Bildern enthaltenen Hinweise Teil einer okkulten Ordnung (wahrscheinlich der Freimaurerei) ist. „Run This Town" fügt dem Feuer zweifellos Treibstoff hinzu. Wir werden uns die Symbolik in diesem Lied und in seiner Modelinie *Rocawear* ansehen.

Man kann sich sicher sein, dass Jay-Z alles das absichtlich tut und dass er die Aufmerksamkeit schätzt, die ihm dadurch zuteil wird. In seinen Songs, Videos und Designs seiner *Rocawear*-Modelinie zeigt er immer wieder okkulte Symbolik. Der Rapper aus Brooklyn hat sich in letzter Zeit mit Freimaurerei, Illuminaten und anderen Orden zusammengetan. Ist er jetzt in eine dieser Bruderschaften eingeweiht und will es vorführen? Warum erscheint er in anderen Videos mit okkulten Bedeutungen (siehe Rihannas „Umbrella" oder Beyonces „Crazy in Love")?

Das Video zu „Run This Town" wurde von Anthony Mandler gedreht, der auch Rihannas „Disturbia" Video gemacht hat. Das Mindeste, was wir sagen können, ist, dass Mandler mit Sicherheit weiß, wie man dunkle Symbolik in ein Video einfügt.

Bevor wir zum Video kommen, müssen einige Dinge erklärt werden, um Jay-Z's Denkweise zu verstehen und woher er seine Ideen bezieht. Die Symbole, die in diesem Kapitel behandelt werden, können keine Sammlung zufälliger Elemente sein. Jay-Z lässt sich von bestimmten Quellen inspirieren und arbeitet mit Gleichgesinnten (Regisseur Anthony Mandler) zusammen, um diese Ideen zu integrieren. Ein aussagekräftiges Beispiel finden Sie im zweiten Trailer-Video zu „Run This Town". Wir sehen, wie Jay-Z das Konzept des Videos erklärt, während er einen schwarzen Hoodie mit dem Spruch „Tu was du willst" trägt.

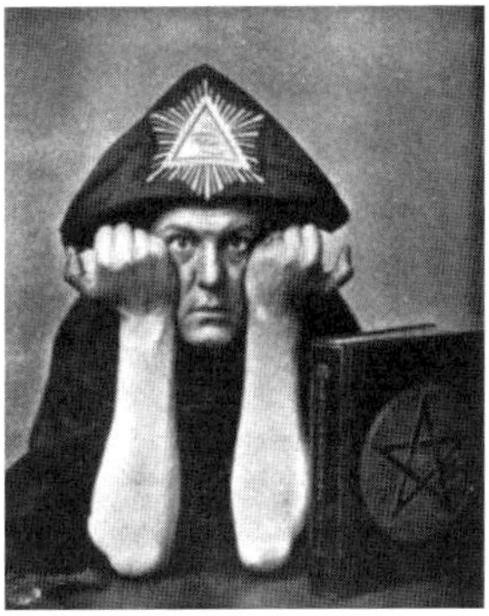

Abb.: 435: Aleister Crowley: Reformer des „OTO", dessen Motto „Tu was du

„Tu was du willst" ist das offizielle Diktum des „Ordo Templi Orientis" (OTO) und seines Reformators, des Okkultisten Aleister Crowley. Das „OTO" ist eine hermetische Ordnung, die der Freimaurerei und dem deutschen Illuminismus nachempfunden ist und ihren Eingeweihten die Geheimnisse der Mysterien, des Gnostizismus, der Sexmagie, der Kaballah und anderer okkulter Wissenschaften lehrt. Im Gegensatz zur Freimaurerei basiert das „OTO" jedoch auf dem „Gesetz von „Thelema", dessen Hauptgebot lautet:„Tu, was du willst, ist das ganze Gesetz". Obwohl dieses Sprichwort unterschiedlich interpretiert wurde, stimmen die meisten darin überein, dass es sich auf die Ablehnung konventioneller moralischer und ethischer Regeln bezieht, um den „wahren Willen" zu finden. Mit anderen Worten, die üblichen Richtlinien, nach denen Gut und Böse bestimmt sind, müssen verwischt und vergessen werden, um den wahren Weg zur Erleuchtung zu finden. Crowley erklärt diesen Begriff hier ziemlich deutlich.

„Es gibt keine ‚Standards des Rechts'. Ethik ist Quatsch. Jeder Stern muss auf seiner eigenen Umlaufbahn sein. Zur Hölle mit ‚moralischem Prinzip'; so etwas gibt es nicht."(180)

Obwohl das „OTO" offiziell nicht als „satanisch" eingestuft wird, nimmt es die luziferische Doktrin voll an (siehe Crowleys Gedicht „Hymn to Lucifer"), und seine hochrangigen Mitglieder werden als die „am meisten erleuchteten und am meisten mächtigen Baphomet" bezeichnet. Baphomet ist natürlich das gehörnte androgyne Idol des westlichen Okkultismus.

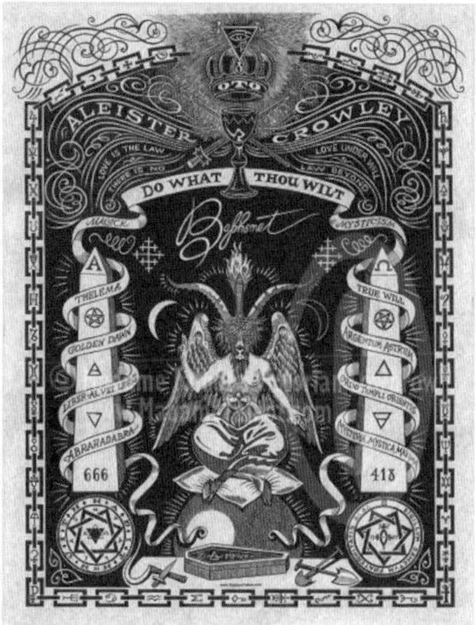

Abb. 436: Plakat zu Ehren von Crowley von Madame Talbot.
Beachten Sie „Tu was du willst“ und Baphomet

Ist Jay-Z Teil des „OTO“ oder mag er nur dieses Shirt? Wer weiß. Wir werden jedoch sehen, dass er auf dem Gebiet der okkulten Symbolik sehr gebildet ist und dass es ihm Spaß macht, die Leute darauf hinzuweisen, dass er mit der Bruderschaft in Verbindung steht.

Das also das Video im Klartext: Jay-Z, Rihanna und Kanye West treten vor einem wütenden Mob auf, der offenbar darauf aus ist, die aktuelle Ordnung der Dinge zu stürzen und damit „die Stadt regieren“ („Run This Town“). Die Ästhetik des Videos erinnert an Bewegungen, die von Rebellengruppen in afrikanischen oder lateinamerikanischen Drittweltländern angeführt werden. Hört man jedoch genau auf die Texte, scheint etwas „nicht zu stimmen“. Jay-Z und Kanye rappen hauptsächlich darüber, wie reich und berühmt sie sind, und beschreiben bürgerlichen Luxus wie Kleidung von Maison Martin Margiela, Flaschen Riesling und Maybach-Autos. Das ist nicht gerade die Art von Rede, die Che Guevara halten würde. Trotz ihres Aussehens sind die Künstler nicht wirklich revolutionär, man könnte sie sogar als Anhänger des Establishments bezeichnen. Handelt es sich um eine politische Rebellion oder um eine philosophische/spirituelle? Das Bildmaterial des Videos deutet auf eine zweite, okkulte Bedeutung des Songs hin. Zu Beginn des Videos überreicht ein Mann Rihanna eine brennende Fackel, die sie in die Luft hält. Diese symbolische Geste fasst das Konzept des Videos perfekt zusammen.

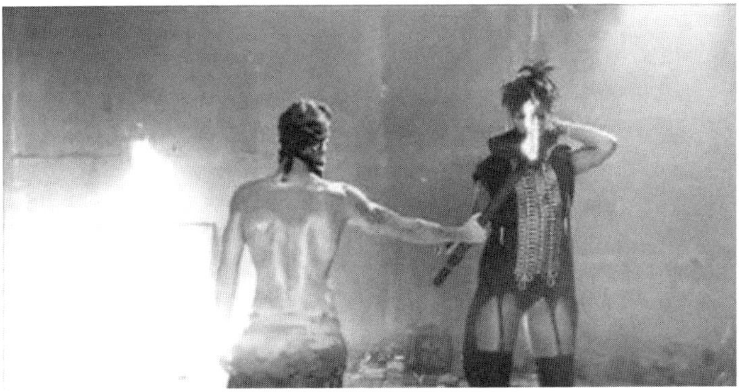

Abb. 437: Rihanna bekommt eine brennende Fackel

Jeder, der nur vage mit dem Okkultismus vertraut ist, kann das Symbol der hochgehaltenen brennenden Fackel leicht mit Luzifer, auch bekannt als der Lichtträger, in Verbindung bringen. Die meisten okkulten Orden erkennen Luzifer insgeheim als den Retter der Menschheit an, als den gefallenen Engel, der die Menschen von der Unterdrückung durch den biblischen Gott (Jehova, Jahwe) befreit hat. Diese Orden (der wichtigste ist die Freimaurerei) arbeiten seit Jahrhunderten auf den Sturz der Herrschaft der organisierten Religionen hin, um ein neues Zeitalter oder eine „Neue Ordnung" einzuleiten. Im philosophischen Zentrum dieses Ordens steht die luziferische Doktrin, nach der die Menschen die Freiheit haben, mit ihren eigenen Mitteln zu Göttern zu werden. Die Fackel der Erleuchtung ist das ultimative Symbol dieser Philosophie und findet sich an vielen Stellen wieder (zum Beispiel die Freiheitsstatue, dem Geschenk der französischen Freimaurer). Das Ziel der Illuministen ist in einfachen Worten ausgedrückt: Sie widmen sich dem „Heraufkommen des siegreichen Lichts". „Run This Town" stellt dieses Ziel visuell für die Eingeweihten klar und für die Profanen verborgen dar. Folglich enthält das Video eine zweite Ebene der Interpretation: „Run This

Town" ist eine Ankündigung des Kommens einer neuen Weltordnung, die von geheimen (luziferischen) Gesellschaften angeführt wird. Rihannas ominöses Intro erklärt, wie es dazu kommen wird.

„Ich spüre es in der Luft, höre die Schreie von überall her, Ich bin süchtig nach Nervenkitzel, Es ist eine gefährliche Liebesaffäre, Ich darf keine Angst haben, wenn es losgeht, Hast du ein Problem, sag es mir jetzt, Das Einzige, woran ich denke, ist, wer diese Stadt heute Nacht regieren wird, wer diese Stadt heute Nacht regieren wird"

(„Feeling it coming in the air, hear the screams from everywhere, I'm addicted to thrill,
Its a dangerous love affair,
Can't be scared when it goes down,
got a problem tell me now,
Only thing that's on my mind is who gon run this town
tonight, who gon run this town tonite?")

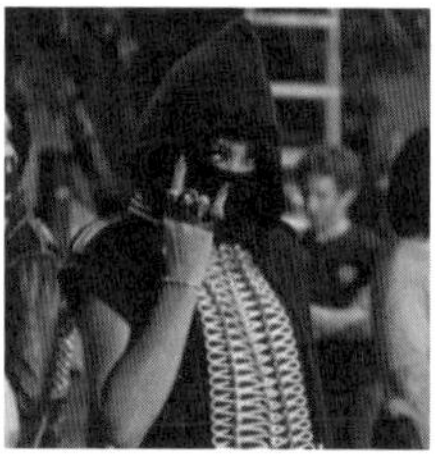

Abb. 438: Vermutlich kann Rihanna das nicht klarer für Sie machen

Rihannas Texte kündigen eine bevorstehende Veränderung an, die manche Menschen erschrecken oder verärgern könnte („höre die Schreie von überall her"). Die Fackeln deuten auf eine neue spirituelle und philosophische Ära hin, in der Luzifer König ist. Sie ist „süchtig nach dem Nervenkitzel", auf der dunklen Seite zu sein und sie weiß, dass der Umgang damit eine „gefährliche Liebesbeziehung" ist. Aber unabhängig von all dem kommt es auf die Kontrolle an, daher „denke ich nur daran, wer diese Stadt heute Nacht regieren wird". Dann kommt Jay-Z und kündigt das Kommen von „Roc Nation" an (Roc ist eine Verkleinerung von *Rocafella*, dem Namen seines Plattenlabels, das auf der Elite-Familie Rockefeller basiert).

„Wir sind, ja, ich hab's gesagt, wir sind Das ist Roc Nation, schwört eure Treue Zieht alle eure Uniformen an, alles schwarz Alles schwarze Karten, schwarze Autos, alles schwarz Und unsere Mädchen

(„We are, yeah, I said it, we are
This is Roc Nation,
pledge your allegiance
Get y'all fatigues on, all black everything Black cards, black cars,

sind schwarze Vögel, die mit den Dillingers fahren Ich gehe mehr ins Detail, wenn ihr Jungs wirklich echt genug seid Das ist La Familia, Ich erkläre es später, aber für jetzt, lass mich auf dieses Schreiben zurückkommen. Ich habe ein paar Bänder verloren und ich versuche zurück zu kommen Ich gab Doug einen Griff, Ich verlor einen Flip für fünf Stacks Ja, ich spreche von fünf Komma sechs Nullen Punkt Null ? Zurück um wieder die Niggas zu umkreisen, jetzt sind wir quitt "

all black everything And our girls are blackbirds, riding with they Dillingers I get more in-depth if you boys really real enough This is La Familia, I'll explain later But for now, let me get back to this paper I'm a couple bands down and I'm tryna get back I gave Doug a grip, I lost a flip for five stacks Yeah, I'm talking five comma six zeroes dot zero ? Back to running circles 'round n----s, now we squared up.")

Jay-Z bittet Sie, dem neuen Herrscher „Ihre Treue zu schwören“ und Schwarz zu tragen, um ihn zu ehren. Jay-Z's Texte enthalten Hinweise auf die Freimaurerei, die in der doppelten Bedeutung einiger Zeilen verborgen sind. „Ich habe Doug einen Griff gegeben“ bedeutet, dass er Doug einen Stapel Geld gegeben hat, aber die doppelte Bedeutung dieser Zeile würde sich auf die geheimen Handschläge der Maurer beziehen, die „Griffe“ genannt werden. Und wer ist Doug? Könnte Doug Morris sein. Die letzte Zeile seines ersten Verses lautet „Zurück um wieder die Niggas zu umkreisen, jetzt sind wir quitt“. Abgesehen von seiner offensichtlichen Bedeutung bezieht es sich auch auf das wichtige freimaurerische Konzept des „Quadrierens des Kreises“, dass viel zu tief ist, um es hier zu erklären („Ich werde mehr in die Tiefe gehen, wenn ihr Jungs wirklich echt genug seid“). Im zweiten Vers sagt Jay-Z: „Es ist die Rückkehr deines Gottes“, was sich auf den luziferischen Glauben bezieht, dass Menschen Götter seien. Dieser Begriff wird im New Yorker Slang häufig verwendet und beruht auf der Tatsache, dass viele Rapper Fünf-Prozent-Rapper waren, eine Philosophie, die auf dem Glauben basiert, dass alle Menschen Götter sind. Weiter im Song sagt Jay-Z: „I'm in Maison, ugh, Martin Margiela“, was ein Modegeschäft der gehobenen Klasse ist. Englischsprachige Menschen sprechen das französische Wort „Maison“ normalerweise so aus, dass es wie "mayzaun" klingt. Jay-Z hingegen spricht es so aus, dass es wie "Mason" klingt, wie in „Freemason“

(Freimaurer). Hier gibt es eine offensichtliche Doppelbedeutung, die das Ohr des Hörers einfangen soll. Er sagt im Grunde „Ich bin in Freimaurer", um die Leute dazu zu bringen, zu fragen: „Huh, hat er das wirklich gesagt?" aber dann fährt er fort, indem er „igitt, Martin Margiela" sagt. Die kleine Pause, die er nach diesen Worten macht, unterstreicht den Effekt. Dann ist Rihanna wieder mit dem Refrain dran.

„Das Leben ist ein Spiel, aber es ist nicht fair. Ich verstoße gegen die Regeln, also ist es mir egal. Also mache ich mein eigenes Ding. Laufe aufrecht gegen den Regen Der Sieg ist fast da, gib jetzt nicht auf Das Einzige, woran ich denke, ist, wer diese Stadt heute Nacht regieren wird."	*(„Life's a game but it's not fair I break the rules so I don't care So I keep doing my own thing Walking tall against the rain Victory's within the mile Almost there, don't give up now Only thing that's on my mind Is who gon' run this town tonight.")*

Sie sagt, dass das Spiel des Lebens korrumpiert ist, aber sie hat immer noch Erfolg, weil sie „die Regeln bricht". Mit anderen Worten, sie ignoriert die Grenzen zwischen Gut und Böse, um ihre Ziele zu erreichen. Dies könnte Sie an das oben beschriebene Sprichwort „Tu, was du willst" des Ordo Templi Orientis erinnern.

Diese Zeilen beziehen sich auf sie als Person und auch auf den Orden als Ganzes, der bereit ist, die schrecklichsten Taten zu begehen, um seine Ziele zu erreichen.

„Der Sieg ist fast da" bedeutet, dass die Verwirklichung der Neuen Weltordnung in der Endphase ist und dass die von den Illuminaten gesponserte Revolution bevorsteht.

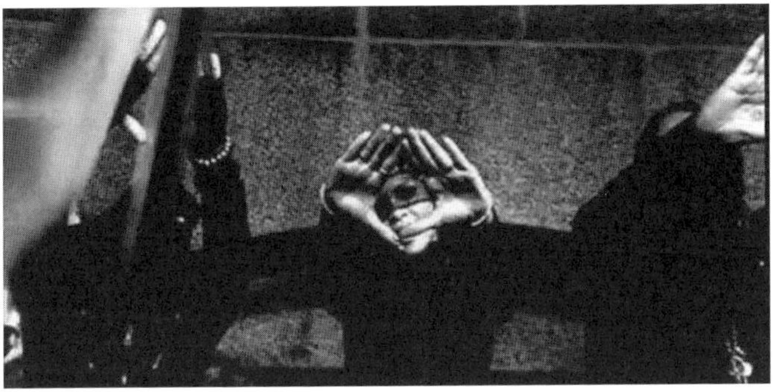

Abb. 439: Rihanna zeigt ein „Rocafella"-Zeichen, damit das linke Auge in einem Dreieck ist

„Run This Town" enthält also offensichtliche Hinweise, die zur luziferischen Philosophie und zu okkulten Ordnungen führen. Das Feuer von Luzifers Fackel repräsentiert esoterisch göttliches Wissen und Weisheit, die den Menschen gebracht wurden. Feuer in diesem Fall ist jedoch immer eine zerstörerische Kraft. Welche Art von Wissen geben wir diesen rebellischen Menschen, die die Massen der Fans repräsentieren?

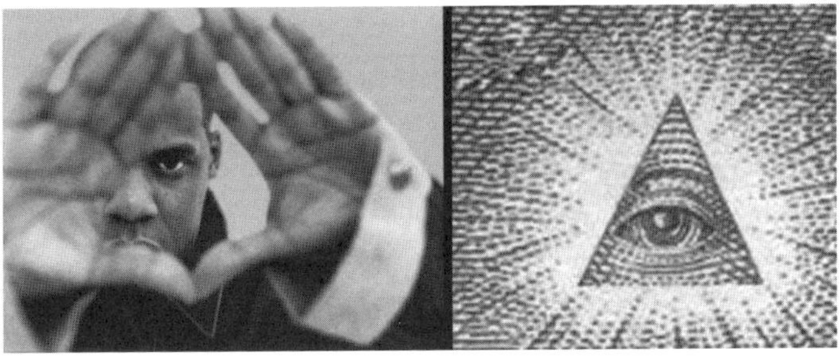

Abb. 440: Jay-Z und sein Handzeichen, die das allsehende Auge andeuten sollen

Jay-Zs Bekleidungslinie *Rocawear* hat offensichtliche okkulte Symbole in ihre Entwürfe aufgenommen. Einige sind so unverhohlen freimaurerisch, dass er wahrscheinlich nicht damit durchkommen würde, wenn er nicht tatsächlich mit ihnen in Verbindung gebracht werden würde. In Interviews hat Jay-Z gesagt, dass er aktiv an der Auswahl der Designs seiner Bekleidungslinie beteiligt ist. Hier sind einige Beispiele:

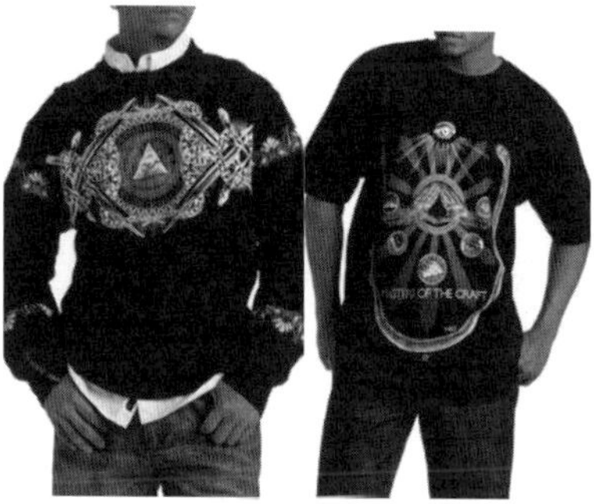

Abb 441 links.: Allsehendes Auge im Dreieck Abb. rechts: „Masters of the Craft“ ist ein 100% freimaurerisches Sprichwort und das hier abgebildete allsehende Auge des großen Architekten stammt direkt aus freimaurerischen Werken. Beachten Sie auch den geheimen Handschlag, der in einem Kreis dargestellt ist

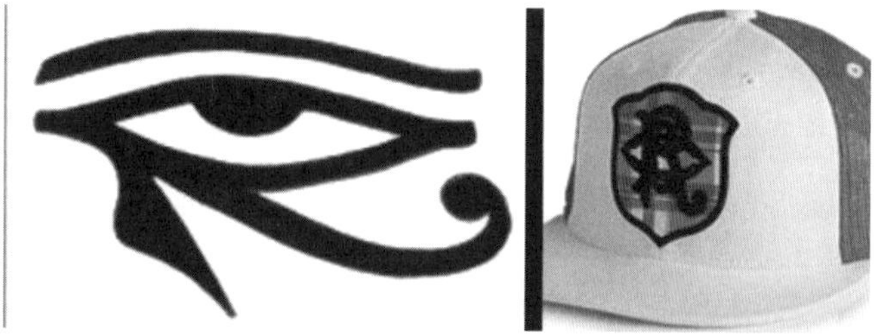

Abb. 442: Links das Auge des Horus, wie oben auf dem T-Shirt dargestellt und rechts im Bild eine Cap von „Rocawear“ mit einem Auge in der Mitte

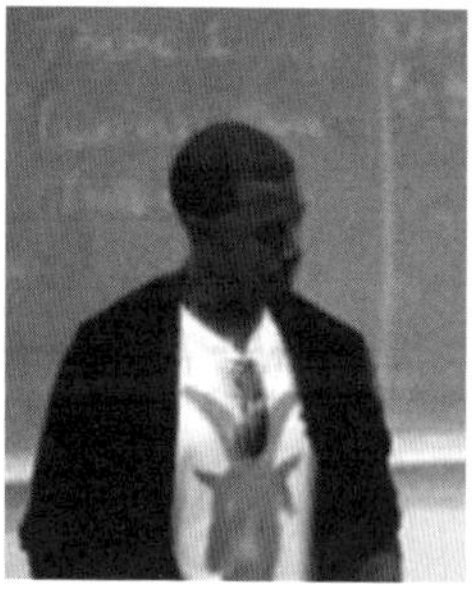

Abb. 442: Kanye trägt ein T-Shirt mit dem Kopf von Baphomet

Rapper Prodigy von der mythischen Gruppe Mobb Deep hat in den letzten Jahren gelegentlich Jay-Z‘s Zugehörigkeit zu den Illuminaten angeprangert. Hier ist ein URB-Artikelauszug bei BallerStatus.com zu diesem Thema:

„Wie in seinem monatlichen Blog auf Vibe.com hat der inhaftierte Prodigy kürzlich einige seiner Verschwörungstheorien über einen handgeschriebenen Brief an URB ausgespuckt. Dieses Mal enthüllt er den Moment, in dem seine Augen für die Täuschung geöffnet wurden, die er ‚Regierung, Religionen, Politik, Federal Reserve

und I.R.S' nennt. Laut P. war er 1996, nachdem er ein Buch von Dr. Malichi Z. York mit dem Titel ‚Leviathan 666' gelesen hatte, so bewegt, dass er weinte, und das war sein ‚Moment der Klarheit'. ‚Ich habe um die ganze Menschheit geweint, aber hauptsächlich um meine Schwarzen, weil mir dann klar wurde, dass alles eine Täuschung war', schreibt Prodigy in seinem Brief an URB. ‚Die Regierung, die Religionen, die Politik, die Federal Reserve, die I.R.S. und alles, woran wir glauben und was wir leben, ist ein Witz.' Schlimmer noch, der Rapper sagt, dass viele beliebte Rapper diese Geheimnisse der Gesellschaft kennen, sich aber dafür entscheiden, nicht darüber zu sprechen, aus Angst, von den amerikanischen Unternehmen nicht akzeptiert zu werden. Einer davon ist insbesondere Jay-Z. Okkulte Geheimnisse von Jay Z, Kanye & Nas. ‚J.Z. kennt die Wahrheit, aber er hat sich für das Böse entschieden, um in der Unternehmenswelt akzeptiert zu werden. J.Z. verbirgt die Wahrheit vor der schwarzen Gemeinschaft und der Welt und fördert stattdessen den Lebensstil des Biestes', schrieb er. Prodigy sagt, dass Jay als Kind in Dr. Yorks ‚Nuwabian'-Gemeinde in Brooklyn aufgewachsen ist und sich dieser Übel ‚bewusst' ist - Schurkenregierung, Eliten, die das Land regieren usw. Weil Jay-Z sich weigert zu den Themen, die Prodigy seit seiner Inhaftierung beschäftigen zu sprechen, wird er sich zum Ziel setzen, Krieg gegen ihn zu führen. ‚J.Z ist eine gottverdammte Lüge. Ich habe so viel Feuer in meinem Herzen, dass ich J.Z, Illuminati und jedes andere Übel, das existiert, unerbittlich angreifen werde, bis meine Lichter gelöscht sind', schreibt P. ‚Diese Negativität, von der ich spreche, ist ein tatsächliches Lebewesen, das uns als Nahrung verwendet. Wir müssen die Verbindung dazu trennen, um die Dinge so zu sehen, wie sie wirklich sind. Diese negative Energie wird von der Geheimregierung der Illuminaten erzeugt und genutzt und lässt Sie diese Energie verbreiten, ohne dass Sie es überhaupt wissen. Aber Leute wie J.Z. sind sich dessen sehr gut bewusst. Er wurde von Dr. York unterrichtet', fuhr er fort.«[(181)]

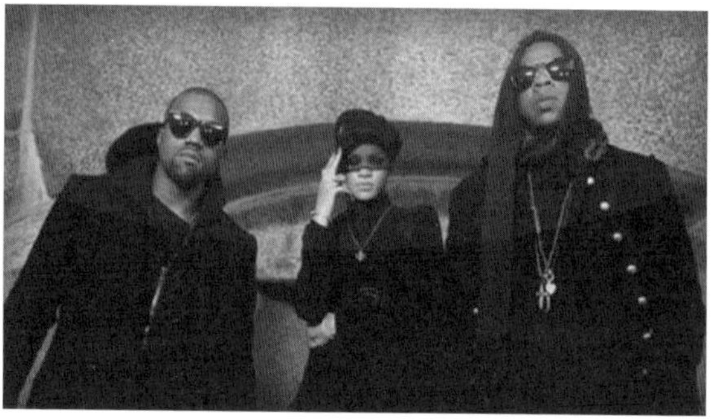

Abb. 443 von links: Kanye West, Rihanna, Jay Z als die drei vermeintlichen dunklen Wächter über die Metamorphose der Menschheit

Das Mindeste, was wir sagen können, ist, dass Jay-Z „Affinitäten" zum Okkultismus und zu Geheimgesellschaften hat. „Run This Town" verstärkt nur den Verdacht, der ihn umgibt, aufgrund der Symbolik und Philosophie, die im Video gezeigt werden. Angesichts dieser Tatsachen stellen sich einige Fragen: Hat sich Jay-Z auf die Seite der Elite gestellt, um in der Unternehmenswelt erfolgreich zu sein? Wird er verwendet, um die NWO-Agenda zu fördern? Oder ist dies ein Akt, um Gerüchte zu schüren und seiner Person ein wenig „Mystik" hinzuzufügen? Vielleicht ist das alles. Vielleicht tut er das, um Leute wie mich zum Schreiben zu bringen und um sein Album in Schwung zu bringen. Wenn dieser Text Jay-Z beworben hat, soll es so sein. Zumindest werden die Leute wissen, was sie begrüßen, wenn sie das „Roc"-Zeichen nachäffen.

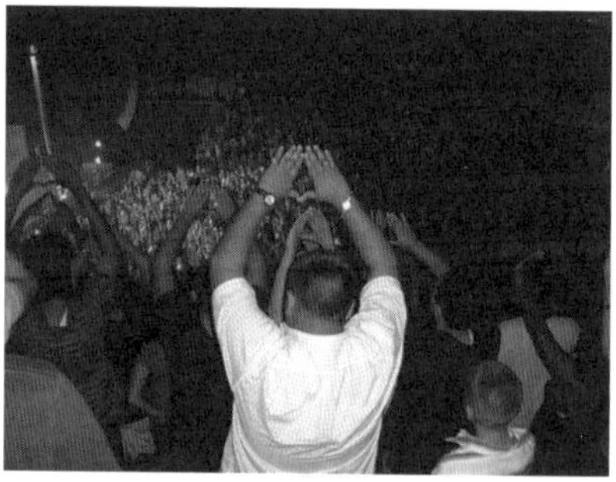

Abb. 444: Gedankenlose Symbol-Empfänger imitieren Momente, ohne zu wissen, was es bedeutet: „Tu was Du willst."

Die okkulten „Semisubliminale" von Jay-Zs „On to the Next One"

Bei Jay-Z's „On to the Next One" fragen sich viele Leute, welche Bedeutung die gruseligen Bilder haben. Der beste Weg, die Bilder zu verstehen, besteht darin, den okkulten Kontext zu verstehen, in dem sie verwendet werden. Dieses Kapitel befasst sich mit der okkulten Bedeutung der in diesem Video gefundenen Symbole in Bezug auf Jay-Z´s Affinitäten zu Geheimgesellschaften.

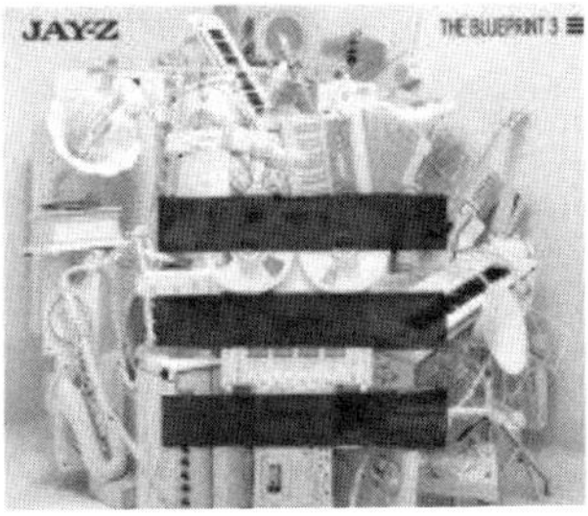

Abb. 445: „The Blueprint 3" und die drei Takte

Kurz nachdem sich der amerikanische Kontinent von 2009 verabschiedet hatte, kam Jay-Z im Fernsehen, wo er sagte: „Auf zum nächsten" („On to the Next One"). Das Video wurde am 01.01.10 uraufgeführt, was in der kabbalistischen Numerologie der 3 entspricht (0 + 1 + 0 + 1 + 1+ 0 = 3). Die Nummer 3 ist ein wichtiges Thema des Videos. Das Erscheinungsdatum enthält auch drei Einsen, was an die drei Takte erinnert, die Jay-Z's Album „The Blueprint 3" darstellen. Dies ist nur ein Beispiel für die okkulte Aura, die Jay-Z's Werke umgibt.

Ich habe festgestellt, dass sich immer mehr Menschen über die „Gruseligkeit" einiger Musikvideos ihrer Lieblingskünstler wundern. Obwohl einige der Bilder nur für den Schockwert oder die künstlerische Ästhetik gedacht sind, steht ein wichtiger Teil der Symbole in den jüngsten Videos in direktem Zusammenhang mit der besonderen Marke des Okkultismus in der Musikindustrie. Wie in anderen Kapiteln in diesem Buch zu sehen ist, tauchen in Popvideos immer wieder dieselben Symbole auf, unabhängig davon, ob wir Beyoncé, Lady Gaga, Rihanna, Jay-Z oder jemanden betrachten, der in Zukunft „ausgewählt" wird.

Einige Leute werden behaupteten, die von mir beschriebene Symbolik sei das Ergebnis von Zufällen oder ich habe „zu viel hineininterpretiert". Nach dem Betrachten von „On to the Next One" sagen viele der gleichen Leute jetzt: „Er tut es absichtlich, die Symbole sind zu offensichtlich." Wie ist etwas von zufällig zu „zu offensichtlich" geworden? Es scheint, dass diejenigen, die die Wahrheit vermeiden wollen, alle Anstrengungen unternehmen werden, um zu rationalisieren, was vorgeht.

Künstler auf der obersten Ebene der Musikindustrie werden von der Elite ausgewählt (der gebräuchliche Name für sie ist Illuminaten). Die Einweihung der Künstler garantiert ihnen Erfolg und Bekanntheit, um den Preis, dass sie zu Gefäßen der Illuminati-Symbolik und zu persönlichen Opfern werden. Wenn Jay-Zs „Run This Town" noch einige Leute zweifeln ließ, ob das Video wirklich eine unterschwellige okkulte Botschaft enthielt, so bestätigt „On to the Next One" Jay-Zs Zugehörigkeit zur okkulten Elite allemal.

Das Video zu „On to the Next One" enthält keine tiefe Handlung und in den Texten geht es im Grunde darum, dass Jay-Z damit prahlt, dass er uns einen Schritt voraus ist. Daher konzentriert sich diese Analyse hauptsächlich auf die okkulte Bedeutung einiger der im Video gefundenen Bilder. Sie erscheinen oft weniger als eine Sekunde, eine Technik, die ich gerne als „Semisubliminale" bezeichne. Einige von ihnen sind anscheinend aus ästhetischen Gründen da (es sei denn, ich habe etwas verpasst), während andere zutiefst okkult sind.

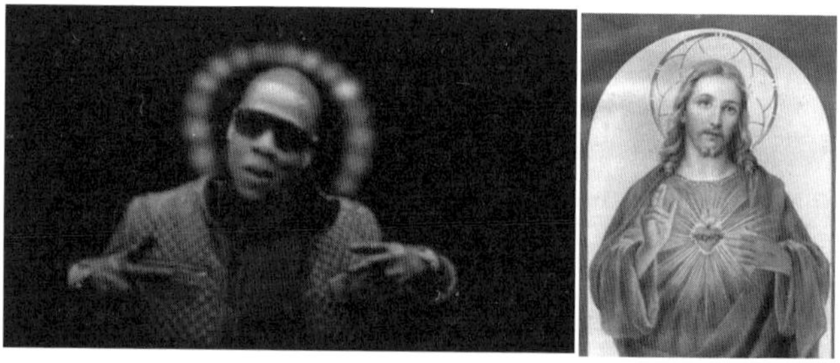

Abb. 446 links: Der Hintergrund in der Szene enthält strategisch platzierte Lichter, vor denen Jay-Z so aussieht, als hätte er einen Heiligenschein. Rechts: Der Heiligenschein wird in ikonischen Bildern verwendet, um heilige Figuren zu identifizieren. Jay-Z klingt wie Jesus, - eine sehr ähnliche Aussprache, aber das ist natürlich reiner Zufall

Angesichts des dunklen okkulten Themas des Videos und der Verweise auf Baphomet (von der Kirche des Satans verwendet) erhält der Heiligenschein eine unheimliche Bedeutung. Derjenige, der sich selbst als „Hov" oder „Jay-Hova" bezeichnet (ein Hinweis auf Jehova, den Eigennamen Gottes in abrahamitischen Religionen), könnte die Botschaft senden wollen, dass er ein Gott sei und zwar auf eine Art und Weise wie ein LeVeyan-Satanismus (LaVeyan-Satanismus ist eine atheistische Religion, die 1966 vom amerikanischen Okkultisten und Autor Anton Szandor LaVey gegründet wurde) die „schwarzen Götter" der Fünf-Prozent erhebt.

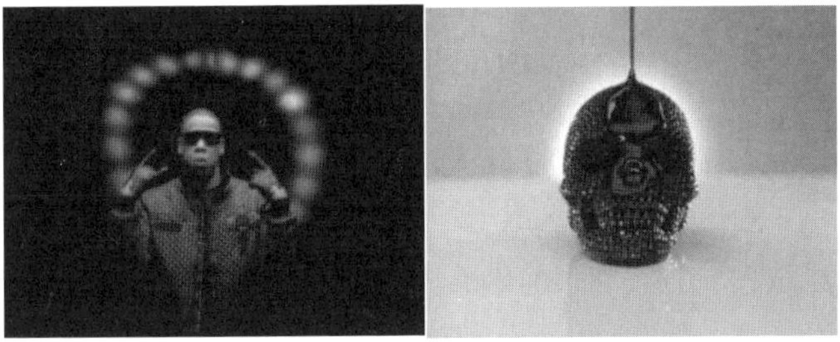

Abb. 447 links: Handzeichen „Teufelshörner", gleichzeitig steht er vor einem Heiligenschein. Kann Beyoncé seinen Heiligenschein sehen? Rechts: Während des Videos werden ein schwarzer und ein silberner Schädel mit Flüssigkeit angezeigt. Das Symbol des menschlichen Schädels war in okkulten Bruderschaften immer von größter Bedeutung

Die Tempelritter (Vorfahren der Freimaurer) ließen neue Mitglieder im Rahmen ihrer Initiation Wein (Vertreter von Blut) aus einem menschlichen Schädel trinken. Diese Praxis findet sich immer noch in einigen Riten der Freimaurerei.

„Die Tempelritter waren eingefleischte Liebhaber und Benutzer menschlicher Schädel aller Größen und Medien, einschließlich Metall- und Kristallschädel. Die Identifikation der Templer mit den menschlichen Schädeln spiegelte sich in einem der herausragenden Symbole der Ritter wider, dem ‚Jolly Roger', dem erkennbaren Piraten- oder Gift-Symbol eines menschlichen Schädels, der die gekreuzten Knochen überragt. Dieses Symbol stand sowohl für die zeremonielle Verwendung von Schädeln als idolische Bilder und sogar für Trinkgefäße durch die Templer, als auch für ihre Praxis der Alchemie, von der eine als ‚Totenkopf' bezeichnet und kryptisch als menschlicher Schädel dargestellt wurde.

Menschliche Schädel waren bei den Templern beliebt, weil angenommen wurde, dass sie die spirituelle Kraft ihrer ursprünglichen Besitzer besitzen - und diese Essenz kontinuierlich in ihrer gesamten Umgebung ausstrahlen. Der Schädel Johannes des Täufers, den die Templer während des vierten Kreuzzugs in Konstantinopel entdeckten, war ein solcher Schädel. Die Templer behaupteten, dass Johannes' Schädel dieselbe Art von Kraft des Heiligen Geistes ausstrahlte wie am ursprünglichen Körper von Johannes und um ihre Zeremonien und Einweihungen zu stärken, platzierten sie ihn auf ihren Hochaltären. Andere menschliche Schädel, die von den Templern besonders geschätzt wurden, waren diejenigen, die von christlichen Heiligen und früheren Großmeistern ihrer Organisation besessen worden waren. Um die von diesen Schädeln ausgehende Kraft zu zeremoniellen Zwecken zu verstärken und zu leiten, wurden sie oft in ein hochleitfähiges Metall eingewickelt, wie Gold oder Silber und dann in energieproduktive Reliquien gelegt, die in die Form heiliger geometrischer Formationen wie Tetraeder, Achtecke und Pyramiden gebracht wurden. Hinweise auf mit Gold und Silber umwickelte Templerschädel finden sich in einigen der frühen Legenden des Heiligen Grals"[(182)]

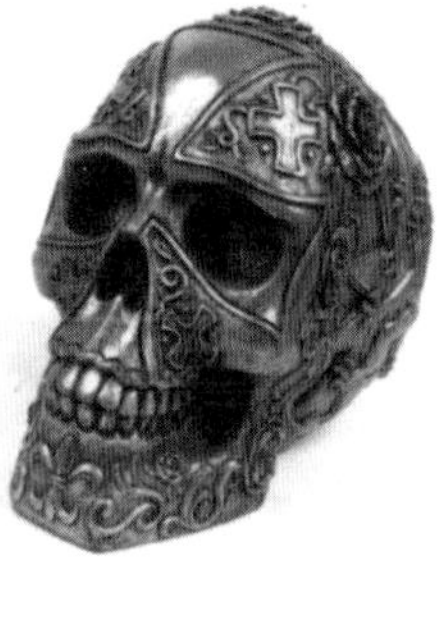

Abb. 448: Ein mit eindeutigen Symbolen überdeckter Templer

Überreste dieser Praxis finden sich immer noch in den Ritualen, die mit dem 33. Grad einiger freimaurerischer Riten (d.h. des „Cerneau-Ritus") verbunden sind, bei denen die Kandidaten Wein aus einem menschlichen Schädel trinken.

Was halten sie von Christen, die während der Messe das „Blut Christi" trinken? Das ist ein ganz anderes Thema.

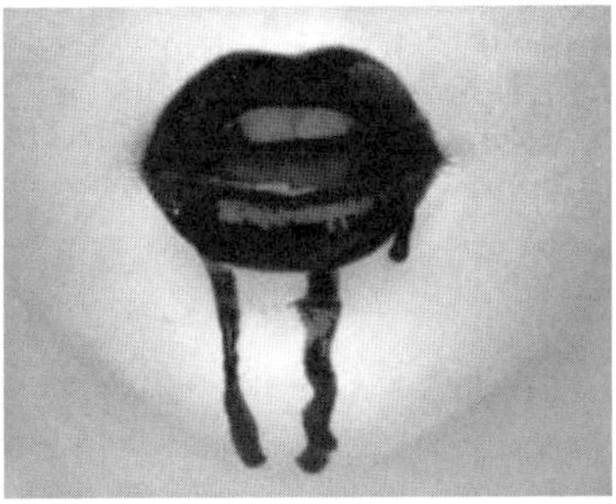

Abb. 449: Ein Hinweis auf das symbolische Bluttrinken okkulter Einweihungen?

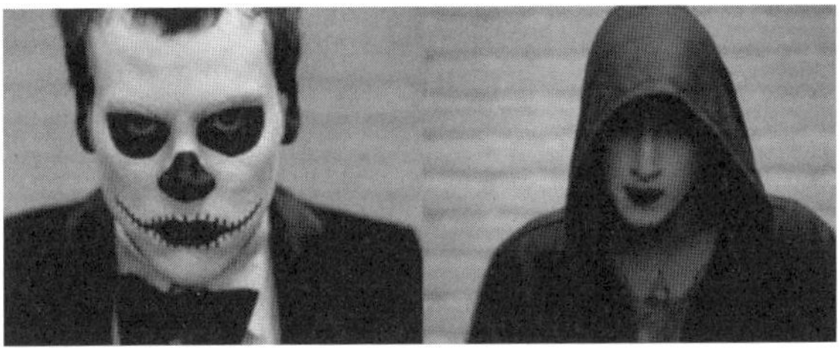

Abb. 450: Krähen? Zwei Extras im Video scheinen eine Mischung aus Brandon Lees „The Crow“ und Heath Ledgers Joker in „The Dark Knight“ zu sein

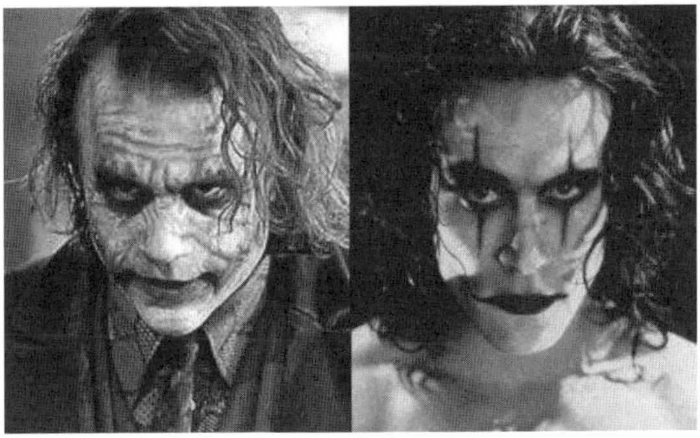

Abb. 451: Versus Joker und die Krähe

Beunruhigende Tatsache: Sowohl Heath Ledger als auch Brandon Lee starben auf mysteriöse Weise während der Dreharbeiten zu tief okkulten Filmen. Waren das rituelle Opfer? Das ist auch ein ganz anderes Thema. Weitere Hinweise auf Krähen („Crows“):

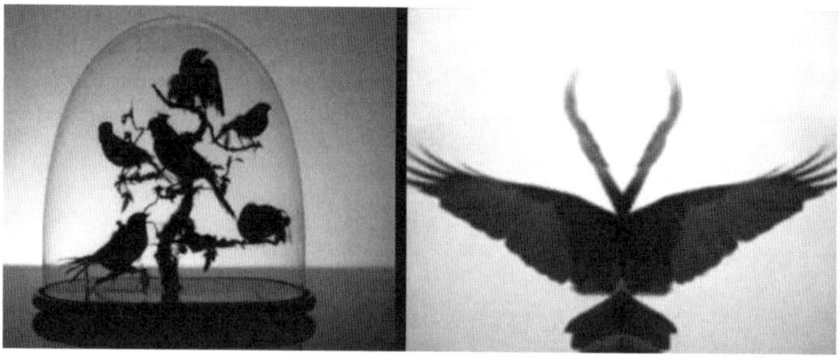

Abb. 452 links: Krähen im Baum des Lebens. Rechts: Eine Krähe in Form einer gehörnten Sonnenscheibe

Jesus dissen: In Kombination mit Jay-Z's Bilanz seiner Erfolge mit nicht allzu christ-freundlichen Texten ist dieses Bild nicht wirklich überraschend.

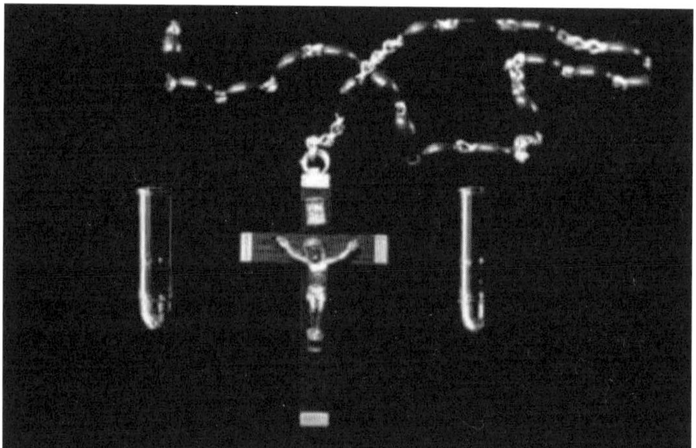

Abb. 453: Baphomet schlägt erneut zu. Jesus, pardon, Jay-Z wird gekreuzigt

Nachdem Sie andere Kapitel des Buches gelesen haben, wissen Sie, dass das Bildnis des Baphomet ein unverwechselbares Zeichen für ein „Illuminaten-Video" ist. Baphomet ist das gehörnte Götzenbild, das angeblich von den Tempelrittern verehrt und später von der Kirche Satans verwendet wurde. Zwei separate Baphomet-Köpfe tauchen während des Videos kurz und fast unterschwellig auf.

Gleich nach Erscheinen des Videos erhielt ich eine Menge E-Mails von Leuten, die viele der hier beschriebenen Symbole entdeckt haben. Dies bestätigt zwei Dinge: Erstens werden sich viele Menschen der unheilvollen Symbolik bewusst, die in Videos eingebaut wird, und zweitens werden diese Symbole immer offenkundiger. Sie verstecken sich nicht mehr. Die Industrie WILL ihr wahres Wesen offenbaren. Ich glaube, es gibt zwei Arten von „Illuminati-Künstlern“: die willigen Teilnehmer (ich würde Jay-Z und Lady Gaga in diese Kategorie einordnen) und diejenigen, die ahnungslos sind (Rihanna scheint das perfekte Beispiel zu sein). Jay-Z ist ein kluger Geschäftsmann, der weiß, dass sich Kontroversen gut verkaufen. Es ist also eine Win-Win-Situation: Jay-Z bekommt die Publicity, die er sucht, und die Illuminaten setzen ihre Massenindoktrination fort. Aber was wird passieren, wenn die Eliten damit fertig sind, Jay-Z als ein Gefäß für ihre finsteren Symbole zu benutzen? Werden sie „Auf zum nächsten“ sagen, „On to the Next One?[183]

2.14 Kanye West

„Schau, Sie werden uns mit Blödsinn verwirren. Wie die Neue Weltordnung.“
(Kanye West, Album: „Yeezus“)

Kanye Omari West (8. Juni 1977 in London) ist ein US-amerikanischer Rapper, Plattenproduzent und Modedesigner. Während seiner gesamten Karriere war West für kulturelle Bewegungen und musikalische Fortschritte im Mainstream-Hip-Hop und in der Popmusik insgesamt verantwortlich. Er wurde in Atlanta geboren und wuchs in Chicago auf. In den frühen 2000er Jahren war er erstmals als Produzent für *Roc-A-Fella Records* bekannt und produzierte Singles für verschiedene Mainstream-Künstler. In der Absicht, eine Solokarriere als Rapper zu verfolgen, veröffentlichte West 2004 sein Debütalbum „The College Dropout“ mit kritischem und kommerziellem Erfolg und gründete das Plattenlabel „GOOD Music“.

West experimentierte mit einer Vielzahl von Musikgenres auf nachfolgenden, gefeierten Studioalben, darunter „Late Registration“ (2005), „Graduation“ (2007) und „808s & Heartbreak“ (2008). West's fünftes Album „My Beautiful Dark Twisted Fantasy “(2010) und das sechste Album „Yeezus“ (2013) waren ebenfalls wichtige Erfolge, da sie sich vom Maximalismus bzw. Minimalismus inspirieren ließen. Er veröffentlichte „The Life of Pablo“ (2016), „Ye“ (2018) und „Jesus Is King“ (2019). Zu Wests Diskographie gehören auch die gemeinsamen Alben „Watch the Throne“ (2011) und „Kids See Ghosts“ (2018) mit Jay-Z bzw. Kid Cudi in Vollversion.

Wests freimütig geäußerte Ansichten und sein Leben außerhalb der Musik haben in den Medien große Beachtung gefunden. Er war eine häufige Quelle von Kontroversen wegen seines Verhaltens bei Preisverleihungen, in sozialen Medien und in anderen öffentlichen Einrichtungen. Seine Kommentare zur Musik- und Modeindustrie, zur US-Politik, zu Rassenfragen und zur Sklaverei haben allgemein polarisiert. Sein christlicher Glaube sowie seine Ehe mit der Fernsehpersönlichkeit Kim Kardashian waren ebenfalls eine Quelle der Aufmerksamkeit der Medien. Als Modedesigner hat er mit Nike, Louis Vuitton und A.P.C. zusammengearbeitet. Er ist der Gründer und Leiter des Unternehmens für kreative Inhalte „DONDA“. West leitet auch die Yeezy-Kooperation mit Adidas ab 2013.

West ist einer der weltweit meistverkauften Musikkünstler mit mehr als 140 Millionen verkauften Schallplatten weltweit. Er hat insgesamt 21 „Grammy Awards“ gewonnen und ist damit einer der am meisten ausgezeichneten Künstler aller Zeiten. Zu seinen weiteren Auszeichnungen zählen der „Billboard Artist Achievement Award“, drei gemeinsame „Brit Awards“ für den besten internationalen männlichen Solokünstler und der „Michael Jackson Video Vanguard Award“. Sechs seiner Alben wurden in die Liste der 500 größten Alben aller Zeiten von „Rolling Stone“ für 2020 aufgenommen. Das Magazin nannte ihn einen der 100 größten Songwriter aller Zeiten. West ist der führende Spitzenreiter der meisten Alben (vier), die an der Spitze der jährlichen „Pazz & Jop“-Kritikerumfrage stehen. Das „Time Magazine“ erklärte ihn 2005 und 2015 zu einem der 100 einflussreichsten Menschen der Welt.[184]

Ein weiterer der größten Illuminaten-Möchtegern-Fans ist Kanye West, der 2004 mit seiner Single „Jesus Walks“ in die Musikszene einstieg. Der Mainstream gab ihm Reichweite und erweckte den Eindruck, Kanye sei ein guter christlicher Junge, der Jesus liebte. Als Kanye jedoch im Rampenlicht stand, verschlechterten sich sein Image und seine Botschaft schnell und machten ihn schließlich zu einem der größten Befürworter der Illuminaten-Symbolik und des Materialismus, sowie zur Entwicklung eines Gott-Komplexes, der so groß ist, dass er praktisch seinesgleichen in der Unterhaltungsindustrie sucht. Er gewann auf wundersame Weise etliche Musikpreise und mediale Auszeichnungen. Wundersam deshalb, weil es ein Wunder ist, dass solch ein talentloser Troll tatsächlich Mainstream-Erfolg erzielen könnte, aber auf den zweiten Blick mit Millionen von geistig versklavten Idioten, die alles fressen, was der Mainstream bietet, ist eine solche Popularität unter den Schlafschafen nicht allzu überraschend.

Ein entscheidender Schub für Kanye Wests Karriere war die Arbeit für Jay-Zs *Roc-A-Fella Records* und er galt als Jay-Z`s Protegé, während er sein 2001er Album „The Blueprint“ produzierte.

West's Ego wurde größer als seine Brieftasche, als seine Karriere begann, und nachdem er immer wieder posierte, als ob er eine Verbindung zu den Illuminaten hätte, wurde er einer der bekanntesten Rapper.(185) Er trug Kleidung mit Bathomet-Symbolen und erwähnte die Illuminaten in ein paar Liedern und sagte sogar, er hat seine Seele an den Teufel verkauft.(186)

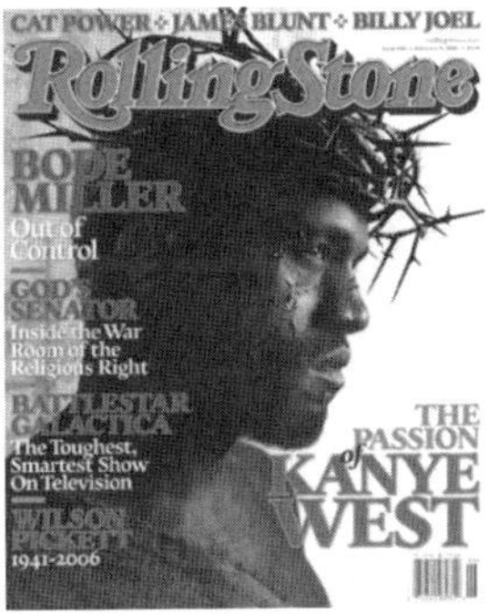

Abb. 454: Kanye als Pseudo-Jesus mit einer Krone,

Kanye West scheut sich auch nicht vor seinem Gottkomplex, der 2006 auf dem Cover von „Rolling Stone“ als Jesus erscheint, eine Dornenkrone trägt und später auf seinem „Yeezus“-Album einen Titel mit dem Titel „I Am a God“ veröffentlicht. Sein Album „Yeezus“ ist eine Pervertierung des Namens Jesus.

Nachdem Beyoncé Jay-Zs Kind namens Blue Ivy zur Welt gebracht hatte, schenkte Kanye Jay-Z für den Vatertag einen vergoldeten menschlichen Schädel, der mit Edelsteinen im Wert von 34.000 USD bedeckt war. Berichten zufolge hatte er ihn mit einem Privatjet geliefert. Freimaurer und andere Okkultisten haben oft einen menschlichen Schädel (oder eine Nachbildung) auf ihrem Schreibtisch oder in ihrer Reflexionskammer, um sie an ihre Sterblichkeit und den bevorstehenden Tod zu erinnern und sie zu inspirieren, alle ihre Ziele in diesem Leben hier und jetzt zu erreichen, da sie nicht an ein Leben nach dem Tod glauben.

In der Saisonpremiere der „Cleveland Show" im November 2012 drehte sich die Folge um die „Hip Hop Illuminaten", eine Geheimgesellschaft, die angeblich die Popkultur und die Musikindustrie kontrolliert. Kanye West, Nicki Minaj, Bruno Marrs und Will.i.am. alle liehen der Show ihre Stimmen und nahmen die Voice-Overs auf, während sie sich in der Folge selbst spielten. Kayne rappte sogar ein kleines Lied in der Episode über die Illuminaten-Kontrollgesellschaft.[187]

Kanye Wests „Power": Die verborgene Bedeutung seiner Symbole

Kanye Wests „Power" ist ein kurzes, fast statisches Video, das es mit einem Aufzieher und eingen harten Schnitten in Details schafft, eine tiefgreifende Geschichte in symbolischer Sprache zu erzählen. Durch die Entschlüsselung der okkulten Bedeutung der in diesem bewegenden Tableau vorhandenen Symbole kann der Betrachter entdecken, wer wirklich die „Macht" in der Welt besitzt, und mag die Geschichte der Initiation von Kanye West verstehen. Wir werden uns die Bedeutung dieser Symbole ansehen, wie sie im Video erscheinen.

Rapper und Produzent Kanye West hat immer einen Weg gefunden, sich von der Masse abzuheben. Sein Video „Power" ist keine Ausnahme. Es unterscheidet sich in vielerlei Hinsicht von der MTV-Norm, unabhängig davon, ob Sie sich den Inhalt oder die Form ansehen. Die Dauer des Videos, der Filmstil und das Thema unterscheiden sich deutlich von den heutigen typischen Rap-Videos. Es ist kurz (1:43), in einer einzigen immer weiter aufgezogenen Einstellung montiert (im Vergleich zum Musikstandard mit einer Einstellung pro Sekunde in den Videos) und dennoch sehr reich an archetypischen Symbolen.

Regisseur Marco Brambilla wollte das Konzept der Macht in Form eines „Video-Tableaus" darstellen, eines sich bewegenden Gemäldes, das sich dem Betrachter langsam mit einem kontinuierlichen Aufzieher vom Telebereich ins Weitwinkel offenbart. Der Regisseur scheint diese Technik in seiner früheren Kreation „Civilization", einem für das neue Standard Hotel in New

York City erstellten Videos, perfektioniert zu haben. Die dort vorhandene Symbolik ist einfach überwältigend.

Für „Power“ entschied sich Brambilla für eine neoklassische Ästhetik, schuf aber dennoch ein Stück voller symbolischer und kultureller Referenzen. Wie bei Gemälden der neoklassischen Ära vermittelt jedes Objekt, jedes Symbol und jedes Detail im Video eine wichtige Bedeutung, eine Aussage, die zum Verständnis der gesamten Geschichte erforderlich ist. Wie wir später sehen werden, haben viele Symbole im Video eine tiefe okkulte Bedeutung und viele von ihnen verweisen auf Freimaurer- und Mysterienschulen. Auf diese Weise gibt der Regisseur klar an, welche Art von Macht im Video präsentiert wird. Wir werden uns daher die Bedeutung der im Video angezeigten Symbole ansehen, wie sie in der Aufnahme erscheinen.

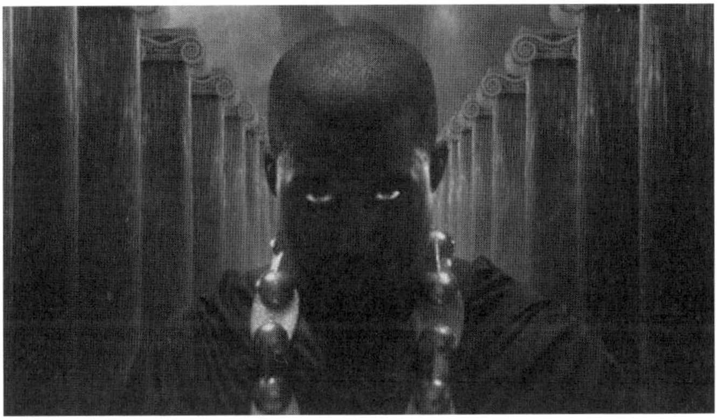

Abb. 455: Das Video beginnt mit einer Nahaufnahme von Kanye West mit im Dunkeln leuchtenden Augen, als wäre er von innen „beleuchtet“. Er steht zwischen einer unendlichen Reihe ionischer Säulen, die in der freimaurerischen Symbolik „Weisheit“ darstellen

Wie der geneigte Leser wissen wird, ist die okkulte Bedeutung der Zwillingssäulen uralt, tiefgreifend und in der Symbolik fast aller Mysterienschulen der Geschichte präsent. Den beiden Säulen werden viele Interpretationsebenen zugeschrieben, aber eine Konstante ist immer vorhanden: Die Säulen repräsentieren den Eingang - das Tor - zur Welt des Eingeweihten. Hinter den Säulen befindet sich der Schlüssel zu den Mysterien und folglich die Quelle wahrer Kraft. Dieses Konzept wurde in vielen Kulturen und Denkschulen verwendet.

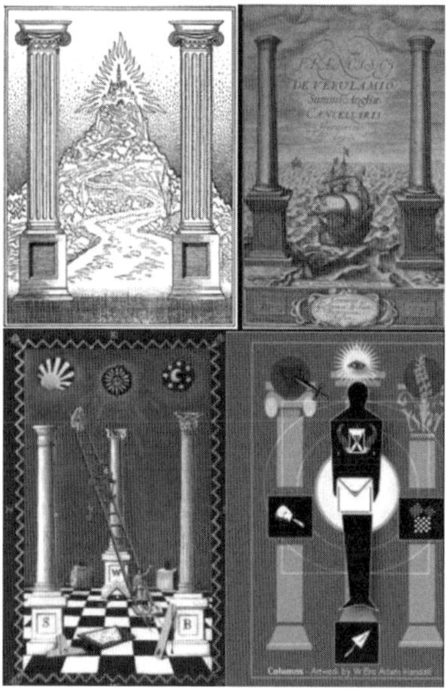

Abb. 456: Links oben: Die beiden Säulen, die im antiken Griechenland als „Säulen des Herkules" bezeichnet wurden, standen am Tor zur Sphäre der Erleuchteten. Rechts oben: Säulen des Herkules in Francis Bacons „New Atlantis" als Tor zur Neuen Welt. Links unten: Zwei Säulen, die zu Jacob's Ladder in diesem Freimaurer-Suchbrett führen. Rechts unten: Freimaurer initiieren das Stehen zwischen den Zwillingssäulen als dritte Säule, genau wie Kanye West im Video

„Die Stadt der philosophischen Auserwählten erhebt sich vom höchsten Berggipfel der Erde, und hier wohnen die Götter der Weisen in ewiger Glückseligkeit zusammen. Im Vordergrund stehen die symbolischen Säulen des Herkules, die auf der Titelseite von Bacons Novum Organum erscheinen, und zwischen ihnen verläuft der Weg, der von den Unsicherheiten der Erde nach oben zu der vollkommenen Ordnung führt, die in der Sphäre des Erleuchteten festgelegt ist."[(188)]

In „Power" steht Kanye an der Mündung des Tores zur „Sphäre der Erleuchteten" direkt an der Grenze der korrupten und dekadenten materiellen Welt. Von Beginn des Videos an enthüllt der Regisseur die wahre Natur der Macht in dieser Welt: Es sind nicht ihre demokratisch gewählten Beamten, sondern diejenigen, die sich als hinter diesen Säulen stehend betrachten. Eine der wichtigsten Zeilen des Songs ist

„In der Welt dieses weißen Mannes sind wir die Auserwählten." *(„In this white man's world, we the ones chosen.")*

Bezieht sich Kanyes „Welt der weißen Männer" auf die verborgenen Herrscher, die Illuminaten, die hinter diesen Säulen verborgen sind? Haben sie sich für Kanye West entschieden und ihm Macht gegeben, indem sie ihm erlaubt haben, eine einflussreiche Persönlichkeit in der Unterhaltungsindustrie zu werden? Wurde er ausgewählt, einer von ihnen zu werden? Das nächste Symbol könnte etwas Licht ins Dunkel bringen.

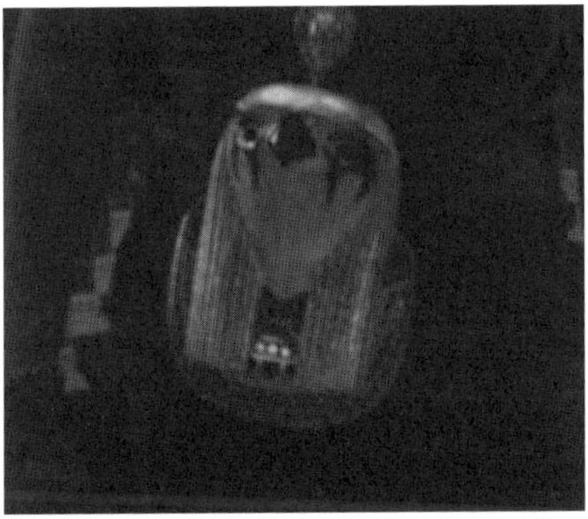

Abb. 457: Das nächste, was auffällt, ist höchstwahrscheinlich diese gigantische Kette mit Horus' Kopf als Anhänger. Horus ist eine altägyptische Gottheit, die in okkulten Mysterien eine extreme Bedeutung hat. Er gilt als Himmelsgott und wird häufiger durch das Symbol eines einzelnen Auges dargestellt

Das Auge des Horus ist ein altägyptisches Symbol für Schutz und königliche Macht vor Gottheiten, in diesem Fall vor Horus oder Ra.

„Horus, der Sohn von Osiris und Isis, wurde ‚Horus, der mit zwei Augen regiert' genannt. Sein rechtes Auge war weiß für die Sonne, während sein linkes Auge schwarz für den Mond war. Der ägyptischen Legende nach verlor Horus während eines Kampfes mit seinem mörderischen Bruder Seth sein linkes Auge, um den Tod seines Vaters zu rächen. Seth riss seinem Bruder das Auge heraus, verlor aber den Kampf, weil die Versammlung der Götter Horus zum Sieger erklärte. Das Auge wurde durch die Magie von Thoth wieder zusammengesetzt.

Dann gab Horus Osiris den Blick, der in der Unterwelt eine Wiedergeburt erlebte.“(189)

Die Symbolik des Horus ist in der Freimaurerei besonders wichtig, da der Weg eines Eingeweihten durch die freimaurerischen Grade als der Prozess beschrieben wird, durch den das Auge des Horus geöffnet wird.

So steht Kanye am Tor zwischen der korrupten Welt des Profanen und der exklusiven Welt der Erleuchteten und trägt an einer massiven Goldkette einen Horus-Anhänger, ein unverkennbares Symbol der Mysterien. Man könnte sagen: „Nun, vielleicht mag Kanye nur ägyptische Dinge.“ Vielleicht, aber im Kontext dieses Videos, in dem alle Details wichtig und äußerst aussagekräftig sind, wird Horus zu einem weiteren Teil dieses symbolischen Puzzles.

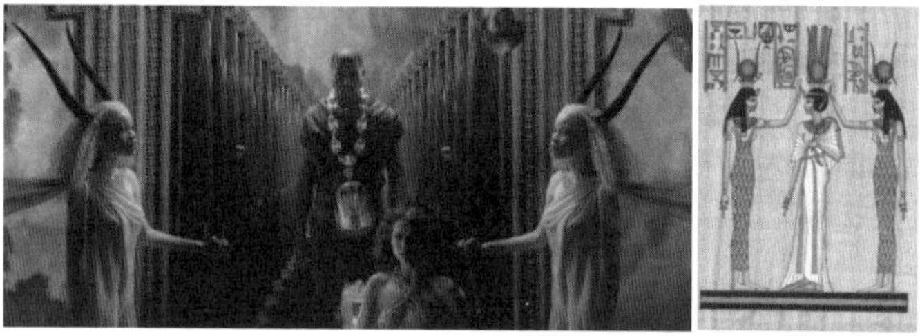

Abb. 458 links: Der Eingang zum Säulentor wird von zwei gehörnten Albino-Mädchen bewacht, die jede einen Stab halten. Ihre Züge erinnern sehr an Darstellungen von Isis und Hathor, Göttinnen des alten Ägypten. Eine weitere Anspielung auf ägyptische Magie. Rechts: Isis und Hathor krönen Königin Nefertari. Beide Göttinnen wurden mit Rinderhörnern auf dem Kopf dargestellt

Isis war die Mutter des Horus (siehe oben) und die Göttin der Mutterschaft, der Natur und der Magie. Hathor galt auch als mütterliche Gottheit und gleichzeitig als Göttin der Musik, des Tanzes und der Fruchtbarkeit. Sowohl Isis als auch Hathor waren dafür bekannt, die Toten auf ihrer Reise ins Jenseits willkommen zu heißen und zu beschützen, ein Konzept, das im Kontext des Videos besonders interessant ist.

„Die Göttin (Hathor) […] manifestiert zwei Aspekte ihrer göttlichen Macht: Erstens nimmt sie an dem Übergangsritual nach dem Tod teil, durch das der Verstorbene das ewige Leben erlangt, und zweitens demonstriert sie ihre besondere Verbindung zum ägyptischen König. Hathor wird zu Recht als königliche Göttin bezeichnet, und in dieser Rolle ist sie auf verschiedene Weise mit dem

Leben des Pharaos verbunden. Oft nannte sich der Pharao selbst den ältesten Sohn der Hathor.“[(190)]

Kanye, vielleicht als Symbol für den Pharao, steht am Tor zur ewigen Weisheit und wird unter den wachsamen Augen von Hathor, der „königlichen Göttin“, hingerichtet / ermordet / geopfert. Begrüßen die Göttinnen Kanye „hinter dem Schleier“ und beschützen ihn bei diesem Ritus des Übergangs zur Unsterblichkeit? In okkulten Kreisen müssen neue Kandidaten symbolisch sterben und wiedergeboren werden, um ihren Initiationsprozess abzuschließen. Wird Kanye als Allegorie für seine Initiation getötet?

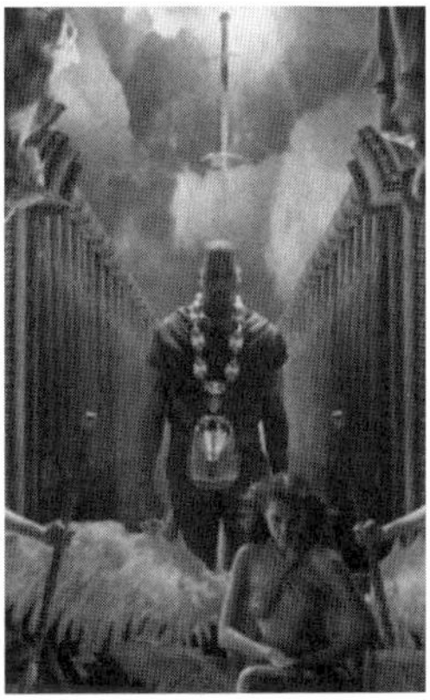

Abb. 459: Ein Damoklesschwert hängt über Kanye Wests‘ Kopf

Während ich einige Nachforschungen zu diesem Video anstellte, stieß ich auf MTV.com auf einen Artikel mit dem Titel „Kanye Wests' „Power“-Video: A Cultural Cheat Sheet“. Folgendes steht über das Schwert, das über seinem Kopf schwebt in dem Artikel: *„Drachenlanze: Ein Bild eines Schwertes, das in eine Krone hinabfährt, schwebt über Kanyes Kopf und erinnert an ‚Volume Two‘ von Douglas Niles’ Serie „The Crown and the Sword: The Rise of Solamnia“, in welcher Sir Jaymes Markham die Ordnung der Rose, des Schwertes und der Krone befiehlt.*“[(191)]

Ja, wirklich? Der Regisseur dieses neoklassischen Themenvideos wurde von einem obskuren Fantasy-Roman inspiriert, der 2006 veröffentlicht wurde. Ernsthaft? Gute Arbeit MTV um unsere Jugend ahnungslos zu halten. Das absteigende Schwert ist eher ein Hinweis auf die ziemlich bekannte

Legende vom Damoklesschwert.

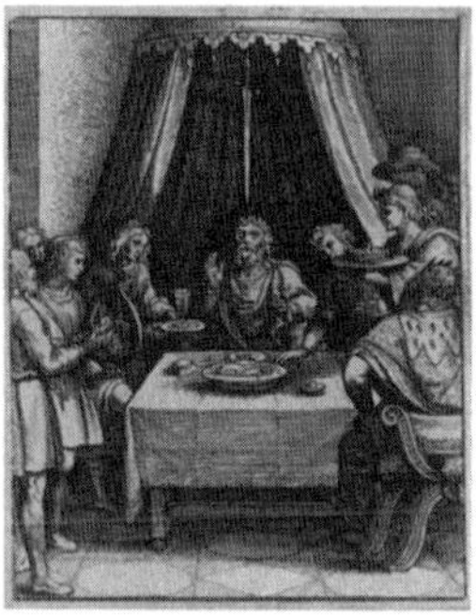

Abb. 460: Das Schwert des Damokles, Radierung von Böhmische Kupferstecher Wenzel Hollar aus 1600

„Der Damokles der Anekdote war ein unterwürfiger Höfling am Hof von Dionysius II. von Syrakus, einem Tyrannen aus dem vierten Jahrhundert vor Christus. Damokles rief aus, dass Dionysius als großer Mann mit Macht und Autorität wahrhaft glücklich sei. Dionysius bot ihm an, für einen Tag mit ihm den Platz zu tauschen, damit er dieses Glück aus erster Hand erfahren könne. Am Abend wurde ein Bankett gegeben, bei dem Damokles es sehr genoss, wie ein König bedient zu werden. Erst am Ende des Mahls blickte er auf und bemerkte ein geschärftes Schwert, das an einem einzigen Pferdehaar direkt über seinem Kopf hing. Sofort verlor er den Geschmack an den feinen Speisen und den schönen Mädchen und bat den Tyrannen um Verabschiedung, da er nicht mehr so glücklich sein wollte.

Dionysius hatte es geschafft, ein Gefühl für die ständige Angst zu vermitteln, in der der große Mann lebt. Cicero verwendet diese Geschichte als letztes in einer Reihe von kontrastierenden Beispielen, um zu der Schlussfolgerung zu gelangen, auf die er in dieser fünften Disputation zusteuert, in der es darum geht, dass Tugend für ein glückliches Leben ausreichend ist. Cicero fragt: ‚Scheint Dionysius nicht hinreichend deutlich gemacht zu haben, dass derjenige nicht glücklich sein kann, über dem immer irgendeine Furcht schwebt?'“(192)

Die Geschichte des Schwertes verkörpert die ständige Gefahr, der sich Menschen in Machtpositionen gegenübersehen. Kanye steht in einem Zustand des bevorstehenden Untergangs da und weiß, dass er jederzeit hingerichtet werden kann. Gleich nachdem wir das Damoklesschwert gesehen haben, erscheint eine Gestalt, die einen Dolch hält und versucht, ihn zu erstechen. Das Attentat wird jedoch nicht von einem Dolch begangen, da zwei weitere Figuren mit Schwertern aus dem Nichts springen, um die „Tötung des Königs“ zu erreichen.

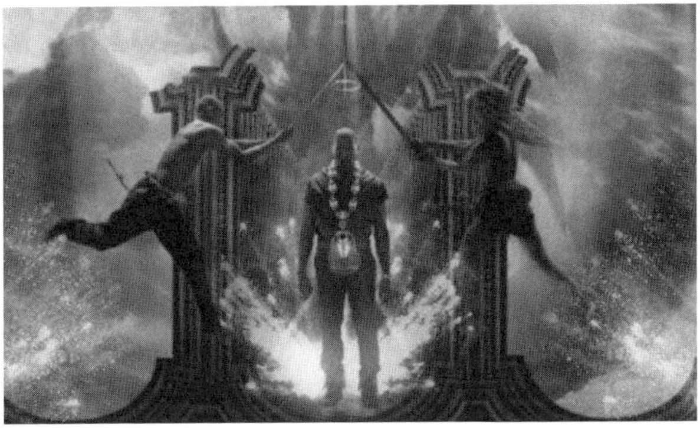

Abb. 461: Am Ende des Videos verschwinden die dekadenten Frauen und die dolchhaltenden Attentäter, als zwei Schwerter ihn treffen wollen. Opfern wir den König?

Das Konzept des Königsmordes spiegelt sich im Cover der Single wider. Es zeigt Kanyes abgetrennten, gekrönten Kopf mit einem fest eingeklemmten Schwert. Anscheinend war Kanye König und wurde getötet. Ist das ein Symbol für ein freimaurerisches Ritual? Beachten Sie den Stein, auf den Kanyes Kopf gelegt ist. Ist es der „perfekte Quader" der Freimaurer, der den Zustand eines perfektionierten Eingeweihten darstellt?

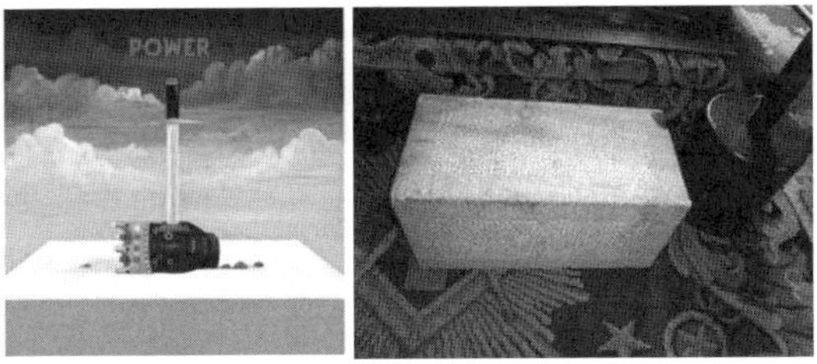

Abb 462 links: Verdeckte Kunst bei „Power", die die Ermordung von Kanye West als König darstellt. Rechts: Ein perfekter Quader in einer Freimaurerloge. In der freimaurerischen Symbolik beginnen die Kandidaten ihre Reise als allegorische „raue Quader" und glätten durch Wissen und Weisheit ihre Kanten, um ein perfekter Quader zu werden

Einige Okkultismusforscher haben erklärt, dass die „Tötung des Königs" der Name eines freimaurerischen Übergangsrituals zur Erlangung des 33. Grades ist (siehe "King Kill 33" von James Shelby Downard & Michael A. Hoffman II). Kurze Bemerkung am Rande: „King Kill 33" ist auch der Name eines Marilyn-Mason-Songs mit einem recht interessanten Text. Eine weitere Nebenbemerkung: Forscher haben berichtet, dass Königsmord-Rituale oft in der Öffentlichkeit stattfinden, da mehr Zeugen dem Ritual mehr Macht verleihen, daher ... JFK.

Zurück zu Kanye und seinem Stand ... die beiden Schwerter, die auf ihn zufliegen, berühren ihn nie wirklich, sondern bilden eine dreieckige Form über seinem Kopf, die möglicherweise auf ein „symbolisches“ Töten hindeutet und nicht auf ein tatsächliches. Beachten Sie die Position der Krone über Kanyes Kopf. Die Kombination dieser Elemente ergibt ein interessantes Bild.

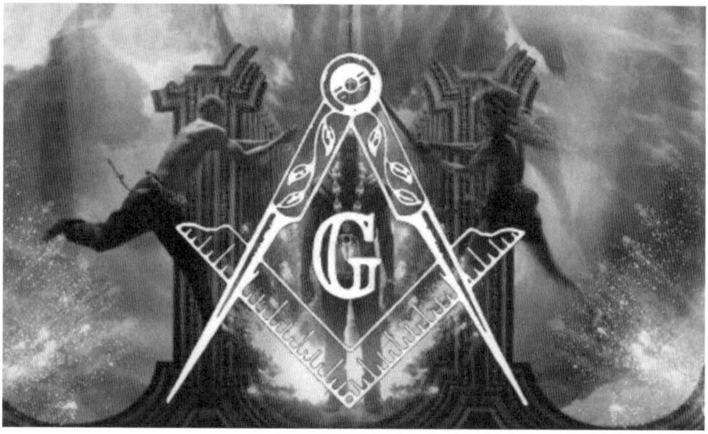

Abb. 463: Das Arrangement bildet das Freimaurer-Symbol Winkelmass und Zirkel

Um das Video zusammenzufassen: Kanye steht an der Grenze zwischen freimaurerischem Wissen und der Dekadenz des weltlichen Lebens, dargestellt durch lustvolle und gefräßige Frauen, die herumlungern und Trauben essen. Kanye sagt:

„Auf Wiedersehen grausame Welt / Ich sehe dich am Morgen“ *(„Goodbye cruel world / I see you in the morning“).*

Er wurde „ausgewählt“, um an einem Initiationsprozess teilzunehmen, der oft metaphorisch als „lange Nacht“ beschrieben wird, gefolgt von einem herrlichen Erwachen als neues Wesen. Um dies zu erreichen, muss Kanye sein altes Ich töten und rituell wiedergeboren werden. Sobald dies geschehen ist, kommt wahre Macht in seine Reichweite.

Dieses „bewegte Gemälde“ ist definitiv ein vielschichtiges Kunstwerk mit vielen Interpretationsebenen: Die erste Ebene ist ein Kommentar zur Macht unter Verwendung zeitloser Symbole aus der antiken Kunst; Die zweite Ebene beschreibt eine freimaurerische Einweihung mit einem rituellen Mord und einer bevorstehenden Wiedergeburt.

Dieses Video dauert nur eine Minute und dreiundvierzig Sekunden, aber es gibt den Zuschauern viel zum Nachdenken und viele Symbole zum Entschlüsseln. Unter dem Gesichtspunkt der Popkultur ist es interessant festzustellen, dass dieser Kurzfilm, der für die breite Öffentlichkeit (insbesondere für junge Menschen) gedacht ist, das Konzept der Macht mit offener freimaurerischer Symbolik und okkulten Bezügen beschreibt. Dies führt dazu, dass die nicht informierten Zuschauer diese Symbole unbewusst mit dem Konzept der Macht in Verbindung bringen, während „Kenner“ ein „Insider-Augenzwinkern“ erhalten, das von diesem Video gesendet wird. Leistung wird schließlich zu einem weiteren Teil des laufenden Prozesses, der „Offenbarung der Methode“, bei dem sich die wahre Kraftquelle allmählich und unterschwellig der Welt offenbart und okkulte Rituale direkt vor den Augen der Öffentlichkeit stattfinden.[193]

Wie lange vor der vollständigen Offenbarung?

„Die Uhr tickt / ich zähle nur die Stunden.“ *(„The clock’s tickin’ / I just count the hours.“)*

Kanye Wests „Yeezus“: Umgeben von okkulter Symbolik

Man kann mit Sicherheit sagen, dass das „Roc-A-Fella“-Platten-Duo aus Jay-Z und Kanye West das Rap-Spiel regieren. Wir haben in früheren Kapiteln gesehen, dass jedes ihrer letzten Angebote Botschaften und Symbolik enthält, die direkt mit denen okkulter Geheimgesellschaften übereinstimmen. Das 2013er Album von Kanye West heißt „Yeezus“ - ein Name, der aus mehreren Gründen symbolisch ist. Es ist nicht nur ein zum Album passender Name von jemandem, der ziemlich viel von sich selbst hält - es repräsentiert perfekt das ultimative Ziel okkulter Geheimgesellschaften: Von der

Menschheit zur Gottheit aufzusteigen. „Yeezus" ist im Grunde die Verschmelzung von Kanye West, dem Menschen, mit Jesus Christus, der von Christen als Verkörperung Gottes auf Erden angesehen wird. Okkulte Mysterien behaupten, Menschen durch spirituelle Einweihung in Götter zu verwandeln.

„Weisheit, so wurde behauptet, hebt den Menschen in den Zustand der Gottheit, eine Tatsache, die die rätselhafte Aussage erklärt, dass die Mysterien ‚brüllende Bestien in Gottheiten' verwandelten."[(194)]

Indem Kanye einen seiner Songs auf dem Album „Ich bin ein Gott" nannte, konnte er dieses Konzept für seine Fans nicht klarer machen. Im letzten Vers rappt Kanye:

„Ich habe gerade mit Jesus gesprochen	*(„I just talked to Jesus*
Er sagte: ‚Was geht, Yeezus?'	*He said, "What up Yeezus?"*
Ich sagte, ‚Scheisse, ich chille	*I said, "S--t I'm chilling*
Versuche, diese Millionen zu stapeln'	*Trying to stack these millions"*
Ich weiß, er ist der Größte	*I know he the most high*
Aber ich bin nah dran	*But I am a close high*
Mi casa, su casa	*Mi casa, su casa*
Das ist die cosa nostra	*That's that cosa nostra*
Ich bin ein Gott	*I am a god*
Ich bin ein Gott	*I am a god*
Ich bin ein Gott"	*I am a god")*

In diesem Vers ist Kanye fast auf gleicher Höhe mit Jesus Christus. Der Text *„Ich weiß, er ist der Höchste / Aber ich bin nah dran"* kann sich auf Psalm 82:6 beziehen, in dem es heißt: „Ich habe wohl gesagt: ‚Ihr seid Götter und allzumal Kinder des Höchsten'" - Psalm 82:6.

Hier liegt der grundlegende Unterschied zwischen traditionellen Religionen und den Mysterien. Abrahamische Religionen erkennen nur die Existenz eines einzigen Gottes an, während es in den Mysterien darum geht, dass Menschen zu Göttern werden. Aus diesem Grund besteht tendenziell eine Feindseligkeit zwischen Vertretern der beiden Philosophien, weil sie Spiritualität in entgegengesetzten Begriffen betrachten. Dunkle, okkulte

Gesellschaften wie die „OTO“ und die „Church of Satan“ verfälschen oder kehren manchmal christliche Symbole um, um einen Bruch mit ihrer Lehre darzustellen. Einige Kunstwerke, die sich auf Kanyes „Yeezus“ beziehen, wirken auf die gleiche Weise.

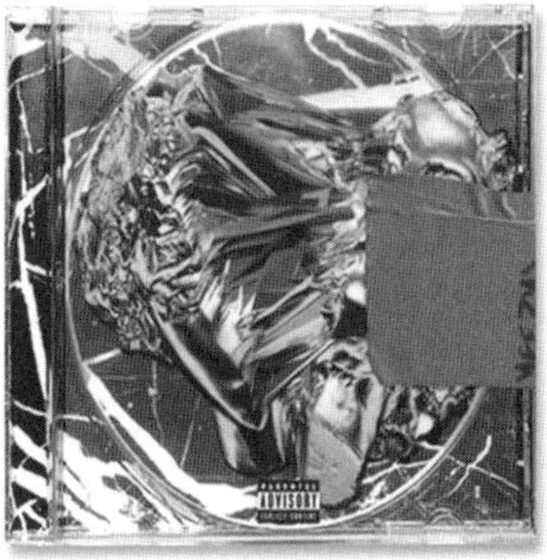

Abb. 464: Das Original-Albumcover enthielt ein scheinbar eingeschmolzenes „Jesus-Stück“. Das Cover zeigte daher ein verzerrtes und deformiertes Gesicht von Jesus. Ein Konzept, das zum Thema „Yeezus“ passte. Das Cover wurde jedoch in der endgültigen Veröffentlichung des Albums nicht verwendet - vielleicht weil es einige Kontroversen ausgelöst hätte

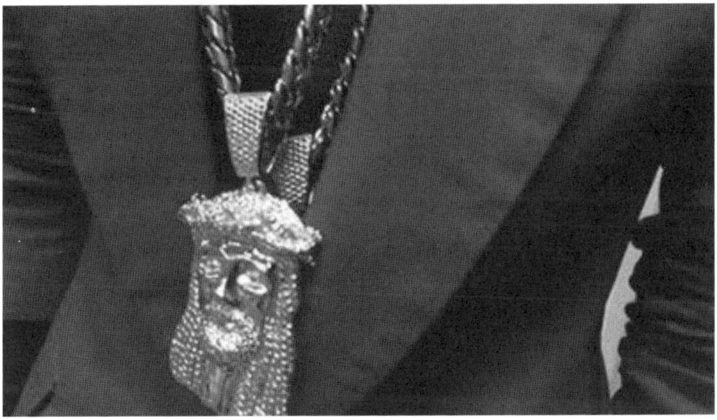

Abb. 465: Kanye trägt eine Jesus-Kette, ein Grundnahrungsmittel in Hip-Hop-Manier. Indem Kanye auf dem Albumcover ein eingeschmolzenes Jesusgesicht zeigte und das Album „Yeezus“ nannte, vermittelte er die Tatsache, dass das Symbol Jesu kein unantastbares Symbol der Göttlichkeit ist und dass er auch diesen Status erreichen kann

Das Konzept hinter diesem Album entspricht daher der Philosophie der Geheimbünde, die die Unterhaltungsindustrie regieren („OTO", „Church of Satan").

Okkulte Geheimbünde interessieren sich sehr für die Numerologie und es gibt viel Numerologie um dieses Album. „Yeezus" ist Kanye Wests sechstes Album. „Yeezus" enthält 6 Buchstaben. Es wurde am 18.06.2013 veröffentlicht und in der kaballistischen Numerologie in 6 / (6 + 6 + 6) / 6 übersetzt.

Ein vom Team Kanye organisierter Stunt, um das Album zu promoten, bestand darin, das Video „New Slaves" auf 66 Gebäude zu projizieren, verteilt auf 6 Länder. Falls Sie nicht so gut in der Art von Mathe sind: Wenn Sie 66 und 6 zusammennehmen, ergibt das 666.

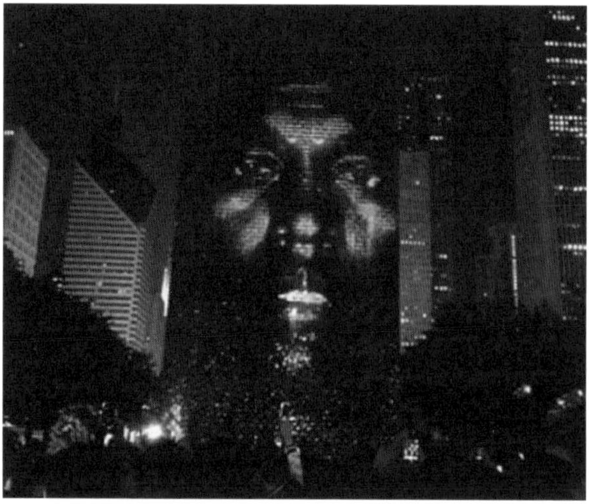

Abb. 466: Eine Projektion der „neuen Sklaven" / „New Slaves"

New Slaves wird als „bewusste Schimpftirade über den Materialismus" beschrieben, aber geht Kanye wirklich gegen den Strich oder verhält er sich eher wie ein verwöhntes Kind, das widerwillig in den BMW seines Vaters steigt und sagt, dass „das Leben unfair ist".

„Sie werden uns mit irgendeinem Blödsinn verwirren
Wie der Neuen Weltordnung
Unterdessen schloss sich die DEA
Zusammen mit der CCA
Sie versuchen, Niggas einzusperren
Sie versuchen, neue Sklaven zu machen
Siehst du, das ist das Gefängnis in Privatbesitz
Hol dir dein Stück heute.“

*(„See they'll confuse us with some bullsh*t*
Like the New World Order
Meanwhile the DEA
Teamed up with the CCA
*They tryna lock n*ggas up*
They tryna make new slaves
See that's that privately owned prison
Get your piece today.")

In diesem Vers sagt Kanye, dass diejenigen, die über das Kommen einer neuen Weltordnung sprechen, im Grunde genommen Blödsinn ausspucken, um die Menschen zu verwirren (trotz der Tatsache, dass Eliteorganisationen eindeutig auf eine Weltregierung und -währung drängen). Er erklärt, dass sich die Menschen eher auf Themen wie Gefängnisse in Privatbesitz konzentrieren sollten, die von jedem neuen Insassen, den sie bekommen, profitieren. Obwohl dieses Thema in der Tat wichtig ist, ist es nicht offensichtlich, dass die Unternehmen, die diese gewinnorientierten Gefängnisse verwalten (wie die „Geo Group“, ein milliardenschweres multinationales Unternehmen, das mit der Heimatschutzbehörde zusammenarbeitet), Teil der okkulten Elite sind, die auf eine neue Weltordnung drängt? Kanye sagt im Grunde, dass sich die Menschen auf ein einziges Symptom konzentrieren sollten, anstatt auf das riesige Krebssystem.

Während „New Slaves“ über Konsumismus tobt, wirbt das Album „Yeezus“ stark für Kanyes neue Nike-Sneaker Air Yeezy II (Falls Sie es noch nicht wussten: Nike ist berüchtigt für die Ausbeutung von Arbeitern in Sweatshops – das sind echte Sklaven). Die Symbolik dieser Turnschuhe könnte nicht klarer sein.

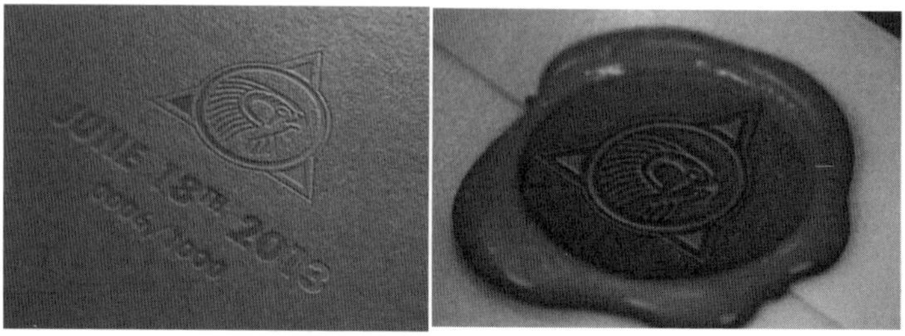

Abb. 467 links: Diese Aufnäher, die wahllos in Yeezus-Alben eingefügt werden, zeigen das Logo des Air Yeezy 2: die ägyptische Gottheit Horus in einem Dreieck. Inzwischen bekannt: das Auge des Horus ist das Lieblingssymbol der Illuminaten und eines der wichtigsten Symbole okkulter Geheimgesellschaften wie der O.T.O. Rechts: Ein Wachssiegel kennzeichnet auch dieses Symbol

Kurz gesagt, das neue Album von Kanye West und alles, was es umgibt, stimmt perfekt mit der Philosophie und Symbolik der okkulten Elite überein. Während er manchmal „ etwas auszusprechen" und „rebellisch" zu sein scheint, ist er so ziemlich die Definition von „kontrollierter Opposition" (oder hat er manchmal Momente der Klarheit, in denen er merkt, dass er sich an das System verkauft hat?). Was auch immer der Fall sein mag, sobald wir die Symbolik seiner Arbeit verstanden haben, ist Kanye definitiv ein omnipräsenter Sklave der okkulten Elite.[(195)]

2016: Kanye West mit Handschellen gefesselt und ins Krankenhaus eingeliefert, unter „psychiatrischer Aufsicht"

Kanye West kam im „Ronald Reagan UCLA Medical Center" unter psychiatrische Beobachtung für „seine eigene Unversehrtheit und Sicherheit". Der Rapper verhielt sich im Haus seines Trainers "unberechenbar", als der Notruf abgesetzt wurde. West wollte Berichten zufolge nicht ins Krankenhaus gebracht werden und wurde während des Transports mit Handschellen an eine Trage gefesselt.

„Eine mit dem Fall vertraute Quelle sagte, dass die Polizei von Los Angeles gegen 13:20 Uhr auf einen medizinischen Notruf reagierte. Es war keine kriminelle Aktivität im Spiel; die Entscheidung, West im Ronald Reagan UCLA Medical Center zu stationieren, diente seiner eigenen Gesundheit und Sicherheit, so die Quelle.

Nachbarn schilderten NBC4 die Szene im 900er-Block der North Laurel Avenue und sagten, dass „Sicherheitspersonal, Feuerwehr und Polizei" vor Ort waren.
Das Haus, zu dem Feuerwehr und Polizei gerufen wurden, gehört Harley Pasternak, einem Promi-Trainer der seine Kunden zu Haus empfängt."[(196)]

Kanyes Krankenhausaufenthalt ereignete sich nur wenige Tage nach seinem berüchtigten Wutausbruch während eines Konzerts in Sacramento, wo er Trump rückwirkend unterstützte und gegen Mark Zuckerberg, Beyoncé und Jay-Z wetterte (während er ihn anflehte, ihm keine, Killer auf den Hals zu schicken').

Eine Quelle sagte „People.com", dass Kanye das Gefühl habe, unter einem „spirituellem Angriff" zu stehen. „Er fühlt sich seit einer Weile spirituell angegriffen. Es sind nicht nur die großen Dinge; es sind kleinere, leisere Dinge, innere Dinge. Man könnte meinen, dass es um Kims Raubüberfall geht, aber darum geht es hier nicht. Er beschäftigt sich mit viel subtileren Themen", sagt die Quelle gegenüber „People.com".

„Seine Mutter ist im November gestorben, daher bringt ihm diese Jahreszeit immer große Schmerzen. Er hält diesen Schmerz verinnerlicht, spricht aber manchmal darüber, wie schwer diese Jahreszeit für ihn ist. Er arbeitet jeden November mit den Schmerzen", fügt die Quelle hinzu. Wests Mutter Donda starb im November 2007 im Alter von 58 Jahren.

„Er hat das Gefühl, dass es eine schwierige Zeit für seinen Geist ist, aber das kann auch etwas Gutes sein. Er ist keiner, der vor diesen Dingen davonläuft. Er lässt sich darauf ein und hört zu und geht als stärkerer, besserer Mensch daraus hervor. Aber es tut ihm weh, sein Geist ist aufgewühlt. Aber genau daran wächst er", so die Quelle.

„Manchmal schleicht sich die Dunkelheit ein, und Kanye kämpft mit ihr. Er spricht oft darüber. Es ist anstrengend, und es kostet ihn alles, was er hat. Er ist im Moment einfach so müde; er ist sehr energielos und hat das Gefühl, dass sein Geist trauert. Es ist sehr schwer zu erklären, aber irgendetwas ist in letzter Zeit passiert, wo er nicht mehr der ´Ye ist, den jeder kennt." [(197)]

Viele Beobachter haben dies kommen sehen. Kanye West ist ein weiterer Mann, der mit den Kardashians verwandt ist und völlig zusammengebrochen ist. Wenn Sie sich auf eine Familie einlassen, die von der okkulten Elite kontrolliert wird, passieren oft schlimme Dinge. Pass auf Dich auf Kanye.

Die meisten Medien sprechen über „Erschöpfung“ und „Schlafentzug“ (was durchaus möglich ist), diese Symptome könnten aber auch das Ergebnis von etwas Ernsterem sein. Kanye ist ein weiterer Künstler, der viel zu lange der giftigen Kloake Hollywoods ausgesetzt war. Das hat ihm zwar Erfolg gebracht, aber es hat ihn auch in seinem Innersten zerstört.(198)

Kanye West hat Berichten zufolge seit seinem erzwungenen Krankenhausaufenthalt unter Gedächtnisverlust gelitten

Laut einem langjährigen Freund stellt Kanye West seit seinem erzwungenen Krankenhausaufenthalt im November 2016 „langsam sein Gedächtnis wieder her“. Was ist wirklich mit Kanye passiert, als er 10 Tage lang weggesperrt wurde? Obwohl sein Album „Life of Pablo“ für acht „Grammy Awards“ nominiert wurde, war Kanye West bei der Zeremonie nicht anwesend. Sein langjähriger Mitarbeiter Malik Yussef, der an dem Album gearbeitet hat, war bei den Awards und beantwortete einige Fragen auf dem roten Teppich. Yussefs kurzes Interview mit PopSugar war ziemlich beunruhigend, als der Produzent erklärte, dass Kanye sich seit seinem Krankenhausaufenthalt sehr langsam von Gedächtnisverlust erholt hat. Ja... Gedächtnisverlust, der normalerweise das Ergebnis eines sehr intensiven Traumas ist. Hier ist der Link zu dem Video: https://www.youtube.com/watch?v=731AqC4vygk

Im Interview stellt Yussef fest:

„Ich war in seinem Haus und habe mich ungefähr sechs, sieben Stunden mit ihm zusammengesetzt, nur um seine Gesundheit und Genesung zu besprechen. Sein Gedächtnis kommt zurück, was super gut ist. [Er] heilt nur und verbringt Zeit mit seiner Familie.“

Auf die Frage, ob Kanye an neuem Material gearbeitet habe, antwortete Yussef in einem ziemlich ernsten Ton:

„Nicht funktionieren, nicht arbeiten. Nur... Prozesse durchlaufen.“

Yussefs Aussagen brachen Monate der Funkstille über Kanye Wests‘ Gesundheit und Genesung, seit er am 22. November 2016 gewaltsam mit Handschellen gefesselt und ins Krankenhaus eingeliefert wurde. Die offizielle Geschichte besagt, dass West eine „vorübergehende Psychose“ hatte, die durch Dehydration und Schlafentzug verursacht wurde. Er verbrachte zehn

Tage im „Ronald Reagan UCLA Medical Center“ unter der Obhut seiner Frau Kim Kardashian und des Arztes Dr. Michael Farzam.

Yussefs Bericht über Kanyes langsame Genesung scheint jedoch auf tiefere Probleme hinzuweisen. Dies führt zu der Frage: Was ist wirklich mit Kanye während seiner zehn Tage an der „UCLA“ passiert? Denken Sie daran, dass Britney Spears und Amanda Bynes nach ihrem eigenen Zusammenbruch im MKULTRA-Stil in „psychiatrischer Warteschleife“ an die „U-CLA“ gebracht wurden.

Wurde Kanye MKULTRA-ähnlichen „Behandlungen“ unterzogen? Schwer zu sagen, aber hier sind einige Fakten: Gedächtnisverlust ist normalerweise das Ergebnis eines intensiven Traumas. Das Ziel der Gedankenkontrolle ist es, ein intensives Trauma zu verursachen, um eine Dissoziation zu provozieren und die Neuprogrammierung zu erleichtern. Eines der Werkzeuge, die verwendet werden, um ein intensives Trauma zu verursachen, ist die Elektroschocktherapie (ECT). Eine primäre Nebenwirkung von ECT ist Gedächtnisverlust.(Quelle: https://vigilantcitizen.com/latestnews/kanye-west-reportedly-suffered-memory-loss-since-forced-hospitalization/)

„Gedächtnisverlust ist die primäre Nebenwirkung der ECT-Behandlung. Die meisten Menschen erleben eine sogenannte retrograde Amnesie, bei der das Gedächtnis für Ereignisse verloren geht, die zur Behandlung selbst geführt haben. Der Gedächtnisverlust einiger Menschen ist mit ECT länger und größer. Einige haben Probleme, sich an Ereignisse zu erinnern, die in den Wochen vor der Behandlung oder in den Wochen nach der Behandlung aufgetreten sind. Andere verlieren Erinnerungen an Ereignisse und Erfahrungen in ihrer Vergangenheit.

Der Gedächtnisverlust bessert sich im Allgemeinen innerhalb weniger Wochen nach der ECT-Behandlung. Wie bei Psychopharmaka kann kein Fachmann oder Arzt mit Sicherheit sagen, welche Art von Gedächtnisverlust man erleben wird, aber praktisch alle Patienten leiden unter Gedächtnisverlust. Manchmal ist der Gedächtnisverlust bei einigen Patienten dauerhaft.“[(199)]

Obwohl nicht bestätigt werden kann, dass Kanye tatsächlich einer ECT unterzogen wurde, ist dies die Art intensiver Behandlung, die erforderlich ist, um Gedächtnisverlust zu verursachen. Vielleicht wurde er einer anderen Art von traumabedingter Behandlung unterzogen. Ein seltsames Detail über Kanye West seit seinem Krankenhausaufenthalt sind seine Haare, die danach gebleicht waren.

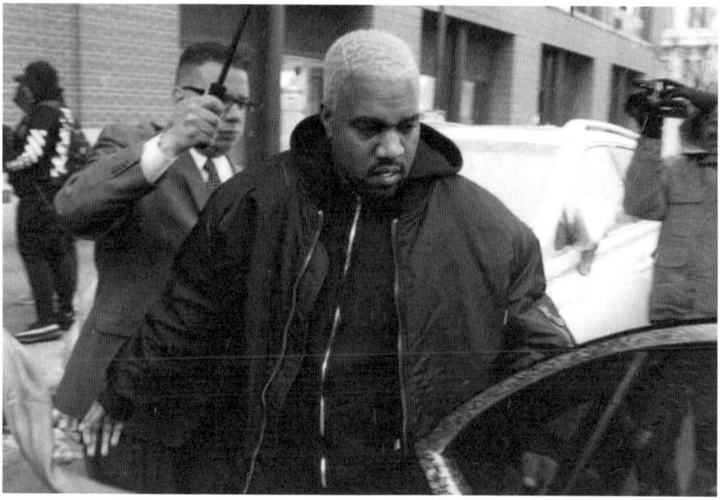

Abb. 468: Ein Bild von Kanye, aufgenommen im Februar 2017

Diese Frisurveränderung könnte als ein „Kanye West Fashion Statement“ betrachtet werden, aber sie könnte auch auf die eine oder andere beunruhigendere Tatsache hinweisen: Weibliche MKULTRA-Sklaven werden oft mit blonden Haaren identifiziert (mit Farbstoff oder Perücken) und bei einem Zusammenbruch rasieren sich MKULTRA-Sklaven oft die Köpfe (siehe Britney Spears oder Katy Perry), als ob dies etwas wäre, was sie tun müssten, um sich von der Kontrolle ihrer Handler zu befreien.

Seit seinem Krankenhausaufenthalt gab es keine offizielle Erklärung zu Kanye Wests Gesundheit und Genesung. Seine Vertreter beantworteten auch keine Anfragen zu Yussefs Kommentaren zum Gedächtnisverlust.[(200)]

Nick Cannon über Kanye West: „MKUltra ist echt!“

In einem Tweet über Kanye schrieb Nick Cannon, ein US-amerikanischer Comedian, Schauspieler, Regisseur und Rapper: „MKULTRA ist echt!“. Außerdem hat Kanye West selbst mehrere Tweets über „Gedankenkontrolle“ gepostet. Kanye West ist im Fokus der Massenmedien der Aktuellste auf einer langen Liste von Prominenten nach einem schweren Nervenzusammenbruch. In Kanyes Fall nehmen die Dinge eine größere sozialpolitische Dimension an, da er eine seltene Berühmtheit ist, die Präsident Donald Trump offen unterstützt. Und Trump begrüßte diese Unterstützung mit offenen Armen. Buchstäblich.

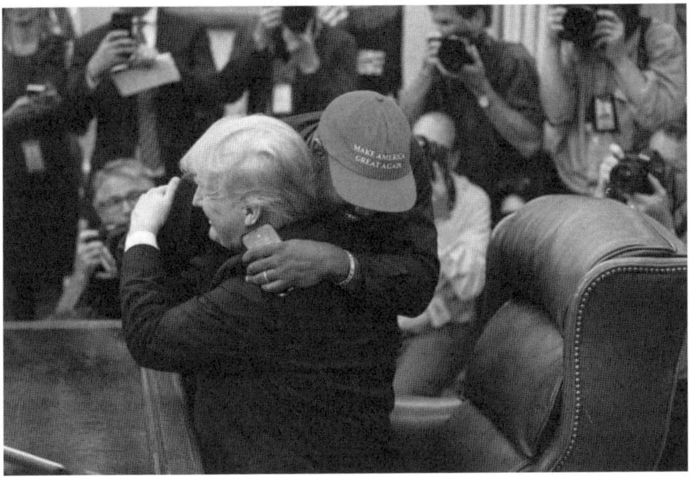

Abb. 469: Kanyes' Besuch im Oval Office am 11. Oktober 2018

Kanyes Liebe zu Trumps „Drachenenergie" - und „MAGA" -Politik povozierte extreme Gegenreaktionen von Rapper- und Massenmedienkollegen, die ihn der schlimmsten Beleidigungen beschuldigten: Ausverkauf, Onkel Tom, Rassenverräter usw.

Rapper TI, der in der Vergangenheit mit Kanye zusammengearbeitet hat, machte sich in den sozialen Medien Luft.[201]

„Das ist mein Ende, ich bin offiziell FERTIG!!!! [F-] Trump & sein Kleiner Keksjunge. Es war einmal ein Vergnügen, mit dir zusammenzuarbeiten. Jetzt schäme ich mich, jemals mit dir in Verbindung gebracht worden zu sein. Dies ist der abstoßendste, schändlichste, peinlichste Akt der Verzweiflung und der Versteigerung der eigenen Seele, um Macht zu erlangen, den ich je gesehen habe. Das ist Küssen und Stiefel lecken auf einem ganz neuen Niveau. Ich weigere mich, mit so einem niederträchtigen, schwachen und rücksichtslosen Menschen in Verbindung gebracht zu werden, der das Wohl ALLER UNSER MENSCHEN gefährdet. !!!!"[202]

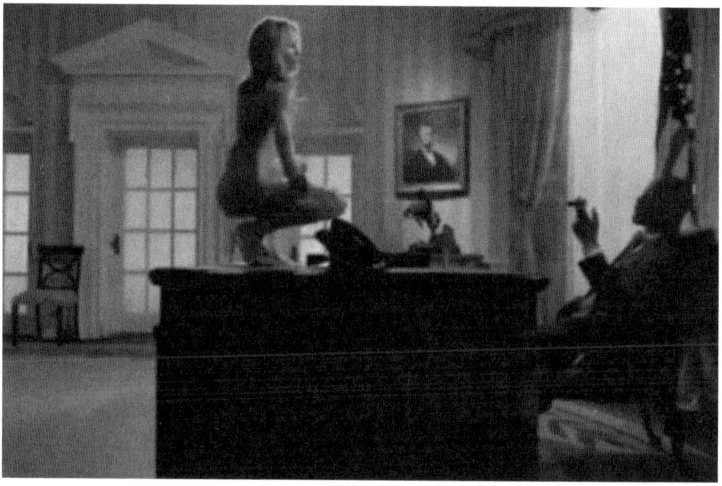

Abb. 470: TI veröffentlichte auch ein Video, wie er im Oval Office sitzt, während ein Melania-Trump-Imitat für ihn strippt

Das Video hatte den Titel „Dear 45, I Ain't Kanye" / „Schätzchen 45, Ich bin nicht Kanye". Die Reaktion auf Kanye erfasste auch die Presse.

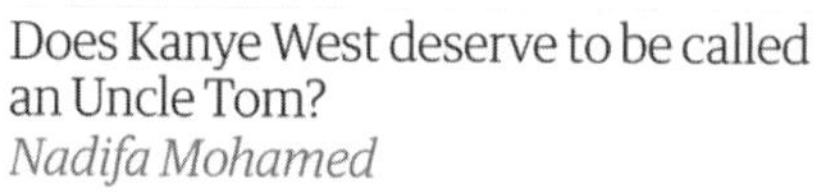

Does Kanye West deserve to be called an Uncle Tom?
Nadifa Mohamed

Abb. 471: Eine Schlagzeile von „The Guardian", in der gefragt wird, ob Kanye West Onkel Tom genannt werden soll - eine abfällige Bezeichnung für Schwarze, die an Weiße „ausverkauft" sind. Ich persönlich denke nicht, dass „The Guardian" jemanden Onkel Tom nennen sollte

Einige glauben, dass Kanyes Unterstützung für Trump das Ergebnis seiner psychischen Instabilität ist. Rapper und TV-Moderator Nick Cannon ging noch einen Schritt weiter und wies auf MKULTRA hin.

Nach Kanyes Besuch im Weißen Haus veröffentlichte Nick Cannon einen ziemlich prägnanten Tweet, der besagt, dass Kanye unter Gedankenkontrolle steht.

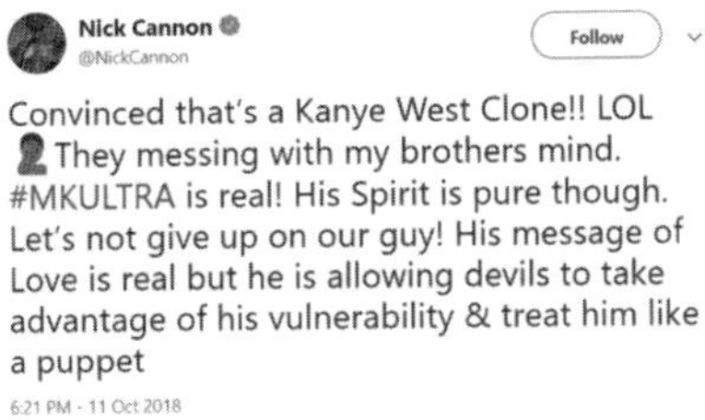

Nick Cannon
@NickCannon
Follow

Convinced that's a Kanye West Clone!! LOL They messing with my brothers mind. #MKULTRA is real! His Spirit is pure though. Let's not give up on our guy! His message of Love is real but he is allowing devils to take advantage of his vulnerability & treat him like a puppet

6:21 PM - 11 Oct 2018

Abb. 472: Überzeugt, dass dies ein Kanye West-Klon ist !! Lautes Lachen, He Mann! Sie spielen mit den Gedanken meines Bruders. #MKULTRA ist echt! Sein Geist ist jedoch rein. Lass uns unseren Kerl nicht aufgeben! Seine Liebesbotschaft ist real, aber er erlaubt den Teufeln, seine Verletzlichkeit auszunutzen und ihn wie eine Marionette zu behandeln

Während man diesen Tweet als den einer weitere Berühmtheit abtun könnte, die in den sozialen Medien herumstreift, ist Nick Cannons Fall anders: Er weiß um die Dinge. Cannon war acht Jahre lang mit einem der offensichtlichsten Beispiele für Gedankenkontrolle in der Industrie verheiratet: Mariah Carey.

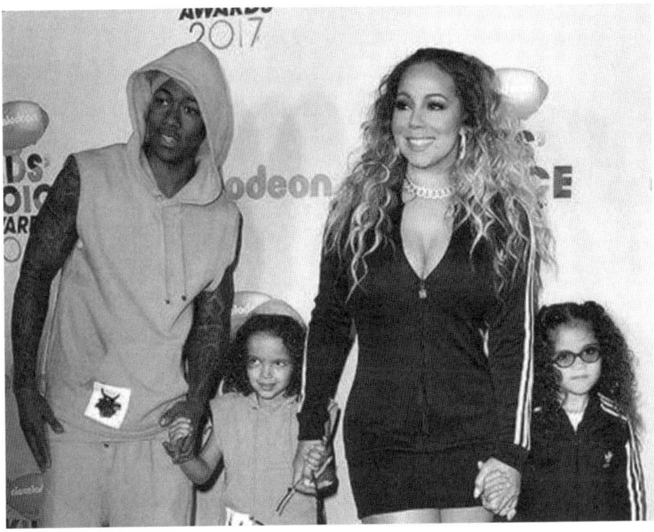

Abb. 473: Nick Cannon mit Mariah Carey und ihren Zwillingen bei den „Kid's Choice Awards" 2017, trotz der Trennung 2014

Die Geschichte von Mariah Carey ist ein typisches Beispiel für die Gedankenkontrolle in der Industrie. Im Jahr 1993, im Alter von 23 Jahren, heiratete Mariah Tommy Mottola, den Präsidenten von „Sony Music". Während Mariah an die Spitze der Charts schoss, forderte ihre turbulente Beziehung zu Mottola, der eher ein MKUlrta-Handler als ein Ehemann war, einen schweren Tribut an ihrem geistigen Wohlbefinden. In der Tat kontrollierte Motolla jeden Aspekt von Mariahs persönlichem und beruflichem Leben. Er überwachte sie bei jeder Bewegung und hielt sie in einem Herrenhaus, das sie schließlich „Sing Sing" nannte (der Name eines Hochsicherheitsgefängnisses in New York).

Im Jahr 2004 nannte Michael Jackson Tommy Mottola „einen Teufel", während er Mariah Careys Situation beschrieb(203):

„Und Tommy Mottola ist ein Teufel! Ich darf nicht sagen, was ich jetzt sagen werde, aber ich muss es euch mitteilen. Bitte nehmt nicht auf, was ich sagen werde, ok? Macht das bitte aus. Mach es, mach es, es macht mir nichts aus!

Nimm es auf!

Mariah Carey kam nach der Scheidung von Tommy weinend zu mir. Sie weinte. Sie weinte so sehr, dass ich sie festhalten musste. Sie sagte zu mir: „Das ist ein böser Mann, und Michael, dieser Mann verfolgt mich." Er zapft ihre Telefone an, und er ist sehr, sehr böse. Sie traut ihm nicht. Er ist ein schreckliches menschliches Wesen. Und wir müssen so lange weitermachen, bis er beseitigt ist. Wir können nicht zulassen, dass er großen Künstlern so etwas antut, das geht einfach nicht."(204)

Ist es ein Zufall, dass alles, was Mariah in diesen Jahren umgab, Monarchfalter betraf - das Hauptsymbol der Gedankenkontrolle der Monarchen?

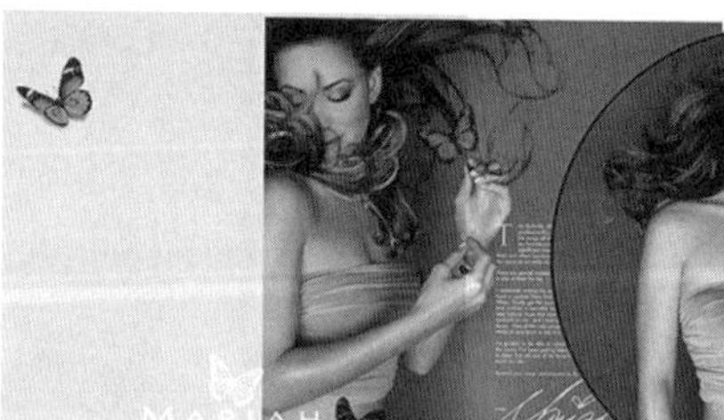

Abb. 474: Das Albumcover von Mariahs Album „Butterfly" wurde 1997 veröffentlicht(ein Jahr vor ihrer Scheidung von Motolla)

In den Jahren nach der Motolla-Scheidung erlitt Mariah einen Nervenzusammenbruch, der häufig nach Jahren traumabasierter Gedankenkontrolle auftritt. Ähnlich wie bei Britney Spears und anderen begann der Zusammenbruch mit „unberechenbarem Verhalten".

Am 21. Juli 2001 hatte Carey einen bizarren Auftritt bei der „Carson Daly Show", die heute als „Ice Cream Meltdown" bezeichnet wird. Es begann damit, dass Mariah einen Eiswagen schob, während sie ein großes Herrenhemd trug. Dann zog sie es aus und bat Carson Daly, „sie zu entführen". Sie sprach dann darüber, dass sie eine Therapie brauche und dass „sie kein Geld auf der Bank sehe". Daly, sichtlich erschüttert, verkündete: „Meine Damen und Herren, Mariah Carey hat den Verstand verloren."

Sechs Tage später veröffentlichte Carey verstörende Nachrichten auf ihrer Website: „Ich weiß nicht, was mit meinem Leben los ist."

Einige Tage später wurde sie für 14 Tage ins Krankenhaus eingeliefert.

Am 26. Juli 2001 wurde sie plötzlich ins Krankenhaus eingeliefert, unter Berufung auf „extreme Erschöpfung" und einen „physischen und emotionalen Zusammenbruch". Carey wurde in ein nicht bekannt gegebenes Krankenhaus in Connecticut eingeliefert und blieb zwei Wochen lang im Krankenhaus und unter ärztlicher Obhut, gefolgt von einer längeren Abwesenheit von der Öffentlichkeit."[(205)]

Carey wurde aus dem gleichen Grund wie Kanye ins Krankenhaus eingeliefert und blieb ungefähr die gleiche Zeit im „geheimen Krankenhaus" unter „ärztlicher Obhut". Heute wird bei Mariah offiziell das gleiche psychische Problem diagnostiziert wie bei Kanye: Bipolare Störung.

Nick Cannon war zwischen 2008 und 2016 mit Mariah verheiratet. Während dieser Zeit zeigte sie das typische Verhalten eines MKULTRA-Sklaven nach dem Zusammenbruch: „Außer sich" und stark medikamentös behandelt. Wenn jemand bezeugen kann, dass MKULTRA echt ist, dann ist es Nick Cannon.

2018 tauchte Kanye wieder in der Öffentlichkeit auf und behauptete, er sei „aus dem versunkenen Ort aufgetaucht".

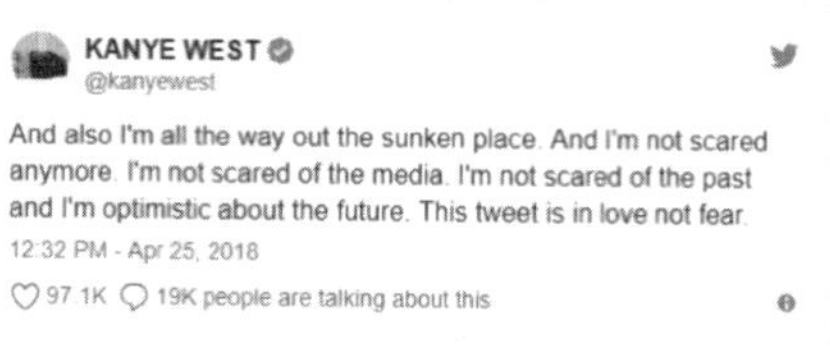

Abb. 475: Kanyes Tweet über den versunkenen Ort

Der Ausdruck „versunkener Ort“ stammt aus dem Film „Get Out“aus dem Jahr 2017 und bezieht sich auf den Dissoziationszustand der Hauptfigur, nachdem sie von einer Frau mit einem Trauma der Vergangenheit hypnotisiert wurde.

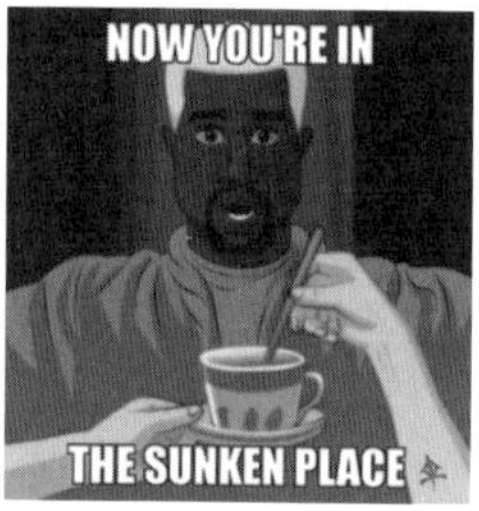

Abb. links 476: Memes über Kanyes Aufenthalt am „versunkenen Ort“ tauchten auf, nachdem er beschuldigt wurde, unter der Kontrolle weißer Menschen zu stehen, weil er Trump unterstützt hatte

Es wurde viel über Kanye und Gedankenkontrolle gesprochen. Aber vor allem hat einer über Kanye und Gedankenkontrolle gesprochen – Kanye selbst.

Kanye hat auf Twitter unter dem Pseudonym „ye“mehrere kryptische Videos mit dem Titel „Mind Control“ / „Gedankenkontrolle“gepostet. Im letzten Video der Serie spricht er sich gegen die Gedankenkontrolle von Sozial- und Massenmedien und deren „größere Agenda“ aus.

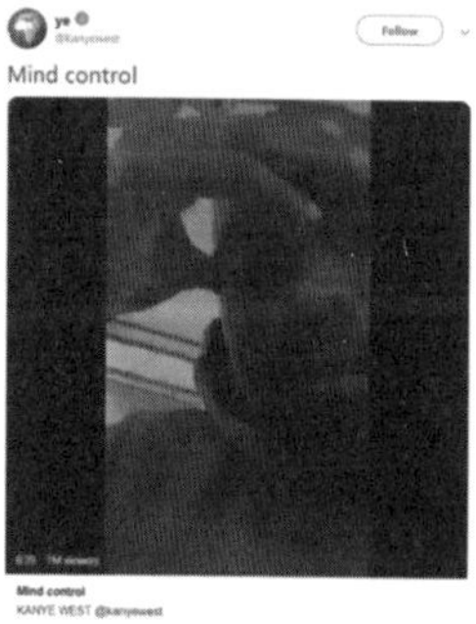

Abb. Links 477: Ein Screenshot des Tweets „Mind Control“

Also, ist „ye“ immer noch unter Gedankenkontrolle? Wird er, wie Nick Cannon es ausdrückt, von „Teufeln“ kontrolliert, die „ihn als Marionette benutzen?“

Auf Twitter waren viele mit Cannons Einschätzung nicht einverstanden.

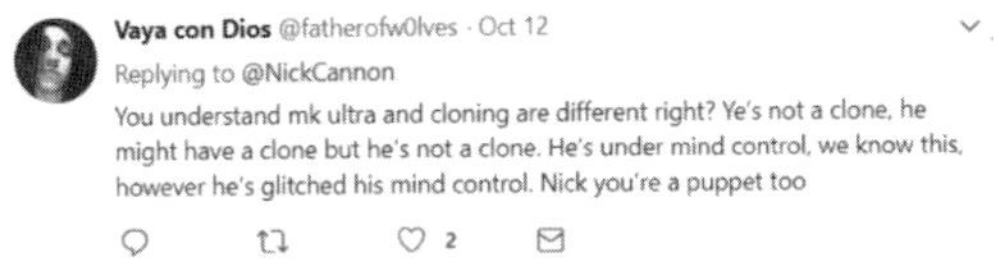

Abb. 478: „Du verstehst, dass MKULTRA und Klonen verschiedene Dinge sind, oder? Ye ist kein Klon, er könnte einen Klon haben, aber er ist kein Klon. Er ist unter Gedankenkontrolle, wir wissen das, auch wenn er seine Gedankenkontrolle ausgehebelt hatte. Nick, du bist auch eine Marionette"

Ist es möglich, dass Ye tatsächlich die Programmierung gebrochen hat? Hat er die Schattenseiten der Branche aus erster Hand miterlebt und bezieht nun Stellung dagegen? Ist Ye einfach ein Querdenker? Es könnte eine Mischung aus allem sein. Ich bin mir nicht einmal sicher, ob Ye die genaue Antwort kennt. Ich bin mir jedoch sicher, dass folgendes stimmt: Ye hat während seines Krankenhausaufenthalts etwas Dunkles und Beunruhigendes durchgemacht und ist als veränderter Mensch herausgekommen. Und diejenigen, die dahinter stecken, sind die wahren „Teufel".[(206)]

Geheime Machenschaften der Republikaner: Präsidentschaftskandidat Kanye West als Trumps Wahlhelfer? West auf Twitter gesperrt

Rapper Kanye West wurde auf Twitter gesperrt. Ob der Grund dafür mit seiner Präsidentschaftskandidatur zusammenhing?

2020 war für den 43-jährigen Rapper und Produzenten Kanye West ein recht merkwürdiges Jahr. Im Juli kündigte er seine Kandidatur für den Posten des nächsten US-Präsidenten an, nach unzähligen Jahren, in denen er die Idee schon des Öfteren angesprochen hat. Die meisten seiner Fans dachten, dass er dies nicht ernst meinen würde, bis Kanye West ihnen das Gegenteil bewies. Doch Nutzer von sozialen Netzwerken und Journalisten stellten seine psychologische Eignung infrage. Selbst Ehefrau Kim Kardashian West erwähnte in dem Zusammenhang die bipolare Störung unter der Kanye West leidet. Daraufhin drohte schon mal die Scheidung zwischen ihnen.[(207)]

Ja, er tat es wirklich: Kanye West hatte sich offiziell um die Präsidentschaft der Vereinigten Staaten von Amerika beworben und war regulär wählbar, genauso wie Donald Trump und Joe Biden.

Nun, nicht ganz genauso, denn West war schlicht und ergreifend zu spät dran mit seiner Nominierung: Der Hip-Hopper stand nur auf zwölf von fünfzig Wahlzetteln bei der Abstimmung im November und konnte damit rein rechnerisch gar nicht Präsident werden.

Dass dies sein Ziel war, darf ohnehin bezweifelt werden. West, der offiziell unabhängiger Kandidat war, galt als großer Unterstützer von Präsident Donald Trump, besuchte diesen im Weißen Haus und zeigte sich mit „Make America Great Again"-Kappe. Obwohl er offiziell gegen Trump antrat, verfolgte er wohl das Ziel, den Präsidenten im Amt zu belassen. Es gab einige Hinweise und Verbindungen, die Wests skurril wirkende Kandidatur als Plan der Republikaner entlarven.

Dies wird unter anderem klar, wenn man sich ansieht, in welchen Staaten West wählbar war, in auffallend vielen umkämpften „Battleground"-Staaten wie Colorado, Iowa und Minnesota. Hier, wo die Entscheidung zwischen Trump und Biden knapp werden sollte, würde der „unabhängige" West mit seinen Stimmen dazu beitragen, dass Trump gewinnt. Ähnliches gab es schon in der US-Geschichte: Drittkandidaten hatten mit wenigen Stimmen das Zünglein an der Waage gespielt. So beispielsweise bei der Wahl 2016, als in Wisconsin nur 26.000 Stimmen zwischen Trump und Hilary Clinton lagen, die „Liberatarian Party" aber 170.000 Wählerstimmen bekam. Trump selbst erklärte bei Twitter, dass er sich durch Wests Unterstützung mehr Stimmen von einer demokratischen Kernwählergruppe, den Schwarzen, erhoffe.

Das politische Kalkül hinter dem republikanischen Schachzug stammte womöglich von Nathan Sproul. Er arbeitete für West an dessen Kampagne und half Trump 2016 ins Amt, als Sprouls Unternehmen sich mit 1,8 Millionen Dollar von den Republikanern entlohnen ließ. Sproul arbeitete damals für dessen Wahlkampfkampagne. Wie „CNN" berichtet, hatte Wests Team einer Beraterfirma aus dem Bundestaat Arizona knapp 1,5 Millionen Euro gezahlt und bei dieser Firma handelte es sich um die von Sproul.

Weitere Verbindungen gab es laut „New York Times": Mehrere republikanische Funktionäre arbeiteten bei dieser Wahl für West, wie etwa Lane Ruhland aus Trumps ehemaligem Wahlkampfteam für Wisconsin, Rachel George (Colorado) oder der Ex-Direktor der „American Conservative Union", Gregg Keller. Wests mit den eigenen Musik-Millionen finanzierter Wahlkampf glich einem Kuriositätenkabinett. Er trat ohne Wahlprogramm an, zitierte auf seiner Website lediglich Bibelverse und twitterte religiös anmutende Bilder. Bei seinem einzigen Wahlkampfauftritt brach er in Tränen aus und nannte seine Partei „Birthday Party" - ein Wortspiel. Er betrachtete sich als Jesusfigur, wie er der Times erzählte: „Ich bin hier um zu dienen. Ich blute für das Land, ich blute nicht nur für Schwarze, ich blute für alle Menschen Amerikas. Ich blute für alle Menschen dieser Welt.“ Auch wenn West nicht Präsident werden konnte, der Versuch Biden gerade in den Battleground States zu schaden war offensichtlich.[(208)]

Der vielfach ausgezeichnete US-Rapper Kanye West hat ein Video auf seinem Twitter-Account hochgeladen, bei dem es vermutlich sogar seine Ehefrau Kim Kardashian ekeln dürfte. Zu sehen ist einer seiner 21 Grammys in einer Toilettenschüssel und ein Urinstrahl, der sich darüber ergießt. Vermutlich ist es der 43-Jährige selbst, der hier seine Notdurft verrichtet.

„Glaubt mir ... Ich werde nicht aufhören“, schreibt der Musiker dazu. Zuvor hatte er großen Musiklabels in mehreren Tweets „den Kampf“ angesagt. Sein erklärtes Ziel: Er möchte die Rechte an seiner eigenen Musik zurückbekommen.

Wests Twitter-Tirade erstreckte sich über mehrere Stunden. Dabei tippte er sich so in Rage, dass er irgendwann sogar die Telefonnummer des Herausgebers der Zeitschrift „Forbes“, Randall Lane, postete und ihn als Anhänger der Theorie von der Überlegenheit der Weißen betitelte. 30 Minuten später wurde der Tweet von Twitter gelöscht, wie die britische „Daily Mail“ meldet. West hatte in der Vergangenheit immer wieder versucht, sich als „Milliardär“ betiteln zu lassen.

Wests fortgesetzter Kampf mit seinen Labels begann am Ende September 2020, als er die Strukturen der Musikindustrie angriff. Seiner Meinung nach hätten Musiker wenig bis gar keine Macht, weil die Plattenfirmen ihre gesamten Arbeiten besäßen. Konkret nahm er seine Labels Universal und Sony ins Visier und schwor, keine neue Musik zu veröffentlichen, bis er von seinen Verträgen mit ihnen befreit sei.

Außerdem twitterte er: „Die Medien versuchen, unsere Helden einzeln zu töten. Früher haben wir Michael Jackson dissen lassen. Die Medien haben uns dazu gebracht, ihn als verrückt zu bezeichnen. Dann haben sie ihn getötet“, fügte er hinzu.

Selbst Kanye, ein globaler Superstar mit fast 31 Millionen Followern, ist nicht immun gegen die Zensurmonitore von Twitter.

Um die Ironie noch zu verstärken, twitterte Kanye, bevor Twitter seinen

Account sperrte: „Ich weiß, dass viele Musiker nichts sagen dürfen, aber ich kann nicht stummgeschaltet oder abgesagt werden, also werde ich wie immer alles sagen."

Anscheinend kann er stumm geschaltet werden, denn genau wie die Musikindustrie wird die Social-Media-Landschaft von allen mächtigen Monopolen kontrolliert, die der Redefreiheit völlig entgegenstehen.[209]

Wenn es kein Werbetrick ist, dann scheint Kanye West gegen seine MKULTRA-Handler zu rebellieren, falls er bei seiner Anti-Musikindustrie Position bleibt, landet er hoffentlich nicht als geselbstmordeter Popstar auf einem Titelbild, zum Beispiel beim „Forbes Magazin".

US-Rapper Kanye West heißt nach Antrag auf Namensänderung nun Ye

Ein Richter in Los Angeles hat am Montag dem Antrag des Rappers Kanye West auf Namensänderung stattgegeben, wie das Oberste Gericht von Los Angeles gegenüber CBS News bestätigte.

Demnach änderte der 44-jährige Rapper seinen Namen legal in „Ye", seinen langjährigen Spitznamen. Auch der Ablehnung seines zweiten Vornamens „Omari" stimmte das Gericht zu. In der Erklärung gab der Rapper CBS zufolge an, er nehme den Wechsel „aus persönlichen Gründen" vor.

Der Name „Ye" ist Teil vieler Marken des Künstlers, darunter auch seine bekannten Yeezy-Schuhe. Im Jahr 2018 nannte er sein achtes Studioalbum „Ye". Im gleichen Jahr gab der Rapper via Twitter [210] bekannt, er wolle den Namen „Ye" annehmen.

Im Juli 2020 hatte der Künstler seine Absicht erklärt, für die US-Präsidentschaft zu kandidieren. Den Wahlergebnissen nach erhielt er etwa 60.000 Stimmen, was etwa zwei Prozent der Gesamtzahl der Wähler entspricht. Schließlich räumte er seine Niederlage ein, sagte aber, er werde es 2024 erneut versuchen.

Während seines Wahlkampfes sprach sich der Rapper gegen Abtreibung aus. Seine Frau, TV-Star und Model Kim Kardashian, unterstützte ihren Gatten nicht. Unter Verweis auf Quellen, die der Familie des Künstlers nahestehen, berichtete das Portal „TMZ" Mitte Juli darüber, dass er in dieser Zeit eine bipolare affektive Störung durchlief. Im Februar 2021 reichte das Paar die Scheidung ein, die zum Ende des Jahres vollzogen wurde.

Ende August hatte der Rapper sein lang erwartetes zehntes Studioalbum „Donda“ vorgestellt, das seiner verstorbenen Mutter Donda West gewidmet ist.[211]

Der mit Spannung erwarteten Veröffentlichung von Kanyes Album „Donda“ am 29. August 2021 gingen drei symbolträchtige „Hörpartys“ voraus, bei denen es sich tatsächlich um Massenveranstaltungen in Stadien handelte. Sie alle waren voller ritueller Symbolik, die die dunkle Wahrheit hinter Kanyes christlichen Hymnen enthüllte. Um diese Symbolik zu verstehen, müssen wir zunächst den allgemeinen Kontext dahinter verstehen.

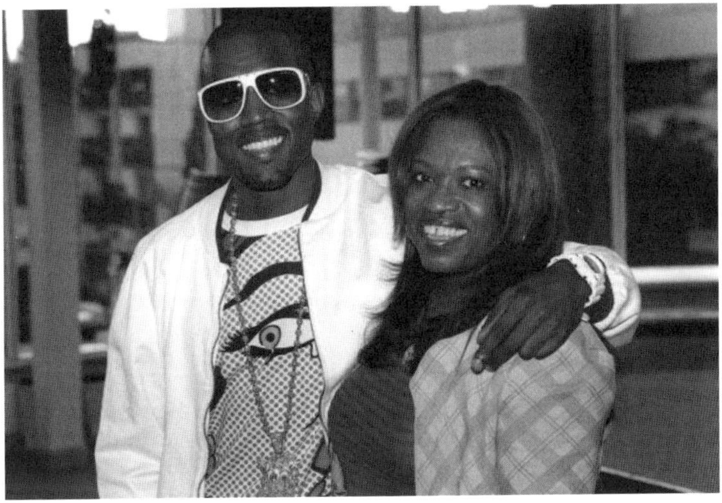

Abb. 479: Kanye mit seiner Mutter Donda West

Das Album „Donda“ wurde nach Kanyes Mutter benannt, die 2007 unter seltsamen Umständen starb. Die 58-jährige Donda West verlor unerwartet nach einer Fettabsaugung, einer Bauchdeckenstraffung und einer Brustverkleinerung ihr Leben. Sie starb am nächsten Tag zu Hause an den Folgen der Operation.

„Am Tag nach ihrer Operation hatte Wests Mutter angeblich Halsschmerzen, Schmerzen und ein Zusammenziehen in der Brust, bevor sie am frühen Abend zusammenbrach. Ein Freund aus dem Haus rief 911 an und West

wurde ins Krankenhaus gebracht, wo sie in der Notaufnahme für tot erklärt wurde. Donda starb am 10. November 2007.“

Nach all den Jahren umgibt Dondas Tod immer noch die Aura des Mysteriums. Die tatsächliche Todesursache wurde nie endgültig geklärt und die verschiedenen am Tod beteiligten Parteien (insbesondere der plastische Chirurg Jan Adams) wurden beschuldigt, sie getötet zu haben.

Diese bizarren Umstände trugen zu den immer intensiver werdenden Gerüchten bei, dass Kanye seine Mutter für anhaltenden Ruhm in der Branche opferte. Donda war nicht nur Kanyes Mutter, sondern auch seine Managerin, die aktiv an allen Aspekten seiner Karriere beteiligt war. Nach ihrem Tod bemerkten einige, dass Kanyes Werk von okkulten Bildern und Texten durchdrungen wurde.

Während es ein trauriger, aber natürlicher Teil des Lebens ist, den Tod eines Elternteils zu erleben, war Dondas Tod nichts „Natürliches“. Und es scheint jeden Tag in Kanye zu brodeln.

In einem Interview mit dem „Q Magazine“ 2015 wurde Kanye gefragt, was er für den Erfolg geopfert hat. Seine Antwort: „Meine Mama“. Er fügte hinzu:

„Wenn ich nie nach LA gezogen wäre, würde sie noch leben. Ich möchte nicht weiter darauf eingehen, denn es wird mich zu Tränen rühren.“

Dieses Schuldgefühl scheint Kanyes psychische Gesundheit stark beeinflusst zu haben. Und seitdem ist er nur noch tiefer in die dunkle Welt der okkulten Elite versunken. Um die Sache noch schlimmer zu machen, wurde er einer der vielen Männer, die nach seiner Verbindung mit dem Kardashian-Clan zerbrochen waren.

Im Jahr 2020 machte Kanye deutlich, dass er sich von den Kardashians lösen will. Er warf der Familie sogar vor, versucht zu haben, ihn „unfreiwillig psychiatrisch eingeliefert“ wieder in die Psychiatrie zurückzuschicken.

Hat er sich von den Kardashians und der okkulten Elite im Allgemeinen losgesagt? Die Symbolik von dem Album „Donda“ weist stark auf ein Nein hin.

Alles an „Donda“ könnte auf zwei gegensätzliche Weisen interpretiert werden. Auf den ersten Blick scheint das Album eine Hommage an Kanyes Mutter zu sein. Allerdings ist das Album-Intro – das nur ein Song ist, der den Namen Donda unzählige Male wiederholt – sofort abschreckend. Tatsächlich klingt es, als ob jemand versuchen würde, einen von Schuldgefühlen geplagten Kanye mit dem Tod seiner Mutter zu quälen.

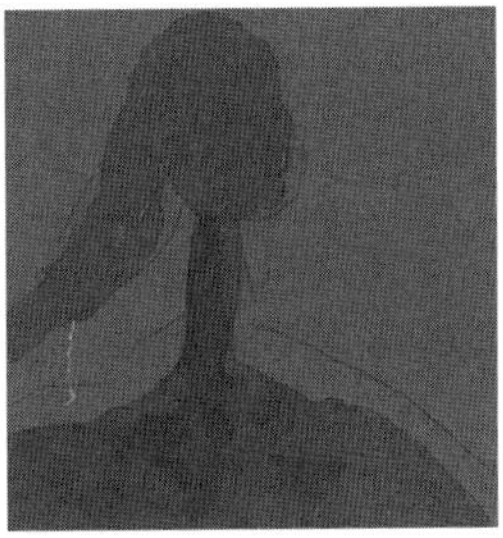

Abb. 480: Das Cover von Donda ist von einem Louise Bourgeois-Gemälde über Mutterschaft inspiriert

Die meisten Songs auf diesem Album könnten als christlicher Rap bezeichnet werden. Fast die gesamte Symbolik, die es umgibt, weist jedoch direkt auf die satanischen Wege der okkulten Elite hin, durch die Kanye kontrolliert wird.

Louise Bourgeois ist eine der beliebtesten Künstlerinnen der okkulten Elite und ihre (oft verstörenden) Werke sind an vielen Orten der Macht zu finden, zum Beispiel im Haus von Tony Podesta. Die Skulptur stellt die extremste körperliche Reaktion dar, wenn man ein intensives Trauma oder, wie manche behaupten, dämonische Besessenheit erleidet. Wer möchte das nicht im Wohnzimmer haben?

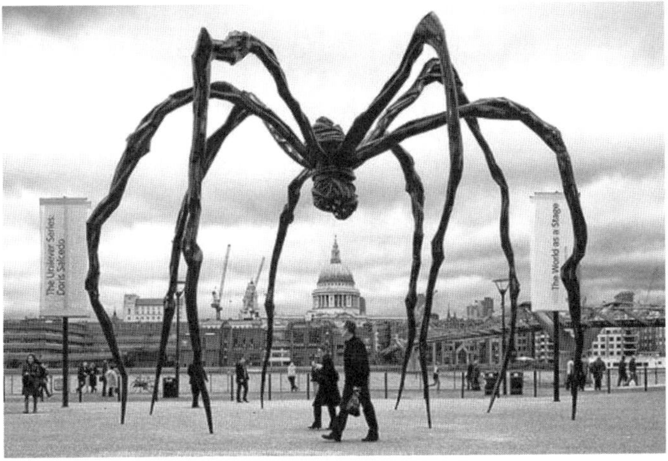

Abb. 481: Jahrelang wurden die Riesenspinnen von Bourgeois auf der ganzen Welt vor den Lieblingsgebäuden der Elite ausgestellt, hier in London. Der Name der Skulptur: Maman (Mutter).

Kurz vor der Veröffentlichung von „Donda“ veranstaltete Kanye drei „Hörveranstaltungen“ und die Symbolik, die diese Ereignisse umgab, war stark rituell.

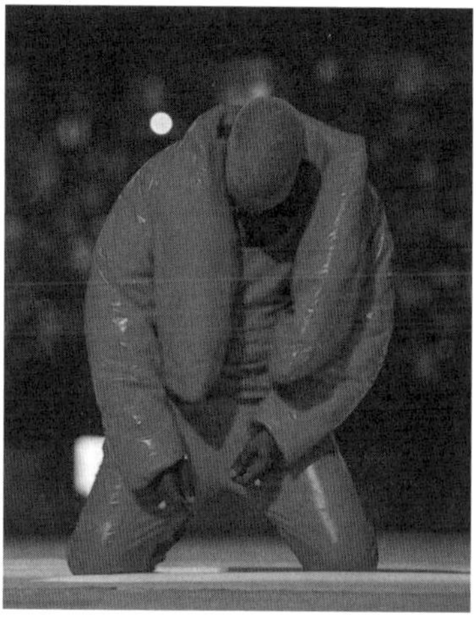

Abb. 482: Beim ersten Event drehte sich alles um die Farbe Rot

Das erste war sogar minimalistisch. Es ging nur darum, dass Kanye rot bedeckt war. Im rituellen Kontext dieser Ereignisse symbolisiert die Farbe Rot das Opfer, das der okkulten Transformation vorausgeht.

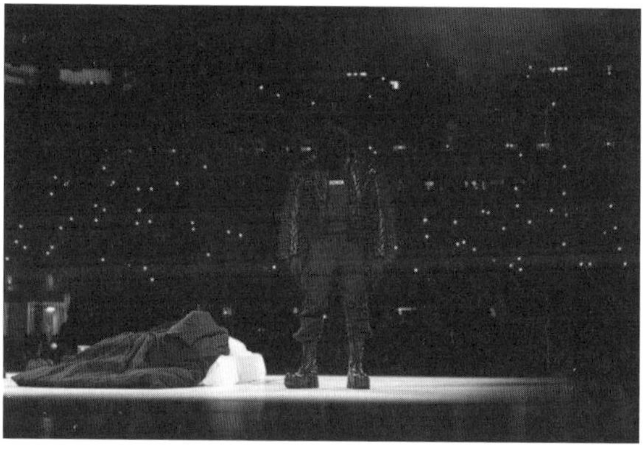

Abb. 483: Beim zweiten Event drehte sich alles um die Farbe Schwarz

Wie in unzähligen Artikeln und Büchern in der Vergangenheit zu lesen ist, folgt die Farbe Schwarz in der rituellen „Unterhaltung" immer der Farbe Rot. Es repräsentiert die letzte Phase des okkulten Rituals, die letzte Transformation.

Während dieser Veranstaltung wurde der schwarz gekleidete Kanye als Gefangener dargestellt. Die Bühne bestand aus einer Matratze auf dem Boden und ein paar Hanteln. Kanye lebte übrigens während der Veranstaltungswoche tatsächlich in einem zellenähnlichen Raum im Stadion.

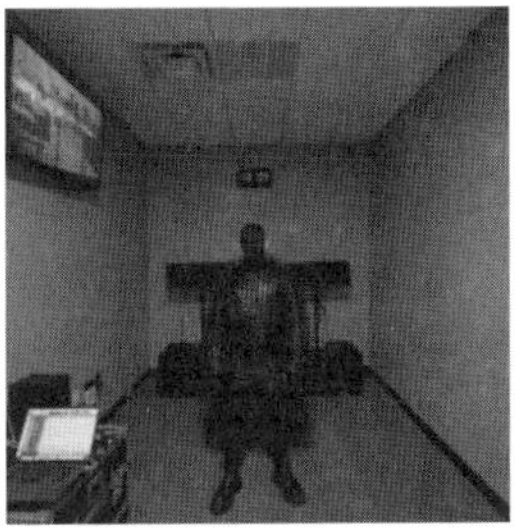

Abb 484.: MKULTRA-Sklave

Kurz gesagt, die ganze Sache schien sich darauf zu beziehen, als Kanye in einer psychiatrischen Zwangseinweisung war.

Während die ersten beiden Events eher minimalistisch angelegt waren, hatte das dritte und letzte, die in Kanyes Heimat Chicago stattfand, deutlich mehr zu bieten. Es war nicht weniger als ein Massen-Ritual.

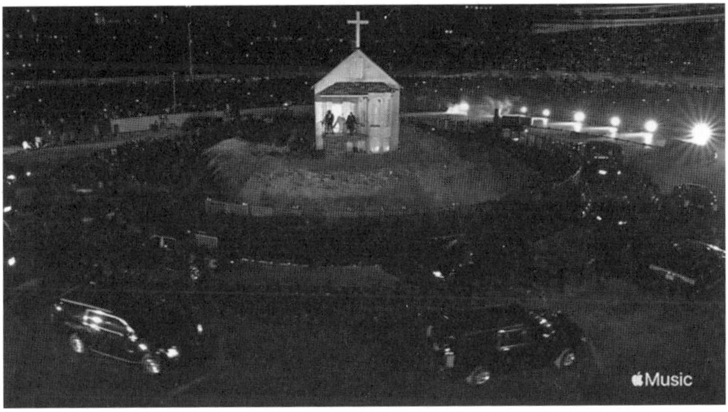

Abb. 485: Die Phase des dritten „Hörereignisses"

Die Bühne der Abschlussveranstaltung war im Grunde ein lebendes Gemälde. Es drehte sich um eine Wiedergabe von Kanye Wests Elternhaus, das von einem Kruzifix umgestürzt wurde und es in eine Art Kapelle verwandelte. Diese Kapelle war von einer Barrikade umgeben, um die herum schwarz gekleidete Menschen (die die Massen repräsentierten?) unaufhörlich herumliefen. Diese gesamte Szene war von schwarzen SUVs umgeben, die herumfuhren, ähnlich denen, die von der amerikanischen Regierung verwendet werden.

Kurzum, alles an dieser Szene deutet auf einen repressiven Polizeistaat hin. Im Zentrum all dieser Aufregung steht eine bescheidene Kapelle. Versucht Kanye zu sagen, dass das Christentum von unterdrückenden Kräften belagert wird?

Nun, so einfach ist es nicht. Wie oben erwähnt, kann alles an diesem Ereignis auf zwei gegensätzliche Weisen interpretiert werden. Ist dieses Haus wirklich eine Kapelle? Oder ist es der Ort eines okkulten Rituals, das als Kapelle getarnt ist … und das tatsächlich von den Mächtigen beschützt wird?

Eine Antwort finden Sie in den Leuten, die in diesem Haus abhängen.

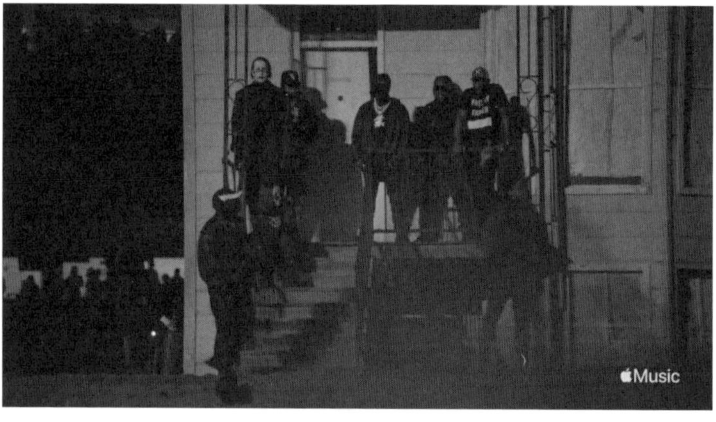

Abb. 486: Travis Scott, Kanye West, Marilyn Manson, Shenseea, Westside Gunn, DaBaby, Don Toliver, Larry Hoover Jr., Rooga

In diesem lebenden Gemälde waren diese Prominenten nicht da, um aufzutreten. Sie wurden ausgewählt, um vor diesem Haus zu stehen, weil sie das repräsentieren, was sie repräsentieren. Beginnen wir mit Marilyn Manson.

Was repräsentiert er?

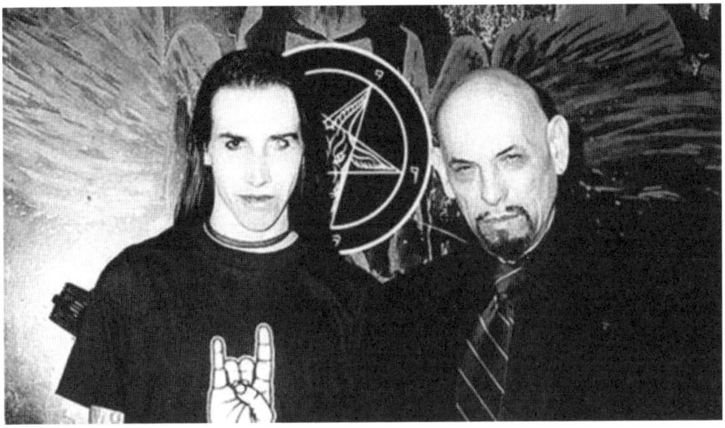

Abb. 487: Manson mit dem Gründer der Satanskirche Anton Lavey.
Manson war stark an dieser Organisation beteiligt

Über die okkulten und satanischen Bilder in Marilyn Masons Werk könnte man ein ganzes Buch schreiben. Es ist der Kern seiner Kunst und sogar seines Privatlebens.

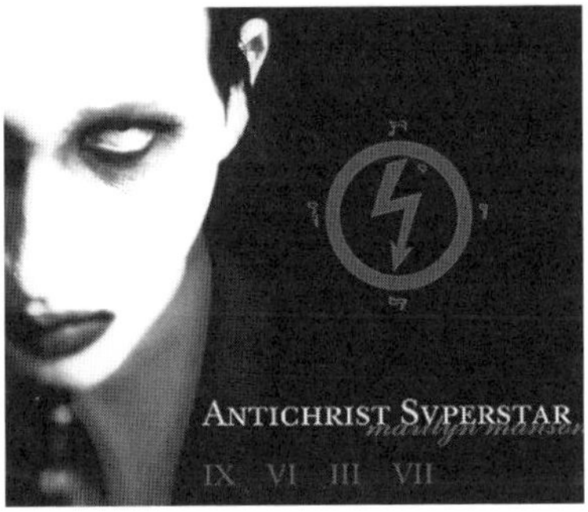

Abb. 488: Das Cover von Marilyn Mansons zweitem Album „Antichrist Superstar“

Darüber hinaus wurde Manson in den letzten Jahren von zahlreichen Frauen des physischen, psychischen und sexuellen Missbrauchs beschuldigt.

Sein Ex-Partner Evan Rachel Wood schrieb auf Instagram[212]:

„Der Name meines Peinigers ist Brian Warner, der Welt auch als Marilyn Manson bekannt.
Er fing an, mich zu missbrauchen, als ich ein Teenager war, und missbrauchte mich jahrelang auf grausame Weise.
Ich wurde einer Gehirnwäsche unterzogen und zur Unterwerfung manipuliert.
Ich habe es satt, in Angst vor Vergeltung, Verleumdung oder Erpressung zu leben.
Ich bin hier, um diesen gefährlichen Mann zu entlarven und die vielen Unternehmen, die ihm das ermöglicht haben, auszuschalten, bevor er noch mehr Leben ruiniert.
Ich stehe an der Seite der vielen Opfer, die nicht länger schweigen werden."

Warum stand Marilyn Manson, nachdem all das bekannt war, vor dieser „Kapelle"? Ist es, weil Kanye versuchte, „christusähnlich" zu sein, indem er Sünder zum Haus Gottes brachte? Ich glaube wirklich nicht, dass Manson auch nur annähernd nahe daran ist, zum Christentum zu konvertieren.

Manson stand in seinem Marken-Make-up auf dieser Veranda, was bedeutete, dass er nicht als Brian Warner (der Mann) da war, sondern als Marilyn Manson (der Künstler), die sich auch „Antichrist Superstar" nennt.

Ein weiterer Gast in dieser Kapelle war der jamaikanische Star Shenseea. Die Website „vigilantcitizen.com" hat über ihr erstes Musikvideo, das sehr rituell und sehr satanisch war, einen Artikel veröffentlicht. Wie darin erwähnt wird, starb Shenseeas Mutter unerwartet, kurz nachdem sie bei *Interscope Records* unterschrieben hatte, was zu Gerüchten führte, dass sie ihre Mutter für den Ruhm opferte. Nicht unähnlich Kanye. Kurz gesagt, ihr Aufenthalt in der „Kapelle" ist auch ein weiterer starker Hinweis darauf, dass dies überhaupt nicht das Haus Gottes ist.

Wenn Kanye vor diesen sorgfältig ausgewählten Prominenten in einer dunklen, bedrückenden Polizeistaat-Umgebung seine christlichen Lieder singt, fühlt sich etwas komisch an. Es ist fast so, als ob Kanye (und das Christentum insgesamt) tatsächlich verspottet werden. Die mit Donda verbundene Marketing-Ware war auch sehr symbolisch.

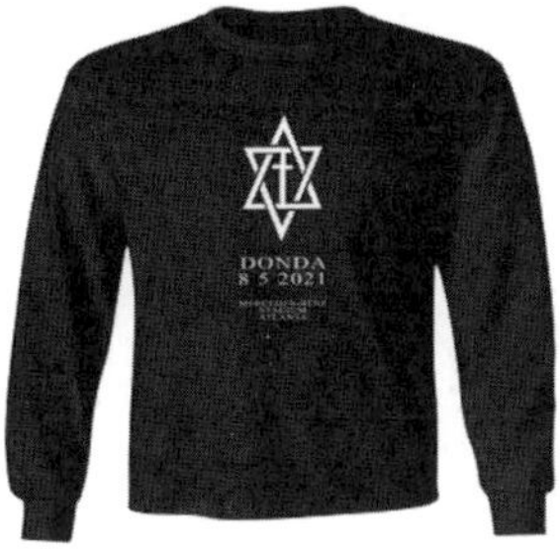

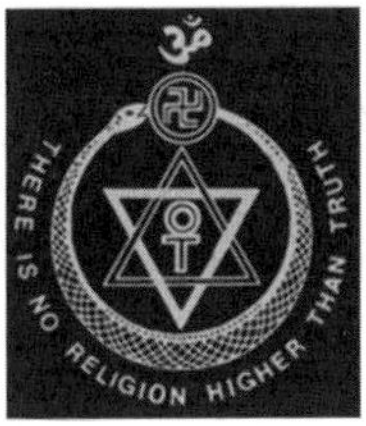

Abb. 489: Links: Donda- Merchandise mit dem Symbol eines Kreuzes in einem Hexagramm. Rechts: Das Symbol der Theosophie, das ein Anch-Kreuz in einem Hexagramm enthält

Ohne auf Details einzugehen, ist Theosophie eine okkulte Bewegung, die von der okkulten Elite immer noch hoch verehrt wird. Ein kurzer Blick in die Literatur dieser Bewegung zeigt, dass ihre wichtigste Figur Luzifer alias der Lichtträger ist.

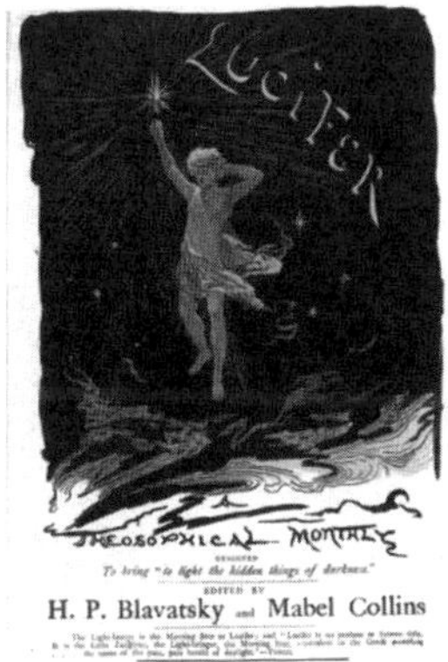

Abb. 490: Der Name des Monatsmagazins der Theosophie war „Luzifer“

Warum hat Kanye (oder wer auch immer ihn kontrolliert) ein Symbol gewählt, das eindeutig von einer okkulten Bewegung inspiriert ist, die den „Lichtträger“ als zentrale Figur hat? Eins ist sicher, in Kanyes „Kapelle“ herrschte intensives Licht.

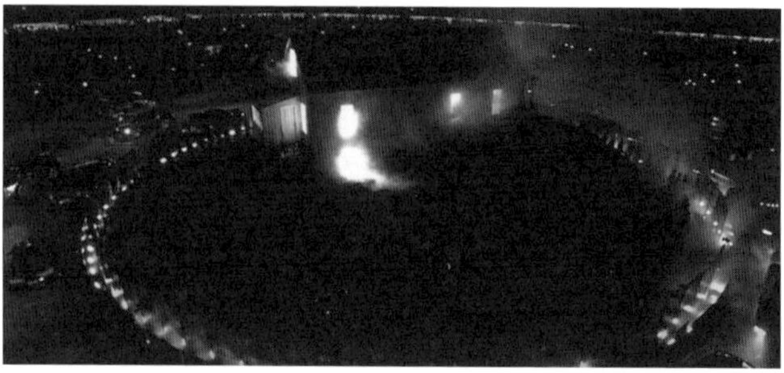

Abb. 491: An einer Stelle strahlt die Kapelle intensives Licht aus, das andeutet, dass sich in ihm etwas anderes abspielt

Dann geht Kanye hinein und das passiert:

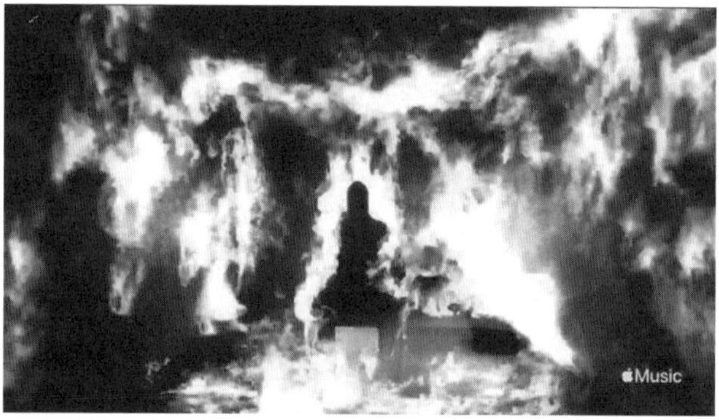

Abb. 492: Kanye steht in Flammen. Das einzige Wort, das ich finden kann, um diese Szene zu beschreiben, ist „höllisch“

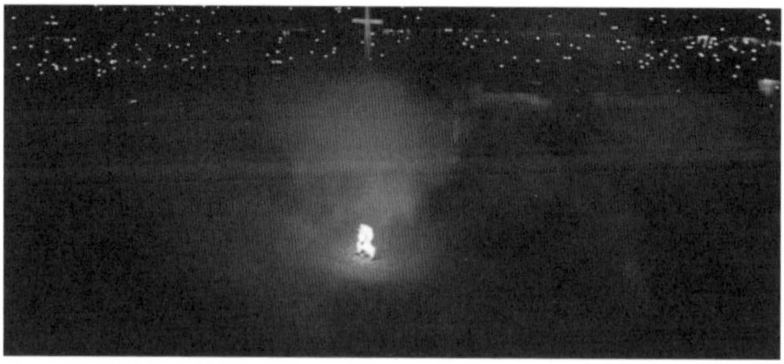

Abb. 493: Kanye läuft herum, während er buchstäblich in Flammen steht

Wie Sie vielleicht wissen, kalziniert Feuer. Es verwandelt alles in Asche. Im alchemistischen Prozess wird diese Stufe „nigredo“ genannt. Es folgt „Albedo“ – das Aufhellen.

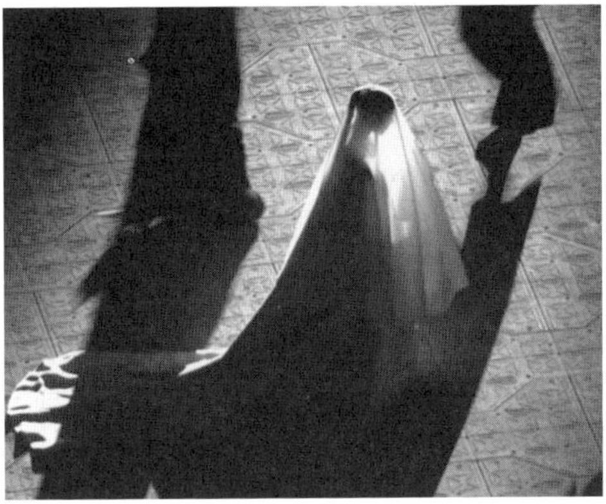

Abb. 494: In einem sehr rituellen Moment kommt Kim Kardashian in einem Hochzeitskleid heraus und macht einen langsamen Prozessionsmarsch in Richtung Kanye

Aus irgendeinem Grund schien Kims Hals unnatürlich verlängert zu sein. Gab es eine bewusste Anstrengung, sie wie die „mütterliche“ Figur auf dem Cover von „Donda“ aussehen zu lassen?

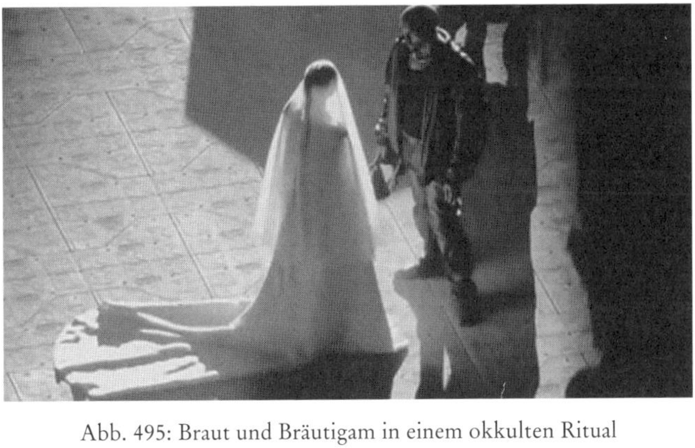

Abb. 495: Braut und Bräutigam in einem okkulten Ritual

Hier gibt es natürlich viel zu enthüllen. 2020 versuchte Kanye sich von den Kardashians zu lösen und beschuldigte sie sogar der Freiheitsberaubung. Ein Jahr später erscheint Kim in einer Performance voller okkulter Symbolik in einem Hochzeitskleid. Haben Kim und Kanye in ihrer christusähnlichen Weise beschlossen, ihre Differenzen zum Wohle ihrer Familie beiseite zu legen? Das wäre schön und herzerwärmend, wenn da nicht die Scheidungsmeldugen Ende Dezember wären.

Dies hätte jedoch nichts mit dem Rest der Veranstaltung zu tun. In Anbetracht des hochokkulten und rituellen Kontexts dieser Aufführung könnte es in dieser Szene tatsächlich um eine völlig entgegengesetzte Botschaft gehen. Da Kim und Kanye bereits verheiratet sind, geht es bei dieser Prozession um eine andere Art von Ehe. Es geht darum, dass Kanye an die okkulte Elite gebunden ist, „bis der Tod sie scheidet".

Bedeutsam ist auch die Tatsache, dass Kim der Figur auf dem Cover von „Donda" seltsam ähnelt. Dieses Aussehen steht für Mutterschaft. Kim repräsentiert das okkulte System, das seine Mutter ersetzt hat. Kurz gesagt, das Album war Donda gewidmet, aber die Symbolik um es herum feiert tatsächlich ihr Opfer.

Die Symbolik der letzten Hör-Party im Jahr 2021 entspricht Kanye West perfekt. Sein Elternhaus repräsentiert seine Herkunft, seine Familie, seine Mutter und sein wahres Inneres. Auf dem Dach des Hauses befindet sich ein Kreuz, das den christlichen Glauben symbolisieren soll, den er so lautstark verkündet. Doch das ist alles nur Fassade. Denn dieses Haus ist zutiefst korrumpiert worden. Branchengrößen wie Marilyn Manson (auch bekannt als Antichrist Superstar) laufen in seinem Haus herum, als ob es ihnen gehören würde.

Sein Haus ist von Mauern, Menschenmassen und Regierungsfahrzeugen umgeben. Er wird von der okkulten Elite und der von ihr geschaffenen Machtstruktur streng kontrolliert. Er kann ihr nicht entkommen. Und nachdem er in seinem eigenen Haus Feuer gefangen hat, heiratet Kanye rituell die Mutter seiner Kinder - die der Ersatz für seine eigene Mutter ist.

Wie zu Beginn dieses Kapitels erwähnt, war alles, was Kanye in den letzten Jahren umgab, voller Verwirrung. Und ehrlich gesagt bin ich mir nicht sicher, ob Kanye ein freiwilliger Teilnehmer an diesem okkulten Zirkus war oder ob er dazu gezwungen wurde. Musste Kanye Donda ein zweites Mal opfern, um das Album herauszubringen?[(213)]

2.15 Justin Timberlake

„Die Welt könnte jetzt untergehen, Baby, wir werden in The Walking Dead leben."
(Justin Timberlake, Album: „Man of the Woods?")

Justin Randall Timber (31. Januar 1981), gelegentlich durch seine Initialen JT bekannt, ist ein US-amerikanischer Sänger, Songwriter, Schauspieler und Produzent. Geboren und aufgewachsen in Tennessee , trat er als Kind in den Fernsehsendungen „Star Search" und „The All-New Mickey Mouse Club" auf. In den späten 1990er Jahren wurde Timberlake als einer der beiden Sänger und jüngstes Mitglied von „NSYNC" bekannt, das schließlich zu einer der meistverkauften Boybands aller Zeiten wurde. Timberlake gewann zwei „Grammy Awards" für sein R&B-fokussiertes Debüt-Soloalbum „Justified" (2002) und seine Single „Cry Me a River". Eine weitere Single aus dem Album „Rock Your Body" war ebenfalls erfolgreich.

Sein von der Kritik gefeiertes zweites Album „FutureSex / LoveSounds" (2006), das sich durch seine Vielfalt an Musikgenres auszeichnet, debütierte auf dem „US Billboard 200" und produzierte die „Hot 100-Singles" „SexyBack", „My Love" und „What Goes Around". Seine ersten beiden Alben, die ihn weltweit als Solokünstler etabliert haben, überstiegen beide den Umsatz von 10 Millionen Exemplaren. Er produzierte weiterhin Schallplatten und arbeitete mit anderen Künstlern zusammen. Von 2008 bis 2012 konzentrierte sich Timberlake auf seine Schauspielkarriere und setzte seine Musikkarriere effektiv aus. Er hatte Hauptrollen in den Filmen *The Social Network*, *Bad Teacher*, *Freunde mit gewissen Vorzügen* und *In Time – Deine Zeit läuft ab*.

Timberlake nahm seine Musikkarriere 2013 mit seinem dritten und vierten Album „The 20/20 Experience" und „The 20/20 Experience - 2 of 2", die teilweise von den expansiven Songstrukturen des Rock der 1960er und 1970er Jahre inspiriert waren, wieder auf und erkundete den Neo-Soul-Stile,. Ersteres wurde zum meistverkauften Album des Jahres mit der größten Verkaufswoche in den USA und brachte die Top-3-Singles „Suit & Tie" und „Mirrors" hervor, während letzteres den Top-Ten-Song „Not a Bad" beinhaltete. Für seine Live-Auftritte, einschließlich der gleichnamigen Konzerttournee begann er mit seiner Band „The Tennessee Kids“ aufzutreten. Timberlake produzierte ein Lied für den Film von „Dreamworks Animations“ „Trolls“ (2016), dessen Soundtrack enthält seine fünfte „Billboard Hot 100 Chart-Single“, „Can't Stop the Feeling!“ Sein fünftes Studioalbum „Man of the Woods“ (2018) wurde sein viertes Nummer-1-Album in den USA. Unterstützt von den beiden Top-Ten-Singles „Filthy“ und "„Say Something“ schloss es 2018 als sechstes Bestseller-Album des Jahres ab. Im Mai 2019 erhielt Timberlake eine Ehrendoktorwürde von „Berklee College of Music“.

Als einer der weltweit meistverkauften Musikkünstler hat Timberlake während seiner Solokarriere weltweit über 32 Millionen Alben und 56 Millionen Singles verkauft. Timberlake wird oft als Pop-Ikone bezeichnet und erhielt zahlreiche Preise und Auszeichnungen, darunter zehn „Grammy Awards“, vier „Emmy Awards“, drei „Brit Awards“, neun „Billboard Music Awards“ und den „Contemporary Icon Award“ der „Songwriters Hall of Fame“ und den „Michael Jackson Video Vanguard Award“. Gemäß „Billboard“ im Jahr 2017 ist er der leistungsstärkste männliche Solist in der Geschichte der Mainstream Top 40. „Time Magazine“ nannte ihn 2007 und 2013 einen der 100 einflussreichsten Menschen der Welt. Zu seinen weiteren Unternehmungen zählen das Plattenlabel *Tennman Records*, das Modelabel „William Rast“ sowie die Restaurants „Destino“ und „Southern Hospitality“.[(214)]

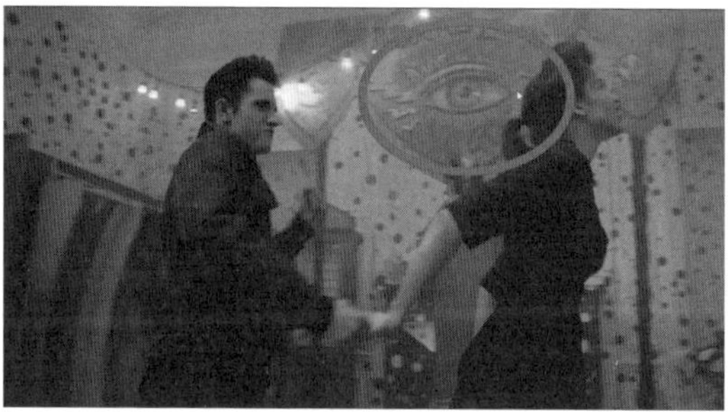

Abb. 496: Justins Timberlakes Video „Mirrors“ zeigt ein mysteriöses allsehendes Auge im Hintergrund)

Justin Timberlakes „Supplies": Die große Umkehrung der Illuminaten

Justin Timberlake, der Ende der neunziger Jahre als Mitglied der Boyband „NSYNC" zum Superstar aufstieg und später eine erfolgreiche Solokarriere startete, ließ in seinem Musikvideo „Mirrors", einem Song auf seinem 2013er Album „The 20/20 Experience", ein wenig Illuminaten-Symbolismus erscheinen. An dem Werk hat er mit Jay-Z zusammengearbeitet, der ihn auch auf Tour begleitete. Wurde Timberlake von Jay-Z während der Kooperation überzeugt, in seinem Video Illuminaten-Symbolik einzufügen? Vielen Leute halten das für plausibel. Vielleicht wollte Timberlake, der sich anhört, als hätte er seine Hoden entfernt bekommen, die Leute dazu bringen, über sein neues Album zu sprechen und hoffte, dass er als Mitläufer auf den Illuminaten-Zug aufspringen könnte.

Es ist erwähnenswert, dass Timberlakes Karriere von Lou Pearlman, einem verurteilten Betrüger, gestartet wurde, der ins Gefängnis kam, weil er Menschen um geschätzt 300 Millionen Dollar betrogen hatte. Pearlman war der Mann hinter zahlreichen millionenschweren Boybands, darunter „NSYNC", die „Backstreet Boys" und „O-Town" - nachdem er von seinem Erfolg der „New Kids On The Block" fasziniert war und sein Programm ausgearbeitet hatte, warf seinen Hut in den Boyband-Ring.

Boybands sind ein seltsames und zugleich verstörendes Phänomen in der Musikindustrie, da die Bandmitglieder in vielen Fällen keine „Jungen" sind, sondern erwachsene Männer in den Dreißigern, die ihrem Publikum, überwiegend jugendlichen Mädchen, Liebeslieder zu säuseln, auf sie in der Menge zeigen und ihnen Küsse zu pusten. In einem der Hits von „NSYNC" in den 1990er Jahren forderte Timberlake seine Zuhörer auf, nicht auf Jerusalem oder biblische Prophezeiungen zu achten, sondern nur für den Moment zu leben und sich keine Sorgen über die Konsequenzen Ihrer Handlungen zu machen.

„Wir brauchen nicht all diese Prophezeiungen	*(„We don't need all these prophecies*
Die uns sagen, was drin ist	*Telling us what's inside*
Denn Paranoia ist nicht der Weg	*Cause paranoia ain't the way*
Um dein Leben zu leben, von Tag	*To live your life from day to*

zu Tag	*day*
Also lass deine Zweifel und Ängste hinter dir	*So leave your doubts and your fears behind*
Hab keine Angst vor alldem	*Don't be afraid at all*
Denn im Weltraum gibt es keine Schwerkraft, die dich fallen läßt."	*Cause up in outer space there's no gravity to fall.")*

Welche Bedeutung hat Justin Timberlakes „Supplies" („Vorrat")? Warum verehren Menschen eine Illuminatenpyramide? Gewinnen Sie eine Übersicht über die intensive Symbolik des Musikvideos. „Supplies" zeigt Justin Timberlake und seine Geliebte - gespielt von der mexikanischen Schauspielerin Eiza Gonzalez Reyna -, die in einer dystopischen Gesellschaft ihr Unwesen treiben. Das Setting ist zwar etwas futuristisch, aber die angesprochenen Themen sind aktuell im Jahre 2017: #MeToo, Rassismus, Einwanderung, Feminismus, Harvey Weinstein, Black Lives Matter und natürlich Donald Trump.

In der auffälligsten Szene des Videos verehrt eine Menschenmenge eine gigantische Illuminaten-Pyramide, die Licht aussendet. Dann setzt Reyna, die die Rolle einer rebellischen Führerin spielt, sie in Brand. Später liegt die Welt offenbar in Trümmern. Was ist los? Ist das Video ein Aufruf zum Aufstand? Ist Justin Timberlake jetzt ein abtrünniger, rebellischer Unruhestifter?

Eigentlich nicht. Das Video ist leidiglich ein Aufruf zum ... Nichtstun. Es ist einfach Teil der gigantischen Massenmedienwelle, die definiert, was diskutiert werden kann und soll und was gefeiert werden kann und soll. Es ist Teil der Kommunikationstechnik, die als „Agenda-Setting" bezeichnet wird[(215)]:

„Unter Agenda-Setting versteht man die Schaffung eines öffentlichen Bewusstseins und die Beschäftigung mit wichtigen Themen durch die Nachrichtenmedien. Außerdem beschreibt Agenda-Setting die Art und Weise, wie die Medien versuchen, die Zuschauer zu beeinflussen und eine Hierarchie der Nachrichtenpriorität aufzustellen. Den meisten Forschungen zum Agenda-Setting liegen zwei Grundannahmen zugrunde:

- Die Presse und die Medien spiegeln nicht die Realität wider, sondern filtern und formen sie;

- die Konzentration der Medien auf einige wenige Themen führt dazu, dass die Öffentlichkeit diese Themen als wichtiger wahrnimmt als andere Themen. Diese Kernaussagen wurden durch die Messung der Veränderungen in der Wichtigkeit durch Umfragen bei häufigerer Berichterstattung ermittelt."[(216)]

In „Supplies" wird viel auf die Tagesordnung gesetzt . Wie so viele andere aktuelle Videos hilft es zu definieren, was die Massen heutzutage interessieren sollte (oder wovon sie besessen sein sollten). Um jedoch junge Menschen zu erreichen, wird die Agenda als Aufstand gegen ein Unterdrückungssystem verkleidet. Aber es gibt keine wirkliche „Revolte", nur eine Industriemarionette, die für die Kameras tut, was man ihr sagt. Dann löst sie seinen Scheck von *RCA-Records* ein und geht zurück in ihre Villa.

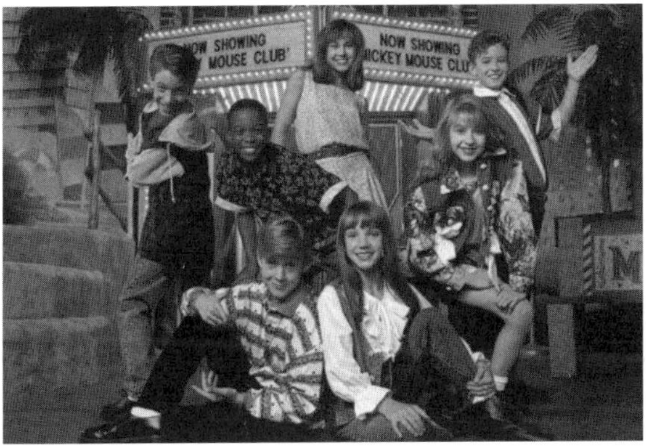

Abb. 497: Diese Ausgabe des „Mickey Mouse Clubs" umfasste neben Justin Timberlake Britney Spears, Christina Aguilera und Ryan Gosling

Justin Timberlake begann seine Karriere im Showbusiness im Alter von 11 Jahren als Darsteller des „Mickey-Mouse-Clubs" neben mehreren zukünftigen Branchenstars.

Timberlake wurde als Sänger der Boyband NSYNC zum Superstar.

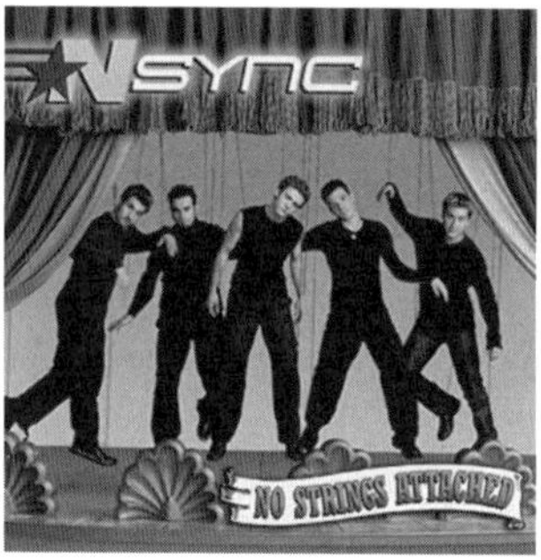

Abb. 498: Das Albumcover von „No Strings Attached“ zeigt die Gruppe (einschließlich Justin) buchstäblich als Marionetten

Im Jahr 2002 startete Timberlake seine Solokarriere. Das Albumcover war erneut sehr symbolisch.

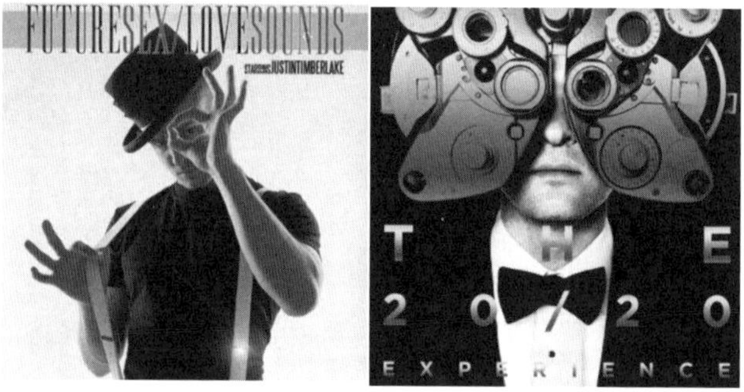

Abb. 499 links: Timberlake trägt ein von „Uhrwerk Orange“ inspiriertes Outfit und macht das 666-Ein-Auge-Zeichen des Industrie-Bauern. Rechts: Das Cover seines „The 20/20 Experience“ Albums zeigt ein subtileres (und dennoch eindeutiges) Ein-Auge-Zeichen

Eine Woche vor der Veröffentlichung von „Supplies“ veröffentlichte Timberlake „Filthy“ („Dreckig“), das Video, in dem er durch einen tanzenden Roboter ersetzt wird.

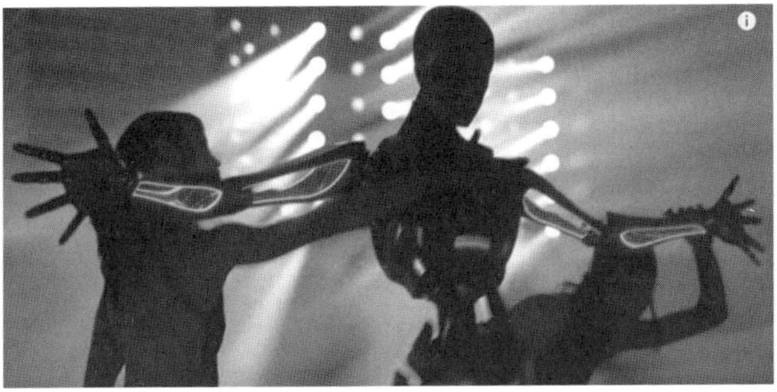

Abb. 500: In „Filthy“ steht Timberlake hinter der Bühne, während ein (ziemlich gruseliger) Roboterersatz sexy Tanzbewegungen mit menschlichen Tänzerinnen ausführt. Der Roboter gewinnt letztendlich die Menge, während ihn alle anfeuern

Das Konzept des Videos erinnert auch ein wenig an den Film *Metropolis*, in dem Maria - eine Anführerin des Volkes - durch einen Androiden ersetzt wird, um die Befehle der Elite zu erfüllen.

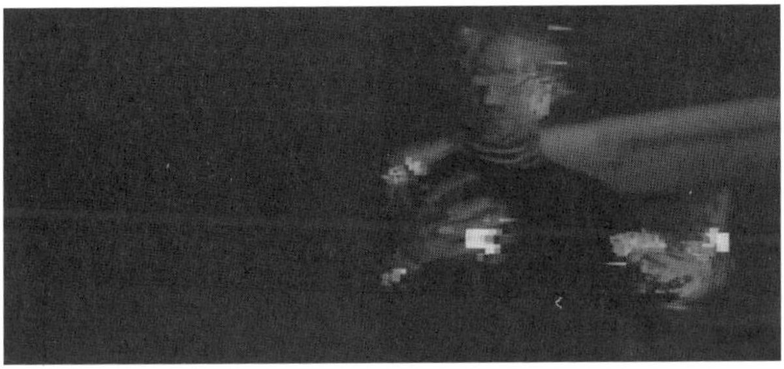

Abb. 501: Am Ende von „Filthy“ „glitzert“ Timberlake und verschwindet. War er nur eine Projektion? Wurde er durch den Androiden ersetzt?

Alles an Timberlakes Karriere deutet darauf hin, dass er sich in den Dienst der Industrie stellt, und daran hat sich auch mit seinem neuesten Album nichts geändert. Er ist immer noch bei der elitären Plattenfirma *RCA Records* unter Vertrag, und alles, was er herausbringt, steht in perfektem Einklang mit der Agenda der Elite.

Im Gegensatz zu „Filthy“ (das sind im Grunde vier Minuten, in denen ein Roboter Timberlake auf der Bühne ersetzt) ist in „Supplies“ viel los. Während dieser Flut von Botschaften und Symbolen wird eine

Kernbotschaft kommuniziert: Darüber sollte man wütend werden, um schließlich „aufzuwachen".

Genauer gesagt geht es darum, sich auf bestimmte Themen zu konzentrieren, sie in einem bestimmten Rahmen zu formulieren und eine bestimmte sozialpolitische „Lösung" für sie einzuführen.

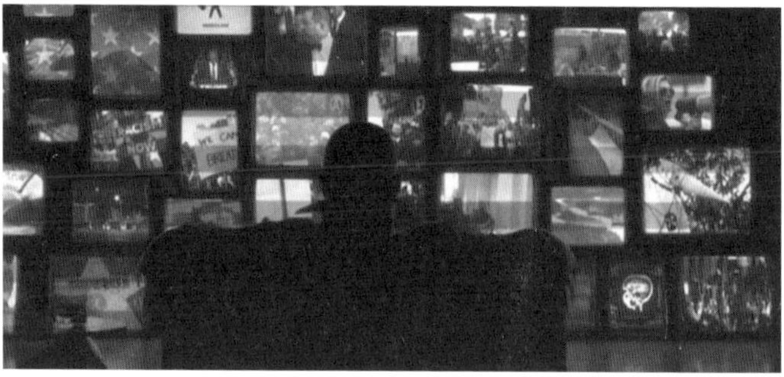

Abb. 502: Anfangs sieht Justin mehrere Bildschirme auf einmal, die Ereignisse des Jahres 2017 anzeigen: Trump, Harvey Weinstein, Demonstrationen gegen Rassismus, Waffenkontrolle, Schießerei in Vegas usw.

Die Szene scheint ein Hinweis auf den Science-Fiction-Film *Der Mann der vom Himmel fiel* von 1976 zu sein, in dem ein Außerirdischer (gespielt von David Bowie) 12 Fernseher gleichzeitig sieht, während er Alkoholiker wird.

Nachdem Justin all diese Massenmedien in sich aufgesogen hat, geht er nach draußen, wo einige bizarre Dinge abgehen.

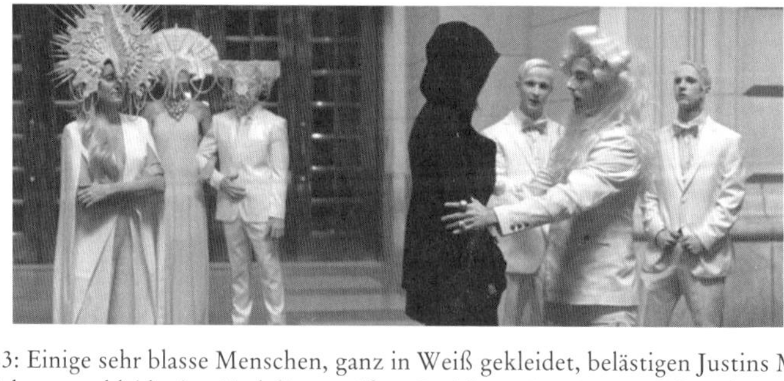

Abb. 503: Einige sehr blasse Menschen, ganz in Weiß gekleidet, belästigen Justins Mädchen, das in Schwarz gekleidet ist. Sind diese weißen Gesichter ein Hinweis auf weiße Menschen?

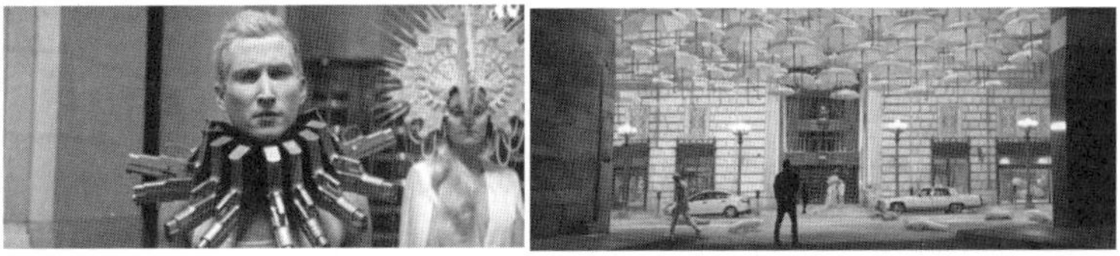

Abb. 504 links: Repräsentiert dieser Typ „Gun Nuts", die gegen Waffenkontrolle sind?) (Abb. rechts: Justin beobachtet diese Szene auf der anderen Straßenseite. Stellen die schwebenden weißen Regenschirme dar, dass das „weiße Amerika" irgendwie vor schlechtem Wetter „geschützt" ist?

Justin mag nicht, was er sieht: Er verteidigt das Mädchen in Schwarz, das dem Mann in Weiß noch eine verpaßt und geht mit ihr.

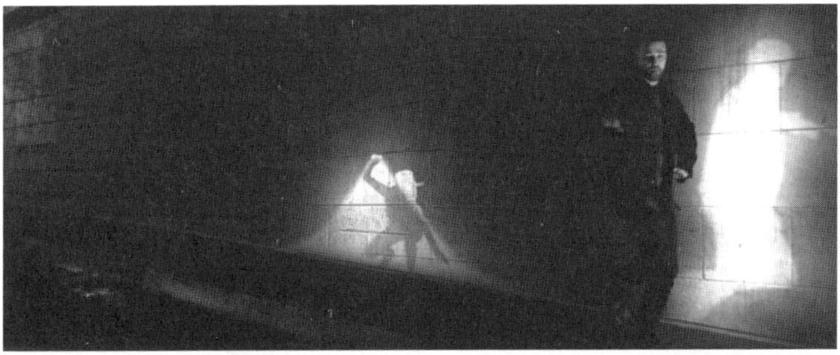

Abb. 505: In der folgenden Szene tanzt Justin herum, während Lichteffekte Menschen darstellen, die unter der Wand durchrutschen und weglaufen, ein ziemlich klarer Bezug zu Trumps Wand mit Mexiko

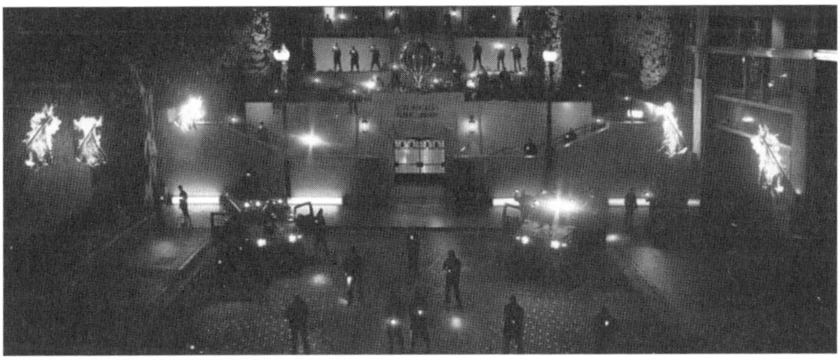

Abb. 506: Hier versammeln sich Justin und seine „Armee" vor der „Öffentlichen Bibliothek" in Los Angeles, während Fahnen an den Wänden brennen. Warum brennen die Fahnen?

In der nächsten Szene befinden sich Justin und sein Mädchen an einem gruseligen Ort der Anbetung. Dies zeigt an, für wen sie wirklich kämpfen.

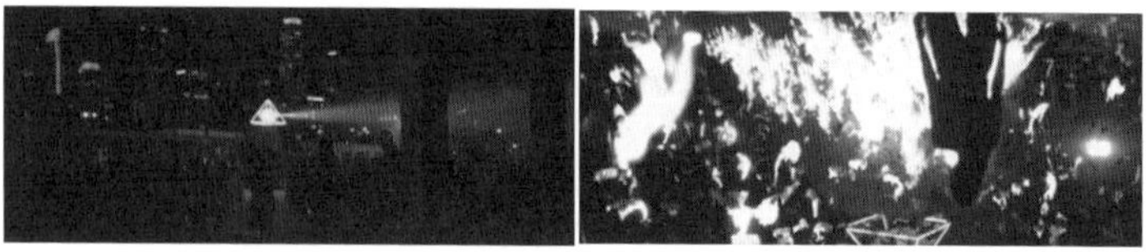

Abb. 507 links: Menschen verneigen sich vor einer Illuminaten-Pyramide. Rechts: Eiza - anscheinend eine rebellische Anführerin - setzt die Pyramide mit einem Molotow-Cocktail in Brand

Hat Eiza die Illuminaten in Brand gesteckt? Keineswegs. Hier brennt dass amerikanisches Geld, wenn es von der Pyramide fliegt, in der vorherigen Szene brannten Fahnen - sollen diese Anspielungen auf die Zerstörung von Nationalflaggen durch eine Eine-Welt-Regierung und Nationalwährungen durch eine Eine-Welt-Währung sein? Das ultimative Ziel der Elite.

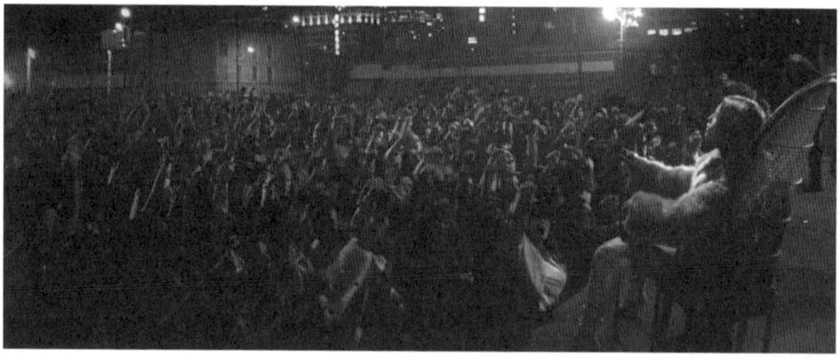

Abb. 508: Die gleichen Leute, die die Pyramide verehrten, jubeln nun Eiza zu.
Die Versammelten werden zu Idioten, die zur Massenhysterie neigen.
Wie wäre es, zur Abwechslung einmal selbst zu denken?

Das Auftreten der neuen Führerin erinnert an ein ikonisches Bild der Vergangenheit.

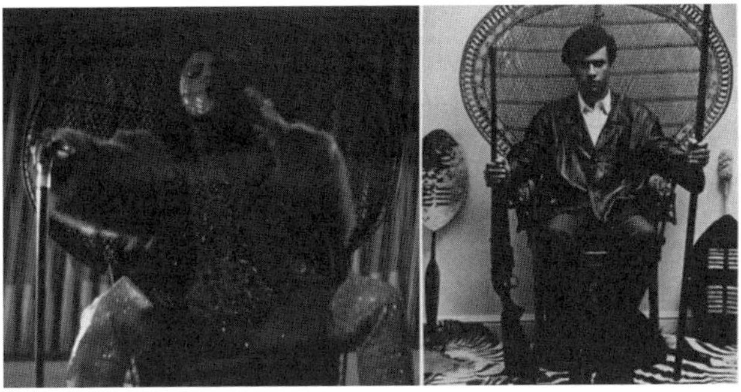

Abb. 509: Die Szene stellt das berühmte Bild von Huey P. Newton, dem Führer der Black Panther Party, nach. Das Video enthält eine Menge rassistisch aufgeladenes Material

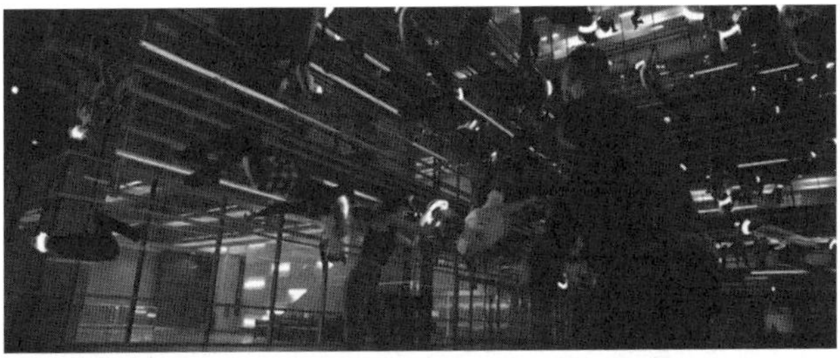

Abb 510.: Hier schweben Menschen mit beleuchteten Ringen um ihre Augen in der Luft. Wenn Justin und Eiza die Ringe entfernen, fallen die Leute herunter und bleiben wie leblos liegen

Während des gesamten Videos blitzen verschiedene symbolische Bilder auf.

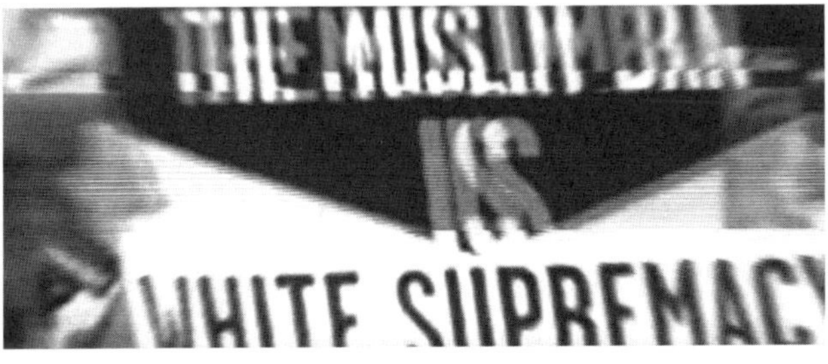

Abb. 511: Ein Protestschild mit der Aufschrift „Das muslimische Verbot ist die Vorherrschaft der Weißen“

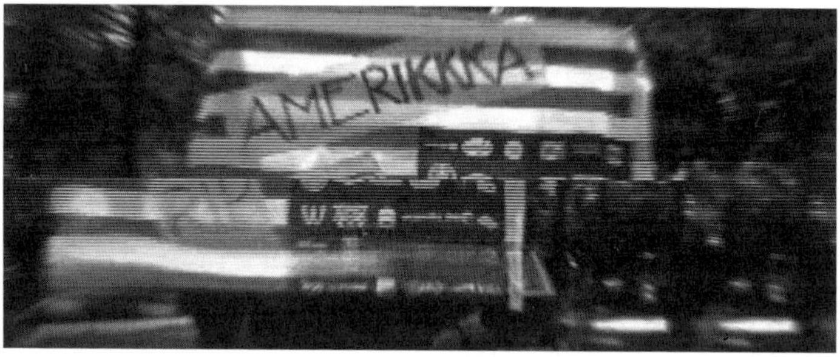

Abb. 512: „RIP Amerikkka“ - auf einer in zwei Hälften geschnittenen umgekehrten amerikanischen Flagge

Nach all dem intensiven Rauschen endet das Video auf eine rätselhafte Weise.

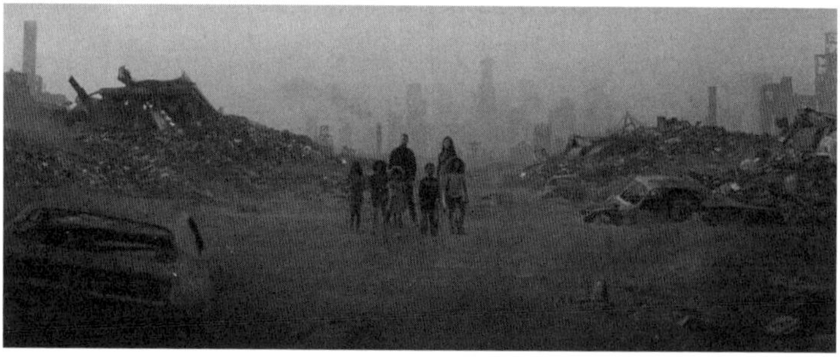

Abb. 513: Justin erhebt sich sandüberdeckt vom Boden, Eiza gesellt sich in einer postapokalyptischen Welt frisch und sauber zu ihm und fünf schmutzige Kinder scharen sich um sie

Was ist dort passiert? Eine nukleare Explosion? Warum sind alle außer Eiza schmutzig? Wusste sie, dass die Zerstörung kommen würde?

Das Timing der Veröffentlichung gibt zu denken, da „Supplies“ wenige Tage nach dem falschen Nuklearwaffen-Alarm für Hawaii veröffentlicht wurde.

Am 13. Januar 2018 wurde an alle Geräte auf Hawaii eine Warnung bezüglich einer sich im Anflug befindlichen ballistischen Rakete gesendet. Einige Tage später sandte das japanische Netzwerk „NHK“ eine ebenfalls falsche Warnung aus: „NHK-Nachrichten-Alarmierung. Nordkorea hat wahrscheinlich eine Rakete abgefeuert. Die Regierung warnt: Evakuieren Sie Gebäude oder in den Untergrund." Die Warnung wurde später korrigiert.

Der Höhepunkt des Songs spielt auf eine postapokalyptische Situation an, in der Justin (vielleicht als Vertreter der Elite) über alle „Vorräte" verfügt, die zum Überleben notwendig sind.

„Denn ich werde das Licht sein, wenn du nicht sehen kannst
Ich werde das Holz sein, wenn du Wärme brauchst
Ich werde der Generator sein, schalte mich ein, wenn du Strom brauchst
Irgendeine Scheisse wird den Bach runtergehen, ich werde derjenige mit dem klaren Kopf sein
Die Welt könnte jetzt untergehen
Baby, wir werden in The Walking Dead leben"

(„'Cause I'll be the light when you can't see
I'll be the wood when yo u need heat
I'll be the generator, turn me on when you need electricity
Some s--t's 'bout to go down, I'll be the one with the level head
The world could end now
Baby, we'll be living in The Walking Dead.")

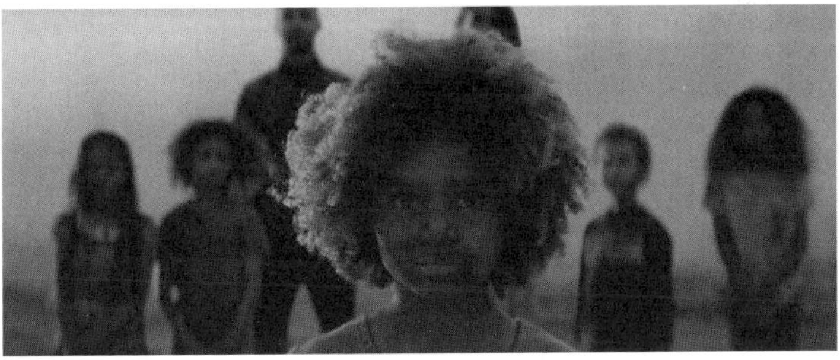

Abb. 514: Schlusseindlich spricht ein kleiner Junge direkt zu den Zuschauern. Und er ist ziemlich wütend

„Verschwinde! Stirb endlich! Du schläfst noch! Wache auf! Verschwinde! Wir sind quitt."

(„Just leave. Die already. You're still asleep! Wake up! Just leave. We good.")

Warum sagt das Musikvideo den Zuschauern, sie sollen „endlich sterben"? „Supplies" ist einem anderen Musikvideo sehr ähnlich: Katy Perry's „Chained to the Rhythm" („An den Rhythmus gekettet"). In beiden Videos werden die Sänger als „Revolutionäre" dargestellt, die „aufgewacht" sind und sich gegen die Mächte wehren. In beiden Fällen entspricht die „Revolution" jedoch zu 100% der Agenda der Weltelite. „Supplies" und „Chained to the Rhythm" sind Teil des neuen „scheinheiligen „Hollywood" -Trends, bei dem ständig Tugendzeichen den Prominenten das Recht geben, zu definieren, woran die Menschen denken und glauben sollen.

In „Supplies" scheint Justin Timberlake die # metoo-Bewegung stark zu unterstützen. Vor weniger als vier Jahren arbeitete Timberlake jedoch mit Woody Allen zusammen und behauptete, es sei ein „wahr gewordener Traum", obwohl Allen seit langem von seiner Adoptivtochter beschuldigt wird, sie sexuell missbraucht zu haben.

Dylan Farrow – die Tochter von Woody Allen – sprach sogar Timberlake auf diese Heuchelei an, wie der „Business Insider" berichtet.

„Es ist mir ein Rätsel, wie ein so mächtiger Mann wie Justin Timberlake behaupten kann, dass er die Stärke der Frauen bewundere und ihnen in diesem #MeToo-Moment zur Seite stehe, um dann im nächsten Atemzug zu sagen, dass die Arbeit mit Woody Allen ein ‚wahr gewordener Traum' sei."[217]

Abgesehen davon ist Woody Allen mit einer anderen Adoptivtochter verheiratet: Soon-Yi Previn. Wer sollte da aufwachen?

„Supplies" befasst sich auch mit dem Thema Rasse. Aber die Heuchelei ist an dieser Stelle noch stärker. Ein Teil der Symbolik ist eindeutig „proschwarz". Doch anders als in anderen Bereichen der Massenmedien geht es bei der neuen „Pro-Schwarz"-Symbolik nicht darum, das Leben der Schwarzen Menschen zu verbessern: Es geht darum, Hass und Spaltung zu schüren.

Viele erhalten ihre Bildung von Hollywood-Prominenten und essen dabei Tide Pods (Waschmittelkapseln, ein zum Teil tödlicher Irrsinn), während die reale Geschichte vernachlässigt wird. Die Elite, die sich derzeit um die Schwarzen kümmert, ist dieselbe Elite, die die Schwarzen seit

Jahrzehnten unterdrückt. Wer hat zugelassen, dass Crack in die Viertel der Schwarzen gelangt und Scharen von Menschen in Zombies verwandelt? Wer hat die Ermordung so vieler schwarzer Führer zugelassen? Wer hat die Polizeibrutalität gegen unschuldige Schwarze zugelassen? Die Antwort lautet: Diejenigen, die wirklich an der Macht sind, unabhängig davon, wer Präsident ist. Diese Dinge geschahen, als Republikaner und Demokraten an der Macht waren. Diese Dinge geschahen auch, als Barak Obama an der Macht war. Es spielt keine Rolle. Sie glauben nicht wirklich, dass „Black Lives Matter" gilt. Kein Leben zählt ... außer ihrem eigenen.

„Supplies" ist die Kommunikation der Elite mit den Massen unter Verwendung extrem manipulativer Techniken und klassischer Doppelzüngigkeit. Durch den Einsatz von Tugendsignalen spricht das Video die idealistischen Tendenzen junger Menschen an. Doch welche Werte werden tatsächlich gefördert? Wut, Hass und Spaltung zwischen Rassen, Geschlechtern und politischen Zugehörigkeiten. Je mehr die Massen gespalten sind, desto effizienter kann die Elite die einzelnen Gruppen kontrollieren. Teile und herrsche - das ist der älteste Trick der Geschichte.

Hier findet eine große Verdrehung statt. Die Illuminaten (alias die Weltelite) stellen die Akzeptanz ihrer Agenda als „Kampf gegen die Illuminaten" dar. Die Massenmedien setzen alle Mittel ein, um die Geschehnisse in ein bestimmtes Schema zu pressen. Und warum? Weil wir uns an einem entscheidenden Punkt der Geschichte befinden.

Das Motto der Elite ist „Ordo Ab Chao" also Ordnung aus dem Chaos. Wir leben in chaotischen, verwirrenden Zeiten, und Trump ist in den Augen der Elite ein perfekter Vertreter des Chaos. Die Antwort auf ihn und alle oben genannten Themen - die Agenda - wird Ordnung sein.

Und wenn die „Ordnung aus dem Chaos" Realität ist, werden sich die Menschen tatsächlich vor der Pyramide der Illuminaten verbeugen.[218]

2.16 Busta Rhymes' Album „ELE2“: Es sind Botschaften über die Neue Weltordnung und die „Fünf-Prozent-Nation“

„Illuminati, die in Versuchung führen und uns erschrecken als die perfekten Engel Luzifers‘
Versuchen Sie, eine neue Weltordnung auf Fleisch, Blut und Knochen der gesamten Menschheit wiederzubeleben“
(Busta Rhyms: Album „ELE2“)

Trevor George Smith Jr. (geboren am 20. Mai 1972), professionell bekannt als Busta Rhymes, ist ein US-amerikanischer Rapper, Sänger, Plattenproduzent, Schauspieler und Plattenmanager. Chuck D von Public Enemy gab ihm den Spitznamen Busta Rhymes, nach dem NFL und CFL Wide Receiver (Passfänger) George „Buster“ Rhymes. Für seine Arbeit erhielt er 11 Grammy Award-Nominierungen.

About.com nahm ihn in die Liste der 50 größten MCs unserer Zeit (1987–2007) auf, während Steve Huey von *AllMusic* ihn als einen der besten und produktivsten Rapper der 1990er Jahre bezeichnete. Im Jahr 2012 setzte ihn *The Source* auf ihre Liste der Top 50 besten Lyriker aller Zeiten. MTV hat ihn „einen der größten bildenden Künstler des Hip-Hop“ genannt.

Busta Rhymes war ursprünglich ein Mitglied der HipHop-Gruppe „Leaders of the New School“. Später gründete er das Plattenlabel *Conglomerate* (ursprünglich *Flipmode Entertainment*) und das Produktionsteam *The Conglomerate* (ehemals *Flipmode Squad*). Im November 2011 unterzeichnete Busta Rhymes einen Vertrag mit *Cash Money Records*. Am 23. Juli 2014 gab Busta Rhymes bekannt, dass er *Cash Money Records* aufgrund kreativer Differenzen verlassen hat und nicht mehr bei Republic ist.

Er hat zehn Studioalben veröffentlicht, von denen das erste das 1996 mit Platin ausgezeichnete Album „The Coming“ ist. Seine Liste der Hit-Singles umfasst „Woo Hah!! Got You All in Check“, „Put Your Hands Where My

Eyes Could See", „Dangerous", „Turn It Up" (Remix)/ Fire It Up", „Gimme Some More", „What's It Gonna Be?", „Pass the Courvoisier, Part II", „I Know What You Want" und „Touch It".[219]

Wenn Sie etwas über Rap-Musik wissen, wissen Sie sicherlich über Busta Rhymes Bescheid. Busta Rhymes wird oft als „ikonisch" und „legendär" bezeichnet, rappt seit über 30 Jahren und veröffentlicht über 10 Alben und 56 Musikvideos.

Der Rapper aus Brooklyn wurde in den frühen 90er Jahren bekannt, als der New Yorker Rap in sein goldenes Zeitalter eintrat. Während sich die meisten New Yorker Rapper dieser Zeit ausschließlich mit schmutzigen Beats, Reimen, Kleidung und Musikvideos beschäftigten, kam Busta Rhymes wie ein bunter Tornado der Hyperaktivität durch. Sein auffälliger und überschwänglicher Stil brachte neue Energie in den Rap an der Ostküste und definierte die Ästhetik von Musikvideos für die kommenden Jahre neu.

Eine Analyse von Busta Rhymes' Album „Extinction Level Event 2: Der Zorn Gottes" und seinen Botschaften über die Neue Weltordnung und die satanische Musikindustrie scheint angemessen. Wir werden uns auch dem starken Einfluss der „Fünf-Prozent"-Lehren auf dieses Album und auf die Rap-Musik im Allgemeinen widmen.

In Bustas Videos ging es im Allgemeinen um Spaß und Verrücktheit, auf seine Alben hauptsächlich um ein unheimliches Thema: Die Apokalypse. In der Tat sind seine drei ersten Alben „The Coming" (1996), „When Disaster Strikes" (1997) und „ELE (Extinction Level Event): The Final World Front" (1998) in dem Zusammenhang zu nennen. Alle diese Alben sagten das Kommen einer großen Katastrophe in naher Zukunft voraus.

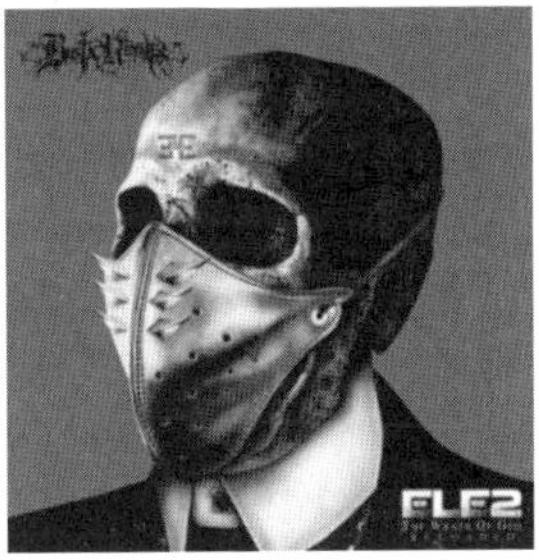

Abb. 515: Das Cover von „ELE 2: The Wrath of God" zeigt einen Schädel mit einer Gesichtsmaske und einem ELE-Symbol auf der Stirn

Schneller Vorlauf bis zum 30. Oktober 2020, dem Erscheinungsdatum von „Extinction Level Event 2: The Wrath of God". Der allgemeine Kontext ist noch viel düsterer als in den 90er Jahren. Außerdem ist Busta Rhymes 48 Jahre alt und viel dicker. Verständlicherweise hat er wahrscheinlich nicht wirklich Lust, in Videos herumzuspringen, während er lustige Hüte trägt. Stattdessen entschied er, dass es an der Zeit wäre, „Extinction

Level Event 2: Der Zorn Gottes" zu veröffentlichen - ein Album voller intensiver Botschaften und Symbolik.

Allein nach diesem gruseligen Cover zu urteilen, kann man bereits spüren, dass „ELE2" eine andere Stimmung hat als Bustas frühere Werke. In den 90er Jahren wurde sein apokalyptisches Thema hauptsächlich als kreatives Konzept wahrgenommen, das seinen Alben eine interessante Stimmung und Intensität verlieh. In seinem 2020er Album „ELE2" scherzt Busta jedoch nicht mehr wirklich herum. Man hat das Gefühl, dass er tatsächlich glaubt, dass die Welt (wie wir sie kennen) untergeht.

In einem Interview mit *NME.com* erklärt Busta die Bedeutung seines Albumcovers und seine Beziehung zur aktuellen COVID-Krise:

NME.com: „Hallo Busta! Das Artwork deines neuen Albums zeigt einen Schädel mit einer Gesichtsmaske. Wie kommst du mit dieser COVID-19-Zeit zurecht?"

Busta: „Dies ist eine der unglücklichsten Zeiten in der Geschichte der Existenz dieses Planeten. Es fühlt sich so an, als würde unsere Intelligenz erheblich beleidigt und es gibt keine Verantwortung für das Leiden, dem wir dadurch begegnen müssen. Es fühlt sich so an, als gäbe es eine offensichtliche Unbeständigkeit in der Wahrheit, so dass wir unser Wohlbefinden nicht auf die richtige Weise schützen können. Die Menschen wollen zur Arbeit gehen und nicht gezwungen werden, etwas Illegales zu tun, um für sich und ihre Familie zu sorgen, und die Menschen haben hart gearbeitet, um Unternehmen aufzubauen, die ihnen weggenommen werden, und können ihre Familienmitglieder nicht sehen. Wenn man Fragen stellt, wird man als Unruhestifter angesehen oder als jemand, der nicht auf die Schäfchen achtet, die nur Schäfchen sein und sich fügen wollen. Das Seltsame an der Sache ist, dass die Menschen in diesen Zeiten, in denen sie versuchen, uns das bisschen Macht, das wir einmal hatten, zu nehmen, nicht tiefer graben und sich selbst ermächtigen."

NME.com: „Wer sind ‚sie'? Wie könnte jemand genau davon profitieren?"

Busta: „Offensichtlich stimmt etwas nicht und es gibt eine andere Agenda - vieles davon ist politisch. Es fühlt sich sehr unausgewogen und ungerecht an. Wir verfangen uns in der überwältigenden Fülle der Propaganda, die uns davon ablenkt, zu erkennen, dass es eine Wahrheit gibt, auf die wir hinarbeiten und der wir auf den Grund gehen müssen."

NME.com: *„Einigen wir uns darauf, anderer Meinung zu sein. 1998' ‚ELE (Extinction Level Event): Die letzte Weltfront' war voller apokalyptischer*

Bilder, daher ist 2020 ein angemessener Zeitpunkt, um das Follow-up zu veröffentlichen...“
Busta: „Mit meiner Arbeit versuche ich darauf hinzuweisen, dass ein Tag bevorsteht, an dem die Welt, die wir kennen und lieben gelernt haben, endgültig untergeht. Ich hätte nie gedacht, dass wir diese Zeit noch erleben würden (lacht). Ich nannte meine Alben 'The Coming', 'When Disaster Strikes...', 'E.L.E. (Extinction Level Event): The Final World Front', 'Anarchy', 'It Ain't Safe No More...' und 'The Big Bang'. Ich hoffte, dass keines dieser Ereignisse eintreten würde, hielt es aber für meine Pflicht, diese Gespräche darüber zu führen, wie wir uns darauf vorbereiten können, falls es doch eintritt. Deshalb habe ich diese Geschichten immer mit den Themen meiner Alben verknüpft. Deshalb sagte ich in 'Everything Remains Raw', auf der B-Seite meiner 1996er Single 'Woo Hah!! Got You All In Check': 'Es sind nur noch fünf Jahre übrig'. Fünf Jahre später stürzt das World Trade Center ein. Dann, 1998, mein erstes 'E.L.E. (Extinction Level Event)'-Album, das Artwork zeigt das zerstörte World Trade Centre und New York in Flammen. Drei Jahre später passiert es dann tatsächlich. Ich habe keine Prophezeiungen gemacht, ich wollte nur den Scheiß weitergeben, den es tatsächlich gibt, wobei den Leuten gesagt wird, sie seien Verschwörungstheoretiker, wenn sie ihn auch nur lesen. Wissen Sie, der Begriff "Verschwörungstheoretiker" dient dazu, alles zu diskreditieren, was der Wahrheit nahe kommen könnte. Jetzt kann ich meine Meinung nicht mehr ändern. Das ist kein Zufall. Jemand hat diese Scheiße geplant, aber ich weiß nicht, wer.“[220]

Dieses Interview enthüllte ein paar Dinge. Erstens ist der Interviewer eine Art Naivling. Zweitens glaubt Busta Rhymes eindeutig, dass auf der Welt zwielichtige Kräfte am Werk sind, die an der COVID-Krise beteiligt sind. Schließlich möchte der Rapper einige wichtige Botschaften über sein Album „ELE2“ teilen. Betrachten wir einige seiner Botschaften!

Sobald der Hörer auf „Play“ drückt, werden die Dinge sehr real, sehr schnell. Ein Erzähler begrüßt die Zuhörer mit diesem prophetischen Monolog:

„Genesis, Kapitel elf, Verse eins bis neun
Tausende von Jahren vor Christus
Der Tyrann Nimrod, Gilgamesch von Schinar, versklavt das erste Weltreich
Eine Weltsprache, eine Weltreligion, eine Weltordnung

Wir haben nichts gelernt (Eins)
Die Schlüssel zum Himmel dem Teufel zum Geschenk machen
Diejenigen, die Gott verdrängen wollen
Illuminati, die uns als der vollkommenste Engel Luzifer verführen und erschrecken
versuchen, eine neue Weltordnung auf dem Fleisch, dem Blut und den Knochen der gesamten Menschheit zu errichten
Wieder stiegen Türme in den Himmel, um seine göttliche Herrlichkeit herauszufordern
Um sein erhabenes Reich zu erobern
Doch wie im alten Babylon brachte der eine wahre Herr sie zu Fall
Im Jahr 2001 wurden drei zu nichts, Verschwörung ist Realität
Furcht ist die Waffe deines Feindes
Terrorakte sind Lüge, um die Sanftmütigen zu überzeugen, sich ihren Herrschern zu unterwerfen
Atmosphärische Veränderungen lassen die Polkappen schmelzen und die Ratten, die auf zwei Beinen laufen, ersaufen.
Ein unheilbarer Virus, der die Dunkelheit dezimiert, nuklearer Regen, der uns in Flammen aufgehen lässt
Verdunkelt durch einen Vorhang aus Gift aus dem All im Namen der Wissenschaft
Fallt auf die Knie, betet zu einem letzten erstickten Atemzug
Eine neue Weltordnung ist hier, Arroganz über Gott bedeutet Vernichtung

Daddy, wie wird es im Jahr 2021 sein?
Nur Er kann uns retten
Dies ist das zweite Kommen
Auslöschungsstufe 2.

Das Intro spricht über die biblische Figur Nimrod, der die Welt durch eine Sprache und eine Religion vereint haben soll, während er den Turm von Babel gebaut hat, um Gott zu trotzen. Der Erzähler sagt dann „Wir haben nichts gelernt“. Die heutige Elite baut eine neue Weltordnung auf, die als neue Version des Turms von Babel wahrgenommen wird - eine, die unweigerlich wieder den Zorn Gottes anziehen wird.

Das Intro enthält auch einen Verweis auf 9/11. Mit der Aussage, dass „Verschwörung Realität ist" und „Angst die Waffe deines Feindes ist", vermittelt der Erzähler das Gefühl, dass die Zerstörung der drei WTC-Hochhäuser im Jahr 2001 eine Ära der Angriffe unter falscher Flagge, die die Bevölkerung zur Unterwerfung terrorisieren sollten, auslöste.

Das Intro bezieht sich auch auf COVID-19 mit den düsteren Worten „Ein unheilbares Virus, dass den dunklen, nuklearen Regen dezimiert und uns in Flammen zu setzt".

Während dieses chaotischen 7-minütigen Intros lässt der erfahrene Rapper Rakim auch einen Vers von „biblischen" Ausmaßen frei. Hier ist der erste Teil davon:

„Ich habe versucht, sie mit dem Siebten Siegel zu warnen
Die Welt ist verwundet, sie wird vielleicht nie heilen
Sogar Mutter Natur wird krank, es wird real
Wenn Millionen getötet werden, wenn das tödliche Wetter ausbricht
Bis Sodom und Gomorrah auf Amerikas Territorium sind
Das Grauen, es wird immer schlimmer werden
Und doch, es ist wie das Geschenk der Geburt, man erbt einen Fluch
Aber die Sanftmütigen müssen die Erde erben, so will es der Himmel
Sanftmütig bedeutet machtlos in Bezug auf die Politik
Machtergreifung bei Anbruch der Apokalypse
Und Krieg ist stärker als Frieden
Es ist Armut, bis die Mehrheit mit dem Zeichen des Tieres gezeichnet ist.

Kurz gesagt, in diesem Intro ist viel los. Es knüpft an viele Themen an, von denen wir im Jahr 2020 hören, als Symbol dafür, dass die Welt untergeht.

Auf einer tieferen Ebene ist das Intro (und das Album im Allgemeinen) von Konzepten und Symbolen durchdrungen, die sich auf die „Fünf-Prozent-Nation" beziehen. In Anbetracht der Tatsache, dass sowohl Busta Rhymes als auch Rakim prominente Fünf-Prozent-Unternehmen sind, kann die Botschaft dieses Intros nur durch die Linse der „Fünf-Prozent"-Philosophie vollständig verstanden werden (dazu später mehr).

Der Rest von „ELE2" befasst sich mit verschiedenen Themen (Unruhen, Polizeibrutalität usw.) und enthält gleichzeitig eine kräftige Dosis seichter Tracks. Das letzte Lied des Albums ist jedoch überhaupt nicht „seicht".

Das letzte Lied des Albums - mit dem dramatischen Titel „Satanic“ - befasst sich mit den offenkundigen satanischen Bildern, die in den letzten Jahren den Rap geflutet haben. Busta warnt Künstler, dass sie, indem sie sich in ihrer Musik vor Satan verneigen, „mit einer Match spielen, die zu einem Inferno werden kann“. Hier ist der gesamte Vers:

(„Sieh mal, ich musste diesen Scheiß in einen Song packen.
Es ist so fesselend, all dieser verfickte satanische Scheiß, der abgeht.
Spiele mit Symbolen und Zeichen, Teufelsanbetung
Die Leute reden als würden sie zu Luzifer beten, aber was ist mit "Jesus geht“?
Ja, wir haben verrückte Gedanken, dann redet ihr mit eurem Erlöser
Bittet um Vergebung, während ihr blasphemisches Verhalten an den Tag legt
Zuerst war das subtil, jetzt zeigen es die Nigga ganz groß
Und sie gehen ihren Weg, als ob sie Satan einen Gefallen tun würden
Und spielen mit ihrem Leben wie mit Würfeln in einem Shaker
Ein weiteres Leben aufgegeben, deinem Schöpfer den Rücken zugewandt
Ich versuche nur, mich an die Tatsachen und den Scheiß zu halten
Ich sehe eine Menge fragwürdigen Scheiß, an was zum Teufel glauben diese Nigga?
Aber jetzt sehen wir nicht mehr das Gleiche, deine Musik ist leblos
Und eure Visuals sehen aus wie Rituale und Opfergaben
Macht Deals mit dem Teufel um als der Netteste zu gelten
Du bist tot, als ob dein Fleisch von Maden und Würmern aufgefressen wurde
Wir haben alle die Veränderung gesehen, jetzt will niemand mehr rechtschaffen sein
Die Tage, die wir leben, sind dunkel und zweifelsohne eine Krise
Der Teufel hat versucht, die Angst in uns zu pflanzen, seit wir Windeln trugen
Und einige wuchsen besessen auf und starrten in das Auge von Osiris
Jetzt weiß ich, dass ihr diesen Scheiß seht, während ihr sitzt und euch fragt, was passiert ist.
Es ist seltsam, wie Niggas Teufelsanbetung wie eine Mode tragen.
Die Zeichen der Zeit, Wolken am Himmel öffnen sich
Wo Vögel vom Himmel fallen und Fische im Ozean sterben
Wen wollt ihr jetzt verarschen? Wir sehen die Art, wie du dich bewegst
Ich hoffe, du nimmst dir die Zeit, darüber nachzudenken, was du tust
Du spielst mit einem Streichholz, das zu einem Inferno werden kann
Unbeschreiblich, das Brennen, wenn das Feuer sich ewig anfühlt

Ich hoffe, du dokumentierst das und schreibst es in dein Tagebuch
Und lies es dir wieder vor, während du deine Hürden nimmst.
Nun vertraue mir und sei vorsichtig, wen du in dein Umfeld lässt
Denn der Teufel fickt ein Leben und wird sich mit den fruchtbaren Pussys fortpflanzen
Ich weiß, es wird kalt und du kämpfst den inneren Krieg
Der Körper verfällt, wird ganz grau und blau, sogar lila
Du stellst eine Menge Scheiße dar, ohne es vorher zu proben
Aber im Leben proben wir nicht, was du anrichtest, kann zurückkommen und dich verletzen
Und bis dahin, sieh zu, wie der Teufel sich durchschlägt
Sieh dir an, was aus dir geworden ist und was der Teufel in die Welt gesetzt hat
Und wenn die Kacke am Dampfen ist, wirst du dich fragen, wo deine Leute hin sind
Deine Niggas werden verschwinden, wenn die Wissenschaft irgendwie stark wird
Ich bereite nur etwas vor, ich wollte keinen Aufstand machen
Ich erfülle nur meine Pflicht, seid einfach alle vorsichtig (Seid vorsichtig)")

In diesen intensiven Versen spricht Busta über Künstlerbilder, die „wie Rituale und Opfer aussehen“. In diesem Buch haben wir die okkulten und satanischen Bilder in Musikvideos mit zahlreichen Screenshots und Referenzen dokumentiert. Busta sagt, dass sie früher subtil waren, aber jetzt „zeigen sie es groß“. Das ist wohl wahr.

Ironischerweise wurde Busta Rhymes trotz der in „ELE2“ gefundenen Botschaften selbst beschuldigt, satanisch zu sein.

Am 7. Oktober veröffentlichte Busta ein Werbevideo mit dem Titel „THE PROPHECY WILL FULFILLED“ („Die Prophezeiung wird erfüllt“). Unter der Regie des Branchenveteranen Sam Lecca spielt das Video in einer Kirche, in der etwas Unheiliges passiert.

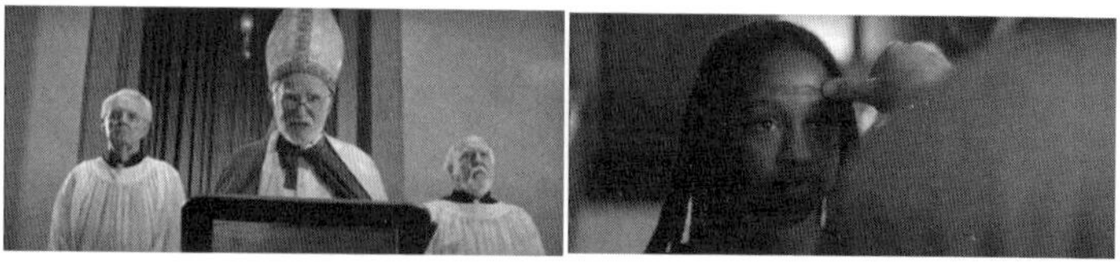

Abb. 516 links: Ein katholischer Priester hält eine Predigt, in der verschiedene Teile der Bibel zitiert werden, einschließlich Psalm 37:12: „Der Gottlose sinnt Unheil gegen den Frommen und knirscht wider ihn mit den Zähnen." Rechts: Dann markiert der Priester die Stirn von Kindern mit dem „ELE2"-Logo. Ist das ein Hinweis auf das Malzeichen des Tieres?

Im Zuge der Corona-Plandemie wird immer wieder über einen globalen Immunitätsausweis diskutiert, so wird angeregt, dass Menschen nur noch mit einer Covid-19 Impfung zum Beispiel Konzerte oder Restaurants und Flugreisen besuchen oder buchen dürfen. Dies findet Erwähnung in der Offenbarung des Johannes, im Neuen Testament der Bibel, wo es unter Anderem heißt: *„Wer das Malzeichen nicht hat, oder den Namen des Tieres, oder seine Zahl, wird nicht mehr kaufen bzw. verkaufen können."* (Offb 13,17) Somit wäre eine immerwährend erwähnte Verschwörungstheorie zur Realität mutiert.

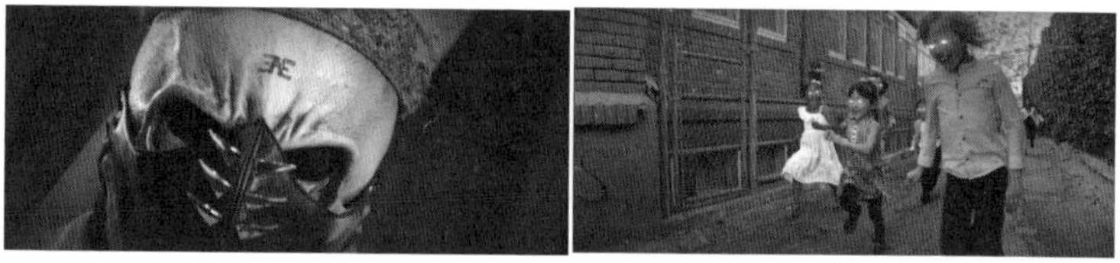

Abb. 517 links: Der Priester zeigt dann sein wahres dämonisches Gesicht. Rechts: Die Kinder rennen mit leuchtenden Augen durch die Straße. Sind sie besessen?

Fast alle Kommentare auf YouTube werfen diesem Video vor, satanisch zu sein. Hier ist einer der Kommentare:

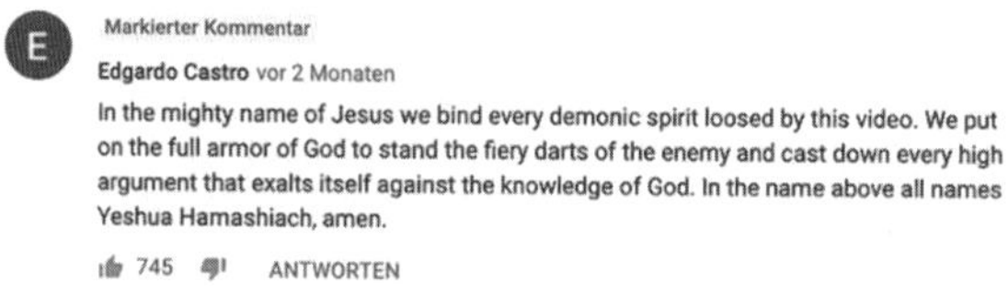

Abb. 518: Kommentar in den Sozialen Medien

„Im Namen des mächtigen Jesu binden wir jeden dämonischen Geist, der durch dieses Video gelöst wird. Wir ziehen die volle Rüstung Gottes an, um den feurigen Pfeilen des Feindes standzuhalten und weisen jedes hohe Argument ab, das sich gegen die Erkenntnis Gottes erhebt. Im Namen von Yeshua Hamashiach, Amen."

Was genau ist die Botschaft dieses Videos? In seinem Lied „Satanic" spricht Busta über rituelle Videos und fragt sich sogar, was mit christlichen Liedern wie Kanye Wests „Jesus Walks" („Jesus geht") passiert ist. Aber dann veröffentlicht er dieses Promo-Video, in dem eine katholische Messe als dämonischer Ritus dargestellt wird.

Einige Antworten können durch ein besseres Verständnis des starken Einflusses der „Fünf-Prozent-Nation" auf die Werke von Busta Rhymes gefunden werden.

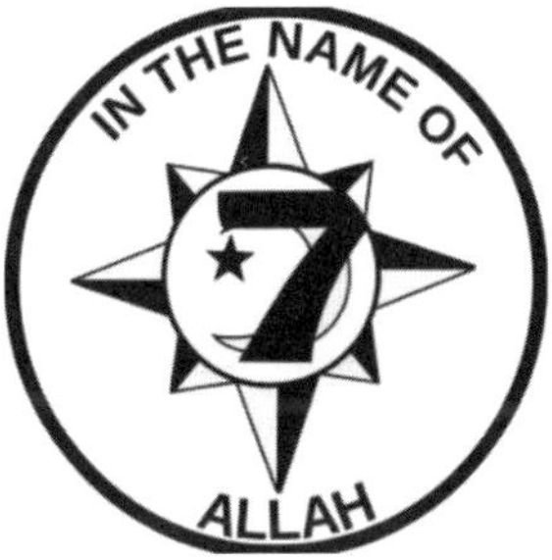

Abb. 519: Das Symbol der „Fünf-Prozent-Nation", das die Sonne, den Mond, einen Stern und die Zahl 7 (die Gott darstellt) enthält

Die Fünf-Prozent-Nation - auch bekannt als „Nation der Götter und Erden" („NGE") - wurde 1964 von Clarence 13X gegründet, einem Minister der „Nation of Islam" („NOI"), der unter der Leitung von Malcolm X arbeitete. Nach Jahren innerhalb der Organisation schuf Clarence 13X einen Ableger des „NOI", weil er die Lehre ablehnte, dass Wallace Fard Muhammad (der mysteriöse Gründer des „NOI") direkt von Gott inkarniert war. Stattdessen lehrte Clarence 13X seine Schüler, dass der Schwarze (individuell und kollektiv) Gott ist. Umgekehrt sind weiße Menschen „Teufel" und ihre Technologie ist tatsächlich „Tricknologie", die den Test der Zeit nicht bestehen wird.

Mitglieder der Gruppe nennen sich „Allahs Fünf Prozent", weil sie glauben, dass nur zehn Prozent der Menschen auf der Welt die Wahrheit der Existenz kennen. Diese Eliten und ihre Agenten halten 85 Prozent der Welt in Unwissenheit und unter Kontrolle. Die restlichen fünf Prozent sind diejenigen, die die Wahrheit kennen und den Auftrag erhalten, die 85 Prozent aufzuklären. Sie sind als „arme rechtschaffene Lehrer“ bekannt.

Während die „NGE“ dem Islam nahe sein soll, sind ihre Lehren tatsächlich viel näher an esoterischen Schulen wie der Freimaurerei. In der Tat wird bei „Fünf Prozent“ gelehrt, dass es keinen „mysteriösen Gott“ gibt und dass der „Urmensch“ durch „Selbsterkenntnis“ ein Gott werden kann. Dieses Konzept ähnelt dem hermetischen Axiom „Erkenne dich selbst“, das in Mysterienschulen wie der Freimaurerei gelehrt wird. Indem die „NGE“ bekräftigt, dass Göttlichkeit auf Erden durch Wissen, Lernen und Erleuchtung erlangt werden kann, ist sie dem Gnostizismus philosophisch näher als den traditionellen Religionen. Mit anderen Worten, die „NGE“ glaubt nicht an einen Gott, sondern lehrt eine Form der Apotheose, bei der der asiatische Schwarze Gott ist und sein Eigenname „Allah“ ist, das arabische Wort für „Gott“.

Die „NGE“ lehrt ihren Anhängern auch arkane Systeme namens „Supreme Mathematics“ und „Supreme Alphabet“ als Schlüssel zum Verständnis der Beziehung des Menschen zum Universum. Dieses Konzept ähnelt den numerologischen Systemen der Freimaurerei. Zum Beispiel werden in der „Supreme Mathematics“ die Zahl 7 und der Buchstabe G (der 7. Buchstabe des Alphabets) mit Gott assoziiert.

Während die Freimaurerei eine starre Geheimgesellschaft ist, die die lokalen Eliten in ihren Reihen rekrutiert, ist die „NGE“ eine gemeindebasierte Organisation, die entrechtete Männer und Insassen von Gefängnissen in städtischen Gebieten anzieht.

Wahrscheinlich aus diesem Grund trat eine lange Liste von Rappern in die Reihen der „NGE“ ein, insbesondere in den 1990er Jahren. Künstler wie Rakim, Busta Rhymes, Jay Electronica, der gesamte Wu-Tang-Clan, Erykah Badu, Jay-Z, Nas und viele andere haben „NGE“-Konzepte und -Symbolik in ihre Texte integriert und gleichzeitig den Hip-Hop-Slang im Allgemeinen stark beeinflusst. Ausdrücke wie „Wort ist Verbindung“, „Frieden“, „Chiffre“, „Wissenschaft fallenlassen“, „Wissen fallen lassen“ und sich gegenseitig „Gott“ nennen, stammen alle von der „NGE“.

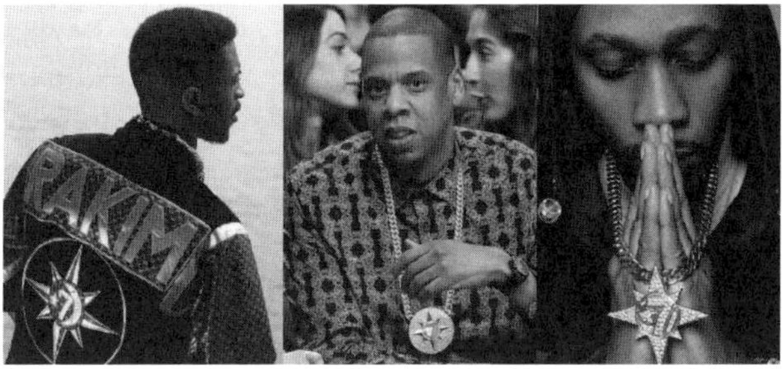

Abb. 520: Rakim, Jay-Z und RZA tragen das Symbol der „NGE"

Busta Rhymes ist einer der bekanntesten Vertreter der „NGE" im Hip-Hop. Und sein neuestes Album „ELE2" ist stark von dieser Philosophie geprägt.

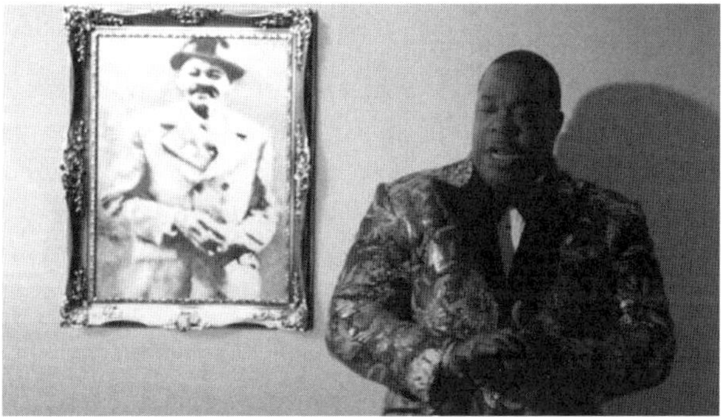

Abb. 521: Busta steht in seinem jüngsten Video „Master Fard Muhammad" neben einem Bild von Clarence 13X

Bustas Vers über das „ELE2"- Intro ist reines NGE. Es beginnt so:

„Nun, es ist der Gott, (ja), keine Illusionen
Segen, während ich euch alle in Abwesenheit von Verwirrung grüße
Mit Wissenschaft, um den Geist mit Gedanken an ein besseres Leben zu beflügeln
Es geht tiefer als Geheimnisse in freimaurerischer Symbolik
Und ich verstehe, wenn ihr es extrem schwer findet, es zu berechnen
Als Kerl, der sich selbst als Gott bezeichnet, lasst es mich demonstrieren"

Durch diesen Vers versteht man den Untertitel des Albums. „Der Zorn Gottes“ ist eigentlich ein Hinweis auf Busta selbst. Weitere „NGE“-Referenzen finden Sie später im Vers[221]:

„Aber ich bin süchtig danach, die Wahrheit zu enthüllen, es ist eine Gewohnheit
Seit ich jung war, einen Bleistift benutze, um die Matheformeln zu schreiben
Ich beziehe die Wissenschaft mit ein, während ich euch die Klassiker liefere
Einige es seltsam finden und zu drastischen Maßnahmen greifen
Ich artikuliere mit Klarheit, beruhige, wenn du das hörst,
Manche halten mich für einen Spinner oder Verschwörungstheoretiker.“

Mit diesen Informationen können wir jetzt die Gründe für das Werbevideo mit einem bösen Priester besser verstehen. Hier ist ein Auszug aus einer „NGE“-FAQ, die erklärt, wie die „Fünf-Prozent-Nation“ organisierte Religion im Allgemeinen wahrnimmt.

„Clarence 13 X lehrte, dass 85 Prozent der Bevölkerung aus unwissenden, verlernten und unzivilisierten Menschen bestehen, die geführt werden müssen (hauptsächlich Kirchgänger). Es wird angenommen, dass diese 85 Prozent ‚keine Selbsterkenntnis‘ haben. Zehn Prozent der Bevölkerung haben EINIGES Wissen über sich selbst (d.h. die wahre Wahrheit), aber sie nutzen dieses Wissen, um die Kontrolle über die fünfundachtzig Prozent auszuüben, anstatt sie zu ‚befreien‘ (es wird angenommen, dass die meisten Baptistenprediger, einschließlich Rev. Jesse Jackson, in dieser Kategorie sind). Schließlich betrachtete er die fünf Prozent als diejenigen, die über sich selbst, ihre Herkunft und die Art und Weise, wie das Weltsystem wirklich ist, Bescheid wissen - und darüber hinaus darüber, wie die neue Weltordnung zustande kommen wird. Ihre Aufgabe/Mission ist es, die fünfundachtzig Prozent zu erziehen, was dieses verborgene oder verschleierte Wissen betrifft.“[222]

Diese FAQ erklärt, warum der katholische Priester als böse Figur dargestellt wurde. Laut den „Fünf-Prozent“-Anhängern helfen Prediger in traditionellen Religionen der Elite tatsächlich, die 85% in Unwissenheit zu halten.

Die Analyse der Werke von erfahrenen Künstlern wie Busta Rhymes ist eine andere Aufgabe als die Analyse normaler Popstars. Diese Künstler haben normalerweise die volle kreative Kontrolle über ihre Werke und ihre

Botschaften sind oft eine Verschmelzung der verschiedenen Einflüsse in ihrem Leben. Busta Rhymes' „ELE2“ enthält eine Fülle von Botschaften über die Pandemie, die Neue Weltordnung und den Satanismus in der Musikindustrie. Um jedoch die Bedeutung des Albums vollständig zu verstehen, muss man zuerst die „NGE“-Philosophie verstehen, von der es durchdrungen ist.

Wie die YouTube-Kommentare zu Bustas Promo-Video zeigen, ist die „NGE“-Philosophie eher spaltend und kontrovers. Seine Lehren über die Natur Gottes, die Rolle der Religion und die Herkunft der Weißen werden von vielen, einschließlich religiöser Schwarzer, mit Wut und Skepsis aufgenommen.

Darüber hinaus könnten einige argumentieren, dass all diese Spaltung nur der Lieblingstaktik der Elite dient: Teile und Herrsche. Auf der anderen Seite sagen diejenigen, die während der Blütezeit der 90er Jahre in der „NGE“ waren, dass die Organisation tatsächlich einen positiven Einfluss auf schwarze Männer hatte, indem sie eine Gemeinschaft schuf, die sich auf Wahrheitsfindung und allgemeine Gerechtigkeit konzentrierte und ihnen half, sich von Banden, Drogen und Verbrechen abzuwenden.

Kurz gesagt, ich überlasse die Aufgabe, die „NGE“ und alles um sie herum zu beurteilen, Ihnen, lieber Leser. In der Zwischenzeit sollten wir wahrscheinlich alle unsere Differenzen beiseite legen und uns auf einen gemeinsamen Feind konzentrieren: Eine satanische Elite, die direkt vor unseren Augen eine dystopische Neue Weltordnung schafft.[(223)]

3 Dystopische Visionen

Sieht man sich die verschiedenen Videos an, die das Weltwirtschaftsforum auf YouTube gepostet hat, lässt sich leicht ein roter Faden erkennen. 1. Menschen mit katastrophalen Katastrophen erschrecken (dieses Video konzentrierte sich auf COVID und die globale Erwärmung). 2. Präsentieren Sie eine drastische Lösung, die eine nicht-demokratische Eliteeinheit beinhaltet, die die ganze Welt reguliert.

Um den Great Reset zu rechtfertigen, erwähnt das WEF „wirtschaftliche Disparitäten", die durch COVID-19 verursacht wurden. Diese Unterschiede wurden jedoch durch eine wirtschaftszerstörende Politik verursacht, die von der Weltgesundheitsorganisation diktiert wurde – einer anderen Eliteorganisation, die größtenteils von China finanziert wird. Indem sie massive Abriegelungen erzwangen, wussten sie genau, was passieren würde. Sie haben Chaos geschaffen, und jetzt versuchen sie, die Ordnung wiederherzustellen.

Trotz all der Worte, die herumgeworfen werden, ist das eigentliche Problem die Freiheit. Ein freier Markt ermöglicht es jedem Bürger, ein Unternehmen zu gründen und davon zu leben. Und solange es eine Nachfrage gibt, kann das Geschäft wachsen und alle Beteiligten gedeihen. Freies Unternehmertum ist ein Vektor der Freiheit und ermöglicht es den Erfolgreichen, ein angenehmes Leben zu führen – unabhängig von ihrer sozialen oder politischen Zugehörigkeit. Es dreht sich alles um Zahlen.

„The Great Reset" versucht, diesen Vektor der Freiheit zu durchbrechen, indem soziale und politische Komponenten in den freien Markt eingeführt werden. Wer sich nicht daran hält, hat keinen Erfolg. Stattdessen setzen sie „die richtige Person zur richtigen Zeit am richtigen Ort" ein.

3.1 Kovid

Eine Episode von „Project Runway", die im März 2019 im US-Fernsehen ausgestrahlt wurde, zeigte einen Kandidaten namens Kovid, der ein Outfit mit einer passenden Gesichtsmaske präsentierte, ähnlich dem, was wir jetzt aufgrund der Pandemie sehen. Ist dies ein weiterer Fall von „Vorausschauender Programmierung?"

„Project Runway" ist eine Reality-TV-Show über Modedesign, in der die Teilnehmer um die besten Outfits kämpfen. Die Finalisten der Show bereiten komplette Modekollektionen für die New York Fashion Week vor und letztendlich wählen die Juroren einen Gewinner. Wenn diese Beschreibung dazu geführt hat, dass Sie gähnen, verstehe ich das vollkommen.

Eine Episode der 17. Staffel dieser Show, die am 28. März 2019 ausgestrahlt wurde, ist (im heutigen Kontext) völlig umwerfend.

In einem Segment präsentierte ein Kandidat namens Kovid Kapoor stolz ein Outfit mit einer passenden Gesichtsmaske.

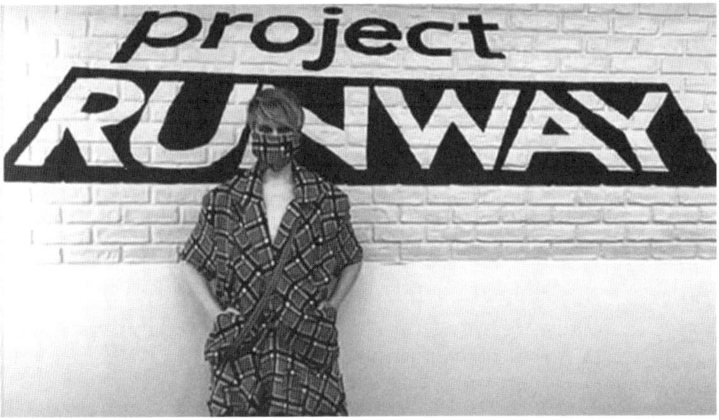

Abb. 522: Der Kandidat „Kovid“

In dem Video sagt der Richter „Ich liebe Kovids Aussehen“. Es ist fast so, als würde sie über das Gesichtsmasken-Aussehen der COVID-Pandemie sprechen.

Dann bittet sie das Modell, die Maske wieder aufzusetzen. Wenn ein Richter fragt: „Was halten Sie von dieser Maske?“, antwortet ein anderer Richter: „Es ist krank“. Mir ist klar, dass es ein angesagter Ausdruck ist, aber die Wortwahl bleibt verblüffend. Der gleiche Richter sagt auch: „Können Sie dort einatmen?“.

Ein Jahr später veranlasste ein Virus namens COVID Regierungen auf der ganzen Welt, Menschen zum Tragen von Gesichtsmasken zu zwingen. Außerdem haben mehrere nicht gewählte „Beamte“ in einer schwierigen und hinterhältigen Angelegenheit darauf hingewiesen, dass Maskenmaßnahmen nach der Pandemie möglicherweise weiterhin wirksam sind. Seitdem haben unzählige Modedesigner Outfits mit passenden Masken kreiert. Hier das Video: https://www.youtube.com/watch?v=YuIfCA7rK74

Ist das alles ein verrückter, irrer Zufall? Oder ist es noch ein Fall von Predictive Programming („Vorausschauender Programmierung“)? In den letzten Monaten haben wir einige Produkte der Popkultur hervorgehoben, die COVID-19 in bizarren Details vorhersagten, wie das Buch „The Eyes of Darkness“, der Film *Contagion* (siehe das Buch „Der Hollywood-Code“) oder den Clip der Simpsons über eine „Katzengrippe“.

Ist diese „Project Runway“-Episode ein weiteres Beispiel dafür, wie die Elite die Öffentlichkeit schlau auf ihre Pläne vorbereitet, vielleicht auf unbewusster Ebene? Zumindest scheint hier eine gewisse Synchronizität im Spiel zu sein.

Von Carl Gustav Jung geprägt, ist Synchronizität definiert als „das gleichzeitige Auftreten von Ereignissen, die signifikant verwandt erscheinen, aber keinen erkennbaren Kausalzusammenhang haben“.

Jung beschrieb diese Ereignisse als „bedeutungsvolle Zufälle“. Er selbst glaubte, dass sie aus einem bestimmten Grund passiert waren. Vielleicht versucht das Universum irgendwie, uns etwas zu sagen. Aber vielleicht spielen in dieser COVID-Krise einfach dunkle Mächte mit uns.[(224)]

3.2 Die MET 2021 Gala: Eine weitere Demonstration des Wahnsinns der Elite

Die MET Gala 2021 war ein weiteres bizarres Ereignis voller kraftvoller Botschaften und Symbolik. Hier ist ein Blick auf die verrücktesten Kostüme, die in dieser Live-Action-Puppenshow gezeigt worden sind.

Die MET Gala ist ein Treffen der Elite für die Elite. Die für diese Veranstaltung festgelegten Preise (35.000 Dollar für eine Eintrittskarte, über 200.000 Dollar für einen Tisch) stellen sicher, dass kein Bauer das Gelände betreten kann … es sei denn, er wird natürlich angestellt, um die geschätzten Gäste zu bedienen.

Wie in früheren Artikeln auf PRAVDA TV zu sehen war, hatte die MET-Gala 2018 ein religiöses Thema , das als „satanisch“ beschrieben wurde, komplett mit Madonna, die eine schwarze Messe leitete. Die Ausgabe 2019 stand ganz im Zeichen des „Lagers“ (definiert als „Liebe zum Unnatürlichen, zum Künstlichen und zur Übertreibung“) und zeigte Outfits, die die kranken Tendenzen der Elite feierten.

Nachdem die MET Gala 2020 aufgrund von COVID abgesagt wurde, machte sie dort weiter, wo sie aufgehört hatte und bot der Welt ein weiteres bizarres und groteskes Spektakel.

Obwohl die meisten der anwesenden Prominenten die letzten Monate damit verbrachten, ihre Social-Media-Konten mit Posts zu spammen, in denen die Menschen aufgefordert wurden, jederzeit Masken zu tragen, trug hier fast keiner der Gäste eine Maske.

Lediglich die Helfer und Mitarbeiter waren zum Tragen von Masken verpflichtet. Dieser visuelle Kontrast zwischen Elite und Nicht-Elite war auffallend und doch repräsentativ für ihre wahre Denkweise.

Aber, lassen Sie Sich nicht täuschen! Die meisten Leute, die bei der MET Gala herummarschierten, sind in keiner Weise mächtig. Sie sind Marionetten, deren Popularität von denen hinter den Kulissen ausgenutzt wird, um ihre Pläne voranzutreiben ... um dann für immer entsorgt zu werden.

Hier ist ein Blick auf die Kostüme, die bei der MET Gala 2021 getragen wurden.

Ein Puppenspiel

Das diesjährige Thema lautete „In America: An Anthology of Fashion" und zeigte Arbeiten amerikanischer Modedesigner. Während die Outfits im Allgemeinen im Vergleich zu den Vorjahren etwas zurückhaltend waren, zeigte sich dennoch der Wahnsinn der Elite.

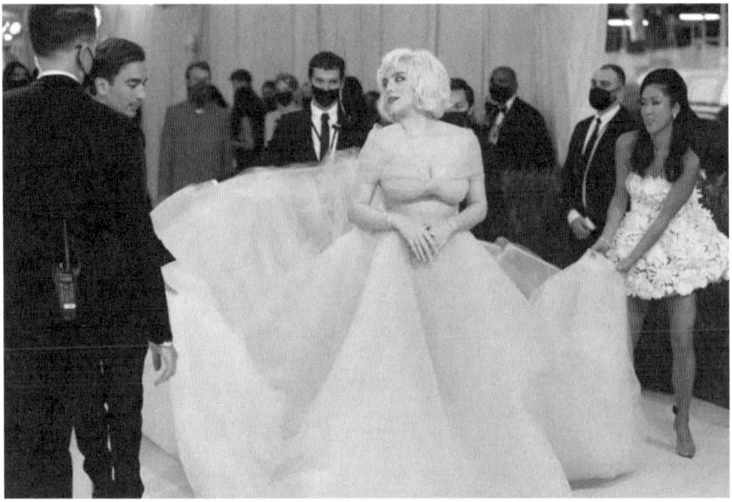

Abb. 523: In der Nacht vor der Gala war Billie Eilish bei den VMAs und sie war im Grunde die „Königin der Nacht“ Am nächsten Tag wurde sie mit 19 Jahren die jüngste Co-Vorsitzende der MET Gala. Sie wurde eindeutig von der Industrie „auserwählt“. Zu diesem Anlass trug sie ein von Marilyn Monroe inspiriertes Outfit und eine Perücke. Wie in früheren Betrachtungen gezeigt, ist Monroe der Archetyp des perfekten Industriesklaven

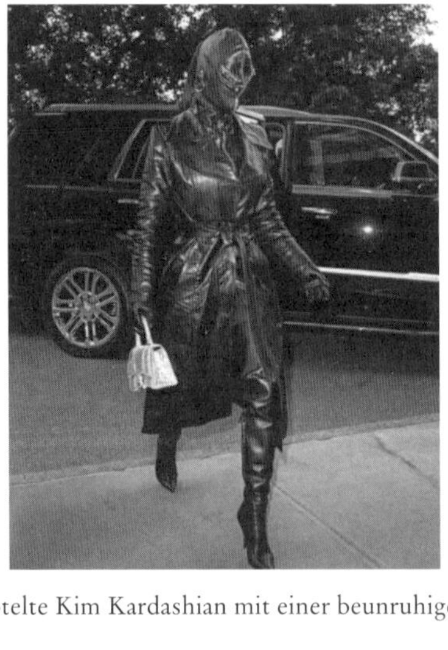

Abb. 524: Vor der Gala tipptelte Kim Kardashian mit einer beunruhigenden Gimpenmaske umher

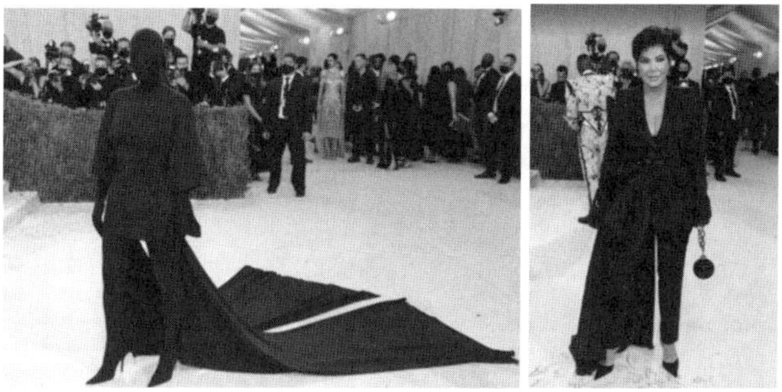

Abb. 525: Bei der eigentlichen Gala war sie weiter in Schwarz gekleidet und hatte ihr Gesicht komplett bedeckt. Was hat das mit dem Thema „Amerika" zu tun? Nichts. Dies ist eine Fortsetzung des okkulten Rituals, das mit Kanyes Donda-Auftritten begann. Abb.: Kims Mutter lief mit einer Kugel an einer Kette herum – eine Rückhaltevorrichtung für Sträflinge. Eine weitere Anspielung auf die Sklaverei ihrer Kinder

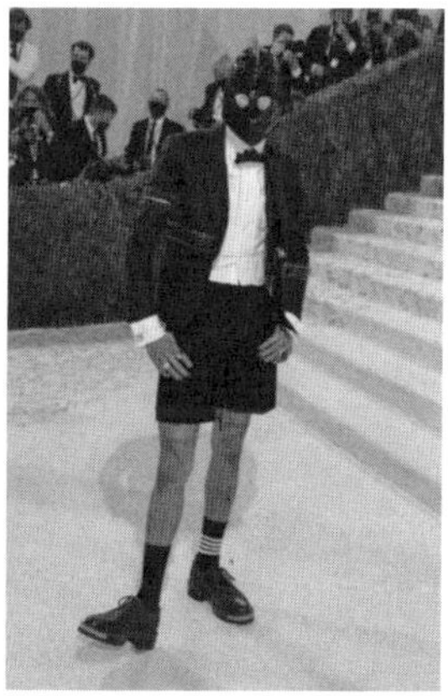

Abb. 526.: Evan Mock ging auch mit einem Look, der sagt: „Ich bin ein Sklave, der täglich von Elite-Perversen missbraucht wird"

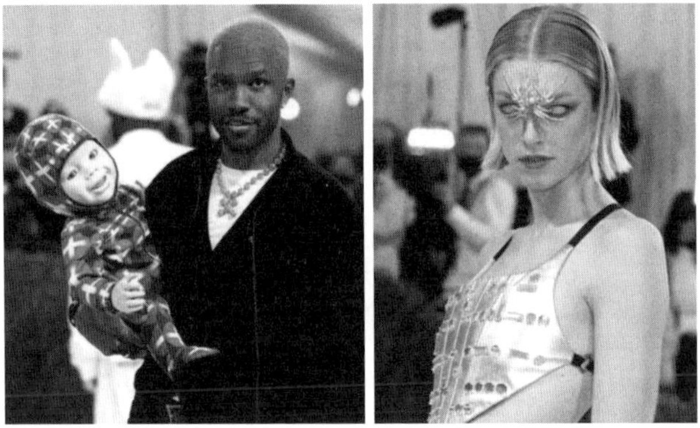

Abb. 527 links: Frank Ocean verwirrte die Leute, indem er mit einem „Roboterbaby“ herumlief. Das sieht einfach nicht richtig aus! Abb rechts: Hunter Schafer ist eine Transgender-Frau, die vor allem für ihre Hauptrolle in der höchst verstörenden Serie Euphoria bekannt ist, die sich an junge Leute richtet. Hier entschied sich Schafer für den "Ich bin von einem Dämon besessen"-Look

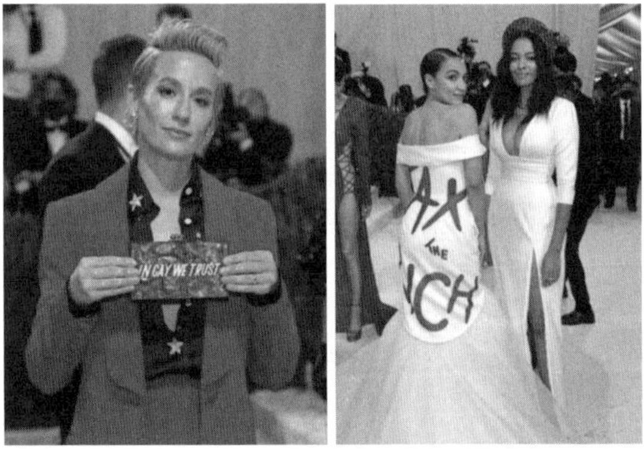

Abb. 528 links: Auf der Clutch von Megan Rapinoe ist das Wort „Gott“ durch „schwul(sein)“ ersetzt. Wohl nicht nur auf ihrer Damenhandtasche. Gott scheint nicht länger willkommen zu sein. Abb. rechts: Alexandria Ocasio Cortez war eine der vielen politischen Persönlichkeiten, die sich unter die okkulte Elite mischten. Sie trug ein Kleid mit der Aufschrift „Besteuert die Reichen“ ... bei einer Veranstaltung, bei der Nichtreichen der Zutritt absolut verboten war.

Wie in den Vorjahren trug ein enormer Prozentsatz der anwesenden Männer – viele davon heterosexuell – Kleider. Die Elite hasst Männlichkeit leidenschaftlich.

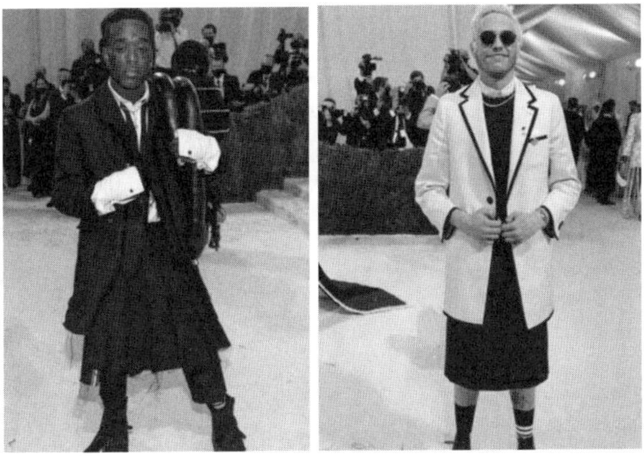

Abb. 529: Lil Uzi Vert (ausgesprochen Lil Lucifer) ist einer der vielen Hip-Hop-Acts, die satanische Bilder mit der geschlechtsspezifischen Agenda kombinieren. Hier sieht der Rapper aus wie eine kürzlich ausgegrabene Leiche. Abb. rechts: Pete Davidson, kostümiert wie eine Mutter, die eine Tupperware-Party veranstaltet

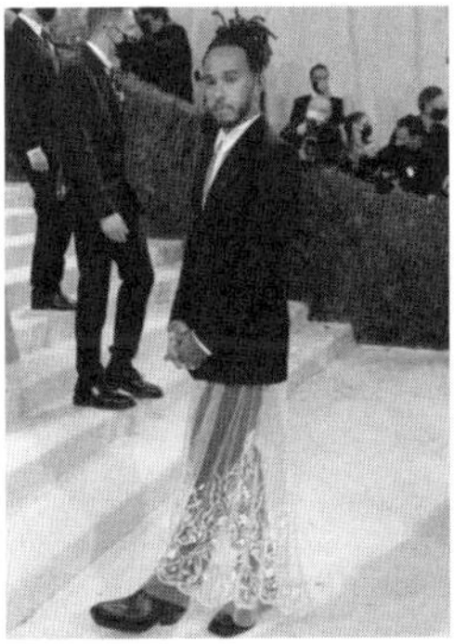

Abb. 530: F1-Fahrer Lewis Hamilton trug einen durchsichtigen Spitzennetzrock. Sie lieben es, Sportler in Frauenkleidung zu sehen. In der letzten Ausgabe der MET sagte NFL-Star Odell Beckham Jr. dem GQ-Magazin, dass er sich weigerte, für die Veranstaltung einen Rock zu tragen. Doch schließlich gab er nach und bewies damit, dass es sich nicht nur um eine „Selbstdarstellung von Männern“ handelt, sondern dass hier ein hohes Maß an Nötigung vorliegt

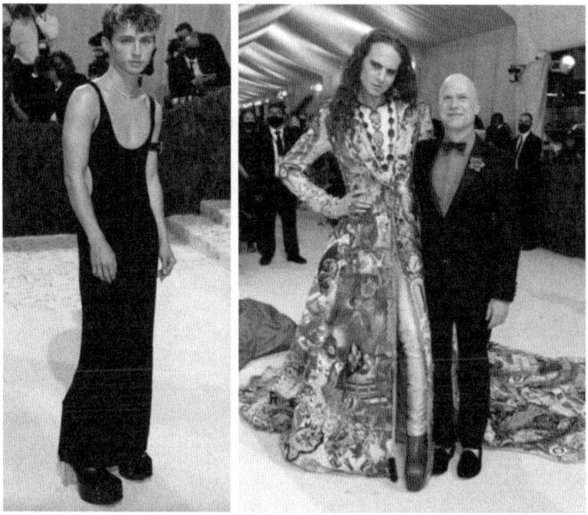

Abb. 531 links: Schauspieler Troye Sivan trug ein schwarzes Kleid, das sein Dekolleté betonte
Abb. rechts: Jordan Roth ist Theaterproduzent. Im Jahr 2016 arbeitete er mit dem Hollywood-Creep Harvey Weinstein zusammen, um die Fundraiser-Show Broadway für Hillary zu produzieren. Er ist derjenige, der ein Kleid mit Schmetterlingsmotiv trägt

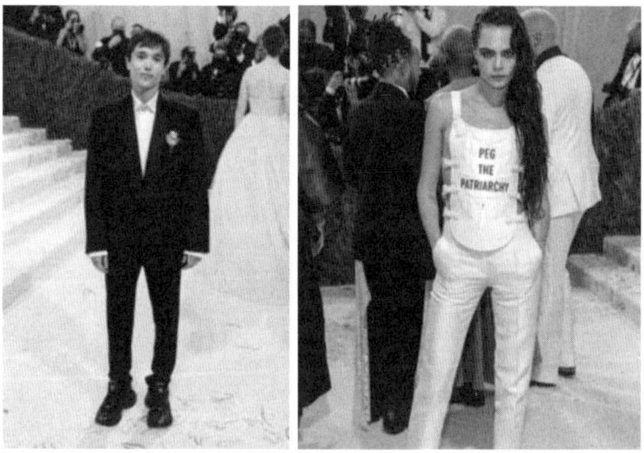

Abb. 532: Der einzige Grund, warum Elliot Page (ehemals Ellen Page) an dieser Veranstaltung teilnimmt, ist, dass die Elite die Agenda der Gender-Unschärfe liebt. Abb. rechts: Die Botschaft auf Cara Delevignes „Weste“ fasst die Denkweise dieser Gala zusammen. Beim Pegging dringt eine Frau mit einem Spielzeug in einen Mann ein. Mit anderen Worten,
eine völlige Umkehrung dessen, was normal und natürlich ist

Obwohl das Thema der MET-Gala 2021 „Amerika“ war, hob diese Veranstaltung tatsächlich die völlige Trennung der okkulten Elite von den „echten“ Menschen Amerikas hervor. In ihrem bizarren und doch höchst exklusiven Kreis marschierten diese elitären Bauern in lächerlichen Kostümen herum, durchdrungen von einem unverdienten Gefühl von Bedeutung und Anspruch.

Wie in den Jahren zuvor wirkten viele Gäste höchst unwohl und fast traumatisiert, als wüssten sie, dass sich hinter den verschlossenen Türen dieser Veranstaltung Schreckliches abspielt.

Kurzum, diese Veranstaltung ist ein perfektes Spiegelbild der trügerischen Wege der Elite: Unter dem Deckmantel der „Kreativität“ verbirgt sich eine Kultur der extremen Unterwerfung.[(225)]

3.3 „Wie unser Leben bald aussehen könnte“: Das WEF veröffentlicht ein weiteres wahnsinniges, dystopisches Video

Das Weltwirtschaftsforum (WEF) hat kürzlich ein Video mit der Überschrift „Werfen Sie einen Blick in die Zukunft“ gepostet. Offensichtlich ist die Zukunft, die sie wollen, ein dystopischer Albtraum, in dem die Entmenschlichung auf ein absurdes Niveau getrieben wird.

Wie Sie wahrscheinlich wissen, hat die Corona-Pandemie seit 2020 das Leben von Milliarden Menschen auf der ganzen Welt vergiftet. Unterdessen kann das Weltwirtschaftsforum seine Aufregung nicht verbergen.

Tatsächlich veröffentlicht diese mächtige, einflussreiche Organisation im Besitz der Elite immer wieder bizarr positive Videos über die „Vorteile“ und „Möglichkeiten“ von COVID-19.

Zum Beispiel veröffentlichte das WEF im Januar ein Video mit dem Titel „What is the Great Reset“[(226)], das im Wesentlichen anerkennt, dass es die Pandemie nutzt, um eine neue soziale und wirtschaftliche Ordnung herbeizuführen … und sich gleichzeitig über diejenigen lustig macht, die dies vorhergesagt haben.

Einen Monat später veröffentlichte das WEF ein weiteres Video mit dem Titel „ Lockdowns Are Quietly Improving Cities Across the World" (227) das nicht weniger verrückt war. Tatsächlich hat das WEF dieses Video schließlich gelöscht ... aber das bedeutet nicht, dass sie ihre Einstellung geändert hätten.

Die Leute, die diese Videos gesehen haben, reagieren aber nicht wie intendiert. Die Propagandawerke werden auf YouTube rigeros abgelehnt und 99,85 % der Kommentare drücken völligen Ekel aus. Das hielt das WEF jedoch nicht davon ab, noch mehr Absurditäten zu schaffen.

Am 17. August veröffentlichte das WEF ein Video mit dem Titel „So könnte unser Leben bald aussehen". Und es sieht aus wie der Trailer eines dystopischen Horrorfilms, in dem Menschen wie entmenschlichtes Vieh behandelt werden.(228)

Das erste, was sie deutlich machen, ist, dass sie nicht wollen, dass Sie oder Ihre Kinder das Haus verlassen. Sie möchten, dass Sie von zu Hause aus arbeiten, und sie möchten, dass Ihre Kinder von zu Hause aus lernen.

Und sie gehen davon aus, dass diese Veränderungen so dauerhaft sein werden, dass Büros dafür umfunktioniert und ganze Stadtteile neu gestaltet werden müssen. Sie wollen nicht einmal, dass Sie das Haus verlassen, um Essen zu holen. Außerdem möchten sie, dass Sie in Ihrem eigenen Haus eine Maske tragen, wenn Sie Essen geliefert bekommen.

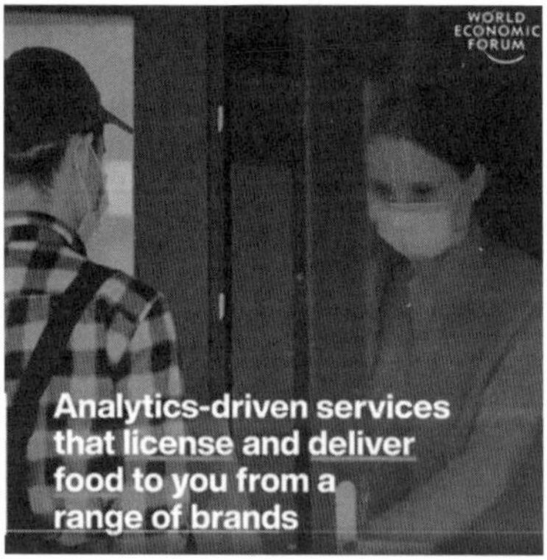

Abb. 533: „Analytikgestützte Dienste" bedeuten, dass große Technologieunternehmen Ihre Internetsuchen und Konsumgewohnheiten analysieren, um Ihre Wünsche „vorherzusagen" und Ihnen diese zukommen zu lassen

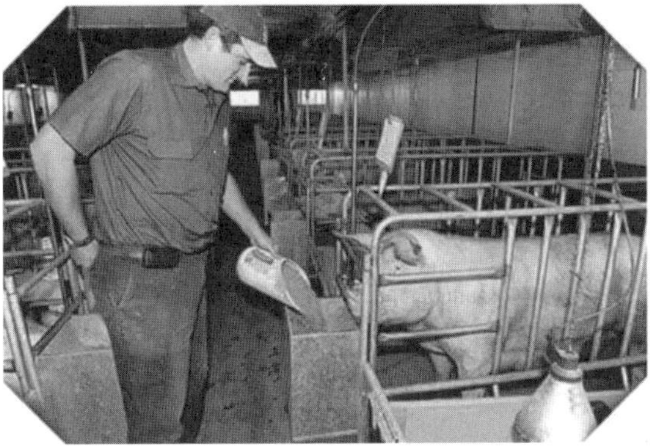

Abb. 534: Hier läuft es schon so

Wenn Sie sich entscheiden verrückt zu werden und tatsächlich das Haus zu verlassen, um andere Leute zu treffen, dann aber bitte so:

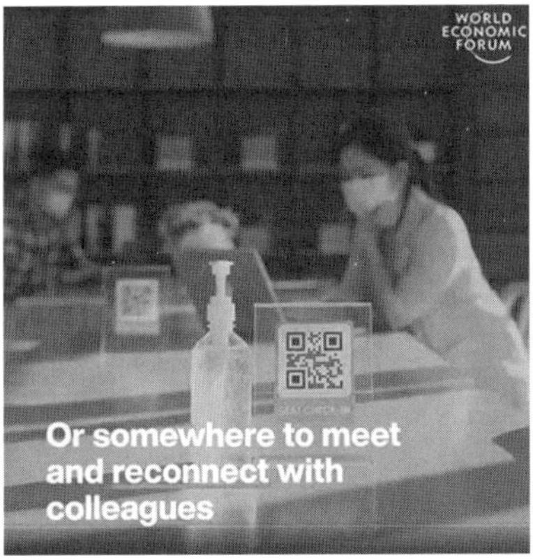

Abb. 535: Wenn Sie einen anderen Menschen treffen, wird es mit Händedesinfektionsmittel und Dauermasken sein. Vergessen Sie nicht, diesen QR-Code zu scannen, damit sie genau wissen, wo Sie sich befinden und mit wem Sie sich treffen.

Sie werden Sie auch auf die gruseligste Art und Weise verfolgen wollen. Ich hasse jedes Wort in diesem Satz:

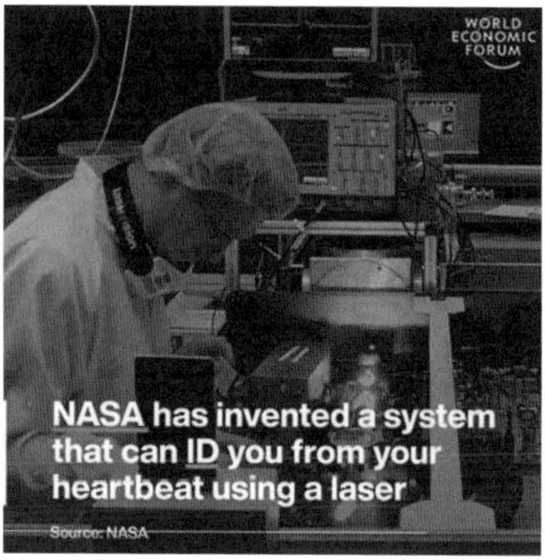

Abb. 536: „Die NASA hat ein System erfunden, das Sie mithilfe eines Lasers anhand Ihres Herzschlags identifizieren kann."

Masken werden laut WEF eine dauerhafte Erscheinung sein. Und aus diesem Grund werden ihre wertvollen Gesichtserkennungssysteme nicht so gut funktionieren. Was ist also die Lösung? Die Masken ablegen, weil Pandemien vorübergehend sind? Nein, natürlich nicht. Mit der Überwachung von Personen aufhören? Sind Sie verrückt?

Die Antwort des WEF: Wir schießen mit Lasern direkt auf eure Herzen und hören euren Herzschlag ab, um euch zu identifizieren. Ja, das ist die verrückteste Antwort auf diese Frage, und genau das haben sie in ihrem Video mit säuselnder Stimme vorgetragen.

Diese Freaks sind auch auf unsere Kinder „laserfokussiert". Sie wollen sie nach ihren dystopischen Prinzipien formen und manipulieren. Aus diesem Grund fördert das WEF permanentes Fernlernen auf Bildschirmen.

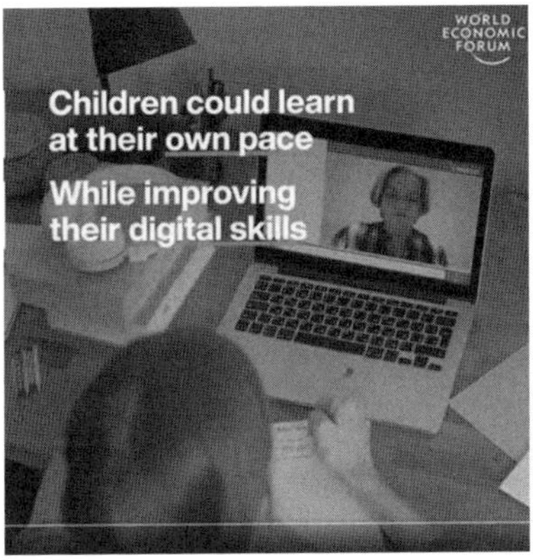

Abb. 537: Sie möchten, dass Ihre Kinder im Haus eingesperrt sind und den ganzen Tag auf Bildschirme starren

Obwohl das Fernlernen für die Entwicklung und das psychische Wohlbefinden von Kindern nicht weniger als katastrophal ist, möchte das WEF, dass es dauerhaft praktiziert wird. Und um diese verrückte Idee zu verkaufen, behaupten sie, dass es „ihre digitalen Fähigkeiten verbessern" würde.

Das ist das schwächste Argument, das ich je in meinem Leben gehört habe. Kinder müssen heute absolut nicht „ihre digitalen Fähigkeiten verbessern". Sie lernen, wie man Telefone und Tablets benutzt, bevor sie laufen lernen.

Wenn überhaupt, müssen sie ihre „digitalen Fähigkeiten" um ein paar Stufen reduzieren und ihre „Geht nach draußen und macht euch schmutzig"-Fähigkeiten um ein paar Stufen verbessern.

Das WEF weiß sehr gut, dass Kinder spielen, Kontakte knüpfen und mit anderen Kindern kommunizieren müssen, um sich richtig zu entwickeln. Sie wollen jedoch nicht, dass sich die Kinder richtig entwickeln.

Das ist die beängstigende und erschreckende Wahrheit über ihre Agenda. Sie versuchen, lebenswichtige Elemente der Entwicklung eines Kindes zu leugnen, um die Art von Mensch zu erschaffen, die sie in ihrer dystopischen Gesellschaft leben lassen wollen.

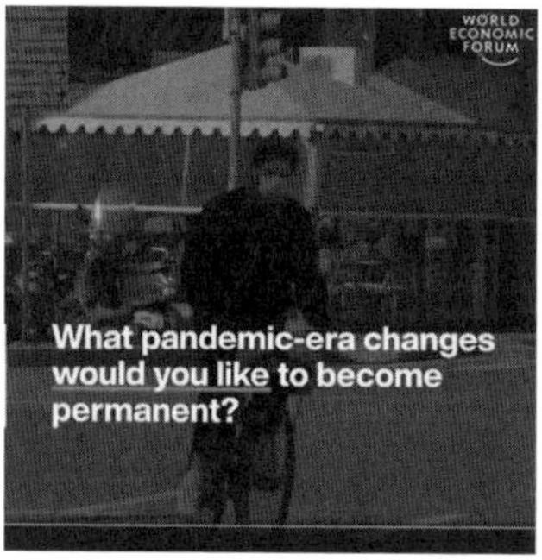

Abb. 538: Welche Pandemie-bedingten Veränderungenmöchten Sie beibehalten? Hat jemand noch absurdere Vorschläge?

Ähnlich wie bei früheren WEF-Videos wurde dieses allgemein mit Ekel rezipiert. Hier sind einige Twitter-Antworten auf das Video (ich habe sie nicht herausgepickt, sie sind buchstäblich alle so).

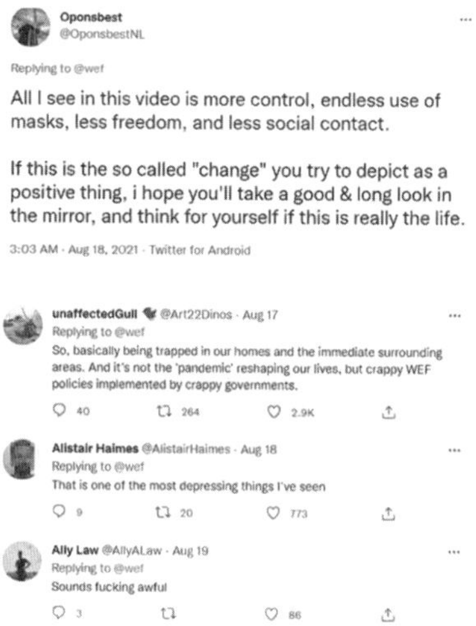

Abb. 539 Ein Kommetar: „Alles, was ich in diesem Video sehe, ist mehr Kontrolle, endloser Gebrauch von Masken, weniger Freiheit und weniger soziale Kontakte. Wenn dies der sogenannte "Wandel" ist, den ihr versucht, als etwas Positives darzustellen, hoffe ich, dass ihr einen guten und langen Blick in den Spiegel werft und für euch selbst überlegt, ob dies wirklich das Leben ist

Das Weltwirtschaftsforum hat einen weiteren dystopischen Film gedreht, dieses Mal über die Gesichtsmaske. Es wurde eine Maske entwickelt, der den Menschen direkt auf Corona testet, während sie diese tragen. Ein eingebauter Sensor analysiert Tröpfchen in Ihrem Atem und liefert Ihnen innerhalb von 90 Minuten ein Ergebnis.

Dem Weltwirtschaftsforum zufolge ist der Test genauso „genau" wie die in den Labors verwendeten PCR-Tests. Und Sie müssen keine lästigen Stäbchen mehr in Ihre Nase stecken.

Die Maske wurde vom Wyss-Institut der Harvard-Universität entwickelt und basiert auf einer neuartigen Biosensor-Technologie. Der Sensor reagiert auf das Vorhandensein bestimmter Moleküle, wie z. B. das „genetische Material in Coronavirus-Partikeln".

Den Erfindern zufolge können diese Masken dazu beitragen, lokal begrenzte Covidausbrüche einzudämmen. Die Technologie kann auch nach der Pandemie eingesetzt werden, indem der Sensor z. B. in die Kleidung integriert wird. Die Sensoren können die Ergebnisse an Ihr Smartphone senden.[(229)]

Die Reaktionen auf das Video sind fast ausschließlich negativ. Ein Kommentator schreibt: „Niemand lässt sich von eurem dystopischen Unsinn beeindrucken".

Klaus Schwab, der Gründer des Weltwirtschaftsforums, sagte 2016 in einem Interview, dass wir in 10 Jahren diese Art von „Wearables" in unserer Kleidung tragen werden. Der nächste Schritt: ein Chip in Ihrem Kopf oder unter Ihrer Haut.

Wie Sie vielleicht bemerkt haben, ärgern mich diese Videos, so wie sie fast jeden, der sie ansieht. Und das aus mehreren Gründen. Erstens, wer hat dafür gestimmt? Hat jemand den Namen von Klaus Schwab – dem Chef des WEF – auf irgendeinem Wahlzettel gesehen?

Natürlich nicht. Tatsächlich arbeitet Schwab seit Jahren am Abbau nationaler Demokratien.

Schwab als Herausgeber des 2010 „Global Redesign"-Berichts des Weltwirtschaftsforums postuliert, dass eine globalisierte Welt am besten von einer Koalition aus multinationalen Konzernen, Regierungen (auch durch das UN-System) und ausgewählten zivilgesellschaftlichen Organisationen (CSOs) gemanagt wird.

Sie argumentieren, dass Regierungen nicht mehr „die überwältigend dominierenden Akteure auf der Weltbühne“ sind und dass „die Zeit für ein neues Stakeholder-Paradigma der internationalen Governance“ gekommen sei.

Die Vision des WEF umfasst eine „öffentlich-private“ UNO, in der bestimmte Sonderorganisationen unter gemeinsamen staatlichen und nichtstaatlichen Governance-Systemen operieren.

Dem Transnationalen Institut (TNI) zufolge plant das Forum daher, ein anerkanntes demokratisches Modell durch ein Modell zu ersetzen, bei dem eine selbstgewählte Gruppe von "Interessenvertretern" Entscheidungen für die Bevölkerung trifft. Der Think Tank fasst zusammen, dass wir zunehmend in eine Welt eintreten, in der Zusammenkünfte wie Davos „ein stiller globaler Staatsstreich“ sind, um die Regierungsführung zu übernehmen.

Zweitens wirbt jedes einzelne WEF-Video unironisch für eine freudlose, freiheitslose Welt, in der alles, was das Leben lebenswert macht, verboten ist. Sie wollen, dass Sie in Ihrem Haus bleiben, während sie mit Hilfe von Technologie aus Ihnen herausholen, was sie brauchen. Sie wollen Ihre Kinder dazu erziehen, sich ebenso zu verhalten.

Sie wollen nicht, dass Sie sich zu weit von Ihrem Zuhause entfernen, und wenn Sie es doch tun, wollen sie Sie auf biologischer Ebene verfolgen. Sie wollen vor allem nicht, dass Sie auf normale Weise mit anderen Menschen interagieren, denn das könnte etwas Menschlichkeit in Ihnen wecken.

Wollen Sie so leben? Wollen Sie, dass Ihre Kinder in einer solchen Welt aufwachsen? Wenn nicht, müssen wir aktiv jeden Versuch zurückweisen, ihre Pläne zu verwirklichen, und zwar auf allen möglichen Ebenen.[230]

3.4 Stars Pro und Contra Impfung: „Die Ärzte", „Die Toten Hosen", Nena, Westernhagen, Eric Clapton, Neil Young und weitere

Wie Einflussnahme in positiver oder negativer Weise auf Menschen im Allgemeinen ausfallen kann, sehen wir im Besonderen an den vielen Beispielen bei den Fans der Popstars im Zuge der Covid-P(l)andemie. Einflussnahme heißt jetzt nicht, dass, wenn Billie Eilish sich zu Impfungen äußert, sie vorher von Bill Gates angerufen wurde und er ihr sagte: „Hey, Billie, hier ist der andere Billy, kannst Du bitte was Nettes über meine experimentellen Impfungen sagen? Ich sorge dann dafür, dass Du unser Liebling bleibst und weiter Deine Songs trällern kannst." Ich denke, es ist eher eine automatische Konformität im Fluss der Massen zu schwimmen, dem Narrativ der Agenda blindlinks zu folgen und diese durch eigene Aussagen zu verstärken. Was hat die selbsterkorene Gesundheitsexpertin Eilish von sich gegeben? Die „Berliner Zeitung" schreibt im November 2021:

„Die Sängerin infizierte sich trotz Impfung mit Corona und war fast zwei Monate lang krank. Sie habe immer noch Nebenwirkungen, sagt Eilish im Interview.
Sängerin Billie Eilish hat im Radio von ihrer Corona-Erkrankung erzählt. Sie sei zwar nicht gestorben, aber das ändere nichts daran, wie schlimm es gewesen sei. Bei Kult-Radiomann Howard Stern sagt Eilish: ‚Es war schrecklich.' Billie Eilish sagte weiter, dass sie bereits vor der Corona-Infektion vollständig geimpft gewesen sei. Dennoch infizierte die junge Frau sich und erkrankte auch an Corona. Mittlerweile sei sie über den Berg, aber: ‚Ich habe immer noch Nebenwirkungen, ich war fast zwei Monate lang krank.' Eilish weiter: ‚Ich glaube, wenn ich nicht geimpft worden wäre, wäre ich gestorben, denn es war schlimm.' Sie sagte im Gespräch mit Howard Stern weiter, dass die Impfung nicht nur sie selbst gerettet hätte. Die Impfung habe auch ihren Bruder Finneas, ihre Eltern und ihre Freunde davor bewahrt, sich anzustecken. Eilish: ‚Bitte lassen Sie sich impfen. Es ist nicht nur für dich, du egoistische Schlampe. Es ist für alle um dich herum.' Wo genau sich Eilish trotz ihrer Impfung angesteckt hat, sagte sie nicht. Allerdings hatte sie zuvor einen Auftritt bei der NBC-Sketch-Show Saturday Night Live. Deren Produzent sei krank gewesen: ‚Mr. Lorne hustete und hustete

und hustete.'"[231]

Ist es nicht überaus charmant, die ungeimpften Fans mit „Schlampe" anzureden? Und sie behauptet, sie wäre wahrscheinlich ohne Impfung an Covid gestorben – woher weiß sie das denn? Was ist mit den Menschen, die trotz Impfung und Booster verstorben sind? Alles nur billige Show eines aufgeblasenen Starlets.

Sie wollen mehr Beispiele? Kein Problem. „Billboard" ist eine US-amerikanisches Entertainment-Magazin und fungiert heute in erster Linie als Online-Magazin für Nachrichten, Ereignisse und Rezensionen aus der Musikbranche. Dort wurde Ende Januar 2022 dieser Artikel publiziert: „All the Musicians Who Have Spoken Out About Having Coronavirus" („Alle Musiker, die äußerten, das Coronavirus zu haben").[232]

Elton John

Der legendäre Musiker teilte am 25. Januar 2022 in einer Instagram-Story mit, dass er positiv auf COVID-19 getestet worden sei und die Dallas-Shows seiner Abschiedstournee verschieben müsse. „Glücklicherweise bin ich vollständig geimpft und aufgefrischt und meine Symptome sind mild", fügte er hinzu und merkte an, dass er erwarte, bis zum Wochenende gesund genug zu sein, um in Arkansas aufzutreten.

Roberta Flack

Die R&B-Legende enthüllte in einer Erklärung vom 13. Januar 2022, dass auch sie einen Impf-Durchbruch erlebte. „Die Impfstoffe und die Auffrischungsimpfung haben funktioniert und mich vor einer schweren Krankheit oder einem Krankenhausaufenthalt geschützt", teilte sie mit. „Stattdessen war ich krank mit Müdigkeit, Fieber und leichter Verstopfung. Ich blieb zu Hause, um mich auszuruhen und zu erholen. Heute fühle ich mich viel besser. Ich bin zu Hause und isoliere mich, bis ich diese Woche erneut teste und einen negativen Test erhalte. Ich kann bezeugen: Impfstoffe und Auffrischungsimpfungen wirken. Wenn Sie nicht geimpft sind, tun Sie dies bitte. Wahrscheinlich haben sie mir das Leben gerettet."

Paul Stanley

Der Leadsänger von KISS teilte am 27. Dezember 2021 in einem Instagram-Post mit, dass er die zweite COVID-19-Behandlung innerhalb von sechs Monaten durchmache, nachdem er sich mit der Omicron-Variante des Virus infiziert habe. „Mein Omicron-Gesicht! Jep. Meine ganze Familie hat es. Ich bin müde und habe Schnupfen", beschriftete er ein Nahaufnahmefoto von sich. „Die meisten meiner Familienmitglieder haben absolut keine Symptome. Tun Sie, was Sie wollen. Ich bin so froh, dass ich geimpft bin."

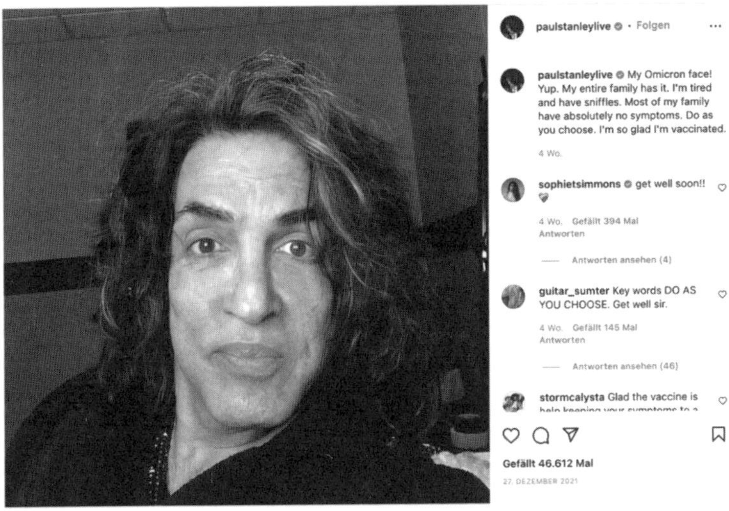

Abb. 540: Paul sieht ziemlich auf„geboostert" aus

Brian May

Der Queen-Gitarrist teilte am 18. Dezember 2021 mit, dass er, nachdem er kürzlich an einer Geburtstagsfeier teilgenommen hatte, positiv auf COVID-19 getestet worden war. „Nun kam der schockierende Tag auch für mich. Die gefürchtete doppelte rote Linie", schrieb May neben einem Foto seiner Testergebnisse auf Instagram. „Und ja – ich erwarte definitiv KEIN Mitleid – es waren ein paar wirklich schreckliche Tage, aber mir geht es gut." Am 20. Dezember fügte der Rocker, der geimpft ist und seine Auffrischungsimpfung erhalten hat, in einem langen Beitrag hinzu, dass „der Kampf in meinem Körper noch im Gange ist".

Ist es nicht wunderbar zu wissen, dass unsere Musikhelden der Vergangenheit und Gegenwart trotz einer Impfung an dem Virus erkrankt sind? Moment mal, was habe ich da gerade geschrieben, sie wurden krank? Warum dann überhaupt die Impfung? Es liegt durchaus im Bereich des Möglichen, das die Impfung nicht schützt, sondern erst recht krank macht.

In einem Artikel vom 27. Januar 2022 schreibt Dr. Joseph Mercola(233):

„Eine Reihe von medizinischen Experten, Wissenschaftlern und veröffentlichten Studien warnen nun davor, dass die COVID-Spritzen das Immunsystem so umprogrammieren, dass es in einer dysfunktionalen Weise reagiert. Dies erhöht nicht nur die Anfälligkeit für Infektionen, sondern kann auch zu Autoimmunkrankheiten und Krebs führen.

In einer am 6. Mai 2021 auf dem Preprint-Server medRxiv veröffentlichten Arbeit wird berichtet, dass die COVID-Impfung von Pfizer/BioNTech ‚sowohl die adaptive als auch die angeborene Immunantwort umprogrammiert', was zu einer Verarmung des Immunsystems führt.

Während sie bestätigten, dass die Impfung „eine wirksame humorale und zelluläre Immunität gegen mehrere SARS-CoV-2-Varianten induzierte, modulierte sie ‚auch die Produktion von Entzündungszytokinen durch angeborene Immunzellen bei Stimulation mit spezifischen (SARS-CoV-2) und unspezifischen (viralen, pilzlichen und bakteriellen) Reizen'.

Mit anderen Worten: Wir haben es mit einem schrecklichen Kompromiss zu tun. Sie erhalten zwar einen gewissen Schutz gegen SARS-CoV-2 und seine Varianten, aber Sie schwächen Ihre allgemeine Immunfunktion, was allen möglichen anderen Gesundheitsproblemen Tür und Tor öffnet, von Bakterien-, Pilz- und Virusinfektionen bis hin zu Krebs und Autoimmunität.

Nach der Injektion reagierten die Zellen des angeborenen Immunsystems deutlich weniger auf Liganden der Toll-like-Rezeptoren und (TLR4, TLR7, TLR8), während die durch Pilze ausgelösten Zytokinreaktionen stärker waren. Den Autoren zufolge wurden Defekte in TLR7 bereits früher mit einer erhöhten Anfälligkeit für COVID-19 bei jungen Männern in Verbindung gebracht.

Personen, die ‚vollständig geimpft' waren, d. h. zwei Dosen der Pfizer-Impfung erhalten hatten, produzierten bei der Stimulation auch deutlich weniger Interferon, was die anfängliche angeborene Immunantwort gegen das Virus behindern kann.

Krankheitserregende Infektionen und Krebs sind nur zwei mögliche Folgen dieser Art von Umprogrammierung. Frühere Forschungen haben zum Beispiel Defekte im Immunsystem mit einem höheren Risiko für Autoimmunerkrankungen in Verbindung gebracht. Darüber hinaus hat sich gezeigt, dass insbesondere Antigene in Impfstoffen diese Art von Fehlfunktion des Immunsystems hervorrufen können.“

Am 6. Dezember 2021 berichtete Newsweek über einen COVID-Ausbruch unter ‚vollständig geimpftem‘ Krankenhauspersonal in Spanien. Nach einem Weihnachtsessen, an dem mehr als 170 vollständig geimpfte Mitarbeiter des Gesundheitswesens teilnahmen, wurden fast 70 von ihnen positiv auf COVID getestet. Einige berichteten über leichte Symptome. Daniel Horowitz wies in einem Blaze-Beitrag vom 9. Dezember 2021 auf die falsche Anmerkung des Herausgebers hin:

‚Undichte Impfstoffe sind schlimmer als gar kein Impfstoff. Das ist die unmissverständliche Schlussfolgerung, die man aus einem Artikel im Mai 2018 in der Zeitschrift Quanta, einer wissenschaftlichen Top-Publikation, über die erfolglosen Versuche, Impfstoffe gegen HIV, Malaria und Milzbrand zu entwickeln, die nicht undicht sind und nicht Gefahr laufen, die Erreger gefährlicher zu machen, ableiten würde.

Doch nun, da wir sehen, wie sich ein solcher mikrobiologischer Frankenstein im wirklichen Leben abspielt, und Leute wie Dr. Robert Malone diesen Artikel zitieren, um auf die undichten COVID-Impfungen aufmerksam zu machen, hat das Quanta-Magazin den beispiellosen Schritt unternommen, dreieinhalb Jahre später einen redaktionellen Hinweis auf einen Artikel zu setzen, um die Leute dazu zu bringen, ihn nicht mehr auf den undichtesten Impfstoff aller Zeiten anzuwenden.‘“

Dr. Robert Malone ist einer der prominentesten Kritiker der Impfkampagne mit den gefährlichen, gentherapeutischen Präparaten. Als einer der Erfinder der mRNA-Technologie und der mRNA-Impf-Teststoffe, der noch eine Reihe von Patenten hält, ist er einer der Wissenschaftler, dessen Wort besonderes Gewicht hat. Deshalb wird er aggressiv verfolgt und zensiert.

Er wurde kürzlich von Twitter gesperrt, trotz oder wegen 500.000 Followern. Die Tech-Konzerne aus dem Silicon Valley stecken mit der Pharma-Branche und den Betreibern der Pandemie unter einer Decke. Fachlich fundierte Kritik gefährdet das Projekt, das hier beschrieben ist. Malone merkt etwas süffisant an, dass er zwar eine halbe Million Follower auf Twitter verloren hat, dafür aber 50 Millionen bei der Sendung Joe Rogan gewonnen. Malone erklärt in der Sendung, dass *Thompson-Reuters* der bevorzugte Faktenprüfer von Twitter ist und diese wiederum mit *Pfizer* verbunden sind.

Dies entscheidet zum Teil darüber, was auf Twitter diskutiert werden darf. Malone sagt: „Pfizer ist eine der kriminellsten pharmazeutischen Organisationen der Welt, wenn man ihre Vorgeschichte und ihre Geldstrafen betrachtet." Er sagt, dass es sich bei Fehlverhalten in der Pharmaindustrie um eine Kosten-Nutzen-Analyse handelt und dass sie nicht auf ethischen Grundsätzen beruht.[(234)]

Was, glauben Sie, ist passiert, nachdem Joe Rogan in seinem Podcast die alternative Sichtweise von Dr. Robert Malone zu den Covid-Impfungen seinen Zuhörern präsentiert hat? Der nächste Musiker trat aufs Trapez und forderte von Spotify Joe Rogan zu zensieren. Die britische Zeitung „The Guardian" titelte am 25. Januar 22: „Neil Young fordert Spotify auf, seine Musik wegen Falschmeldungen über den Impfstoff von Joe Rogan zu entfernen." Weiter heißt es im Artikel.[(235)]

„Neil Young hat gefordert, dass seine Musik von Spotify entfernt wird, weil Podcaster Joe Rogan im Streaming-Dienst falsche Informationen über Impfstoffe verbreitet hat, und sagte: ‚Sie können Rogan oder Young haben. Nicht beide.'

In einem offenen Brief an seinen Manager und sein Plattenlabel, der auf seiner Website veröffentlicht, später aber wieder entfernt wurde, schrieb Young: ‚Ich tue dies, weil Spotify gefälschte Informationen über Impfstoffe verbreitet – was möglicherweise den Tod derjenigen nach sich zieht, die diese Desinformation glauben. Bitte handeln Sie noch heute unverzüglich und halten Sie mich über den Zeitplan auf dem Laufenden.'

Young gab an, dass er sich zu seiner Entscheidung durch die The Joe Rogan Experience gezwungen sah, dem derzeit beliebtesten Podcast von Spotify und einem der größten der Welt. Rogan unterzeichnete 2020 einen Vertrag über 100 Millionen US-Dollar, der Spotify die exklusiven Rechte an der Show einräumte.

‚Mit geschätzten 11 Millionen Zuhörern pro Folge ist JRE, exklusiv auf Spotify gehostet, der weltweit größte Podcast und hat enormen Einfluss. Spotify hat die Verantwortung, die Verbreitung von Falschmeldungen auf seiner Plattform einzudämmen, obwohl das Unternehmen derzeit keine Richtlinie zu Falschmeldungen hat", schrieb er und fügte hinzu: ‚Ich möchte, dass Sie Spotify HEUTE sofort wissen lassen, dass ich meine gesamte Musik von ihrer Plattform entfernen möchte … Sie kann Rogan oder Young haben. Nicht beide.'

Der Brief war an seinen Manager Frank Gironda und Tom Corson, den

Co-Chairman und Chief Operating Officer von Warner Records, adressiert, die Youngs Musik über das Label Reprise Records veröffentlichen.

Gironda bestätigte gegenüber ,The Daily Beast', dass der Brief echt sei. ,Das ist etwas, das Neil wirklich wichtig ist. Er ist sehr verärgert … wir versuchen zu klären.'"

Das klingt nun wie ein ganz platter Erpressungsversuch eines beleidigten Kindes, entweder er oder ich. Die eigentümliche Rolle von Neil Young in der Musikszene können Sie in dem Buch „Der Musik-Code" nachlesen. Diese Kindergarten-Nummer von Neil endet hier nicht, denn zum Glück gibt es noch Menschen und Firmen, die nicht bei jedem Gegenwind einklappen.

Das Magazin „The Hollywood Reporter" schreibt am 26. Januar 2022:

„Spotify zieht Musik von Neil Young nach Einwänden des Künstlers gegen Joe Rogan zurück. Es wird erwartet, dass der Künstler 60 Prozent seiner Streaming-Einnahmen verliert, indem er sein Angebot von Spotify abzieht.

Spotify ist dabei, Neil Youngs gesamten Musikkatalog aus seinem Dienst zu entfernen, nachdem der Künstler einen offenen Brief mit einem Ultimatum veröffentlicht – und dann entfernt – hat: Kümmert euch um die Impfstoff-Falschmeldungen aus Joe Rogans Podcast oder ihr verliert Youngs Musik.

Zwei Tage nach Veröffentlichung des Schreibens ist Spotify nun dabei, Youngs Musik aus dem Streaming-Dienst zu entfernen, sagte ein Spotify-Sprecher gegenüber ,The Hollywood Reporter'.

,Wir möchten, dass alle Musik- und Audioinhalte der Welt für Spotify-Benutzer verfügbar sind. Damit einher geht eine große Verantwortung, ein Gleichgewicht zwischen der Sicherheit für die Zuhörer und der Freiheit für die Schöpfer herzustellen. Wir verfügen über detaillierte Inhaltsrichtlinien und haben seit Beginn der Pandemie über 20.000 Podcast-Episoden im Zusammenhang mit COVID entfernt. Wir bedauern Neils Entscheidung, seine Musik von Spotify zu entfernen, hoffen aber, ihn bald wieder begrüßen zu können', sagte der Sprecher gegenüber THR."[(236)]

Das hat Mr. Young augenscheinlich nicht erwartet, klingt nach einem klassischen Eigentor! Autsch.

Der Druck auf Spotify nimmt seitens der Narrativ-Gläubigen allerdings weiter zu. Wie „Spiegel Online" berichtet [(237)] veröffentlichte Joni Mitchell auf ihrer Website eine Erklärung, der zufolge sie ihre gesamte Musik ebenfalls von dem Streamingdienst entfernen lässt.

Joni Mitchell schreibt in ihrer Erklärung: „Verantwortungslose Menschen verbreiten Lügen, die Leben kosten." Mitchell und Young stammen beide aus Kanada und sind seit Ende der Sechzigerjahre befreundet. Sie standen gemeinsam auf der Bühne und schrieben Songs übereinander.

Mitte Januar hatten bereits mehr als 270 Mediziner und Forscher Spotify aufgefordert, „The Joe Rogan Experience" nicht weiter auszustrahlen.

Ach ja, auch die beiden Nichtsnutze geben ihren Senf zu dem Vorgang. Prinz Harry und Meghan Markle äußern nun ebenfalls Bedenken.(238) „Millionen Menschen sind jeden Tag von den schwerwiegenden Schäden durch ausufernde Fehl- und Desinformationen betroffen", sagte der Sprecher ihrer Archewell-Stiftung. „Wir haben Spotify gegenüber weiterhin unsere Bedenken geäußert, um sicherzustellen, dass Änderungen an der Plattform vorgenommen werden, um zur Bewältigung dieser Krise im Bereich der öffentlichen Gesundheit beizutragen." Wenn Spotify dies erreiche, seien Harry und Meghan entschlossen, die Zusammenarbeit fortzusetzen.

Spotify hat sich zur Kritik von Meghan und Harry bislang nicht geäußert. Das Unternehmen hatte zuvor mitgeteilt, man habe daran gearbeitet, „die Sicherheit für die Zuhörer mit der Freiheit für die Urheber" in Einklang zu bringen.

Wußten Sie, dass Harry und Meghan auf Spotify ein Mega-Flop sind? Es sollte eines der ersten großen Projekte von Prinz Harry und Meghan Markle nach ihrem Umzug in die USA werden - und eine finanzielle Emanzipation vom britischen Königshaus.

Doch seltsamerweise ist es nach nur einer Folge still um ihren Podcast „Archewell Audio" geworden. Dabei war es für Spotify zunächst ein vielversprechender Scoop. Und jetzt? Jetzt greift der Geldgeber ein! Im Dezember 2020 hatte der Streaming-Dienst angekündigt, dass Prinz Harry und Herzogin Meghan exklusiv auf Spotify ein Podcast-Format präsentieren werden. Das ließ sich das Unternehmen über 20 Millionen Euro kosten.

Das Ergebnis hat man sich sicherlich anders vorgestellt: Seit einem einzigen „Holiday Special" mit hochkarätigen Gästen wie Elton John und James Corden, das kurz vor Silvester 2020 veröffentlicht wurde, herrscht Funkstille.

Im gesamten Jahr 2021 haben Harry und Meghan nichts Neues auf Spotify veröffentlicht. Dabei ist Harry sogar in anderen Podcasts aufgetreten und hat gemeinsam mit Meghan einige weitere hochkarätige Deals abgeschlossen. Zeit scheint das Paar also eigentlich zu haben ...

Jetzt zieht Spotify zwar nicht den Stecker, aber Konsequenzen: Der Podcast der royalen Auswanderer soll gerettet werden! Laut „Daily Mail" stellt der Streaming-Dienst dafür ein komplett neues Team zusammen, um die Produktion der Sendungen selbst in die Hände zu nehmen. Die freien Stellen werden Bewerbern mit Sitz in Los Angeles angeboten.

In einer Anzeige für die Position eines leitenden Produzenten heißt es: „Wir stellen derzeit ein Team zusammen, das mit ‚Archewell' eine neue Show mit Fokus auf Stimmen hochkarätiger Frauen aufbauen und starten wird."

Der ideale Kandidat braucht „Erfahrung in der Arbeit mit hochkarätigen Talenten und Interesse an der Schnittstelle von sozialem Aktivismus und Popkultur."

Aber: Die Verträge sind vorerst auf sechs Monate angesetzt. Vielleicht ein Hinweis darauf, dass dann die zweite Podcast-Chance für die Royals endgültig abläuft? Kein Wunder, wer will schon das Geschwätz von zwei Dummbeuteln hören, die noch nie im Leben etwas geleistet haben!?

Nachdem Tage später Bruce Springsteen und der Gitarrist Nils Lofgren ihre Musik bei Spotify entfernen ließen, brach Joe Rogan sein Schweigen. In dem Video [239] einer Art öffentlichen Beichtstuhl, der anscheinend von Rogan selbst mit seinem eigenen Telefon gedreht wurde, entschuldigte sich Rogan bei denen, die er unwissentlich beleidigt hatte, bevor er mit einer ergreifenden, sorgfältig ausgearbeiteten Erklärung begann, die die Verweigerer sanft anstupste und daran erinnerte, warum Rogans Show ein Muss ist, und führend im modernen Podcast-Goldrausch.

„Ich wollte dieses Video zuallererst machen, weil ich denke, dass es viele Leute gibt, die ein verzerrtes Missverständnis darüber haben, was ich tue, vielleicht aufgrund von Soundbites oder Überschriften von Artikeln, die abschätzig sind. Dem Podcast wurde vorgeworfen, ‚gefährliche Fehlinformationen' verbreitet zu haben ... insbesondere über zwei Episoden, eine mit Dr. Peter McCollough und eine mit Dr. Robert Malone.

Diese beiden Leute sind sehr hochqualifizierte, sehr intelligente, professionelle Leute, und sie haben eine Meinung, die sich von der Mainstream-Erzählung unterscheidet. Ich wollte ihre Meinung hören.

Das Problem, das ich mit dem Begriff Desinformation habe, insbesondere heute, ist, dass viele der Dinge, die vor 8 Monaten als ‚Desinformation' galten, jetzt als Tatsachen akzeptiert werden. Wenn Sie zum Beispiel vor 8 Monaten sagten: ‚Wenn Sie sich impfen lassen, können Sie immer noch COVID bekommen und Sie können immer noch COVID verbreiten', würden Sie aus den sozialen Medien entfernt, sie würden Sie von bestimmten Plattformen verbannen.

...wenn Sie sagten: ‚Ich glaube nicht, dass Stoffmasken funktionieren', würden Sie aus den sozialen Medien ausgeschlossen werden, jetzt wird das offen und wiederholt auf CNN gesagt. Wenn Sie sagten: ‚Ich denke, es ist möglich, dass COVID aus einem Labor stammt', würden Sie von vielen Social-Media-Plattformen gesperrt werden – jetzt ist es auf dem Cover von ‚Newsweek'.

Ich weiß nicht, ob sie Recht haben? Nein ... ich bin kein Arzt, ich bin kein Wissenschaftler ... ich bin nur eine Person, die sich mit Menschen zusammensetzt und mit ihnen Gespräche führt. Verstehe ich etwas falsch? Absolut ... aber wenn ich etwas falsch mache, versuche ich, es zu korrigieren ... weil ich daran interessiert bin, herauszufinden, was die Wahrheit ist, und ich bin daran interessiert, Gespräche mit Menschen zu führen, die anderer Meinung sind. Ich bin nicht daran interessiert, mit Leuten zu sprechen ... die nur eine Perspektive haben.

„...sind es nur Gespräche... oft habe ich keine Ahnung, worüber ich sprechen werde, bis ich mich hinsetze... das ist auch der Reiz der Show, es ist eines der Dinge, die es interessant machen."

Gegen Ende des Videos sagte Rogan zusammenfassend:

„Ich versuche nicht, Fehlinformationen zu fördern, ich versuche nichts Kontroverses zu tun, ich versuche nur, regelmäßige Gespräche mit diesen Leuten zu führen.

Ich verspreche Ihnen, dass ich mein Bestes tun werde, um diese kontroverseren Standpunkte mit den Perspektiven anderer Menschen auszugleichen, damit wir vielleicht eine bessere Sichtweise finden. Ich möchte nicht nur die gegenteilige Meinung zu dem, was die vorherrschende Erzählung ist, aufzeigen. Ich möchte alle möglichen Meinungen zeigen, damit wir herausfinden können, was los ist – und nicht nur über COVID, über Gesundheit, über Fitness, Wellness, den Zustand der Welt selbst."

Und schließlich dankte er sogar „den Hassern" dafür, dass sie ihm geholfen haben, ihn scharf zu halten.

„Sogar danke an die Hasser, es ist gut, ein paar Hasser zu haben, weil es einen dazu bringt, zu überdenken, was man tut ... und ich denke, das ist auch gut."[240]

„Newsweek" berichtet das der Hollywood-Schauspieler Dwayne The Rock" Johnson Rogan seine Unterstützung zugesagt hat. In einem Kommentar zu Rogans Video schrieb der zum Schauspieler gewordene Wrestler Johnson: *„Tolle Sachen hier, Bruder. Perfekt artikuliert. Freue mich darauf, eines Tages zu kommen und den Tequila mit dir trinken."*[(241)]

Jetzt wird es interessant: „Spotify und Big Pharma: Die Verbindung zu Neil Young" berichtet die US-Webseite „https://americasfrontlinedoctors.org":

„Youngs Veröffentlichungseinnahmen von Spotify beliefen sich laut Billboard im vergangenen Jahr auf 308.000 Dollar, was etwa 19 % seiner Einnahmen entsprach. Egal, wie persönlich man COVID-19 nehmen mag, es ist immer noch schwer zu glauben, dass es sich lohnt, 300.000 Dollar deswegen zu verlieren.

Deshalb hat man sich genauer angesehen, was Neil Young zu einer solchen Haltung veranlasst haben könnte, und es gibt einen Anhaltspunkt. Es beginnt mit einem Mann namens Jeff Kindler.

Kindler ist eine erfahrene Führungskraft, die in leitenden Positionen bei Unternehmen wie ‚General Electric' und ‚McDonald's' tätig war. Im August 2020 wurde bekannt, dass Kindler als Senior Advisor für eine der größten Investmentfirmen der Welt, ‚Blackstone', tätig ist. Im Jahr 2021 ging ‚Blackstone' eine Partnerschaft mit einem musikorientierten Investmentfonds, ‚Hipgnosis Songs Fund Limited', ein, bei der ‚Blackstone' Rechte an Songs im Wert von 1 Milliarde Dollar kaufte.

Zu diesem Zeitpunkt besaß ‚Higpnosi's bereits 50 % von Neil Young. Konkret besitzt ‚Hipgnosis' 50 % der Urheberrechte und Einkommensanteile an Youngs gesamtem Katalog mit 1.180 Liedern.

Im Jahr 2022 beschwerte sich Neil Young darüber, dass der größte Podcaster der Welt nicht nett über den COVID-19-Impfstoff spricht. Dieser ist vielleicht das bisher größte Produkt von Pfizer, mit einem prognostizierten Umsatz von etwa 65 Milliarden Dollar in den Jahren 2021 und 2022, was etwa 80 % der gesamten Einnahmen von Pfizer entspricht.

Keines der oben genannten Ereignisse scheint in einem Zusammenhang zu stehen, bis wir bedenken, dass Jeff Kindler der frühere Chairman und CEO von Pfizer war.

Dann kommt es darauf an, die richtige Frage zu stellen. Zum Beispiel könnte man fragen, warum Blackstone den ehemaligen CEO von Pfizer als Senior Advisor eingestellt hat? Oder warum entschied sich ‚Blackstone' für eine Partnerschaft mit ‚Hipgnosis', das 50 % der Werke von Neil Young besitzt? Warum hat Neil Young 50 % seiner Inhalte an Hipgnosis verkauft?

Und schließlich: Warum war Neil Young bereit, 300.000 Dollar zu verlieren, weil einige Ärzte etwas über einen Impfstoff sagten, an dessen Herstellung sie selber beteiligt waren?"(242)

Nicht nur in den USA, auch in Deutschland wird seitens der Musiker mächtig die Werbetrommel für die Impfungen gerührt. Die Musiker der bekannten Punkrock-Bands „Die Ärzte" und „Die Toten Hosen" rufen medienwirksam dazu auf, dass sich möglichst viele Menschen in Deutschland die experimentellen Impfstoffe gegen Corona verabreichen lassen.

Nachdem die Toten Hosen bereits 2020 ein Loblied (243) auf gewisse Corona „Experten" wie Christian Drosten anstimmten und nebenher gleich noch gegen Kritiker des offiziellen Corona-Narrativs als rechte Corona-Leugner-Trottel usw. hetzten, legten sie auf Twitter nach.

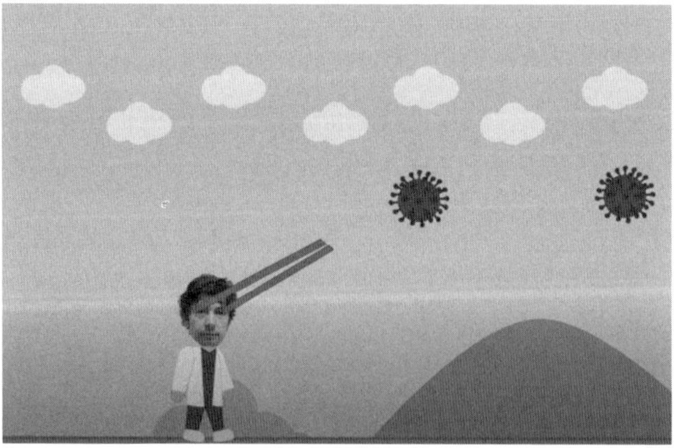

Abb. 541: Drosten rettet uns vor dem bösen, bösen Virus

Sie fordern also Millionen von Menschen in Deutschland dazu auf, sich einen der experimentellen, längst nicht ausreichend getesteten Impfstoffe zu spritzen – mit jetzt schon verheerenden Folgen, die in ihrem ganzen Ausmaß wohl erst auf lange Sicht richtig erfassbar werden.

Da sie eine große Fangemeinde haben, folgen ihnen vermutlich viele nach, ohne darüber nachzudenken, was sie sich damit antun - denn ihre Idole propagieren es ja.

Ähnlich wie die Aussicht auf (relativ) restriktionsfreien Urlaub, eine kostenlose Bratwurst oder einen Gutschein viele Menschen in die Impfzentren gelockt hat. Hinzukommen wird der soziale Druck durch Freunde und Bekannte mit dem gleichem Musikgeschmack.

Was treibt eine Punkrock-Band dazu, so systemtreu Werbung für die offizielle Covid-Agenda zu machen? Dies ist umso verwirrender, da „Die Toten Hosen" im Jahr 2009 offen Kritik am Narrativ der Schweinegrippe geübt haben – völlig im Kontrast zu dem, was sie jetzt tun:

Nun ist ein Video aufgetaucht, in dem sich Hosen-Frontmann Campino 2009 äußerst lautstark und unter Applaus des Publikums gegen die neuartigen Impfstoffe gegen die damalige Schweinegrippe zur Wehr gesetzt hatte.

Kurz vor Weihnachten hatte er damals an Bundeskanzlerin Angela Merkel adressiert gesagt:

„Was Sie uns da mit der Schweinegrippe eingetütet haben, kann so nicht weitergehen. Nach dem Zweiten Weltkrieg ist das hier vielleicht der größte Skandal, den Deutschland über sich ergehen lassen musste." Bereits damals waren für Milliarden Euro in kürzester Zeit Impfstoffe hergestellt und verimpft worden.

Aber auch „Die Ärzte" mischen bei der Impfpropaganda munter mit – hier ist der Name der Band offenbar im wahrsten Sinn des Wortes Programm! Von ihnen stammt auch die Idee mit dem Twitter-Hashtag #Impfenschützt. Hier ein kurzer Auszug:

*„Wie wahrscheinlich fast alle Musiker*innen überall fragen wir uns, wie es mit dem Leben und der Musik weitergeht, und wann und wie wir wohl endlich wieder live auftreten können wie vor der Pandemie. Eine Rückkehr zur Normalität wäre traumhaft. …*

Auch deshalb haben wir als Band uns entschieden, uns impfen zu lassen - ein kurzer Stich in den Oberarm, um die Wahrscheinlichkeit von ‚Long Covid' oder dem qualvollen Tod durch Ersticken massiv zu verringern.

Wir würden Euch gerne bitten, unserem Beispiel zu folgen. Ihr habt damit auch die Zukunft der Kultur in der Hand (bzw. im Arm). Ein kleiner Schritt für jeden von uns, ein großer Schritt für die Gesellschaft - damit es nicht mehr so lange dauert, bis auch wieder Konzerte, Club- und Theaterbesuche unter normalen Bedingungen möglich sind. Damit wir uns endlich wieder entspannt umarmen und miteinander feiern können. Damit das Leben weitergeht.

Auch andere Bands aus der deutschen (Punk-)Rockszene, wie die „Donots" und die „Beatsteaks", reihen sich in den Chor ein. Und auch Musiker wie der Rapper Jan Delay erheben ihre Stimme für die Propaganda. Der Rapper Jan Delay teilte den obigen Ärzte-Post und schrieb dazu bei Twitter:

„die sympathische anti-deutsch-rock kapelle und beste band der welt, die ärzte, hat soeben ein sehr gutes und detailliertes statement rausgehauen, welches mir ziemlich aus dem herzen spricht."

Doch im letzterwähnten Fall des Rappers Jan Delay gibt es auch kritischen Gegenwind von einem Twitter-Nutzer, der das Notwendige ausspricht und als geimpfte Person nicht so leicht zu disqualifizieren ist.

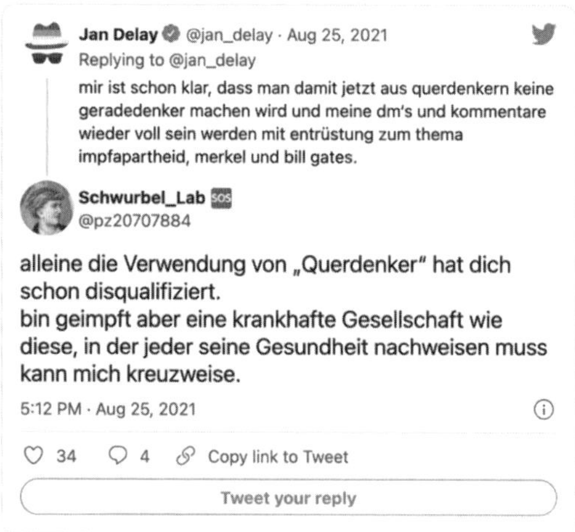

Abb. 542: Screenshot

Bedeutet eine Corona-Impfung gleichzeitig mehr Freiheit? Zu dieser Frage haben sich die Lager gespalten, jede Woche wird in Deutschland eifrig gegen die Impfpflicht demonstriert. Als Soundtrack zu eben diesen Protesten muss nicht selten das Lied „Freiheit“ des deutschen Rockstars Maris Müller-Westernhagen herhalten.

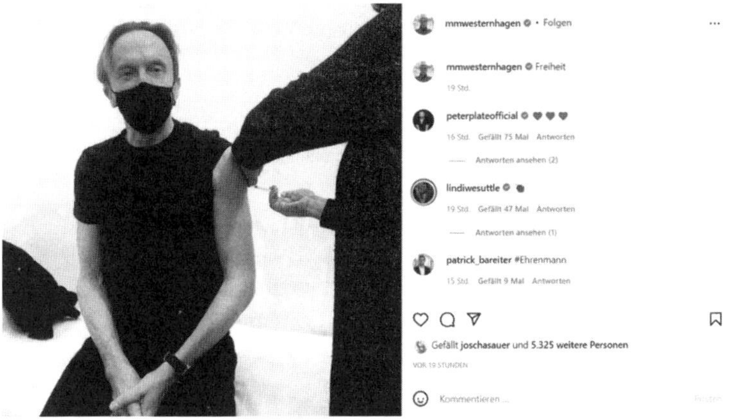

Abb. 543: Westernhagen, der eine Maske trägt und wie er eine Impfung in den Oberarm bekommt. Beschriftet ist das Bild mit einem einzigen Wort: Freiheit.

Zwei passende Kommentare in den Sozialen Medien waren: *„Ich glaube heute sind die Coolen von früher, Teil des ehemals bekämpften Establishments geworden. War wohl alles nur fake früher.“* Wieder andere probieren sich selbst als Liedtexter und schreiben: *„Alle die von Impfschutz träumen, soll´n Biontech nicht versäumen.“*

Wie die gesteuerten und gleichgeschalteten Mainstreammedien mit Stars verfahren, die sich gegen ein Narrativ stellen, können wir bei der US-Sängerin Nicki Minaj sehen. Minaj ist mit knapp 147 Millionen verkauften Tonträgern, 114 Chartplatzierungen, über 100 Platin-Schallplatten (Stand September 2019) und einem Privatvermögen von über 150 Millionen US-Dollar sowohl die musikalisch als auch kommerziell erfolgreichste Rapperin (mehr zu Nicki Minaj im Nachfolgewerk zu diesem Buch).

Nicki Minaj mochte sich nicht impfen lassen. Ein Bekannter in Trinidad sei nach der Corona-Impfung impotent geworden, twitterte die Rapperin. Damit erreichte sie ihre 22,6 Millionen Follower und das trinidadische Gesundheitsministerium.

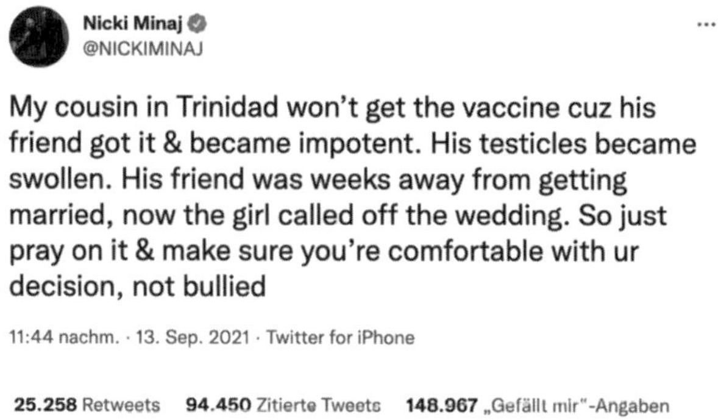

Abb. 544: Screenshot

„Mein Cousin in Trinidad will sich nicht impfen lassen, weil sein Freund geimpft wurde und impotent wurde. Seine Hoden schwollen an. Sein Freund war nur wenige Wochen davon entfernt, zu heiraten, und jetzt hat das Mädchen die Hochzeit abgesagt. Bete also einfach dafür und stelle sicher, dass du dich mit deiner Entscheidung wohl fühlst und nicht bevormundet wirst."

Mit diesem Tweet mischte Nicki das Netz auf. Eine Chronologie:

1. Die Met-Gala

Hier fing alles an. Die Veranstalter der glamourös-okkulten Spendengala setzen 2021 eine Impfung und einen negativen Test voraus. „If I get vaccinated it won't be for the met", twitterte die Rapperin und verzichtete auf ihren Platz auf dem roten Teppich zwischen Asap Rocky, Rihanna und Kanye West. Kurz danach feuerte sie den Tweet über vermeintliche Impfnebenwirkungen nach. Und der sorgte in den USA nicht nur bei ihren Fans für Spott, Beifall und verzweifelte Einordnungsversuche.

2. Trinidad & Tobago

Auch in einer TV-Show auf dem trinidadischen Sender CNC3 wurde Minajs Tweet behandelt. Moderator Jason Williams zeigte sich enttäuscht. Wenn dies eine wahre Geschichte wäre, wie kann Nicki Minaj es wagen, den „platten Reifen" ihres Cousins so in der Öffentlichkeit bloßzustellen.

3. Fox News

Beim polarisierenden US-Sender Fox News bekam der Tweet eine neue Dimension. Der einflussreiche Moderator Tucker Carlson griff die Story vom heißen Hoden auf. Bekannt für Impfskepsis und Aufdeckung, stuft er Nicki Minajs Geschichte als vernünftig ein. Und repostet sie. Treffer versenkt.

Nicki Minaj ist als kontroverse Rapperin bekannt, „rudest little madam" steht in ihrer Twitter-Bio. Sie sagt, was sie will, wann sie will.

So ein Post schießt natürlich gegen die Impfkampagne vom dementen US-Präsident Joe Biden. Die „Nicki-Affäre" bekommt so viel Aufmerksamkeit, dass sogar Anthony Fauci, der amerikanische Christian Drosten, bei CNN zu den geschwollenen Hoden des Freundes des Cousins der Rapperin äußerte.

4. Das trinidadische Gesundheitsministerium und das Weiße Haus

Und damit wären wir beim Gesundheitsminister von Trinidad und Tobago, der dank Nicki ein paar Überstunden einlegen musste. Denn während das Netz fleißig diskutierte, musste Terrence Deyalsingh erstmal prüfen, ob an der Geschichte etwas dran ist. Erst am Mittwoch konnte er in einer Pressekonferenz die Nachricht verkünden „No testicles swollen anywhere in Trinidad". Sein Schmunzeln konnte er dabei nicht verstecken.(244)

Naturalnews.com abschließend zu dem Fall(245):

„Nicki Minaj steht vor einem echten Realitätscheck, nachdem sie sich darüber ausgesprochen hat, dass sie vollständig informiert werden möchte, bevor sie den überstürzten Covid-19-Impfstoff nimmt. Jetzt hat sie es mit einem ständigen Strom von Gegenreaktionen aus dem Establishment zu tun, darunter Big Tech, die wegen ihrer abweichenden Meinung für ein paar Stunden ihren Twitter-Account gesperrt haben.

Das Weiße Haus bot ihr sogar an, sie anzurufen, um sie darüber " zu unterrichten ", was man unter ihrem tyrannischen Regime sagen und denken darf, aber sie lehnte ab.

Die Zensur von frei denkenden Menschen, die irgendeinen Teil der anerkannten Darstellung in Frage stellen, ist nichts Neues, und dank Minajs Plattform mit Millionen von Followern - über 150 Millionen allein auf Instagram -

wachen nun immer mehr Menschen auf; erkennen, was vorgeht.

Natürlich haben die ebenso wachen Krieger der Medienmafia alles daran gesetzt, dieses besonders besorgniserregende Problem zu unterdrücken.

Nachdem Minaj erwähnt hatte, dass die unerwünschte Reaktion ihres Bekannten auf den Impfstoff eine wichtige Rolle bei ihrem eigenen Zögern gespielt hatte, schrieb ein Journalist von ‚Guardian Media' ihrem Familienmitglied in Trinidad und wollte unbedingt ein Interview von ihm erzwingen.

Minaj ließ das nicht auf sich sitzen, sie postete die Screenshots der Direktnachrichten zwischen dem Reporter und ihrem Familienmitglied auf Instagram und erklärte, dass ihre Familie gezwungen wurde, sich zu "verstecken", weil sie sich gegen die "Wissenschaft" aussprach.

Die Journalistin der Guardian Media Ltd. in Trinidad - Sharlene Rampersad - kontaktierte Minajs Cousin, den sie in einem privaten Chat auf WhatsApp als „Mr. Danie" bezeichnet. Sie erklärte, dass CNN ebenfalls im Land sei und nach ihm „suche" und sie „nicht zögern" würden, ihn und seine Freundin zu diffamieren, sollten sie sie finden.

Die Reporterin behauptete dann schamlos, dass die Identität des Mannes und der Aufenthaltsort seiner Angehörigen sicher wären, wenn er ein Interview mit Guardian Media führen würde. Minajs Cousin reagierte nie auf die Einschüchterung.

Der Eklat des Establishments aufgrund der Äußerungen von Nicki Minaj zum Thema " aufgeklärte Entscheidungsfreiheit " macht deutlich, wie schwach ihr gesamtes Narrativ ist. Ohne eine erdrückende, unreflektierte Befolgung bricht es völlig zusammen.

Wenn sich eine so prominente Person wie Minaj zu Wort meldet und ihre riesige Plattform nutzt, könnte das ein gewaltiges Erwachen für junge Menschen nach sich ziehen. Kein Wunder, dass die Radikalen versuchen, sie zum Schweigen zu bringen."

Zum Zeitpunkt des Verfassens dieser Zeilen Ende Januar 2022 hat nach Großbritannien, Spanien nun auch Dänemark alle Maßnahmen aufgehoben. Das Narrativ bröckelt und löst sich in Luft auf. Mehr und mehr Experten fordern in anderen Ländern ähnliche Schritte, während die Impfpflicht in Österreich eingeführt und in Deutschland diskutiert wird.

Ein weiteres positives Beispiel für Widerstand gegen Indoktrination ist der Musiker Eric Clapton. Allein in seiner Solokarriere hat Clapton weltweit mehr als 280 Millionen Platten verkauft, was ihn zu einem der meistverkauften Musiker aller Zeiten macht. Als bekennender Impfkritiker stellte sich der Träger des Ritterordens CBE gegen die Forderung nach Corona-Impfpässen für Besucher von Live-Veranstaltungen und Nachtklubs in Großbritannien im Sommer 2021. Die Regelung prangerte er als diskriminierend an und drohte mit der Absage von Auftritten. Auf Twitter schrieb er:

„Nach der Ankündigung des Premierministers am Montag, dem 19. Juli 2021, fühle ich mich der Ehre verpflichtet, eine eigene Ankündigung zu machen: Ich möchte sagen, dass ich auf keiner Bühne auftreten werde, vor der Publikum anwesend ist, das diskriminiert wird. Ich behalte mir das Recht vor, die Show abzusagen, wenn nicht für alle Menschen eine Möglichkeit geschaffen wird, diese zu besuchen".

Die Nachricht flankierte Clapton mit einem Link zu „Stand and Deliver", dem Protest-Song gegen Lockdowns, den er 2020 gemeinsam mit dem nordirischen Musiker Van Morrison aufgenommen hatte.

Eric Clapton ist seit langem ein bekennender Kritiker der COVID-19-Maßnahmen. Anfang 2021 geriet er in Kritik, nachdem er sich über eine katastrophale gesundheitliche Erfahrung in Folge seiner Corona-Impfung beschwert hatte. Der Musiker berichtete über starke Schmerzen, weswegen er das Gitarrenspiel für eine ganze Woche habe aussetzen müssen.

Claptons Ankündigung erfolgte nur wenige Monate nachdem er diese erschütternde Erfahrung mit dem AstraZeneca (AZ) COVID-19 Schuss geteilt hatte.

In einem Brief an Robin Monotti im Mai 2021 sagte Clapton, dass er, nachdem er im Februar den ersten „Jab von AZ" genommen hatte, „sofort schwere Reaktionen hatte, die zehn Tage anhielten". Der 76-Jährige – der ein Emphysem hat – sagte, es sei ihm angeboten worden und er habe sechs Wochen später die zweite Spritze genommen.

„Unnötig zu erwähnen, dass die Reaktionen katastrophal waren, meine Hände und Füße waren entweder gefroren, taub oder brannten und waren zwei Wochen lang ziemlich nutzlos ... Aber die Propaganda sagte, der Impfstoff sei für alle sicher", sagte Clapton.

Er habe sich selbst intensiv mit diversen Berichten, auch von Impfkritikern, auseinandergesetzt und dabei viel erfahren, das von den Regierungen unter den Tisch zu kehren versucht wird. Er habe sich dann mit seiner Familie und seinen Kindern über die Impfung, die Nebenwirkungen und die damit verbundenen Risiken unterhalten. Doch die konnten oder wollten nicht recht glauben, was er ihnen mitteilte. Mit seinen Kindern habe er gar nicht darüber reden könne, schreibt Clapton, „die wirken, als hätten sie eine Gehirnwäsche erhalten".

Der Text fragt: „Willst du ein freier Mann sein oder willst du ein Sklave sein?" und warnt: „Ist dies eine souveräne Nation oder nur ein Polizeistaat? Passt besser auf, Leute, bevor es zu spät ist."

Clapton sagte gegenüber Monotti: „Ich gehe weiterhin den Weg der passiven Rebellion und versuche, die Linie zu ziehen, um meine Familie aktiv lieben zu können, aber mit dem, was ich jetzt weiß, ist es schwer mir auf die Zunge zu beißen."

Der Musiker erwähnte einen anderen Song, den er gerade mit Morrison aufnahm, mit dem Titel „The Rebels", der fragt: „Wo sind all die Rebellen hin? Hinter ihren Computerbildschirmen versteckt, wo ist der Geist, wo ist die Seele?". „Ich war mein ganzes Leben lang ein Rebell gegen Tyrannei und arrogante Autorität, die wir jetzt haben. Aber ich sehne mich auch nach Gemeinschaft, Mitgefühl und Liebe und das finde ich hier. Ich glaube, mit diesen Dingen können wir uns durchsetzen."

„Das muss aufhören. Genug ist genug. Ich kann diesen Mist nicht länger ertragen", beginnt er seinen neuen Song „This Has Gotta Stop". Darin schildert ‚Slowhand', wie er von seinen Fans gerne genannt wird, wie es ihm nach der Impfung mit dem Serum von AstraZeneca erging.

Der Rockmusiker Ricky Rebel schrieb auf dem Kurznachrichtendienst Twitter: „Unterstützt Künstler, die den Mut haben, aus ihrem Herzen zu schreiben, auch wenn sie wissen, dass die Wölfe angreifen werden."

Seine Kritiker, so Claptons Annahme, seien aber womöglich unschuldig an ihrer Haltung und an ihrer Unwissenheit über die Impfungen. Grund dafür sei eine Massenhypnose.

Medien, insbesondere Youtube, würden mit gezielten unterbewussten Botschaften arbeiten, um die Meinung der Menschen zu manipulieren. *„Ich habe begonnen, danach Ausschau zu halten, und ich konnte es überall erkennen. Und dann erinnerte ich mich* daran, *kleine Dinge auf Youtube gesehen zu haben, die wie unterbewusste Werbung sind"*, so Clapton. *„Das geht schon eine lange Zeit so – diese Sache mit ‚Du wirst nichts besitzen und glücklich dabei sein'."*

Diese neuen Aussagen stammen aus einem Interview mit „Real Music

Observer“(246) Clapton stützt sich auf Äußerungen des belgischen Psychologen Mattias Desmet (Universität Gent), der seine Annahme der Massenhypnose bzw. Massenpsychose schon länger postuliert.

Größere Bekanntheit erlangte diese aber offenbar erst, nachdem sie von dem ehemaligen Impfforscher Robert Malone, nunmehr die Galionsfigur der amerikanischen Anti-Impf-Bewegung, Ende 2021 in einem Podcast mit Joe Rogan aufgebracht wurde. Malone, der in derselben Sendung auch die Corona-Regeln der US-Regierung mit Nazi-Deutschland verglich, stellte Desmets Hypothese als Ergebnis jahrelanger Forschung dar.(247)

Last but not least sei noch die wohltuende positive Erscheinung der deutsche Sängerin Nena erwähnt, wie von „wochenblick.at“ berichtet: „*Gabriele Susanne Kerner, besser bekannt als Nena ist wohl die wichtigste Ikone der Neuen Deutschen Welle. Als eine der ersten deutschsprachigen Künstlerinnen fand ihre Musik auch im englischen Sprachraum viel Anklang. Auch vierzig Jahre später ist sie der Bühne nicht müde – und kritisch wie eh und je. Denn: Egal, was die Regierung sagt – bei ihren Konzerten sind auch Ungeimpfte stets willkommen.*

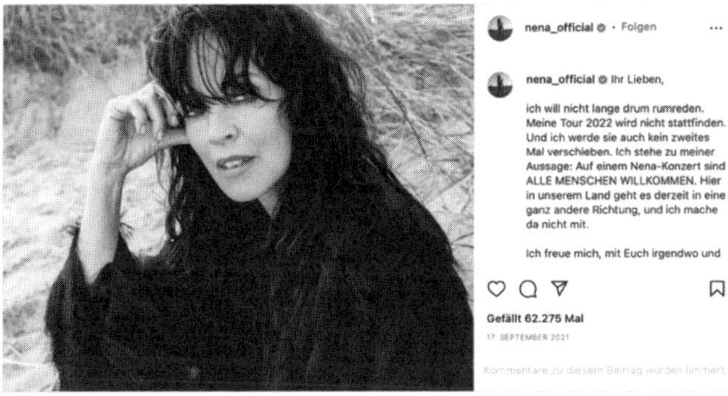

Abb. 545: Instagram-Account von Nena

‚Ob du dich impfen lässt oder nicht, ist ganz allein DEINE Entscheidung und muss von jedem respektiert werden.... Und ich habe meinen gesunden Menschenverstand, der die Informationen und die Panikmache, die von außen auf uns einströmen, in alle Einzelteile zerlegt. Und so ist es mir möglich, mich nicht hypnotisiert von Angst in die Dunkelheit ziehen zu lassen. Trotz „allem Wahnsinn den wir hier erleben‘, so Nena damals, wisse sie, dass der ‚positive Wandel

nicht mehr aufzuhalten ist.' Gleich mehrere Blätter stempelten sie sofort zur „Corona-Leugnerin".[248]

Anstatt sich der 3-2-1G-Sklaverei zu unterwerfen, bleibt Nena aufrecht. „Meine Tour 2022 wird nicht stattfinden. Und ich werde sie auch kein zweites Mal verschieben." Während bei Nenas Konzerten „alle Menschen willkommen" seien, geht „es derzeit in unserem Land in eine ganz andere Richtung", erklärt Nena. Und sie verspricht: „da mache ich nicht mit."

In mehr als 105.000 Reaktionen drücken (die Fans) … ihren Dank aus. "Respekt für dich. Du bist Top!", ist nur einer von vielen wohlwollenden Kommentaren.

Unzählige Fans haben bereits Tickets für Nenas große Tour 2022 gekauft. Nena informiert auf ihrer Seite: „Tickets können dort zurück gegeben werden, wo sie gekauft wurden." Doch ihre Fans haben das gar nicht vor. „Nena hat uns in unseren Teenie – Jahren viel geschenkt .. Charakter – Fans geben ihre Tickets NICHT zurück, da sie mit dem Behalt der Tickets ein kleines Dankeschön an NENA zurück geben können", erklärt eine Nena-Begeisterte. Beeindruckt von Nenas Mut gegen das Corona-Regime erklärt eine Kommentatorin: „Ich würde mir jetzt noch ein Ticket kaufen, um es NICHT zurück zu geben. Danke, Nena, für deine Cojones."[249]

3.5 Der Super Bowl 2022: Scheinheillige Heuchler und lyrische Pornografie

Jeder gute okkulte Magier wird Ihnen sagen können, dass Symbole und Details einer Zeremonie von größter Bedeutung sind. Das Datum, an dem das Ritual stattfindet, sollte dem perfekten Timing entsprechen. Die gleiche Theorie gilt für die Schreibweise von Wörtern und Beschwörungen, von denen okkulte Magier glauben, dass sie Kräfte besitzen. Deshalb fügte Aleister Crowley dem „magic" ein „k" hinzu und ersetzte das „c" durch ein „h" in Abracadabra. Die Details hinter der Schreibweise und dem Zeitpunkt aller Ereignisse sind für die Illuminati entscheidend.

Wenn ich die „Illuminati" erwähne; beziehe ich mich auf die Gruppe geheimnisvoller Figuren im Hintergrund, die versuchen die Realität, wie wir sie kennen, zu verändern. Sie verwenden Praktiken der zeremoniellen Magie, okkulte Glaubenssysteme und das Channeln von körperlosen Geistern, um zu bewirken, dass „Veränderung in Übereinstimmung mit dem Willen auftritt" (gemäß den erklärten Überzeugungen von Aleister Crowley). Dieser „Wille" muss von ihnen interpretiert und verstanden werden, und er bleibt den Massen normalerweise unbekannt. Crowley glaubte an ein ähnliches Konzept wie die „persönliche Legende" aus „Der Alchemist" – daran, dass das Universum alles für uns bereithält. Der Grundgedanke hinter all diesen Praktiken ist, dass es eine Verbindung zwischen dem Mikrokosmos und dem Makrokosmos gibt – die der Praktizierende zu manipulieren versucht und Veränderungen im Universum nach seinem wahren Willen herbeiführt (das Hermetik- und Hexerei-Axiom „Wie oben so unten"). Der Begriff Abracadabra hat aramäische Wurzeln und bedeutet wörtlich „wie ich spreche, erschaffe ich." Es ist ein magisches Glaubenssystem, das Illusionen projiziert und den Betrachter glauben lässt, was es Wirklichkeit werden lässt.

Betrachten wir die grundlegenden Ideen hinter dem Timing des Super Bowl, die die meisten Menschen übersehen. Der Super Bowl (und die meisten NFL-Fußballspiele) finden am Sonntag statt. Ich glaube, dass dies absichtlich getan wird, um Energie von religiösen Zeremonien auf den gewalttätigen Sport umzulenken, der als American Football bekannt ist. Der Sonntag war ursprünglich als Tag des Herrn vorgesehen, an dem die Menschen über die uns gegebenen Gaben nachdenken und sich auf Anbetung und Ruhe konzentrieren sollten. Die Pervetierung dieser Idee, ist vergleichbar mit der satanischen Technik der Umkehrung oder Aleister Crowleys „Gesetz der Umkehrungen". Eine der Schlüsselkomponenten der „Illuminati"-Agenda ist die Zerstörung des Christentums, hinzu einer Eine-Welt-Religion.

Sie versuchen, den alten heidnischen Glauben in einer Welt wiederherzustellen, die sie täuschenderweise das „Neue Zeitalter" nennen. Praktiken der älteren Religionen, die heidnischer Natur waren, finden ihren Platz in der modernen Unterhaltungs- und Popkultur.[(250)]

Blicken wir zurück: Beim Super Bowl 2012 teilte sich Madonna die Bühne mit CeeLo Green, LMFAO, MIA und Nicki Minaj. Madonna trug einen gehörnten Helm auf einem Thron! Satan! Laut dem E-Book „Super Bowl: An Analysis of the Occult and Illuminati Symbolism Ritual" von Issac Weishaupt gab es Kostüme im altägyptischen Stil und „saturnische schwarze Roben". Die Illuminati sind Saturn (alias Satan)-Anbeter.

Nachdem die Aufführung von 2012 in den Köpfen als Machtritual der Illuminati etabliert war, wurde die Symbolik aus den Aufführungen in fast jedem folgenden Jahr extrahiert. Im Jahr 2013 beinhaltete Beyoncés Auftritt Feuer und eine Bühne, auf der eine Art „Illuminati Auge des Horus" zu sehen waren. Aber der schlagende Beweis war ihr „Zeigen eines Illuminaten-Symbols" am Ende ihres Auftritts, wie wir bereits gelesen haben.

Nach Madonna und Beyoncé wurden diese „Rituale" mit Bruno Mars (2014) fortgesetzt, der als Teil seiner Show ein schwarzes Pyramidendesign hatte, plus seine Gastdarsteller waren die Red Hot Chili Peppers (Alles Zufall? „Blood Sex Sugar Magick?").

Im Jahr 2015 beinhaltete Katy Perrys Show „außerirdische Beschwörung und die große Hure von Babylon". Im Buch der Offenbarung wird Babylon als die Große, die Mutter der Prostituierten und Abscheulichkeiten der Erde, auf einem vielköpfigen Tier reitend dargestellt.

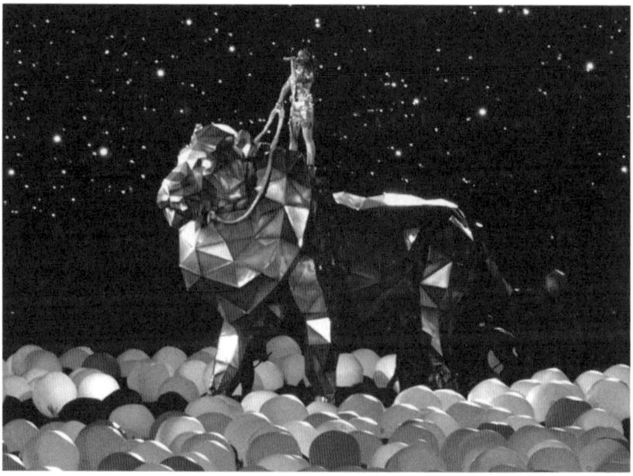

Abb. 546: Die große Hure von Babylon reitet zum Super Bowl

Coldplay, mit den ehemaligen „Illuminati"-Super-Bowl-Künstlern Beyoncé und Bruno Mars, die 2016 das Feld betraten, Lady Gaga terrorisierte 2017 die Verschwörungstheoretiker, Justin Timberlake wurde 2018 als Handlanger der Illuminati entlassen, Maroon Five hatte 2019 Gast Travis Scott (das große Thema war, eine eigene rituelle Verschwörung der Illuminati-Opfer, als seine „Astro World-Show" in Houston letztes Jahr tödlich wurde – mehr dazu im neuen Buch).

Im Jahr 2020 waren Jennifer Lopez und Shakira Co-Headliner und unter vielen anderen Symbolen sagten Verschwörer, dass Kinder, die in Käfigen auftauchten, eine Bestätigung des Kinderhandels seien (es sollte eigentlich die Aufmerksamkeit auf Kinder lenken, die an der Grenze inhaftiert sind).

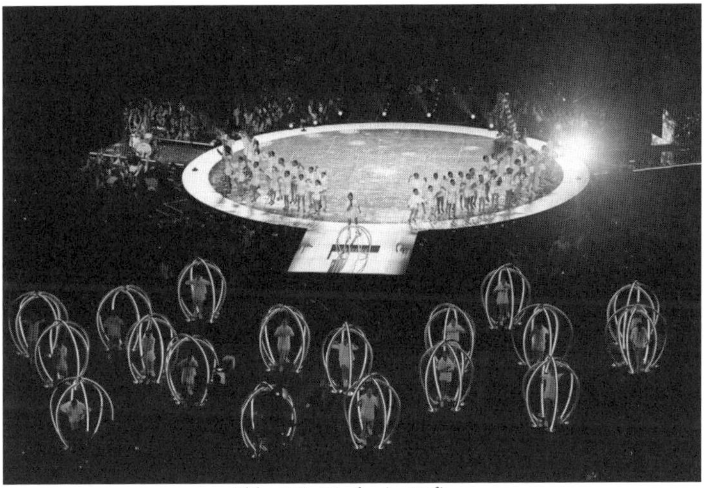

Abb. 547: Kinder in Käfigen

Und in der Aufführung von The Weeknd im Jahr 2021 sahen einige Kenner eine schwarze Masse mit gefallenen Engeln und einem Abgrund ohne Boden.

Ok, aber was ist 2022 gewesen? Ich sah genau hin und sah nichts Pentagrammförmiges, kein Helm mit Hörnern, Kinder in Käfigen oder Huren von Babylon. Hatten die Illuminati die Kontrolle über ihr Machtritual verloren? Nein.

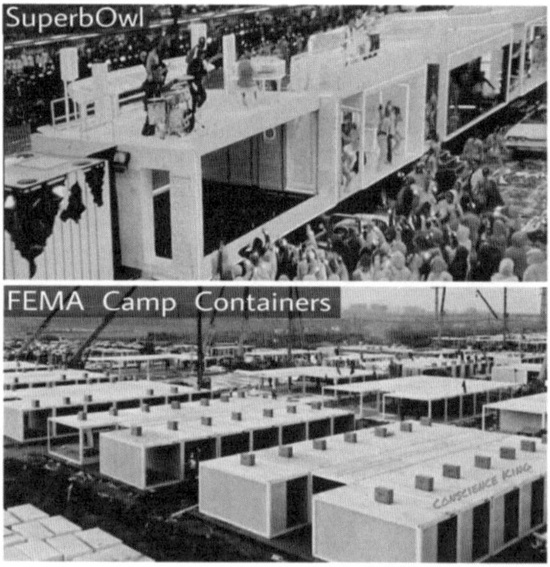

Abb. 548: Oben sehen wir Container als neue Wohnungen und unten die FEMA-Camps die bei einer Pandemie als Quarantänte-Gefängnisse funktionieren könnten

Die Lagertheorie der FEMA deutet darauf hin, dass verschiedene Notunterkünfte, die von der Regierung gebaut werden, tatsächlich dazu bestimmt sind, politische „Patrioten" gefangen zu nehmen. Es ist eine ziemlich alte Theorie zu diesem Zeitpunkt. In einem Reddit-Thread wurde auch über die Bedeutung des Super Bowl spekuliert. Ein Kommentator schrieb:

„Abgesehen von den Konzentrationslagerkapseln ... als die Show dunkel wurde (wie es immer der Fall ist), sprengten sie einen Stromgenerator in die Luft und plötzlich stürmte (Aufruhr) ein Haufen vermummter Jugendlicher auf die Explosion zu. Nächste Szene; die Vermummung tragenden Randalierer sind jetzt Tänzer die Gefängnisuniformen tragen. Dre lässt am Ende Teufelshörner aufblitzen."

Weishaupt schreibt in seinem Buch „Super Bowl: An Analysis of the Occult and Illuminati Symbolism Ritual" das es sich um „prädiktive Programmierung" handelt, eine Art und Weise, wie die Illuminati Ihnen unterschwellig ihre Zukunftspläne für die Menschheit zeigen, während Sie zu Snoop Dogg tanzen. Sie sagen, es ist eine Form der Gehirnwäsche, um die Zuseher an die Zukunft zu gewöhnen, in der subversive Menschen zusammengetrieben und in „FEMA-Konzentrationslager“ inhaftiert werden.

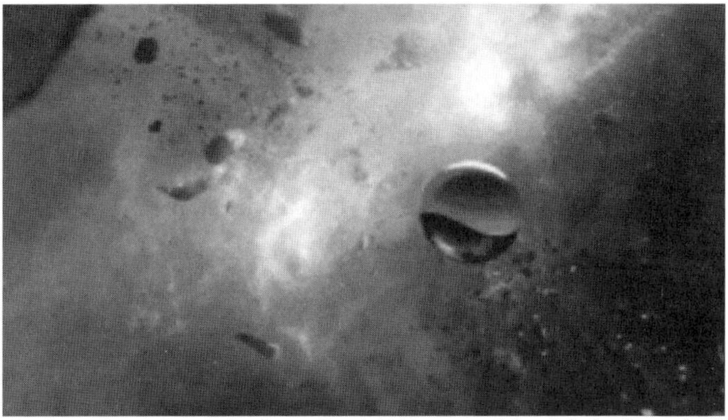

Abb: 549: In einem Pepsi-Spot beim Super Bowl 2022 verwandelte sich das Logo des Unternehmens in ein Himmelsobjekt und flog durch den Asteroidengürtel, bevor es auf die Erde zielte. Beachten Sie auch, dass es aus Richtung der Sonne reist. Passend zu der zuletzt endlosen Medienberichterstattung und Angstmacherei über „potenzielle Killer-Asteroiden“. Zufällig kamen 2021 „Don`t Look Up“ (Killer-Asteroid) und 2022 „Moonfall“ (Mond stürzt auf die Erde) in die Kinos

Der Super Bowl ist natürlich ein Ritual, es ist eine Machtzeremonie der Illuminati. Mit einem durchschnittlichen Super Bowl-Ticket im Wert von etwa 6.000 bis 9.500 US-Dollar (oder noch viel mehr) und 30-Sekunden-Werbespots für das Spiel, die 7 Millionen US-Dollar kosten, ist es die kapitalsitische Anbetung des allmächtigen US Dollars und Kommerz.(251)

Jason Lee Whitlock schrieb 2021 einen lesenswerten Kommentar auf *theblazecom*. Er ist ein farbiger US-amerikanischer Kolumnist, Podcaster und TV-Moderator für das konservative Medienunternehmen *Blaze Media*. Hier ein Auszug:

„Dr. Dre und Snoop Dogg sind die Hugh Hefner und Larry Flynt der Rap-Musik. Sie sind Pornografen, alle vier. Hefner und Flynt dominierten die visuelle Form der Pornografie. Dre und Snoop verdienten sich Ruhm und Reichtum, indem sie die lyrische Pornografie dominierten. Aber ich bin kein Heuchler.

Ich habe für das Playboy-Magazin geschrieben. Im Juni 2008 erschien mein Name auf dem Cover neben einem schönen Foto eines Models, Jayde Nicole. Vor Jahren besuchte ich zwei Partys in Hefners Villa. Ich habe Kontakte zu Frauen geknüpft, die die Seiten des Magazins zierten.

Dr. Dre ist die einzige Berühmtheit, die mich zum Staunen gebracht hat. Seine Beherrschung von Musik und Beat erstaunt mich. In den 1990er Jahren schüttelte ich ihm bei einem Kampf mit Mike Tyson die Hand und murmelte ein paar Worte, die Erstaunen und Bewunderung ausdrückten.

Ich habe kein Problem mit Dre, Snoop, Hef oder Flynt. Früher habe ich ihre Arbeit bewundert und unterstützt. Noch heute müsste ich ihre Kunst ehrlich gesagt als gelegentliches Schuldgefühl, Sünden der Einsamkeit und Abgeschiedenheit einstufen.

Ich habe ein Problem damit, dass Dre und Snoop zur Halbzeit des Super Bowl auftreten. Pornografie und Pornografen sind der größten Bühne Amerikas nicht würdig.

Gestern gab die NFL bekannt, dass Dre, Snoop, Eminem, Kendrick Lamar und die R&B-Sängerin Mary J. Blige zur Halbzeit des Super Bowl LVI auftreten werden. Die Ankündigung wurde als historischer Moment des Fortschritts begrüßt, als triumphaler Meilenstein in der schwarzen Kultur. Die stärkste Kraft der Popkultur des Landes – die NFL, die Fernsehsendung Nr. 1 in fünf verschiedenen Sendern – hat sich um kommerzielle Hip-Hop-Musik gekümmert. Die konservative und zuvor traditionelle NFL übernahm das Musikgenre, das die liberale NBA definiert.

Endlich frei, endlich frei, danke Sodom und Gomorrah, die NFL wird lyrische Pornografie explodieren lassen!

*Wir können nur hoffen, dass die Zensur Dre, Snoop, Slim Shady und Kendrick nicht davon abhält, vor 100 Millionen Amerikanern wiederholt N***a, Bitch, und Motherf***a zu schreien. Oder vielleicht weht eine Black-Lives-Matter-Flagge, wenn Dre damit prahlt, dass er nie zögert, sich ein ***a auf den Rücken zu legen, während im Hintergrund Schüsse knallen.*

Das ist kein Fortschritt. Dies ist kein großer Moment in der amerikanischen Geschichte, der NFL-Geschichte oder der Geschichte der Schwarzen. Die Super-Bowl-Halbzeit wird ein satanisches Ritual sein, eine Feier des moralischen Verfalls Amerikas.

Ich sage das nicht als Außenseiter, als jemand mit einer starken Verachtung für Hip-Hop-Musik. Ich sage es als Insider. Ich sage es, weil ich die Musik ziemlich gut kenne. Ich besitze praktisch jeden Song, den Dr. Dre je produziert hat. Ich kenne Snoops Musikkatalog fast genauso gut. Dasselbe gilt für Eminem. Es ist eine musikalische Sammlung alter Playboy- und Hustler-Magazine.

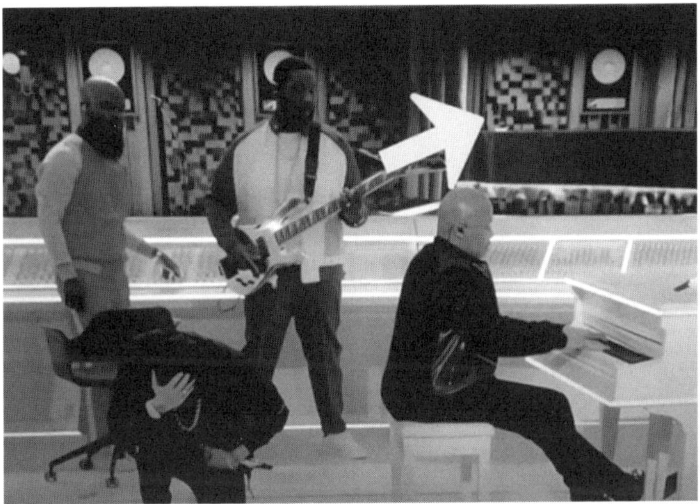

Abb. 550: Der weiße Junge macht den Kniefall, Dre sitzt am Klavier, umgeben von schwarz-weißer Freimaurer-Symbolik

Es ist Hedonismus, Materialismus, Unmoral und Gewalt in Reimform vertont. Es ist der Soundtrack für einen Film über Babylon.

Wie ist es passiert? Wie kam es, dass ein auf jüdisch-christlichen Werten gegründetes Land Pornografie legitimierte und es Pornographen erlaubte, auf unserem kulturellen Thron zu sitzen?

Hefner und Flynt besetzten nie den Raum, den sich Dre, Snoop und Jay Z teilen. Trotz ihres Reichtums blieben Hefner und Flynt Außenseiter. Sie waren nicht öffentlich mit Präsidenten (Jay Z und Barack Obama) befreundet. Bei großen Mainstream-Kulturveranstaltungen standen sie nicht im Mittelpunkt. Sie wurden in ihrer Spur gehalten. Sie waren Pornografen, schuldige Freuden, die man im Schatten erleben musste.

Hefner und Flynt hatten nicht den richtigen Teint für die Verbindung, die weiße Liberale schwarzen Rappern geleistet haben.

Die Linke hat die Rasse als Amerikas neue Wahlreligion geschickt etabliert und das Christentum ersetzt. Schwarz ist die höchste Konfession der linken Rassenreligion. Ihre Doktrin argumentiert, dass die Verbeugung vor der Schwärze eine gerechte und verantwortungsbewusste Antwort auf Amerikas Geschichte des Rassismus ist.

Alles, was als schwarz eingerahmt ist, kann nicht gezüchtigt, kritisiert oder gemieden werden. Das wäre blasphemisch und rassistisch. Durch Hip-Hop wurde Pornografie in schwarze Verpackungen verpackt. Durch Hip-Hop wurde eine selbstzerstörerische Kultur in schwarze Verpackungen verpackt.

Musik, die die Erniedrigung und Ausbeutung von Schwarzen fördert, wurde als Rettung und Verherrlichung von Schwarzen angesehen.

Haben sie Snoop gehört, der rappte, dass „Schlampen sind nicht Scheiße, sondern Nutten und Tricks / Leck an diesen Nüssen und lutsche den Schwanz"? Erinnert sie sich an Dres Texte zum NWA-Song „One Less Bitch" („Eine Schlampe weniger")?

Das ist die Macht der Rassenreligion. Dr. Dre ist schwarz. Seine Geschichte der Gewalt gegen Frauen ist irrelevant. Mir geht es um Vergebung und darum, dass Menschen ihre Fehler überwinden. Aber auf Dres Album „Compton" aus dem Jahr 2015 rappte Eminem darüber, wie er die Frauen, die er vergewaltigte, zum Orgasmus brachte.

Die Rassenreligion tötet Amerika. Die Alphabet-Mafia – BLM-LGBTQ-CRT – hat jede Ausgabe in eine schwarze Verpackung gepackt. Anfang dieser Woche bewarb das Playboy-Magazin ein Häschen-Outfit mit einem jungen Schwarzen als Model. Die Schwulen- und Transgender-Probleme wurden als schwarzes Thema eingerahmt.

Aber Sie machen gleich weiter und feiern Dre und Snoop, die zur Halbzeit des Super Bowl auftreten. Bleiben Sie ein nützlicher Idiot in der Rassenreligion."[252]

Natürlich wollen wir am Ende noch die Heuchler zeigen, die Puppen der Elite, die von der breiten Maße angehimmerlt und bewundert werden:

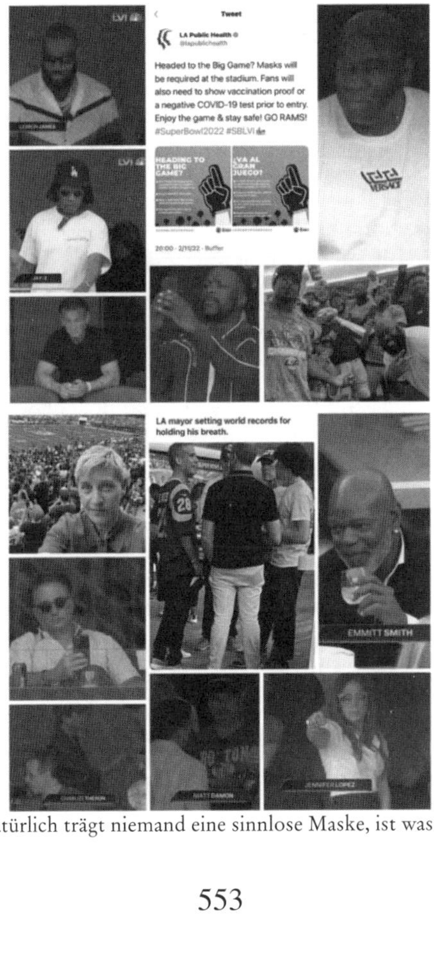

Abb. 551. Natürlich trägt niemand eine sinnlose Maske, ist was für den Pöbel

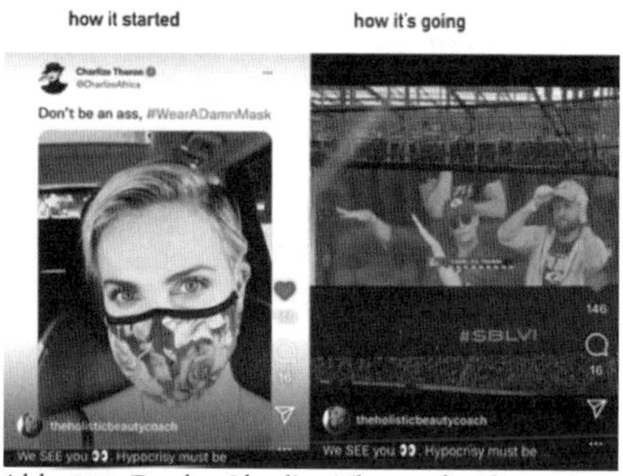

Abb. 552: Danke Charlize Theron für diese Show

Es sollte wohl lustig sein: In einem Instagram-Video imitierte Oliver Pocher Ende 2021 einen Corona-Intensivpatienten, der sich mit Gehilfe durch das Zimmer müht und mit röchelnder Stimme spricht: „Ich war damals am 11.11. auf der Zülpicher Straße und hab da richtig Karneval gemacht. (...) Ich lass mir doch von denen da oben nicht sagen, ob ich Spaß haben kann oder nicht.“

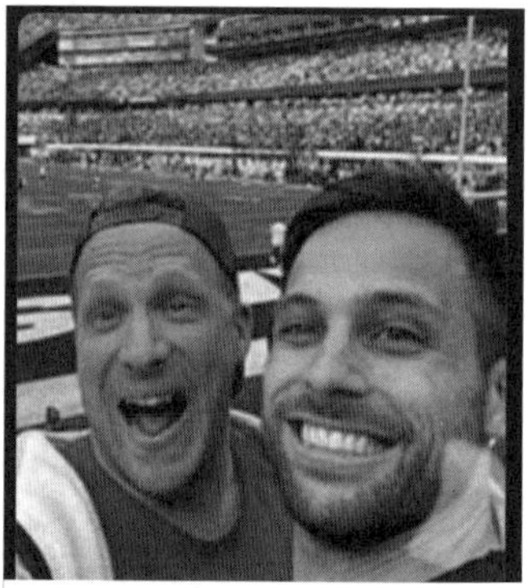
Abb. 553: Die Comedy-Nudel Oliver Pocher darf natürlich nicht fehlen, bei der Super Bowl Fake Parade

Der Dargestellte soll ein Jeck nach zwei Monaten Beatmung auf der Intensivstation sein. Das närrische Treiben in Köln war dem Comedian ein Dorn im Auge: „Es wird gefeiert, als wenn es kein Morgen gibt“, polterte Pocher damals. „Es ist der Wahnsinn, was da los ist“ Menschenansammlungen im 2G-Bereich unter freiem Himmel hielt er für verantwortungslos und ließ das alle Welt wissen.

Das Video war schon damals geschmacklos. Doch angesichts von Pochers eigenem Verhalten ist das vielleicht gar nicht sein größtes Problem. Denn für den Entertainer selbst scheinen keine Regeln zu gelten. Der 43-Jährige postet auf Instagram gleich mehrere Bilder und Videos, die ihn im SoFi Stadium in Los Angeles beim Super Bowl zeigen. Unter 70.000 Menschen, ohne Maske. Was zweifellos regelkonform war, aber das war das von Pocher kritisierte Verhalten der Karnevalisten ja auch.

Entsprechend scharf fielen auch die Kommentare zu dem Foto aus. Die User warfen ihm Doppelmoral und Unglaubwürdigkeit vor. „Der Coronaprediger! Peinlicher geht's kaum noch", schrieb ein Follower.

Offenbar scheint Pocher selbst klargeworden zu sein, wie verlogen seine alten Videos sind. Mittlerweile hat er seine alten Videos gelöscht, doch Aufnahmen davon sind im Netz noch auffindbar.

Zurück zum Super Bowl. Den kann man natürlich nicht ganz mit dem Karneval in Köln vergleichen. Einer Stadt, in der die Inzidenz seinerzeit bei 250 lag, wie Pocher empört anmerkte. In Kalifornien lag die Inzidenz am Sonntag bei weit über 300.[(253)]

Die ganze Pandemie war ebenfalls doch nur eine Show, ein Bluff, mit all den Fake-Statistiken und unlogischen Maßnahmen.

Wie erhellend, wenn die Heuchler und deren Verblendung mit einem Mal wie Schall und Rauch als ein Illusionstrick eines billigen Magiers in Luft aufgehen und sich auflösen.

Fazit

Wie es scheint, ist die P(l)andemie eine Art von IQ-Test, wer darauf reinfällt, hat das Spiel verloren und die Stars sind ein Teil dieser modernen Musik-Verschwörung. Obwohl die Popkultur mit satanischem Schleim überschwemmt und mit subtiler Propaganda garniert ist, können Sie wählen, was Sie Ihrem Geist zuführen möchten.

Laden Sie nicht die Musik der Illuminati-Poser herunter, nehmen Sie diese Künstler nicht in Ihre Playlist auf, und achten Sie bewusst auf den Inhalt der Musik, die Sie regelmäßig hören! Schalten Sie den Schrott aus, sobald Sie ihn hören, damit es nicht in Ihren Verstand gebrannt wird! Erkennen Sie, wie riesige milliardenschwere Unternehmen alles tun, um Geld aus Ihnen herauszukitzeln! Sie fördern bei Kindern Illuminati-Idole, die ihnen beibringen, so respektlos, sexuell promiskuitiv und so spirituell bankrott wie möglich zu sein.

Versuchen Sie vielleicht, klassische Instrumentalmusik und Musik ohne Texte oder Worte zu hören, die Ihren Geist leiten, damit er frei arbeiten kann! Es ermöglicht Ihnen, auf Ihr Unterbewusstsein oder Ihre innere Stimme zu hören.

Der berühmte Medienanalyst und Autor von „Amusing Ourselves to Death", Neil Postman, erklärt, dass die meisten Menschen „nicht bereit sind, die Musik von Haydn, Bach oder Mozart zu fühlen oder gar zu erleben; das heißt, ihre Herzen sind verschlossen oder teilweise verschlossen gegenüber dem Kanon westlicher Musik ... Kurz gesagt, es fehlt etwas in der ästhetischen Erfahrung unserer Jugend."

Schenken Sie Musikern oder anderen Entertainern nicht zu viel

Anerkennung, wenn sie gelegentlich über die Illuminati sprechen oder wie (sie denken) die Regierung oder die Welt funktioniert! Menschen stellen Prominente häufig auf ein Podest und geben ihnen viel mehr Anerkennung, als sie verdienen und nehmen sie als Experten in allem wahr, worüber sie sprechen.

Der Halo-Effekt, auch Heiligenschein-Effekt, beschreibt, wie Menschen dazu neigen, eine voreingenommene Sicht auf andere zu haben, weil ihre Wahrnehmung und ihr Urteilsvermögen stark vom einmaligen Gesamteindruck der Person beeinflusst wird, wodurch ihre Einschätzung des Wissens, der Fähigkeiten oder der Bedeutung dieser Person verzerrt wird.[(254)]

Wenn Menschen Prominente als besonders einschätzen, weil sie ihre Filme oder Musik mögen, werden die meisten Menschen Opfer des Halo-Effekts und denken, dass die Meinungen oder Äußerungen von Prominenten wertvoller sind als andere, auch wenn sie meistens über ein Thema keine speziellere Sachkenntnis haben, als die durchschnittliche Person.

Schützen Sie bewusst Ihre Ohren und Ihren Geist und achten Sie darauf, was Sie in Ihr Gehirn lassen! Genauso wie man durch schlechtes Essen körperlich krank werden kann, wird dasselbe geistig, emotional oder spirituell der Fall sein, wenn man schlechte Musik hört.

Erinnern Sie sich: Aristoteles sagte tiefgründig, wenn Sie die falsche Art von Musik hören, werden Sie die falsche Art von Person!

Im dritten Buch zum Thema Musik gehe ich detailliert auf das Werk von Michale Jackson ein, decke ich weitere Symbolik in Texten sowie Videos von Ariana Grande, The Weekend, Nicki Minaj oder Lil Uzi Vert um nur einige zu nennen auf, analysiere ich heuchlerische Figuren im Auftrag der Elite wie Richard Branson, Bob Geldof, Bono von U2, plus hellseherische Popstars und deren Werke.

Über den Autor:

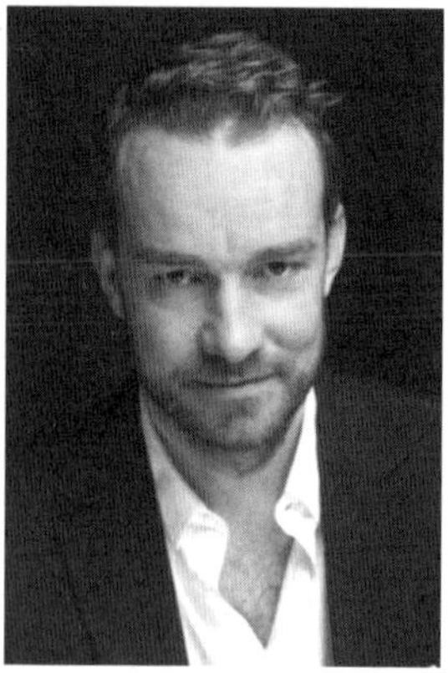

Nikolas Milan Pravda wurde 1974 in der CSSR geboren und emigrierte 1982 mit seinen Eltern und Brüdern in die BRD. Von 1996 bis 2011 arbeitete er zunächst im Marketing- und Consulting-Bereich für renommierte Unternehmen im Sport-, Entertainment- und Konsumbereich, danach engagierte er sich von 2011 bis 2016 ehrenamtlich in sozialen Einrichtungen.
Seit 2012 ist Nikolas Pravda Betreiber des Blogs www.pravda-tv.com und unterstützt soziale Projekte.
Im Juni 2018 erschien sein erstes Buch „Illuminatenblut – Die okkulten Rituale der Elite“ im Amadeus Verlag. Im April 2020 erschien das Buch „Der Hollywood-Code: Kult, Satanismus und Symbolik: Wie Filme und Stars die Menschheit manipulieren“, im Dezember 2020 „Der Musik-Code: Frequenzen, Agenden und Geheimdienste: Zwischen Bewusstsein und Sex, Drugs & Mind Control“ und im Mai 2021 „DUMBs: Geheime Bunker, unterirdische Städte und Experimente: Was die Eliten verheimlichen“ bei Apricus Ltd.
Kontakt: info@pravda-tv.com

Dieses Buch entstand unter finanzieller Beteiligung von einer Spenderin aus dem Schwarzwald, Johanna Friedrichs und Investor für eine freie Erde.
Wenn Sie interesse an einer finanziellen Beteiligung und 20 prozentigen Rendite haben, dann schicken Sie uns eine E-Mail an info@pravda-tv.com

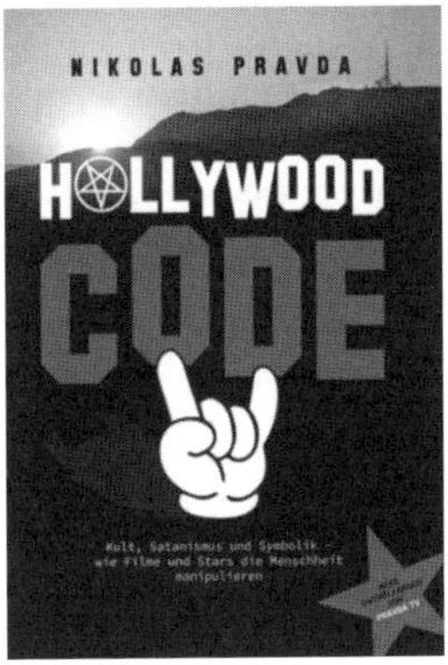

EIN DETAILLIERTER BLICK HINTER DEN SCHLEIER DER SUBTILEN MANIPULATION DURCH DIE (ALB)TRAUMFABRIK

Filme sind moderne Märchen, Legenden die uns in eine Phantasiewelt entführen, emotional berühren und in manchen Fällen erziehen und aufwecken sollen. Es liegt einzig und allein am jeweiligen Betrachter, ob er die bewegten Bilder mit wachen oder schlafenden Augen wahrnimmt. Genau hier setzt dieses Buch an. Wir nehmen Sie mit auf eine Reise, die Ihnen zeigen wird, wie Geheimdienste, ja gar Militärs Einfluss nehmen auf Hollywood-Produktionen.

Bereits in frühen Filmklassikern wie Metropolis oder der Zauberer von Oz wurde mit okkulter Symbolik und ägyptischer Mythologie gearbeitet, die auf verborgenes Wissen und Rituale von Geheimgesellschaften wie Freimaurern und Illuminati verweisen. Indem wir den roten Faden aufnehmen und weiterverfolgen, erfahren Sie bei diesem Trip durch die Filmhistorie, wie Astrotheologie und Esoterik in Blockbustern wie Star Wars, Zurück in die Zukunft, James Bond, Matrix und Harry Potter integriert und verwendet werden.

Selbst so vermeintlich harmlose Unterhaltungsfilme wie die des Disney-Konzerns, sind in Wahrheit gespickt mit okkulten Symbolen und krankhaften sexuellen Anspielungen, die in Kinderfilmen eigentlich nichts zu suchen haben, wenn es dabei in erster Linie um das Kindeswohl gehen soll.

Als beispielhaft dafür, welche Zukunft die Machteliten stattdessen in Form des sogenannten „Tiefen Staates" für die Menschheit vorgesehen haben, sei an dieser Stelle noch auf die propagandistischen Avengers-Machwerke hingewiesen, die voller Verweise auf in der Realität betriebene Agenden wie Künstliche Intelligenz und Transhumanismus bis hin zu milliardenfacher Entvölkerung sind.

Letztendlich ist somit auch im Kino nichts, wie es scheint, denn hinter dem Schein verbergen sich Codes und Agenden, welche die Produzenten und Regisseure bewusst in die Filme integriert haben, mit dem Ziel, sich in unseren Köpfen festsetzen und unser Unterbewusstsein zu manipulieren, damit das Publikum kritiklos und passiv ihre Pläne für die Menschheit hinnimmt.

Mit diesem Buch bekommen Sie daher als filminteressierter Leser einen Leitfaden an die Hand, um besser durch die manipulative Bildmatrix navigieren und selbst entscheiden zu können, was Sie sowohl Ihren eigenen Augen und Ohren sowie Ihrem Gehirn und Herzen antun wollen als auch denen Ihrer Kinder und Enkelkinder.

Wir wünschen Ihnen spannende Einblicke hinter die Kulissen der einflussreichen Filmindustrie, die Sie in die Lage versetzen, selbstbestimmte Entscheidungen darüber zu treffen, welche Filme Sie künftig entweder einschläfern oder aufwecken!

Bonusmaterial: Die Rache der 12 Monkeys, Contagion und Coronavirus, oder wie aus Fiktion Realität wird

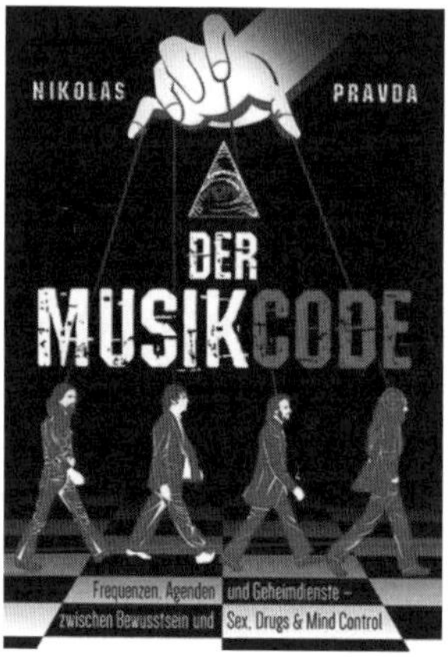

EIN FUNDIERTER ÜBERBLICK ÜBER DIE BEEINFLUSSUNG VON KÖRPER UND GEIST DURCH MUSIK UND FREQUENZEN

Die allermeisten Menschen mögen Musik und können dadurch auf seelischer, emotionaler und geistiger Ebene zutiefst berührt werden, sodass Musik ebenso Ausdruck größter Freude, Trauer oder Wut sein kann. Angenehme und harmonische Klänge können heilen, unangenehme und disharmonische aber auch krank machen.

Das vorliegende Buch soll daher zu einem kritischeren Umgang mit Musik anregen und ein Bewusstsein für deren vielfältige Einflüsse auf Körper und Geist schaffen.

In praktisch allen Lebenslagen sind wir mal mehr, mal weniger harmonischen Klängen und Frequenzen ausgesetzt, zumal wir die Ohren nicht einfach schließen können, wie die Augen.

Die wenigsten Menschen sind sich der Tatsache bewusst, dass ein Großteil der Musik durch Geheimgesellschaften, Militär und Geheimdienste in einer Weise beeinflusst ist, durch die das Publikum – insbesondere in Verbindung mit Drogen, unterschwelligen Botschaften und Bewusstseinskontrolle – zugunsten ihrer jeweiligen Agenda manipuliert werden soll.

Angefangen von der Prägung klassischer Komponisten wie Mozart, Beethoven und Wagner durch Freimaurer und Illuminaten, spannt das Buch einen großen historischen Bogen über die allgemeinen Einflüsse der Nationalsozialisten, Rockefellers und Militärs auf den Umgang mit Musik und Frequenzen; Aldous Huxleys, des Tavistock-Instituts und des Schwarzen Adels auf die sog. „britische Invasion“ in Form von Bands wie den Beatles und Rolling Stones; der CIA und ihres MKULTRA-Programms sowie von Drogen wie LSD auf die Hippie-Bewegung; den mysteriösen Zusammenhängen zwischen den Beatles und den Manson-Morden sowie letzteren mit dem Mord an John Lennon; bis hin zum Zusammenhang zwischen der Entwicklung der MKULTRA-Gedankenkontrolle durch Josef Mengele mit deren Weiterentwicklung in Form der Monarch-Gedankenkontrolle bei aktuellen US-amerikanischen Popstars.

Als Zugabe ist ein Kapitel über aktuelle Ereignisse im Zusammenhang mit der Corona-Krise angefügt, wozu etwa Veranstaltungen wie „One World: Together at Home“ mit Lady Gaga oder öffentliche Auftritte Madonnas zur Unterstützung der weltweiten Anti-Corona-Maßnahmen gehören, und woran deutlich wird, wie sehr die damit massiv vorangetriebene Agenda in Form der Neuen Weltordnung von solchen Popstars propagiert wird.

Durch eine detaillierte Analyse der im Hintergrund wirkenden Programme und Strippenzieher wird enthüllt, dass sogenannte „Genies“ und „Popstars“ häufig nichts weiter sind als fremdbestimmte Marionetten, um deren künstlerische Freiheit es kaum besser bestellt ist als um die Meinungsfreiheit in den mittlerweile stark zensierten sozialen Medien und Mainstream-Medien.

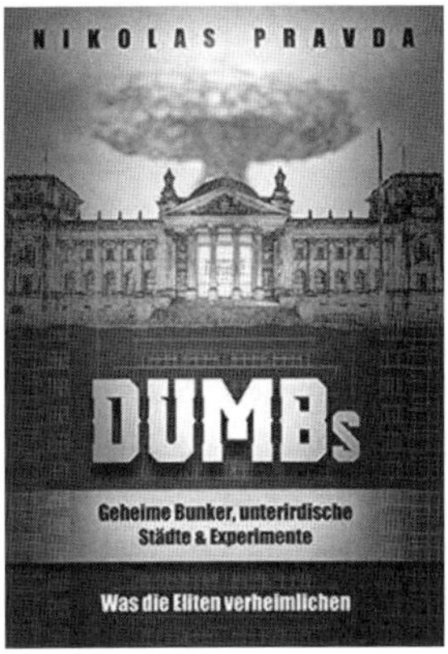

EINE TIEFERGEHENDE ANALYSE VON UNTERIRDISCHEN ANLAGEN UND EXPERIMENTEN DIE WIR UNS KAUM VORSTELLEN KÖNNEN

DUMBs („Deep Underground Military Bases") sind den meisten Menschen unbekannt, kein Wunder, denn sie liegen verborgen in tausend Metern Tiefe und beherbergen Hochtechnologie, die wir nur aus Science-Fiction-Filmen kennen.

Dieses Buch ist ein Reiseführer beginnend in der Vergangenheit der Menschheit, denn nicht nur die Erde erschuf natürliche Höhlen und Tunnel, sondern bereits unsere Vorfahren gruben ganze Städte mit einer Infrastruktur, die bis heute die Wissenschaftler vor ein Rätsel stellt. Angefangen in Amerika, über Asien, oder Ägypten, bis nach Österreich, denn dort gibt es unterirdische Gänge, die offensichtlich mit der Präzision heutiger Maschinen gefräst wurden. Selbst in einer Höhle in China finden sich Steinwände, die geschnitten sind, als ob es bereits vor Äonen Lasertechnik gab.

Die modernen DUMBs sind teilweise als Top Secret eingestuft, bei manchen handelt es sich um in der Öffentlichkeit bekannte Militärbasen, Regierungszentralen oder Flughäfen, welche jedoch ihre eigentlichen Geheimnisse im Inneren, in mehrere Stockwerke tiefen Anlagen verbergen, die mit Tunneln verbunden sind – nicht nur unter den USA, sondern auch in Russland und Deutschland. Mancher hat schon von der Area 51, und Fort Detrick – dem angeblichen Ursprungsort des Coronavirus' – in den USA gehört, oder von Pine Gap in Australien, doch nur wenige wissen von den DUMBs unter Washington DC, Stuttgart und Berlin.

Mutige Whistleblower gaben ihr Leben, andere werden bedroht, zum Schweigen gebracht, oder suchen den Schutz der Öffentlichkeit, um die vertuschten Projekte der Kabale ans Licht der Welt zu bringen – wie die Experimente im Montauk-Projekt, die vermeintlich weltweit aus Bunkern und Tunneln geretteten Kinder oder die Klon-Basen der Illuminati, die auf Bestellung Präsidenten, Popstars oder Hollywood-Schauspieler reproduzieren. Das Militär und die Wissenschaft gehen Hand in Hand, um die Öffentlichkeit im Glauben zu lassen, dass das weltweite HAARP-Netzwerk rein zur Erforschung unseres Planeten im Betrieb ist, doch die Anlagen in den USA, Russland und Europa haben tatsächlich einen düsteren und dystopischen Kern.

Es gibt nicht nur Städte, Bunker und Tunnel im Untergrund die militärischen und/oder wissenschaftlichen Zwecken dienen, nein, die Superreichen, die selbsternannte Elite bauen seit Jahrzehnten individuelle Verstecke, da sie offenbar alle über Geheimwissen verfügen, demzufolge die Erde von einer globalen Katastrophe heimgesucht werden wird. Begleiten Sie uns auf die Reise zum Mittelpunkt der DUMBs und zu den geheimen Orten verborgener Experimente!

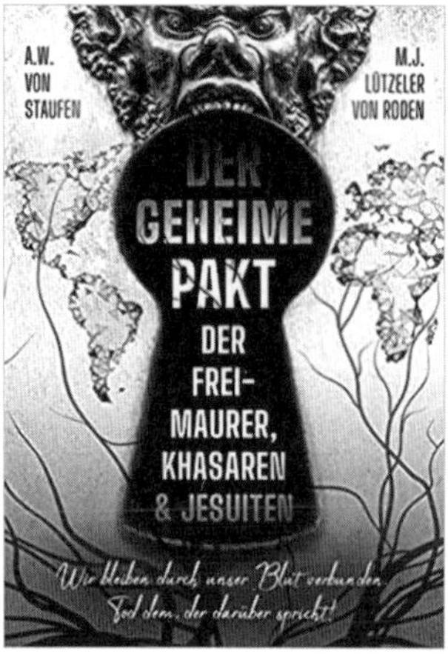

ENTHÜLLUNGEN ÜBER DIE MACHT DER GEHEIMBÜNDE, WIE DIESE DIE MENSCHHEIT SEIT JAHRHUNDERTEN PERFIDE UND VERBORGEN LENKEN

Der Insider Alfred von Staufen und sein Redaktions-Team haben nach jahrelanger Recherche brisante Informationen zusammengetragen, die unser Weltbild ins Wanken bringen.

In diesem Werk wird fundiert dargelegt, wie verschiedene Geheimbünde und Blutlinien mit einem „geheimen Pakt" omnipräsente Illusionen erschaffen haben, wie die Fälschung unserer Geschichte, die Existenz ganzer Kulturen und die Gesellschaft wie wir sie heute zu kennen glauben.

Ihre Organisationen verwenden zahlreiche Methoden, um die Manipulation der Menschheit still und heimlich zu implementieren. Sie benutzen die Medien und Prominente, damit ihre weitreichenden Pläne eine akzeptable Basis bei der Mehrzahl der Menschen finden.

Stichworte wie Agenda 2030 oder die Neue Weltordnung klingen wie platte Verschwörungstheorien, doch die vorliegenden Beweise sind erdrückend. Sie zeigen eindeutig, dass es nicht allein um ein Ziel in ferner Zukunft geht, sondern auch um den gegenwärtigen Weg, die Menschheit nach einem von den vermeintlichen Herrschern gewünschten Bild zu formen.

Lernen Sie die wahre Historie der Familie Rothschild kennen, welche Rolle die Pyramide der Macht spielt und warum der Tiefe Staat seine Operationen gegen die Menschheit ausführt!

Anhand von Beispielen aus der Vergangenheit, wie den Kreuzzügen der Templer, dem Schwur der Jesuiten, den Fragen, wer die Revolutionen in Frankreich und Russland steuerte, wer den 1. und den 2. Weltkrieg anzettelte und wer sein Wirken mithilfe einer Pandemie forcierte, wird klar:

Nichts ist wie es scheint. Politiker und andere Berühmtheiten aus Fernsehen und Sport mit Dreck am Stecken gehören entweder zum Establishment oder dienen einem bestimmten Zweck und werden deshalb geschützt. Missbrauch, Pädophilie und Einschüchterung bis hin zum rituellen Mord gehören zum Repertoire der Verschwörer in den Logen.

Die nicht unabhängige Denkfabrik Leopoldina diktiert heute das Leben in Deutschland und der Welt. Ihren Ursprung findet sie in einem dubiosen Wanderzirkus und wird zu einem wundersamen Erlöser für die Regierung in der Neuzeit.

Von Staufen beschreibt persönliche Erlebnisse und Erfahrungen, er deutet seinen familiären Hintergrund an und zeigt, obwohl oder gerade weil er die Vorfahren in einer Linie mit den Monarchien sieht, Möglichkeiten auf, der Täuschung durch angebliche Retter und Gruppen zu widerstehen – denn die gewollte Opposition ist nur Teil des Systems. Genau aus diesen Gründen ist die Majorität in einer „Blase" gefangen und weiß nicht wie kafkaesk die Wahrheit in manchen Bereichen ist. Wir sollten wieder Einigkeit praktizieren und uns auf das Einssein konzentrieren. Dieses Buch macht den Anfang!

Quellenverzeichnis

(1) Aristoteles, „Politik Band 1“ 8, 5, 1340 a 18 – 20
(2) Platon, „Gesetze III 700-701“
(3) Benjamin Jowett, „The Republic of Plato“, 1888
(4) brainyquote.com
(5) Shapiro, „An Encyclopedia of Quotations about Music“, 1978
(6) https://journals.plos.org/plosone/article?id=10.1371/journal.pone.0027241
(7) https://www.edmsauce.com/2014/08/16/music-industry-brainwashing-us/
(8) https://www.youtube.com/watch?v=ApaGQGrGjr8&feature=emb_logo
(9) https://www.mic.com/articles/95260/how-the-music-industry-is-brainwashing-you-to-like-bad-pop-songs
(10) https://en.wikipedia.org/wiki/Candy_Jones
(11) http://www.forteantimes.com/features/profiles/497/candy_jones.html
(12) https://www.secretdonttell.com/history/candy/
(13) http://www.forteantimes.com/features/profiles/497/candy_jones.html
(14) https://www.cbc.ca/news/politics/cia-brainwashing-allanmemorial-mentalhealth-1.4373590
(15) https://vigilantcitizen.com/latestnews/canadian-government-quietly-compensates-daughter-mkultra-victim/
(16) https://www.cbc.ca/news/politics/cia-brainwashing-allanmemorial-mentalhealth-1.4373590
(17) https://www.cbc.ca/news/politics/cia-brainwashing-allanmemorial-mentalhealth-1.4373590
(18) https://www.cbc.ca/news/canada/canadian-government-gag-order-mk-ultra-1.4448933
(19) https://www.cbc.ca/news/canada/canadian-government-gag-order-mk-ultra-1.4448933
(20) https://vigilantcitizen.com/latestnews/canadian-government-quietly-compensates-daughter-mkultra-victim/
(21) https://vigilantcitizen.com/vigilantreport/the-world-of-mind-control-through-the-eyes-of-an-artist-with-13-alter-personas/
(22) http://www.kimnobleartist.com
(23) https://www.theguardian.com/lifeandstyle/2011/sep/30/kim-noble-woman-with-100-personalities
(24) https://vigilantcitizen.com/vigilantreport/the-world-of-mind-control-through-the-eyes-of-an-artist-with-13-alter-personas/
(25) https://www.independent.co.uk/news/people/profiles/kim-noble-woman-divided-413223.html
(26) Fritz Springmeier: „How The Illuminati Create An Undetectable Total Mind Controlled Slave“
(27) https://vigilantcitizen.com/vigilantreport/the-world-of-mind-control-through-the-eyes-of-an-artist-with-13-alter-personas/
(28) https://www.youtube.com/watch?v=bKu9zX9XBws&feature=emb_logo
(29) https://vigilantcitizen.com/category/pics-of-the-month/
(30) https://vigilantcitizen.com/musicbusiness/this-french-music-video-exposes-the-occult-music-industry/
(31) https://de.wikipedia.org/wiki/Madonna_(Künstlerin)
(32) https://www.youtube.com/watch?v=ZMaMQoHpQyo
(33) Hope, Murry, „Practical Egyptian Magic“
(34) Swinburne, Clymer „The Rosicrucians, Their Teachings“
(35) https://www.nicholson1968.com/nicholson1968s-post/sex-kitten-programming-occult-

symbolism-katy-perry
(36) https://vigilantcitizen.com/musicbusiness/madonnas-Super Bowl-halftime-show-a-celebration-of-the-grand-priestess-of-the-music-industry/
(37) https://www.telegraph.co.uk/news/celebritynews/madonna/9306133/Madonna-tells-Israel-you-cant-be-a-fan-of-mine-and-not-want-world-peace.html
(38) https://vigilantcitizen.com/latestnews/madonnas-mdna-tour-replete-with-illuminati-agenda/
(39) https://www.theguardian.com/music/2014/dec/21/madonna-album-hack-living-state-terror
(40) wie (39)
(41) https://www.nzz.ch/panorama/nicki-minaj-kritik-an-impf-tweet-der-rapperin-ld.1645752
(42) Manly P. Hall „The Secret Teachings of all Ages“
(43) Albert Pike „Morals and Dogma“
(44) Eliphas Levi „Transzendentale Magie: Dogma und Ritual der hohen Magie“
(45) https://www.theguardian.com/music/2014/dec/21/madonna-album-hack-living-state-terror
(46) Manly P. Hall, „The Lost Keys of Freemasonry: or The Secret of Hiram Abiff“
(47) https://vigilantcitizen.com/hidden-knowledge/the-order-of-the-illuminati/
(48) James Wasserman: „The Mystery Traditions: Secret Symbols and Sacred Art“
(49) https://vigilantcitizen.com/musicbusiness/madonna-spreads-disinformation-new-illuminati-song/
(50) https://www.youtube.com/watch?v=ZMaMQoHpQyo
(51) https://www.youtube.com/watch?v=q5AbJxTFMms
(52) https://vigilantcitizen.com/moviesandtv/eurovision-2019-finale-and-the-occult-meaning-of-madonnas-controversial-performance/
(53) https://de.wikipedia.org/wiki/Britney_Spears
(54) https://sites.google.com/site/plants4444/10-families---banksters/svali-plans-depression-1933-look-like-picnic
(55) https://www.contactmusic.com/britney-spears/news/britney.-david-lachapelle-tricked-me-into-sexy-photos
(56) https://www.neoseeker.com/forums/31132/t2154329-cias-monarch-mind-control-mkultra-program/
(57) https://www.tmz.com/2008/01/17/britneys-multiple-personality-disorder/
(58) https://www.dailymail.co.uk/tvshowbiz/article-508197/The-faces-Britney-Singer-multiple-personality-disorder--thinks-shes-British.html
(59) http://citeseerx.ist.psu.edu/viewdoc/download?doi=10.1.1.656.9508&rep=rep1&type=pdf
(60) Fritz Springmeier „The Illuminati formula used to create an undetectable total mind controlled slave“
(61) https://vigilantcitizen.com/musicbusiness/britney-spears-mind-control-and-hold-it-against-me/
(62) https://www.thesun.co.uk/archives/news/463373/zombie-britney-spears-isstill-on-brink-say-pals/
(63) https://people.com/celebrity/britney-spears-lapses-into-a-british-accent/
(64) https://vigilantcitizen.com/musicbusiness/scream-and-shout-a-video-about-britney-spears-being-under-mind-control/
(65) https://www.tmz.com/2012/08/23/britney-spears-conservatorship-medical-issue/
(66) https://web.de/magazine/unterhaltung/stars/freebritney-steckt-twitter-bewegung-britney-spears-34871358
(67) https://vigilantcitizen.com/latestnews/freebritney-is-britney-spears-being-held-at-a-mental-health-facility-against-her-will-for-mkultra/

(68) https://www.dailymail.co.uk/news/article-5163675/Sean-Rose-says-agent-offered-cash-career-ladder-sex.html
(69) https://www.billboard.com/music/pop/britney-spears-painting-selfies-tomasz-rut-7356914/
(70) https://vigilantcitizen.com/musicbusiness/theres-something-terribly-wrong-with-britney-spears-instagram-account/
(71) https://de.wikipedia.org/wiki/Christina_Aguilera
(72) und (73) Fritz Springmeier "The Illuminati formula used to create an undetectable total mind controlled slave"
(74) https://vigilantcitizen.com/musicbusiness/christina-aguileras-not-myself-tonight-more-illuminati-music/
(75) https://viking-workshop.com/blog/the-black-sun-mystical-occult-symbol-of-power/
(76) https://vigilantcitizen.com/musicbusiness/the-disturbing-hidden-meaning-of-christina-aguileras-fall-in-line/
(77) https://en.wikipedia.org/wiki/Lady_Gaga
(78) Mark Dice, „llluminati in the Music Industry"
(79) ABC News 20/20: „Barbara Waters Most Fascinating People of 2009"
(80) NBC: „Saturday Night Live: Digital Short: 3-Way, The Golden Rule" 2011
(81) ABC: „The Jimmy Kimmel Show: Interview with Lady Gaga"
(82) Mark Dice, „llluminati in the Music Industry"
(83) MTV.com: „Lady Gaga: Isn't That An Illuminati Ritual?" 2010
(84) https://vigilantcitizen.com/musicbusiness/from-mind-control-to-superstardom-the-meaning-of-lady-gagas-marry-the-night/
(85) https://www.tmz.com/2014/06/19/lady-gaga-music-video-sexual-assault-do-what-u-want/
(86) https://www.villagevoice.com/2013/12/16/read-the-stomach-churning-sexual-assault-accusations-against-r-kelly-in-full/
(87) https://www.villagevoice.com/2014/01/15/why-are-people-finally-paying-attention-to-r-kellys-many-crimes/
(88) Quelle: https://vigilantcitizen.com/vigilantreport/the-hidden-life-of-marilyn-monroe-the-original-hollywood-mind-control-slave-part-i/
(89) https://vigilantcitizen.com/musicbusiness/lady-gaga-featuring-r-kellys-leaked-video-u-want-glorifies-entertainment-industry-abuse/
(90) Nikolas Pravda „Der Hollywood-Code"
(91) https://vigilantcitizen.com/moviesandtv/american-horror-story-hotel-stars-lady-gaga-and-pushes-a-disturbing-agenda/
(92) https://www.nzherald.co.nz/entertainment/news/article.cfm?c_id=1501119&objectid=10776601
(93) https://www.bundesfinanzministerium.de/Content/DE/Bilderstrecken/Sondermarken/Programm_2018/Briefmarken_Programm_2018/1811_Fischer.html
(94) https://www.henrymakow.com/lina_morgana_leftby_richard_ev.html
(95) https://en.wikipedia.org/wiki/Katy_Perry
(96) Mark Dice „Illuminati in the Music Industry"
(97) https://www.dailymotion.com/video/x2gw0q8
(98) Mark Dice „Illuminati in the Music Industry"
(99) USA Today: „Katy Perry sports minidress with Obama campaign slogan" 2012
(100) Mark Dice: „Illuminati in the Music Industry"
(101) https://vigilantcitizen.com/musicbusiness/katy-perrys-wide-awake-a-video-about-monarch-mind-control/

(102) https://www.dailymail.co.uk/news/article-4293564/Nuns-fight-disgusting-Katy-Perry-sale-convent.html
(103) https://www.dailymail.co.uk/news/article-4293564/Nuns-fight-disgusting-Katy-Perry-sale-convent.html
(104) https://www.pravda-tv.com/2014/01/grammys-katy-perry-priesterin-der-illuminati-vollzog-vor-den-augen-der-welt-okkulte-hexenzeremonie-videos/
(105) New York Times: „2 Nuns, a Developer and Katy Perry Walk Into a Real Estate Deal“
(106) David McGowan „There's Something About Henry“
(107) https://vigilantcitizen.com/musicbusiness/katy-perrys-chained-rhythm-sells-elite-friendly-revolution/
(108) https://www.instagram.com/p/BTgtwK6jgNZ/?utm_source=ig_embed
(109) https://vigilantcitizen.com/latestnews/happening-katy-perry/
(110) https://vigilantcitizen.com/musicbusiness/katy-perrys-bon-appetit-nod-occult-elite-rituals/
(111) https://en.wikipedia.org/wiki/Miley_Cyrus
(112) und (113) Mark Dice „Illuminati in the Music Industry“
(114) New York Daily News: „Miley Cyrus admits to making drug reference in 'We Can`t Stop': 'You know what I´m up to'“ 22. Juli 2013
(115) https://www.gq.com/story/billy-ray-cyrus-mr-hannah-montana-miley?currentPage=1
(116) http://www.nydailynews.com/entertainment/gossip/billy-ray-cyrus-gq-family-attack-satan-scared-daughter-miley-article-1.136333
(117) https://www.gala.de/stars/news/miley-cyrus--im-krankenhaus-20166288.html
(118) https://vigilantcitizen.com/musicbusiness/miley-cyrus-releases-new-video-hospital-mind-control/
(119) https://vigilantcitizen.com/musicbusiness/miley-cyrus-featured-mk-themed-trippy-video-filmed-hospitalized/
(120) https://www.rollingstone.com/music/music-news/see-miley-cyrus-and-flaming-lips-insanely-trippy-superfreak-video-55579/
(121) https://en.wikipedia.org/wiki/Lysergic_acid_diethylamide
(122) https://vigilantcitizen.com/musicbusiness/miley-cyrus-featured-mk-themed-trippy-video-filmed-hospitalized/
(123) https://vigilantcitizen.com/musicbusiness/miley-cyruss-bb-talk-celebrates-child-abuse/
(124) https://vigilantcitizen.com/moviesandtv/miley-cyrus-in-black-mirror-as-a-mind-controlled-pop-star-its-not-fiction/
(125) https://www.youtube.com/watch?v=2S0e-i117vY&feature=emb_logo
(126) https://www.hercampus.com/school/western/why-virginity-social-construct
(127) https://vigilantcitizen.com/musicbusiness/the-twisted-meaning-of-miley-cyrus-mothers-daughter/
(128) https://en.wikipedia.org/wiki/Rihanna
(129) https://vigilantcitizen.com/musicbusiness/occult-and-prophetic-messages-in-rihannas-umbrella/
(130) https://vigilantcitizen.com/latestnews/rihannas-mind-control-perfume-ad/
(131) https://vigilantcitizen.com/musicbusiness/rihannas-better-money-promotes-elites-obsession-torture/
(132) https://en.wikipedia.org/wiki/Taylor_Swift
(133) https://www.faz.net/aktuell/gesellschaft/smalltalk/neues-von-den-promis-taylor-swift-bricht-charts-rekord-16888416.html
(134) https://endisnear.freeforums.net/thread/63/occult-symbolism

(135) https://vigilantcitizen.com/musicbusiness/the-2009-vmas-the-occult-mega-ritual/
(136) https://vigilantcitizen.com/latestnews/taylor-swift-at-the-brit-awards-yet-another-illuminati-ritual/
(137) Fritz Springmeier „The Illuminati Formula to Create a Mind Control Slave“
(138) https://vigilantcitizen.com/musicbusiness/hidden-meaning-taylor-swifts-video-style/
(139) https://www.theguardian.com/music/2017/aug/28/taylor-swift-look-what-you-made-me-do-music-video
(140) Fritz Springmeier „The Illuminati Formula to Create a Mind Control Slave“
(141) https://vigilantcitizen.com/musicbusiness/sinister-meaning-taylor-swifts-look-made/
(142) https://vigilantcitizen.com/musicbusiness/taylor-swift-queen-of-the-2018-american-music-awards/
(143) https://en.wikipedia.org/wiki/Beyonc%C3%A9
(144) Mark Dice „Illuminati in the Music Industry“
(145) https://vigilantcitizen.com/musicbusiness/occult-meaning-beyonces-lemonade/
(146) https://vigilantcitizen.com/hidden-knowledge/aleister-crowley-his-story-his-elite-ties-and-his-legacy/
(147) Theodor Reuss „Oriflamme“
(148) https://vigilantcitizen.com/musicbusiness/occult-meaning-beyonces-lemonade/
(149) https://vigilantcitizen.com/musicbusiness/beyonces-performance-2016-vmas-twisted-occult-ritual/
(150) https://www.pravda-tv.com/2018/09/beyonce-ist-eine-illuminati-hexe/
(151) https://theblast.com/beyonce-restraining-order-former-drummer-witchcraft-dark-magic/
(152) https://ledgernote.com/blog/interesting/beyonce-extreme-witchcraft/
(153) https://www.npr.org/templates/story/story.php?storyId=112998783&t=1599076871602
(154) https://vigilantcitizen.com/latestnews/beyonce-accused-of-extreme-witchcraft-by-ex-drummer/
(155) https://humansbefree.com/2020/08/disney-black-is-king-illuminati-beyonce-satanic.html
(156) https://www.zikoko.com/pop/so-you-dont-have-to/witchcraft-the-idolatry-of-beyonce-according-to-this-insane-conspiracy-theory/
(157) https://en.wikipedia.org/wiki/Billie_Eilish
(158) https://vigilantcitizen.com/musicbusiness/the-disturbing-meaning-of-billie-eilishs-bury-a-friend/
(159) https://vigilantcitizen.com/musicbusiness/the-dark-meaning-of-all-the-good-girls-go-to-hell-by-billie-eilish/
(160) https://en.wikipedia.org/wiki/Justin_Bieber
(161) Mark Dice „Illuminati in the Music Industry“
(162) Eonline.com „The Biebs Hits Victoria Secret`s Fashion Show 2012“
(163) https://vigilantcitizen.com/musicbusiness/justin-biebers-where-are-u-now-is-full-of-quickly-flashing-illuminati-imagery/
(164) und (165) https://en.wikipedia.org/wiki/Hillsong_Church
(166) https://www.musikexpress.de/justin-bieber-wird-doch-nicht-hillsong-pastor-1756465/
(167) https://vigilantcitizen.com/musicbusiness/why-is-justin-bieber-tagging-babies-yummy-on-instagram-the-answer-is-sickening/
(168) https://en.wikipedia.org/wiki/Eminem
(169) https://vigilantcitizen.com/musicbusiness/framed-eminem-becomes-a-mind-controlled-serial-killer/
(170) https://en.wikipedia.org/wiki/Witching_hour

(171) https://vigilantcitizen.com/musicbusiness/framed-eminem-becomes-a-mind-controlled-serial-killer/
(172) https://en.wikipedia.org/wiki/Jay-Z
(173) MTV.com „Jay-Z: President Obama Was Playing The Blueprint When I Called Him" 2010
(174) Aleister Crowley „Magick in Theorie und Praxis"
(175) Mark Dice „Illuminati in the Music Industry"
(176) BlokTV „Jay-O Interview part 2 Says Jay-Z is affiliated with secret societies that engage in homosexuality" 2010
(177) Mark Dice „Illuminati in the Music Industry"
(178) ThisIs50.com: „Letter from the Pen: Prodigy Takes Shots at Rell, Rick Ross, and Names his Favorite 40 MC`s" 2009
(179) Mark Dice „Illuminati in the Music Industry"
(180) Aleister Crowley „The Old and New Commentaries to Liber" AL, II, 28
(181) und (182) https://www.ballerstatus.com/2008/11/04/prodigy-says-jay-z-sides-with-the-evil-illuminati/
(183) https://vigilantcitizen.com/musicbusiness/the-occult-semi-subliminals-of-jay-zs-on-to-the-next-one/
(184) https://en.wikipedia.org/wiki/Kanye_West
(185) Mark Dice „Illuminati in the Music Industry"
(186) Jhene Aiko „Sailing not Selling" featuring Kanye West
(187) Mark Dice: „Illuminati in the Music Industry"
(188) Manly P. Hall: „The Secret Teachings of all Ages"
(189) Jordan Michael, „The Encyclopedia of Gods: Over 2500 Deities of the World"
(190) „Archive for Research in Archetypal Symbolism"
(191) http://www.mtv.com/news/1645257/kanye-wests-power-video-a-cultural-cheat-sheet/
(192) https://en.wikipedia.org/wiki/Damocles
(193) https://vigilantcitizen.com/musicbusiness/kanye-wests-power-the-occult-meaning-of-its-symbols/
(194) Manly P. Hall: „The Secret Teachings of all Ages"
(195) https://vigilantcitizen.com/latestnews/the-occult-symbolism-surrounding-kanye-wests-yeezus/
(196) https://www.nbclosangeles.com/news/local/rapper-kanye-west-hospitalized-after-canceling-saint-pablo-tour/50201/
(197) https://people.com/celebrity/kanye-west-feels-like-hes-under-spiritual-attack/
(198) https://vigilantcitizen.com/latestnews/kanye-west-handcuffed-hospitalized-psychiatric-evaluation/
(199) PsychCentral, Risks of Electroconvulsive Therapy (ECT)
(200) https://vigilantcitizen.com/latestnews/kanye-west-reportedly-suffered-memory-loss-since-forced-hospitalization/
(201) https://vigilantcitizen.com/latestnews/nick-cannon-about-kanye-west-mkultra-is-real/
(202) https://www.rollingstone.com/music/music-news/t-i-slams-kanye-west-trump-meeting-736738/
(203) https://vigilantcitizen.com/latestnews/nick-cannon-about-kanye-west-mkultra-is-real/
(204) https://www.youtube.com/watch?v=Mx0Un9K5dKQ
(205) https://www.billboard.com/articles/news/78990/mariah-carey-hospitalized-for-extreme-exhaustion
(206) https://vigilantcitizen.com/latestnews/nick-cannon-about-kanye-west-mkultra-is-real/

(207) https://www.myheimat.de/koeln/kommentieren/wieso-wurde-kanye-west-auf-twitter-gesperrt-das-ist-der-grund-d3205025.html
(208) https://www.merkur.de/politik/kanye-west-donald-trump-us-wahl-republikaner-joe-biden-demokraten-battleground-zr-90054316.html
(209) https://www.infowars.com/twitter-locks-kanye-out-of-his-account-after-anti-music-industry-rant/
(210) https://twitter.com/kanyewest/status/1046064289944080388
(211) https://snanews.de/20211019/kanyewest-4012601.html
(212) https://www.instagram.com/p/CKvmsUmF1ho/
(213) https://vigilantcitizen.com/musicbusiness/the-occult-meaning-of-kanye-wests-donda/
(214) https://en.wikipedia.org/wiki/Justin_Timberlake
(215) https://vigilantcitizen.com/musicbusiness/justin-timberlakes-supplies-great-illuminati-reversal/
(216) https://en.wikipedia.org/wiki/Agenda-setting_theory
(217) https://www.businessinsider.com/dylan-farrow-calls-out-justin-timberlake-for-working-with-woody-allen-2018-1
(218) https://vigilantcitizen.com/musicbusiness/justin-timberlakes-supplies-great-illuminati-reversal/
(219) https://en.wikipedia.org/wiki/Busta_Rhymes
(220) https://www.nme.com/en_asia/music-interviews/busta-rhymes-extinction-level-event-2-the-wrath-of-god-kendrick-lamar-2806202
(221) https://vigilantcitizen.com/musicbusiness/busta-rhymes-album-ele2-its-messages-about-the-new-world-order-and-the-five-percent-nation/
(222) Nation of Gods and Earths FAQ
(223) https://vigilantcitizen.com/musicbusiness/busta-rhymes-album-ele2-its-messages-about-the-new-world-order-and-the-five-percent-nation/
(224) https://vigilantcitizen.com/latestnews/a-2019-project-runway-contestant-named-kovid-presented-a-facemask-outfit-video/
(225) https://vigilantcitizen.com/latestnews/the-met-2021-gala-another-display-of-the-elites-insanity/
(226) https://www.youtube.com/watch?v=uPYx12xJFUQ
(227) https://spectator.com.au/2021/02/the-world-economic-forum-lockdowns-are-improving-cities-around-the-world/
(228) https://twitter.com/wef/status/1427721919483326470
(229) https://t.co/guGfK3GN5Y pic.twitter.com/HF4N6M4sl6
(230) https://vigilantcitizen.com/latestnews/worldeconomicforumhowourlivescouldsoonlook/
(231)https://www.berliner-zeitung.de/news/billie-eilish-ohne-impfung-waere-ich-an-corona-gestorben-li.200510
(232) https://www.billboard.com/music/music-news/musicians-with-coronavirus-9338786/
(233) https://articles.mercola.com/sites/articles/archive/2022/01/27/health-officials-deny-death-from-covid-shots.aspx
(234) https://www.pravda-tv.com/2022/01/verfolgt-und-zensiert-mrna-impfstoff-erfinder-robert-malone-im-interview-mit-joe-rogan-video
(235) https://www.theguardian.com/music/2022/jan/25/neil-young-demands-spotify-remove-his-music-over-joe-rogan-vaccine-misinformation
(236) https://www.hollywoodreporter.com/business/digital/spotify-neil-young-joe-rogan-1235081916/

(237) https://www.spiegel.de/kultur/corona-debatte-um-streamingdienst-auch-harry-und-meghan-kritisieren-spotify-a-6e44d131-851c-46f6-9846-a81817465016
(238) https://www.bild.de/unterhaltung/royals/royals/prinz-harry-und-herzogin-meghan-20-mio-euro-projekt-mit-spotify-gefloppt-78934930.bild.html
(239) https://www.instagram.com/joerogan/?utm_source=ig_embed&ig_rid=e219c65b-d5b4-4954-aab9-0375b7aff0d9
(240) https://wearechange.org/thank-you-to-the-haters-joe-rogan-breaks-silence-on-spotify-controversy-rejects-disinformation-label/
(241) https://www.newsweek.com/dwayne-johnson-voices-support-joe-rogan-amid-spotify-covid-controversy-1674420
(242) https://americasfrontlinedoctors.org/news/post/spotify-and-big-pharma-the-neil-young-connection/
(243) https://www.youtube.com/watch?v=5OZdKwFSWZw
(244) https://www.br.de/radio/bayern2/sendungen/zuendfunk/nicki-minaj-will-sich-nicht-impfen-lassen-100.html
(245) https://www.naturalnews.com/2021-09-22-nicki-minaj-exposes-the-media-mafia.html
(246) https://www.youtube.com/watch?v=j1SWen95pkU
(247) https://www.derstandard.at/story/2000132818616/eric-clapton-wirft-youtube-massenhypnose-vor-in-einem-youtube-interview
(248) https://www.wochenblick.at/corona/nein-zu-zweiklassengesellschaft-nena-gegen-impfzwang-vor-konzerten/
(249) https://www.wochenblick.at/corona/nena-cancelt-ihre-tour-wegen-corona-diktatur-mache-da-nicht-mit/
(250) Isaac Weishaupt „Super Bowl: An Analysis of the Occult and Illuminati Symbolism Ritual“
(251) https://teakrulos.com/2022/02/18/teas-weird-week-illuminati-super-bowl-party/
(252) https://www.theblaze.com/op-ed/whitlock-dr-dre-snoop-dogg-and-the-super-bowl-halftime-show-will-be-a-celebration-of-lyrical-porn-and-the-satanic-race-religion
(253) https://www.stern.de/lifestyle/leute/oliver-pocher-beim-superbowl--der-koenig-der-heuchler-31632950.html
(254) Kayla Causey and Aaron Goetz „The Halo Effect in Overdrive“, „Psychology Today“

Bildquellen

(1) https://en.wikipedia.org/wiki/Candy_Jones#/media/File:Candy_Jones_2.jpg
(2) https://www.amazon.com/Mind-Manipulators-Alan-Scheflin-1978-08-06/dp/B01HCABA1I
(3) Eigene Bildkomposition und https://vigilantcitizen.com/latestnews/canadian-government-quietly-compensates-daughter-mkultra-victim/
(4) bis (6) https://vigilantcitizen.com/latestnews/canadian-government-quietly-compensates-daughter-mkultra-victim/
(7) https://vigilantcitizen.com/vigilantreport/the-world-of-mind-control-through-the-eyes-of-an-artist-with-13-alter-personas/
(8) http://www.syriouslyinfashion.com/2011/05/flash-post-lady-gaga-for-v-magazine.html
(9) https://vigilantcitizen.com/vigilantreport/the-world-of-mind-control-through-the-eyes-of-an-artist-with-13-alter-personas/
(10) https://teespacecustom.com/product/sucker-punch-babydoll-fantasy-world-action-thriller-

eb73-1-white-t-shirt/
(11) https://www.amazon.com/Black-Swan-Movie-Poster-24in/dp/B06XQ4ZHJ8
(12) bis (31) https://bethlemgallery.com/artists/kim-noble/
(32) bis (64) https://www.youtube.com/watch?v=bKu9zX9XBws&feature=emb_logo
(65) https://dlf.uzh.ch/sites/retromania/files/Rock-and-Roll-Hall-of-Fame-Logo.jpg
https://cdn.antenne.de/thumbs/images/galleries/380940/85837_RockHallmorni-ngLarge_1500.011c6919.jpg
(66) https://www.youtube.com/watch?v=ucdaEjd1Y4A
(67) wie (66)
(68) http://balkhandshambhala.blogspot.com/2013/10/anahita-durga-vajrayogini.html
(69) https://www.youtube.com/watch?v=ucdaEjd1Y4A
(70) https://www.youtube.com/watch?v=cItHOl5LRWg
(71) bis (73) https://www.youtube.com/watch?v=ucdaEjd1Y4A
(74) bis (76) https://www.youtube.com/watch?v=CMlpBhWkoKc
(77) https://www.vogue.com/article/julien-auctions-2016-rock-memorabilia-sale
(78) http://newnowtext.com
(79) https://www.amazon.de/Madame-X-Madonna/dp/B07QFWPZLL
(80) bis (84) https://www.youtube.com/watch?v=q5AbJxTFMms
(85) https://madonnaunderground.com/madonna-comeback-single-ft-maluma-confirmed-pop-legend-drops-release-date/
(86) bis(90) https://www.youtube.com/watch?v=q5AbJxTFMms
(91) https://www.instagram.com/p/Bs-20oDh406/?hl=de
(92) https://vigilantcitizen.com/moviesandtv/eurovision-2019-finale-and-the-occult-meaning-of-madonnas-controversial-performance/
(93) bis(104) https://www.youtube.com/watch?v=VG3WkiL0d_U
(105) https://vigilantcitizen.com/musicbusiness/britney-spears-mind-control-and-hold-it-against-me/
(106) https://vigilantcitizen.com/musicbusiness/britney-spears-mind-control-and-hold-it-against-me/
(107) bis (112) https://www.youtube.com/watch?v=-Edv8Onsrgg
(113) https://vigilantcitizen.com/latestnews/uk-newspaper-describes-britney-spears-as-zombie-and-puppet/
(114) bis (119) https://www.youtube.com/watch?v=kYtGl1dX5qI
(120) bis (125) https://vigilantcitizen.com/latestnews/freebritney-is-britney-spears-being-held-at-a-mental-health-facility-against-her-will-for-mkultra/
(126) bis (152) https://vigilantcitizen.com/musicbusiness/theres-something-terribly-wrong-with-britney-spears-instagram-account/
(153) https://www.instagram.com/p/CUqqyU6p4Il/?hl=de
(154) https://www.fanpop.com/clubs/madonna/images/284358/title/2003-vma-performance-photo
(155) und (156) https://vigilantcitizen.com/musicbusiness/christina-aguileras-not-myself-tonight-more-illuminati-music/
(157) wie (158) https://www.amazon.com/BIONIC-DELUXE-Explicit-Christina-Aguilera/dp/B003G4DFRC
(159) https://en.wikipedia.org/wiki/Not_Myself_Tonight
(160) https://vigilantcitizen.com/musicbusiness/christina-aguileras-not-myself-tonight-more-illuminati-music/

(161) und (164) https://www.youtube.com/watch?v=wt-tHcQR67Y
(165) https://vigilantcitizen.com/musicbusiness/the-disturbing-hidden-meaning-of-christina-aguileras-fall-in-line/
(166) bis (173) https://www.youtube.com/watch?v=3Q2j5ApzSqs
(174) bis (176) https://vigilantcitizen.com/musicbusiness/the-disturbing-hidden-meaning-of-christina-aguileras-fall-in-line/
(177) bis (181) https://www.youtube.com/watch?v=3Q2j5ApzSqs
(182) https://www.instagram.com/p/CCMFTRysr-N/?hl=de#:~:text=ladygaga%20Be%20y-ourself%2C%20but%20wear,the%20community%2C%20and%20the%20planet
(183) bis (192) https://www.youtube.com/watch?v=cggNqDAtJYU
(193) bis (195) https://www.youtube.com/watch?v=1gLUoC-y8OU
(196) bis (198) https://www.youtube.com/watch?v=NzBbncKOnN0
(199) https://aula41.wordpress.com/2014/05/06/arte-e-pop/lady-gaga-attends-devils-heaven-gala-benefit-for-robert-wilsons watermill-center/
(200) https://www.youtube.com/watch?v=d2smz_1L2_0
(201) bis (211) https://www.youtube.com/watch?v=k0BWlvnBmIE
(212) bis (213) https://vigilantcitizen.com/musicbusiness/katy-perrys-wide-awake-a-video-about-monarch-mind-control/
(214) https://ca.movies.yahoo.com/nun-calls-katy-perry-continuing-real-estate-battle-says-singer-used-getting-wants-203615756.html
(215) und (216) https://vigilantcitizen.com/latestnews/nun-involved-in-legal-battle-against-katy-perry-collapsed-and-died-during-court-appearance/
(217) bis (218) https://www.pravda-tv.com/2014/01/grammys-katy-perry-priesterin-der-illuminati-vollzog-vor-den-augen-der-welt-okkulte-hexenzeremonie-videos/
(219) und (220) https://www.youtube.com/watch?v=Um7pMggPnug
(221) https://www.self.com/story/katy-perry-spiky-platinum-blond-hair
(222) https://www.independent.co.uk/arts-entertainment/music/news/katy-perry-barack-obama-black-hair-joke-met-gala-john-galliano-a7713836.html und https://www.stereogum.com/1938542/katy-perry-under-fire-for-obama-comment-and-calling-the-weeknds-producer-a-na-years-ago/news/
(223) https://www.vanityfair.com/style/2017/05/katy-perry-met-gala-2017-dress
(224) https://www.instagram.com/p/BTmieXIj2tt/?hl=de
(225) https://www.vogue.com/article/met-gala-2017-katy-perry-music-performance
(226) https://www.teenvogue.com/story/katy-perrys-bon-appetit-single
(227) bis (232) https://www.youtube.com/watch?v=dPI-mRFEIH0
(233) https://www.afterall.org/article/endurance-performance-post-2008
(234) https://www.pravda-tv.com/2013/11/seltene-grusel-fotos-vom-illuminati-ball-1972-im-schloss-der-rothschilds/
(235) bis (237) https://www.pravda-tv.com/2013/11/seltene-grusel-fotos-vom-illuminati-ball-1972-im-schloss-der-rothschilds/
(238) https://www.theguardian.com/music/2014/aug/19/parents-television-council-ask-vmas-to-commit-against-explicit-sexual-content
(239) https://vigilantcitizen.com/musicbusiness/mtv-vmas-2013/
(240) bis (242) https://www.youtube.com/watch?v=YPUzsS3AJdw
(243) bis (245) https://www.youtube.com/watch?v=5SkWyIUEQcc
(246) bis (249) https://www.youtube.com/watch?v=DfwJA0f0UTg
(250) https://www.youtube.com/watch?v=IJwKBuaVxvU

(251) bis (261) https://vigilantcitizen.com/moviesandtv/miley-cyrus-in-black-mirror-as-a-mind-controlled-pop-star-its-not-fiction/
(262) https://www.instagram.com/p/BySxW8sBzfY/?utm_source=ig_embed
(263) bis (272) https://vigilantcitizen.com/musicbusiness/the-twisted-meaning-of-miley-cyrus-mothers-daughter/
(273) https://www.youtube.com/watch?v=eMOIUUS8GWo
(274) bis (279) https://www.youtube.com/watch?v=CvBfHwUxHIk
(280) https://en.wikipedia.org/wiki/Baphomet
(281) https://www.youtube.com/watch?v=CvBfHwUxHIk
(282) bis (285) https://www.youtube.com/watch?v=iyy4wn3E730&t=1s
(286) https://vigilantcitizen.com/musicbusiness/rihannas-better-money-promotes-elites-obsession-torture/
(287) bis (294) https://www.youtube.com/watch?v=B3eAMGXFw1o
(295) https://www.youtube.com/watch?v=1z8gCZ7zpsQ
(296) bis (298) https://www.youtube.com/watch?v=z4xWU8o2cvA
(299) bis (303) https://www.youtube.com/watch?v=uAyx5VV_Utc
(304) bis (311) https://www.youtube.com/watch?v=-CmadmM5cOk
(312) bis (328) https://www.youtube.com/watch?v=3tmd-ClpJxA
(329) bis (334) https://www.youtube.com/watch?v=O3QfCeclslM
(335) https://vigilantcitizen.com/musicbusiness/taylor-swift-queen-of-the-2018-american-music-awards/
(336) https://www.texasmonthly.com/the-culture/beyonces-illuminati-sign-illuminated/
(337) https://www.amazon.com/Elle-Magazine-Beyonce-January-2009/dp/B001OJ8F30
(338) https://www.youtube.com/watch?v=ViwtNLUqkMY
(339) https://www.youtube.com/watch?v=ejygYrKpaz0
(340) https://www.youtube.com/watch?v=-Edv8Onsrgg und https://www.youtube.com/watch?v=EVBsypHzF3U
(341) https://www.youtube.com/watch?v=ybGBVa49GoI
(342) bis (344) https://www.youtube.com/watch?v=PeonB-meFR8o&list=PLxKHVMqMZqUSPF11Ghs0KqDfOGhB9Vw5E
(345) https://www.okayafrica.com/beyonce-channeled-yoruba-goddess-oshun-maternity-photoshoot/
(346) bis (348) https://www.youtube.com/watch?v=PeonB-meFR8o&list=PLxKHVMqMZqUSPF11Ghs0KqDfOGhB9Vw5E
(349) https://www.amazon.co.uk/Moonchild-Aleister-Crowley/dp/0877281475
(350) https://www.youtube.com/watch?v=xJMrFLb7zdc
(351) und (352) https://www.youtube.com/watch?v=RD38JT8rypY
(353) https://www.youtube.com/watch?v=tPzCGZXULbQ
(354) https://vigilantcitizen.com/musicbusiness/occult-meaning-beyonces-lemonade/
(355) bis (361) https://www.youtube.com/watch?v=kApWD2Dx4iM
(362) https://ledgernote.com/blog/interesting/beyonce-extreme-witchcraft/
(363) https://twitter.com/crimsonmarilyn/status/518202159179911168
(364) https://www.facebook.com/MarkDice/photos/jay-z-wearing-a-do-what-thou-wilt-sweatshirt-satanist-aleister-crowleys-credo-me/321872177858175/
(365) https://www.dailymail.co.uk/tvshowbiz/article-4076642/Azealia-Banks-shares-bizarre-video-cleaning-feathers-blood-closet-THREE-YEARS-sacrificing-chickens.html
(366) https://news.artnet.com/art-world/marina-abramovic-accuses-jay-z-betrayal-300196 und

http://www.whale.to/c/marina_abramovic.html
(367) https://laptrinhx.com/news/disney-releases-black-is-king-from-illuminati-superstar-beyonce-and-it-is-filled-with-dark-and-demonic-imagery-like-her-baphomet-headdress-mNYP4pN/
(368) bis (371) https://www.youtube.com/watch?v=ZalRwnSRXhE
(372) https://www.zikoko.com/pop/so-you-dont-have-to/witchcraft-the-idolatry-of-beyonce-according-to-this-insane-conspiracy-theory/
(373) https://garage.vice.com/en_us/article/mbzev3/billie-eilish-takashi-murakami
(374) bis (383) https://www.youtube.com/watch?v=HUHC9tYz8ik
(384) https://fineartamerica.com/art/drawings/hysteria
(385) https://www.amazon.com/LAST-EXORCISM-PART-Double-Sided-Original/dp/B00B5WTAYO
(386) https://www.wsj.com/articles/how-tony-podesta-a-washington-power-broker-lost-it-all-1524065781
(387) https://www.facebook.com/7Ksick/posts/billie-eilish-xxxtentacion/2336133033286462/ und https://cz.pinterest.com/pin/847732329837832424/
(388) https://www.youtube.com/watch?v=HUHC9tYz8ik
(389) und (390) https://www.youtube.com/watch?v=-PZsSWwc9xA
(391) https://en.wikipedia.org/wiki/File:Paradise_Lost_12.jpg
(392) https://vigilantcitizen.com/musicbusiness/the-dark-meaning-of-all-the-good-girls-go-to-hell-by-billie-eilish/
(393) bis (396) https://www.youtube.com/watch?v=-PZsSWwc9xA
(397) https://www.billboard.com/music/awards/billie-eilish-amas-outfit-music-declares-emergency-8544788/
(398) https://vigilantcitizen.com/musicbusiness/justin-biebers-where-are-u-now-is-full-of-quickly-flashing-illuminati-imagery/
(399) bis (408) https://www.youtube.com/watch?v=nntGTK2Fhb0
(409) https://www.elitedaily.com/p/justin-biebers-yummy-lyrics-are-so-steamy-theyll-make-you-blush-19635068
(410) bis (412) https://vigilantcitizen.com/musicbusiness/why-is-justin-bieber-tagging-babies-yummy-on-instagram-the-answer-is-sickening/
(413) bis (415) https://www.youtube.com/watch?v=8EJ3zbKTWQ8
(416) https://vigilantcitizen.com/musicbusiness/why-is-justin-bieber-tagging-babies-yummy-on-instagram-the-answer-is-sickening/
(417) https://www.youtube.com/watch?v=8EJ3zbKTWQ8
(418) https://twitter.com/thinkforyourse5/status/981078211609145344?lang=fr
(419 https://www.amazon.com/Interview-magazine-december-january-Eminem/dp/B079F24W57
(420) und (421) https://www.youtube.com/watch?v=mHH_FDqTmJE
(422) bis (425) https://www.youtube.com/watch?v=hAuo8IOFNuE
(426) http://www.kimnobleartist.com
(427) bis (434) https://www.youtube.com/watch?v=hAuo8IOFNuE
(435) https://museumofwitchcraftandmagic.co.uk/object/scrying-cross/
(436) https://www.etsy.com/de/listing/62868902/madame-talbot-aleister-crowley-baphomet
(437) https://www.youtube.com/watch?v=5TTQhIeFhBk
(438) https://vigilantcitizen.com/musicbusiness/jay-zs-run-this-town-and-the-occult-connexions/
(439 bis (453) https://vigilantcitizen.com/musicbusiness/the-occult-semi-subliminals-of-jay-zs-

on-to-the-next-one/
(454) https://www.rollingstone.com/music/music-features/50th-anniversary-flashback-our-wild-history-with-kanye-west-121764/
(455) https://www.youtube.com/watch?v=L53gjP-TtGE
(456) https://vigilantcitizen.com/musicbusiness/kanye-wests-power-the-occult-meaning-of-its-symbols/
(457) https://www.youtube.com/watch?v=L53gjP-TtGE
(458) https://vigilantcitizen.com/musicbusiness/kanye-wests-power-the-occult-meaning-of-its-symbols/
(459) https://www.youtube.com/watch?v=L53gjP-TtGE
(460) https://commons.wikimedia.org/wiki/File:Wenceslas_Hollar_-_The_sword_of_Damocles.jpg
(461) https://www.youtube.com/watch?v=L53gjP-TtGE
(462) https://vigilantcitizen.com/musicbusiness/kanye-wests-power-the-occult-meaning-of-its-symbols/
(463) https://www.youtube.com/watch?v=L53gjP-TtGE
(464) https://acclaimmag.com/music/kanye-west-reveals-yeezus-cover-art/
(465) https://vigilantcitizen.com/latestnews/the-occult-symbolism-surrounding-kanye-wests-yeezus/
(466) https://www.vibe.com/gallery/photos-kanye-wests-new-slaves-projections-around-world/
(467) https://vigilantcitizen.com/latestnews/the-occult-symbolism-surrounding-kanye-wests-yeezus/
(468) https://vigilantcitizen.com/latestnews/kanye-west-handcuffed-hospitalized-psychiatric-evaluation/
(469) https://www.newyorker.com/news/daily-comment/kanye-west-donald-trump-and-the-truth-about-chicago
(470) https://www.youtube.com/watch?v=Tf2XNWzG-ZI
(471) https://www.theguardian.com/commentisfree/2018/oct/15/kanye-west-uncle-tom-slavery-donald-trump
(472) https://twitter.com/nickcannon/status/1050526935795806208?lang=de
(473) https://cs.jf-maia.pt/nick-cannon-talks-holiday-with-kids
(474) https://www.muziker.cz/mariah-carey-butterfly-picture-disc-lp
(475) https://twitter.com/kanyewest/status/989180231930925056?lang=de
(476) https://vigilantcitizen.com/latestnews/nick-cannon-about-kanye-west-mkultra-is-real/
(477) https://twitter.com/kanyewest/status/1051253667687526400
(478) https://vigilantcitizen.com/latestnews/is-kanye-west-truly-out-of-the-sunken-place/
(479) https://www.harpersbazaar.com/celebrity/latest/a20093405/how-did-donda-west-die-kanye-west/
(480) https://twitter.com/teamkanyedaily/status/1417176590849650688
(481) https://theconversation.com/if-i-could-go-anywhere-id-revisit-maman-louise-bourgeois-9-metre-spider-at-londons-tate-modern-157859
(482) https://www.smackmedia.ca/deep-cuts/the-first-official-unreleased-album-why-you-shouldnt-be-annoyed-by-kanyes-album-delays
(483) https://www.complex.com/style/kanye-west-second-donda-live-performance-review
(484) https://vigilantcitizen.com/musicbusiness/the-occult-meaning-of-kanye-wests-donda/
(485) https://www.highsnobiety.com/p/donda-chicago-recap/
(486) https://twitter.com/modernnotoriety/status/1431120595400503302

(487) https://www.crfashionbook.com/mens/a30297235/marilyn-manson-reverend-anton-lavey/
(488) https://www.amazon.de/Antichrist-Superstar-Marilyn-Manson-Ltd-Reissue/dp/B0002ZEUEK
(489) https://vigilantcitizen.com/musicbusiness/the-occult-meaning-of-kanye-wests-donda/
(490) https://en.wikipedia.org/wiki/Lucifer_(magazine)#/media/File:Blavlucifer.jpg
(491) bis (493) https://vigilantcitizen.com/musicbusiness/the-occult-meaning-of-kanye-wests-donda/
(494) bis (495) https://www.youtube.com/watch?v=P7BiPXPTQSU
(496) https://www.youtube.com/watch?v=uuZE_IRwLNI
(497) https://www.thesun.co.uk/tvandshowbiz/6139288/mickey-mouse-club-ryan-gosling-christina-aguilera-britney-spears-justin-timberlake/
(498) https://www.amazon.com/NSYNC-Strings-Attached-Exclusive-Limited/dp/B07NX91Q22
(499) https://vigilantcitizen.com/musicbusiness/justin-timberlakes-supplies-great-illuminati-reversal/
(500) bis (501) https://www.youtube.com/watch?v=gA-NDZb29I4
(502) bis (514) https://www.youtube.com/watch?v=M4vnmgZLA8s
(515) https://www.amazon.com/Extinction-Level-Event-Wrath-God/dp/B08KPZ4X9W
(516) bis (517) https://www.youtube.com/watch?v=zWQzDZfsIb4
(518) bis (521) https://vigilantcitizen.com/musicbusiness/busta-rhymes-album-ele2-its-messages-about-the-new-world-order-and-the-five-percent-nation/
(522) https://www.independent.co.uk/arts-entertainment/tv/news/project-runway-kovid-mask-b1764148.html
(523) bis (532) https://vigilantcitizen.com/latestnews/the-met-2021-gala-another-display-of-the-elites-insanity/
(533) bis (538) https://twitter.com/wef/status/1427721919483326470
(539) https://vigilantcitizen.com/latestnews/worldeconomicforumhowourlivescouldsoonlook/
(540) https://twitter.com/paulstanleylive/status/1475310289205694466?lang=de
(541) https://www.youtube.com/watch?v=5OZdKwFSWZw
(542) https://de.sott.net/article/35327-Mitlaufer-statt-Systemkritiker-Punkrocker-wie-Die-Toten-Hosen-und-Die-Arzte-propagieren-experimentelle-Corona-Impfung
(543) https://www.instagram.com/p/CZj6i1MMm-R/?utm_source=ig_embed
(544) https://twitter.com/nickiminaj/status/1437532566945341441?lang=de
(545) https://www.instagram.com/p/CT7RvgXNA6K/?hl=de
(546) bis (548) https://teakrulos.com/2022/02/18/teas-weird-week-illuminati-super-bowl-party/
(549) https://vigilantlinks.com/2022/02/asteroid-predictive-programming-during-pepsi-halftime-show/
(550) https://rumble.com/vuyq47-illuminati-super-bowl-halftime-rituals-exposed-2022.html
(551) und (552) https://www.facebook.com/LukeRudkowski
(553) https://www.stern.de/lifestyle/leute/oliver-pocher-beim-superbowl--der-koenig-der-heuchler-31632950.html